21世纪高等院校教材

经 济 应 用 数 学

万世栋　王　娅　主编

科学出版社

北　京

内 容 简 介

本书根据经济类专业经济应用数学的教学大纲编写,主要介绍一元函数的微分学,一元函数积分学,还介绍了多元函数的微积分、无穷级数及常微分方程的一些基本知识,并在最后一章对经济学中常见的经济数学模型作了简单的阐述.每章包括基本内容、典型例题分析、小结、两套练习题及练习题答案.

本书为成人高校经济类专业学生的教材,普通高校经济类专业学生也可使用.

图书在版编目(CIP)数据

经济应用数学/万世栋,王娅主编. —北京:科学出版社,2002
(21世纪高等院校教材)
ISBN 978-7-03-010188-4

Ⅰ.经… Ⅱ.①万…②王… Ⅲ.经济数学-高等学校-教材
Ⅳ.F224.0

中国版本图书馆 CIP 数据核字(2002)第 011879 号

责任编辑:吕　虹　方开文　姚莉丽/封面设计:黄华斌　陈敬
责任印制:徐晓晨

科 学 出 版 社 出版
北京东黄城根北街 16 号
邮政编码:100717
http://www.sciencep.com

北京京华虎彩印刷有限公司 印刷
科学出版社发行　各地新华书店经销

*

2002 年 8 月第　一　版　开本:B5(720×1000)
2018 年 1 月第十六次印刷　印张:30 3/4
字数:542 000

定价:59.00 元
(如有印装质量问题,我社负责调换)

前　言

　　本书是为财经、管理、旅游和外贸类各专业编写的公共必修基础理论课教材.

　　全书共十章.主要介绍了一元函数微分学,一元函数积分学,多元函数的微积分,常微分方程和无穷级数的一些基础知识,并在最后一章对经济学中常见的经济数学模型作了简单的阐述.

　　本书教材内容的选取紧扣大纲,力求简明扼要.基本概念的引入力求自然,形象和直观,并兼顾严格性.本书特别注重学生基本运算能力的培养和训练,配有较多例题阐述解题的基本方法和技巧.并尽可能地联系经济领域中的实际,培养学生解决实际问题的能力.

　　本书文字叙述力求通俗易懂,深入浅出.书中每一章都有典型例题分析和小结.小结总结本章基本概念、基本理论和基本方法,并指出重点难点.每章最后配有两套习题,练习题(一)供学员熟悉本章概念、理论和方法使用,练习题(二)有自测题性质,供学员自我检测评定.因此,本书特别便于自学,而不必再配有学习指导书,这对初学者来说是很方便的.

　　本书由云南大学成人教育学院万世栋教授、曹进德教授、王娅副教授、吕毅平副教授和云南师范大学数学系黄永明副教授共同编写完成.借此机会,编者感谢云南大学成人教育学院的大力支持.感谢科学出版社的编辑们为本书出版所付出的辛勤努力.

　　限于编者的学识水平和经验,书中尚有不妥之处,恳请同行和读者批评指正.

编　　者

2001 年 3 月于云南大学

目　　录

第一章 函 数

函数是微积分中最重要的基本概念之一,也是微积分的主要研究对象.在这一章里,我们将给出函数的一般定义,结合图形讲一些简单的函数性质,并复习一下中学时已学习过的实数集的相关概念和基本初等函数,分析初等函数的结构,为以后各章的学习打下牢固的基础.

§1.1 实 数 集

一、集合

集合是具有某种共同性质的事物全体.

构成集合的事物称为集合的元素.

a 是集合 A 的元素,称为 a 属于 A,记为 $a \in A$,否则记为 $a \notin A$ 或 $a \overline{\in} A$.

集合通常有两种表示法:

1.列举法:将集合所含的全部元素列举出来,并用花括号括住.

例如,$A = \{0,1,2\}$.

2.描述法:设集合 A 为满足条件 $p(a)$ 的一切元素 a 构成的集合,则记 $A = \{a \mid p(a)\}$.

例如,$x^2 - 1 = 0$ 的根构成的集合 A 可以记为 $A = \{x \mid x^2 - 1 = 0\}$,而所有正数构成的集合为 $\{x \mid x > 0\}$.

以下将有关概念及结论简要列出:

1. 不含任何元素的集合称为空集,记为 $\varnothing$.

2. 称集合 A 是集合 B 的子集当且仅当任取 $a \in A$,则 $a \in B$;即 A 的所有元素均是 B 的元素.记为 $A \subset B$,读作"A 含于 B".

集合 $A = B$ 当且仅当 $A \subset B$ 且 $B \subset A$.

3. $A \cup B = \{x \mid x \in A$ 或 $x \in B\}$ 称为集合 A 与 B 的并集.

4. $A \cap B = \{x \mid x \in A$ 且 $x \in B\}$ 称为 A 与 B 的交集.

5. $A - B = \{x \mid x \in A$ 且 $x \overline{\in} B\}$ 称为 A 与 B 的差集.

6. $\overline{A} = \{x \mid x \overline{\in} A\}$ 称为 A 的余集.

7. 运算律:

(1) 交换律 $A \cap B = B \cap A, A \cup B = B \cup A$

(2) 结合律 $(A \cup B) \cup C = A \cup (B \cup C)$

$$(A \cap B) \cap C = A \cap (B \cap C)$$

(3) 分配律

$$A \cup (B \cap C) = (A \cup B) \cap (A \cup C)$$

$$A \cap (B \cup C) = (A \cap B) \cup (A \cap C)$$

(4) 对偶律 $\overline{A \cup B} = \overline{A} \cap \overline{B}$

$$\overline{A \cap B} = \overline{A} \cup \overline{B}$$

二、实数与数轴

实数可分为有理数和无理数,有理数是可以表示为分数的数.全体实数构成的集合称为实数集,记为 R;全体有理数构成的集合称为有理数集,记为 Q.这样 $Q = \{q/p \mid p, q$ 为整数, $p \neq 0\}$,而无理数集就是 $R - Q$.

实数与数轴上的所有点一一对应,即每一实数对应数轴上的一个点,数轴上每一点也对应一个实数.称有理数对应的点为有理点,无理数对应的点为无理点.

三、绝对值

绝对值是一个很重要的概念.

实数 x 的绝对值 $|x|$ 定义为

$$|x| = \begin{cases} x, & x \geqslant 0 \\ -x, & x < 0 \end{cases}$$

$|x|$ 表示数轴上的点 x 到原点的距离.其性质如下:

1. $\sqrt{x^2} = |x|$

2. $|x| \geqslant 0$

3. $|-x| = |x|$

4. $-|x| \leqslant x \leqslant |x|$

因为,当 $x > 0$ 时,$-|x| < x = |x|$;当 $x < 0$ 时,$-|x| = x < |x|$;当 $x = 0$ 时,$-|x| = x = |x|$.

5. $\{x \mid |x| < a, a > 0\} = \{x \mid -a < x < a, a > 0\}$

即 x 至原点的距离小于 a 当且仅当 x 落在点 $-a$ 与 a 之间.

6. $\{x \mid |x| > b, b > 0\} = \{x \mid x < -b\} \bigcup \{x \mid x > b\}$

7. $|x + y| \leqslant |x| + |y|$

由 4 知 $-|x| \leqslant x \leqslant |x|$, $-|y| \leqslant y \leqslant |y|$, 所以 $-(|x| + |y|) \leqslant x + y \leqslant |x| + |y|$, 由 5 知 $|x + y| \leqslant |x| + |y|$.

8. $|xy| = |x| \cdot |y|$

9. $\left|\dfrac{x}{y}\right| = \dfrac{|x|}{|y|}$, $y \neq 0$

四、区间与邻域

1. 开区间 $(a, b) = \{x \mid a < x < b\}$

2. 闭区间 $[a, b] = \{x \mid a \leqslant x \leqslant b\}$

3. 半开区间 $(a, b] = \{x \mid a < x \leqslant b\}$

$\qquad\qquad\quad [a, b) = \{x \mid a \leqslant x < b\}$

4. $(a, +\infty) = \{x \mid x > a\}$

$\quad [a, +\infty) = \{x \mid x \geqslant a\}$

5. $(-\infty, b) = \{x \mid x < b\}$

$\quad (-\infty, b] = \{x \mid x \leqslant b\}$

6. $(-\infty, +\infty) = \{x \mid -\infty < x < +\infty\} = R$

集合 $\{x \mid |x - x_0| < \delta, \delta > 0\}$ 称为点 x_0 的 δ 邻域,因为由 $|x - x_0| < \delta$ 知

$$x_0 - \delta < x < x_0 + \delta$$

故 $\{x \mid |x - x_0| < \delta, \delta > 0\} = (x_0 - \delta, x_0 + \delta)$ 是一个以 x_0 为中心、δ 为"半径"的区间.

如果在 x_0 的 δ 邻域内"挖去"点 x_0,则变为集合 $\{x \mid 0 < |x - x_0| < \delta\} = (x_0 - \delta, x_0) \bigcup (x_0, x_0 + \delta)$,称为 x_0 的去心 δ 邻域.

§1.2　函　数　关　系

一、概念

函数作为客观世界中普遍存在的数量关系是微积分学研究的对象.

定义 1.1　设 $D \subset R$,且 $D \neq \varnothing$,若对于每一个 $x \in D$,按照某种对应规则 f,可以确定惟一的实数 y 与之对应,则称变量 y 是变量 x 的函数.记作 $y =$

$$Q = a - bP \quad (a > 0, b > 0)$$

$$Q = \frac{a}{P + c} - b \quad (a > 0)$$

$$Q = \frac{a - P^2}{b} \quad (b > 0)$$

$$Q = a e^{-bP} \quad (a > 0, b > 0)$$

供给函数是讨论在其他因素不变的前提下,供应商品的价格与相应的供给量的关系,仍用 Q 表示供给量,P 为价格,其一般形式为

$$Q = h(P)$$

常见的供给函数有

$$Q = -d + cP \quad (c > 0, d > 0)$$

$$Q = \frac{aP - d}{cP + d} \quad (a > 0, c > 0, d > 0)$$

二、收益函数与成本函数

若某产品的市场需求量为 Q,价格为 P,则它们的乘积 PQ 称为总收益. 即总收益 $R = PQ = Pf(P)$,其中 $Q = f(P)$ 是需求函数.

某产品的总成本由固定成本与可变成本构成,可以表示为

$$C = C(Q) = C_1 + C_2(Q)$$

其中 C_1 是固定成本,不随产量 Q 变化,而可变成本 $C_2(Q)$ 是产量 Q 的函数. 产量为 Q 的平均成本函数为

$$\overline{C}(Q) = \frac{C(Q)}{Q}$$

$L = R - C$ 称为利润. 利润为 0 的产量(需求量)Q_0 称为损益分歧点. 方程 $L = L(Q) = 0$ 的解即为 Q_0.

三、生产函数

生产函数是生产过程中投入与产出之间的对应关系. 一般某企业的最大生产能力 Q 常可视为劳动力 L 和固定资产 K 的函数

$$Q = f(K, L)$$

例如著名的 Cobb-Douglus 生产函数 $Q = AK^\alpha L^\beta$.

§1.4 函数的几何特性

一、单调性

定义 1.2 给定 $y = f(x)$,若对任意两点 $x_1, x_2 \in D(f)$,当 $x_1 < x_2$ 时有 $f(x_1) < f(x_2)$,则称函数 $f(x)$ 为单调增加的函数,反之,当 $x_1 < x_2$ 时,有 $f(x_1) > f(x_2)$,则称函数 $f(x)$ 为单调减少函数,单调增加函数 $y = f(x)$ 的图象沿 x 轴正向上升,而单调减少函数的图象沿 x 轴正向下降.

例如 $y = x^2$ 在 $(-\infty, 0)$ 单调下降,在 $(0, +\infty)$ 单调上升(图 1.3).

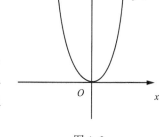

二、有界性

定义 1.3 若存在数 A 和 B,对一切 $x \in D(f)$ 有 $A \leqslant f(x) \leqslant B$,或存在正数 M 使对一切 $x \in D(f)$ 有 $|f(x)| \leqslant M$,则称 $f(x)$ 为有界函数.

图 1.3

例如,$y = \sin x$ 在 $(-\infty, \infty)$ 内是有界的,因为对一切 $x \in R$,$|\sin x| \leqslant 1$.

$y = \dfrac{1}{x}$ 在 $(0, 2)$ 内是无界的,而在 $(1, +\infty)$ 内是有界的.

三、奇偶性

定义 1.4 给定函数 $y = f(x)$,若对于所有 $x \in D(f)$,恒有 $f(-x) = f(x)$,则称 $f(x)$ 为偶函数;若恒有 $f(-x) = -f(x)$,则称 $f(x)$ 为奇函数;否则称为非奇非偶函数.

偶函数的图象关于 y 轴对称,奇函数的图象关于原点对称.

例 1 判断函数 $y = x^2 + 1$ 的奇偶性.

解 因为

$$f(-x) = (-x)^2 + 1 = x^2 + 1 = f(x)$$

所以 $f(x) = x^2 + 1$ 是偶函数,其图形对称于 y 轴,如图 1.4.

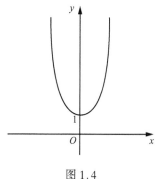

图 1.4

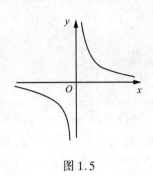

图 1.5

例 2 判断 $y = \dfrac{1}{x}$ 的奇偶性

解 $f(-x) = \dfrac{1}{-x} = -\dfrac{1}{x} = -f(x)$，

所以 $y = \dfrac{1}{x}$ 为奇函数，其图形对称于原点，如图 1.5.

例 3 函数 $y = x^2 + \dfrac{1}{x}$ 是非奇非偶函数，请读者自证.

四、周期性

定义 1.5 对 $y = f(x), x \in (-\infty, +\infty)$，若存在常数 a，使对任何 x，$f(x) = f(x+a)$ 恒成立，则称 $y = f(x)$ 为周期函数.满足上式的最小正数 a 称为函数的周期.

例如 $y = \sin x$ 是周期为 2π 的周期函数.

§1.5 反函数与复合函数

一、反函数

在函数关系中，自变量与因变量地位往往是可以互换的，例如 $y = ax + b$ 中的自变量 x 在函数 $x = \dfrac{1}{a}(y - b)$ 中即成为因变量，这时称后者是前者的反函数.

定义 1.6 给定 $y = f(x)$，若对于每一个 $y \in z(f)$ 有一个惟一确定的 $x \in D(f)$，使 $y = f(x)$，则称 $y = f(x)$ 的反函数存在，它是定义在 $z(f)$ 上的函数，记作 $x = f^{-1}(y)$，称为 $y = f(x)$ 的反函数.

一般用 x 表示自变量，y 表示因变量，故将 $x = f^{-1}(y)$ 中的 x 与 y 互换，而称 $y = f^{-1}(x)$ 是 $y = f(x)$ 的反函数.

由于 $y = f(x)$ 与 $x = f^{-1}(y)$ 的图象一致，而 $x = f^{-1}(y)$ 与 $y = f^{-1}(x)$ 的关系是 x 与 y 互换，即 $x = f^{-1}(y)$ 与 $y = f^{-1}(x)$ 的图形对称于 $y = x$，故 $y = f(x)$ 和 $y = f^{-1}(x)$ 的图形对称于 $y = x$，见图 1.6.

由图 1.6 知 (x, y) 与 (y, x) 的中点 $\left(\dfrac{x+y}{2}, \dfrac{x+y}{2} \right)$ 落在直线 $y = x$ 上，故 (x, y) 与 (y, x) 关于直线 $y = x$ 对称.

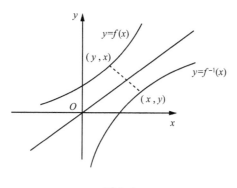

图 1.6

例如,$y = 2x - 1$ 的反函数是 $x = \dfrac{y+1}{2}$,一般表示为 $y = \dfrac{1}{2}(x+1)$.

再如:$y = x^2$ 就没有反函数,因为给定一点 y,由 $y = x^2$ 不能确定惟一的 x 与之对应.

二、复合函数

定义 1.7 设 $y = f(u),u = \varphi(x)$.若函数 $u = \varphi(x)$ 的值域包含在函数 $y = f(u)$ 的定义域内,则称 $y = f[\varphi(x)]$ 为复合函数. x 为自变量,y 为因变量,u 称为中间变量.

例 1 设 $y = \sqrt{u}$,$u = 2x - 3$,则当 $x \geqslant \dfrac{3}{2}$ 时 y 是 x 的复合函数 $y = \sqrt{2x - 3}$.

例 2 设 $y = \cos u$,$u = \sqrt{x}$,则当 $x \geqslant 0$ 时 y 是 x 的复合函数 $y = \cos\sqrt{x}$.

例 3 $y = \cos^2(x^2 + 1)$ 可视为由以下三个函数复合而成:

$$y = u^2, u = \cos v, v = x^2 + 1$$

例 4 $y = \sqrt{u}$,$u = -1 - x^2$ 不能构成复合函数.

§1.6 初 等 函 数

一、基本初等函数

1. 常数函数:$y = c$

定义域为 $(-\infty, +\infty)$,值域为单点集 $\{c\}$,其图形是平行于 x 轴截距为 c

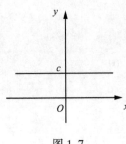

图 1.7

的直线,如图 1.7.

2. 幂函数:$y = x^a (a \in R)$

定义域因 a 而异,但 $(0, +\infty)$ 总含于定义域内. 重点掌握抛物线 $y = x^2$,定义域为 $(-\infty, +\infty)$,对称于 y 轴(图 1.8);反比例曲线 $y = \dfrac{1}{x}$,定义域为 $x \neq 0$,对称于原点(图 1.10);立方抛物线 $y = x^3$,定义域为 $(-\infty, +\infty)$,对称于原点(图 1.9).

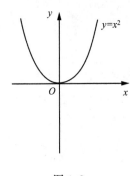

图 1.8

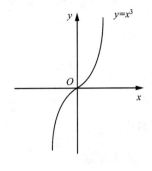

图 1.9

3. 指数函数 $y = a^x (a > 0, a \neq 1)$

定义域为 $(-\infty, +\infty)$,值域为 $(0, \infty)$,过点 $(0,1)$,当 $a > 1$ 时,$y = a^x$ 单调增加;当 $0 < a < 1$ 时,$y = a^x$ 单调减少,分别如图 1.11 和图 1.12 所示。

4. 对数函数 $y = \log_a x (a > 0, a \neq 1)$

对数函数是由指数函数定义的,若 $y = a^x$,则称 x 是以 a 为底的 y 的对数,记为 $x = \log_a y$,故 $y = \log_a x$ 是 $y = a^x$ 的反函数. $y = \log_a x$ 的定义域

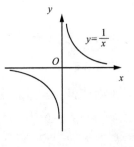

图 1.10

是 $y = a^x$ 的值域,为 $(0, +\infty)$,其值域是 $y = a^x$ 的定义域,为 $(-\infty, +\infty)$,且过点 $(1,0)$.当 $a > 1$ 时 $y = \log_a x$ 单调增加,当 $0 < a < 1$ 时,$y = \log_a x$ 单调减少,分别如图 1.13 和图 1.14 所示.

5. 三角函数

$y = \sin x$,定义域为 $(-\infty, +\infty)$,奇函数,周期为 2π,$|\sin x| \leqslant 1$.

$y = \cos x$,定义域为 $(-\infty, +\infty)$,偶函数,周期为 2π,$|\cos x| \leqslant 1$.

$y = \tan x$,定义域 $= \{x \mid x \neq (2n+1)\dfrac{\pi}{2}, n = 0, \pm 1, \pm 2, \cdots\}$ 周期为 π,奇函数,见图 1.15.

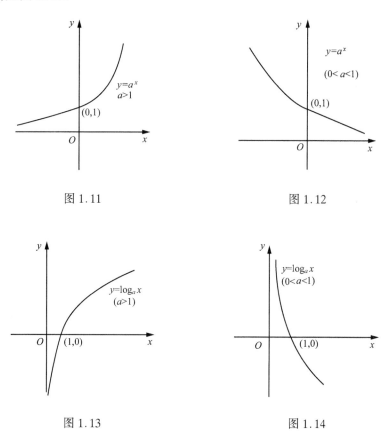

图 1.11   图 1.12

图 1.13   图 1.14

其余三角函数还有 $\cot x, \sec x, \csc x$,均可由上述三个三角函数表示.

6. 反三角函数

$y = \arcsin x$、$y = \arccos x$、$y = \arctan x$ 分别为函数 $y = \sin x$ $\left(-\dfrac{\pi}{2} \leqslant x \leqslant \dfrac{\pi}{2}\right)$、$y = \cos x \, (0 \leqslant x \leqslant \pi)$ 和 $y = \tan x \left(-\dfrac{\pi}{2} < x < \dfrac{\pi}{2}\right)$ 反函数,故

$y = \arcsin x$ 的值域是 $-\dfrac{\pi}{2} \leqslant x \leqslant \dfrac{\pi}{2}$,定义域 $|x| \leqslant 1$;$y = \arccos x$ 的值域是 $0 \leqslant y \leqslant \pi$,定义域是 $|x| \leqslant 1$;$y = \arctan x$ 的值域是 $-\dfrac{\pi}{2} < x < \dfrac{\pi}{2}$,定义域是 $(-\infty, +\infty)$,见图 1.15.

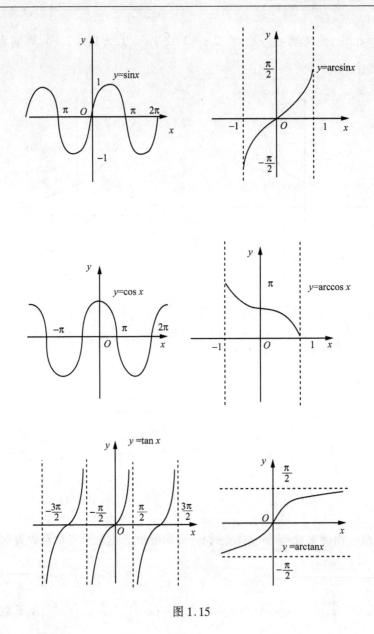

图 1.15

二、初等函数

基本初等函数经过有限次四则运算及复合构成的函数称为初等函数. 例
如

$$y = \sin(x^2 + 1) + \mathrm{e}^{x^2}\cos\log_a(x + 1)$$

典型例题分析

例1　(1)设 $f(x) = \dfrac{|x - 2|}{x - 1}$,求 $f(2)$,$f(-2)$,$f(0)$.

(2)设 $f(x) = \begin{cases} 1 + x^2, & -\infty < x \leqslant 0 \\ 2^x, & 0 < x < +\infty \end{cases}$

求: $f(2)$,$f(-2)$,$f(0)$.

解　这是求函数值一类的问题.求函数值就是利用对应规律对自变量进行运算的结果.

(1)求 $f(2)$,即求当 $x = 2$ 时相应的函数值,只须把 2 代入相应的 x 的位置上进行运算,即得到 $f(2)$,即

$$f(2) = \frac{|2 - 2|}{2 - 1} = \frac{|0|}{1} = \frac{0}{1} = 0$$

同理,

$$f(-2) = \frac{|-2 - 2|}{-2 - 1} = -\frac{4}{3}$$

$$f(0) = \frac{|0 - 2|}{0 - 1} = -2$$

(2) $f(x)$ 是一个分段函数,在求函数值时,首先必须注意自变量的取值是落在哪一个范围内,从而利用该范围上相应的表达式计算函数值.由于 2 位于 $(0, +\infty)$ 上,故 $f(2) = 2^2 = 4$,又 -2 位于 $(-\infty, 0)$ 内,故 $f(-2) = 1 + (-2)^2 = 5$,最后 0 位于区间 $(-\infty, 0]$,故 $f(0) = 1 + 0^2 = 1$.

例2　指出下列各对函数是否等同,并说明理由:

(1) $f(x) = \lg x^2$,$g(x) = 2\lg x$

(2) $f(x) = x$,$g(x) = \sqrt{x^2}$

(3) $f(x) = \dfrac{x}{x}$,$g(x) = 1$

解　在函数的概念中,包含五个因素:自变量、因变量、定义域、对应规则和值域.两个函数,仅是定义域与值域分别相同,并不能说这两个函数等同(如 $y = \sin x$ 与 $y = \cos x$),而自变量和因变量采用什么符号并不是主要的.因此,在判断两个函数是否等同时,只须比较它们的定义域对应规则是否相同即可.

函数的定义域和对应规则,是确定函数的两个最基本要素.

(1)$f(x)=\lg x^2$ 的定义域是 $x\neq0$,$g(x)$ 的定义域是 $x>0$,它们的定义域不相同,因而它们不等同.

(2)$f(x)$ 和 $g(x)$ 的定义域均为 R,但 $g(x)=|x|$ 和 $f(x)=x$ 的对应规则不同,故它们不等同.

(3)$f(x)=\dfrac{x}{x}$ 的定义域是 $x\neq0$,而 $g(x)=1$ 的定义域为 R,故它们不等同.

例 3　求下列函数的定义域:

(1)$y=\dfrac{1}{\ln(x-1)}$

(2)$y=\sqrt{x^2-x-6}+\arcsin\dfrac{x-1}{3}$

(3)$y=\begin{cases}x+1, & x\leqslant0\\ \dfrac{x^2+1}{x-1}, & x>0\end{cases}$

解　根据求定义域的基本准则,我们有

(1)要使函数有意义,必须

$$\begin{cases}x-1>0\\ \ln(x-1)\neq0,\end{cases}\quad 那么\begin{cases}x>1\\ x-1\neq1\end{cases}$$

也就是

$$\begin{cases}x>1\\ x\neq2,\end{cases}\quad 得\ x>1,且\ x\neq2$$

即函数的定义域为 $(1,2)\cup(2,+\infty)$.

(2)要使函数有意义,必须

$$\begin{cases}x^2-x-6\geqslant0\\ \left|\dfrac{x-1}{3}\right|\leqslant1,\end{cases}\quad 那么\begin{cases}(x+2)(x-3)\geqslant0\\ -1\leqslant\dfrac{x-1}{3}\leqslant1\end{cases}$$

推出

$$\begin{cases}x\leqslant-2\ 或\ x\geqslant3\\ -2\leqslant x\leqslant4,\end{cases}\quad 得\ x=-2\ 或\ 3\leqslant x\leqslant4$$

即函数的定义域为 $\{x\,|\,x=-2\}\cup\{x\,|\,3\leqslant x\leqslant4\}$.

(3) 当 $x \leqslant 0$ 时, $y = x+1$ 是有意义的, 当 $x > 0$ 时, $y = \dfrac{x^2+1}{x-1}$ 在 $x = 1$ 处无意义, 故函数的定义域为 $x \neq 1$.

例 4 判别下列函数的奇偶性:

(1) $y = x^{55} + \tan x$; 　　　(2) $y = \sqrt{1-x^2} \sin x$

(3) $y = \sin x \cos x$; 　　　　(4) $y = \sin x - \cos x$

解 判断函数的奇偶性的主要方法有: ① 用定义判别, 这是最常用的方法; ② 利用函数的图象判别; ③ 根据奇偶函数的运算规律判别, 如两偶(奇)函数的和仍为偶(奇)函数; 两偶(奇)函数之积为偶函数, 一偶函数与一奇函数之积为奇函数等. 常见的偶函数有 x^{2n}, $\cos x$, 常见的奇函数有 x^{2n+1}, $\sin x$, $\tan x$, $\cot x$.

注意 只有定义域是对称区间的函数方能讨论奇偶性. 另外, 有大量的函数是非奇非偶的.

(1) 由于 x^{55}, $\tan x$ 为奇函数, 故 $y = x^{55} + \tan x$ 为奇函数.

(2) $f(-x) = \sqrt{1-(-x)^2} \sin(-x) = \sqrt{1-x^2}(-\sin x) = -\sqrt{1-x^2}$

$\cdot \sin x = -f(x)$,

由定义 $y = \sqrt{1-x^2} \sin x$ 为奇函数.

(3) 由于 $\sin x$ 为奇函数, $\cos x$ 为偶函数, 故 $\sin x \cos x$ 为奇函数.

(4) 因为 $f(-x) = \sin(-x) - \cos(-x) = -\sin x - \cos x$, $f(-x) \neq f(x)$ 且 $f(x) \neq -f(x)$, 故 $y = \sin x - \cos x$ 是非奇非偶函数.

例 5 求 $y = \dfrac{1-x}{1+x}$ 的反函数.

解 先从 $y = f(x)$ 中解出 x, 再把 x、y 互相交换, 便得反函数 $y = f^{-1}(x)$.

由于 $y = \dfrac{1-x}{1+x}$, 故 $x = \dfrac{1-y}{1+y}$, 把 x、y 交换, 得 $y = \dfrac{1-x}{1+x}$ 即是 $y = \dfrac{1-x}{1+x}$ 的反函数. 即函数 $y = \dfrac{1-x}{1+x}$ 的反函数便是它本身.

例 6 将下列函数分解为基本初等函数的复合:

(1) $y = \ln \sin(x^2+2)$; (2) $y = e^{\sin^2 x}$; (3) $y = a^{\sqrt{x}}$

解 把一个较为复杂的函数分解成简单函数的复合, 对于学习微积分, 特别是求导数极为重要. 分解时, 要从外层到里层, 利用中间变量, 逐步分解.

(1) $y = \ln u$, $u = \sin y$, $y = x^2 + 2$

(2) $y = e^u$, $u = v^2$, $v = \sin x$

(3) $y = a^u$, $u = \sqrt{x}$

例7　某厂生产一种产品,设计该厂的生产能力为日产100件,每日的固定成本为150元,每件的平均可变成本为10元.

(1)试求该厂此产品的日总成本函数及日平均成本函数;

(2)若每件售价为14元,求收益函数;

(3)求利润函数及损益分歧点.

解　对于实际问题首先必须建立函数关系式,然后再求解.建立函数关系式的一般步骤是:

(a) 分析实际问题中所涉及的各个量,分清哪些是常量,哪些是变量,哪个变量应作为因变量,哪个变量应作为自变量,并用适当的字母表示.

(b) 根据问题的条件和要求,分析各变量之间的内在联系,利用有关知识,用数学式子把这些关系表达出来,并进行化简,便得到函数关系式.

(c) 根据问题的条件,确定定义域.

(1) 设日产量为 Q 件的日总成本为 C 元,由题设,$0 \leqslant Q \leqslant 100$,则

$$C = C(Q) = C_1 + C_2(Q) = 150 + 10Q$$

日平均成本函数为

$$\overline{C}(Q) = \frac{C(Q)}{Q} = \frac{150 + 10Q}{Q} = \frac{150}{Q} + 10 \quad (0 < Q \leqslant 100)$$

(2)设收益为 R,显然它与销售量有关,假定生产的产品可以全部售出,即日产量与销售量相同,均为 Q,则

$$R = R(Q) = 14Q(元) \qquad (0 \leqslant Q \leqslant 100)$$

(3) 设利润为 L,则 $L = L(Q) - C(Q) = 14Q - (150 + 10Q) = -150 + 4Q$ $(0 \leqslant Q \leqslant 100)$

解方程 $L(Q) = 0$,即 $-150 + 4Q = 0$,得 $Q = 37.5$(件),即损益分歧点为 $Q = 37.5$,这意味着每天至少生产38件产品方不亏本.

小　　结

1. 本章的主要内容是函数、反函数、复合函数及初等函数的概念;函数的几种主要几何性质及一些常见的经济函数.

2. 本章的重点是函数及复合函数的概念;函数定义域的确定;基本初等函数的性质及其图形;经济问题的函数关系式的建立.难点是复合函数的分解及建立函数关系式.

3．本章主要方法有

（1）函数定义域的确定方法：求定义域时注意到以下四条准则：

① 在分式中分母不能为零；

② 在根式中负数不能开偶次方根；

③ 在对数中，真数不能为负数和零；

④ 在 $\arcsin x$，$\arccos x$ 中，必须 $|x| \leqslant 1$．

根据以上准则，列出不等式（或不等式组），解之便得到函数的定义域．

（2）函数的单调性的判别方法：

① 利用定义判别；

② 利用图象判别．

（3）函数的奇偶性的判别方法：

① 用定义判别；

② 用图象判别；

③ 用运算规律判别．

（4）建立函数关系的方法（见例题分析中的例 7）．

4．复合函数概念是本章的重点，又是本章的难点，我们目的不在于能将几个基本初等函数复合成一个较复杂的函数，而在于能将一个复合函数分解成几个简单的基本初等函数，分解的方法一般是从外层向内层逐层进行，这种技能必须熟练掌握，以后在求导时常用．

习　题　一

练习题（一）

1．设 $A = \{1,2,3\}$，$B = \{1,3,5\}$，$C = \{2,4,6\}$，求（1）$A \cup B$；（2）$A \cap B$；（3）$A - B$；（4）$A \cap B \cap C$

2．用区间表示下列集合，并在数轴上表示出来：

（1）$\{x \mid 3 < |x| < 5\}$；　　（2）$\{x \mid |x-3| \leqslant 4\}$

3．指出下列各组中的两个函数是否相同，并说明理由：

（1）$f(x) = \dfrac{1-x^2}{1-x}$，$g(x) = 1+x$

（2）$f(x) = 1$，$g(x) = \sin^2 x + \cos^2 x$

（3）$f(x) = \sqrt{x}\sqrt{x+1}$，$g(x) = \sqrt{x(x+1)}$

4．求下列函数的定义域：

（1）$y = \tan(x+1)$；　　（2）$y = \arcsin(x-3)$

（3）$y = \ln(x+1)$；　　　（4）$y = e^{\frac{1}{x}}$

5. 某工厂生产某种产品,固定成本为 140 元,每增加一吨成本增加 8 元,且每日最多生产 100 吨,试将每日产品总成本 C 表示为产量 q 的函数.

6. 某商店销售某种商品,当销售量 x 不超过 30 件时(包括 30 件),单价为 a 元,超过 30 件时,超过部分九折出售,试给出销售收入(收益)y 与销售量 x 的关系.

7. 某工厂生产某型号车床,年产量为 q 台,分若干批进行生产,每批生产准备费为 a 元,每台的库存费为 b 元,设产品均匀投放市场(即平均库存量为每批生产量的一半),试建立总费用 y(库存费与准备费)与批量 x 的关系.

8. 判断下列函数的奇偶性:

(1) $y = x^4 - 2x^2$;　　　　　　　　(2) $y = \dfrac{a^x - a^{-x}}{2}$　　$(a > 1)$

(3) $y = \dfrac{x}{a^x - 1}$　$(a > 1)$;　　　(4) $y = x \cdot \dfrac{a^x - 1}{a^x + 1}$　$(a > 1)$

(5) $f(x) = \log_a \left(x + \sqrt{1 + x^2} \right)$　$(a > 1)$

9. 判断下列函数的周期性,并求周期:

(1) $y = \sin^2 x$;　　　　　　　　　(2) $y = \sin 2x$

(3) $y = \sin x + \dfrac{1}{2} \sin 2x$

10. 下列函数可由哪些简单函数复合而成?

(1) $y = 5^{\sin x}$;　　　　　　　　　(2) $y = \ln \cot x$

(3) $y = \tan^3 \dfrac{x}{2}$;　　　　　　　(4) $y = \sin \sqrt{1 + 3x}$

(5) $y = \lg \sin e^{x+2}$;　　　　　　　(6) $y = \ln^3 \left(\ln x^3 \right)$

11. 求下列函数的反函数:

(1) $y = 2x + 1$;　　　　　　　　　(2) $y = \dfrac{x + 2}{x - 2}$

(3) $y = x^3 + 2$;　　　　　　　　　(4) $y = 1 + \lg(x + 2)$

12. 设 $f(x) = \dfrac{1 - 3x}{x - 2}$ 与 $g(x)$ 的图形关于直线 $y = x$ 对称,求 $g(x)$.

13. 什么叫初等函数,分段函数是初等函数吗? 为什么?

练习题(二)

1. 单项选择题

(1) 函数 $f(x) = \arcsin(1 - x) + \dfrac{1}{\sqrt{x - 1}}$ 的定义域是(　　).

(A) $0 \leqslant x \leqslant 2$;　　　　　　　(B) $x > 1$

(C) $1 < x \leqslant 2$;　　　　　　　(D) $0 \leqslant x \leqslant 1$

(2) 下列函数对中,不相同的函数对是(　　).

(A) $f(x) = \cos^2 x + \sin^2 x$ 与 $g(x) = 1$

(B) $y = \lg x^2$ 与 $y = 2 \lg x$

(C) $y = (x+1)^2$ 与 $y = x^2 + 2x + 1$

(D) $y = e^{ax}$ 与 $y = e^{au}$

(3) 下列函数中,奇函数是(　　).

(A) $1 + \cos x$;　　　　　　(B) $x \cos x$

(C) $\tan x + \cos x$;　　　　(D) $|\cos x|$

(4) 设 $f(x) = x^2, g(x) = 2^x$,则 $f[g(x)]$ 等于(　　).

(A) 2^{x^2};　(B) x^{2^x};　(C) x^{2x};　(D) 2^{2x}

(5) 函数 $y = |\sin x|$ 周期是(　　).

(A) 4π;　(B) 2π;　(C) π;　(D) $\dfrac{\pi}{2}$

2. 填空题

(1) 设 $y = \begin{cases} 3^x, & -1 < x \leqslant 0, \\ 0, & 0 < x < 2, \\ x-1, & 2 \leqslant x \leqslant 4, \end{cases}$ 则 $f(-0.5) = \underline{\qquad}$,

$f(1) = \underline{\qquad}, f(2) = \underline{\qquad}, f(3) = \underline{\qquad}$.

(2) $y = \dfrac{x-1}{x+1}$ 的反函数是 $\underline{\qquad}$.

(3) $y = \dfrac{1}{\ln 4x}$ 的定义域是 $\underline{\qquad}$.

(4) $[(-1,2) \cap (0,2)] \cup (1,3) = \underline{\qquad}$.

(5) 已知某产品的固定成本为 1000 元,产量为 Q 件,每生产一件产品成本增加 6 元,又每件产品的销售价格为 10 元,若产品能全部售出,则总成本函数 $C(Q) = \underline{\qquad}$,总收益函数 $R(Q) = \underline{\qquad}$,平均成本函数 $\overline{C}(Q) = \underline{\qquad}$,利润函数 $L(Q) = \underline{\qquad}$,损益分歧点为 $Q_0 = \underline{\qquad}$.

3. 求下列函数的定义域:

(1) $y = \arcsin \dfrac{x-2}{5-x}$;　　　　(2) $y = \sqrt{\lg \dfrac{5x-x^2}{4}}$

(3) $y = \sqrt{3-x} + \arctan \dfrac{1}{x}$;　　(4) $y = \sin \sqrt{x}$

4. 下列函数由哪些基本初等函数复合而成:

(1) $y = \ln(\ln x)$;　　　　(2) $y = e^{\sin^2(x^2-1)}$

(3) $y = (1+2x)^{10}$;　　　(4) $y = (\arcsin \sqrt{1-x^2})^2$

5. 某车间设计最大生产能力为月产 100 台机床. 当生产 Q 台时月总成本函数 $C(Q) = Q^2 + 100Q$(百元). 按市场规律,价格为 $P = 2500 - 5Q$(Q 为需求量)时可以销售完毕. 试求月利润函数.

答　　案

练习题(一)

1. (1)$\{1,2,3,5\}$; (2)$\{1,3\}$; (3)$\{2\}$; (4)$\varnothing$

2. (1) $(-5,-3)\bigcup(3,5)$；(2) $[-1,7]$

3. (1) 不同；(2) 相同；(3) 不同

4. (1) $x\neq k\pi+\dfrac{\pi}{2}-1$ $(k=0,\pm 1,\pm 2,\cdots)$

(2) $[2,4]$；(3) $(-1,\infty)$；(4) $(-\infty,0)\bigcup(0,+\infty)$

5. $C=140+8q,0\leqslant q\leqslant 100$

6. $y=\begin{cases}ax, & 0<x\leqslant 30 \\ 30a+\dfrac{9}{10}a(x-30), & x>30\end{cases}$

7. $y=\dfrac{aq}{x}+\dfrac{b}{2}x$

8. (1)(4)偶函数；(2)(5)奇函数；(3)非奇非偶函数.

9. (1) $T=\pi$；(2) $T=\pi$；(3) $T=2\pi$

10. (1) $y=5^u,u=\sin x$；　　　(2) $y=\ln u,u=\cot x$

(3) $y=u^3,u=\tan v,v=\dfrac{x}{2}$；　(4) $y=\sin u,u=\sqrt{v},v=1+3x$

(5) $y=\lg u,u=\sin v,v=e^w,w=x+2$

(6) $y=u^3,u=\ln v,v=\ln w,w=x^3$

11. (1) $y=\dfrac{x-1}{2}$；　　　　(2) $y=\dfrac{2(x+1)}{x-1}$

(3) $y=\sqrt[3]{x-2}$；　　　　(4) $y=10^{x-1}-2$

12. $g(x)=\dfrac{1+2x}{3+x}$

13. 略

练习题(二)

1. (1)C；(2)B；(3)B；(4)D；(5)C

2. (1) $\dfrac{\sqrt{3}}{3},0,1,2$；(2) $y=\dfrac{1+x}{1-x}$

(3) $x>0$ 且 $x\neq\dfrac{1}{4}$；　(4) $(0,3]$

(5) $1000+6Q$；　$10Q$；　$6+\dfrac{1000}{Q}$；　$4Q-1000$；　250

3. (1) $(-\infty,\dfrac{7}{2}]$；(2) $[1,4]$

(3) $(-\infty,0)\bigcup(0,3]$；(4) $[0,\infty)$

4. (1) $y=\ln u,u=\ln x$

(2) $y=e^u,u=v^2,v=\sin w,w=x^2-1$

(3) $y = u^{10}$, $u = 1 + 2x$

(4) $y = u^2$, $u = \arcsin v$, $v = \sqrt{w}$, $w = 1 - x^2$

5. $L(Q) = 2400Q - 6Q^2$ $\quad (0 \leqslant Q \leqslant 100)$

第二章　极限与连续

极限概念是微积分中最基本的概念,微积分中诸如连续、导数、定积分、级数敛散性等基本概念,都是用极限来定义的.本章将重点介绍极限的概念、性质、求法及函数的连续性.

§2.1　数列的极限

一、数列的概念

定义 2.1　一个定义域为自然数集合的函数 $y_n = f(n)$,其函数值按相应的次序排成一串数

$$f(1),\ f(2),\ f(3),\cdots,f(n),\cdots$$

称为一个无穷数列,简称数列.记为数列 $\{y_n\}$.数列中的每一个数称为数列的项,$y_n = f(n)$ 称为数列的通项.

对于无穷数列,由于它的项有无穷多项,因此我们十分关心它的变化趋势.

例如数列:

$$y_n = n^2 : 1,4,9,16,25,\cdots,n^2,\cdots$$

$$y_n = \frac{(-1)^n + 1}{2} : 0,1,0,1,0,1,\cdots,\frac{(-1)^n + 1}{2},\cdots$$

$$y_n = \frac{n}{n+1} : \frac{1}{2},\ \frac{2}{3},\frac{3}{4},\frac{4}{5},\cdots,\frac{n}{n+1},\cdots$$

它们的变化趋势都不一样.当 n 无限增大时,数列 $\{n^2\}$ 无限增大,数列 $\left\{\dfrac{(-1)^n + 1}{2}\right\}$ 在 $0,1$ 之间摆动,数列 $\left\{\dfrac{n}{n+1}\right\}$ 无限趋近于常数 1.

二、数列的极限

前面对几个具体数列的变化趋势作了分析.数列 $\left\{\dfrac{n}{n+1}\right\}$ 具有稳定的变化趋势.所谓数列具有"稳定变化趋势"是指:当 n 无限增大时,数列 $\{y_n\}$ 无限趋

近于常数 A.

定义 2.2 设有数列 $\{y_n\}$，A 是一个常数. 如果当 n 无限增大时，y_n 无限趋近于常数 A，则称数列 $\{y_n\}$ 以 A 为极限，或称 $\{y_n\}$ 收敛于 A. 记为 $\lim\limits_{n\to\infty}y_n = A$ 或 $y_n\to A(n\to\infty)$.

凡是有极限的数列，称为收敛数列，凡是没有极限的数列称为发散数列. 例如：

$\lim\limits_{n\to\infty}\dfrac{n}{n+1} = 1$，即数列 $\left\{\dfrac{n}{n+1}\right\}$ 以 1 为极限（收敛于 1）.

$\lim\limits_{n\to\infty}\dfrac{1}{2n} = 0$，即数列 $\left\{\dfrac{1}{2n}\right\}$ 以 0 为极限（收敛于 0）.

数列 $\{n^2\}$ 及 $\left\{\dfrac{(-1)^n+1}{2}\right\}$ 没有极限，是发散的数列.

严格地说，定义 2.2 只是数列极限的一种定性描述，这是因为"无限趋近于 A"中的"无限趋近"很难测量. 我们来考察下面一个例子.

数列

$$\frac{8}{12},\frac{24}{29},\frac{40}{46},\frac{56}{63},\cdots,\frac{8+16(n-1)}{12+17(n-1)},\cdots \tag{2.1}$$

的每一项都是分数，它的各项的分子是一个以 8 为首项，16 为公差的等差数列，分母是一个以 12 为首项，17 为公差的等差数列. 现在我们想知道，数列 (2.1) 是收敛的还是发散的，如果是收敛的，极限是多少？

前面求极限时采用的是观察法，就是观察一下，随着 n 的无限增大，项 y_n "无限趋近"于一个什么常数. 对数列 (2.1) 我们也用观察法来试试.

画数轴，把数列 (2.1) 的各项用数轴上的点表示（图 2.1）.

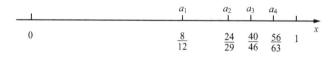

图 2.1

观察图中点的变化趋势，似乎可以断言，数列 (2.1) 是无限趋近于 1 的，即极限是 1.

如果把数列 (2.1) 的各项的分数化为小数，成为

$$0.67,0.83,0.87,0.88,0.9,0.91,\cdots$$

似乎也是趋近于 1 的.

但是这个数列的极限不是 1,而是 $\frac{16}{17}$,为什么会产生这个错误呢? 原因是 $\frac{16}{17}$ 与 1 很接近,用观察法是很难区分的,所以,极限的概念要精确化.

下面我们就从数列极限的定性描述定义出发,分四步逐步增加定量成分,最后应用数学语言给出定量定义(精确定义).

第一步,"数列 $\{y_n\}$ 无限趋近于 A"的含义就是"当 n 无限增大时,通项 y_n 与 A 的距离 $|y_n - A|$ 无限变小(趋近于 0)".

例如数列

$$\frac{1}{2}, \frac{2}{3}, \frac{3}{4}, \frac{4}{5}, \cdots, \frac{n}{n+1}, \cdots \tag{2.2}$$

无限趋近于 1,它的各项与 1 的距离,即差的绝对值依次构成新的数列:

$$\left| \frac{1}{2} - 1 \right|, \left| \frac{2}{3} - 1 \right|, \left| \frac{3}{4} - 1 \right|, \left| \frac{4}{5} - 1 \right|, \cdots, \left| \frac{n}{n+1} - 1 \right|, \cdots$$

即 $\frac{1}{2}, \frac{1}{3}, \frac{1}{4}, \frac{1}{5}, \cdots, \frac{1}{n+1}, \cdots$ 无限变小.

但这一步并没有使问题发生本质的变化,因为"距离无限变小"仍是一种描述,仍离不开观察.

第二步,"距离无限变小"意味着,你说出一个无论怎样小的正数,从某项开始,"距离"可以变得并保持比你说的数更小.

仍以数列(2.2)为例.

如果你说出一个很小的数 $\frac{1}{10}$,那么,第 9 项 $a_9 = \frac{9}{10}$ 以后的各项与 1 的距离:

第 10 项 $\left(\frac{10}{11} \right)$ 与 1 的距离 $\frac{1}{11}$,

第 11 项 $\left(\frac{11}{12} \right)$ 与 1 的距离 $\frac{1}{12}$,

第 12 项 $\left(\frac{12}{13} \right)$ 与 1 的距离 $\frac{1}{13}$,

……

都比 $\frac{1}{10}$ 小.

如果你说出一个更小的正数 $\frac{1}{100}$,不难看出,第 99 项以后的项与 1 的距离

都比 $\dfrac{1}{100}$ 小.

如果你再说出一个更小的正数 $\dfrac{1}{1000}$, 不难看出, 第 999 项以后的各项与 1 的距离都比 $\dfrac{1}{1000}$ 小.

……

上面所看出的第 9 项、第 99 项、第 999 项之后的项与 1 的距离都分别比 $\dfrac{1}{10}, \dfrac{1}{100}, \dfrac{1}{1000}$ 小, 这里的第 9 项、第 99 项、第 999 项, 这些项数 (号码) 是怎么找到的呢?

初学者可以用观察方法, 其实只要解一个不等式就行了:

设第 n 项与 1 距离比 $\dfrac{1}{10}$ 小. 而

$$a_n = \frac{n}{n+1}$$

第 n 项与 1 的距离可以写成

$$|\,a_n - 1\,| = \left| \frac{n}{n+1} - 1 \right|$$

令它小于 $\dfrac{1}{10}$, 即

$$\left| \frac{n}{n+1} - 1 \right| < \frac{1}{10}$$

解之, 有

$$\frac{1}{n+1} < \frac{1}{10}, \quad n+1 > 10, \ n > 9$$

所以, 第 9 项以后的项 (第 10 项起) 与 1 的距离都比 $\dfrac{1}{10}$ 小.

这一步的改进, 已经涉及了极限的本质, 但是, 对于数列 (2.2) 我们只说出了 $\dfrac{1}{10}, \dfrac{1}{100}, \dfrac{1}{1000}$ 三个很小的正数, 三个例子, 能不能说, 对你说出的"无论怎样小"的正数, "距离"可以变得并保持比你说的数更小呢? 不能. 因为仅仅三个例子, 不能概括任意的情形, 所以, 还要讨论任意的情形, 这就需要用到代数学的基本思想: 字母代表数.

第三步,把"你说的若干个很小的正数"改进为"你说出一个无论怎样小的正数 ε".

对数列(2.2)现在给出一个无论怎样小的正数 ε,"距离"能不能变得并保持比 ε 更小呢? 如果能的话,要找出是从哪一个项以后可以达到要求,即找到这个项的号码.

我们还是通过解不等式来找这个项的号码.

设第 n 项与1的距离比 ε 更小,即有

$$\left| \frac{n}{n+1} - 1 \right| < \varepsilon$$

解之,有

$$\frac{1}{n+1} < \varepsilon, \ n+1 > \frac{1}{\varepsilon}$$

所以,只要 n 大于 $\frac{1}{\varepsilon} - 1$ 的项都满足要求.

具体说,如果 $\varepsilon = \frac{1}{10}$,则

$$n > 9$$

如果 $\varepsilon = \frac{1}{100}$,则

$$n > 99$$

如果 $\varepsilon = \frac{1}{1000}$,则

$$n > 999$$

即分别从第9项以后(第10项开始),第99项以后(第100项开始),第999项以后(第1000项开始),"距离"比 $\frac{1}{10}, \frac{1}{100}, \frac{1}{1000}$ 更小,要找的号码就分别是10,100,1000.

对任意的正数 ε 都可以找出一个(与 ε 有关的)号码,使这一号码以后的项与1的距离都比 ε 小.这样,当 n 无限增大时,数列(2.2)的极限是1,就更明显了.

经过上面三步的分析,我们可以给出数列极限的精确定义了.

第四步,给出数列极限的精确定义:

定义 2.3 对于无论怎样小的正数 ε,总存在一个自然数 N,当 $n > N$ 时,不等式 $|y_n - A| < \varepsilon$ 成立,那么就称 A 是数列 $\{y_n\}$ 的极限,记作

$$\lim_{n \to \infty} y_n = A \text{ 或 } y_n \to A (n \to \infty)$$

注意 定义中的 ε 刻画 y_n 与 A 的接近程度,N 刻画总有那么一个时刻(即刻画 n 充分大的程度);ε 是任意给定的,N 是随 ε 而确定的.

根据这个定义,可以论证本小节给出的数列(2.1)的极限是 $\frac{16}{17}$,而不是 1.

任给出正数 ε,设第 n 项与 $\frac{16}{17}$ 的距离小于 ε,

$$\left| \frac{8 + 16(n-1)}{12 + 17(n-1)} - \frac{16}{17} \right| < \varepsilon$$

解之,有

$$\left| \frac{16n - 8}{17n - 5} - \frac{16}{17} \right| < \varepsilon$$

可得

$$n > \frac{56}{289\varepsilon} + \frac{5}{17}$$

即第 $\frac{56}{289\varepsilon} + \frac{5}{17}$ 项以后的项与 $\frac{16}{17}$ 的距离都比 ε 小,所以 $\frac{16}{17}$ 是数列(2.1)的极限.

如果说数列(2.1)的极限是 1,是否也能一样地加以证明呢? 下面我们来讨论一下.

对任意正数 ε,设第 n 项与 1 的距离小于 ε,即

$$\left| \frac{8 + 16(n-1)}{12 + 17(n-1)} - 1 \right| < \varepsilon$$

化简得

$$n(17\varepsilon - 1) > 3 + 5\varepsilon$$

至此,为求出 n,需在不等式的两边同除以 $17\varepsilon - 1$,但是,只有当 $\varepsilon > \frac{1}{17}$ 时,$17\varepsilon - 1$ 为正,才能解得. 即对于比 $\frac{1}{17}$ 大的 ε,第 $\frac{3 + 5\varepsilon}{17\varepsilon - 1}$ 项以后的项与 1 的距离小于 ε,而对比 $\frac{1}{17}$ 小的 ε 呢? 此时 $17\varepsilon - 1$ 为负,不等式 $n(17\varepsilon - 1) > 3 + 5\varepsilon$

的右边是正数,而左边是负数,这是不可能的.也就是说,对任意的正数 ε,使

$$\left| \frac{8 + 16(n-1)}{12 + 17(n-1)} - 1 \right| < \varepsilon$$

成立的 n 是不存在的.

因此,1 不是数列(2.1)的极限.

不能根据极限的定义求出数列的极限,只能用定义验证某常数是不是某数列的极限.

$n \to \infty$ 时 $f(n)$ 以 A 为极限的几何意义是:

对任意给定的小正数 ε,在 $y_n = A - \varepsilon$ 与 $y_n = A + \varepsilon$ 之间形成一个带形区域,不论 ε 多么小,即不论带形区域多么狭窄,总可以找到 N,从第 $N+1$ 项起,以后的一切项 $y_{N+1}, y_{N+2}, \cdots$ 的数值均在 $(A - \varepsilon, A + \varepsilon)$ 内,即当 $n > N$ 时,其对应点 (n, y_n) 都落在带形区域内,带形区域外只含有限个点,见图2.2.

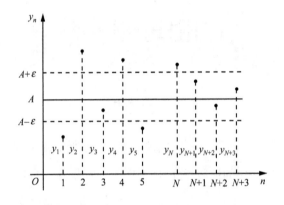

图 2.2

§2.2　函数的极限

数列是定义于正整数集合上的函数,它的极限只是一种特殊的函数的极限.现在,我们讨论定义于实数集合上的函数 $y = f(x)$ 的极限.

一、当 $x \to \infty$ 时函数 $f(x)$ 的极限

例如函数

$$y = 1 + \frac{1}{x} \qquad (x \neq 0)$$

当$|x|$无限增大时,y无限地接近于1,如图2.3.和数列极限一样,"当$|x|$无限地增大时,y无限地接近于1",是指"当$|x|$无限增大时,$|y-1|$可以任意地小".

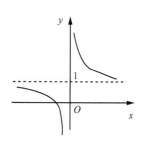

即对于任意给定的$\varepsilon>0$,要使

$$|y-1|=\left|\left(1+\frac{1}{x}\right)-1\right|=\left|\frac{1}{x}\right|<\varepsilon$$

只要取$|x|>\dfrac{1}{\varepsilon}$就可以了.亦即当$x$进入区间

图2.3

$$\left(-\infty,-\frac{1}{\varepsilon}\right)\cup\left(\frac{1}{\varepsilon},+\infty\right)$$

时,$|y-1|<\varepsilon$恒成立.这时我们就称x趋于无穷大时$y=1+\dfrac{1}{x}$以1为极限.

定义 2.4 如果对于任意给定的正数ε,总存在一个正数M,使得当一切$|x|>M$时,$|f(x)-A|<\varepsilon$恒成立,则称当x趋于无穷大时,函数$f(x)$以常数A为极限.记作

$$\lim_{x\to\infty}f(x)=A \text{ 或} f(x)\to A \quad (x\to\infty)$$

注意 定义中ε刻画$f(x)$与A的接近程度,M刻画$|x|$充分大的程度;ε是任意给定的正数,M是随ε而确定的.

例1 用定义证明$\lim\limits_{x\to\infty}\dfrac{1}{x}=0$.

证 设$f(x)=\dfrac{1}{x}$.对于任意给定的$\varepsilon>0$,要使

$$|f(x)-0|=\left|\frac{1}{x}\right|=\frac{1}{|x|}<\varepsilon$$

只要$|x|>\dfrac{1}{\varepsilon}$就可以了.因此,对于任意给定的$\varepsilon>0$,取$M=\dfrac{1}{\varepsilon}$,则当$|x|>M$时,

$$|f(x)-0|=\left|\frac{1}{x}-0\right|<\varepsilon$$

恒成立.所以$\lim\limits_{x\to\infty}\dfrac{1}{x}=0$.

有时我们还需要区分x趋于无穷大的符号.如果x从某一时刻起,往后

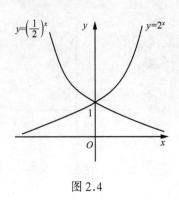

图 2.4

总是取正值而且无限增大.则称 x 趋于正无穷大,记作 $x \to +\infty$,此时定义中 $|x| > M$ 可改写成 $x > M$;如果 x 从某一时刻起,往后总取负值且 $|x|$ 无限增大,则称 x 趋于负无穷大,记作 $x \to -\infty$,此时定义中的 $|x| > M$,可改写成为 $x < -M$.

例 2　证明(1) $\lim\limits_{x \to +\infty} \left(\dfrac{1}{2}\right)^x = 0$

(2) $\lim\limits_{x \to -\infty} 2^x = 0$

如图 2.4.

下面证明(1) $\lim\limits_{x \to +\infty} \left(\dfrac{1}{2}\right)^x = 0$.

证　设 $f(x) = \left(\dfrac{1}{2}\right)^x$.对于任意给定的 $\varepsilon > 0$,要使

$$|f(x) - 0| = \left| \left(\frac{1}{2}\right)^x - 0 \right| = \left(\frac{1}{2}\right)^x < \varepsilon$$

只要 $2^x > \dfrac{1}{\varepsilon}$,即 $x > \dfrac{\lg \dfrac{1}{\varepsilon}}{\lg 2}$(设 $\varepsilon < 1$)就可以了.因此,对于任意给定的 $\varepsilon > 0$,取 $M = \dfrac{\lg \dfrac{1}{\varepsilon}}{\lg 2}$,则当 $x > M$ 时,

$$|f(x) - 0| = \left| \left(\frac{1}{2}\right)^x - 0 \right| < \varepsilon$$

恒成立.所以

$$\lim_{x \to +\infty} \left(\frac{1}{2}\right)^x = 0$$

$x \to \infty$ 时 $f(x)$ 以 A 为极限的几何意义是:

对任意给定的小正数 ε,在坐标平面上作二平行直线 $y = A - \varepsilon$ 与 $y = A + \varepsilon$,二直线之间形成一个带形区域.不论 ε 多么小,即不论带形区域多么狭窄,总可以找到 $M > 0$,当点 $(x, f(x))$ 的横坐标 x 进入区间 $(-\infty, -M) \cup (M, +\infty)$ 时,纵坐标 $f(x)$ 全部落入区间 $(A - \varepsilon, A + \varepsilon)$ 内.此时 $y = f(x)$ 的图形处于带形区域之内.ε 越小,则带形区域越狭窄,如图 2.5 所示.

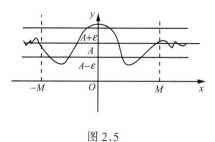

图 2.5

二、当 $x \rightarrow x_0$ 时函数 $f(x)$ 的极限

对于函数 $y = f(x)$,除研究 $x \rightarrow \infty$ 时 $f(x)$ 的极限以外,还需要研究 x 趋于某个常数 x_0 时,$f(x)$ 的变化趋势.先看两个例子:

例1 函数 $y = f(x) = 2x + 1$,定义于 $(-\infty, +\infty)$,如图 2.6 我们考察当 x 趋于 $\frac{1}{2}$ 时,这个函数的变化趋势.为此,列成表 2.1.

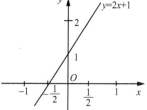

图 2.6

表 2.1

x	0	0.1	0.3	0.4	0.49	$\cdots$	0.5	$\cdots$	0.51	0.6	0.9	1
$f(x)$	1	1.2	1.6	1.8	1.98	$\cdots$	2	$\cdots$	2.02	2.2	2.8	3

不难看出,当 x 越来越接近 $\frac{1}{2}$ 时,$f(x)$ 与 2 的差越来越接近于 0,当 x 充分接近 $\frac{1}{2}$ 时,$|f(x) - 2|$ 可以任意小.因此对于任意给定的 $\varepsilon > 0$,要使

$$| f(x) - 2 | = | (2x + 1) - 2 | = | 2x - 1 | = 2\left| x - \frac{1}{2} \right| < \varepsilon$$

只要取 $\left| x - \frac{1}{2} \right| < \frac{\varepsilon}{2}$ 就可以了.这就是说,当 x 进入 $x = \frac{1}{2}$ 的 $\frac{\varepsilon}{2}$ 邻域 $\left(\frac{1}{2} - \frac{\varepsilon}{2}, \frac{1}{2} + \frac{\varepsilon}{2} \right)$ 时,$|f(x) - 2| < \varepsilon$ 恒成立.这时我们称当 x 趋于 $\frac{1}{2}$ 时,$y = f(x) = 2x + 1$ 以 2 为极限.

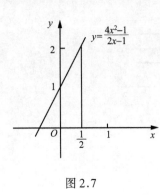

图 2.7

例 2　$y = f(x) = \dfrac{4x^2 - 1}{2x - 1}$，定义于 $\left(-\infty, \dfrac{1}{2}\right) \cup \left(\dfrac{1}{2}, +\infty\right)$，如图 2.7. 我们也考察当 x 趋于 $\dfrac{1}{2}$ 时，这个函数的变化趋势.

显然表 2.1 中的所有数值，除 $x = \dfrac{1}{2}$，$y = 2$ 这一对数值之外，其他数值均适用于这个函数. 可见，当 x 充分接近 $\dfrac{1}{2}$ 时，$y = \dfrac{4x^2 - 1}{2x - 1}$ 与 2 的差的绝对值也可以任意小. 因为，对于任意给定的 $\varepsilon > 0$. 当 x 进入 $\left(\dfrac{1}{2} - \dfrac{\varepsilon}{2}, \dfrac{1}{2}\right) \cup \left(\dfrac{1}{2}, \dfrac{1}{2} + \dfrac{\varepsilon}{2}\right)$ 时 $|f(x) - 2| < \varepsilon$ 恒成立. 因此，当 x 趋于 $\dfrac{1}{2}$ 时，$y = \dfrac{4x^2 - 1}{2x - 1}$ 也以 2 为极限.

由上面两个例子可以看出，我们研究 x 趋于 $\dfrac{1}{2}$ 时函数 $f(x)$ 的极限，是指 x 充分接近于 $\dfrac{1}{2}$ 时 $f(x)$ 的变化趋势，而不是求 $x = \dfrac{1}{2}$ 时 $f(x)$ 的函数值. 因此，研究 x 趋于 $\dfrac{1}{2}$ 时 $f(x)$ 的极限问题，与 $x = \dfrac{1}{2}$ 时函数 $f(x)$ 是否有定义无关.

定义 2.5　如果对于任意给定的正数 ε，总存在一个正数 δ，使当 $0 < |x - x_0| < \delta$ 时，

$$|f(x) - A| < \varepsilon$$

恒成立，则称当 x 趋于 x_0 时，函数 $f(x)$ 以常数 A 为极限. 记作

$$\lim_{x \to x_0} f(x) = A \quad 或 \quad f(x) \to A \quad (x \to x_0)$$

注意 1　定义中的 ε 刻画 $f(x)$ 与常数 A 的接近程度，δ 刻画 x 与 x_0 的接近程度；ε 是任意给定的，δ 是随 ε 而确定的.

注意 2　定义中的 $|x - x_0| < \delta$，表示 x 与 x_0 的距离小于 δ，而 $0 < |x - x_0|$ 表示 $x \neq x_0$，因此 $0 < |x - x_0| < \delta$ 表示

$$x \in (x_0 - \delta, x_0) \cup (x_0, x_0 + \delta)$$

例 3 利用定义证明 $\lim\limits_{x \to 2}(3x-2)=4$.

证 设 $f(x)=3x-2$. 对于任意给定的 $\varepsilon>0$,要使

$$|f(x)-4| = |(3x-2)-4| = |3x-6| = 3|x-2| < \varepsilon$$

只要取 $|x-2| < \dfrac{\varepsilon}{3}$ 就可以了.因此,对于任意给定的 $\varepsilon>0$,取 $\delta=\dfrac{\varepsilon}{3}$,当 $0<|x-2|<\delta$ 时

$$|f(x)-4| < \varepsilon$$

恒成立.所以 $\lim\limits_{x \to 2}(3x-2)=4$.

例 4 利用定义证明 $\lim\limits_{x \to x_0} x = x_0$.

证 设 $f(x)=x$. 对于任意给定的 $\varepsilon>0$,要使

$$|f(x)-x_0| = |x-x_0| < \varepsilon$$

只要取 $\delta=\varepsilon$ 就可以了,因此对于任意给定的 $\varepsilon>0$,取 $\delta=\varepsilon$. 当 $0<|x-x_0|<\delta$ 时,

$$|f(x)-x_0| < \varepsilon$$

恒成立. 所以 $\lim\limits_{x \to x_0} x = x_0$.

$x \to x_0$ 时 $f(x)$ 以 A 为极限的几何意义是:

对任意给定的正数 ε,不论 ε 多么小,即不论 $y = A - \varepsilon$ 与 $y = A + \varepsilon$ 间的带形区域多么狭窄,总可以找到 $\delta>0$,当点 $(x, f(x))$ 的横坐标 x 进入区间 $(x_0 - \delta, x_0) \bigcup (x_0, x_0 + \delta)$ 时,纵坐标 $f(x)$ 全部落入区间 $(A - \varepsilon, A + \varepsilon)$ 内. 此时 $y = f(x)$ 的图形处于带形区域之内. ε 越小,带形区域越狭窄,如图 2.8 所示.

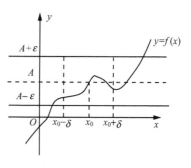

图 2.8

三、左极限与右极限

前面讲了 $x \to x_0$ 时 $f(x)$ 的极限,在那里 x 是以任意方式趋于 x_0 的.但是,有时我们还需要知道 x 仅从 x_0 的左侧($x < x_0$)或仅从 x_0 的右侧($x > x_0$)趋于 x_0 时,$f(x)$ 的变化趋势.于是,就要引进左极限与右极限的概念.

例如,函数

$$f(x) = \begin{cases} 1, & x < 0 \\ x, & x \geqslant 0 \end{cases}$$

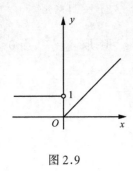

图 2.9

图形见图 2.9.容易观察出当 x 从 0 的左侧趋于 0 时,$f(x)$ 趋于 1,而当 x 从 0 的右侧趋于 0 时,$f(x)$ 趋于 0.我们分别称它们是 x 趋于 0 时的左极限与右极限.

再考察 $y = \sqrt{x}$ 当 x 趋于 0 时的极限.由于函数的定义域为 $[0, +\infty)$,因此当 x 趋于 0 时,只能考察其右极限.对 $y = \sqrt{-x}$,由于其定义域为 $(-\infty, 0]$,因 x 趋于 0 时,只能考察其左极限.

定义 2.6　如果当 x 从 x_0 的左侧$(x < x_0)$趋于 x_0 时,$f(x)$ 以 A 为极限,即对于任意给定的 $\varepsilon > 0$,总存在一个正数 δ,使 $0 < x_0 - x < \delta$ 时,

$$|f(x) - A| < \varepsilon$$

恒成立,则称 A 为 $x \to x_0$ 时 $f(x)$ 的左极限.记作

$$\lim_{x \to x_0^-} f(x) = A \quad 或 \quad f(x_0 - 0) = A$$

如果当 x 从 x_0 的右侧$(x > x_0)$趋于 x_0 时,$f(x)$ 以 A 为极限,即对于任意给定的 $\varepsilon > 0$,总存在一个正数 δ,使当 $0 < x - x_0 < \delta$ 时,

$$|f(x) - A| < \varepsilon$$

恒成立,则称 A 为 $x \to x_0$ 时 $f(x)$ 的右极限.记作

$$\lim_{x \to x_0^+} f(x) = A \quad 或 \quad f(x_0 + 0) = A$$

四、关于函数极限的定理

根据左、右极限的定义,显然可得下列定理.

定理 2.1　$\lim\limits_{x \to x_0} f(x) = A$ 成立的充分必要条件是:

$$\lim_{x \to x_0^+} f(x) = \lim_{x \to x_0^-} f(x) = A$$

例 1　设 $f(x) = \begin{cases} 1, & x < 0 \\ x, & x \geqslant 0 \end{cases}$

研究当 $x \to 0$ 时,$f(x)$ 的极限是否存在.

解 当 $x<0$ 时,

$$\lim_{x\to 0^-} f(x) = \lim_{x\to 0^-} 1 = 1$$

而当 $x>0$ 时,

$$\lim_{x\to 0^+} f(x) = \lim_{x\to 0^+} x = 0$$

左、右极限都存在,但不相等.所以,由定理 2.1 可知 $\lim_{x\to 0} f(x)$ 不存在,见图 2.9.

例 2 研究当 $x\to 0$ 时,$f(x)=|x|$ 的极限.

解 $f(x)=|x|=\begin{cases} -x, & x<0 \\ x, & x\geqslant 0 \end{cases}$

已知

$$\lim_{x\to 0^+} f(x) = \lim_{x\to 0^+} x = 0$$

可以证明

$$\lim_{x\to 0^-} f(x) = \lim_{x\to 0^-} (-x) = 0$$

所以,由定理 2.1 可得

$$\lim_{x\to 0} |x| = 0$$

定理 2.2 如果 $\lim_{x\to x_0} f(x)=A$,而且 $A>0$(或 $A<0$),则总存在一个正数 δ,使当 $0<|x-x_0|<\delta$ 时,$f(x)>0$(或 $f(x)<0$).

定理 2.3 如果 $\lim_{x\to x_0} f(x)=A$,且 $f(x)\geqslant 0$(或 $f(x)\leqslant 0$),则 $A\geqslant 0$(或 $A\leqslant 0$).

五、变量的极限

我们把数列 $f(n)$ 及函数 $f(x)$ 概括为"变量 y",把 $n\to\infty$,$x\to\infty$,$x\to x_0$ 概括为"某个变化过程中".那么,综合数列极限与函数极限的概念,可以概括出一般变量极限的定义.

定义 2.7 对于任意给定的正数 ε,在变量 y 的变化过程中,总有那么一个时刻,在那个时刻以后,

$$|y-A|<\varepsilon$$

恒成立,则称变量 y 在此变化过程中以 A 为极限.记作

$$\lim y = A$$

1. 如果变量 y 是数列 $y_n = f(n)$，则定义中的"变化过程"是指"$n \to \infty$"；"总有那么一个时刻"是指总"存在一个正整数 N"；"在那个时刻以后"是指"当 $n > N$ 时"；而"$\lim y = A$"应为"$\lim\limits_{n \to \infty} y_n = A$".

2. 如果变量 y 是定义于实数集合的函数 $y = f(x)$，而研究的变化过程是 $x \to \infty$，则定义中"总有那么一个时刻"是指"总存在一个正数 M"；"在那个时刻以后"是指"当 $|x| > M$ 时"；而"$\lim y = A$"应为"$\lim\limits_{x \to \infty} f(x) = A$".

3. 如果变量 y 是定义于实数集合的函数 $y = f(x)$，而研究的变化过程是 $x \to x_0$，则定义中"总有那么一个时刻"是指"总存在一个正数 δ"，"在那个时刻以后"是指"当 $0 < |x - x_0| < \delta$ 时"；而"$\lim y = A$"应为"$\lim\limits_{x \to x_0} f(x) = A$".

这里的极限定义和记号概括了两种变量 $f(n)$ 和 $f(x)$ 在三种变化过程中，即 $f(n)$ 在 $n \to \infty$ 时及 $f(x)$ 在 $x \to \infty$ 或 $x \to x_0$ 时的极限问题.

今后，凡对两种变量、三种过程均适用的定义、推理或规律性结论才能使用通用记号"$\lim y = A$". 如果变量 y 已给出为具体函数，则不能使用通用记号，必须在极限符号下面伴随着所研究的变量的自变量的变化过程.

例如

$$\lim_{n \to \infty} \left(1 + \frac{1}{n}\right) = 1, \ \lim_{x \to 2}(3x - 2) = 4, \ \lim_{x \to \infty} \frac{1}{x} = 0$$

不能出现诸如 $\lim \dfrac{1}{x}$ 这样的符号.

例　证明 $\lim c = c$　（c 为常数）

证　设 $y = c$. 对任意给定的 $\varepsilon > 0$，恒有

$$|y - c| = |c - c| = 0 < \varepsilon$$

所以
$$\lim c = c$$

结论　"$\lim c = c$"表示对数列 $f(n) = c$ 有 $\lim\limits_{n \to \infty} f(n) = \lim\limits_{n \to \infty} c = c$，对函数 $f(x) = c$ 有 $\lim\limits_{x \to \infty} f(x) = \lim\limits_{x \to \infty} c = c$ 及 $\lim\limits_{x \to x_0} f(x) = \lim\limits_{x \to x_0} c = c$.

§2.3　无穷大量与无穷小量

一、无穷大量

定义 2.8　如果对于任意给定的正数 E，变量 y 在其变化过程，总有那么

一个时刻,在那个时刻以后,不等式$|y|>E$恒成立,则称变量y是无穷大量,记作$\lim y=\infty$.

例如$\lim\limits_{x\to 0}\dfrac{1}{x}=\infty$,称函数$\dfrac{1}{x}$当$x\to 0$时为无穷大量,$\lim\limits_{n\to\infty}n^2=\infty$,称$n^2$当$n\to\infty$时为无穷大量.

注意 1.无穷大量不是一个绝对值很大的数,而是变量.

2.无穷大量是针对某个过程而言.

例如当$x\to\infty$时,$\dfrac{1}{x}$就不是无穷大量.当$x\to 0^+$时,$\dfrac{1}{x}$是正无穷大量,而当$x\to 0^-$时$\dfrac{1}{x}$是负无穷大量.

根据函数图形可知

$$\lim_{x\to\frac{\pi}{2}^-}\tan x=+\infty,\qquad \lim_{x\to 0^+}\log_a x=-\infty \qquad (a>1)$$

即当$x\to\dfrac{\pi}{2}^-$时$\tan x$是正无穷大量;当$x\to 0^+$时,$\log_a x$是负无穷大量.

二、无穷小量

定义 2.9 以零为极限的变量,称为无穷小量.亦即,对于任意给定的正数ε,如果在变量y的变化过程中,总有那么一个时刻,在那个时刻以后,不等式$|y|<\varepsilon$恒成立,则称变量y为无穷小量.

例如,因为

$$\lim_{x\to\infty}\frac{1}{x}=0,\quad \lim_{x\to+\infty}\left(\frac{1}{2}\right)^x=0$$

所以当$x\to\infty$时,$\dfrac{1}{x}$是无穷小量,当$x\to+\infty$时$\left(\dfrac{1}{2}\right)^x$是无穷小量.

同样,无穷小量不是一个很小的数,而是变量.

无穷小量有如下性质:

性质 1 有界变量与无穷小量的乘积是无穷小量.

例如

$$\lim_{x\to\infty}\frac{\sin x}{x}=0$$

因为当$x\to\infty$时,$\dfrac{1}{x}$是无穷小量,而$|\sin x|\leqslant 1$,即$\sin x$是有界变量,故

$\dfrac{1}{x}\sin x$ 是无穷小量. 所以 $\lim\limits_{x\to\infty}\dfrac{\sin x}{x}=0$.

注意　这条性质是计算极限的重要手段之一.

推论 1　常数与无穷小量的乘积是无穷小量.

推论 2　有限个无穷小量的乘积还是无穷小量.

这是因为无穷小量以零为极限,因而是有界变量.

性质 2　$\lim y=A$ 的充要条件是 y 可以表示为 A 与一个无穷小量之和.

证(必要性)　设 $\lim y=A$,根据定义 2.7,对于任意给定的 $\varepsilon>0$,总有那么一个时刻,在那个时刻以后,不等式

$$|y-A|<\varepsilon$$

恒成立.因此,如果将 $y-A$ 作为一个整体,由定义 2.9 它是一个无穷小量,记为 α,则 $y-A=\alpha$,即 $y=A+\alpha$,所以 y 是 A 与无穷小量 α 的和.

（充分性）　设 y 可以表示为 A 与一个无穷小量 α 之和,即

$$y=A+\alpha$$

则 $y-A=\alpha$ 是一个无穷小量,由定义 2.9,$y-A$ 的极限为 0,由定义 2.7 即对于任意给定的 $\varepsilon>0$,总有那么一个时刻以后,不等式

$$|y-A|<\varepsilon$$

成立.即

$$\lim y=A$$

三、无穷大量与无穷小量的关系

定理 2.4　在变量 y 的变化过程中

（1）如果 y 是无穷大量,则 $\dfrac{1}{y}$ 是无穷小量.

（2）如果 $y(\neq0)$ 是无穷小量,则 $\dfrac{1}{y}$ 是无穷大量.

四、无穷小量的阶

无穷小量是趋于零的变量,但不同的无穷小量趋于零的速度是不一致的,我们用阶来比较无穷小量趋于零的速度.

直观上当 $x\to0$ 时 x^2 与 x 均是无穷小量,且 x^2 趋于零的速度比 x 快,见表 2.2:

表 2.2

x	1,	$\frac{1}{2}$,	$\frac{1}{3}$,	$\frac{1}{4}$,	$\frac{1}{5}$,	$\frac{1}{6}$	...	→0
x^2	1,	$\frac{1}{4}$,	$\frac{1}{9}$,	$\frac{1}{16}$,	$\frac{1}{25}$,	$\frac{1}{36}$	...	→0

事实上 $\lim\limits_{x\to 0}\dfrac{x^2}{x}=\lim\limits_{x\to 0}x=0.$

上述实例启发我们作如下定义:

定义 2.10 设 α,β 都是无穷小量.

如果 $\lim\dfrac{\beta}{\alpha}=0$,则称 β 是比 α 高阶的无穷小量,记作 $\beta=o(\alpha)$. 即 $\lim\dfrac{o(\alpha)}{\alpha}=0.$

如果 $\lim\dfrac{\beta}{\alpha}=\infty$,则称 β 是比 α 低阶的无穷小量.

如果 $\lim\dfrac{\beta}{\alpha}=c\neq 0$,则称 β 与 α 是同阶无穷小量,特别当 $c=1$ 时,称 β 与 α 是等价无穷小量,记作 $\alpha\sim\beta$.

例如,因为 $\lim\limits_{x\to 0}\dfrac{x^2}{x}=0$,则称 x^2 是比 x 高阶的无穷小量,记作 $x^2=o(x)$ $(x\to 0)$.

由 $\lim\limits_{x\to 0}\dfrac{2x}{x}=2$ 知当 $x\to 0$ 时 $2x$ 与 x 是同阶无穷小量.

§2.4 极限的运算法则

由极限的定义可以用观察法求出一些简单数列的极限和基本初等函数的极限,或是证明某些极限等式.但是更多的情形观察法是不奏效的.考虑到初等函数的构成办法,以下我们研究极限在相应运算下的法则.

定理 2.5 若 $\lim u=A$,$\lim v=B$,则 $(u\pm v)$ 的极限存在,且

$$\lim(u\pm v)=\lim u\pm\lim v=A\pm B$$

证 因为 $\lim u=A$,$\lim v=B$ 由无穷小量性质 2 知

$$u=A+\alpha,\quad v=B+\beta$$

其中 α 与 β 是无穷小量.所以

$$u \pm v = A \pm B + (\alpha \pm \beta)$$

显然 $\alpha \pm \beta$ 仍为无穷小量,故

$$\lim(u \pm v) = A \pm B = \lim u \pm \lim v$$

定理 2.6　若 $\lim u = A$,$\lim v = B$,则 $(u \cdot v)$ 的极限存在,且

$$\lim(u \cdot v) = \lim u \cdot \lim v = A \cdot B$$

证　因为 $\lim u = A$,$\lim v = B$,由无穷小量性质 2 知:

$$u = A + \alpha, \quad v = B + \beta$$

其中 α 与 β 是无穷小量,故

$$uv = AB + (A\beta + B\alpha + \alpha\beta)$$

由无穷小量性质 1 的推论 1、2 知

$$A\beta + B\alpha + \alpha\beta$$

是无穷小量,故

$$\lim(uv) = AB = \lim u \cdot \lim v$$

推论 1　若 $\lim u = A$,c 为常数,则

$$\lim(cu) = c\lim u = cA$$

即常数可以从极限符号内提出来.

推论 2　若 $\lim u = A$,则

$$\lim u^n = A^n = (\lim u)^n$$

其中 n 是正整数.

定理 2.7　若 $\lim u = A$,$\lim v = B$,且 $B \neq 0$,则 $\lim \dfrac{u}{v}$ 存在,且 $\lim \dfrac{u}{v} = \dfrac{\lim u}{\lim v} = \dfrac{A}{B}$.

请读者自证.

注意　上述法则中 A 与 B 是确定的常数,$\lim u = A$ 及 $\lim v = B$ 即意指变量 u 与 v 的极限存在,若 u 与 v 的极限不存在,则法则中的等式不成立.

例 1　求 $\lim\limits_{x \to 1}(x^3 - 2x + 4)$

解

$$\lim_{x \to 1}(x^3 - 2x + 4) = \lim_{x \to 1}(x^3) - \lim_{x \to 1}(2x) + \lim_{x \to 1}4$$

$$= (\lim_{x \to 1}x)^3 - 2\lim_{x \to 1}x + 4$$

$$= 1 - 2 + 4 = 3$$

例 2　求 $\lim\limits_{x \to 1} \dfrac{x^3 - 2x + 4}{2x + 1}$

解　因为

$$\lim_{x \to 1}(x^3 - 2x + 4) = 3$$

$$\lim_{x \to 1}(2x + 1) = 3 \neq 0$$

所以　　　　$$\lim_{x \to 1} \frac{x^3 - 2x + 4}{2x + 1} = \frac{\lim\limits_{x \to 1}(x^3 - 2x + 4)}{\lim\limits_{x \to 1}(2x + 1)} = \frac{3}{3} = 1$$

例 3　求 $\lim\limits_{x \to 2} \dfrac{x + 3}{x - 2}$

解　因为

$$\lim_{x \to 2}(x - 2) = 0$$

故不能利用商法则.

　　因为　　　　$$\lim_{x \to 2} \frac{x - 2}{x + 3} = \frac{\lim\limits_{x \to 2}(x - 2)}{\lim\limits_{x \to 2}(x + 3)} = \frac{0}{5} = 0$$

即 $\dfrac{x - 2}{x + 3}$ 是无穷小量.

　　故其倒数 $\dfrac{x + 3}{x - 2}$ 是无穷大量, 即

$$\lim_{x \to 2} \frac{x + 3}{x - 2} = \infty$$

这时我们称 $\dfrac{x + 3}{x - 2}$ 当 $x \to 2$ 时无极限. 而上式仅表明当 $x \to 2$ 时 $\dfrac{x + 3}{x - 2}$ 的变化趋势是无限增大.

　　由此我们可以得出结论:

　　设 $\lim u = A \neq 0, \lim v = 0$, 则 $\dfrac{u}{v}$ 的极限不存在, 可表示为 $\lim \dfrac{u}{v} = \infty$, 即 $\dfrac{u}{v}$ 是无穷大量.

例 4　求 $\lim\limits_{n \to \infty} \dfrac{n^2 - 2n + 3}{3n^2 + 4}$

解　显然分子及分母的极限均不存在,不能直接利用商法则.为此,将分子分母同除以 n 的最高次方 n^2 得

$$\lim_{n\to\infty}\frac{n^2-2n+3}{3n^2+4}=\lim_{n\to\infty}\frac{1-\dfrac{2}{n}+\dfrac{3}{n^2}}{3+\dfrac{4}{n^2}}$$

因为 $\lim\limits_{n\to\infty}\left(1-\dfrac{2}{n}+\dfrac{3}{n^2}\right)=1,\lim\limits_{n\to\infty}\left(3+\dfrac{4}{n^2}\right)=3\neq0$ 故由商法则知

$$\lim_{n\to\infty}\frac{n^2-2n+3}{3n^3+4}=\frac{\lim\limits_{n\to\infty}\left(1-\dfrac{2}{n}+\dfrac{3}{n^2}\right)}{\lim\limits_{n\to\infty}\left(3+\dfrac{4}{n^2}\right)}=\frac{1}{3}$$

例 5　求 $\lim\limits_{x\to\infty}\dfrac{2x^3+6x+5}{3x^4+6x}$

解　同例 4 一样不能直接利用商法则,而先将分子分母同除以 x 的最高次方 x^4,得

$$\lim_{x\to\infty}\frac{2x^3+6x+5}{3x^4+6x}=\lim_{x\to\infty}\frac{\dfrac{2}{x}+\dfrac{6}{x^3}+\dfrac{5}{x^4}}{3+\dfrac{6}{x^3}}=\frac{0}{3}=0$$

例 6　求 $\lim\limits_{x\to\infty}\dfrac{3x^3+8x+1}{2x^2+3}$

解　仍然是同除以最高次方 x^3 得

$$\lim_{x\to\infty}\frac{3x^3+8x+1}{2x^2+3}=\lim_{x\to\infty}\frac{3+\dfrac{8}{x^2}+\dfrac{1}{x^3}}{\dfrac{2}{x}+\dfrac{3}{x^3}}$$

因为

$$\lim_{x\to\infty}\left(3+\frac{8}{x^2}+\frac{1}{x^3}\right)=3$$

$$\lim_{x\to\infty}\left(\frac{2}{x}+\frac{3}{x^3}\right)=0$$

所以

$$\lim_{x \to \infty} \frac{3x^3 + 8x + 1}{2x^2 + 3} = \infty$$

总结以上三例可得规律：

$$\lim_{x \to \infty} \frac{a_n x^n + a_{n-1} x^{n-1} + \cdots + a_1 x + a_0}{b_m x^m + b_{m-1} x^{m-1} + \cdots + b_1 x + b_0}$$

$$= \begin{cases} \dfrac{a_n}{b_m}, & n = m \\[2mm] 0, & n < m \\[2mm] \infty, & n > m \end{cases}$$

其中 a_n, b_m 为常数, $a_n \neq 0$, $b_m \neq 0$, n 与 m 是自然数.

例 7　求 $\lim_{x \to 2} \dfrac{x-2}{x^2 - 4}$

解　因为

$$\lim_{x \to 2}(x - 2) = 0, \ \lim_{x \to 2}(x^2 - 4) = 0$$

所以不能直接利用商法则，为此先约去分子与分母的"零因子" $(x-2)$,

$$\lim_{x \to 2} \frac{x-2}{x^2 - 4} = \lim_{x \to 2} \frac{1}{x + 2} = \frac{1}{4}$$

请读者思考：为什么当 $x = 2$ 时, $\dfrac{x-2}{x^2 - 4} \neq \dfrac{1}{x+2}$, 而

$$\lim_{x \to 2} \frac{x-2}{x^2 - 4} = \lim_{x \to 2} \frac{1}{x + 2}.$$

例 8　求 $\lim_{x \to 9} \dfrac{\sqrt{x} - 3}{x - 9}$

解　同样也是先约去零因子 $(\sqrt{x} - 3)$:

$$\lim_{x \to 9} \frac{\sqrt{x} - 3}{x - 9} = \lim_{x \to 9} \frac{\sqrt{x} - 3}{(\sqrt{x} + 3)(\sqrt{x} - 3)} = \lim_{x \to 9} \frac{1}{\sqrt{x} + 3} = \frac{1}{6}$$

或者

$$\lim_{x \to 9} \frac{\sqrt{x} - 3}{x - 9} = \lim_{x \to 9} \frac{(\sqrt{x} - 3)(\sqrt{x} + 3)}{(x - 9)(\sqrt{x} + 3)}$$

$$= \lim_{x \to 9} \frac{x - 9}{(x - 9)(\sqrt{x} + 3)} = \lim_{x \to 9} \frac{1}{(\sqrt{x} + 3)} = \frac{1}{6}$$

例 9　求 $\lim\limits_{x \to 1} \left(\dfrac{1}{x - 1} - \dfrac{3}{x^3 - 1} \right)$

解　因为当 $x \to 1$ 时 $\dfrac{1}{x - 1}$，$\dfrac{3}{x^3 - 1}$ 的极限不存在，故不能直接应用代数和法则，为此先适当整理：

$$\frac{1}{x - 1} - \frac{3}{x^3 - 1} = \frac{x^2 + x + 1 - 3}{x^3 - 1} = \frac{x^2 + x - 2}{x^3 - 1}$$

$$= \frac{(x + 2)(x - 1)}{x^3 - 1} = \frac{x + 2}{x^2 + x + 1}$$

故

$$\lim_{x \to 1} \left(\frac{1}{x - 1} - \frac{3}{x^3 - 1} \right)$$

$$= \lim_{x \to 1} \frac{x + 2}{x^2 + x + 1} = \frac{\lim\limits_{x \to 1}(x + 2)}{\lim\limits_{x \to 1}(x^2 + x + 1)} = 1$$

§2.5　两个重要极限

一、$\lim\limits_{x \to 0} \dfrac{\sin x}{x} = 1$

这个重要极限的证明需要用到极限准则：

定理 2.8　若变量 x, y, z 满足 $y \leqslant x \leqslant z$，且

$$\lim y = \lim z = A, \text{则 } \lim x = A.$$

这一结论具有明显的直观意义，也称为夹逼定理.

下面借助这一结论证明 $\lim\limits_{x \to 0} \dfrac{\sin x}{x} = 1$.

事实上，因为 $\dfrac{\sin x}{x}$ 是偶函数，故只须证明 $\lim\limits_{x \to 0^+} \dfrac{\sin x}{x} = 1$.

作单位圆，设圆心角 $\angle AOC = x$　$(0 < x < \dfrac{\pi}{2})$ 则 $\triangle BOC$ 的面积 < 扇形 BOC 的面积 < $\triangle AOC$ 的面积，而 $\triangle BOC$ 的面积 = $\dfrac{1}{2} \cdot OC \cdot BD = \dfrac{1}{2} \times 1 \times$

$\sin x$, 扇形 BOC 的面积 $= \frac{1}{2} \cdot 1^2 \cdot x = \frac{1}{2}x$, $\triangle AOC$ 的面

积 $= \frac{1}{2} \cdot OC \cdot AC = \frac{1}{2} \times 1 \times \tan x$. 故

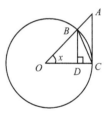

图 2.10

$$\frac{1}{2}\sin x < \frac{1}{2}x < \frac{1}{2}\tan x$$

即

$$\sin x < x < \tan x$$

因为 $0 < x < \frac{\pi}{2}$, $\sin x > 0$, 故上式同除以 $\sin x$ 得

$$1 < \frac{x}{\sin x} < \frac{1}{\cos x}$$

即

$$\cos x < \frac{\sin x}{x} < 1 \quad \left(0 < x < \frac{\pi}{2}\right)$$

由 $\lim\limits_{x \to 0}\cos x = 1$ 及夹逼定理知

$$\lim_{x \to 0}\frac{\sin x}{x} = 1$$

证完.

$\lim\limits_{x \to 0}\dfrac{\sin x}{x} = 1$ 说明当 $x \to 0$ 时 $\sin x$ 与 x 是等价无穷小量, 故显然也有

$\lim\limits_{x \to 0}\dfrac{x}{\sin x} = 1$.

例 1 求 $\lim\limits_{x \to 0}\dfrac{\tan x}{x}$

解

$$\lim_{x \to 0}\frac{\tan x}{x} = \lim_{x \to 0}\frac{\sin x}{x} \cdot \frac{1}{\cos x}$$

$$= \lim_{x \to 0}\frac{\sin x}{x} \cdot \lim_{x \to 0}\left(\frac{1}{\cos x}\right) = 1$$

例 2 求 $\lim\limits_{x \to 0}\dfrac{\sin kx}{x}$ （$k \neq 0$）

解

$$\lim_{x\to0}\frac{\sin kx}{x} = \lim_{x\to0}k\frac{\sin kx}{kx}$$

$$= k\lim_{x\to0}\frac{\sin kx}{kx} = k\lim_{u\to0}\frac{\sin u}{u} = k$$

例3　求$\lim\limits_{x\to0}\dfrac{1-\cos x}{x^2}$

解

$$\lim_{x\to0}\frac{1-\cos x}{x^2} = \lim_{x\to0}\frac{2\sin^2\dfrac{x}{2}}{x^2} = \frac{1}{2}\lim_{x\to0}\frac{\sin^2\dfrac{x}{2}}{\left(\dfrac{x}{2}\right)^2}$$

$$= \frac{1}{2}\lim_{x\to0}\left(\frac{\sin\dfrac{x}{2}}{\dfrac{x}{2}}\right)^2 = \frac{1}{2}\times1^2 = \frac{1}{2}$$

例4　求$\lim\limits_{x\to0}\dfrac{\tan3x}{\sin5x}$

解

$$\lim_{x\to0}\frac{\tan3x}{\sin5x} = \frac{3}{5}\lim_{x\to0}\frac{5x}{\sin5x}\frac{\sin3x}{3x}\cdot\frac{1}{\cos3x}$$

$$= \frac{3}{5}\cdot\lim_{x\to0}\frac{5x}{\sin5x}\cdot\lim_{x\to0}\frac{\sin3x}{3x}\cdot\lim_{x\to0}\frac{1}{\cos3x}$$

$$= \frac{3}{5}\times1\times1\times1 = \frac{3}{5}$$

二、$\lim\limits_{x\to\infty}\left(1+\dfrac{1}{x}\right)^x = \mathrm{e}$

这一结论的证明利用了极限存在的准则：

定理2.9　单调有界数列必有极限.

证明过程略去. 式中 e 为无理数, 精确到小数点十位的近似值为

$$\mathrm{e} \approx 2.7182818284$$

以 e 为底的对数 $\log_{\mathrm{e}}x$ 称为自然对数, 记为 $\ln x$.

这个特殊极限也可表为

$$\lim_{x\to0}(1+x)^{\frac{1}{x}} = \mathrm{e}$$

例 1 瞬时复利问题:设储蓄存款的本金为 N_0,年利率为 r,若立即产生立即结算(瞬时复利),t 年后本利和 N_t 是多少.

解 (1)考虑每年结算一次,则 t 年后本利和为

$$N_t = N_0(1 + r)^t$$

(2)若每年结算 m 次,则 t 年后本利和为

$$N_t = N_0\left(1 + \frac{r}{m}\right)^{mt}$$

(3)若立即产生立即结算(瞬时复利),则 t 年后本利和为

$$N_t = \lim_{m \to \infty} N_0\left(1 + \frac{r}{m}\right)^{mt}$$

令 $n = \dfrac{m}{r}$,则 $m \to \infty$ 时,$n \to \infty$,于是上式化为

$$N_t = \lim_{m \to \infty} N_0\left(1 + \frac{r}{m}\right)^{mt} = \lim_{n \to \infty} N_0\left(1 + \frac{1}{n}\right)^{nrt}$$

$$= N_0\left[\lim_{n \to \infty}\left(1 + \frac{1}{n}\right)^n\right]^{rt}$$

$$= N_0 e^{rt}$$

这个例子可帮助我们记住重要极限 $\lim\limits_{x \to \infty}\left(1 + \dfrac{1}{x}\right)^x = e$. 这是因为:当 $x \to \infty$ 时,$\dfrac{1}{x} \to 0$,对应瞬时利率趋于零,而 $x \to \infty$ 对应瞬时复利次数趋于无穷大.

例 2 求 $\lim\limits_{x \to \infty}\left(1 + \dfrac{2}{x}\right)^x$

解 令 $u = \dfrac{2}{x}$,则当 $x \to \infty$ 时,$u \to 0$,故

$$\lim_{x \to \infty}\left(1 + \frac{2}{x}\right)^x = \lim_{u \to 0}(1 + u)^{\frac{2}{u}}$$

$$= \lim_{u \to 0}\left[(1 + u)^{\frac{1}{u}}\right]^2$$

$$= \left[\lim_{u \to 0}(1 + u)^{\frac{1}{u}}\right]^2$$

$$= e^2$$

例 3　求 $\lim\limits_{x\to\infty}\left(\dfrac{x}{1+x}\right)^x$

解

$$\lim_{x\to\infty}\left(\frac{x}{1+x}\right)^x = \lim_{x\to\infty}\left[\frac{1}{1+\dfrac{1}{x}}\right]^x$$

$$= \lim_{x\to\infty}\frac{1}{\left(1+\dfrac{1}{x}\right)^x} = \frac{1}{\lim\limits_{x\to\infty}\left(1+\dfrac{1}{x}\right)^x} = \frac{1}{\mathrm{e}}$$

例 4　求 $\lim\limits_{x\to\frac{\pi}{2}}(1+\cos x)^{3\sec x}$

解　令 $u=\cos x$，则当 $x\to\dfrac{\pi}{2}$ 时，$u\to 0$，于是

$$\lim_{x\to\frac{\pi}{2}}(1+\cos x)^{3\sec x} = \lim_{u\to 0}(1+u)^{\frac{3}{u}} = \left[\lim_{u\to 0}(1+u)^{\frac{1}{u}}\right]^3 = \mathrm{e}^3$$

§2.6　连 续 函 数

一、函数的连续性

现实中很多变量的变化是连续不断的.如气温、生长的树木的高度等都是连续变化的,这就是说当时间变化很小时,这些变量,例如气温、树木高度变化也很小.与此相反,我们有时候称气温"突变",是指极短时间内气温的变化较大,也就是没有连续变化而是突然变化.这种现象反映在数学上就是函数的连续性.因此函数的连续必然与变量的变化——改变量有关.为此引入定义：

定义 2.11　设变量 t 从它的初值 t_1 改变到终值 t_2,则 t_2-t_1 称为变量 t 的改变量,记作

$$\Delta t = t_2 - t_1$$

注意　由于引入了改变量 Δt,终值 t_2 可表为 $t_2=t_1+\Delta t$,当 $\Delta t>0$ 时表明 $t_2>t_1$,反之当 $\Delta t<0$ 时表明 $t_2<t_1$.

设有函数 $y=f(x)$.当自变量 x 从 x_0 改变到 $x_0+\Delta x$ 时,函数 y 相应的改变量

$$\Delta y = f(x_0+\Delta x) - f(x_0)$$

定义 2.12　设函数 $y=f(x)$ 在点 x_0 的某个邻域内有定义,如果当自变

量 x 在点 x_0 处取得的改变量 Δx 趋于 0 时,函数相应的改变量 Δy 也趋于 0,
即

$$\lim_{\Delta x \to 0}[f(x_0 + \Delta x) - f(x_0)] = 0$$

则称函数 $y = f(x)$ 在点 x_0 处连续.

考察图 2.11 和图 2.12 中的曲线:

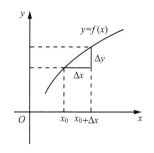

图 2.11

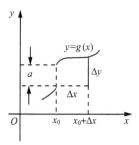

图 2.12

显然 $y = f(x)$ 在 x_0 处连续,因为当 $\Delta x \to 0$ 时相应的 $\Delta y \to 0$;而 $y = g(x)$ 在 x_0 处不连续,有一"跳跃",因为当 $\Delta x \to 0$,相应的 Δy 不可能趋于 0 而至少有一个跃度 a.

由于 $\lim_{\Delta x \to 0}[f(x_0 + \Delta x) - f(x_0)] = 0$ 相当于

$$\lim_{\Delta x \to 0}f(x_0 + \Delta x) = f(x_0)$$

故若设 $x = x_0 + \Delta x$,则上式化为

$$\lim_{x \to x_0}f(x) = f(x_0)$$

因此函数 $y = f(x)$ 在点 x_0 处连续也可叙述为

1. $y = f(x)$ 在点 x_0 的某个邻域内有定义.

2. 当 $x \to x_0$ 时,函数 $f(x)$ 的极限存在.

3. 极限值等于函数值,即 $\lim_{x \to x_0}f(x) = f(x_0)$.

这称为连续函数三要素.

定义 2.13 若函数 $f(x)$ 在区间 $[a,b]$ 上每一点连续,则称 $f(x)$ 在 $[a, b]$ 上连续.

定义中 $f(x)$ 在左端点连续是指

$$\lim_{x\to a^+} f(x) = f(a)$$

而在右端点连续则是指

$$\lim_{x\to b^-} f(x) = f(b)$$

例1　证明 $y = ax + b$ 在 $(-\infty, +\infty)$ 内连续.

证　任取 $x_0 \in (-\infty, +\infty)$

$$\Delta y = f(x_0 + \Delta x) - f(x_0)$$
$$= a(x_0 + \Delta x) + b - (ax_0 + b)$$
$$= a\Delta x$$

故　$\lim_{\Delta x\to 0}\Delta y = 0$，即 $f(x) = ax + b$ 在 $(-\infty, +\infty)$ 任一点 x_0 处连续，所以原结论得证.

例2　证明 $y = \sin x$ 在 $(-\infty, +\infty)$ 内连续

证　任取 $x_0 \in (-\infty, +\infty)$

$$\Delta y = \sin(x_0 + \Delta x) - \sin x_0$$
$$= 2\sin\frac{\Delta x}{2}\cos\left(x_0 + \frac{\Delta x}{2}\right)$$

因为 $\left|\cos\left(x_0 + \frac{\Delta x}{2}\right)\right| \leqslant 1$，$\sin\frac{\Delta x}{2}$ 当 $\Delta x \to 0$ 时是无穷小量，所以 $2\sin\frac{\Delta x}{2}\cdot\cos\left(x_0 + \frac{\Delta x}{2}\right)$ 当 $\Delta x \to 0$ 时是无穷小量，故

$$\lim_{\Delta x\to 0}\Delta y = 0$$

所以 $y = \sin x$ 在 $(-\infty, +\infty)$ 内任一点 x_0 连续，从而在 $(-\infty, +\infty)$ 内连续.

同理可证 $y = \cos x$ 在 $(-\infty, +\infty)$ 内连续.

二、函数的间断点

若函数 $f(x)$ 在点 x_0 处不连续，则称 $f(x)$ 在点 x_0 间断，x_0 称为 $f(x)$ 的间断点.

显然，若 $f(x)$ 在 x_0 处有下列三种情形之一，则点 x_0 为 $f(x)$ 的间断点：

(1) $f(x)$ 在点 x_0 处无定义.

(2) $\lim_{x\to x_0} f(x)$ 不存在.

(3) 虽然 $f(x)$ 在 x_0 处有定义,且 $\lim\limits_{x \to x_0} f(x)$ 存在,但 $\lim\limits_{x \to x_0} f(x) \neq f(x_0)$.

例1 考察 $y = \dfrac{1}{x-1}$ 在 $x = 1$ 处的连续性.

解 因为函数 $y = \dfrac{1}{x-1}$ 在 $x = 1$ 处无定义,所以 $y = \dfrac{1}{x-1}$ 在 $x = 1$ 处间断.

例2 考察函数

$$f(x) = \begin{cases} 1, & x > 0 \\ 0, & x = 0 \\ x - 1, & x < 0 \end{cases}$$

在 $x = 0$ 处的连续性.

解 因为

$$\lim_{x \to 0^-} f(x) = \lim_{x \to 0^-} (x - 1) = -1$$

$$\lim_{x \to 0^+} f(x) = \lim_{x \to 0^+} 1 = 1$$

即左右极限不相等,所以当 $x \to 0$ 时 $f(x)$ 没有极限,故 $f(x)$ 在 $x = 0$ 处间断.

例3 考察函数

$$f(x) = \begin{cases} x^2, & x \neq 1 \\ 2, & x = 1 \end{cases}$$

在 $x = 1$ 的连续性.

解 因为 $\lim\limits_{x \to 1} f(x) = \lim\limits_{x \to 1} x^2 = 1$,而 $f(1) = 2$,即

$$\lim_{x \to 1} f(x) \neq f(1)$$

故 $f(x)$ 在 $x = 1$ 处间断.

三、连续函数的运算法则

定理 2.10 如果函数 $f(x)$ 与 $g(x)$ 在点 x_0 处连续,则它们的和 $f(x) + g(x)$,差 $f(x) - g(x)$,积 $f(x) \cdot g(x)$,商 $\dfrac{f(x)}{g(x)}$(当 $g(x_0) \neq 0$ 时),在点 x_0 处也连续.

这个定理可由极限运算法则及连续函数定义直接得到.

定理 2.11 连续函数的复合函数仍是连续函数.即如果函数 $u = \varphi(x)$

在点 x_0 处连续，$u_0 = \varphi(x_0)$，而函数 $y = f(u)$ 在点 u_0 处连续，那么复合函数 $y = f[\varphi(x)]$ 在点 x_0 处也连续．

证 因 $u = \varphi(x)$ 在点 x_0 处连续，即

$$\lim_{x \to x_0} \varphi(x) = \varphi(x_0)$$

或写为 $\lim\limits_{x \to x_0} u = u_0$，又因为 $y = f(u)$ 在点 u_0 处连续，即 $\lim\limits_{u \to u_0} f(u) = f(u_0)$，故

$$\lim_{x \to x_0} f[\varphi(x)] = \lim_{u \to u_0} f(u) = f(u_0) = f[\varphi(x_0)]$$

故 $y = f[\varphi(x)]$ 在点 x_0 处连续．

易证基本初等函数在其定义域内是连续的，故由定理 2.9 及定理 2.10 知初等函数在其定义域内是连续的．

四、闭区间上连续函数性质

下面介绍的三个基本性质，只从几何直观上进行说明，将严格证明略去．

定理 2.12 如果函数 $y = f(x)$ 在闭区间 $[a,b]$ 上连续，则 $f(x)$ 在 $[a,b]$ 上有界．

定理 2.13(最大最小值定理) 如果函数 $y = f(x)$ 在 $[a,b]$ 上连续，则它在 $[a,b]$ 上一定有最大值与最小值．

如图 2.13，函数 $y = f(x)$ 在点 x_1 处取得最小值 m，在点 x_2 处取得最大值 M，即

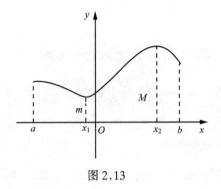

图 2.13

$$M = f(x_2) \geqslant f(x), \ x \in [a,b]$$

$$m = f(x_1) \leqslant f(x), \ x \in [a,b]$$

定理 2.14(介值定理) 如果函数 $f(x)$ 在闭区间 $[a,b]$ 上连续，m 和 M

分别为 $f(x)$ 在 $[a,b]$ 上的最小值与最大值,则对介于 m 与 M 之间的任一实数 c(即 $m<c<M$),至少存在一点 $\xi \in (a,b)$ 使得 $f(\xi)=c$.(如图 2.14)

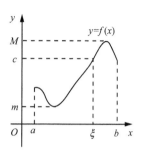

图 2.14

若 $f(x)$ 在端点的值 $f(a)$ 与 $f(b)$ 异号,则显然其最大值 M 与最小值 m 也异号,即

$$m<0<M$$

故我们由介值定理得到

推论   如果函数 $f(x)$ 在闭区间 $[a,b]$ 上连续,且 $f(a)$ 与 $f(b)$ 异号,则至少存在一点 $\xi \in (a,b)$,使得 $f(\xi)=0$.

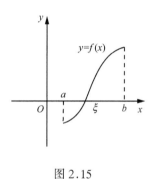

图 2.15

例,证明 $y=x^4-3x^2+7x-10$ 在 $x=1$ 与 $x=2$ 之间至少与 x 轴有一个交点.

证 $f(x)=x^4-3x^2+7x-10$ 是初等函数,在 $[1,2]$ 上连续,又因为

$$f(1)=-5, \quad f(2)=8$$

即 $f(1)$ 与 $f(2)$ 异号,由推论知在 $(1,2)$ 中至少存在一点 ξ,使 $f(\xi)=0$,即 $y=x^4-3x^2+7x-10$ 在 $(1,2)$ 中至少与 x 轴有一个交点 $(\xi,0)$,见图 2.15.

五、利用连续性求极限

设函数 $y=f(x)$ 在点 x_0 处连续,则

$$\lim_{x \to x_0} f(x)=f(x_0)$$

或写成

$$\lim_{x \to x_0} f(x)=f(\lim_{x \to x_0} x)$$

这就是连续函数在某点的极限值等于在该点的函数值;对于连续函数极限符号与函数符号可以交换.

例如,已知 $y=\sin x$ 是连续函数,故

$$\lim_{x \to \frac{\pi}{6}} \sin x = \sin \frac{\pi}{6} = \frac{1}{2}$$

利用极限符号可与函数符号交换这个性质可以较为方便地求出许多极限.

例 1　求 $\lim\limits_{x \to \frac{\pi}{2}} \ln(\sin x)$

解　因为对数函数 $y = \ln u$ 在 $u_0 = \sin\dfrac{\pi}{2} = 1$ 处连续,故

$$\lim\limits_{x \to \frac{\pi}{2}} \ln(\sin x) = \ln\left(\sin\frac{\pi}{2}\right) = \ln 1 = 0$$

例 2　求 $\lim\limits_{x \to 0} \dfrac{\ln(1 + x)}{x}$

解

$$\lim\limits_{x \to 0} \frac{\ln(1 + x)}{x} = \lim\limits_{x \to 0} \ln(1 + x)^{\frac{1}{x}}$$

$$= \ln\left[\lim\limits_{x \to 0}(1 + x)^{\frac{1}{x}}\right]$$

$$= \ln e = 1$$

例 3　求 $\lim\limits_{x \to 0}(1 + x)^{\frac{1}{\sin x}}$

解

$$\lim\limits_{x \to 0}(1 + x)^{\frac{1}{\sin x}} = \lim\limits_{x \to 0} e^{\frac{1}{\sin x}\ln(1 + x)}$$

$$= e^{\lim\limits_{x \to 0}\left[\frac{1}{\sin x}\ln(1 + x)\right]}$$

因为

$$\lim\limits_{x \to 0}\left[\frac{1}{\sin x}\ln(1 + x)\right]$$

$$= \lim\limits_{x \to 0}\left[\frac{x}{\sin x} \cdot \ln(1 + x)^{\frac{1}{x}}\right]$$

$$= \left[\lim\limits_{x \to 0}\frac{x}{\sin x}\right] \times \left[\ln \lim\limits_{x \to 0}(1 + x)^{\frac{1}{x}}\right]$$

$$= 1 \times \ln e = 1$$

故原式 $= e$

例 4　求 $\lim\limits_{x \to 0} \dfrac{\ln(1 + x^2)}{\sin(1 + x^2)}$

解 显然 $\dfrac{\ln(1+x^2)}{\sin(1+x^2)}$ 在点 $x=0$ 处连续,故

$$\lim_{x\to 0}\frac{\ln(1+x^2)}{\sin(1+x^2)}=\frac{\ln 1}{\sin 1}=0$$

例 5 求 $\displaystyle\lim_{x\to 0}\frac{\sin\sin x}{\ln(1+x)}$

解

$$\lim_{x\to 0}\frac{\sin\sin x}{\ln(1+x)}=\lim_{x\to 0}\frac{\sin\sin x}{x\ln(1+x)^{\frac{1}{x}}}$$

$$=\lim_{x\to 0}\frac{\sin x}{x}\cdot\frac{\sin\sin x}{\sin x}\cdot\frac{1}{\ln(1+x)^{\frac{1}{x}}}$$

因为

$$\lim_{x\to 0}\frac{\sin x}{x}=1$$

故

$$\lim_{x\to 0}\frac{\sin\sin x}{\sin x}=\lim_{u\to 0}\frac{\sin u}{u}=1$$

$$(令\ u=\sin x,则\ x\to 0\ 时,u\to 0)$$

而

$$\lim_{x\to 0}\ln(1+x)^{\frac{1}{x}}=\ln\lim_{x\to 0}(1+x)^{\frac{1}{x}}=\ln e=1$$

故

$$\lim_{x\to 0}\frac{\sin\sin x}{\ln(1+x)}=1$$

即当 $x\to 0$ 时,$\sin\sin x\sim\ln(1+x)$.

典型例题分析

例 1 单项选择题

(1) 对于任意给定 $\varepsilon>0$,总存在 $\delta>0$,当 $0<x_0-x<\delta$ 时,恒有 $|f(x)-A|<\varepsilon$,则(   ).

(A) $\displaystyle\lim_{x\to x_0}f(x)=A$;   (B) $\displaystyle\lim_{x\to x_0^-}f(x)=A$

(C) $\lim\limits_{x \to +\infty} f(x) = A$；　　　　(D) $\lim\limits_{x \to -\infty} f(x) = A$

　　分析　由极限的"$\varepsilon - \delta$"定义知,这是 x 趋向于有限的极限,而(C)、(D)都不对.又由条件 $0 < x_0 - x$ 知 $x < x_0$.从而 x 从小于 x_0 方向趋于 x_0,即 $x \to x_0^-$,所以正确答案是(B).

　　(2) 设 $f(x) = \begin{cases} x + 1, & x \leqslant 0 \\ (x-1)^2, & x > 0 \end{cases}$,则 $\lim\limits_{x \to 0} f(x) = (\quad)$.

(A) 0；　　　　　　　　(B) 1

(C) -1；　　　　　　　(D) 不存在

　　分析　$f(x)$ 是分段函数,$x = 0$ 是两段的分段点,在 $x = 0$ 点两端 $f(x)$ 的表达式不同,这就决定了 $x \to 0$ 时 $f(x)$ 的极限要通过讨论左、右极限来确定.

　　因为

$$\lim_{x \to 0^-} f(x) = \lim_{x \to 0^-} (x + 1) = 1$$

$$\lim_{x \to 0^+} f(x) = \lim_{x \to 0^+} (x - 1)^2 = (-1)^2 = 1$$

故正确答案应是(B).

　　(3) 下列命题正确的是(　).

　　(A) 无穷小量是越来越小的量;

　　(B) 无穷小量是 0;

　　(C) 两个无穷大量的和仍为无穷大量;

　　(D) 两个无穷大量的积仍为无穷大量.

　　分析　(A)不正确.例如当 $n \to \infty$,$\dfrac{(-1)^n}{n}$ 是一个无穷小量,但却不是越来越小的量.

　　(B) 不正确.零可看作无穷小量,但无穷小量不是零,无穷小量是以 0 为极限的变量.

　　(C) 不正确.例如当 $n \to +\infty$ 时,n^2 和 $-n^2$ 均为无穷大量,但其和为 $n^2 + (-n^2) = 0$,不是无穷大量.

　　(D) 正确.设 α, β 都是无穷大量,则 $\dfrac{1}{\alpha}, \dfrac{1}{\beta}$ 均为无穷小量.由无穷小量的运算性质,$\dfrac{1}{\alpha} \cdot \dfrac{1}{\beta}$ 仍为无穷小量,从而 $\alpha \cdot \beta$ 是无穷大量.

　　故正确的答案是(D).

　　(4) 若 $\lim\limits_{x \to x_0} f(x) = 0$,$\lim\limits_{x \to x_0} g(x) = \infty$,则下列极限中一定不存在的是

( ).

    (A) $\lim\limits_{x \to x_0}(f(x) \pm g(x))$;   (B) $\lim\limits_{x \to x_0}f(x)g(x)$

    (C) $\lim\limits_{x \to x_0}\dfrac{f(x)}{g(x)}$;   (D) $\lim\limits_{x \to x_0}g(x)^{f(x)}$

    分析 $\lim\limits_{x \to x_0}(f(x) \pm g(x)) = \infty$,无穷大量是极限不存在的量.
故正确的答案是(A)

    (5) 下列极限正确的是( ).

    (A) $\lim\limits_{x \to \infty}\dfrac{\sin x}{x} = 1$;   (B) $\lim\limits_{x \to 0}x\sin\dfrac{1}{x} = 1$

    (C) $\lim\limits_{x \to 1}\dfrac{\sin(x-1)}{x-1} = 1$;   (D) $\lim\limits_{x \to 1}(x-1)\sin\dfrac{1}{x-1} = 1$

    分析 本题中的四个极限都有点像重要极限一,但其中只有(C)才是重要极限一,重要极限是 $\dfrac{0}{0}$ 型的极限,而(A)、(B)、(D)都是无穷小量与有界变量的乘积,因而是无穷小量.所以正确答案应为(C).

    (6) 函数 $f(x) = \begin{cases} x^2 - 1, & -1 \leqslant x \leqslant 0 \\ \dfrac{1}{x}, & 0 < x < 3 \end{cases}$ 的连续区间为( ).

    (A) $(-1,3)$;   (B) $[-1,3)$

    (C) $[-1,3]$;   (D) $[-1,0) \bigcup (0,3)$

    分析 分段函数连续的关键是看它在分段点处的连续性,对于本函数来说,就是要考查它在 $x=0$ 点是否连续.

    由于 $\lim\limits_{x \to 0^+}f(x) = \lim\limits_{x \to 0^+}\dfrac{1}{x} = \infty$,故 $f(x)$ 在 $x=0$ 点必然间断.
    故正确的答案为(D).

    例 2 填空题

    (1) 数列 $\left\{\dfrac{2n-1}{n}\right\}$,第_____项之后,各项与 2 的距离小于 $\dfrac{1}{100}$.

    分析 $\left|\dfrac{2n-1}{n} - 2\right| < \dfrac{1}{100}$,$\dfrac{1}{n} < \dfrac{1}{100}$,$n > 100$

    即从第 100 项之后(第 101 项起)各项与 2 距离小于 $\dfrac{1}{100}$,所以正确答案为 100.

    (2) 当 $x \to \infty$ 时,函数 $f(x)$ 与 $\dfrac{1}{x}$ 是等价无穷小量,则 $\lim\limits_{x \to \infty}2xf(x) =$

_____.

分析　当 $x\to\infty$ 时，$f(x)$ 与 $\frac{1}{x}$ 为等价无穷小量，应有 $\lim\limits_{x\to\infty}\frac{f(x)}{\frac{1}{x}}=1$，即 $\lim\limits_{x\to\infty}$

$xf(x)=1$，故得 $\lim\limits_{x\to\infty}2xf(x)=2$，所以正确的答案为 2.

(3) 已知 $\lim\limits_{x\to1}\dfrac{x^2+bx+6}{1-x}=5$，则 $b=\underline{\qquad}$.

分析　这里极限式是有理分式函数，现在已知极限存在且等于 5，而极限式的分母的极限为 0，所以分子的极限也必须为 0，即分子必可分解出 $(x-1)$ 的因子，将 $x=1$ 代入分子，令其等于 0，即 $1+b\times1+6=0$ 故得 $b=-7$. 所以正确答案为 -7.

(4) 函数 $f(x)=\begin{cases}3x-1,&x\leqslant0\\\dfrac{\sin kx}{x},&x>0\end{cases}$ 在 $x=0$ 处连续，则 $k=\underline{\qquad}$.

分析

$$f(0)=(3x-1)\,|_{x=0}=-1$$

$$\lim_{x\to0^-}f(x)=\lim_{x\to0^-}(3x-1)=-1$$

$$\lim_{x\to0^+}f(x)=\lim_{x\to0^+}\frac{\sin kx}{x}=k$$

由于 $f(x)$ 在 $x=0$ 点处连续，故应有

$$\lim_{x\to0^-}f(x)=\lim_{x\to0^+}f(x)=f(0)=-1$$

从而 $k=-1$，所以正确答案应为 -1.

(5) $\lim\limits_{x\to0}\dfrac{\sin6x}{\sqrt{x+1}-1}=\underline{\qquad}$.

分析　因

$$\lim_{x\to0}\frac{\sin6x}{\sqrt{x+1}-1}=6\lim_{x\to0}\frac{\sin6x}{6x}\cdot(\sqrt{x+1}+1)=12$$

所以正确答案应为 12.

(6) 若 $\lim\limits_{x\to\pi}f(x)$ 存在，且 $f(x)=\dfrac{\sin x}{x-\pi}+2\lim\limits_{x\to\pi}f(x)$，则 $\lim\limits_{x\to\pi}f(x)=\underline{\qquad}$.

分析　由于 $\lim\limits_{x\to\pi}f(x)$ 存在，故

$$\lim_{x \to \pi} f(x) = \lim_{x \to \pi} \frac{\sin x}{x - \pi} + \lim_{x \to \pi} (2 \lim_{x \to \pi} f(x))$$

$$\lim_{x \to \pi} f(x) = - \lim_{x \to \pi} \frac{\sin(x - \pi)}{x - \pi} + 2 \lim_{x \to \pi} f(x)$$

得 $\lim\limits_{x \to \pi} f(x) = 1$,所以正确答案应为 1.

例 3 判断题

(1) 若数列 $\{a_n\}$ 收敛,而数列 $\{b_n\}$ 发散,则数列 $\{a_n + b_n\}$ 发散.(　)

(2) 若数列 $\{a_n\}$ 发散,则数列 $\{a_n\}$ 无界.(　)

(3) 若 $\lim\limits_{n \to \infty} a_n b_n = 0$,则 $\lim\limits_{n \to \infty} a_n = 0$ 或 $\lim\limits_{n \to \infty} b_n = 0$.(　)

(4) 若 $\lim\limits_{n \to \infty} a_n = a$,则 $\lim\limits_{n \to \infty} \frac{a_{n+1}}{a_n} = 1$.(　)

(5) 若函数 $f(x)$ 在点 a 连续,而函数 $g(x)$ 在点 a 不连续,则 $f(x) + g(x)$ 在点 a 不连续.(　)

(6) 若函数 $f(x)$ 在 $[a,b]$ 连续,则 $\frac{1}{f(x)}$ 在 $[a,b]$ 也连续.(　)

分析 (1) √.因为 $b_n = (a_n + b_n) - a_n$,若 $\{a_n + b_n\}$ 收敛,则 $\{b_n\}$ 收敛,矛盾.

(2) ×.例如,数列 $\{(-1)^n\}$ 发散,但它有界.

(3) ×.例如,$a_n = 1 + (-1)^n$,$b_n = 1 - (-1)^n$,显然,$\lim\limits_{n \to \infty} a_n b_n = 0$.但 $\{a_n\}$ 和 $\{b_n\}$ 发散.

(4) ×.当 $a = 0$ 时,结论不成立,例如,$a_n = \frac{1}{2^n}$,$\lim\limits_{n \to \infty} a_n = 0$,但 $\lim\limits_{n \to \infty} \frac{a_{n+1}}{a_n} = \frac{1}{2}$.

(5) √.事实上,$g(x) = [f(x) + g(x)] - f(x)$,若 $f(x) + g(x)$ 在点 a 连续,则 $g(x)$ 在点 a 连续,矛盾.

(6) ×.例如 $f(x) = x$ 在 $[-1,1]$ 连续,但 $\frac{1}{f(x)} = \frac{1}{x}$ 在 $[-1,1]$ 不连续.

例 4 改错题

指出下列各题求解过程中的错误,并予以纠正.

(1) $\lim\limits_{n \to \infty} \left(\frac{1}{n^2} + \frac{2}{n^2} + \cdots + \frac{n-1}{n^2} \right)$

$$= \lim_{n \to \infty} \frac{1}{n^2} + \lim_{n \to \infty} \frac{2}{n^2} + \cdots + \lim_{n \to \infty} \frac{n-1}{n^2}$$

$$= 0 + 0 + \cdots + 0 = 0$$

(2) $\lim\limits_{x \to 1} \dfrac{x^2 + x - 2}{x - 1}$

因为 $x = 1$ 时分母等于零,所以 $x \to 1$ 时,极限不存在.

(3) $\lim\limits_{x \to 2} \left(\dfrac{12}{8 - x^3} - \dfrac{1}{2 - x} \right)$

$\qquad = \lim\limits_{x \to 2} \dfrac{12}{8 - x^3} - \lim\limits_{x \to 2} \dfrac{1}{2 - x} = \infty - \infty = 0$

(4) $\lim\limits_{x \to 0} x \sin \dfrac{1}{x} = \lim\limits_{x \to 0} \dfrac{\sin \dfrac{1}{x}}{\dfrac{1}{x}} = 1$

(5) $\lim\limits_{x \to 1} (x - 1) \cos \dfrac{1}{x - 1} = \lim\limits_{x \to 1} (x - 1) \cdot \lim\limits_{x \to 1} \cos \dfrac{1}{x - 1} = 0$

(6) $\lim\limits_{x \to \frac{\pi}{4}} \dfrac{\tan 2x}{\cot \left(x - \dfrac{\pi}{4} \right)} = \dfrac{\infty}{\infty} = 1$

解 (1) 题中求极限的项数为 $n - 1$,它与 n 有关,随 n 的无限增大而无限增大,因此不能利用关于极限的和的运算法则.正确解法如下:

$$\lim\limits_{n \to \infty} \left(\dfrac{1}{n^2} + \dfrac{2}{n^2} + \cdots + \dfrac{n - 1}{n^2} \right)$$

$$= \lim\limits_{n \to \infty} \dfrac{(n - 1)(1 + n - 1)}{2n^2}$$

$$= \lim\limits_{n \to \infty} \dfrac{n(n - 1)}{2n^2} = \lim\limits_{n \to \infty} \dfrac{n^2 \left(1 - \dfrac{1}{n} \right)}{2n^2}$$

$$= \lim\limits_{n \to \infty} \dfrac{1}{2} \left(1 - \dfrac{1}{n} \right) = \dfrac{1}{2}$$

(2) 由 $x = 1$ 时分母为零,因而推断 $x \to 1$ 时极限不存在是错误的,考虑 $x \to 1$ 时函数 $\dfrac{x^2 + x - 2}{x - 1}$ 极限,与 $x = 1$ 时函数有否定义或怎样定义无关,正确的解法如下:

$$\lim\limits_{x \to 1} \dfrac{x^2 + x - 2}{x - 1} = \lim\limits_{x \to 1} \dfrac{(x - 1)(x + 2)}{x - 1} = \lim\limits_{x \to 1} (x + 2) = 3$$

(3) 当两个函数极限不存在时,不能运用关于极限的差的运算法则,且 ∞

是一种表示变量变化趋向的符号,不是数,不能参加运算,正确的解法如下:

$$\lim_{x\to2}\left(\frac{12}{8-x^3}-\frac{1}{2-x}\right)=\lim_{x\to2}\frac{8-2x-x^2}{8-x^3}$$

$$=\lim_{x\to2}\frac{(2-x)(4+x)}{(2-x)(4+2x+x^2)}$$

$$=\lim_{x\to2}\frac{4+x}{4+2x+x^2}=\frac{1}{2}$$

(4) 当 $x\to0$ 时,$\frac{1}{x}\to\infty$,不能运用重要极限公式 $\left(\lim_{x\to0}\frac{\sin x}{x}=1\right)$,正确解法如下:

因为 $\lim_{x\to0}x=0$,$\left|\sin\frac{1}{x}\right|\leqslant1$,根据无穷小量与有界函数之积仍为无穷小量的性质,有

$$\lim_{x\to0}x\sin\frac{1}{x}=0$$

(5) 当 $x\to1$ 时,$\frac{1}{x-1}\to\infty$,$\lim_{x\to1}\cos\frac{1}{x-1}$ 不存在,故不能运用关于极限的积的运算法则,正确解法与(4)类似.

因为 $\lim_{x\to1}(x-1)=0$,$\left|\cos\frac{1}{x-1}\right|\leqslant1$,根据无穷小量与有界函数之积仍为无穷小量的性质,有

$$\lim_{x\to1}(x-1)\cos\frac{1}{x-1}=0$$

(6) 当 $x\to\frac{\pi}{4}$ 时,分子与分母的极限均不存在,不能运用关于极限的商的运算法则,又 ∞ 不能参加运算,正确的解法如下:

$$\lim_{x\to\frac{\pi}{4}}\frac{\tan2x}{\cot\left(x-\frac{\pi}{4}\right)}=\lim_{x\to\frac{\pi}{4}}\frac{\sin2x\cdot\sin\left(x-\frac{\pi}{4}\right)}{\cos2x\cdot\cos\left(x-\frac{\pi}{4}\right)}$$

$$=\lim_{x\to\frac{\pi}{4}}\frac{\sin2x}{\cos\left(x-\frac{\pi}{4}\right)}\cdot\lim_{x\to\frac{\pi}{4}}\frac{\sin\left(x-\frac{\pi}{4}\right)}{\cos2x}$$

$$= 1 \cdot \lim_{x \to \frac{\pi}{4}} \frac{\sin\left(x - \frac{\pi}{4}\right)}{\sin\left(\frac{\pi}{2} - 2x\right)} = -\lim_{x \to \frac{\pi}{4}} \frac{\sin\left(x - \frac{\pi}{4}\right)}{\sin 2\left(x - \frac{\pi}{4}\right)}$$

$$= -\lim_{x \to \frac{\pi}{4}} \frac{\sin\left(x - \frac{\pi}{4}\right)}{2\sin\left(x - \frac{\pi}{4}\right)\cos\left(x - \frac{\pi}{4}\right)}$$

$$= -\frac{1}{2} \lim_{x \to \frac{\pi}{4}} \frac{1}{\cos\left(x - \frac{\pi}{4}\right)} = -\frac{1}{2}$$

运用极限的四则运算法则计算极限时,要注意是否满足条件,如果极限不存在或分母极限为零时,就不能滥用.

解答题:

1. 关于无穷大量与无穷小量.

例 5　下列变量中,哪些是无穷大量,哪些是无穷小量.

(1) $\dfrac{x+1}{x^2-9}$　$(x \to 3)$;　　(2) $e^x (x \to -\infty)$

(3) $e^x (x \to +\infty)$

解　(1) $\lim\limits_{x \to 3} \dfrac{x+1}{x^2-9} = \infty$,故当 $x \to 3$ 时,$\dfrac{x+1}{x^2-9}$ 为无穷大量.

(2) $\lim\limits_{x \to -\infty} e^x = 0$,故当 $x \to -\infty$ 时,e^x 为无穷小量.

(3) $\lim\limits_{x \to +\infty} e^x = +\infty$,故当 $x \to +\infty$ 时,e^x 为无穷大量.

例 6　当 $x \to 0$ 时,将下列函数与 x 进行比较,哪些是高阶无穷小? 哪些是低阶无穷小? 哪些是同阶无穷小? 哪些是等价无穷小?

(1) $\sqrt{1+x^2} - 1$;　　(2) $\csc x - \cot x$

(3) $x + x^2 \sin \dfrac{1}{x}$

解　(1) 因 $\lim\limits_{x \to 0} \dfrac{\sqrt{1+x^2}-1}{x} = \lim\limits_{x \to 0} \dfrac{x}{\sqrt{1+x^2}+1} = 0$,故当 $x \to 0$ 时,

$(\sqrt{1+x^2}-1)$ 是比 x 高阶的无穷小;

(2) 因 $\lim\limits_{x \to 0} \dfrac{\csc x - \cot x}{x} = \lim\limits_{x \to 0} \dfrac{1-\cos x}{x \sin x} = \lim\limits_{x \to 0} \dfrac{\frac{1}{2}x^2}{x \cdot x} = \dfrac{1}{2}$,故当 $x \to 0$ 时,

$(\csc x - \cot x)$ 与 x 是同阶无穷小.

(3) 因 $\lim\limits_{x \to 0} \dfrac{x + x^2\sin\dfrac{1}{x}}{x} = \lim\limits_{x \to 0} \left(1 + x\sin\dfrac{1}{x}\right) = 1$，故 当 $x \to 0$ 时，$\left(x + x^2\sin\dfrac{1}{x}\right)$ 与 x 是等价无穷小.

2．关于极限的计算

类型一 用极限定义验证某常数是已知变量的极限.

例 7 利用极限定义证明下列极限：

(1) $\lim\limits_{n \to \infty} \dfrac{n + (-1)^{n-1}}{n} = 1$；　　(2) $\lim\limits_{x \to -1} \dfrac{x^2 - 1}{2(x+1)} = -1$

(3) $\lim\limits_{x \to 0} x\sin\dfrac{1}{x} = 0$

证 (1) 对于任意给定的 $\varepsilon > 0$，要使

$$|\,y_n - 1\,| = \left|\dfrac{n + (-1)^{n-1}}{n} - 1\right| = \dfrac{1}{n} < \varepsilon$$

只要取 $n > \dfrac{1}{\varepsilon}$ 就可以了. 因此，任意给定的 $\varepsilon > 0$，取正整数 $N \geqslant \dfrac{1}{\varepsilon}$，则当 $n > N$ 时，$\left|\dfrac{n + (-1)^{n-1}}{n} - 1\right| < \varepsilon$ 恒成立，即

$$\lim\limits_{n \to \infty} \dfrac{n + (-1)^{n-1}}{n} = 1$$

(2) 对任意给定的 $\varepsilon > 0$，要使

$$\left|\dfrac{x^2 - 1}{2(x+1)} - (-1)\right| = \dfrac{1}{2}|x - 1 + 2| = \dfrac{1}{2}|x + 1| < \varepsilon$$

只要 $|x+1| < 2\varepsilon$，故可取 $\delta = 2\varepsilon$，当 $0 < |x - (-1)| < \delta$ 时必有：

$$\left|\dfrac{x^2 - 1}{2(x+1)} - (-1)\right| < \varepsilon$$

成立，所以

$$\lim\limits_{x \to -1} \dfrac{x^2 - 1}{2(x+1)} = -1$$

(3) 因为 $\left|\sin\dfrac{1}{x}\right| \leqslant 1$，故对任意给定的 $\varepsilon > 0$，要使

$$\left|x\sin\dfrac{1}{x} - 0\right| = \left|x\sin\dfrac{1}{x}\right| \leqslant |\,x\,| < \varepsilon$$

只要 $|x| < \varepsilon$，可取 $\delta = \varepsilon$，当 $0 < |x - 0| < \delta$ 时，必有

$$\left| x \sin \frac{1}{x} - 0 \right| < \varepsilon$$

成立，所以

$$\lim_{x \to 0} x \sin \frac{1}{x} = 0$$

类型二 利用极限的四则运算法则及函数的连续性计算极限.

利用极限的四则运算法则就是将几个变量加、减、乘、除后所得变量的极限转化为这几个变量的极限的加、减、乘、除. 所谓利用函数的连续性求极限，即若 $f(x)$ 在 x_0 连续，则有 $\lim\limits_{x \to x_0} f(x) = f(x_0) = f(\lim\limits_{x \to x_0} x)$.

例 8 求 $\lim\limits_{x \to -3} \dfrac{x^2 + 1}{x^3 - 3x^2 + 4}$

解 $\lim\limits_{x \to -3} \dfrac{x^2 + 1}{x^3 - 3x^2 + 4} = \dfrac{\lim\limits_{x \to -3} (x^2 + 1)}{\lim\limits_{x \to -3} (x^3 - 3x^2 + 4)}$

$= \dfrac{\lim\limits_{x \to -3} x^2 + \lim\limits_{x \to -3} 1}{\lim\limits_{x \to -3} x^3 - \lim\limits_{x \to -3} 3x^2 + \lim\limits_{x \to -3} 4} = \dfrac{(-3)^2 + 1}{(-3)^3 - 3(-3)^2 + 4}$

$= -\dfrac{10}{50} = -\dfrac{1}{5}$

例 9 求 $\lim\limits_{x \to 1} \dfrac{\sqrt{x^2 + \ln(2 - x)}}{4 \arctan x}$

解 $\lim\limits_{x \to 1} \dfrac{\sqrt{x^2 + \ln(2 - x)}}{4 \arctan x} = \dfrac{\lim\limits_{x \to 1} \sqrt{x^2 + \ln(2 - x)}}{\lim\limits_{x \to 1} 4 \arctan x}$

$= \dfrac{\sqrt{1^2 + \ln(2 - 1)}}{4 \arctan 1} = \dfrac{1}{4 \cdot \dfrac{\pi}{4}} = \dfrac{1}{\pi}$

类型三 约简分式或通分后约简分式求极限（这种类型在第四章中还有详细讨论）.

例 10 求 $\lim\limits_{x \to -2} \dfrac{x^2 - 4}{x^3 + 8}$

分析 当 $x \to -2$ 时，$x^2 - 4 \to 0$，$x^3 + 8 \to 0$，故不能直接利用极限的运算法则，要先将分子分母中的"零因子"约去，再利用运算法则求极限.

解

$$\lim_{x \to -2} \frac{x^2 - 4}{x^3 + 8} = \lim_{x \to -2} \frac{(x+2)(x-2)}{(x+2)(x^2 - 2x + 4)}$$

$$= \lim_{x \to -2} \frac{x-2}{x^2 - 2x + 4} = \frac{-2-2}{(-2)^2 - 2 \cdot (-2) + 4}$$

$$= \frac{-4}{12} = -\frac{1}{3}$$

例 11 求 $\lim\limits_{x \to 1} \left(\dfrac{3}{1-x^3} - \dfrac{1}{1-x} \right)$

分析 当 $x \to 1$ 时，$\dfrac{3}{1-x^3} \to \infty$，$\dfrac{1}{1-x} \to \infty$，故不能直接利用极限运算法则求极限，首先须通分，然后将"零因子"约去，再利用极限运算法则求极限.

解

$$\lim_{x \to 1} \left(\frac{3}{1-x^3} - \frac{1}{1-x} \right) = \lim_{x \to 1} \left(\frac{3}{1-x^3} - \frac{1+x+x^2}{1-x^3} \right)$$

$$= \lim_{x \to 1} \frac{2-x-x^2}{1-x^3} = \lim_{x \to 1} \frac{x^2+x-2}{x^3-1}$$

$$= \lim_{x \to 1} \frac{(x+2)(x-1)}{(x-1)(x^2+x+1)} = \lim_{x \to 1} \frac{x+2}{x^2+x+1}$$

$$= \frac{1+2}{1^2+1+1} = \frac{3}{3} = 1$$

类型四 利用除以关于 n 或 x 的最高次幂求极限.

例 12 求 $\lim\limits_{n \to \infty} \dfrac{3n^3 - 4n^2 + 2}{4n^3 - 1}$

分析 当 $n \to \infty$ 时，分子、分母的极限都不存在(均为无穷大量)，故不能利用极限运算法则. 对于这一种类型的极限，一般是分子、分母同时除以 n (或 x)的最高次幂，然后再求极限.

解

$$\lim_{n \to \infty} \frac{3n^3 - 4n^2 + 2}{4n^3 - 1} = \lim_{n \to \infty} \frac{3 - \dfrac{4}{n} + \dfrac{2}{n^3}}{4 - \dfrac{1}{n^3}}$$

$$= \frac{3 - 0 + 0}{4 - 0} = \frac{3}{4}$$

例 13　求 $\lim\limits_{n\to\infty}\dfrac{\sqrt[3]{n^2+n}}{n+2}$

解

$$\lim_{n\to\infty}\frac{\sqrt[3]{n^2+n}}{n+2}=\lim_{n\to\infty}\frac{\sqrt[3]{\dfrac{1}{n}+\dfrac{1}{n^2}}}{1+\dfrac{2}{n}}=\frac{\sqrt[3]{0+0}}{1+0}=0$$

例 14　求 $\lim\limits_{x\to\infty}\dfrac{(2x-1)^{30}(3x-2)^{20}}{(2x+1)^{50}}$

解　同除以 x^{50},得

$$\lim_{x\to\infty}\frac{(2x-1)^{30}(3x-2)^{20}}{(2x+1)^{50}}$$

$$=\lim_{x\to\infty}\frac{\dfrac{(2x-1)^{30}}{x^{30}}\cdot\dfrac{(3x-2)^{20}}{x^{20}}}{\left(2+\dfrac{1}{x}\right)^{50}}$$

$$=\lim_{x\to\infty}\frac{\left(2-\dfrac{1}{x}\right)^{30}\cdot\left(3-\dfrac{2}{x}\right)^{20}}{\left(2+\dfrac{1}{x}\right)^{50}}=\frac{2^{30}\cdot3^{20}}{2^{50}}=\left(\frac{3}{2}\right)^{20}$$

类型五　通过有理化计算极限.

例 15　求 $\lim\limits_{x\to4}\dfrac{\sqrt{2x+1}-3}{\sqrt{x-2}-\sqrt{2}}$

分析　当 $x\to4$ 时,$\sqrt{2x+1}-3\to0$,$\sqrt{x-2}-\sqrt{2}\to0$,故不能直接利用极限运算法则,此时分子、分母也没有公因子可以约去,对于这种类型,我们先将分子分母有理化,再约分求极限.

解

$$\lim_{x\to4}\frac{\sqrt{2x+1}-3}{\sqrt{x-2}-\sqrt{2}}$$

$$=\lim_{x\to4}\frac{(\sqrt{2x+1}-3)(\sqrt{2x+1}+3)(\sqrt{x-2}+\sqrt{2})}{(\sqrt{x-2}-\sqrt{2})(\sqrt{x-2}+\sqrt{2})(\sqrt{2x+1}+3)}$$

$$=\lim_{x\to4}\frac{2(x-4)(\sqrt{x-2}+\sqrt{2})}{(x-4)(\sqrt{2x+1}+3)}=\lim_{x\to4}\frac{2(\sqrt{x-2}+\sqrt{2})}{(\sqrt{2x+1}+3)}$$

$$= \frac{2(\sqrt{4-2}+\sqrt{2})}{(\sqrt{2\times4+1}+3)} = \frac{4\sqrt{2}}{3+3} = \frac{2\sqrt{2}}{3}$$

例 16　求 $\lim\limits_{x\to+\infty}\left(\sqrt{x^2+x+1}-\sqrt{x^2-x+1}\right)$

分析　当 $x\to+\infty$ 时，$\sqrt{x^2+x+1}\to+\infty$，$\sqrt{x^2-x+1}\to+\infty$，故也不能运用极限法则计算.首先我们将此式进行有理化,得

解

$$\lim_{x\to+\infty}\left(\sqrt{x^2+x+1}-\sqrt{x^2-x+1}\right)$$

$$= \lim_{x\to+\infty} \frac{\left(\sqrt{x^2+x+1}-\sqrt{x^2-x+1}\right)\left(\sqrt{x^2+x+1}+\sqrt{x^2-x+1}\right)}{\left(\sqrt{x^2+x+1}+\sqrt{x^2-x+1}\right)}$$

$$= \lim_{x\to+\infty} \frac{(x^2+x+1)-(x^2-x+1)}{\sqrt{x^2+x+1}+\sqrt{x^2-x+1}}$$

$$= \lim_{x\to+\infty} \frac{2x}{\sqrt{x^2+x+1}+\sqrt{x^2-x+1}}$$

$$= \lim_{x\to+\infty} \frac{2}{\sqrt{1+\dfrac{1}{x}+\dfrac{1}{x^2}}+\sqrt{1-\dfrac{1}{x}+\dfrac{1}{x^2}}}$$

$$= \frac{2}{\sqrt{1+0+0}+\sqrt{1-0+0}} = \frac{2}{1+1} = 1$$

类型六　通过变换求极限.

例 17　求 $\lim\limits_{x\to1}(1-x)\tan\dfrac{\pi}{2}x$

分析　当 $x\to1$ 时，$1-x\to0$，而 $\tan\dfrac{\pi}{2}x\to\infty$，此题属于"$0\cdot\infty$"型,可以通过变换后再利用重要极限 $\lim\limits_{x\to0}\dfrac{\sin x}{x}=1$ 求出.

解　令 $1-x=t$，则 $x=1-t$，当 $x\to1$ 时，$t\to0$，于是

$$原极限 = \lim_{t\to0} t\cdot\tan\frac{\pi}{2}(1-t) = \lim_{t\to0} t\cdot\cot\frac{\pi}{2}t$$

$$= \lim_{t\to0} t\cdot\frac{\cos\dfrac{\pi}{2}t}{\sin\dfrac{\pi}{2}t} = \lim_{t\to0}\frac{\dfrac{\pi}{2}t}{\sin\dfrac{\pi}{2}t}\frac{2}{\pi}\cdot\lim_{t\to0}\cos\frac{\pi}{2}t$$

$$= 1 \cdot \frac{2}{\pi} \cdot 1 = \frac{2}{\pi}$$

例 18 求 $\lim\limits_{x \to 1} \dfrac{\sqrt[3]{x} - 1}{\sqrt{x} - 1}$

解 令 $t = x^{\frac{1}{6}}$，则当 $x \to 1$ 时，$t \to 1$，

原极限 $= \lim\limits_{t \to 1} \dfrac{t^2 - 1}{t^3 - 1} = \lim\limits_{t \to 1} \dfrac{(t-1)(t+1)}{(t-1)(t^2+t+1)}$

$\qquad\qquad = \lim\limits_{t \to 1} \dfrac{t+1}{t^2+t+1} = \dfrac{1+1}{1+1+1} = \dfrac{2}{3}$

注 此题也可采用有理化的方法求出.

类型七 利用无穷小量的有关结论求极限.

例 19 求 $\lim\limits_{x \to \infty} \dfrac{\cos x}{x+1}$

解 由于 $\cos x$ 是一周期函数，故当 $x \to \infty$ 时，$\lim\limits_{x \to \infty} \cos x$ 不存在，无法利用极限的四则运算法则求出.

因为当 $x \to \infty$ 时，$\dfrac{1}{x+1} \to 0$，即当 $x \to \infty$ 时，$\dfrac{1}{x+1}$ 是一无穷小量. 又 $|\cos x|$ $\leqslant 1$，即 $\cos x$ 是一有界变量. 根据无穷小量与有界变量之积仍为无穷小量知当 $x \to \infty$ 时，$\dfrac{1}{x+1} \cdot \cos x$ 为无穷小量.

故 $\lim\limits_{x \to \infty} \dfrac{\cos x}{x+1} = 0$

例 20 求 $\lim\limits_{x \to 0} \dfrac{\tan x - \sin x}{\sin^3 x}$

解

$$\lim\limits_{x \to 0} \frac{\tan x - \sin x}{\sin^3 x} = \lim\limits_{x \to 0} \frac{1 - \cos x}{\cos x \sin^2 x}$$

$$= \lim\limits_{x \to 0} \frac{1}{\cos x} \cdot \frac{2\sin^2 \dfrac{x}{2}}{\sin^2 x}$$

$$= \lim\limits_{x \to 0} \frac{1}{2\cos x} \left(\frac{\sin \dfrac{x}{2}}{\dfrac{x}{2}} \right)^2 \cdot \frac{x^2}{\sin^2 x} = \frac{1}{2}$$

例 21 求 $\lim\limits_{x \to 0} \dfrac{1 - \cos 2x}{x^2 + x}$

解 因当 $x \to 0$ 时,$1 - \cos 2x = 2\sin^2 x \sim 2x^2$,故

$$\lim_{x \to 0} \frac{1 - \cos 2x}{x^2 + x} = \lim_{x \to 0} \frac{2x^2}{x^2 + x} = 0$$

注意 等价无穷小量代换只能在乘积和商中进行,不能在加减运算中代换,否则会导致错误.例如,对于例 20 的极限,若错误地把分子两项各自用等价无穷小去替换,将导致错误的结果:

$$\lim_{x \to 0} \frac{\tan x - \sin x}{\sin^3 x} = \lim_{x \to 0} \frac{x - x}{\sin^3 x} = 0$$

类型八 利用重要极限 $\lim\limits_{x \to 0} \dfrac{\sin x}{x} = 1$ 求极限.

此极限的特点是:函数的形式是 $\dfrac{\sin x}{x}$,极限过程是 $x \to 0$,且分子、分母均为无穷小量,即该极限为"$\dfrac{0}{0}$"型未定式.

从这个重要极限易知,$\lim\limits_{x \to 0} \dfrac{\tan x}{x} = 1$.这个极限还可以推广为 $\lim\limits_{u \to 0} \dfrac{\sin u}{u}$(其中 $u = \varphi(x)$),但特别要注意的是:这个极限的过程是 $x \to 0$,$\lim\limits_{x \to \infty} \dfrac{\sin x}{x}$ 就不是这一类极限,由无穷小量的性质(参看类型七)知 $\lim\limits_{x \to \infty} \dfrac{\sin x}{x} = 0$.另外需要注意的是,有些极限,需对原来的函数作适当的变形,方可利用重要极限.

例 22 求 $\lim\limits_{x \to 0} \dfrac{1 - \cos x}{x^2 \cos x}$

解 由三角公式 $1 - \cos x = 2\sin^2 \dfrac{x}{2}$,得

$$原极限 = \lim_{x \to 0} \frac{2\sin^2 \dfrac{x}{2}}{x^2 \cos x} = 2 \lim_{x \to 0} \frac{\sin^2 \dfrac{x}{2}}{\left(\dfrac{x}{2}\right)^2 \cdot 4 \cdot \cos x}$$

$$= \frac{1}{2} \lim_{x \to 0} \left(\frac{\sin \dfrac{x}{2}}{\dfrac{x}{2}}\right)^2 \cdot \lim_{x \to 0} \frac{1}{\cos x} = \frac{1}{2} \cdot 1^2 \cdot \frac{1}{1}$$

$$= \frac{1}{2}$$

例 23 求 $\lim\limits_{x \to \infty} x \sin \dfrac{1}{x}$

解　令 $y = \dfrac{1}{x}$，则当 $x \to \infty$ 时，$y \to 0$，于是

$$\lim_{x \to \infty} x \sin \frac{1}{x}$$

$$= \lim_{y \to 0} \frac{1}{y} \sin y = \lim_{y \to 0} \frac{\sin y}{y} = 1$$

例 24　求 $\lim\limits_{x \to 0} \dfrac{1 - \sqrt{1 + x}}{\sin x}$

分析　由于函数式中的分子是一无理函数，首先必须将其有理化，然后再求极限.

解

$$\lim_{x \to 0} \frac{1 - \sqrt{1 + x}}{\sin x} = \lim_{x \to 0} \frac{(1 - \sqrt{1 + x})(1 + \sqrt{1 + x})}{(1 + \sqrt{1 + x}) \sin x}$$

$$= \lim_{x \to 0} \frac{-x}{(1 + \sqrt{1 + x}) \sin x} = -\lim_{x \to 0} \frac{x}{\sin x} \cdot \lim_{x \to 0} \frac{1}{1 + \sqrt{1 + x}}$$

$$= -1 \cdot \frac{1}{1 + \sqrt{1 + 0}} = -\frac{1}{2}$$

类型九　利用重要极限 $\lim\limits_{x \to \infty} \left(1 + \dfrac{1}{x}\right)^x = \mathrm{e}$ 求极限.

此极限还有另外两种常用形式：

$$\lim_{x \to 0} (1 + x)^{\frac{1}{x}} = \mathrm{e}, \qquad \lim_{n \to \infty} \left(1 + \frac{1}{n}\right)^n = \mathrm{e}$$

这个极限的特点是：函数是一幂指函数（即在指数式中，底和幂都含有自变量的那种函数），在极限过程中，函数的底趋于 1，而指数趋于 ∞，属于"1^∞"型.另外，底中加号后的一项和指数互为倒数（包括符号）.这个重要极限可推广成：

$$\lim_{u \to \infty} \left(1 + \frac{1}{u}\right)^u = \mathrm{e} \quad 与 \quad \lim_{u \to 0} (1 + u)^{\frac{1}{u}} = \mathrm{e} \quad (其中 u = \varphi(x))$$

但要注意：$\lim\limits_{x \to 0} \left(1 + \dfrac{1}{x}\right)^x$ 与 $\lim\limits_{x \to \infty} (1 + x)^{\frac{1}{x}}$ 都不属此类重要极限，它们是"∞^0"型，这在第四章中将有详尽的讨论.

例 25　求 $\lim\limits_{x \to \infty} \left(1 - \dfrac{2}{x}\right)^{\frac{x}{3}}$

解

$$\lim_{x \to \infty} \left(1 - \frac{2}{x}\right)^{\frac{x}{3}} = \left[\lim_{x \to \infty} \left[1 + \left(-\frac{2}{x}\right)\right]^{\left(-\frac{x}{2}\right)}\right]^{\left(\frac{-2}{3}\right)} = e^{-\frac{2}{3}}$$

例 26 求 $\lim\limits_{x \to \infty} \left(\dfrac{x-1}{x+1}\right)^x$

解

$$\lim_{x \to \infty} \left(\frac{x-1}{x+1}\right)^x = \lim_{x \to \infty} \left(\frac{1 - \dfrac{1}{x}}{1 + \dfrac{1}{x}}\right)^x$$

$$= \lim_{x \to \infty} \frac{\left(1 - \dfrac{1}{x}\right)^x}{\left(1 + \dfrac{1}{x}\right)^x} = \frac{\lim\limits_{x \to \infty} \left[1 + \left(-\dfrac{1}{x}\right)\right]^{(-x) \cdot (-1)}}{e}$$

$$= \frac{e^{-1}}{e} = \frac{1}{e^2}$$

例 27 求 $\lim\limits_{x \to 0} (1 + 3\sin x)^{\frac{1}{\sin x}}$

分析 注意到当 $x \to 0$ 时，$\sin x \to 0$，故可利用重要极限的推广形式求之.

解

$$\lim_{x \to 0} (1 + 3\sin x)^{\frac{1}{\sin x}} = \lim_{x \to 0} (1 + 3\sin x)^{\frac{1}{3\sin x} \cdot 3} = \left[\lim_{x \to 0} (1 + 3\sin x)^{\frac{1}{3\sin x}}\right]^3 = e^3$$

例 28 求 $\lim\limits_{x \to 0} \dfrac{\ln(1 + kx)}{x}$（$k$ 为常数且 $k \neq 0$）

解

$$\lim_{x \to 0} \frac{\ln(1 + kx)}{x} = \lim_{x \to 0} \frac{1}{x} \cdot \ln(1 + kx)$$

$$= \lim_{x \to 0} \ln(1 + kx)^{\frac{1}{x}} = \ln \lim_{x \to 0} (1 + kx)^{\frac{1}{kx} \cdot k}$$

$$= \ln \left[\lim_{x \to 0} (1 + kx)^{\frac{1}{kx}}\right]^k = \ln e^k = k$$

例 29 求 $\lim\limits_{n \to \infty} \left(1 - \dfrac{1}{n}\right)^{n+5}$

解

$$\lim_{n \to \infty} \left(1 - \frac{1}{n}\right)^{n+5} = \lim_{n \to \infty} \left(1 - \frac{1}{n}\right)^n \cdot \lim_{n \to \infty} \left(1 - \frac{1}{n}\right)^5$$

$$= \lim_{n \to \infty} \left[1 + \left(-\frac{1}{n} \right) \right]^{(-n) \cdot (-1)} \cdot \lim_{n \to \infty} \left(1 - \frac{1}{n} \right)^5$$

$$= \left[\lim_{n \to \infty} \left[1 + \left(-\frac{1}{n} \right) \right]^{-n} \right]^{-1} \cdot 1$$

$$= e^{-1} \cdot 1 = e^{-1}$$

例 30 求 $\lim\limits_{x \to +\infty} \left(1 - \dfrac{1}{x} \right)^{\sqrt{x}}$

解

$$\lim_{x \to +\infty} \left(1 - \frac{1}{x} \right)^{\sqrt{x}} = \lim_{x \to +\infty} \left[\left(1 + \frac{1}{\sqrt{x}} \right) \left(1 - \frac{1}{\sqrt{x}} \right) \right]^{\sqrt{x}}$$

$$= \lim_{x \to +\infty} \left(1 + \frac{1}{\sqrt{x}} \right)^{\sqrt{x}} \lim_{x \to +\infty} \left(1 - \frac{1}{\sqrt{x}} \right)^{\sqrt{x}}$$

$$= e \cdot \left\{ \lim_{x \to +\infty} \left[1 + \left(-\frac{1}{\sqrt{x}} \right) \right]^{-\sqrt{x}} \right\}^{-1} = e \cdot e^{-1} = 1$$

通过上述例子我们可以看出,很多极限首先需要利用指数幂的有关运算法则进行恒等变形,然后才能运用重要极限.

类型十 利用左、右极限计算极限.

对于分段函数的分段点,由于函数在其两边有不同的表达式,因此在求分段函数在分段点处的极限时,必须先求出该点的左、右极限.若左、右极限有一不存在或即使都存在但两者不等时,函数在该点的极限不存在.若左、右极限存在且相等,则函数在该点的极限存在且等于左、右极限.值得注意的是:含有绝对值的函数,虽然表面上没有写为分段函数的形式,但其实质上仍是一分段函数.

例如 $|x| = \begin{cases} x, & \text{当 } x \geqslant 0 \\ -x, & \text{当 } x < 0 \end{cases}$

例 31 设 $f(x) = \begin{cases} \arctan \dfrac{1}{x}, & x < 0 \\ x, & 0 \leqslant x < 1 \\ -x^2 + 2, & 1 \leqslant x < 3, \end{cases}$ 求 $\lim\limits_{x \to 0} f(x), \lim\limits_{x \to 1} f(x)$.

解 $x = 0$ 及 $x = 1$ 均为 $f(x)$ 的分段点,需讨论其左、右极限.

$$\lim_{x \to 0^-} f(x) = \lim_{x \to 0^-} \arctan \frac{1}{x} = -\frac{\pi}{2}$$

$$\lim_{x \to 0^+} f(x) = \lim_{x \to 0^+} x = 0$$

由于 $\lim_{x \to 0^-} f(x) \neq \lim_{x \to 0^+} f(x)$，故 $\lim_{x \to 0} f(x)$ 不存在.

由于

$$\lim_{x \to 1^-} f(x) = \lim_{x \to 1^-} x = 1$$

$$\lim_{x \to 1^+} f(x) = \lim_{x \to 1^+} (-x^2 + 2) = 1$$

故 $\lim_{x \to 1} f(x) = 1$

例 32　设 $f(x) = \begin{cases} x^2 + 2x - 3, & x \leqslant 1 \\ x, & 1 < x < 2 \\ 2x - 2, & x \geqslant 2, \end{cases}$　求: $(1)\ \lim_{x \to 1} f(x)$;

$(2)\ \lim_{x \to 2} f(x)$; $(3)\ \lim_{x \to 3} f(x)$.

解　$(1)\ x = 1$ 是 $f(x)$ 的分段点.

$$\lim_{x \to 1^-} f(x) = \lim_{x \to 1^-} (x^2 + 2x - 3) = 1^2 + 2 \cdot 1 - 3 = 0$$

$$\lim_{x \to 1^+} f(x) = \lim_{x \to 1^+} x = 1$$

故 $\lim_{x \to 1} f(x)$ 不存在.

$(2)\ x = 2$ 是 $f(x)$ 的分段点.

$$\lim_{x \to 2^-} f(x) = \lim_{x \to 2^-} x = 2$$

$$\lim_{x \to 2^+} f(x) = \lim_{x \to 2^+} (2x - 2) = 2 \cdot 2 - 2 = 2$$

所以 $\lim_{x \to 2} f(x) = 2$

$(3)\ x = 3$ 不是 $f(x)$ 的分段点，勿需讨论其左、右极限，直接利用 $f(x)$ 在 $x = 3$ 的连续性即可.

$$\lim_{x \to 3} f(x) = \lim_{x \to 3} (2x - 2) = 2 \cdot 3 - 2 = 4$$

注意　在求分段函数连续点的极限时，一定要注意该点所在的区间，从而采用相应的函数表达式. 如在上例中，$x = 3$ 是属于 $x \geqslant 2$，故在求 $x = 3$ 处的极限时，就应采用表达式 $2x - 2$.

例 33　求 $\lim_{x \to 0} \dfrac{|\sin x|}{x}$

解　由于 $\sin x$ 在 $x = 0$ 右侧附近取正值，在 $x = 0$ 左侧附近取负值，故

$x=0$ 仍属于 $\dfrac{|\sin x|}{x}$ 的分段点,需讨论其左、右极限.

$$\lim_{x\to 0^-}\frac{|\sin x|}{x}=\lim_{x\to 0^-}\frac{-\sin x}{x}=-\lim_{x\to 0^-}\frac{\sin x}{x}=-1$$

$$\lim_{x\to 0^+}\frac{|\sin x|}{x}=\lim_{x\to 0^+}\frac{\sin x}{x}=1$$

由于 $\lim\limits_{x\to 0^-}\dfrac{|\sin x|}{x}\neq\lim\limits_{x\to 0^+}\dfrac{|\sin x|}{x}$,故 $\lim\limits_{x\to 0}\dfrac{|\sin x|}{x}$ 不存在.

3. 关于函数的连续性

这方面的题目大致有两种类型:一是利用连续性的定义判定一个函数在某点处是连续还是间断(主要是讨论分段函数的分段点处),二是利用闭区间上的连续函数的性质解决某些问题(主要是某些方程的根的分布).

我们知道,函数 $f(x)$ 在 x_0 连续必须满足下列三个条件:1) $f(x)$ 在 x_0 及其邻域内有定义,2) $f(x)$ 在 x_0 处有极限;3) $\lim\limits_{x\to x_0}f(x)=f(x_0)$. 以上三个条件必须同时满足. 若其中有一个条件不满足,则 $f(x)$ 就在点 x_0 处不连续,即间断.

例 34　设 $f(x)=\begin{cases}\dfrac{\sin x}{x}, & x<0 \\[2mm] 1, & x=0 \\[2mm] \dfrac{2(\sqrt{1+x}-1)}{x}, & x>0,\end{cases}$ 问 $f(x)$ 在 $x=0$ 处是否

连续.

解

$$\lim_{x\to 0^-}f(x)=\lim_{x\to 0^-}\frac{\sin x}{x}=1$$

$$\lim_{x\to 0^+}f(x)=\lim_{x\to 0^+}\frac{2(\sqrt{1+x}-1)}{x}$$

$$=\lim_{x\to 0^+}\frac{2(\sqrt{1+x}-1)(\sqrt{1+x}+1)}{x(\sqrt{1+x}+1)}$$

$$=\lim_{x\to 0^+}\frac{2(1+x-1)}{x(\sqrt{1+x}+1)}=\lim_{x\to 0^+}\frac{2x}{x(\sqrt{1+x}+1)}$$

$$=\lim_{x\to 0^+}\frac{2}{\sqrt{1+x}+1}=\frac{2}{\sqrt{1+0}+1}=1$$

所以 $\lim\limits_{x \to 0^-} f(x) = 1$，又 $f(0) = 1$. 故 $\lim\limits_{x \to 0} f(x) = f(0)$，即 $f(x)$ 在 $x = 0$ 处连续.

例 35 设 $f(x) = \begin{cases} \dfrac{1}{x}\sin x, & x < 0 \\ a, & x = 0 \\ x\sin\dfrac{1}{x} + b, & x > 0 \end{cases}$

问 (1) a、b 为何值时，$f(x)$ 在 $x = 0$ 处有极限?

(2) a、b 为何值时，$f(x)$ 在 $x = 0$ 处连续?

解

(1) $\lim\limits_{x \to 0^-} f(x) = \lim\limits_{x \to 0^-} \dfrac{\sin x}{x} = 1$

$$\lim\limits_{x \to 0^+} f(x) = \lim\limits_{x \to 0^+} \left(x\sin\dfrac{1}{x} + b \right) = 0 + b = b$$

要 $f(x)$ 在 $x = 0$ 处有极限，必须

$$\lim\limits_{x \to 0^-} f(x) = \lim\limits_{x \to 0^+} f(x)$$

即 $1 = b$，故当 $b = 1$，a 为任何实数时 (此时对 a 无任何要求) $\lim\limits_{x \to 0} f(x)$ 存在且等于 1.

(2) 要使 $f(x)$ 在 $x = 0$ 处连续，必须 $\lim\limits_{x \to 0} f(x)$ 存在且等于 $f(0)$. 由题设 $f(0) = a$，由 (1)，当 $b = 1$ 时，$\lim\limits_{x \to 0} f(x)$ 存在且等于 1，故仅当 $a = 1, b = 1$ 时 $f(x)$ 在 $x = 0$ 处连续.

从本例也可看出，函数在某点的极限是否存在，数值如何，仅与函数在该点的附近的值有关，而与函数在该点的函数值无关，甚至函数在该点可以没有定义. 而连续则要求函数在该点有定义，在该点有极限，并且极限值和函数值必须相等.

例 36 证明方程 $x^5 - 3x = 1$ 在区间 $(1,2)$ 内至少有一根.

证 ξ 是方程 $f(x) = 0$ 的根是指 $f(\xi) = 0$，这等价于 ξ 是函数 $f(x)$ 的一个零点.

令 $f(x) = x^5 - 3x - 1$，则

$$f(1) = 1^5 - 3 - 1 = -3 < 0$$

$$f(2) = 2^5 - 6 - 1 = 25 > 0$$

又 $f(x) = x^5 - 3x - 1$ 在 $[1,2]$ 上连续，而 $f(x)$ 在其端点的值异号，由连续函数在闭区间上的性质知，至少存一点 $\xi \in (1,2)$，使得 $f(\xi) = 0$，即 $\xi^5 - 3\xi$

$-1=0$, 也就是 $\xi^5-3\xi=1$, 于是 ξ 即为方程 $x^5-3x=1$ 的根.

例 37　设 $f(x)$ 在 $[a,b]$ 上连续, 且 $f(a)<a$, $f(b)>b$, 试证在 (a,b) 内至少有一点 ξ, 使 $f(\xi)=\xi$.

证　把条件 $f(a)<a$, $f(b)>b$ 改写为 $f(a)-a<0$, $f(b)-b>0$, 即可利用介值定理. 于是设 $F(x)=f(x)-x$, 则 $F(x)$ 是 $[a,b]$ 上的连续函数, 且 $F(a)<0$, $F(b)>0$, 从而在 (a,b) 内至少有一点 ξ, 使 $F(\xi)=0$, 即 $f(\xi)-\xi=0$, 也就是 $f(\xi)=\xi$.

例 38(连续复利)　设储蓄存款的年利率统一规定为 5%. 某银行为了吸收更多存款, 提供了如下的优待: 无论何时来取存款, 均可按同一年利率计算存款期的利息. 利用这方面的优待, 储户得到多少好处?

解　不失一般性, 可考虑存额为一元, 存期共一年. 存入该银行, 到一年底时的本利和为

$$1 \times (1 + 0.05) = 1.05$$

所得利息额 0.05 元与存入其他银行时一样. 若在存过半年取出后立即再行存入, 到一年底就可以第二次计息, 每次计息的利率为 $0.05 \times \dfrac{1}{2} = 0.025$. 到一年底时得到的本利和为

$$1 \times \left(1 + \frac{0.05}{2}\right) \times \left(1 + \frac{0.05}{2}\right) = \left(1 + \frac{0.05}{2}\right)^2 = 1.050625$$

进一步, 若每三个月改存一次, 一年之内可四次计算, 每次的利率为 $0.05 \times \dfrac{1}{4}$, 到一年底本利和为

$$1 \times \left(1 + \frac{0.05}{4}\right)^4 = 1.05094$$

由上可知, 一年中计息次数越多(每次计息时相应的利率也越小), 得到的利息也越多. 但利息的增加又是有限的. 即使每天改存一次, 甚至设想在一年中改存"无穷多"次(即时存、取、结算), 到一年底本利和仍可依次算出为

$$1 \times \left(1 + \frac{0.05}{365}\right)^{365} = 1.0512674$$

而

$$1 \times \left[\lim_{n \to \infty}\left(1 + \frac{0.05}{n}\right)^n\right] = 1 \times (e^{0.05}) = 1.0512711$$

由此可见,即使计息期不断缩短,计息次数不断增多,所得本利和也不会突破 $e^{0.05}$,即所得好处不超过 0.001271(元).

"连续复利"在企业实际中虽不应用,但因为这里已把时间考虑为连续变量,所以方法具有普遍意义,这点将被下面的例 39 所证实.

例 39 设基年我国人口总数为 A_0,年平均增长率为 r(实际上人口是每时每刻在增长着的,假定单位时间的增长率相同),试求 t 年后我国人口总数.并讨论当 $r=0.025$,$t=28$ 时我国人口的情况.

解 若不认为人口是每时每刻在增长的,而把它看成一年增长一次,则 t 年后人口为

$$A = A_0(1 + r)^t$$

由于实际上人口是每时每刻在增长着的,我们可以把一年分成 m 个时间单位,那么单位时间内人口平均增长率为 $\dfrac{r}{m}$,在 mt 个时间单位后人口总数将为

$$A_m = A_0\left(1 + \frac{r}{m}\right)^{mt}$$

可以设想时间单位取得很小以至认为它趋于 0,即 $m \to \infty$,所以

$$A = \lim_{m \to \infty} A_m = \lim_{m \to \infty} A_0\left(1 + \frac{r}{m}\right)^{mt}$$

令 $\dfrac{r}{m} = \dfrac{1}{n}$,则 $m = nr$,且当 $n \to \infty$,于是

$$A = \lim_{n \to \infty} A_0\left[\left(1 + \frac{1}{n}\right)^n\right]^{rt} = A_0 e^{rt}$$

如果取 $r=0.025$,$t=28$,则 $A=2A_0$.即当年平均增长率为 2.5% 时,28 年后人口就翻一翻.

类似地,可以利用这种方法研究林木生长、物体冷却等方面的问题.

例 40 市场学里有一个商品不作广告,销售衰减的模型.其定义为:$R(t)$ 是单位时间内销售金额(即销售收入率),它是销售时刻 t 的函数

$$R(t) = R(0)e^{-\lambda t}$$

其中 $R(0)$ 是时刻 $t=0$ 时的销售收入率,$\lambda > 0$ 为一常数,叫做销售衰减常数.这个模型的实际意义是:一种产品若从未作广告,随着时刻 t 的增大,$R(t)$ 会

越来越小.显然极端情况当 $t \to \infty$ 时,$R(t) \to 0$(见图 2.16).

例 41 为吸引大批量的订货而使企业获得扩大生产的好处,企业对大批订货提供价格折扣.用 C 表示购买 x 单位货物的总费用,而且 C 与各个区间内的 x 数额有如下关系:

$$C(x) = \begin{cases} 20x, & 0 \leqslant x \leqslant 500 \\ 19x, & 500 < x \leqslant 1000 \\ 18x, & x > 1000 \end{cases}$$

显然,在 $x = 500$ 和 $x = 1000$ 处费用函数的左右极限不相等,从而 $C(x)$ 在 $x = 500, x = 1000$ 处间断.费用函数 $C(x)$ 的图象如图 2.17 所示.

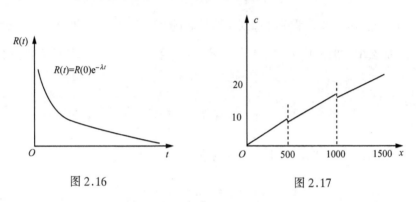

图 2.16   图 2.17

小 结

1. 本章的主要内容是极限的概念及其计算,无穷小(大)量的概念及其比较;连续函数的定义及其判定.

2. 本章的重点是极限的概念、运算法则及计算;两个重要极限;函数连续的概念及初等函数的连续性.难点是极限的概念与极限的计算.

3. 本章的基本方法有

(1) 无穷小(大)量的判别方法

① 用定义判别;

② 用无穷小量的运算法则判定.

(2) 无穷小量的比较

(3) 极限的计算方法

计算极限主要有下述 10 种方法:

① 用变量极限定义验证某常数是已知变量的极限；

② 利用极限的四则运算法则及函数的连续性；

③ 约简分式或通分计算极限；

④ 利用除以 x 或 n 的最高次幂求极限；

⑤ 通过有理化计算极限；

⑥ 通过变换求极限；

⑦ 利用无穷小量的有关结论求极限；

⑧ 利用重要极限 $\lim\limits_{x \to 0} \dfrac{\sin x}{x} = 1$ 求极限；

⑨ 利用重要极限 $\lim\limits_{x \to \infty} \left(1 + \dfrac{1}{x}\right)^x = e$，$\lim\limits_{n \to \infty} \left(1 + \dfrac{1}{n}\right)^n = e$ 求极限；

⑩ 利用左、右极限来确定极限.

4. 函数连续性与间断点的判定

① 这一方面的问题大致有两种类型. 一是利用函数的定义判定一个函数在某点处是连续还是间断(主要讨论分段函数的分段点). 二是利用闭区间上的连续函数的性质解决某些问题(主要是某些方程的根的分布).

函数 $f(x)$ 在 x_0 处连续必须满足下列三个条件：1) $f(x)$ 在 x_0 及其邻域内有定义，2) $f(x)$ 在 x_0 处有极限，3) $\lim\limits_{x \to x_0} f(x) = f(x_0)$. 以上三个条件必须同时满足. 其中有一条不满足，则 $f(x)$ 就在点 x_0 处不连续，即间断.

② 初等函数在其定义域内都连续，初等函数的间断点就是该函数无定义的孤立点. 分段函数的间断点只能出现在分段函数的分段点处.

5. 连续的概念是用极限的概念定义的，但连续和极限是有区别的；极限所讨论的是函数在某一点附近的变化趋势，而不管函数在这一点上是否有定义或取什么值；函数在一点连续不仅要求在这一点有极限，而且要求极限值等于该点的函数值.

习 题 二

练习题(一)

1. 用观察法判断下列数列是否收敛：

(1) y_n: $1, \dfrac{3}{2}, \dfrac{1}{3}, \dfrac{5}{4}, \dfrac{1}{5}, \dfrac{7}{6}, \cdots$

(2) y_n: $1, \dfrac{1}{2}, 3, \dfrac{1}{4}, 5, \dfrac{1}{6}, \cdots$

(3) y_n: $0, \dfrac{1}{2}, 0, \dfrac{1}{4}, 0, \dfrac{1}{6}, \cdots$

2. 用极限的定义证明下列极限:

(1) $\lim\limits_{n\to\infty}\left(1-\dfrac{1}{2^n}\right)=1$

(2) $\lim\limits_{n\to\infty}\dfrac{1}{\sqrt{n}}=0$

(3) $\lim\limits_{x\to\frac{1}{3}}(3x-1)=0$

(4) $\lim\limits_{x\to-2}\dfrac{x^2-4}{x+2}=-4$

(5) $\lim\limits_{x\to\infty}\dfrac{2x+3}{x}=2$

3. 用左、右极限法讨论下列函数在给定点的极限:

(1) $f(x)=\begin{cases}1, & x<0, \quad x=0\\ x, & x\geqslant0\end{cases}$

(2) $f(x)=\dfrac{|x|}{x},x=0$

(3) $f(x)=\begin{cases}3x+2, & x\leqslant0\\ x^2+1, & 0<x\leqslant1,x=0,1\\ \dfrac{2}{x}, & 1<x\end{cases}$

4. 当 $x\to0$ 时,下列变量中哪些是无穷小量?

$$100x,\sqrt{x},\ \frac{2}{x},\ \frac{x}{x^2},\ \frac{2x^2}{x},\ \sin x,\cos x,\ \tan x,\ \cot x$$

5. 下列变量在给定过程中哪些是无穷大量? 哪些是无穷小量?

(1) $\ln x\quad(x\to0^+)$;   (2) $\log_a x,\ a>1\quad(x\to0^+)$

(3) $\dfrac{x^2}{1+x}\quad(x\to0)$;   (4) $\dfrac{\sin\theta}{1+\sec\theta}\quad(\theta\to0)$

6. 比较下列无穷小量的阶:

(1) 当 $n\to\infty$ 时 $\alpha=\dfrac{1}{n^2}$,$\beta=\dfrac{1}{n}$

(2) 当 $x\to\infty$ 时 $\alpha=\dfrac{1}{x}$,$\beta=\dfrac{1}{2x}$

(3) 当 $x\to0$ 时 $\alpha=x$,$\beta=x^2\sin\dfrac{1}{x}$

7. 求下列极限:

(1) $\lim\limits_{x\to-2}(3x^2-4x+5)$;   (2) $\lim\limits_{x\to\sqrt{3}}\dfrac{x^2-3}{x^4+x^2+1}$

(3) $\lim\limits_{x\to2}\dfrac{x-2}{\sqrt{x+2}}$;   (4) $\lim\limits_{x\to3}\dfrac{x^2-9}{x-3}$

(5) $\lim\limits_{x\to\infty}\dfrac{x^2-1}{2x^2+1}$;

(6) $\lim\limits_{x\to\infty}\dfrac{5\cos4x}{x}$

(7) $\lim\limits_{x\to0}\dfrac{x^2}{1-\sqrt{1+x^2}}$;

(8) $\lim\limits_{x\to\infty}\dfrac{1000x}{1+x^2}$

(9) $\lim\limits_{x\to-8}\dfrac{\sqrt{1-x}-3}{2+\sqrt[3]{x}}$;

(10) $\lim\limits_{x\to0}\dfrac{\sqrt{x^2+p^2}-p}{\sqrt{x^2+q^2}-q}$ ($p>0,q>0$)

(11) $\lim\limits_{x\to\infty}\left(\dfrac{x^3}{2x^2-1}-\dfrac{x^2}{2x+1}\right)$;

(12) $\lim\limits_{x\to\infty}(\sqrt{x^2+x}-\sqrt{x^2-x})$

(13) $\lim\limits_{x\to\infty}\dfrac{(2x+1)^3(3x-2)^2}{(2x)^5+3}$;

(14) $\lim\limits_{x\to1}\dfrac{1-\sqrt{x}}{1-\sqrt[3]{x}}$

(15) $\lim\limits_{x\to\pi}\dfrac{\sin^2x}{1+\cos^3x}$;

(16) $\lim\limits_{x\to4}\dfrac{2-\sqrt{x}}{3-\sqrt{2x+1}}$

(17) $\lim\limits_{x\to2}\left(\dfrac{1}{x-2}-\dfrac{4}{x^2-4}\right)$;

(18) $\lim\limits_{n\to\infty}\dfrac{1+2+\cdots+(n-1)}{n^2}$

(19) $\lim\limits_{n\to\infty}\dfrac{1+\frac{1}{2}+\frac{1}{4}+\cdots+\frac{1}{2^n}}{1+\frac{1}{3}+\frac{1}{9}+\cdots+\frac{1}{3^n}}$;

(20) $\lim\limits_{x\to\infty}(2x^3-x+1)$

(21) $\lim\limits_{x\to0}x^2\sin\dfrac{1}{x}$;

(22) $\lim\limits_{x\to\infty}\dfrac{\arctan x}{x}$

8. 设 $\lim\limits_{x\to1}\dfrac{x^2+ax+b}{1-x}=5$，求 a,b 的值.

9. 设 $\lim\limits_{x\to\infty}\left(\dfrac{x^2+1}{x+1}-ax-b\right)=0$，求 a,b 的值.

10. 设

$$f(x)=\begin{cases}x\sin\dfrac{1}{x}, & x<0\\[2mm]\dfrac{1}{x}\sin x, & x>0\end{cases}$$

讨论 $f(x)$ 在 $x=0$ 处的极限.

11. 求下列极限：

(1) $\lim\limits_{x\to0}\dfrac{\tan kx}{x}$;

(2) $\lim\limits_{x\to0}\dfrac{\sin\alpha x}{\sin\beta x}$ ($\beta\neq0$)

(3) $\lim\limits_{x\to0}\dfrac{\sqrt{1-\cos x^2}}{1-\cos x}$;

(4) $\lim\limits_{x\to0}\dfrac{\tan x-\sin x}{x}$

(5) $\lim\limits_{x\to0}\dfrac{\arcsin x}{x}$;

(6) $\lim\limits_{n\to\infty}2^n\sin\dfrac{x}{2^n}$ ($x\neq0$)

12. 求下列极限：

(1) $\lim\limits_{x\to0}(1+2x)^{\frac{1}{x}}$;

(2) $\lim\limits_{x\to\infty}\left(1-\dfrac{2}{x}\right)^{\frac{x}{2}-1}$

(3) $\lim\limits_{x\to\infty}\left(\dfrac{x+a}{x-a}\right)^{x}$;

(4) $\lim\limits_{x\to\infty}\left(\dfrac{x-1}{x+1}\right)^{x}$

(5) $\lim\limits_{x\to\infty}\left(\dfrac{2x+3}{2x+1}\right)^{x+1}$;

(6) $\lim\limits_{x\to0}\sqrt[3]{1-2x}$

13. 指出下列函数的间断点,并写出其连续区间.

(1) $f(x)=\dfrac{x}{(x-2)^{2}}$;

(2) $f(x)=\dfrac{4x^{2}-1}{2x^{2}-x-1}$

(3) $f(x)=\dfrac{\sqrt{x+1}-1}{\sin x}$;

(4) $f(x)=\dfrac{1}{\ln\sqrt{1-x^{2}}}$

(5) $f(x)=\begin{cases}(x-2)^{2},&x>1\\x,&-1\leqslant x\leqslant1\\x+1,&x<-1\end{cases}$

(6) $f(x)=\begin{cases}x-1,&x\leqslant0\\x^{2},&x>0\end{cases}$

(7) $f(x)=\begin{cases}\dfrac{1-\cos x}{x^{2}},&x<0\\\dfrac{1}{2},&x=0\\x^{2}+1,&x>0\end{cases}$

(8) $f(x)=\begin{cases}e^{x},&x\leqslant0\\\dfrac{\sin x}{x},&x>0\end{cases}$

(9) $f(x)=\begin{cases}\dfrac{\sin x}{|x|},&x\neq0\\1,&x=0\end{cases}$

(10) $f(x)=\begin{cases}e^{-\frac{1}{x^{2}}},&x\neq0\\0,&x=0\end{cases}$

14. 给 $f(0)$ 补充定义何值,能使 $f(x)$ 在 $x=0$ 处连续.

(1) $f(x)=\dfrac{\sqrt{1+x}-\sqrt{1-x}}{x}$;

(2) $f(x)=\sin x\cos\dfrac{1}{x}$

(3) $f(x)=\ln(1+kx)^{\frac{m}{x}}$;

(4) $f(x)=\dfrac{\ln(1+2x)}{\arcsin3x}$

15. 设

$$f(x)=\begin{cases}\dfrac{x^{2}-3x+2}{x-1},&x<1\\a,&x=1\\\dfrac{\sin2(x-1)}{x-1}-b,&x>1\end{cases}$$

求 a,b, 使 $f(x)$ 在 $x=1$ 处连续.

16. 证明方程 $x^3 - 4x^2 + 1 = 0$ 在区间 $(0,1)$ 内至少有一个实根.

17. 试证方程 $x = a\sin x + b(a>0, \ b>0)$ 至少有一个根 $0 < x_0 \leqslant a + b$.

18. 证明方程 $x^5 + a_1 x^4 + a_2 x^3 + a_3 x^2 + a_4 x + a_5 = 0$ 至少有一个实根.

19. 利用连续性求极限:

(1) $\lim\limits_{a \to \frac{\pi}{4}} (\sin 2a)^3$;

(2) $\lim\limits_{t \to -2} \dfrac{e^t + 1}{t}$

(3) $\lim\limits_{x \to \frac{\pi}{9}} \ln(2\cos 3x)$;

(4) $\lim\limits_{x \to 0} \ln \dfrac{\sin x}{x}$

(5) $\lim\limits_{x \to \infty} \lg \dfrac{x^2 + 100}{100 x^2 + 1}$;

(6) $\lim\limits_{x \to 0} (1 + \sin x)^{\frac{1}{x}}$

(7) $\lim\limits_{x \to 0} (\cos x)^{\sin x}$;

(8) $\lim\limits_{x \to a} \dfrac{e^x - e^a}{x - a}$

练习题(二)

一、单项选择题

1. 当 $n \to \infty$ 时, 下列数列中极限存在的是( ).

(A) $(-1)^n \sin \dfrac{1}{n}$;

(B) $(-1)^n n$

(C) $(-1)^n \dfrac{n}{n+1}$;

(D) $[(-1)^n + 1] n$

2. 下列极限中正确的是( ).

(A) $\lim\limits_{x \to 0} 2^{\frac{1}{x}} = \infty$;

(B) $\lim\limits_{x \to 0} 2^{\frac{1}{x}} = 0$

(C) $\lim\limits_{x \to 0} \sin \dfrac{1}{x} = 0$;

(D) $\lim\limits_{x \to \infty} \dfrac{\sin x}{x} = 0$

3. 如果 $\lim\limits_{x \to x_0} f(x)$ 存在, 则 $f(x)$ 在 x_0 处( ).

(A) 必须有定义;

(B) 不能有定义;

(C) 可以无定义;

(D) 可以有定义, 但必须有 $f(x_0) = \lim\limits_{x \to x_0} f(x_0)$.

4. 当 $x \to 0$, 下列变量是无穷小量的是( ).

(A) e^x;

(B) $\sin \dfrac{1}{1+x}$

(C) $\ln x$;

(D) $1 - \cos x$

5. 下列命题中正确的是( ).

(A) 无穷小量的倒数是无穷大量;

(B) 无穷大量的倒数是无穷小量;

(C) 无界变量就是无穷大量;

(D) 绝对值越来越接近 0 的变量是无穷小量.

6. 当 $x \to 0$ 时,下列各无穷小量与 x 相比,是更高阶的无穷小量是(   ).

(A) $2x^2 + x$；   (B) $\sqrt{x}$

(C) $x + \sin x$；   (D) $\sqrt{x^3}$

7. 设 $f(x) = \dfrac{|x|}{x}$,则 $\lim\limits_{x \to 0^-} f(x) = ($ $)$.

(A) -1；   (B) 0

(C) 1；   (D) 不存在

8. 已知 $\lim\limits_{n \to \infty} \left(1 + \dfrac{k}{n}\right)^{2n} = e^{-1}$,则 $k = ($ $)$.

(A) $-\dfrac{1}{2}$；   (B) -2

(C) $\dfrac{1}{2}$；   (D) 2

9. 设 $f(x) = \begin{cases} \dfrac{\sin bx}{x}, & x \neq 0 \\ a, & x = 0 \end{cases}$ （a,b 是常数）为连续函数,则 $a = ($ $)$.

(A) 1；   (B) 0

(C) b；   (D) $-b$

10. 函数 $f(x) = \begin{cases} x - 1, & 0 < x \leqslant 1 \\ 2 - x, & 1 < x \leqslant 3 \end{cases}$ 在 $x = 1$ 处间断是因为(   ).

(A) $f(x)$ 在点 $x = 1$ 处无定义；

(B) $\lim\limits_{x \to 1^-} f(x)$ 不存在；

(C) $\lim\limits_{x \to 1} f(x)$ 不存在；

(D) $\lim\limits_{x \to 1^+} f(x)$ 不存在.

二、填空题

1. $\lim\limits_{n \to \infty} \left(\underbrace{\dfrac{1}{n} + \dfrac{1}{n} + \cdots + \dfrac{1}{n}}_{n \uparrow}\right) = $ _____.

2. 若 $\lim\limits_{x \to \infty} x_n = 1$, 则 $\lim\limits_{x \to \infty} \dfrac{x_{n-1} + x_n + x_{n+1}}{3} = $ _____.

3. $\lim\limits_{x \to \infty} \dfrac{x - \sin x}{2x} = $ _____.

4. 设 $\lim\limits_{x \to 1} \left(\dfrac{a}{1 - x^2} - \dfrac{x}{1 - x}\right) = \dfrac{3}{2}$,则 $a = $ _____.

5. 设 $f(x) = \dfrac{1}{1 + e^{\frac{1}{x}}}$,则 $\lim\limits_{x \to 0^-} f(x) = $ _____. $\lim\limits_{x \to 0^+} f(x) = $ _____.

6. $\lim\limits_{x \to 0}(1 + ax)^{\frac{1}{x}} = 2$,则 $a = $ _____.

7．已知当 $x\to\infty$ 时，函数 $f(x)$ 与 $\dfrac{1}{x^4}$ 是等价无穷小，则 $\lim\limits_{x\to\infty}xf(x)=$ _____．

8．$\lim\limits_{x\to x_0}f(x)$ 存在是函数在点 x_0 处连续的_____条件，函数 $f(x)$ 在 x_0 处连续是 $\lim\limits_{x\to x_0}f(x)$ 存在的_____条件．

9．设 $f(x)=\begin{cases}\dfrac{\ln(1+ax)}{x}, & x\neq 0\\ 2, & x=0\end{cases}$ 在点 $x=0$ 处连续，则必有 $a=$ _____．

10．函数 $f(x)=\sqrt{9-x^2}+\dfrac{1}{\sqrt{x^2-4}}$ 的连续区间是_____．

三、判断题

1．若数列 $\{a_n\}$ 无界，则数列 $\{a_n\}$ 发散．（ ）

2．$\lim\limits_{n\to\infty}a_n=a\Leftrightarrow\lim\limits_{n\to\infty}|a_n|=a$，其中 $a\neq 0$．（ ）

3．若 $\lim\limits_{n\to\infty}(a_n-b_n)=0$，则 $\lim\limits_{n\to\infty}a_n=\lim\limits_{n\to\infty}b_n$（ ）

4．$\lim\limits_{x\to+\infty}(\sqrt{x^2+1}-x)=+\infty-(+\infty)=0$（ ）

5．$\lim\limits_{x\to\infty}\left(1+\dfrac{1}{x}\right)^x=1^\infty=1$（ ）

6．若函数 $f(x)$ 在 a 连续，则 $f(x)$ 在 a 存在左、右极限．（ ）

7．若函数 $f(x)$ 为初等函数，则 $f(x)$ 在其定义域(孤立点集除处)连续．（ ）

8．若函数 $|f(x)|$ 在 a 连续，则 $f(x)$ 在 a 也连续．（ ）

9．开区间 (a,b) 上的连续函数一定有最大值和最小值．

10．若函数 $f(x)$ 与 $g(x)$ 在点 a 不连续，则 $f(x)\cdot g(x)$ 在点 a 不连续．（ ）

四、解答题

1．求下列极限：

(1) $\lim\limits_{n\to\infty}\dfrac{(n^3+1)(n^2+5n+6)}{2n^5-4n^2+3}$；

(2) $\lim\limits_{n\to\infty}\dfrac{n}{\sqrt{n^2+1}+\sqrt{n^2-1}}$

(3) $\lim\limits_{n\to\infty}(\sqrt{n+1}-\sqrt{n})$；

(4) $\lim\limits_{n\to\infty}\left(1+\dfrac{1}{n}\right)^{n+2}$

(5) $\lim\limits_{x\to1}\dfrac{x^3+x^2-2}{x^2-1}$；

(6) $\lim\limits_{x\to3}\dfrac{\sqrt{1+x}-2}{x-3}$

(7) $\lim\limits_{x\to0}\dfrac{1-\cos x}{x\sin x}$；

(8) $\lim\limits_{x\to0}\dfrac{\sin^m x}{\tan(x^m)}$

(9) $\lim\limits_{x\to\infty}\left(1-\dfrac{1}{x}\right)^{2x}$；

(10) $\lim\limits_{x\to0}(1+\tan x)^{\cot x}$

(11) $\lim\limits_{x\to1}x^{\frac{4}{x-1}}$；

(12) $\lim\limits_{x\to\infty}\dfrac{\sqrt[3]{x^2}\cos x}{x^2+1}$

2．已知 $\lim\limits_{x\to\infty}(3x-\sqrt{ax^2-x+1})=\dfrac{1}{6}$，求 a．

3. 设 $f(x) = \begin{cases} \dfrac{\tan ax}{x}, & x < 0 \\ x + 2, & x \geqslant 0, \end{cases}$ 已知 $\lim\limits_{x \to 0} f(x)$ 存在,求 a 值.

4. 已知当 $x \to 0$ 时,$(\sqrt{1 + ax^2} - 1)$ 与 $\sin^2 x$ 是等价无穷小,求常数 a 的值.

5. 已知当 $x \to 1$ 时,$f(x) = \dfrac{1-x}{1+x}$ 与 $g(x) = 1 - \sqrt[3]{x}$ 都是无穷小,现将 $f(x)$ 与 $g(x)$ 进行比较,会得什么样的结论?

6. 讨论函数

$$f(x) = \begin{cases} \dfrac{\ln(1-x)}{x}, & x < 0 \\ \dfrac{1}{2}, & x = 0 \\ \dfrac{\sqrt{1+x} - 1}{x}, & x > 0 \end{cases}$$

在点 $x = 0$ 的连续性.

7. 已知函数

$$f(x) = \begin{cases} a + bx^2, & x \leqslant 0 \\ \dfrac{\sin bx}{2x}, & x > 0 \end{cases}$$

在点 $x = 0$ 连续,问 a, b 应满足什么样的关系?

8. 求函数 $f(x) = \dfrac{x^3 + 2x^2 - x - 2}{x^2 - x - 2}$ 连续区间.

9. 验证方程 $4x = 2^x$ 有一个根在 0 与 $\dfrac{1}{2}$ 之间.

答   案

练习题(一)

1. (1)不收敛;(2)不收敛;(3)收敛

2. 略

3. (1)不存在;(2)不存在;(3) $\lim\limits_{x \to 0} f(x)$ 不存在,$\lim\limits_{x \to 1} f(x) = 2$

4. $100x, \sqrt{x}, \dfrac{2x^2}{x}, \sin x \cos x, \tan x,$

5. (1)(2)是无穷大量,(3)(4)是无穷小量.

6. (1)$\alpha = o(\beta)$,(2)同阶,(3)$\beta = o(\alpha)$

7. (1)25;(2)0;(3)0;(4)6;(5)$\dfrac{1}{2}$;(6)0;(7)-2;(8)0;(9)-2;(10)$\dfrac{q}{p}$;

$(11)\dfrac{1}{4}$；$(12)1$；$(13)\dfrac{9}{4}$；$(14)\dfrac{3}{2}$；$(15)\dfrac{2}{3}$；$(16)\dfrac{3}{4}$；$(17)\dfrac{1}{4}$；$(18)\dfrac{1}{2}$；$(19)\dfrac{4}{3}$；

$(20)\infty$；$(21)0$；$(22)0$

8. $a=-7$，$b=6$

9. $a=1$，$b=-1$

10. 不存在

11. $(1)k$；$(2)\dfrac{\alpha}{\beta}$；$(3)\sqrt{2}$；$(4)0$；$(5)1$；$(6)x$

12. $(1)e^2$；$(2)\dfrac{1}{e}$；$(3)e^{2a}$；$(4)e^{-2}$；$(5)e$；$(6)\ e^{-2}$

13. $(1)x=2$；$(-\infty,2),(2,+\infty)$

$(2)\ x=1,-\dfrac{1}{2}$；$\left(-\infty,-\dfrac{1}{2}\right),\left(-\dfrac{1}{2},1\right),(1,+\infty)$

$(3)\ x=0,\pi,2\pi,3\pi,\cdots$；$[-1,0),(0,\pi)\ (\pi,2\pi)\cdots$

$(4)\ x=0,\ \pm1$；$(-1,0),\ (0,1)$

$(5)\ x=-1$；$(-\infty,-1),(-1,+\infty)$

$(6)\ x=0$；$(-\infty,0),\ (0,+\infty)$

$(7)\ x=0$；$(-\infty,0),\ (0,+\infty)$

(8) 无间断点；$(-\infty,+\infty)$

$(9)\ x=0$；$(-\infty,0),\ (0,+\infty)$

(10) 无间断点；$(-\infty,+\infty)$

14. $(1)f(0)=1$；　　$(2)\ f(0)=0$；　　$(3)\ f(0)=km$；　　$(4)\ f(0)=\dfrac{2}{3}$

15. $a=-1$，$b=3$

16. 17、18. 略

19. $(1)\ 1$；$(2)\ -\dfrac{1}{2}(1+e^{-2})$；$(3)\ 0$；$(4)\ 0$；$(5)\ -2$；$(6)\ e$；$(7)\ 1$；$(8)\ e^a$

练习题(二)

一、选择题

1. (A)；2. (D)；3. (C)；4. (D)；5. (B)；6. (D)；7. (D)；8. (A)；9. (C)；

10. (C)

二、填空题

1. 1；2. 1；3. $\dfrac{1}{2}$；4. 2；5. 1,0；6. ln2；7. 0；8. 必要,充分；9. 2；10. $[-3,-2)$，

$(2,3]$

三、判断题

1. √；2. ×；3. ×；4. ×；5. ×；6. √；7. √；8. ×；9. ×；10. ×

四、解答题

1. (1) $\frac{1}{2}$；(2) $\frac{1}{2}$；(3) 0；(4) e；(5) $\frac{5}{2}$；(6) $\frac{1}{4}$；(7) $\frac{1}{2}$；(8) 1；(9) e^{-2}；(10) e；

(11) e^4；(12) 0

2. 9；3. 2；4. 2；5. $x \to 1$ 时，$f(x)$ 与 $g(x)$ 是同阶无穷小.

6. $f(x)$ 在 $x = 0$ 不连续；7. $a = \frac{b}{2}$；8. $(-\infty, -1)$，$(-1, 2)$ $(2, +\infty)$

9. 略

第三章 导数与微分

前面利用极限对函数进行了初步的研究,讨论了函数的连续性.本章继续利用极限对函数作更加深入的研究,这就是微积分的重要组成部分——微分学.导数与微分是微分学的两个重要概念.其中导数反映出函数相对于自变量的变化快慢的程度;而微分则指明当自变量有微小变化时,函数大体上变化多少.它们是研究函数的各种性态,以及函数值的计算或近似计算等问题的普遍的有效工具.

在这一章中,我们主要介绍导数和微分的概念,进而讨论求导法则和公式.

§3.1 导 数 概 念

一、导数概念的实际背景

导数概念同数学中其他概念一样,也是客观世界事物运动规律在数量关系上的抽象.我们将以两个实际问题:切线问题和速度问题抽象出导数概念,这两个问题在历史上都与导数概念的形成有密切关系.

例 1 切线斜率

设曲线 $y = f(x)$ 的图形如图 3.1 所示,欲求曲线上一点 $M_0(x_0, y_0)$ 处切线的斜率.在曲线上另取一点 $M_1(x_0 + \Delta x, y_0 + \Delta y)$ 作割线 $M_0 M_1$ 设其倾角为 φ,故割线的斜率为

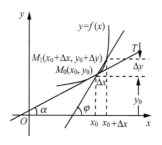

图 3.1

$$\tan\varphi = \frac{\Delta y}{\Delta x} = \frac{f(x_0 + \Delta x) - f(x_0)}{\Delta x}$$

当 $\Delta x \to 0$ 时,点 M_1 将沿曲线趋向于点 M_0,从而割线 $M_0 M_1$ 趋向于极限位置——切线 $M_0 T$,相应地,倾角 φ 趋向于切线 $M_0 T$ 的倾角 α,故切线 $M_0 T$ 的斜率为

$$\tan\alpha = \lim_{\Delta x \to 0} \tan\varphi = \lim_{\Delta x \to 0} \frac{\Delta y}{\Delta x}$$

$$= \lim_{\Delta x \to 0} \frac{f(x_0 + \Delta x) - f(x_0)}{\Delta x}$$

可见,切线的斜率不是一个孤立的概念,它是割线斜率的极限.

例 2 瞬时速度

设物体作变速直线运动,已知物体的运动规律(运动方程)为 $S=S(t)$,求物体在时刻 t_0 的速度,即瞬时速度.在 t_0 到 $t_0+\Delta t$ 这段时间中,物体经过的路程为

$$\Delta S = S(t_0+\Delta t) - S(t_0)$$

物体在这段时间内的平均速度为

$$\overline{V} = \frac{\Delta S}{\Delta t} = \frac{S(t_0+\Delta t) - S(t_0)}{\Delta t}$$

当 Δt 很小时,可以用 $\overline{V}$ 近似地表示物体在时刻 t_0 的速度. Δt 越小,近似的精确度就越高.当 $\Delta t\to 0$ 时,如果极限 $\lim\limits_{\Delta t\to 0}\overline{V}=\lim\limits_{\Delta t\to 0}\frac{\Delta S}{\Delta t}$ 存在,就称此极限为物体在时刻 t_0 的瞬时速度,即

$$V(t_0) = \lim_{\Delta t\to 0}\frac{\Delta S}{\Delta t} = \lim_{\Delta t\to 0}\frac{S(t_0+\Delta t) - S(t_0)}{\Delta t}$$

可见,瞬时速度是平均速度的极限.

上面两个实际例子,一个是几何学中的切线斜率,一个是物理学中的瞬时速度,二者的实际意义完全不同,但它们都归结为求函数改变量 Δy 与自变量的改变量 Δx 之比的极限(当 $\Delta x\to 0$ 时).在经济学领域内,还有许多概念,例如,国民经济发展的速度,城市人口增长的速度,劳动生产率等都可以表述成上述极限形式.我们撇开这些量的具体意义,抓住它们在数量关系上的共性,就得出函数的导数的概念.

二、导数的定义

定义 3.1 设函数 $y=f(x)$ 在点 x_0 的某个邻域内有定义,当自变量在点 x_0 处取得改变量 $\Delta x(\Delta x\neq 0)$ 时,函数取得相应的改变量

$$\Delta y = f(x_0+\Delta x) - f(x_0)$$

如果极限 $\lim\limits_{\Delta x\to 0}\frac{\Delta y}{\Delta x}=\lim\limits_{\Delta x\to 0}\frac{f(x_0+\Delta x)-f(x_0)}{\Delta x}$ 存在,则称此极限为函数 $f(x)$ 在点 x_0 处的导数,记作

$$f'(x_0),\ y'\Big|_{x=x_0}\ \text{或}\ \frac{\mathrm{d}y}{\mathrm{d}x}\Big|_{x=x_0}$$

若此极限不存在,则称函数 $f(x)$ 在点 x_0 处不可导.

$\dfrac{\Delta y}{\Delta x} = \dfrac{f(x_0 + \Delta x) - f(x_0)}{\Delta x}$ 称为自变量从 x_0 改变到 $x_0 + \Delta x$ 时函数 $f(x)$ 的平均变化率;而函数 $f(x)$ 在 x_0 处的导数 $f'(x_0)$ 实质上是函数在 x_0 处的瞬时变化率.

注意 1. 考虑一个函数 $f(x)$ 在点 x_0 的导数时,不仅要求 $f(x)$ 在点 x_0 有定义,还要求 $f(x)$ 在 x_0 的某个邻域内有定义.

2. 在导数定义中,令 $x = x_0 + \Delta x$,则当 $\Delta x \to 0$ 时,$x \to x_0$,因此极限式可改写为

$$\lim_{x \to x_0} \frac{f(x) - f(x_0)}{x - x_0}$$

上面讲的是函数在一点处可导,如果函数 $f(x)$ 在区间 (a,b) 内每一点处都可导,则称 $f(x)$ 在区间 (a,b) 内可导.此时,对于 (a,b) 内的每一个点 x,都有一个导数值与它对应,这就构成了一个新的函数,这个函数叫做原来函数 $y = f(x)$ 的导函数,简称导数.

记为

$$f'(x), \quad y', \quad \frac{\mathrm{d}y}{\mathrm{d}x} \text{ 或 } \frac{\mathrm{d}}{\mathrm{d}x} f(x)$$

即

$$f'(x) = \lim_{\Delta x \to 0} \frac{\Delta y}{\Delta x} = \lim_{\Delta x \to 0} \frac{f(x + \Delta x) - f(x)}{\Delta x}$$

注意 导函数与函数在某一点处的导数是有区别的.导函数是一个函数,而函数在某一点的导数是一个值,它是导函数在该点处的函数值.即

$$f'(x_0) = f'(x)\big|_{x = x_0}$$

三、求导数举例

下面根据导数定义求一些简单函数的导数.

例 1 求线性函数 $f(x) = ax + b$ 的导数.

解 因为 $\Delta y = [a(x + \Delta x) + b] - (ax + b) = a\Delta x$

所以

$$\lim_{\Delta x \to 0} \frac{\Delta y}{\Delta x} = \lim_{\Delta x \to 0} a = a$$

故 $y' = a$.

例 2　求函数 $y = x^3$ 的导数 $f'(x)$, $f'(1)$.

解　因为

$$\Delta y = (x + \Delta x)^3 - x^3 = 3x^2 \Delta x + 3x(\Delta x)^2 + (\Delta x)^3$$

故

$$f'(x) = \lim_{\Delta x \to 0} \frac{\Delta y}{\Delta x}$$

$$= \lim_{\Delta x \to 0} \left[3x^2 + 3x\Delta x + (\Delta x)^2 \right] = 3x^2$$

从而

$$f'(1) = 3x^2 \big|_{x=1} = 3$$

例 3　求函数 $y = \sqrt{x}$ 的导数.

解　因为

$$\Delta y = \sqrt{x + \Delta x} - \sqrt{x}$$

故

$$y' = \lim_{\Delta x \to 0} \frac{\Delta y}{\Delta x} = \frac{\sqrt{x + \Delta x} - \sqrt{x}}{\Delta x}$$

$$= \lim_{\Delta x \to 0} \frac{\Delta x}{\Delta x(\sqrt{x + \Delta x} + \sqrt{x})}$$

$$= \lim_{\Delta x \to 0} \frac{1}{\sqrt{x + \Delta x} + \sqrt{x}} = \frac{1}{2\sqrt{x}}$$

四、导数的几何意义

由 §3.1 例 1 可知,函数 $y = f(x)$ 在点 x_0 处的导数 $f'(x_0)$,就是曲线 $y = f(x)$ 在点 $M(x_0, y_0)$ 处的切线 MT 的斜率. 如图 3.1.

$$f'(x_0) = \lim_{\Delta x \to 0} \frac{\Delta y}{\Delta x} = \lim_{} \tan\varphi = \tan\alpha$$

由导数的几何意义及直线的点斜式方程,可知曲线 $y = f(x)$ 上点 (x_0, y_0) 处的切线方程为

$$y - y_0 = f'(x_0)(x - x_0)$$

例 求 $y = x^3$ 在点 $(1,1)$ 处的切线方程.

解 由例 2 可知,$f'(1) = 3$,故所求切线方程为

$$y - 1 = 3(x - 1)$$

$$y = 3x - 2$$

五、左、右导数

前面利用左、右极限可以较为方便地讨论分段函数在某点处的极限,同理,引入左、右导数可以较为方便地判断分段函数的可导性.

定义 3.2 如果极限 $\lim\limits_{x \to x_0^-} \dfrac{f(x) - f(x_0)}{x - x_0}$ 存在,则称之为 $f(x)$ 在点 x_0 处的左导数,记作 $f'_-(x_0)$;如果极限 $\lim\limits_{x \to x_0^+} \dfrac{f(x) - f(x_0)}{x - x_0}$ 存在,则称之为 $f(x)$ 在点 x_0 处的右导数,记作 $f'_+(x_0)$. 显然,函数在点 x_0 处可导的充分必要条件是 $f(x)$ 在点 x_0 处的左、右导数存在且相等.

例 1 讨论函数

$$f(x) = \begin{cases} x^2 + 1, & 0 \leqslant x < 1 \\ 3x - 1, & 1 \leqslant x \end{cases}$$

在点 $x = 1$ 处是否可导.

解 由于函数是分段函数且 $x = 1$ 是 $f(x)$ 的分段点,故应考虑左、右导数

$$f'_-(1) = \lim_{x \to 1^-} \frac{f(x) - 2}{x - 1} = \lim_{x \to 1^-} \frac{x^2 + 1 - 2}{x - 1}$$

$$= \lim_{x \to 1^-} \frac{x^2 - 1}{x - 1} = \lim_{x \to 1^-} (x + 1) = 2$$

而

$$f'_+(1) = \lim_{x \to 1^+} \frac{f(x) - 2}{x - 1}$$

$$= \lim_{x \to 1^+} \frac{3x - 1 - 2}{x - 1} = 3$$

显然 $f'_-(1) \neq f'_+(1)$,所以 $f(x)$ 在 $x = 1$ 处不可导.

例 2 考虑 $y=|x|=\begin{cases} x, & x\geqslant 0 \\ -x, & x<0 \end{cases}$ 在 $x=0$ 处的可导性.

解 因为

$$f'_-(0)=\lim_{x\to 0^-}\frac{f(x)-f(0)}{x-0}$$

$$=\lim_{x\to 0^-}\frac{-x-0}{x}=-1$$

$$f'_+(0)=\lim_{x\to 0^+}\frac{f(x)-f(0)}{x-0}$$

$$=\lim_{x\to 0^+}\frac{x-0}{x}=1$$

显然 $f'_-(0)\neq f'_+(0)$，故 $y=|x|$ 在点 $x=0$ 处不可导.

六、可导与连续的关系

定理 3.1 如果函数 $y=f(x)$ 在点 x_0 处可导，则函数 $f(x)$ 在 x_0 处连续，反之不成立.

证 因为 $f(x)$ 在点 x_0 处可导，即

$$\lim_{\Delta x\to 0}\frac{\Delta y}{\Delta x}=f'(x_0)$$

所以

$$\lim_{\Delta x\to 0}\Delta y=\lim_{\Delta x\to 0}\frac{\Delta y}{\Delta x}\cdot\Delta x$$

$$=\lim_{\Delta x\to 0}\frac{\Delta y}{\Delta x}\cdot\lim_{\Delta x\to 0}\Delta x$$

$$=f'(x_0)\cdot 0=0$$

故 $y=f(x)$ 在点 x_0 处连续.

反之，$f(x)$ 在点 x_0 处连续时，$f(x)$ 在点 x_0 处不一定可导，例如已证 $y=|x|$ 在点 $x=0$ 处不可导，但 $y=|x|$ 在 $x=0$ 处是连续的.

由以上讨论可知，函数在某点连续是函数在该点可导的必要条件，但不是充分条件.

§3.2 求导法则与求导公式

前面我们根据导数的定义,求出了一些简单函数的导数.但是对于比较复杂的函数,直接根据定义来求它们的导数往往是很困难的.为此需要寻求一些间接的,较为简便的手段来解决求导问题.本节将介绍求导数的几个基本法则和基本初等函数的求导公式,借助于这些法则和公式,就能比较方便地求出常见的函数——初等函数的导数.

一、基本初等函数的导数

1. 常数函数 $y = c$ 的导数是零: $y' = (c)' = 0$

证 因为 $\Delta y = c - c = 0$

所以
$$\lim_{\Delta x \to 0} \frac{\Delta y}{\Delta x} = 0$$

即
$$y' = 0$$

2. 幂函数的导数: $(x^n)' = nx^{n-1}$ (n 为正整数)

证 由二项式定理知

$$\Delta y = (x + \Delta x)^n - x^n$$

$$= \left[x^n + nx^{n-1}\Delta x + \frac{n(n-1)}{2}x^{n-2}(\Delta x)^2 + \cdots + (\Delta x)^n \right] - x^n$$

$$= nx^{n-1}\Delta x + \frac{n(n-1)}{2}x^{n-2}(\Delta x)^2 + \cdots + (\Delta x)^n$$

故
$$\frac{\Delta y}{\Delta x} = nx^{n-1} + \frac{n(n-1)}{2}x^{n-2}\Delta x + \cdots + (\Delta x)^{n-1}$$

所以
$$\lim_{\Delta x \to 0} \frac{\Delta y}{\Delta x} = nx^{n-1}$$

即
$$(x^n)' = nx^{n-1}$$

以后还可以证明当 n 为任意实数时,上式也成立.

3. 对数函数的导数：$(\log_a x)' = \dfrac{1}{x}\log_a e$，特别$(\ln x)' = \dfrac{1}{x}$

证 设 $y = \log_a x$ $\quad (a>0,\ a\neq1)$

则

$$\Delta y = \log_a(x + \Delta x) - \log_a x$$

$$= \log_a\left(1 + \frac{\Delta x}{x}\right)$$

于是

$$\frac{\Delta y}{\Delta x} = \frac{1}{\Delta x}\cdot\log_a\left(1 + \frac{\Delta x}{x}\right)$$

$$= \frac{1}{x}\cdot\frac{x}{\Delta x}\log_a\left(1 + \frac{\Delta x}{x}\right)$$

$$= \frac{1}{x}\log_a\left(1 + \frac{\Delta x}{x}\right)^{\frac{x}{\Delta x}}$$

令 $u = \dfrac{\Delta x}{x}$，则当 $\Delta x\to0$ 时，$u\to0$，故

$$\lim_{\Delta x\to0}\frac{\Delta y}{\Delta x} = \lim_{u\to0}\frac{1}{x}\log_a(1 + u)^{\frac{1}{u}}$$

$$= \frac{1}{x}\lim_{u\to0}\log_a(1 + u)^{\frac{1}{u}}$$

$$= \frac{1}{x}\log_a\lim_{u\to0}(1 + u)^{\frac{1}{u}} \quad (由对数函数的连续性)$$

$$= \frac{1}{x}\log_a e$$

即

$$(\log_a x)' = \frac{1}{x}\log_a e$$

4. 正弦函数的导数：$(\sin x)' = \cos x$

证 设 $y = \sin x$，则

$$\Delta y = \sin(x + \Delta x) - \sin x$$

$$= 2\cos\left(x + \frac{\Delta x}{2}\right)\cdot\sin\frac{\Delta x}{2}$$

于是

$$\frac{\Delta y}{\Delta x} = \cos\left(x + \frac{\Delta x}{2}\right)\frac{\sin\dfrac{\Delta x}{2}}{\dfrac{\Delta x}{2}}$$

令 $u = \dfrac{\Delta x}{2}$，则当 $\Delta x \to 0$ 时，$u \to 0$，故由 $\cos x$ 的连续性及重要极限 $\lim\limits_{x \to 0}\dfrac{\sin x}{x} = 1$ 知

$$\lim_{\Delta x \to 0}\frac{\Delta y}{\Delta x} = \lim_{u \to 0}\cos(x + u)\frac{\sin u}{u}$$

$$= \cos x \cdot 1 = \cos x$$

即 $$(\sin x)' = \cos x$$

完全类似地可以证明余弦函数的求导公式.

5. 余弦函数的导数：$(\cos x)' = -\sin x$

其他基本初等函数的求导公式，可以在如下介绍的求导法则的基础上获得.

二、函数和、差、积、商的求导法则

1. 代数和的导数

如果 u, v 都是 x 的可导函数，则 $u \pm v$ 也是 x 的可导函数，并且 $(u \pm v)' = u' \pm v'$.

证 设 $y = u \pm v$，则当 x 取得改变量 Δx 时. u、v 分别取得改变量

$$\Delta u = u(x + \Delta x) - u(x)$$

$$\Delta v = v(x + \Delta x) - v(x)$$

于是

$$\Delta y = \left[u(x + \Delta x) \pm v(x + \Delta x)\right] - \left[u(x) \pm v(x)\right]$$

$$= \left[u(x + \Delta x) - u(x)\right] \pm \left[v(x + \Delta x) - v(x)\right]$$

$$= \Delta u \pm \Delta v$$

$$\frac{\Delta y}{\Delta x} = \frac{\Delta u}{\Delta x} \pm \frac{\Delta v}{\Delta x}$$

所以

$$y' = \lim_{\Delta x \to 0}\frac{\Delta y}{\Delta x} = \lim_{\Delta x \to 0}\frac{\Delta u}{\Delta x} \pm \lim_{\Delta x \to 0}\frac{\Delta v}{\Delta x} = u' \pm v'$$

即 $$(u \pm v)' = u' \pm v'$$

这个求导法则可以推广到有限多个函数的代数和,即 $(u_1 \pm u_2 \pm \cdots \pm u_n)' = u'_1 \pm u'_2 \pm \cdots \pm u'_n$(其中 n 为自然数)

2. 乘积的导数

如果函数 $u = u(x), v = v(x)$ 都是 x 的可导函数,则 $y = u \cdot v$ 也是 x 的可导函数,且

$$y' = (uv)' = uv' + u'v$$

证　当自变量 x 取得改变量 Δx 时,u, v 分别取得改变量

$$\Delta u = u(x + \Delta x) - u(x)$$

$$\Delta v = v(x + \Delta x) - v(x)$$

于是

$$
\begin{aligned}
\Delta y &= u(x + \Delta x)v(x + \Delta x) - u(x)v(x) \\
&= u(x + \Delta x)v(x + \Delta x) - u(x)v(x + \Delta x) \\
&\quad + u(x)v(x + \Delta x) - u(x)v(x) \\
&= [u(x + \Delta x) - u(x)]v(x + \Delta x) + u(x)[v(x + \Delta x) - v(x)] \\
&= \Delta u \cdot v(x + \Delta x) + u(x)\Delta v
\end{aligned}
$$

故

$$\frac{\Delta y}{\Delta x} = \frac{\Delta u}{\Delta x}v(x + \Delta x) + u(x)\frac{\Delta v}{\Delta x}$$

由于 u, v 可导,从而 $v = v(x)$ 也是连续函数,故

$$\lim_{\Delta x \to 0}\frac{\Delta y}{\Delta x} = u'(x)v(x) + u(x)v'(x)$$

即

$$(uv)' = u'v + uv'$$

特别,若 $v(x) = c$(c 为常数),则因 $(c)' = 0$ 故有

$$(uv)' = (cu)' = c(u)'$$

即求一个常数与一个可导函数的乘积的导数时,常数因子可以提到求导符号外面.

乘积求导法则也可推广到任意有限个函数之积的情形.

$$\left(u_1 u_2 \cdots u_n\right)' = u_1' u_2 \cdots u_n + u_1 u_2' \cdots u_n + \cdots + u_1 u_2 \cdots u_n'$$

3. 商的导数

如果函数 $u = u(x)$, $v = v(x)$ 都是 x 的可导函数, $v \neq 0$, 则函数 $y = \dfrac{u}{v}$ 也是 x 的可导函数且

$$y' = \left(\frac{u}{v}\right)' = \frac{u'v - uv'}{v^2}$$

证 当 x 取得改变量 Δx 时

$$\Delta y = \frac{u(x + \Delta x)}{v(x + \Delta x)} - \frac{u(x)}{v(x)}$$

$$= \frac{u(x + \Delta x)v(x) - u(x)v(x + \Delta x)}{v(x + \Delta x)v(x)}$$

$$= \frac{u(x + \Delta x)v(x) - u(x)v(x) + u(x)v(x) - u(x)v(x + \Delta x)}{v(x + \Delta x)v(x)}$$

$$= \frac{[u(x + \Delta x) - u(x)]v(x) - [v(x + \Delta x) - v(x)]u(x)}{v(x + \Delta x)v(x)}$$

$$= \frac{\Delta u \cdot v(x) - \Delta v \cdot u(x)}{v(x + \Delta x)v(x)}$$

于是

$$\frac{\Delta y}{\Delta x} = \frac{\dfrac{\Delta u}{\Delta x} \cdot v(x) - \dfrac{\Delta v}{\Delta x} \cdot u(x)}{v(x + \Delta x)v(x)}$$

由 u, v 可导性及连续性知

$$\lim_{\Delta x \to 0} \frac{\Delta y}{\Delta x} = \frac{u'(x)v(x) - v'(x)u(x)}{[v(x)]^2}$$

即

$$y' = \left(\frac{u}{v}\right)' = \frac{u'v - uv'}{v^2}$$

利用此法可以求出除 $\sin x, \cos x$ 以外其他三角函数的导数

$$(\tan x)' = \left(\frac{\sin x}{\cos x}\right)' = \frac{(\sin x)'\cos x - \sin x(\cos x)'}{\cos^2 x}$$

$$= \frac{\cos^2 x + \sin^2 x}{\cos^2 x} = \frac{1}{\cos^2 x} = \sec^2 x$$

即

$$(\tan x)' = \sec^2 x$$

同理可得　　　　　　　　$$(\cot x)' = -\csc^2 x$$

例 1　$y = 2x^3 - 5x^2 + 4\cos x$，求 y'.

解　　　　　　　　$$y' = 6x^2 - 10x - 4\sin x$$

例 2　求函数 $y = \sin x \ln x$ 的导数.

解

$$y' = (\sin x \ln x)' = (\sin x)'\ln x + (\sin x)(\ln x)'$$

$$= \cos x \ln x + \frac{\sin x}{x}$$

例 3　求函数 $y = \dfrac{x^2 - 1}{x^2 + 1}$ 的导数.

解

$$y' = \frac{(x^2 + 1)(x^2 - 1)' - (x^2 - 1)(x^2 + 1)'}{(x^2 + 1)^2}$$

$$= \frac{(x^2 + 1) \cdot (2x) - (x^2 - 1) \cdot (2x)}{(x^2 + 1)^2}$$

$$= \frac{4x}{(x^2 + 1)^2}$$

以上是利用导数的四则运算法则求导数的例子.

三、反函数的导数

为了求指数函数(对数函数的反函数)与反三角函数(三角函数的反函数)的导数,首先给出反函数求导法则.

设函数 $y = f(x)$ 在点 x 处可导,且 $f'(x) \neq 0$,若其反函数 $x = f^{-1}(y)$ 在相应点处连续,则 $x = f^{-1}(y)$ 对变量 y 可导,且

$$[f^{-1}(y)]' = \frac{1}{f'(x)}$$

或记为

$$\frac{\mathrm{d}x}{\mathrm{d}y} = \frac{1}{\dfrac{\mathrm{d}y}{\mathrm{d}x}}$$

证 首先应注意到将 $x = f^{-1}(y)$ 代入 $y = f(x)$ 得到 $y = f[f^{-1}(y)]$,因此当 $x = f^{-1}(y)$ 的自变量取得改变量 $\Delta y \neq 0$ 时,相应的 $\Delta x \neq 0$,否则 $\Delta x = f^{-1}(y + \Delta y) - f^{-1}(y) = 0$,即

$$f^{-1}(y + \Delta y) = f^{-1}(y)$$

于是

$$f[f^{-1}(y + \Delta y)] = f[f^{-1}(y)]$$

即

$$y + \Delta y = y$$

得出 $\Delta y = 0$,此与 $\Delta y \neq 0$ 矛盾,因此当 $\Delta y \neq 0$ 时下式成立:

$$\frac{\Delta x}{\Delta y} = \frac{1}{\dfrac{\Delta y}{\Delta x}}$$

已知 $x = f^{-1}(y)$ 在相应点处连续,故当 $\Delta y \to 0$ 时 $\Delta x \to 0$ 于是

$$\lim_{\Delta y \to 0} \frac{\Delta x}{\Delta y} = \lim_{\Delta x \to 0} \frac{1}{\dfrac{\Delta y}{\Delta x}} = \frac{1}{\lim\limits_{\Delta x \to 0} \dfrac{\Delta y}{\Delta x}} = \frac{1}{f'(x)}$$

即

$$[f^{-1}(y)]' = \frac{1}{f'(x)}$$

利用反函数求导法则可以求出反三角函数的导数、指数函数的导数.

例 1 求 $y = \arcsin x \left(-1 < x < 1, \dfrac{-\pi}{2} < y < \dfrac{\pi}{2} \right)$ 的导数.

解 因为 $y = \arcsin x$ 的反函数是 $x = \sin y$ 其中

$$\frac{-\pi}{2} < y < \frac{\pi}{2}$$

所以

$$\frac{\mathrm{d}y}{\mathrm{d}x} = \frac{1}{\dfrac{\mathrm{d}x}{\mathrm{d}y}} = \frac{1}{\dfrac{\mathrm{d}\sin y}{\mathrm{d}y}} = \frac{1}{\cos y}$$

因为 y 在第一、四象限,$\cos y > 0$,故

$$\cos y = \sqrt{1 - \sin^2 y} = \sqrt{1 - x^2}$$

$$\frac{\mathrm{d}y}{\mathrm{d}x} = \frac{1}{\sqrt{1 - x^2}} \quad (-1 < x < 1)$$

即

$$(\arcsin x)' = \frac{1}{\sqrt{1 - x^2}} \quad (-1 < x < 1)$$

同理可得

$$(\arccos x)' = -\frac{1}{\sqrt{1 - x^2}} \quad (-1 < x < 1)$$

例 2 求 $y = \arctan x$ 的导数.

解 因为

$$\frac{\mathrm{d}y}{\mathrm{d}x} = \frac{1}{\dfrac{\mathrm{d}x}{\mathrm{d}y}} = \frac{1}{\dfrac{\mathrm{d}\tan y}{\mathrm{d}y}} = \frac{1}{\sec^2 y}$$

$$= \frac{1}{1 + \tan^2 y} = \frac{1}{1 + x^2}$$

即

$$(\arctan x)' = \frac{1}{1 + x^2}$$

同理可得

$$(\operatorname{arccot} x)' = -\frac{1}{1 + x^2}$$

例 3 求指数函数 $y = a^x (a > 0, a \neq 1)$ 的导数.

解 因为 $y = a^x$ 的反函数是 $x = \log_a y$，则

$$\frac{\mathrm{d}y}{\mathrm{d}x} = \frac{1}{\dfrac{\mathrm{d}x}{\mathrm{d}y}} = \frac{1}{\dfrac{\mathrm{d}\log_a y}{\mathrm{d}y}} = \frac{1}{\dfrac{1}{y}\log_a \mathrm{e}}$$

$$= y \ln a = a^x \ln a$$

特别

$$(\mathrm{e}^x)' = \mathrm{e}^x$$

四、复合函数的导数

我们遇到的函数绝大多数都是由几个基本初等函数生成的复合函数. 因

此,复合函数的求导法则是求导运算中经常应用的一个重要法则.

设函数 $u = \varphi(x)$ 在点 x 处有导数 $\dfrac{\mathrm{d}u}{\mathrm{d}x} = \varphi'(x)$,函数 $y = f(u)$ 在对应点

u 上有导数 $\dfrac{\mathrm{d}y}{\mathrm{d}u} = f'(u)$,则复合函数 $y = f[\varphi(x)]$ 在点 x 处也有导数,并且

$$\frac{\mathrm{d}y}{\mathrm{d}x} = \frac{\mathrm{d}y}{\mathrm{d}u} \cdot \frac{\mathrm{d}u}{\mathrm{d}x} \quad \text{或} \quad \frac{\mathrm{d}y}{\mathrm{d}x} = f'(u)\varphi'(x)$$

此法则也形象地称为链式法则.

证 当 x 取得改变量 Δx 时,

$$\Delta u = \varphi(x + \Delta x) - \varphi(x)$$

$$\Delta y = f(u + \Delta u) - f(u)$$

当 $\Delta u \neq 0$ 时,

$$\frac{\Delta y}{\Delta x} = \frac{\Delta y}{\Delta u} \cdot \frac{\Delta u}{\Delta x}$$

因为 $u = \varphi(x)$ 可导,从而连续,故当 $\Delta x \to 0$ 时,$\Delta u \to 0$,于是

$$\lim_{\Delta x \to 0} \frac{\Delta y}{\Delta x} = \lim_{\Delta x \to 0}\left(\frac{\Delta y}{\Delta u} \cdot \frac{\Delta u}{\Delta x}\right)$$

$$= \lim_{\Delta u \to 0} \frac{\Delta y}{\Delta u} \cdot \lim_{\Delta x \to 0} \frac{\Delta u}{\Delta x}$$

$$= \frac{\mathrm{d}y}{\mathrm{d}u} \cdot \frac{\mathrm{d}u}{\mathrm{d}x}$$

当 $\Delta u = 0$ 时,Δy 显然亦为零,从而

$$\frac{\Delta y}{\Delta u} = 0, \quad \frac{\Delta u}{\Delta x} = 0$$

故

$$\lim_{\Delta u \to 0} \frac{\Delta y}{\Delta u} = 0, \lim_{\Delta x \to 0} \frac{\Delta u}{\Delta x} = 0$$

从而

$$\frac{\mathrm{d}y}{\mathrm{d}x} = \frac{\mathrm{d}y}{\mathrm{d}u} \cdot \frac{\mathrm{d}u}{\mathrm{d}x} = 0$$

总之

$$\frac{\mathrm{d}y}{\mathrm{d}x} = \frac{\mathrm{d}y}{\mathrm{d}u} \cdot \frac{\mathrm{d}u}{\mathrm{d}x}$$

在实际应用中注意反复使用这一法则.

例如,设 $y = f(u)$, $u = \varphi(v)$, $v = \psi(x)$,

则

$$\frac{\mathrm{d}y}{\mathrm{d}x} = \frac{\mathrm{d}y}{\mathrm{d}u} \cdot \frac{\mathrm{d}u}{\mathrm{d}x}$$

而

$$\frac{\mathrm{d}u}{\mathrm{d}x} = \frac{\mathrm{d}u}{\mathrm{d}v} \cdot \frac{\mathrm{d}v}{\mathrm{d}x}$$

故

$$\frac{\mathrm{d}y}{\mathrm{d}x} = \frac{\mathrm{d}y}{\mathrm{d}u} \cdot \frac{\mathrm{d}u}{\mathrm{d}v} \cdot \frac{\mathrm{d}v}{\mathrm{d}x}$$

即

$$\frac{\mathrm{d}y}{\mathrm{d}x} = f'(u)\varphi'(v)\psi'(x)$$

例 1　设 $y = (2x+1)^5$,求 y'.

解　先分解复合过程为

$$y = u^5, \ u = 2x + 1$$

则

$$\frac{\mathrm{d}y}{\mathrm{d}x} = \frac{\mathrm{d}y}{\mathrm{d}u} \cdot \frac{\mathrm{d}u}{\mathrm{d}x} = 5u^4 \cdot 2$$

$$= 10u^4 = 10(2x+1)^4$$

例 2　设 $y = \sin^3 x$,求 y'.

解　复合过程分解为

$$y = u^3, \ u = \sin x$$

故

$$\frac{\mathrm{d}y}{\mathrm{d}x} = \frac{\mathrm{d}y}{\mathrm{d}u} \cdot \frac{\mathrm{d}u}{\mathrm{d}x} = 3u^2 \cdot \cos x$$

$$= 3\sin^2 x \cdot \cos x$$

例 3　设 $y = \ln\sin(2x+1)$,求 y'.

解 复合过程分解为

$$y = \ln u, \quad u = \sin v, \quad v = 2x + 1$$

故

$$\frac{\mathrm{d}y}{\mathrm{d}x} = \frac{\mathrm{d}y}{\mathrm{d}u} \cdot \frac{\mathrm{d}u}{\mathrm{d}v} \cdot \frac{\mathrm{d}v}{\mathrm{d}x} = \frac{1}{u} \cdot \cos v \cdot 2$$

$$= 2\frac{\cos(2x+1)}{\sin(2x+1)} = 2\cot(2x+1)$$

例 4 $y = \mathrm{e}^{\sin^2 5x}$，求 y'.

解 复合过程分解为

$$y = \mathrm{e}^u, \quad u = v^2, \quad v = \sin w, \quad w = 5x$$

故

$$\frac{\mathrm{d}y}{\mathrm{d}x} = \frac{\mathrm{d}y}{\mathrm{d}u} \cdot \frac{\mathrm{d}u}{\mathrm{d}v} \cdot \frac{\mathrm{d}v}{\mathrm{d}w} \cdot \frac{\mathrm{d}w}{\mathrm{d}x}$$

$$= \mathrm{e}^u \cdot 2v \cdot \cos w \cdot 5$$

$$= \mathrm{e}^{\sin^2 5x} \cdot 2\sin 5x \cdot \cos 5x \cdot 5$$

$$= 5\mathrm{e}^{\sin^2 5x} \sin 10x$$

从以上例子看出,应用复合函数求导数法则时,首先要分析所给函数可看作哪些函数复合而成.如果所给函数能分解成比较简单的函数,而这些简单函数的导数我们已经会求,则应用复合函数求导法则就可以求出所给函数的导数了.

对复合函数的分解比较熟练后,就不必再写出中间变量而可以采用下列例题的方式来计算.

例 5 设 $y = \cos(\ln x)$，求 y'.

解

$$y' = -\sin(\ln x)(\ln x)'$$

$$= -\sin(\ln x) \cdot \frac{1}{x}$$

例 6 求函数 $y = \left(\dfrac{x}{2x+1}\right)^n$.

解

$$y' = n\left(\frac{x}{2x+1}\right)^{n-1} \cdot \left(\frac{x}{2x+1}\right)'$$

$$= n\left(\frac{x}{2x+1}\right)^{n-1} \cdot \frac{(2x+1)-2x}{(2x+1)^2}$$

$$= \frac{nx^{n-1}}{(2x+1)^{n+1}}$$

五、隐函数求导法及对数求导法

1. 隐函数求导法

上述求导法则及公式均是对形如 $y=f(x)$ 这种显函数给出的,而对于由方程 $F(x,y)=0$ 确定的 y 是 x 的隐函数关系,在大多数情况下由 $F(x,y)=0$ 不能将 $y=f(x)$ 分解出来,例如 $e^{x+y}=xy$. 但在实际问题中,有时需要计算隐函数的导数,因此需要直接由方程 $F(x,y)=0$ 求出 y',我们利用复合函数求导公式得到隐函数的求导法. 下面通过例子说明.

例 1　求方程 $e^{x+y}=xy$ 确定的隐函数的导数 y'.

解　方程两边对 x 求导数. 注意 y 是 x 的函数,则由复合函数求导法得

$$e^{x+y} \cdot (1+y') = y + xy'$$

则

$$y' = \frac{e^{x+y}-y}{x-e^{x+y}}$$

例 2　求由方程 $y^2 = x\ln y$ 确定的隐函数的导数 y'.

解　两边对 x 求导数,注意 y 是 x 的函数,故 $\ln y$ 与 y^2 是 x 的复合函数

$$2yy' = \ln y + x \cdot \frac{1}{y} \cdot y'$$

故

$$y' = \frac{y\ln y}{2y^2 - x}$$

例 3　求由方程 $e^{xy}\sin x = \ln(2x+y)$ 确定的隐函数的导数.

解　两边对 x 求导数. 注意 y 是 x 的函数,由复合函数求导法得

$$e^{xy}(y + xy')\sin x + e^{xy}\cos x = \frac{1}{2x + y}(2 + y')$$

故

$$y' = \frac{- e^{xy}\cos x - ye^{xy}\sin x + \dfrac{2}{2x + y}}{xe^{xy}\sin x - \dfrac{1}{2x + y}}$$

$$= \frac{-(2x + y)e^{xy}(\cos x + y\sin x) + 2}{(2x + y)xe^{xy}\sin x - 1}$$

注意隐函数求导法中 y 是 x 的函数,在对 y 求导时要利用复合函数求导法则,然后从中解出 y'.

2. 取对数求导法

对某些显函数 $y = f(x)$ 直接求它的导数比较繁琐,通过对 $y = f(x)$ 的两边取对数,将它化为隐函数,用隐函数求导法则求其导数比较简便,下面举几个例子来说明这个方法.

例1 求 $y = x^{\sin x}(x > 0)$ 的导数.

解 这个函数既不是幂函数也不是指数函数.通常称为幂指函数.为了求这个函数的导数.可以先在两边取对数,得

$$\ln y = \sin x \cdot \ln x$$

上式两边对 x 求导,注意到 y 是 x 的函数得

$$\frac{1}{y} \cdot y' = \cos x \cdot \ln x + \sin x \cdot \frac{1}{x}$$

于是

$$y' = y\left(\cos x \cdot \ln x + \frac{\sin x}{x}\right)$$

$$= x^{\sin x}\left(\cos x \cdot \ln x + \frac{\sin x}{x}\right)$$

例2 设 $y = x^x$ 求 y'.

解 两边取对数 $\ln y = x\ln x$

两边对 x 求导

$$\frac{1}{y} \cdot y' = \ln x + x \cdot \frac{1}{x} = \ln x + 1$$

故
$$y' = y(\ln x + 1) = x^x(\ln x + 1)$$

例3 求 $y = \sqrt{\dfrac{(x-1)(x-2)}{(x-3)(x-4)}}$ 的导数.

解 先在两边取对数(假定 $x>4$)得

$$\ln y = \frac{1}{2}\left[\ln(x-1) + \ln(x-2) - \ln(x-3) - \ln(x-4)\right]$$

上式两边对 x 求导,注意到 y 是 x 的函数,得

$$\frac{1}{y} \cdot y' = \frac{1}{2}\left[\frac{1}{x-1} + \frac{1}{x-2} - \frac{1}{x-3} - \frac{1}{x-4}\right]$$

于是

$$y' = \frac{y}{2}\left[\frac{1}{x-1} + \frac{1}{x-2} - \frac{1}{x-3} - \frac{1}{x-4}\right]$$

将 y 代入上式即得 y'.

六、基本初等函数的求导公式与求导法则汇表

初等函数是由常数和基本初等函数经过有限次四则运算和有限次的函数复合所构成并可用一个式子表示的函数.为了解决初等函数的求导问题,前面已经求出了常数和全部基本初等函数的导数.还推出了函数的和、差、积、商的求导法则以及复合函数的求导法则.利用这些导数公式以及求导法则,可以比较方便地求初等函数的导数.基本初等函数的求导公式和上述求导法则,在初等函数的求导运算中起着重要的作用,我们必须熟练地掌握它,为了便于查阅我们把这些求导公式和求导法则归纳如下:

1. 常数和基本初等函数的导数公式

(1) $(C)' = 0$; (2) $(x^\alpha)' = \alpha x^{\alpha-1}$

(3) $(\sin x)' = \cos x$; (4) $(\cos x)' = -\sin x$

(5) $(\tan x)' = \sec^2 x$; (6) $(\cot x)' = -\csc^2 x$

(7) $(\sec x)' = \sec x \tan x$; (8) $(\csc x)' = -\csc x \cot x$

(9) $(a^x)' = a^x \ln a \quad (a>0, a\neq 1)$; (10) $(e^x)' = e^x$

(11) $(\log_a x)' = \dfrac{1}{x\ln a} \quad (a>0, a\neq 1)$; (12) $(\ln x)' = \dfrac{1}{x}$

(13) $(\arcsin x)' = \dfrac{1}{\sqrt{1-x^2}} \quad (|x|<1)$

(14) $(\arccos x)' = \dfrac{-1}{\sqrt{1-x^2}}$ 　　$(|x|<1)$

(15) $(\arctan x)' = \dfrac{1}{1+x^2}$; 　　(16) $(\operatorname{arccot} x)' = \dfrac{-1}{1+x^2}$

2. 函数的和、差、积、商的求导法则

设 $u=u(x)$, $v=v(x)$ 都可导,则

(1) $(u \pm v)' = u' \pm v'$; 　　(2) $(cu)' = cu'$ 　(c 是常数)

(3) $(uv)' = u'v + uv'$; 　　(4) $\left(\dfrac{u}{v}\right)' = \dfrac{u'v - uv'}{v^2}$ 　$(v \neq 0)$

3. 复合函数的求导法则

设 $y=f(u)$, $u=\varphi(x)$ 且 $f(u)$、$\varphi(x)$ 都可导,则复合函数 $y=f[\varphi(x)]$ 的导数为

$$\frac{\mathrm{d}y}{\mathrm{d}x} = \frac{\mathrm{d}y}{\mathrm{d}u} \cdot \frac{\mathrm{d}u}{\mathrm{d}x} \text{ 或 } y'(x) = f'(u) \cdot \varphi'(x)$$

4. 反函数的求导法则

若可导函数 $y=f(x)$ 的反函数为 $x=f^{-1}(y)$,且 $f'(y) \neq 0$,则 $x = f^{-1}(y)$ 的导数为 $[f^{-1}(y)]' = \dfrac{1}{f'(x)}$

§3.3 高 阶 导 数

本章开始时,讨论了变速直线运动的瞬时速度问题,即如果物体运动方程为 $s=s(t)$,则速度 $v=s'(t)$ 也是时间 t 的函数,它对时间 t 的导数称为物体在时刻 t 的瞬时加速度 $a=v'=(s'(t))'$ 记作 s'',称为 s 对 t 的二阶导数. 为了从更高层次研究函数,需要引进高阶导数的概念.

定义 3.3 如果函数 $y=f(x)$ 的导数 $f'(x)$ 在点 x 处可导,则称 $f'(x)$ 在点 x 处的导数为函数 $f(x)$ 在点 x 处的二阶导数. 记作 $f''(x)$, y'' 或 $\dfrac{\mathrm{d}^2 y}{\mathrm{d}x^2}$.

$$f''(x) = [f'(x)]' = \lim_{\Delta x \to 0} \frac{f'(x+\Delta x) - f'(x)}{\Delta x}$$

$$\frac{\mathrm{d}^2 y}{\mathrm{d}x^2} = \frac{\mathrm{d}}{\mathrm{d}x}\left(\frac{\mathrm{d}y}{\mathrm{d}x}\right)$$

一般地 $y=f(x)$ 的 n 阶导数定义为 $y=f(x)$ 的 $(n-1)$ 阶导数的导数,

即 $y^{(n)} = [y^{(n-1)}]'(n=2,3,\cdots)$，记作 $y^{(n)}(x)$，$y^{(n)}$ 或 $\dfrac{\mathrm{d}^n y}{\mathrm{d}x^n}$．二阶或二阶以上的导数统称为高阶导数．

函数 $f(x)$ 的各阶导数在 $x=x_0$ 处的值记为 $f'(x_0)$，$f''(x_0)$，$f'''(x_0)$，$f^{(4)}(x_0)$，$\cdots$，$f^{(n)}(x_0)$，$\cdots$

例 1 求 $y=x^4$ 的各阶导数．

解 $y'=4x^3$，$y''=12x^2$，$y'''=24x$，$y^{(4)}=24$，$y^{(5)}=y^{(6)}=\cdots=0$
一般有 $y=x^n$，其中 n 为自然数，则

$$y' = nx^{n-1},\quad y'' = n(n-1)x^{n-2}$$

$$y''' = n(n-1)(n-2)x^{n-3},\cdots\cdots$$

$$y^{(n)} = n(n-1)(n-2)\cdots 3\cdot 2\cdot 1 = n!$$

$$y^{(k)} = 0 \qquad (k \geqslant n+1)$$

例 2 求 $y=\sin x$ 的 n 阶导数．

解

$$y' = (\sin x)' = \cos x = \sin\left(x + \frac{\pi}{2}\right)$$

$$y'' = \left[\sin\left(x + \frac{\pi}{2}\right)\right]' = \cos\left(x + \frac{\pi}{2}\right)$$

$$= \sin\left(x + \frac{2\pi}{2}\right)$$

$$y''' = \left[\sin\left(x + \frac{2\pi}{2}\right)\right]' = \cos\left(x + \frac{2\pi}{2}\right)$$

$$= \sin\left(x + \frac{3\pi}{2}\right)$$

$$\cdots\cdots$$

依此类推

$$y^{(n)} = (\sin x)^{(n)} = \sin\left(x + \frac{n\pi}{2}\right)$$

同理得

$$(\cos x)^{(n)} = \cos\left(x + \frac{n\pi}{2}\right)$$

例 3 求 $y = \ln(1 + x)$ 的 n 阶导数.

解

$$y' = \frac{1}{1 + x}, \qquad\qquad y'' = \frac{-1}{(1 + x)^2}$$

$$y''' = \frac{1 \times 2}{(1 + x)^3}, \qquad\qquad y^{(4)} = \frac{-1 \times 2 \times 3}{(1 + x)^4}, \cdots\cdots$$

依此类推

$$y^{(n)} = (-1)^{n-1} \frac{(n - 1)!}{(1 + x)^n}$$

由以上例题可见,求高阶导数就是多次接连地求导数,所以仍可应用前面学过的求导方法来计算高阶导数.

§3.4 微 分

一、微分的概念

前面讲过函数的导数是表示函数在 x 处的变化率,它描述了函数在点 x 处变化的快慢程度.有时我们还需要进一步了解当自变量取得微小改变量时,函数取得的相应改变量的大小.而直接按公式 $\Delta y = f(x + \Delta x) - f(x)$ 计算函数的改变量往往相当困难,为此需要引入相对简单且精确度较高的近似计算手段,这就是引入微分概念的出发点.

先分析一个具体问题:设有一边长为 x 的正方形,若边长由 x 变到 $x + \Delta x$,问正方形的面积改变了多少?

解 正方形面积 $S = x^2$,故所求改变量为

$$\Delta S = (x + \Delta x)^2 - x^2 = 2x\Delta x + (\Delta x)^2$$

ΔS 包括两部分,第一部分 $2x\Delta x$ 是 Δx 的线性函数,即图 3.2 中斜线部分面积,它是 ΔS 的主要部分;第二部分当 $\Delta x \to 0$ 时,是比 Δx 高阶的无穷小量,因此,当 Δx 很小时 $\Delta S \approx 2x\Delta x$,其误差 $\Delta S - 2x\Delta x = (\Delta x)^2$ 比 $\Delta x \to 0$ 的速度还要快.我们将 $2x\Delta x$ 称为正方形面积 S 的微分,记作

$$dS = 2x\Delta x$$

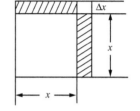

图 3.2

即

$$\Delta S \approx \mathrm{d}S = 2x\Delta x$$

用这一近似计算公式计算 ΔS 显然较为简单.

一般地若函数 $y = f(x)$ 可导, 由导数定义

$$f'(x) = \lim_{\Delta x \to 0} \frac{\Delta y}{\Delta x}$$

根据极限与无穷小量的关系有

$$\frac{\Delta y}{\Delta x} = f'(x) + \alpha$$

其中 α 是当 $\Delta x \to 0$ 时的无穷小量, 故

$$\Delta y = f'(x)\Delta x + \alpha \cdot \Delta x$$

当 $f'(x) \neq 0$ 时, $f'(x)\Delta x$ 是 Δx 的线性函数, 称为 Δy 的线性主部, 它表示了 Δy 的主要部分.

而 $\alpha \cdot \Delta x = 0(\Delta x)$, 故

$$\Delta y \approx f'(x)\Delta x$$

称 $f'(x)\Delta x$ 为函数 $f(x)$ 的微分.

定义 3.4　设函数 $y = f(x)$ 在点 x 处可导, 则 $f'(x)\Delta x$ 称为函数 $f(x)$ 在点 x 处的微分, 记为 $\mathrm{d}y = \mathrm{d}f(x)$, 即

$$\mathrm{d}y = f'(x)\Delta x$$

由于 $\mathrm{d}x = x'\Delta x = \Delta x$, 即自变量的微分就等于它的改变量, 于是, 函数的微分可写成

$$\mathrm{d}y = f'(x)\mathrm{d}x$$

从而有

$$\frac{\mathrm{d}y}{\mathrm{d}x} = f'(x)$$

至此, $\dfrac{\mathrm{d}y}{\mathrm{d}x} = f'(x)$ 不仅表示导数的记号, 也是函数的微分与自变量的微分之商, 因此, 导数也叫做"微商".

二、微分法则

从函数的微分的表达式 $\mathrm{d}y = f'(x)\mathrm{d}x$ 可以看出, 要计算函数的微分, 只

要计算函数的导数,再乘以自变量的微分即可,因此,可得如下微分公式和微分运算的法则.

1. 基本初等函数的微分公式

由基本初等函数的导数公式,可以直接写出基本初等函数的微分公式,为了便于对照,列表于下:

导数公式	微分公式
$(x^a)' = ax^{a-1}$	$d(x^a) = ax^{a-1}dx$
$(\sin x)' = \cos x$	$d(\sin x) = \cos x\,dx$
$(\cos x)' = -\sin x$	$d(\cos x) = -\sin x\,dx$
$(\tan x)' = \sec^2 x$	$d(\tan x) = \sec^2 x\,dx$
$(\cot x)' = -\csc^2 x$	$d(\cot x) = -\csc^2 x\,dx$
$(\sec x)' = \sec x \tan x$	$d(\sec x) = \sec x \tan x\,dx$
$(\csc x)' = -\csc x \cot x$	$d(\csc x) = -\csc x \cot x\,dx$
$(a^x)' = a^x \ln a$	$d(a^x) = a^x \ln a\,dx$
$(e^x)' = e^x$	$d(e^x) = e^x\,dx$
$(\log_a x)' = \dfrac{1}{x \ln a}$	$d(\log_a x) = \dfrac{1}{x \ln a}dx$
$(\ln x)' = \dfrac{1}{x}$	$d(\ln x) = \dfrac{1}{x}dx$
$(\arcsin x)' = \dfrac{1}{\sqrt{1-x^2}}$	$d(\arcsin x) = \dfrac{1}{\sqrt{1-x^2}}dx$
$(\arccos x)' = \dfrac{-1}{\sqrt{1-x^2}}$	$d(\arccos x) = \dfrac{-1}{\sqrt{1-x^2}}dx$
$(\arctan x)' = \dfrac{1}{1+x^2}$	$d(\arctan x) = \dfrac{1}{1+x^2}dx$
$(\text{arccot}\,x)' = \dfrac{-1}{1+x^2}$	$d(\text{arccot}\,x) = \dfrac{-1}{1+x^2}dx$

2. 函数的和、差、积、商微分法则

由函数四则运算的求导法则,可推得相应的微分法则,为了便于对照,列表于下:

函数和、差、积、商的求导法则	函数和、差、积、商的微分法则
$(u \pm v)' = u' \pm v'$	$\mathrm{d}(u \pm v) = \mathrm{d}u \pm \mathrm{d}v$
$(cu)' = cu'$	$\mathrm{d}(cu) = c\,\mathrm{d}u$
$(uv)' = u'v + uv'$	$\mathrm{d}(uv) = v\,\mathrm{d}u + u\,\mathrm{d}v$
$\left(\dfrac{u}{v}\right)' = \dfrac{u'v - v'u}{v^2}, \quad v \neq 0$	$\mathrm{d}\left(\dfrac{u}{v}\right) = \dfrac{v\,\mathrm{d}u - u\,\mathrm{d}v}{v^2}, \quad v \neq 0$

现在我们以乘积的微分法则为例加以证明：

设 $y = uv$，其中 $u = u(x)$，$v = v(x)$ 是可导函数，则

$$\mathrm{d}y = y'\mathrm{d}x = (uv)'\mathrm{d}x = (u'v + uv')\mathrm{d}x$$

$$= (u'\mathrm{d}x)v + u(v'\mathrm{d}x)$$

$$= v\,\mathrm{d}u + u\,\mathrm{d}v$$

即

$$\mathrm{d}(uv) = v\,\mathrm{d}u + u\,\mathrm{d}v$$

其他法则都可以用类似的方法证明.

三、微分形式的不变性

将复合函数求导法则应用于微分概念便得到所谓微分形式的不变性.

设函数 $y = f(x)$ 有导数 $f'(x)$.

1. 若 x 是自变量，则根据定义 $\mathrm{d}y = f'(x)\mathrm{d}x$.

2. 若 x 不是自变量，设 $x = \varphi(t)$ 是可导的，则 y 是 t 的复合函数，根据复合函数求导法则，$\dfrac{\mathrm{d}y}{\mathrm{d}x} = f'(x)\varphi'(t)$，于是有 $\mathrm{d}y = f'(x)\varphi'(t)\mathrm{d}t$.

而　$\mathrm{d}x = \varphi'(t)\mathrm{d}t$，故 $\mathrm{d}y = f'(x)\mathrm{d}x$.

以上推导说明，无论 x 是自变量还是中间变量，函数 $y = f(x)$ 的微分形式总是 $\mathrm{d}y = f'(x)\mathrm{d}x$，这个性质叫做微分形式的不变性.

例 1　设 $y = \mathrm{e}^{\sin x}$，求 $\mathrm{d}y$.

解　令 $u = \sin x$，于是 $y = \mathrm{e}^u$，

$$\mathrm{d}y = (\mathrm{e}^u)'\mathrm{d}u = \mathrm{e}^u\,\mathrm{d}u$$

$$= \mathrm{e}^{\sin x}\mathrm{d}\sin x = \mathrm{e}^{\sin x}\cos x\,\mathrm{d}x$$

在求复合函数的导数时,可以不写出中间变量,类似地在求复合函数的微分时也可以不写出中间变量.下面我们用这种方法来求函数的微分.

例 2　设 $y = \sin(2x + 3)$,求 $\mathrm{d}y$.

解

$$\mathrm{d}y = \cos(2x + 3)\mathrm{d}(2x + 2)$$
$$= 2\cos(2x + 3)\mathrm{d}x$$

例 3　设 $y = \dfrac{\mathrm{e}^{x^2}}{\sin x}$,求 $\mathrm{d}y$.

解

$$\mathrm{d}y = \frac{\sin x\,\mathrm{d}(\mathrm{e}^{x^2}) - \mathrm{e}^{x^2}\mathrm{d}(\sin x)}{\sin^2 x}$$

$$= \frac{\sin x\,\mathrm{e}^{x^2}\mathrm{d}x^2 - \mathrm{e}^{x^2}\cos x\,\mathrm{d}x}{\sin^2 x}$$

$$= \frac{\mathrm{e}^{x^2}(2x\sin x - \cos x)\mathrm{d}x}{\sin^2 x}$$

例 4　设 $x^2 + y^2 = a^2$,求 $\mathrm{d}y$.

解　方程两边求微分

$$\mathrm{d}(x^2) + \mathrm{d}(y^2) = 0$$
$$2x\,\mathrm{d}x + 2y\,\mathrm{d}y_1 = 0$$

故

$$\mathrm{d}y = \frac{-x}{y}\mathrm{d}x$$

四、微分的应用

前面已经指出,引入微分概念的目的是为了找到计算 $\Delta y = f(x + \Delta x) - f(x)$ 相对简单而精确度较高的近似计算公式 $\Delta y \approx \mathrm{d}y$,(误差为 Δx 的高阶无穷小量).这就是微分在近似计算中的应用.

下面给出由微分得出的两个近似计算公式:

(1) 求函数增量的近似值:

若 $y = f(x)$ 在 x_0 处的增量 Δy 为

$$\Delta y = f(x_0 + \Delta x) - f(x_0)$$

则当 $|\Delta x|$ 非常小时,有

$$\Delta y \approx \mathrm{d}y = f'(x)\Delta x$$

(2) 求函数值的近似值:

当 $|\Delta x|$ 非常小时,有

$$f(x_0 + \Delta x) \approx f(x_0) + f'(x_0)\Delta x$$

显然,上述的近似计算公式当 $|\Delta x|$ 越小时,精确度越高,在实际计算时应注意保证 $|\Delta x|$ 足够小.

例1　一个直径为 20cm 的球,球壳厚度为 $\dfrac{1}{20}$ cm,试求球壳体积的近似值.

解　半径为 r 的球体体积为

$$V = f(r) = \frac{4}{3}\pi r^3$$

显然,所求球壳体积为

$$\Delta V = f(10) - f\left(10 - \frac{1}{20}\right)$$

利用公式(1)

$$f(10) - f\left(10 - \frac{1}{20}\right) \approx f'(10) \cdot \frac{1}{20}$$

$$= 4\pi r^2 \big|_{r=10} \cdot \frac{1}{20}$$

$$= 20\pi$$

故 $\Delta V \approx 3.14159 \times 20 = 62.8318 \mathrm{cm}^3$.

所求球壳体积 ΔV 的近似值 $\mathrm{d}V$ 为 $62.8318\mathrm{cm}^3$.

例2　求 $\sqrt[3]{8.02}$ 的近似值.

解　设 $f(x) = \sqrt[3]{x}$,则 $\sqrt[3]{8.02} = f(8.02) = f(8 + 0.02)$.

这是计算函数值的近似值. 由公式(2)知:

$$f(8 + 0.02) \approx f(8) + f'(8) \times 0.02$$

$$= \sqrt[3]{8} + \frac{1}{3} x^{-\frac{2}{3}} \mid_{x=8} \times 0.02$$

$$= 2 + \frac{1}{12} \times 0.02 = 2.0017$$

即 $\sqrt[3]{8.02} \approx 2.0017$.

下面我们来推导一些常用的近似计算公式:

在(2)中取 $x_0 = 0$, 于是得

(3) $f(x) \approx f(0) + f'(0)x$

当 $|x|$ 很小时,

(i) $\sqrt[n]{1+x} \approx 1 + \frac{1}{n} x$

(ii) $\sin x \approx x$ (x 用弧度作单位来表达)

(iii) $\tan x \approx x$ (x 用弧度作单位来表达)

(iv) $e^x \approx 1 + x$

(v) $\ln(x+1) \approx x$

证明(ii), 设 $f(x) = \sin x$, 那么 $f(0) = 0$, $f'(0) = \cos x \mid_{x=0} = 1$, 代入(3)式便得

$$\sin x \approx x$$

其他几个近似计算公式可用类似方法证明, 这里从略了.

典型例题分析

例1 利用导数定义求函数 $f(x) = 2 + 3x - x^2$ 的导函数, 并算出 $f(1)$, $f'(0)$, $f'(-1)$.

解 这是利用导数定义来计算导数. 根据导数定义, $f(x) = \lim\limits_{\Delta x \to 0} \frac{\Delta y}{\Delta x}$, 故这种题目可按下述步骤进行:

(1) 对自变量 x 的改变量 Δx, 计算相应的函数值改变量 $\Delta y = f(x + \Delta x) - f(x)$;

(2) 计算比值 $\frac{\Delta y}{\Delta x}$;

(3) 求极限 $\lim\limits_{\Delta x \to 0} \frac{\Delta y}{\Delta x}$.

依照上述步骤, 我们计算 $f'(x)$:

$$\Delta y = f(x + \Delta x) - f(x)$$

$$= [2 + 3(x + \Delta x) - (x + \Delta x)^2] - (2 + 3x - x^2)$$

$$= \Delta x(3 - 2x - \Delta x)$$

$$\frac{\Delta y}{\Delta x} = 3 - 2x - \Delta x$$

故

$$f'(x) = \lim_{\Delta x \to 0} \frac{\Delta y}{\Delta x}$$

$$= \lim_{\Delta x \to 0}(3 - 2x - \Delta x)$$

$$= 3 - 2x$$

则

$$f'(1) = (3 - 2x)\,|_{x=1} = 3 - 2.1 = 1$$

$$f'(0) = (3 - 2x)\,|_{x=0} = 3$$

$$f'(-1) = (3 - 2x)\,|_{x=-1} = 5$$

例 2　讨论函数

$$f(x) = \begin{cases} x - 1, & x \leqslant 0 \\ 2x, & 0 < x \leqslant 1 \\ x^2 + 1, & 1 < x \leqslant 2 \\ \dfrac{1}{2}x + 4, & x > 2 \end{cases}$$

在点 $x = 0$，$x = 1$ 及 $x = 2$ 处的连续性及可导性.

解　$f(x)$ 是一分段函数，$x = 0$，$x = 1$ 及 $x = 2$ 均为其分段点，对于此类点的可导性，必须利用左、右导数进行讨论. 由于可导必定连续，故若 $f(x)$ 在点 x_0 不连续，则 $f(x)$ 在点 x_0 处不可导，即不连续点必定是不可导点.

先讨论 $x = 0$ 处的连续性与可导性.

$$\lim_{x \to 0^-} f(x) = \lim_{x \to 0^-} (x - 1) = -1$$

$$\lim_{x \to 0^+} f(x) = \lim_{x \to 0^+} 2x = 0$$

由于 $\lim\limits_{x\to 0^-} f(x) \neq \lim\limits_{x\to 0^+} f(x)$，故 $f(x)$ 在 $x=0$ 处不连续，从而也不可导.

其次讨论 $x=1$ 处的连续性与可导性.

$$\lim_{x\to 1^-} f(x) = \lim_{x\to 1^-} 2x = 2$$

$$\lim_{x\to 1^+} f(x) = \lim_{x\to 1^+} (x^2 + 1) = 2$$

所以 $\lim\limits_{x\to 1} f(x) = 2$.

又 $f(1) = 2 \cdot 1 = 2$，故 $\lim\limits_{x\to 1} f(x) = f(1)$，即 $f(1)$ 在 $x=1$ 处连续.

$$f'_-(1) = \lim_{\Delta x\to 0^-} \frac{f(1+\Delta x) - f(1)}{\Delta x}$$

$$= \lim_{\Delta x\to 0^-} \frac{2(1+\Delta x) - 2}{\Delta x} = \lim_{\Delta x\to 0^-} 2 = 2$$

注意   由于 $\Delta x \to 0^-$，故 $f(1+\Delta x)$ 应采用表达式 $2x$ 来计算.

$$f'_+(1) = \lim_{\Delta x\to 0^+} \frac{f(1+\Delta x) - f(1)}{\Delta x}$$

$$= \lim_{\Delta x\to 0^+} \frac{(1+\Delta x)^2 + 1 - 2}{\Delta x}$$

$$= \lim_{\Delta x\to 0^+} (2 + \Delta x) = 2$$

所以 $f'_-(1) = f'_+(1) = 2$，故 $f(x)$ 在 $x=1$ 处可导.

最后我们讨论 $f(x)$ 在 $x=2$ 处的连续性与可导性.

$$\lim_{x\to 2^-} f(x) = \lim_{x\to 2^-} (x^2 + 1)$$

$$= 2^2 + 1 = 5$$

$$\lim_{x\to 2^+} f(x) = \lim_{x\to 2^+} \left(\frac{1}{2}x + 4\right)$$

$$= \frac{1}{2} \times 2 + 4 = 5$$

$$f(2) = 2^2 + 1 = 5$$

所以 $\lim\limits_{x\to 2} f(x) = f(2) = 5$，即 $f(x)$ 在 $x=2$ 处连续.

$$f'_-(2) = \lim_{\Delta x\to 0^-} \frac{f(2+\Delta x) - f(2)}{\Delta x}$$

$$= \lim_{\Delta x \to 0^-} \frac{(2 + \Delta x)^2 + 1 - 5}{\Delta x}$$

$$= \lim_{\Delta x \to 0^-} (4 + \Delta x) = 4$$

$$f'_+(2) = \lim_{\Delta x \to 0^+} \frac{f(2 + \Delta x) - f(2)}{\Delta x}$$

$$= \lim_{\Delta x \to 0^+} \frac{\frac{1}{2}(2 + \Delta x) + 4 - 5}{\Delta x}$$

$$= \lim_{\Delta x \to 0^+} \frac{1}{2} = \frac{1}{2}$$

由于 $f'_-(2) \neq f'_+(2)$,故 $f(x)$ 在 $x = 2$ 处不可导. 即 $f(x)$ 在 $x = 2$ 处连续但不可导.

例3 设 $f(x) = 2x^3 + 3x - 5$ 求 $f'(x)$, $f'(2)$, $(f(2))'$.

解

$$f'(x) = (2x^3 + 3x - 5)' = 6x^2 + 3$$

$$f'(2) = 6 \cdot 2^2 + 3 = 27$$

$$(f(2))' = (2 \cdot 2^3 + 3 \cdot 2 - 5)' = (17)' = 0$$

注意 $f'(x)$ 是导函数,而 $f'(x_0)$ 是点 x_0 处的导数值,即 $f'(x)$ 在 x_0 的函数值. 一般先求出 $f'(x)$,再计算 $f'(x_0)$. 另外,$(f(x_0))'$ 是 $f(x)$ 在 x_0 处的函数值的导数,而一个常数的导数,总是等于零. 因此 $f'(x_0) \neq (f(x_0))'$.

例4 求曲线 $y = x^3$ 在点 $(2, 8)$ 处的切线方程.

解 $y' = 3x^2$,由导数的几何意义,曲线在点 $(2, 8)$ 处的切线的斜率为

$$k = y'|_{x=2} = 3 \cdot 2^2 = 12$$

故切线方程为

$$y - 8 = 12(x - 2)$$

即 $$12x - y - 16 = 0$$

例5 下列函数中( )的导数等于 $\frac{1}{2}\sin 2x$.

(a) $\frac{1}{2}\sin^2 x$;   (b) $\frac{1}{4}\cos 2x$

(c) $-\dfrac{1}{2}\cos^2 x$;　　　　(d) $1-\dfrac{1}{4}\cos 2x$

解　由于

$$\left(\dfrac{1}{2}\sin^2 x\right)' = \dfrac{1}{2}\cdot 2\cdot \sin x\cdot \cos x = \dfrac{1}{2}\sin 2x$$

$$\left(\dfrac{1}{4}\cos 2x\right)' = \dfrac{1}{4}\cdot(-\sin 2x)\cdot 2 = -\dfrac{1}{2}\sin 2x$$

$$\left(-\dfrac{1}{2}\cos^2 x\right)' = -\dfrac{1}{2}2\cos x\cdot(-\sin x) = \dfrac{1}{2}\sin 2x$$

$$\left(1-\dfrac{1}{4}\cos 2x\right)' = -\dfrac{1}{4}(\sin 2x)\cdot 2 = \dfrac{1}{2}\sin 2x$$

因此,应选(a)、(c)、(d).

例 6　求下列各函数的导数:

(1) $y = x^3 + 3^x + \ln 3$;

(2) $y = \dfrac{1}{x} + \dfrac{1}{\sqrt{x}} + \dfrac{1}{\sqrt[3]{x}}$;

(3) $y = \dfrac{2x^3 + 3x - \sqrt{x} - 4}{x\sqrt{x}}$,求 $y'(1)$;

(4) $y = \ln\dfrac{x^4}{\sqrt{x+1}}$;

(5) $y = \dfrac{1+\mathrm{e}^x}{1-\mathrm{e}^x}$.

解　对于比较简单的初等函数的导数,利用导数的四则运算法则及基本初等函数的求导公式即可求得.在求导数时,应注意以下几个问题:(1)注意区分幂函数与指数函数;(2)尽量将函数化为和、差、积、商,这样能使求导化简和减少差错;(3)函数中若出现根号,一般将其写成幂次形式;(4)利用三角恒等式或对数性质尽量先将函数化简.

(1)
$$\begin{aligned} y' &= (3^x)' + (x^3)' + (\ln 3)' \\ &= 3^x\ln 3 + 3x^2 + 0 \\ &= 3^x\ln 3 + 3x^2 \end{aligned}$$

(2)
$$\begin{aligned} y &= \dfrac{1}{x} + \dfrac{1}{\sqrt{x}} + \dfrac{1}{\sqrt[3]{x}} \\ &= x^{-1} + x^{-\frac{1}{2}} + x^{\frac{-1}{3}} \end{aligned}$$

因此

$$y' = -x^{-2} - \frac{1}{2}x^{\frac{-3}{2}} - \frac{1}{3}x^{\frac{-4}{3}}$$

(3)
$$y = \frac{2x^3 + 3x - \sqrt{x} - 4}{x\sqrt{x}}$$

$$= 2x^{\frac{3}{2}} + 3x^{-\frac{1}{2}} - x^{-1} - 4x^{-\frac{3}{2}}$$

$$y' = 2 \cdot \frac{3}{2}x^{\frac{3}{2}-1} + 3\left(-\frac{1}{2}\right)x^{-\frac{1}{2}-1} - (-1)x^{-1-1} - 4\left(-\frac{3}{2}\right)x^{-\frac{3}{2}-1}$$

$$= 3x^{\frac{1}{2}} - \frac{3}{2}x^{\frac{-3}{2}} + x^{-2} + 6x^{-\frac{5}{2}}$$

因此

$$y'(1) = 3 \cdot 1^{\frac{1}{2}} - \frac{3}{2} \cdot 1^{\frac{-3}{2}} + 1^{-2} + 6 \cdot 1^{-\frac{5}{2}}$$

$$= 3 - \frac{3}{2} + 1 + 6 = \frac{17}{2}$$

(4)
$$y = \ln \frac{x^4}{\sqrt{x+1}} = \ln x^4 - \ln(x+1)^{\frac{1}{2}}$$

$$= 4\ln x - \frac{1}{2}\ln(x+1)$$

因此

$$y' = \frac{4}{x} - \frac{1}{2(x+1)}$$

(5)
$$y' = \frac{(1+e^x)'(1-e^x) - (1+e^x)(1-e^x)'}{(1-e^x)^2}$$

$$= \frac{e^x(1-e^x) - (1+e^x)(-e^x)}{(1-e^x)^2}$$

$$= \frac{2e^x}{(1-e^x)^2}$$

例 7　求下列函数的导数:

(1) $y = \sin x^2$;　　　　　　　(2) $y = \sin^2 x$

(3) $y = \ln\sin\frac{1}{x}$;　　　　　　(4) $y = e^{\arctan\sqrt{x}}$

解　由于大量的初等函数都是由基本初等函数复合而成,故复合函数求导法则在求导运算中起着重要的作用.在求复合函数的导数时,一定要把复合过程分析清楚,然后按次序对每个中间变量求导,直至自变量为止,求出连乘积,再将中间变量回代即可.

(1) $y = \sin x^2$ 由 $y = \sin u$ 及 $u = x^2$ 复合而成,故

$$y' = (\sin u)'(x^2)' = \cos u \cdot 2x = 2x\cos x^2$$

(2) $y = \sin^2 x$ 由 $y = u^2$, $u = \sin x$ 复合而成,故

$$y' = (u^2)'(\sin x)' = 2u \cdot \cos x = 2\sin x \cdot \cos x = \sin 2x$$

(3) $y = \ln\sin\dfrac{1}{x}$ 由 $y = \ln u$, $u = \sin v$, $v = \dfrac{1}{x}$ 复合而成,于是

$$y' = (\ln u)'(\sin v)'\left(\dfrac{1}{x}\right)'$$

$$= \dfrac{1}{u} \cdot \cos v\left(-\dfrac{1}{x^2}\right)$$

$$= \dfrac{1}{\sin\dfrac{1}{x}} \cdot \cos\dfrac{1}{x} \cdot \left(-\dfrac{1}{x^2}\right)$$

$$= -\dfrac{1}{x^2}\cot\dfrac{1}{x}$$

(4) $y = \mathrm{e}^{\arctan\sqrt{x}}$ 由 $y = \mathrm{e}^u$, $u = \arctan v$, $v = \sqrt{x}$ 复合而成,故

$$y' = (\mathrm{e}^u)'(\arctan v)'(\sqrt{x})'$$

$$= \mathrm{e}^u \cdot \dfrac{1}{1 + v^2} \cdot \dfrac{1}{2\sqrt{x}}$$

$$= \dfrac{\mathrm{e}^{\arctan\sqrt{x}}}{2\sqrt{x}(1 + x)}$$

例 8 求下列函数的导数:

(1) $y = \ln(x + \sqrt{x^2 + 1})$;   (2) $y = \left(x - \dfrac{1}{x}\right)\mathrm{e}^{2x} + \dfrac{\sin 3x}{\sqrt{x}}$

(3) $y = \cos\sqrt{x} + \sqrt{\cos x}$;   (4) $y = \arcsin x + x\sqrt{1 - x^2}$

解 对于复合函数的导数,在开始时,可按上例一样设出中间变量,一步步求导,一旦熟练后可不设中间变量而直接求导(但一定要弄清复合过程).若函数中有四则运算时,首先应该利用四则运算法则求导.

(1) $$y' = \dfrac{1}{x + \sqrt{x^2 + 1}}(x + \sqrt{x^2 + 1})'$$

$$= \frac{1}{x + \sqrt{x^2 + 1}} \left[1 + \frac{1}{2\sqrt{x^2 + 1}} (x^2 + 1)' \right]$$

$$= \frac{1}{x + \sqrt{x^2 + 1}} \left[1 + \frac{x}{\sqrt{x^2 + 1}} \right]$$

$$= \frac{1}{x + \sqrt{x^2 + 1}} \cdot \frac{\sqrt{x^2 + 1} + x}{\sqrt{x^2 + 1}} = \frac{1}{\sqrt{x^2 + 1}}$$

(2)
$$y' = \left(x - \frac{1}{x} \right)' e^{2x} + \left(x - \frac{1}{x} \right) (e^{2x})'$$

$$+ (x^{-\frac{1}{2}})' \sin 3x + x^{-\frac{1}{2}} (\sin 3x)'$$

$$= \left(1 + \frac{1}{x^2} \right) e^{2x} + \left(x - \frac{1}{x} \right) e^{2x} (2x)'$$

$$+ \left(-\frac{1}{2} \right) x^{-\frac{1}{2} - 1} \sin 3x + x^{-\frac{1}{2}} \cos 3x \cdot (3x)'$$

$$= \left(1 + \frac{1}{x^2} + 2x - \frac{2}{x} \right) e^{2x} - \frac{\sin 3x}{2x \sqrt{x}} + \frac{3\cos 3x}{\sqrt{x}}$$

(3)
$$y' = (\cos \sqrt{x})' + (\sqrt{\cos x})'$$

$$= -\sin \sqrt{x} \cdot (\sqrt{x})' + \frac{1}{2\sqrt{\cos x}} (\cos x)'$$

$$= -\sin \sqrt{x} \cdot \frac{1}{2\sqrt{x}} + \frac{1}{2\sqrt{\cos x}} \cdot (-\sin x)$$

$$= \frac{-\sin \sqrt{x}}{2\sqrt{x}} - \frac{\sin x}{2\sqrt{\cos x}}$$

(4)
$$y' = (\arcsin x)' + (x \sqrt{1 - x^2})'$$

$$= \frac{1}{\sqrt{1 - x^2}} + (x)' \sqrt{1 - x^2} + x (\sqrt{1 - x^2})'$$

$$= \frac{1}{\sqrt{1 - x^2}} + \sqrt{1 - x^2} + x \cdot \frac{(1 - x^2)'}{2\sqrt{1 - x^2}}$$

$$= \frac{1}{\sqrt{1 - x^2}} + \sqrt{1 - x^2} + x \cdot \frac{-2x}{2\sqrt{1 - x^2}}$$

$$= \frac{1}{\sqrt{1-x^2}} + \sqrt{1-x^2} - \frac{x^2}{\sqrt{1-x^2}}$$

$$= \frac{1+1-x^2-x^2}{\sqrt{1-x^2}} = 2\sqrt{1-x^2}$$

例 9 求下列隐函数的导数:

(1) $y = 1 + xe^y$

(2) $x^2 + y^2 - xy = 1$

(3) $x = \sin\dfrac{y}{x}$

解 在利用隐函数求导法则求导时,有一点务必要注意:在对含有 y 的项求导时,要视 y 为中间变量,利用复合函数求导规则.

(1) 方程两边对 x 求导,得

$$y' = 0 + 1 \cdot e^y + x \cdot e^y \cdot y'$$

解之,得

$$y' = \frac{e^y}{1 - xe^y}$$

(2) 方程两边对 x 求导,得

$$2x + 2y \cdot y' - (1 \cdot y + x \cdot y') = 0$$

$$2x + 2y \cdot y' - y - xy' = 0$$

解之,得

$$y' = \frac{y - 2x}{2y - x}$$

(3) 方程 $x = \sin\dfrac{y}{x}$ 两边对 x 求导,得

$$1 = \cos\frac{y}{x} \cdot \frac{y' \cdot x - y \cdot 1}{x^2}$$

$$x^2 = \cos\frac{y}{x} \cdot y' \cdot x - \cos\frac{y}{x} \cdot y$$

解得

$$y' = \frac{x^2 + y\cos\dfrac{y}{x}}{x\cos\dfrac{y}{x}}$$

例 10　求下列导数:

(1) $y = (\sin x)^{\cos x}$

(2) $y = \dfrac{x^2}{1-x} \sqrt[3]{\dfrac{3-x}{(3+x)^2}}$

(3) $x^y = y^x$ $\left(求\dfrac{\mathrm{d}y}{\mathrm{d}x}\right)$

解　对于幂指函数或多个函数相乘除的函数求导,必须先取对数,利用对数的性质将函数形式进行变形,然后再利用隐函数求导法则求导. 对数的三条运算法则是:(1) $\ln(M \cdot N) = \ln M + \ln N$;(2) $\ln\dfrac{M}{N} = \ln M - \ln N$;(3) $\ln M^p = p \cdot \ln M$.

(1) $y = (\sin x)^{\cos x}$ 两边取对数,得

$$\ln y = \cos x \cdot \ln \sin x$$

两边对 x 求导,得

$$\frac{1}{y} \cdot y' = -\sin x \cdot \ln(\sin x) + \cos x \cdot \frac{1}{\sin x} \cdot \cos x$$

故

$$y' = y[\cos x \cot x - \sin x \ln \sin x]$$

$$= (\sin x)^{\cos x}[\cos x \cdot \cot x - \sin x \ln \sin x]$$

(2) $y = \dfrac{x^2}{1-x} \sqrt[3]{\dfrac{3-x}{(3+x)^2}}$ 两边取对数,得

$$\ln y = \ln x^2 + \ln \sqrt[3]{\frac{3-x}{(3+x)^2}} - \ln(1-x)$$

$$\ln y = 2\ln x + \ln\left[\frac{3-x}{(3+x)^2}\right]^{\frac{1}{3}} - \ln(1-x)$$

$\ln y = 2\ln x + \dfrac{1}{3}\ln(3-x) - \dfrac{2}{3}\ln(3+x) - \ln(1-x)$ 两边对 x 求导,得

$$\frac{1}{y} \cdot y' = \frac{2}{x} - \frac{1}{3(3-x)} - \frac{2}{3(3+x)} + \frac{1}{1-x}$$

故

$$y' = y\left[\frac{2}{x} - \frac{1}{3(3-x)} - \frac{2}{3(3+x)} + \frac{1}{1-x}\right]$$

(3) $x^y = y^x$

两边取对数,得

$$x\ln y = y\ln x$$

两边对 x 求导,得

$$1 \cdot \ln y + x \cdot \frac{1}{y} \cdot y' = y' \cdot \ln x + y \cdot \frac{1}{x}$$

解之,得

$$y' = \frac{y^2 - xy\ln y}{x^2 - xy\ln x}$$

例 11 求下列函数的高阶导数:

(1) $y = (1+x^2)\arctan x$,求 y'';

(2) $y = x\ln x$,求 $y^{(n)}$.

解 对于具体阶数,要求高阶导数,只需在一阶求导的基础上一次一次地求下去,直到所求导数为止.对于一般的高阶导数 $y^{(n)}(x)$,一般是在求出其一阶、二阶、三阶、四阶或更高阶的导数后,找出其规律,将 $y^{(n)}(x)$ 的表达式归纳出来.

(1) $y = (1+x^2)\arctan x$

$$y' = 2x\arctan x + (1+x^2) \cdot \frac{1}{1+x^2} = 2x \cdot \arctan x + 1$$

故

$$y'' = 2\arctan x + \frac{2x}{1+x^2} + 0 = 2 \cdot \arctan x + \frac{2x}{1+x^2}$$

(2) $y = x\ln x$

$$y' = \ln x + x \cdot \frac{1}{x} = 1 + \ln x$$

$$y'' = \frac{1}{x} = x^{-1}$$

$$y^{(3)} = (-1)x^{-2}$$

$$y^{(4)} = (-1)(-2)x^{-3}$$

$$y^{(5)} = (-1)(-2)(-3)x^{-4}$$

$$y^{(6)} = (-1)(-2)(-3)(-4)x^{-5}$$

一般地

$$y^{(n)} = (-1)(-2)(-3)\cdots[-(n-2)]x^{-(n-1)}$$

$$= (-1)^{n-2} \cdot 1 \cdot 2 \cdot 3 \cdots (n-2)x^{-(n-1)}$$

$$= (-1)^n \cdot (n-2)! \cdot x^{-(n-1)}$$

$$= \frac{(-1)^n(n-2)!}{x^{n-1}}$$

例 12　求下列函数的微分 dy:

(1) $y = \ln(3x - 2)$

(2) $y = \sin^2(3x + 2)$

(3) $xy + \sin e^y = 0$

　　解　求函数的微分可采用下述三种方法:(1)直接利用微分公式 $dy = f'(x)dx$;(2) 对于较为复杂的复合函数,可利用微分形式不变性;(3) 若函数为隐函数,则等式两边直接求微分,然后解出 dy.

(1) $y = \ln(3x - 2)$

$$y' = \frac{1}{3x - 2}(3x - 2)' = \frac{3}{3x - 2}$$

故

$$dy = f'(x)dx = \frac{3}{3x - 2}dx$$

(2) $y = \sin^2(3x + 2)$

$$dy = 2\sin(3x + 2)d\sin(3x + 2)$$

$$= 2\sin(3x + 2)\cos(3x + 2)d(3x + 2)$$

$$= 6\sin(3x + 2)\cos(3x + 2)dx$$

$$= 3\sin 2(3x + 2)dx$$

（3）对等式 $xy + \text{sine}^y = 0$ 两边微分，得

$$d(xy + \text{sine}^y) = 0$$

$$d(xy) + d\text{sine}^y = 0$$

$$y\,dx + x\,dy + \cos e^y de^y = 0$$

$$y\,dx + x\,dy + e^y \cdot \cos e^y dy = 0$$

解之，得

$$dy = -\frac{y\,dx}{x + e^y \cos e^y}$$

例 13　利用微分求下列各式的近似值：

（1）$e^{0.05}$；　（2）$\arctan 1.02$

解　由于 $\Delta y \approx dy$，故 $f(x_0 + \Delta x) - f(x_0) \approx f'(x_0)\Delta x$，即得近似计算公式 $f(x_0 + \Delta x) \approx f(x_0) + f'(x_0)\Delta x$.

（1）设 $f(x) = e^x$，$x_0 = 0$，$\Delta x = 0.05$，则

$$f(x_0 + \Delta x) = f(0 + 0.05) = f(0.05) = e^{0.05}$$

$$f(x_0) = e^{x_0} = e^0 = 1$$

$$f'(x_0) = (e^x)'\,|_{x=0} = e^0 = 1$$

故 $e^{0.05} \approx 1 + 1 \times 0.05 = 1.05$.

（2）设 $f(x) = \arctan x$，$x_0 = 1$，$\Delta x = 0.02$，则有 $f(x_0 + \Delta x) = f(1.02)$ $= \arctan 1.02$

$$f(x_0) = \arctan x_0 = \arctan 1 = \frac{\pi}{4}$$

$$f'(x_0) = (\arctan x)'\,\Big|_{x=1} = \frac{1}{1 + x^2}\,\Big|_{x=1} = \frac{1}{2}$$

故 $\arctan 1.02 \approx \frac{\pi}{4} + \frac{1}{2} \cdot 0.02 \approx 0.7954$.

小　　结

1. 本章主要内容是导数的概念、意义、运算法则及初等函数的求导方法，微分的概念及求法.

2. 本章的重点是导数及微分的概念；导数的四则运算法则；复合函数的求导法则. 难点是导数的概念，意义及求导方法.

3. 本章的基本方法有

(1) 利用定义计算导数

这种方法主要是用来讨论分段函数在分段点处的导数，方法是先求出其左、右导数，然后再判断是否相等，从而确定是否可导(详见例1、例2).

(2) 利用导数的四则运算法则及五种基本初等函数的导数公式求导(如例3、例6).

(3) 利用复合求导法则求导

对于由五种基本初等函数复合而成的初等函数的导数，应采用复合函数的求导法则计算，若求导函数是由几个复合函数经过四则运算构成的，则需先利用四则运算法则(详见例7、例8).

(4)利用隐函数求导法则求导

若求导函数是用一个方程的形式给出，即求导函数是一个隐函数时，需利用隐函数求导法计算，具体方法见例9.

(5) 对数求导法

对于幂指函数 $y = f(x)^{g(x)}$，由前述几种方法求不出导数；对于类似例10(2)那种由多个函数相乘所构成的函数，利用前述方法虽可以计算导数，但十分困难和繁杂. 对于以上两类函数，若在两边取对数后，就能将函数中的幂变为乘除，将乘除变为加减，再利用隐函数求导法则求导时，运算就变得简便. 具体方法见例10.

(6) 微分的计算

对于比较简单的函数，算出其导数 $f'(x)$ 后，便可得到其微分 $\mathrm{d}y = f'(x)\mathrm{d}x$；若函数是一个较复杂的复合函数，则可利用微分形式不变性一步步计算微分；若函数是一隐函数，则可在方程两边同时求微分，再解方程，得到 $\mathrm{d}y$. 无论采用何种方法，应注意利用微分四则运算法则(详见例12).

习　题　三

练习题(一)

1. 用定义求 $y = x^2$ 在 $x = 3$ 处的导数值，并求在相应点处切线方程.

2. 用左、右导数概念判断函数
$$f(x) = \begin{cases} x^2 + 1, & 0 \leqslant x < 1 \\ 3x - 2, & x \geqslant 1 \end{cases} \quad 在 \ x = 1 \ 处是否可导.$$

3. 讨论 $f(x) = \begin{cases} \ln x, & x \geqslant 1 \\ x-1, & x < 1 \end{cases}$ 在 $x=1$ 处的连续性与可导性.

4. 设 $f(x) = \begin{cases} x^a \sin \dfrac{1}{x}, & x \neq 0 \\ 0, & x = 0 \end{cases}$

(1) 当 a 何值时, $f(x)$ 在 $x=0$ 处连续;

(2) 当 a 何值时, $f(x)$ 在 $x=0$ 处可导.

5. 在曲线 $y = x^3$ 上确定点, 使该点处的切线平行于连结点 $A(-1, -1)$ 及 $B(2, 8)$ 所成的弦.

6. 求下列函数的导数:

(1) $y = 3x^2 - 4x + 1$;

(2) $y = \dfrac{x}{3} + \dfrac{3}{x} + \dfrac{x^2}{2} + \dfrac{2}{x^2}$

(3) $y = \dfrac{1}{\sqrt{x}} + 7\sin x + 8\cos x$;

(4) $y = (1-x)(1-2x)$

(5) $y = \dfrac{ax+b}{a+b}$;

(6) $y = (\sqrt{x}+1)\left(\dfrac{1}{\sqrt{x}}-1\right)$

(7) $y = \dfrac{4x^2}{1+x}$;

(8) $y = x\ln x$

(9) $y = \dfrac{\cos x}{x-1}$;

(10) $y = \dfrac{1-\ln x}{1+\ln x}$

(11) $y = \dfrac{1-x-x^2}{1-x+x^2}$;

(12) $y = \dfrac{x}{1-\cos x}$

(13) $y = \tan x - x\tan x$;

(14) $y = \dfrac{5\sin x}{1+\cos x}$

(15) $y = x \cdot \sin x \cdot \ln x$;

(16) $y = \dfrac{\sin x}{x} + \dfrac{x}{\sin x}$

7. 求下列复合函数的导数:

(1) $y = (2x+13)^2$;

(2) $y = \sqrt{3x-5}$

(3) $y = (3x+5)^3(5x+4)^2$;

(4) $y = \ln(2x-1)$

(5) $y = \sin 2x + \sin x^2$;

(6) $y = \cos\sqrt{x} + \sqrt{\cos x}$

(7) $y = \log_a(1+x^2)$;

(8) $y = \ln\sqrt{x} + \sqrt{\ln x}$

(9) $y = \arcsin\sqrt{x}$;

(10) $y = \arccos\dfrac{1}{x}$

(11) $y = \arctan x^2$;

(12) $y = \dfrac{1}{\sqrt{1-x^2}}$

(13) $y = \sin^n x \cdot \cos nx$;

(14) $y = \ln(x + \sqrt{1+x^2})$

(15) $y = \arctan\dfrac{2x}{1-x^2}$;

(16) $y = \arcsin x + x\sqrt{1-x^2}$

8. 求下列隐函数的导数:

(1) $x^2 - y^2 - xy = 1$；　　　　　　(2) $y = x + \ln y$

(3) $y = 1 + xe^y$；　　　　　　　　(4) $y + \sin y - \cos x = 0$

9．求下列函数的导数：

(1) $y = x^{\frac{1}{x}}$；　　　　　　　　(2) $y = (\ln x)^x$

(3) $y = (\sin x)^{\cos x}$；　　　　　　(4) $y = (x + \sqrt{1+x})^x$

10．求下列函数的二阶导数：

(1) $y = 2x^2 + \ln x$；　　　　　　　(2) $y = xe^{x^2}$

(3) $y = x\sqrt{1+x^2}$；　　　　　　(4) $y = (1+x^2)\arctan x$

11．求下列函数的 n 阶导数：

(1) $y = (1+x)^m$（m 为正整数）；　　(2) $y = \ln(1+x)$

12．求下列各函数的微分：

(1) $y = \sqrt[3]{1+x^2}$；　　　　　　(2) $y = \ln x^2 + \sqrt{\ln x}$

(3) $y = \dfrac{1}{1-x^2}$；　　　　　　(4) $y = \arcsin\sqrt{x}$

(5) $y = e^{-ax}\sin bx$；　　　　　　(6) $y = xe^x + 1$

(7) $xy + \sin e^y = 0$；　　　　　　(8) $\dfrac{x^2}{a^2} + \dfrac{y^2}{b^2} = 1$

13．设正立方体棱长为 10m，如果棱长增加 0.1m，求体积增加的精确值与近似值．

14．求下列各式的近似值

(1) $\ln 1.01$；　(2) $e^{0.05}$；　(3) $\sqrt[3]{1.02}$

(4) $\arctan 1.02$；　(5) $\sin 29°$

练习题（二）

1．单项选择题：

(1) $y = |x+1|$ 在点 $x = -1$ 处（　）．

(A) 不连续；　　　　　　　　(B) 不连续，不可导；

(C) 连续，不可导；　　　　　　(D) 连续，可导．

(2) $y = \ln(1+x)$ 在 $(0,0)$ 的切线方程是（　）．

(A) $y = x+1$；　(B) $y = x$；　(C) $y = x-1$；　(D) $y = -x$

(3) 下列说法正确的是（　）．

(A) 若 $f(x)$ 在 x_0 处连续，则它在此点可导；

(B) 若 $f(x)$ 在 x_0 处不可导，则它在此点不连续；

(C) 若 $f(x)$ 在 x_0 处不可微，则在此点一定不存在极限；

(D) 若 $f(x)$ 在 x_0 处不可微，则一定在此点不可导．

(4) 设 $y = (x-1)^n$（n 为正整数），则 $y^{(n-1)}\big|_{x=1} = （　）$．

(A) 0；　(B) 1；　(C) $(n-1)!$；　(D) $n!$．

(5) 设 $y = f(a^x)(a>0,\ a\neq 1)$，则 $y' = ($ 　　).

(A) $f'(a^x)$;　　　　　　　　　　　　　(B) $f'(a^x)\cdot\ln a$

(C) $a^x f'(a^x)$;　　　　　　　　　　　(D) $a^x \ln a f'(a^x)$

2．填空题：

(1) 设 $y = \arctan 3x^2$，则 $\mathrm{d}y = $ ＿＿＿＿＿＿＿＿＿．

(2) 设 $f(x) = \dfrac{1}{1+x}$，则 $f'(-2) = $ ＿＿＿＿＿＿＿＿．

(3) 设 $y = \ln\cos x$，则 y' ＿＿＿＿＿＿＿＿．

(4) 设 $y = \ln\sqrt{3}$，则 y' ＿＿＿＿＿＿＿＿．

3．设 $f(x) = \begin{cases} \ln(x+1), & x\geqslant 0 \\ x, & x<0 \end{cases}$，讨论 $f(x)$ 在 $x=0$ 处的可导性．

4．求下列函数的导数：

(1) $y = 3^x + \dfrac{1}{x} + 2\sqrt{x} + \ln 3$;　　　　　(2) $y = \dfrac{(\sqrt{x}+1)^2}{\sqrt{x}}$

(3) $y = 3^x \sin 2x + \ln\sqrt{\dfrac{2x-1}{x+1}}$;　　　　(4) $y = \cos^2(\mathrm{e}^{-3x})$

(5) $y = (x^2+1)\arctan\dfrac{1+x}{1-x}$;　　　　(6) $y = \mathrm{e}^{\arctan\sqrt{x}}$

(7) $y = \dfrac{\sin x}{x} + \dfrac{x}{\sin x}$;　　　　　　　(8) $y = \ln[\ln(\ln x)]$

(9) $y = \dfrac{1}{4}\tan^4 x$;　　　　　　　　　(10) $y = \mathrm{e}^{2x}\ln(3-2x)$

5．求下列隐函数的导数：

(1) $\mathrm{e}^x + \sin(xy) = \mathrm{e}^y$;　　(2) $y - \sin x - \cos(x-y) = 0$

6．利用对数求导法求下列函数的导数：

(1) $y = (\ln x)^x$;　　(2) $y = \dfrac{\sqrt{x+1}\sin x}{(x^3+1)(x+2)}$;　　(3) $\sqrt{x} + \sqrt{y} = 16$

7．求下列函数的高阶导数：

(1) $y = \mathrm{e}^x\cos x$，求 $y^{(4)}$;　　(2) $y = \dfrac{1-x}{1+x}$，求 $y^{(n)}$

8．求下列函数的微分：

(1) $y = \mathrm{e}^{-2x}\sin 3x$;　(2) $y = \ln\tan\dfrac{x}{2}$;　(3) $x^2 + y^2 - x\ln y = 10$

9．利用微分计算下列各式的近似值：

(1) $\sin 29°$;　　(2) $\ln 1.01$.

答　　案

练习题(一)

1．$y'|_{x=3} = 6$，$y = 6x - 9$

2. 不可导.

3. 连续,可导.

4. (1) $a>0$; (2) $a>1$

5. $(1,1)$及$(-1,-1)$

6. (1) $6x-4$; (2) $\dfrac{1}{3}-\dfrac{3}{x^2}+x-\dfrac{4}{x^3}$

(3) $-\dfrac{1}{2x\sqrt{x}}+7\cos x-8\sin x$; (4) $4x-3$; (5) $\dfrac{a}{a+b}$

(6) $-\dfrac{1}{2\sqrt{x}}\left(1+\dfrac{1}{x}\right)$; (7) $\dfrac{4x(x+2)}{(1+x)^2}$

(8) $1+\ln x$; (9) $\dfrac{(1-x)\sin x-\cos x}{(x-1)^2}$

(10) $-\dfrac{2}{x(1+\ln x)^2}$; (11) $\dfrac{x(2-4x)}{(1-x+x^2)^2}$

(12) $\dfrac{1-\cos x-x\sin x}{(1-\cos x)^2}$; (13) $(1-x)\sec^2 x-\tan x$

(14) $\dfrac{5}{1+\cos x}$; (15) $\sin x\ln x+x\cos x\cdot\ln x+\sin x$

(16) $\dfrac{x\cos x-\sin x}{x^2}+\dfrac{\sin x-x\cos x}{\sin^2 x}$

7. (1) $4(2x+13)$; (2) $\dfrac{3}{2\sqrt{3x-5}}$

(3) $(3x+5)^2(5x+4)^4(75x+86)$; (4) $\dfrac{2}{2x-1}$

(5) $2\cos 2x+2x\cos x^2$; (6) $-\dfrac{\sin\sqrt{x}}{2\sqrt{x}}-\dfrac{\sin x}{2\sqrt{\cos x}}$

(7) $\dfrac{2x}{1+x^2}\log_a e$; (8) $\dfrac{1}{2x}\left(1+\dfrac{1}{\sqrt{\ln x}}\right)$

(9) $\dfrac{1}{2\sqrt{x-x^2}}$; (10) $\dfrac{1}{x\sqrt{x^2-1}}$

(11) $\dfrac{2x}{1+x^4}$; (12) $\dfrac{x}{\sqrt{(1-x^2)^3}}$

(13) $n\sin^{n-1}x\cos(n+1)x$; (14) $\dfrac{1}{\sqrt{x^2+1}}$

(15) $\dfrac{2}{1+x^2}$; (16) $2\sqrt{1-x^2}$

8. (1) $\dfrac{y-2x}{2y-x}$; (2) $\dfrac{y}{y-1}$

(3) $\dfrac{e^y}{1-xe^y}$; (4) $-\dfrac{\sin x}{1+\cos y}$

9. (1) $x^{\frac{1}{x}-2}(1-\ln x)$

(2) $(\ln x)^x \left[\ln(\ln x) + \dfrac{1}{\ln x} \right]$

(3) $(\sin x)^{\cos x} \left[\cos x \cot x - \sin x \ln(\sin x) \right]$

(4) $(x + \sqrt{1+x})^x \left[\ln(x + \sqrt{1+x}) + \dfrac{x(1 + 2\sqrt{1+x})}{2\sqrt{1+x}(1+\sqrt{1+x})} \right]$

10. (1) $4 - \dfrac{1}{x^2}$; 　(2) $e^{x^2}(6x + 4x^3)$

(3) $\dfrac{x}{\sqrt{1+x^2}} + \dfrac{x^3 + 2x}{(1+x^2)^{\frac{3}{2}}}$; 　(4) $2\arctan x + \dfrac{2x}{1+x^2}$

11. (1) 当 $n < m$ 时,

$$y^{(n)} = m(m-1)(m-2)\cdots(m-n+1)(1+x)^{m-n}$$

当 $m = n$ 时, $y^{(n)} = m!$

当 $n > m$ 时, $y^{(n)} = 0$

(2) $(-1)^{n-1} \dfrac{(n-1)!}{(1+x)^n}$

12. (1) $\dfrac{2x}{3(1+x^2)^{2/3}}\mathrm{d}x$; 　(2) $\dfrac{1}{x}\left(2 + \dfrac{1}{2\sqrt{\ln x}}\right)\mathrm{d}x$

(3) $\dfrac{2x}{(1-x^2)^2}\mathrm{d}x$; 　(4) $\dfrac{\mathrm{d}x}{2\sqrt{x}\sqrt{1-x}}$

(5) $(b\cos bx - a\sin bx)e^{-ax}\mathrm{d}x$; 　(6) $(1+x)e^x \mathrm{d}x$

(7) $-\dfrac{y}{x + e^y \cos y}\mathrm{d}x$; 　(8) $-\dfrac{b^2 x}{a^2 y}\mathrm{d}x$

13. $30.301(\mathrm{m}^3)$, $30(\mathrm{m}^3)$

14. (1) 0.01; (2) 1.05; (3) 1.0067; (4) 0.7954; (5) 0.4848

练习题(二)

1. (1) C; (2) B; (3) D; (4) A; (5) D

2. (1) $\dfrac{6x}{1+9x^4}\mathrm{d}x$; (2) -1; (3) $-\tan x$; (4) 0

3. $f(x)$ 在 $x = 0$ 处可导, 且 $f'(0) = 1$

4. (1) $y' = 3^x \ln 3 - \dfrac{1}{x^2} + \dfrac{1}{\sqrt{x}}$; 　(2) $y' = \dfrac{1}{2\sqrt{x}} - \dfrac{1}{2x\sqrt{x}}$

(3) $y' = 3^x \ln 3 \sin 2x + 2 \cdot 3^x \cos 2x + \dfrac{1}{2x-1} - \dfrac{1}{2(x+1)}$

(4) $y' = 3e^{-3x}\sin(2e^{-3x})$; 　(5) $y' = 2x \arctan \dfrac{1+x}{1-x} + 1$

(6) $y' = \dfrac{e^{\arctan x}}{2\sqrt{x}(1+x)}$; 　(7) $y' = (x\cos x - \sin x)\left(\dfrac{1}{x^2} - \dfrac{1}{\sin^2 x}\right)$

(8) $y' = \dfrac{1}{x(\ln x)(\ln \ln x)}$; 　(9) $y' = \tan^3 x \cdot \sec^2 x$

(10) $y' = 2e^{2x} \left[\ln(3-2x) - \dfrac{1}{3-2x} \right]$

5. (1) $y' = -\dfrac{y\cos(xy) + e^x}{x\cos(xy) - e^y}$;　　　　(2) $y' = -\dfrac{\cos x - \sin(x-y)}{1 - \sin(x-y)}$

6. (1) $y' = (\ln x)^x \left(\ln(\ln x) + \dfrac{1}{\ln x} \right)$

(2) $y' = y \left[\dfrac{-x}{2(x+1)(x+2)} + \dfrac{\cos x}{\sin x} - \dfrac{3x^2}{1+x^3} \right]$

(3) $y' = -\dfrac{\sqrt{y}}{\sqrt{x}}$

7. (1) $y^{(4)} = -4e^x \cos x$

(2) $y(n) = (-1)^n \cdot \dfrac{2 \cdot n!}{(1+x)^{n+1}}$

8. (1) $\mathrm{d}y = e^{-2x}(3\cos 3x - 2\sin 3x)\mathrm{d}x$;　　(2) $\mathrm{d}y = \dfrac{1}{\sin x}\mathrm{d}x$;　　(3) $\mathrm{d}y = \dfrac{y\ln y - 2xy}{2y^2 - x}\mathrm{d}x$

9. (1) 0.4849 ; (2) 0.01

第四章 导数的应用

上一章中,引进了导数的概念,并讨论了导数的计算方法.导数反映出函数相对于自变量的变化快慢的程度,显然导数是研究函数性态的重要工具.本章中,我们将应用导数来进一步揭示函数本身的性质,并在此基础上解决一些实际问题.

§4.1 中值定理

仅从导数概念也许并不能充分体现这种工具的作用.它需要建立在微分学的基本定理的基础之上,这些基本定理统称为"中值定理".

从几何直观上说,如果连续曲线 $y = f(x)$ 在点 A、B 处的高度一致,且处处有切线,那么在曲线 $y = f(x)$ 上至少有一点处的切线平行 x 轴,而且这些点是曲线的"峰点"或"谷点",如图 4.1 所示.

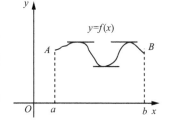

图 4.1

定理 4.1(罗尔定理) 如果函数 $f(x)$ 满足条件:

(1) 在闭区间 $[a、b]$ 上连续;

(2) 在开区间 (a,b) 内可导;

(3) 在区间两个端点的函数值相等,即 $f(a) = f(b)$.

则至少存在一点 $\xi \in (a,b)$,使 $f'(\xi) = 0$.

证 因为 $f(x)$ 在 $[a、b]$ 上连续,由闭区间上连续函数的最大最小值定理,$f(x)$ 在 $[a、b]$ 上必可取得最大值 M 和最小值 m.

(1) 若 $M = m$,则对于任何 $x \in [a,b]$

$$m \leqslant f(x) \leqslant M = m$$

即 $f(x) \equiv m$(常数),$x \in [a,b]$,故

$$f'(x) = 0, \quad x \in (a,b)$$

此时 (a,b) 中每一点均可以取作 ξ.

(2) 若 $m < M$,因为 $f(a) = f(b)$,故最小值 m 与最大值 M 不会同时在

端点 a 与 b 上达到,所以不妨设 $M = f(\xi), \xi \in (a, b)$. 兹证 $f'(\xi) = 0$.

事实上,由于 $f(\xi) = M$ 是最大值,且 $f(x)$ 在点 ξ 处可导,故

$$f'(\xi) = f'_-(\xi) = \lim_{x \to \xi^-} \frac{f(x) - f(\xi)}{x - \xi} \geqslant 0$$

$$f'(\xi) = f'_+(\xi) = \lim_{x \to \xi^+} \frac{f(x) - f(\xi)}{x - \xi} \leqslant 0$$

即

$$f'(\xi) = 0$$

罗尔定理的主要作用是利用函数本身的连续性及可导性便可判断其导函数根的分布状况.

例如,因为函数 $f(x) = (x - 2)(x - 4)(x - 5)$ 是可导函数,且 $f(2) = f(4) = f(5) = 0$,故不求导数便可知 $f'(x)$ 在 $(2, 4)(4, 5)$ 中各有且仅有一根(注意 $f'(x)$ 为二次多项式).

罗尔定理中 $f(a) = f(b)$ 这个条件是相当特殊的,它使罗尔定理的应用受到限制.如果把 $f(a) = f(b)$ 这个条件取消,保留其余两个条件,并相应地改变结论,那么就得到下列更为有效的定理.

定理 4.2(拉格朗日定理)　如果函数 $f(x)$ 满足条件

(1) 在闭区间 $[a, b]$ 上连续;

(2) 在开区间 (a, b) 内可导.

则至少存在一点 $\xi \in (a, b)$ 使得

$$f'(\xi) = \frac{f(b) - f(a)}{b - a}$$

先看该定理的几何意义,由于 $\dfrac{f(b) - f(a)}{b - a}$ 是弦 AB 的斜率,$f'(\xi)$ 为曲线 $y = f(x)$ 在 ξ 点处的切线斜率.因此拉格朗日中值定理的几何意义是:闭区间上的连续函数,若除端点外处处存在切线,则曲线上至少存在一点,过该点的切线平行于弦(割线) AB.

证　作辅助函数

$$\varphi(x) = f(x) - \left[f(a) + \frac{f(b) - f(a)}{b - a}(x - a) \right]$$

由对 $f(x)$ 的假设可知,$\varphi(x)$ 显然在 $[a, b]$ 上连续,在 (a, b) 内可导,并且 $\varphi(a) = \varphi(b) = 0$,由罗尔定理知,在 (a, b) 中至少存在一点 ξ,使得

$$\varphi'(\xi) = 0$$

而

$$\varphi'(x) = f'(x) - \frac{f(b) - f(a)}{b - a}$$

由 $\varphi'(\xi) = 0$ 导出

$$f'(\xi) = \frac{f(b) - f(a)}{b - a}, \quad \xi \in (a, b)$$

显然罗尔定理是拉格朗日定理的特例.

推论 1 函数 $f(x)$ 在 (a, b) 内恒为常数的充要条件是

$$f'(x) = 0, \quad x \in (a, b)$$

证 必要性是显然的.

充分性: 设 $f'(x) = 0, x \in (a, b)$, 则任取 $x_1, x_2 \in (a, b)$ 且 $x_1 < x_2$, 那么 $f(x)$ 在 $[x_1, x_2]$ 上满足拉格朗日定理的全部条件.

故

$$f(x_2) - f(x_1) = f'(\xi)(x_2 - x_1), \quad \xi \in (x_1, x_2)$$

因为

$$f'(x) = 0, \quad x \in (a, b)$$

则

$$f(x_2) = f(x_1)$$

由 x_1, x_2 在 (a, b) 内的任意性知, $f(x)$ 在 (a, b) 内恒为常数.

由推论 1 可直接导出下面推论.

推论 2 若函数 $f(x)$ 与 $g(x)$ 在区间 (a, b) 内每一点的导数都相等, 即 $f'(x) = g'(x), x \in (a, b)$, 则 $f(x)$ 与 $g(x)$ 在 (a, b) 内仅相差一个常数.

请读者自证.

由罗尔定理还可以得到一个应用范围更广泛的结论.

定理 4.3(柯西定理) 若函数 $f(x)$ 与 $g(x)$ 满足条件

(1) 在闭区间 $[a, b]$ 上连续;

(2) 在开区间 (a, b) 内可导, 且对任意的 $x \in (a, b), g'(x) \neq 0$.

则在 (a, b) 内至少存在一点 ξ, 使得

$$\frac{f'(\xi)}{g'(\xi)} = \frac{f(b) - f(a)}{g(b) - g(a)}$$

证　因为 $g'(x) \neq 0, x \in (a, b)$,故由罗尔定理知 $g(a) \neq g(b)$,于是作辅助函数

$$\varphi(x) = f(x) - f(a) - \frac{f(b) - f(a)}{g(b) - g(a)}[g(x) - g(a)]$$

由对 $f(x)$ 与 $g(x)$ 的假设知,$\varphi(x)$ 在 $[a, b]$ 上连续,在 (a, b) 内可导,且 $\varphi(a) = \varphi(b)$,故从罗尔定理知,在 (a, b) 内至少存在一点 ξ,使得

$$\varphi'(\xi) = 0$$

而

$$\varphi'(x) = f'(x) - \frac{f(b) - f(a)}{g(b) - g(a)} g'(x)$$

故

$$\frac{f(b) - f(a)}{g(b) - g(a)} = \frac{f'(\xi)}{g'(\xi)}$$

显然拉格朗日定理是柯西定理当 $g(x) = x$ 时的特例.

§4.2　洛必达法则

本节介绍中值定理的一个重要应用——求"未定式"的极限,若已知 $\lim\limits_{x \to a} f(x) = 0, \lim\limits_{x \to a} g(x) = 0$.问极限 $\lim\limits_{x \to a} \dfrac{f(x)}{g(x)}$ 是否存在? 回答可能存在,也可能不存在,因为两个无穷小量之比的极限由于它们的阶的不同有时候存在,有时候不存在.同样,两个无穷大量之比的极限有时存在,有时不存在.称这类极限为"未定式",记为 $\dfrac{0}{0}$ 或 $\dfrac{\infty}{\infty}$,洛必达法则就是一个求未定式极限的法则.

定理 4.4　设函数 $f(x)$ 与 $g(x)$ 满足

(1) $\lim\limits_{x \to a} f(x) = \lim\limits_{x \to a} g(x) = 0$

(2) 在点 a 的某个邻域内可导(点 a 可以除外),且 $g'(x) \neq 0$

(3) $\lim\limits_{x \to a} \dfrac{f'(x)}{g'(x)} = A$　(或 ∞)

则　$\lim\limits_{x \to a} \dfrac{f(x)}{g(x)} = \lim\limits_{x \to a} \dfrac{f'(x)}{g'(x)} = A$　(或 ∞).

证 因为 $\lim\limits_{x \to a} f(x) = \lim\limits_{x \to a} g(x) = 0$. 故在 $x = a$ 处补充定义函数值 $f(a) = g(a) = 0$ 后，$f(x)$ 与 $g(x)$ 在点 a 处连续，再由假设(2)知 $f(x)$ 与 $g(x)$ 在点 a 的某个邻域内连续，设 x 为这个邻域的任意一点，由于考虑当 $x \to a$ 的极限，故不妨设 $x > a$(或 $x < a$)，则在区间 $[a, x]$(或 $[x, a]$)上，$f(x)$ 与 $g(x)$ 满足柯西定理的全部条件，故

$$\frac{f(x)}{g(x)} = \frac{f(x) - f(a)}{g(x) - g(a)} = \frac{f'(\xi)}{g'(\xi)}$$

ξ 在 x 与 a 之间，显然当 $x \to a$ 时 $\xi \to a$，于是

$$\lim_{x \to a} \frac{f(x)}{g(x)} = \lim_{\xi \to a} \frac{f'(\xi)}{g'(\xi)} = \lim_{x \to a} \frac{f'(x)}{g'(x)} = A \quad (\text{或} \infty)$$

注意 在利用洛必达法则时，若 $\dfrac{f'(x)}{g'(x)}$ 仍是 $\dfrac{0}{0}$ 型未定式，且 $f'(x)$ 与 $g'(x)$ 满足定理的条件时，则再用洛必达法则，即

$$\lim_{x \to a} \frac{f(x)}{g(x)} = \lim_{x \to a} \frac{f'(x)}{g'(x)} = \lim_{x \to a} \frac{f''(x)}{g''(x)}$$

如此反复利用洛必达法则，直到求出所要求的极限，反之，若无法确定 $\dfrac{f'(x)}{g'(x)}$ 的极限，或能判定它振荡无极限，则要用其他办法来判断未定式 $\dfrac{f(x)}{g(x)}$ 的极限，而不能简单地判定 $\dfrac{f(x)}{g(x)}$ 振荡无极限，因为

$$\frac{f(x)}{g(x)} = \frac{f'(\xi)}{g'(\xi)}, \xi \text{ 在 } x \text{ 与 } a \text{ 之间,}$$

而

$$\frac{f(x)}{g(x)} \neq \frac{f'(x)}{g'(x)}$$

例 1 求 $\lim\limits_{x \to 0} \dfrac{\ln(1 + 3x)}{x}$

解 首先判定是 $\dfrac{0}{0}$ 型，故可以利用洛必达法则，

$$\lim_{x \to 0} \frac{\ln(1 + 3x)}{x} = \lim_{x \to 0} \frac{\dfrac{3}{1 + 3x}}{1} = 3$$

例 2　求 $\lim\limits_{x\to 0}\dfrac{e^x-1}{x^2-x}$

解　显然是 $\dfrac{0}{0}$ 型,

$$\lim_{x\to 0}\frac{e^x-1}{x^2-x}=\lim_{x\to 0}\frac{e^x}{2x-1}=-1$$

例 3　求 $\lim\limits_{x\to 0}\dfrac{1-\cos^2 x}{x(1-e^x)}$

解　$\dfrac{0}{0}$ 型,

$$\lim_{x\to 0}\frac{1-\cos^2 x}{x(1-e^x)}=\lim_{x\to 0}\frac{-2\cos x(-\sin x)}{1-e^x+x(-e^x)}$$

$$=\lim_{x\to 0}\frac{\sin 2x}{1-e^x-xe^x}\qquad\left(\frac{0}{0}\right)$$

$$=\lim_{x\to 0}\frac{2\cos 2x}{-e^x-e^x-xe^x}$$

$$=-1$$

例 4　求 $\lim\limits_{x\to 0}\dfrac{x^2\sin\dfrac{1}{x}}{\sin x}$

解　$\dfrac{0}{0}$ 型,然而

$$\lim_{x\to 0}\frac{\left(x^2\sin\dfrac{1}{x}\right)'}{(\sin x)'}=\lim_{x\to 0}\frac{2x\sin\dfrac{1}{x}+x^2\cos\dfrac{1}{x}\left(-\dfrac{1}{x^2}\right)}{\cos x}$$

$$=\lim_{x\to 0}\frac{2x\sin\dfrac{1}{x}-\cos\dfrac{1}{x}}{\cos x}$$

振荡无极限,故不能采用洛必达法则,我们采用以下办法:

$$\lim_{x\to 0}\frac{x^2\sin\dfrac{1}{x}}{\sin x}=\lim_{x\to 0}\frac{x\sin\dfrac{1}{x}}{\dfrac{\sin x}{x}}=\frac{\lim\limits_{x\to 0}x\sin\dfrac{1}{x}}{\lim\limits_{x\to 0}\dfrac{\sin x}{x}}=\frac{0}{1}=0$$

定理 4.5　设函数 $f(x)$ 与 $g(x)$ 满足

(1) $\lim\limits_{x\to a}f(x)=\lim\limits_{x\to a}g(x)=\infty$

(2) 在点 a 的某领域内(点 a 可以除外)可导,且 $g'(x)\neq 0$

(3) $\lim\limits_{x\to a}\dfrac{f'(x)}{g'(x)}=A$ （或 ∞）

则 $\lim\limits_{x\to a}\dfrac{f(x)}{g(x)}=\lim\limits_{x\to a}\dfrac{f'(x)}{g'(x)}=A$ （或 ∞）

在定理 4.4 及 4.5 中 $x\to a$ 改为 $x\to\infty$ 时,结论仍然成立.

例 5 求 $\lim\limits_{x\to 0^+}\dfrac{\ln\cot x}{\ln x}$

解 $\dfrac{\infty}{\infty}$ 型

$$\lim\limits_{x\to 0^+}\frac{\ln\cot x}{\ln x}=\lim\limits_{x\to 0^+}\frac{\dfrac{1}{\cot x}(-\csc^2 x)}{\dfrac{1}{x}}$$

$$=\lim\limits_{x\to 0^+}-\frac{x\sin x}{\cos x\sin^2 x}$$

$$=\lim\limits_{x\to 0^+}-\frac{1}{\cos x\dfrac{\sin x}{x}}=-1$$

例 6 求 $\lim\limits_{x\to +\infty}\dfrac{e^x}{x^n}(n>0)$

解 $\dfrac{\infty}{\infty}$ 型

$$\lim\limits_{x\to +\infty}\frac{e^x}{x^n}=\lim\limits_{x\to +\infty}\frac{e^x}{nx^{n-1}}\qquad\left(\frac{\infty}{\infty}\right)$$

$$=\lim\limits_{x\to +\infty}\frac{e^x}{n(n-1)x^{n-2}}\qquad\left(\frac{\infty}{\infty}\right)$$

$$\cdots\cdots$$

$$=\lim\limits_{x\to +\infty}\frac{e^x}{n!}=\infty$$

例 7 求 $\lim\limits_{x\to +\infty}\dfrac{\ln x}{x^n}(n>0)$

解 $\dfrac{\infty}{\infty}$ 型

$$\lim_{x \to +\infty} \frac{\ln x}{x^n} = \lim_{x \to +\infty} \frac{\frac{1}{x}}{nx^{n-1}}$$

$$= \lim_{x \to +\infty} \frac{1}{nx^n} = 0$$

其他未定式如 $0 \cdot \infty$、$\infty - \infty$、1^{∞}、0^0、∞^0 等可化为 $\frac{0}{0}$ 或 $\frac{\infty}{\infty}$ 型利用洛必达法则求解.

例 8　求 $\lim\limits_{x \to 1}\left(\dfrac{x}{x-1} - \dfrac{1}{\ln x}\right)$

解　$\infty - \infty$ 型, 先变形后用法则

$$\lim_{x \to 1}\left(\frac{x}{x-1} - \frac{1}{\ln x}\right) = \lim_{x \to 1} \frac{x\ln x - x + 1}{(x-1)\ln x} \qquad \left(\frac{0}{0}\right)$$

$$= \lim_{x \to 1} \frac{\ln x + 1 - 1}{\ln x + \dfrac{x-1}{x}}$$

$$= \lim_{x \to 1} \frac{x\ln x}{x\ln x + x - 1} \qquad \left(\frac{0}{0}\right)$$

$$= \lim_{x \to 1} \frac{\ln x + 1}{\ln x + 1 + 1} = \frac{1}{2}$$

例 9　求 $\lim\limits_{x \to 0^+} \sin x \ln x$

解　$0 \cdot \infty$ 型

$$\lim_{x \to 0^+} \sin x \ln x = \lim_{x \to 0^+} \frac{\ln x}{\csc x} \qquad \left(\frac{\infty}{\infty}\right)$$

$$= \lim_{x \to 0^+} \frac{\dfrac{1}{x}}{-\csc x \cot x}$$

$$= -\lim_{x \to 0^+} \frac{\tan x \sin x}{x}$$

$$= -\lim_{x \to 0^+} \tan x \lim_{x \to 0^+} \frac{\sin x}{x}$$

$$= 0$$

例 10 求 $\lim\limits_{x\to 0}\left(\dfrac{\sin x}{x}\right)^{1/x^2}$

解 1^{∞} 型

$$\lim_{x\to 0}\left(\frac{\sin x}{x}\right)^{1/x^2} = \mathrm{e}^{\lim\limits_{x\to 0}\frac{1}{x^2}\ln\frac{\sin x}{x}}$$

而

$$\lim_{x\to 0}\frac{1}{x^2}\ln\frac{\sin x}{x} = \lim_{x\to 0}\frac{\ln\dfrac{\sin x}{x}}{x^2} \qquad \left(\frac{0}{0}\right)$$

$$= \lim_{x\to 0}\frac{\dfrac{x}{\sin x}\cdot\dfrac{x\cos x - \sin x}{x^2}}{2x}$$

$$= \lim_{x\to 0}\frac{x\cos x - \sin x}{2x^2\sin x} \qquad \left(\frac{0}{0}\right)$$

$$= \lim_{x\to 0}\frac{\cos x - x\sin x - \cos x}{4x\sin x + 2x^2\cos x}$$

$$= -\lim_{x\to 0}\frac{x\sin x}{4x\sin x + 2x^2\cos x}$$

$$= -\lim_{x\to 0}\frac{1}{4 + 2\dfrac{x}{\sin x}\cdot\cos x}$$

$$= -\frac{1}{6}$$

故原式 $= \mathrm{e}^{-\frac{1}{6}}$.

例 11 求 $\lim\limits_{x\to 0^+}\left(\dfrac{1}{x}\right)^{\tan x}$

解 ∞^0 型

$$\lim_{x\to 0^+}\left(\frac{1}{x}\right)^{\tan x} = \mathrm{e}^{\lim\limits_{x\to 0}\tan x\ln\frac{1}{x}}$$

而

$$\lim_{x\to 0^+}\tan x\ln\frac{1}{x} \qquad (0\cdot\infty)$$

$$= -\lim_{x \to 0^+} \frac{\ln x}{\cot x} \qquad \left(\frac{\infty}{\infty}\right)$$

$$= -\lim_{x \to 0^+} \frac{\dfrac{1}{x}}{-\dfrac{1}{\sin^2 x}} = \lim_{x \to 0^+} \frac{\sin x}{x} \cdot \sin x = 0$$

故原式 $= e^0 = 1$

例 12　求 $\lim\limits_{x \to 0^+} x^{\sin x}$

解　0^0 型

$$\lim_{x \to 0^+} x^{\sin x} = e^{\lim\limits_{x \to 0} \sin x \ln x}$$

而

$$\lim_{x \to 0^+} \sin x \ln x = \lim_{x \to 0^+} \frac{\ln x}{\csc x} \qquad \left(\frac{\infty}{\infty}\right)$$

$$= \lim_{x \to 0^+} \frac{\dfrac{1}{x}}{-\cot x \csc x} = -\lim_{x \to 0^+} \frac{\tan x \sin x}{x}$$

$$= -\lim_{x \to 0^+} \tan x \cdot \lim_{x \to 0^+} \frac{\sin x}{x} = 0$$

故原式 $= e^0 = 1$.

　　本节给出的洛必达法则,在相当大的范围内,解决了求"$\dfrac{0}{0}$"型、"$\dfrac{\infty}{\infty}$"型, 以及"$0 \cdot \infty$"、"$\infty - \infty$"、"1^∞"、"0^0"、"∞^0"等型的未定式的极限问题,这个法则 是建立在函数的可导性的基础上的;在使用时要注意,要分别地求分子及分母 的导数,切记不要把函数当做整个分式来求导数.洛必达法则可以累次使用, 但必须注意,要逐步验算,确定它是未定式后再应用洛必达法则.若未定式的 极限 $\lim \dfrac{f'(x)}{g'(x)}$ 不存在时,并不能断定极限 $\lim \dfrac{f(x)}{g(x)}$ 存在与否,此时洛必达法 则失效,须用另外的方法去判断极限 $\lim \dfrac{f(x)}{g(x)}$ 是否存在的问题.

§4.3　函数的单调性

　　在第一章中已经介绍了函数的单调性的概念.由导数的意义知,函数的导数就是函数关于自变量的变化率,因此由导数可以判断函数在某个范围内的变化情况.下面给出利用求导的办法判定函数单调性的方法.

定理 4.6 设函数 $f(x)$ 在 (a,b) 内可导.

(1) 若在 (a,b) 内 $f'(x)>0$,则 $f(x)$ 在 (a,b) 内单调增加;

(2) 若在 (a,b) 内 $f'(x)<0$,则 $f(x)$ 在 (a,b) 内单调减少.

证 任取 $x_1,x_2\in(a,b)$,且 $x_1<x_2$,由拉格朗日中值定理

$$f(x_2) = f(x_1) + f'(\xi)(x_2 - x_1), \xi \in (x_1,x_2)$$

若 $f'(x)>0,x\in(a,b)$.则由上式知

$$f(x_2) > f(x_1)$$

即 $f(x)$ 在 (a,b) 内单调增加.

同理,当 $f'(x)<0,x\in(a,b)$ 时,$f(x)$ 在 (a,b) 内单调减少.这个定理具有明确的几何意义,请读者思考.

例 1 判定 $y=x^3$ 的单调性.

解 $y'=3x^2\geq0$,仅当 $x=0$ 时 $y'=0$.

故 $y=x^3$ 在 $(-\infty,+\infty)$ 内是单调增加的.

例 2 求函数 $y=2x^3-9x^2+12x-3$ 的单调区间.

解 $y'=6x^2-18x+12=6(x-1)(x-2)$

列表分析:

x	$(-\infty,1)$	1	$(1,2)$	2	$(2,+\infty)$
y'	+	0	−	0	+
y	↗		↘		↗

即 $(-\infty,1)$ 与 $(2,+\infty)$ 为单增区间,$(1,2)$ 为单减区间.

归纳而言,对于可导函数,其单调区间可按下列步骤确定:

① 确定函数 $f(x)$ 的定义域,连续区间,可导区间.

② 求 $f'(x)=0$ 的根(或 $f'(x)$ 不存在的点).

③ 用以上求出的点将定义域分成若干开区间.

④ 判别 $f'(x)$ 在每个开区间的符号,从而确定其单调性.

§4.4　函数的极值

一、函数的极值

在上节例 2 中我们看到点 $x=1$ 和 $x=2$ 是函数

$$f(x) = 2x^3 - 9x^2 + 12x - 3$$

的单调区间的分界点,例如在点 $x=1$ 的左侧邻近,函数 $f(x)$ 是单调增加的,在点 $x=1$ 的右侧邻近,函数 $f(x)$ 是单调减少的.即 $x=1$ 是函数由增加变为减少的转折点,因此在 $x=1$ 的左右邻近恒有 $f(x) < f(1)$,我们称 $f(1)$ 为 $f(x)$ 的极大值.同样,点 $x=2$ 是函数由减少变成增加的转折点,因此在 $x=2$ 的左右邻近恒有 $f(x) > f(2)$,我们称 $f(2)$ 为 $f(x)$ 的极小值.

定义 4.1　设函数 $y=f(x)$ 在点 x_0 的某邻域内有意义,如果对该邻域内任意的 x 总有 $f(x) \leqslant f(x_0)(f(x) \geqslant f(x_0))$,则称 $f(x_0)$ 为函数 $f(x)$ 的极大值(极小值),x_0 称为极大值点(极小值点).

极大值与极小值统称为极值,极大值点与极小值点统称为极值点.

显然,极值是一个局部性的概念,它只是在与极值点邻近的所有的函数值相比较而言,并不意味着它在函数的整个定义区间内是最大或最小.

如图 4.2 所示的函数 $f(x)$,它在点 x_1 和 x_3 各有极大值 $f(x_1)$ 和 $f(x_3)$,在点 x_2 和 x_4 各有极小值 $f(x_2)$ 和 $f(x_4)$,而极大值 $f(x_1)$ 还小于极小值 $f(x_4)$.由图可见,这些极大值都不是函数定义区间上的最大值,极小值也不是函数在定义区间上的最小值.

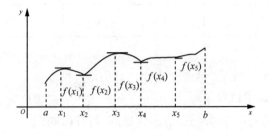

图 4.2

从图中还可看到,在函数取得极值处,如果曲线有切线则切线是水平的(平行 x 轴的),即该切线的斜率为 0,但曲线上有水平切线的地方,函数不一定取得极值,例 $x=x_5$ 处曲线上有水平切线,但 $f(x_5)$ 不是极值.

在上述几何直观的基础上,我们将给出函数取得极值的必要条件和充分条件.

定理 4.7(必要条件)　如果函数 $f(x)$ 在点 x_0 处有极值 $f(x_0)$,且 $f'(x_0)$ 存在,则 $f'(x_0) = 0$.

证　不妨设 $f(x_0)$ 为极大值,则根据假设 $f'(x_0)$ 存在即

$$f'(x_0) = f'_-(x_0) = \lim_{x \to x_0^-} \frac{f(x) - f(x_0)}{x - x_0} \geqslant 0$$

$$f'(x_0) = f'_+(x_0) = \lim_{x \to x_0^+} \frac{f(x) - f(x_0)}{x - x_0} \leqslant 0$$

故 $f'(x_0) = 0$.

使 $f'(x) = 0$ 的点 x 称为函数 $f(x)$ 的驻点.

定理 4.7 告诉我们 {极值点} $\subset$ {驻点} $\bigcup$ {不可导点},也就是说极值点必是驻点或导数不存在的点,但是驻点或导数不存在的点不一定是极值点.因此函数的极值点只需在驻点和不可导点之中去寻找,这就缩小了极值点的搜索范围.

下面介绍函数取得极值的充分条件,也就是给出判断极值的方法.

定理 4.8　设函数 $f(x)$ 在点 x_0 的某邻域 $(x_0 - \delta, x_0 + \delta)$ 内连续且可导 ($f'(x_0)$ 可以不存在).

(1) 若当 $x \in (x_0 - \delta, x_0)$ 时 $f'(x_0) > 0$,而当 $x \in (x_0, x_0 + \delta)$ 时 $f'(x_0) < 0$,则 $f(x_0)$ 是 $f(x)$ 的极大值.

(2) 若当 $x \in (x_0 - \delta, x_0)$ 时 $f'(x) < 0$,当 $x \in (x_0, x_0 + \delta)$ 时 $f'(x) > 0$,则 $f(x_0)$ 是 $f(x)$ 的极小值.

(3) 若在 x_0 两侧 $f'(x)$ 同号,则 $f(x)$ 在 x_0 处无极值.

定理的证明略去.这个定理的结果告诉我们,可以通过考察 $f'(x)$ 在 x_0 左、右邻域内的符号变化情况来确定 x_0 是否是极值点(该定理也称第一判别法).

例 1　求 $y = x^3 + x$ 的极值.

解　先求驻点和不可导点再利用单调性判定极值.

$$y' = 3x^2 + 1 > 0$$

故函数 $y = x^3 + x$ 在 $(-\infty, +\infty)$ 单调增加,无极值.(无驻点及不可导点).

例 2 求 $y = x - e^x$ 的极值.

解 $$y' = 1 - e^x = 0$$

得驻点 $x = 0$. 列表分析:

x	$(-\infty, 0)$	0	$(0, +\infty)$
y'	$+$	0	$-$
y	↑	极大值	↓

即 $y = x - e^x$ 在 $x = 0$ 处取得极大值 $f(0) = -1$.

例 3 求 $f(x) = x - \dfrac{3}{2} x^{\frac{2}{3}}$ 的极值.

解 $$f(x)' = 1 - x^{-1/3} = \frac{\sqrt[3]{x} - 1}{\sqrt[3]{x}}$$

故得驻点 $x = 1$ 及不可导点 $x = 0$, 列表分析:

x	$(-\infty, 0)$	0	$(0, 1)$	1	$(1, +\infty)$
y'	$+$	不存在	$-$	0	$+$
y	↑	极大值	↓	极小值	↑

即 $f(x)$ 取得极大值 $f(0) = 0$, 极小值 $f(1) = -\dfrac{1}{2}$

例 4 求 $y = x^3$ 的极值.

解 $$y' = 3x^2$$

尽管 $x = 0$ 是驻点, 但在 $x = 0$ 两侧 $y' > 0$, 故 $x = 0$ 不是极值点, $y = x^3$ 在 $(-\infty, \infty)$ 单调增加无极值.

以上对于驻点及不可导点, 利用函数的一阶导数判定了它们是否为极值点, 而对于驻点有一个更为简便的判定办法, 这就是如下定理:

定理 4.9 设 $f'(x_0) = 0$, $f''(x_0)$ 存在

(1) 若 $f''(x_0) > 0$, 则 $f(x_0)$ 是 $f(x)$ 的极小值.

(2) 若 $f''(x_0) < 0$, 则 $f(x_0)$ 是 $f(x)$ 的极大值.

证 (1) 因为 $f'(x_0) = 0$, $f''(x_0) > 0$,

所以

$$f''(x_0) = \lim_{x \to x_0} \frac{f'(x) - f'(x_0)}{x - x_0} = \lim_{x \to x_0} \frac{f'(x)}{x - x_0} > 0$$

由定理 2.2 知,存在点 x_0 的某个去心邻域,在其中

$$\frac{f'(x)}{x-x_0} > 0$$

故当 $x < x_0$ 时 $f'(x) < 0$,当 $x > x_0$ 时 $f'(x) > 0$,由定理 4.8 知 $f(x_0)$ 是 $f(x)$ 的极小值.

同理可证(2)(该定理也称第二判别法)

这个定理表明,如果函数 $f(x)$ 在驻点 x_0 处的二阶导数 $f''(x_0) \neq 0$,那么该驻点 x_0 一定是极值点,并且可以按二阶导数 $f''(x_0)$ 的符号来判定 $f(x_0)$ 是极大值还是极小值.但是 $f''(x_0) = 0$ 时,该定理失效.事实上,当 $f'(x_0) = f''(x_0) = 0$ 时,$f(x)$ 在 x_0 处可能有极大值,也可能有极小值,也可能没有极值.例如,函数 $f(x) = x^3$,有 $f'(0) = f''(0) = 0$,但点 $x = 0$ 不是极值点.因此,如果函数在驻点处的二阶导数为零,那么还得用一阶导数在驻点左右符号变化来判别.

例 5　求 $y = 2x - \ln(4x)^2$ 的极值.

解　显然函数的定义域为一切非零实数,故 $y' = 2 - \dfrac{2(4x) \cdot 4}{(4x)^2} = 2 - \dfrac{2}{x}$ 得驻点 $x = 1$,而无须考虑 $x = 0$. $y'' = \dfrac{2}{x^2}$,在 $x = 1$ 处 $y'' = 2 > 0$,故 $f(1) = 2 - \ln 16$ 是 $f(x) = 2x - \ln(4x)^2$ 的极小值.

二、函数的最大值与最小值

极值是一个局部性的概念,它只是在与极值点邻近的所有点的函数值相比较而言,而最大值(或最小值)是函数在所论区间上全部函数值中的最大者(最小者),是全局性的概念.

现实中,经常需要求出在一定条件下,怎样使"产品最多";"用料最省";"成本最低";"效率最高"等问题,在数学上,归纳为最大值与最小值问题.

对于闭区间 $[a,b]$ 上的连续函数 $f(x)$ 而言,显然 $f(x)$ 的最大、最小值只可能在端点 a,b 及驻点和不可导点处取得,故在上述点处函数值中的最大者即为 $f(x)$ 在 $[a,b]$ 上的最大值,而其中最小者即为 $f(x)$ 在 $[a,b]$ 上的最小值.

在实际问题中,往往根据问题的实际意义就可以断定可导函数 $f(x)$ 确有最大值或最小值,这时如果只有一个驻点 x_0,则 $f(x_0)$ 必是最大值或最小值,而不必讨论 $f(x_0)$ 是否为极值.

例 1 求 $y = -3x^4 + 6x^2 - 2$ 在 $[-2,2]$ 上的最大值与最小值.

解 $$y' = -12x^3 + 12x = -12x(x^2 - 1)$$

令 $y' = 0$ 得驻点 $x_1 = -1, x_2 = 1, x_3 = 0$.

$$f(-2) = f(2) = -26, f(-1) = f(1) = 1, f(0) = -2$$

故函数在 $[-2,2]$ 上的最大值为 $f(-1) = f(1) = 1$,最小值为 $f(-2) = f(2) = -26$.

例 2 求 $y = x - \sin x$ 在 $\left[0, \dfrac{\pi}{2}\right]$ 上的最大值与最小值.

解 $y' = 1 - \cos x \geqslant 0$,故 $y = x - \sin x$ 在 $\left[0, \dfrac{\pi}{2}\right]$ 单调增加,因此

$$y\big|_{x=0} = 0 \text{ 是最小值}, y\big|_{x=\frac{\pi}{2}} = \frac{\pi}{2} - 1 \text{ 是最大值}.$$

例 3 要做一个容积为 V 的圆柱形容器,问怎样设计才能使所用材料最省?

解 欲使所用材料最省,只须使容器的表面积最小.设其底半径为 r,高为 h,则总表面积为

$$S = 2\pi r^2 + 2\pi r h$$

由 $V = \pi r^2 h$ 得 $h = \dfrac{V}{\pi r^2}$,所以

$$S = 2\pi r^2 + \frac{2V}{r}, \quad r > 0$$

$$S' = 4\pi r - \frac{2V}{r^2} = \frac{2(2\pi r^3 - V)}{r^2}$$

令 $S' = 0$ 得驻点

$$r = \sqrt[3]{\frac{V}{2\pi}}$$

$$S'' = 4\pi + \frac{4V}{r^3}$$

显然对任何 $r > 0, S'' > 0$,故 S 在 $r = \sqrt[3]{\dfrac{V}{2\pi}}$ 处取得极小值,也就是最小值,此时

$$h = \frac{V}{\pi r^2} = \frac{V}{\pi\left(\dfrac{V}{2\pi}\right)^{2/3}} = 2\sqrt[3]{\frac{V}{2\pi}} = 2r$$

即高和底直径相等所用材料最省.

例 4 某厂每月需要某种产品 100 吨,每批产品订货费为 5 元,每吨产品每月保管费为 0.4 元,求最佳批量、最佳批次及最小库存总费用.

解 设每次购进 q 吨,则每月平均库存量为 $\dfrac{q}{2}$ 吨.每月库存费为 $0.4 \times \dfrac{q}{2}$.

因每次购进 q 吨,而每月需求量为 100 吨,故每月分 $\dfrac{100}{q}$ 次进货,订货费为 $5 \times \dfrac{100}{q}$,因此库存总费用为

$$C = 0.4 \times \frac{q}{2} + 5 \times \frac{100}{q}, \quad q > 0$$

令 $C' = 0.2 - \dfrac{500}{q^2} = 0$,得驻点 $q = 50$,显然由该问题的实际意义知当 $q = 50$ 时,C 取得最小值 $C(50) = 20(元)$,而最佳批量是每月每次购进 50 吨,最佳批次是 $\dfrac{100}{50} = 2$ 次.

§4.5 函 数 作 图

前面讨论了借助于一阶导数的符号,可以确定函数的单调性区间,以及在什么地方取到极值,这对于描绘函数的图形有很大作用.但是,仅仅知道这些,还不能比较准确地描绘出函数的图形,例如,$f_1(x) = x^2$,$f_2(x) = \sqrt{x}$,在区间 $[0,1]$,它们都是单调增加的,但图形却有显著的不同.

$f_1(x) = x^2$ 是向上凹的.$f_2(x) = \sqrt{x}$ 是向上凸的,它们的凸凹性不同,下面我们就来研究曲线的凸凹性及其判别法.

一、曲线的凹向

定义 4.2 如果在某区间内,曲线向上弯曲则称曲线在这个区间内是上凹的,如图 4.3;如果曲线向下弯曲则称曲线在这个区间内是下凹的.如图 4.4.

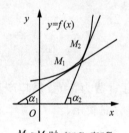

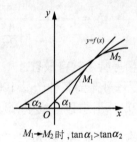

$M_1 \rightarrow M_2$ 时 $,\tan\alpha_1 < \tan\alpha_2$ $M_1 \rightarrow M_2$ 时 $,\tan\alpha_1 > \tan\alpha_2$

图 4.3   图 4.4

定理 4.10 设函数 $f(x)$ 在区间 (a,b) 内有二阶导数.

(1) $f''(x)>0, x\in(a,b)$,则曲线 $y=f(x)$ 在 (a,b) 内上凹;

(2) 若 $f''(x)<0, x\in(a,b)$,则曲线 $y=f(x)$ 在 (a,b) 内下凹.

这是因为 $f''(x)>0$ 时,$f'(x)$ 单调增加,即切线斜率 $\tan\alpha$ 由小变大,所以由图 4.3 知曲线上凹.而当 $f''(x)<0$ 时,$f'(x)$ 单调减少,即切线斜率 $\tan\alpha$ 由大变小,由图 4.4 见曲线下凹.

例 1 判断曲线 $y=x^2$ 与 $y=\sqrt{x}$ 在区间 $(0,+\infty)$ 内的凹凸性.

解 对于 $y=x^2$,

$$y'=2x, \quad y''=2>0$$

故 $y=x^2$ 在 $(0,+\infty)$ 是向上凹的.而对于 $y=\sqrt{x}$,

$$y'=\frac{1}{2}\frac{1}{\sqrt{x}}, \quad y''=-\frac{1}{4}\frac{1}{\sqrt{x^3}}$$

在 $(0,+\infty)$ 内 $y''<0$,故 $y=\sqrt{x}$ 在 $(0,+\infty)$ 是向下凹的.

例 2 讨论曲线 $y=x^3$ 的凹凸性.

解 因为 $y'=3x^2, y''=6x$,

故当 $x>0$ 时 $y=x^3$ 向上凹;当 $x<0$ 时 $y=x^3$ 向下凹.如图 4.5.

本例中,点 $(0,0)$ 是曲线由凸变凹的分界点(转折点).

定义 4.3 曲线上凹向发生变化的分界点称为曲线的拐点.

如何来寻找曲线 $y=f(x)$ 的拐点呢?

前面已知,由 $f''(x)$ 的符号可以判定曲线的凹凸性,如果 $f''(x_0)=0$,而 $f''(x)$ 在 x_0 的左右两侧邻近异号,那么点 $(x_0,f(x_0))$ 就是一个拐点.

例 3 讨论曲线 $y=(x-1)^{\frac{5}{3}}$ 的凹向和拐点.

解　　　　　　$y' = \dfrac{5}{3}(x-1)^{\frac{2}{3}}, \quad y'' = \dfrac{10}{9}(x-1)^{-\frac{1}{3}}$

当 $x = 1$ 时 y'' 不存在,显然当 $x < 1$ 时,曲线下凹,而当 $x > 1$ 时,曲线上凹,拐点是 $(1,0)$,如图 4.6.

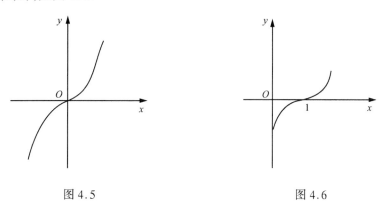

图 4.5　　　　　　　　　　　　　图 4.6

二、曲线的渐近线

通过对渐近线的讨论可以了解曲线无限延伸时的走向及趋势,有助于某些函数图象的描绘.

定义 4.4　如果曲线上的动点沿着曲线趋于无穷远时,与某条直线的距离趋于零,则称此直线为曲线的渐近线.

(1) 水平渐近线

如果 $\lim\limits_{x \to +\infty} f(x) = b$ 或 $\lim\limits_{x \to -\infty} f(x) = b$,则称直线 $y = b$ 为曲线 $y = f(x)$ 的水平渐近线.

(2) 铅垂渐近线

如果 $\lim\limits_{x \to c^-} f(x) = \infty$ 或 $\lim\limits_{x \to c^+} f(x) = \infty$,则称直线 $x = c$ 为曲线 $y = f(x)$ 的铅垂渐近线.

(3) 斜渐近线

如果 $\lim\limits_{x \to \infty}[f(x) - (ax + b)] = 0$ 成立.则直线 $y = ax + b \, (a \neq 0)$ 是曲线的一条渐近线,称为斜渐近线.

以下计算 a 与 b:

因为 $\lim\limits_{x \to \infty}[f(x) - (ax + b)] = 0$　　　　　　　　　　　　　（ * ）

则

$$\lim_{x\to\infty}\frac{f(x)-(ax+b)}{x}=0$$

即

$$\lim_{x\to\infty}\left(\frac{f(x)}{x}-a-\frac{b}{x}\right)=0$$

故

$$a=\lim_{x\to\infty}\frac{f(x)}{x}$$

求出 a 后代入(*)式便得

$$b=\lim_{x\to\infty}[f(x)-ax]$$

例1　求曲线 $y=\dfrac{1}{x-1}$ 的渐近线.

解　因为 $\lim\limits_{x\to\infty}\dfrac{1}{x-1}=0$，故 $y=0$ 是曲线的水平渐近线；而 $\lim\limits_{x\to1}\dfrac{1}{x-1}=\infty$，故 $x=1$ 是曲线的铅垂渐近线.因为 $\lim\limits_{x\to\infty}\dfrac{f(x)}{x}=\lim\limits_{x\to\infty}\dfrac{1}{x(x-1)}=0$，即斜渐近线斜率为零，相当于水平渐近线，如图 4.7.

例2　求曲线 $y=x+\arctan x$ 的渐近线.

解　由于 $\lim\limits_{x\to\infty}(x+\arctan x)$ 不存在，故没有水平渐近线；而 $y=x+\arctan x$ 在 $(-\infty,+\infty)$ 内连续.故没有铅垂渐近线；以下求斜渐近线：

$$a=\lim_{x\to\infty}\frac{f(x)}{x}=\lim_{x\to\infty}\frac{x+\arctan x}{x}\qquad\left(\frac{\infty}{\infty}\right)$$

$$=\lim_{x\to\infty}\left(1+\frac{1}{1+x^2}\right)=1$$

$$b_1=\lim_{x\to+\infty}(f(x)-ax)=\lim_{x\to+\infty}\arctan x=\frac{\pi}{2}$$

$$b_2=\lim_{x\to-\infty}(f(x)-ax)=\lim_{x\to-\infty}\arctan x=-\frac{\pi}{2}$$

所以在右半平面有斜渐近线 $y=x+\dfrac{\pi}{2}$，在左半平面有斜渐近线 $y=x-\dfrac{\pi}{2}$，如图 4.8.

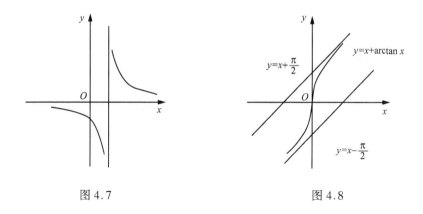

图 4.7 　　　　　　　　　　图 4.8

三、函数图象的描绘

通过对函数单调性、极值、凹向、渐近线等性态的讨论,可以比较准确地描绘出函数的图象,其步骤如下:

(1) 确定函数的定义域(以确定图象范围);

(2) 确定函数的奇偶性(以利用对称性缩小作图范围);

(3) 讨论函数的单调性和极值;

(4) 讨论曲线的凹向与拐点;

(5) 确定曲线的渐近线;

(6) 描几个特殊点,特别是曲线与坐标轴的交点;

(7) 综合以上信息用光滑曲线联结诸点.

例 1 作函数 $f(x) = \dfrac{1-2x}{x^2} + 1$ 的图形.

解 (1) 函数的定义域为一切非零实数;

(2) 是非奇非偶函数;

(3) 单调性、极值可由一、二阶导数列表分析;

(4) 凹向拐点也利用一、二阶导数列表分析:

$$f'(x) = \frac{-2x^2 - (1-2x) \cdot 2x}{x^4} = \frac{2(x-1)}{x^3}$$

得驻点 $x = 1$;

$$f''(x) = \frac{2x^3 - 2(x-1)3x^2}{x^6} = \frac{2(3-2x)}{x^4}$$

令 $f''(x)=0$ 得 $x=\dfrac{3}{2}$，列表分析：

x	$(-\infty,0)$	$(0,1)$	1	$\left(1,\dfrac{3}{2}\right)$	$\dfrac{3}{2}$	$\left(\dfrac{3}{2},+\infty\right)$
$f'(x)$	$+$	$-$	0	$+$	$+$	$+$
$f''(x)$	$+$	$+$	$+$	$+$	0	$-$
$f(x)$	↗∪	↘∪	极小	↗∪	拐点	↗∩

当 $x=1$ 时，有极小值 $f(1)=0$. 拐点为 $\left(\dfrac{3}{2},\dfrac{1}{9}\right)$.

(5) 渐近线：

因为 $\lim\limits_{x\to\infty}\left(\dfrac{1-2x}{x^2}+1\right)=1$，故 $y=1$ 为曲线的水平渐近线，又因为

$\lim\limits_{x\to 0}\left(\dfrac{1-2x}{x^2}+1\right)=\infty$，故 $x=0$ 是铅垂渐近线. 显然无斜渐近线.

(6) 描几个点：

已有谷点 $(1,0)$，拐点 $\left(\dfrac{3}{2},\dfrac{1}{9}\right)$，再描几个对称点 $\left(-2,2\dfrac{1}{4}\right)$，$(-1,4)$，

$\left(2,\dfrac{1}{4}\right)$，显然与 y 轴无交点.

(7) 描图：如图 4.9.

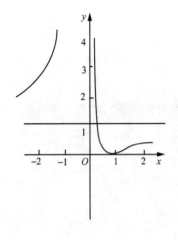

图 4.9

例 2　作函数 $\varphi(x)=\dfrac{1}{\sqrt{2\pi}}\mathrm{e}^{-\frac{x^2}{2}}$ 的图形.

解　(1) 定义域 $(-\infty,+\infty)$；

(2) 显然 $\varphi(x)$ 是偶函数，故图形关于 y 轴对称；

(3) 单调性、极值；

(4) 凹向与拐点：

$$\varphi'(x)=-\dfrac{x}{\sqrt{2\pi}}\mathrm{e}^{-\frac{x^2}{2}}$$

得驻点 $x=0$；

$$\varphi''(x)=\dfrac{(x^2-1)}{\sqrt{2\pi}}\mathrm{e}^{-\frac{x^2}{2}}$$

令 $\varphi''(x)=0$，得 $x=\pm 1$，列表分析：

x	$(-\infty,-1)$	-1	$(-1,0)$	0	$(0,1)$	1	$(1,+\infty)$
$\varphi'(x)$	$+$	$+$	$+$	0	$-$	$-$	$-$
$\varphi''(x)$	$+$	0	$-$	$-$	$-$	0	$+$
$\varphi(x)$	↑∪	拐点	↑∩	极大	↓∩	拐点	↓∪

(5) 渐近线:

因为 $\lim\limits_{x\to\infty}\dfrac{1}{\sqrt{2\pi}}e^{-\frac{x^2}{2}}=0$,所以 $\varphi(x)$ 有水平渐

近线 $y=0$,由于 φ 在 $(-\infty,+\infty)$ 内连续,故无

铅垂渐近线.斜渐近线退化为水平渐近线 $y=0$.

(6) 描几个点:

已有峰点 $\left(0,\dfrac{1}{\sqrt{2\pi}}\right)\approx(0,0.4)$;拐点

$\left(-1,\dfrac{1}{\sqrt{2\pi e}}\right),\left(1,\dfrac{1}{\sqrt{2\pi e}}\right)$,其中 $\dfrac{1}{\sqrt{2\pi e}}\approx0.24$;再

描出 $(-2,0.05),(2,0.05)$.

(7) 描图:如图 4.10

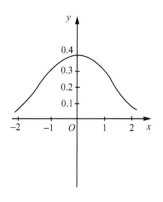

图 4.10

§4.6　一元微分学在经济上的应用

一元函数导数及微分的研究称为一元微分学,它在经济学上的应用主要
有边际分析与弹性分析等.

一、边际函数与经济问题最优解

由导数的定义我们已知可导函数 $f(x)$ 的导数 $f'(x_0)$ 表示 $f(x)$ 在点 x_0
处的变化率,也就是因变量 y 随自变量 x 变化的"瞬时"速度.

另一方面,由微分近似计算公式知

$$f(x_0+1)-f(x_0)\approx f'(x_0)\times1=f'(x_0)$$

即 $f'(x_0)$ 还近似等于在点 x_0 处 x 增加一个单位时 y 的增量,故 $f'(x_0)$ 也称
为 $f(x)$ 在点 x_0 处的边际函数值,因而 $f'(x)$ 称为 $f(x)$ 的边际函数.它表示
在 x 处自变量增加一个单位时,因变量的增量.

例 1　设生产某产品 x 个单位的总成本 $C(x)=1000+0.012x^2$(元),求
边际成本 $C'(x)$,并对 $C'(1000)$ 的经济意义进行解释.

解 边际成本 $C'(x) = 0.024x$

$$C'(1000) = 0.024 \times 1000 = 24$$

即当产量达到 1000 个单位时, 再增加一个单位产量则增加 24 元的成本.

例 2 设某产品的价格 P 与销售量 Q 的关系为 $P = 10 - \dfrac{Q}{5}$, 求总收益函数, 边际收益函数, 并对销售量为 30 时的边际收益进行解释.

解 总收益

$$R(Q) = Q \cdot P = 10Q - \frac{Q^2}{5}$$

边际收益

$$R'(Q) = 10 - \frac{2Q}{5}$$

$R'(30) = 10 - \dfrac{2}{5} \times 30 = -2$ 表示当销售量为 30 时, 再售出一个产品总收益反而减少 2 元.

下面利用边际概念讨论一类经济问题最优化原则——最大利润原则.

设总收益为 $R(Q)$, 总成本为 $C(Q)$, 其中 Q 为产量(或销量), 则总利润为

$$L(Q) = R(Q) - C(Q)$$

$$L'(Q) = R'(Q) - C'(Q)$$

$L(Q)$ 取得最大值的必要条件为 $L'(Q) = 0$, 即

$$R'(Q) = C'(Q)$$

即最优产量必是利润函数的驻点, 所以利润最大化的必要条件是: 边际收益等于边际成本.

$$L''(Q) < 0, \ \text{即} \ R''(Q) < C''(Q)$$

即边际收益的变化率小于边际成本的变化率.

例 3 设某产品价格函数为 $P = 60 - \dfrac{x}{1000} (x \geqslant 10^4)$, 其中 x 为销售量 (件), 又设生产这种产品 x 件的总成本为 $C(x) = 60000 + 20x$, 试求收益函数, 并求产量为多少时利润 L 最大, 验证最大利润原则.

解 收益函数为

$$R(x) = x \cdot P = 60x - \frac{x^2}{1000}(x \geqslant 10^4)$$

故利润

$$L = R(x) - C(x) = 40x - \frac{x^2}{1000} - 60000$$

令 $L'(x) = 40 - \frac{x}{500} = 0$　得 $x = 20000$(件)

$L''(x) = -\frac{1}{500} < 0$，故当产量 x 为 20000 件时利润最大，此时

$$R'(20000) = 60 - \frac{20000}{500} = 20$$

$$C'(20000) = 20$$

即 $R'(20000) = C'(20000)$.

又

$$R''(20000) = -\frac{1}{500}$$

$$C''(20000) = 0$$

即 $R''(20000) \leqslant C''(20000)$，符合利润最大原则.

二、弹性函数与灵敏度分析

函数的导数或变化率是将自变量与因变量的绝对改变量进行比较，以判断因变量随自变量变化的快慢程度. 在经济活动分析中往往需要对两个变量的相对改变量进行比较，以反映变化的本质及因变量对自变量反应的灵敏度.

例如，甲商品每单位原价 10 元，涨价 1 元，乙商品每单位原价 100 元，也涨价 1 元，它们的绝对改变量都是一元，似乎变化相同，但其本质是前者提价 10%，后者仅提价 1%，变化程度有显著差异.

再如，一般来说，价格与销售量是反向变化的，设某商品价格从 10 元涨至 12 元时，销量从 100 件降至 66 件. 简单地把二者的绝对变化进行比较不能深入地反映销量对于价格的依赖关系. 事实上，由价格上涨 20% 导致销量下降 34%，可以说明，当价格水平达到 10 元时，每涨价 1% 时，销量下降 1.7%：$\frac{34\%}{20\%} = 1.7$. 这样将二者的相对改变量进行比较后便反映出销量对于价格的反应灵敏度.

定义 4.5 设函数 $y = f(x)$ 在点 x_0 处可导,函数的相对改变量 $\dfrac{\Delta y}{y_0} = \dfrac{f(x_0 + \Delta x) - f(x_0)}{f(x_0)}$ 与自变量的相对改变量 $\dfrac{\Delta x}{x_0}$ 之比的极限

$$\lim_{x \to 0} \frac{\Delta y / y_0}{\Delta x / x_0} = \lim_{x \to 0} \frac{\Delta y}{\Delta x} \cdot \frac{x_0}{y_0} = f'(x_0) \frac{x_0}{f(x_0)}$$

称为函数 $y = f(x)$ 在点 x_0 处弹性,记作

$$\left. \frac{Ey}{Ex} \right|_{x = x_0} \qquad \text{或} \qquad \left. \frac{Ef(x)}{Ex} \right|_{x = x_0}$$

若 $f(x)$ 可导,则它在任意点处的弹性

$$\frac{Ef(x)}{Ex} = f'(x) \frac{x}{f(x)}$$

称为 $f(x)$ 的弹性函数.

弹性的本质是相对变化率,表现因变量对自变量的相对变化所作出的反应即灵敏度,例如,设 $\left. \dfrac{Ey}{Ex} \right|_{x = x_0} = a$,即

$$\lim_{\Delta x \to 0} \frac{\Delta y / y_0}{\Delta x / x_0} = \frac{\mathrm{d}y}{\mathrm{d}x} \cdot \frac{x_0}{y_0}$$

$$= \frac{\mathrm{d}y / y_0}{\mathrm{d}x / x_0} = a$$

若 $\Delta x / x_0 = 1\%$,即 $\mathrm{d}x / x_0 = 1\%$,则 $\mathrm{d}y / y_0 = a \times 1\%$,而 $\mathrm{d}y \approx \Delta y$,故 $\Delta y / y_0 \approx a\%$,这就是说当 x 在 x_0 处变化(上升或下降)1% 时,y 变化(上升或下降) $a\%$. 所以弹性是 $f(x)$ 对 x 变化反应的灵敏度.

例 1 设某种商品的需求量 Q 与价格 P 之间的函数关系为

$$Q = P(8 - 3P)$$

试求在 $P = \dfrac{14}{9}$、$\dfrac{16}{9}$、2(元)的价格水平时,需求量对价格的弹性(简称需求价格弹性).

解

$$\frac{EQ}{EP} = Q' \cdot \frac{P}{Q} = (8 - 6P) \cdot \frac{P}{P(8 - 3P)} = \frac{8 - 6P}{8 - 3P}$$

故 $\dfrac{EQ}{EP}\bigg|_{P=\frac{14}{9}} = \dfrac{8-6\times\dfrac{14}{9}}{8-3\times\dfrac{14}{9}} = -0.4$,表明在 $\dfrac{14}{9}$ 元的价格水平时,价格上涨 1% 则需求量下降 0.4%.

$\dfrac{EQ}{EP}\bigg|_{P=\frac{16}{9}} = -1$,表明在 $\dfrac{16}{9}$ 元的价格水平时,价格上涨 1%,则需求量下降 1%.

$\dfrac{EQ}{EP}\bigg|_{P=2} = -2$,表明在 2 元的价格水平时,价格上涨 1%,则需求量下降 2%.

一般来说,若 $y=f(x)$ 可导,则

(1) 当 $\left|\dfrac{Ey}{Ex}\right|>1$ 时称 y 对 x 是弹性的,即 y 的变化幅度超过 x 的变化幅度;

(2) 当 $\left|\dfrac{Ey}{Ex}\right|<1$ 时称 y 对 x 是低弹性的,即 y 的变化幅度低于 x 的变化幅度.

(3) 当 $\left|\dfrac{Ey}{Ex}\right|=1$ 时称 y 对 x 有单位弹性,即二者变化幅度一致.

例如例 1 中,当 $P=\dfrac{14}{9}$ 时需求对价格是低弹性的,当 $P=\dfrac{16}{9}$ 时有单位弹性,当 $P=2$ 时需求对价格是弹性的.

在经济学中,由于一般需求价格弹性 $\dfrac{EQ}{EP}<0$,故当 $\dfrac{EQ}{EP}<-1$ 时,称需求是弹性的,当 $-1<\dfrac{EQ}{EP}<0$ 时称需求是低弹性的,当 $\dfrac{EQ}{EP}=-1$ 时,称需求是有单位弹性的.

利用需求价格弹性分析有助于作出正确的定价决策.当需求是弹性时,总收益将因价格的下调而增加;当需求是低弹性时,总收益将因价格的上调而增加;当需求有单位弹性时,总收益取得最大值.

事实上,设某商品的需求函数为 $Q=f(P)$,则总收益函数为 $R=Q\cdot P = Pf(P)$,因为

$$\frac{\mathrm{d}R}{\mathrm{d}P} = f(P) + Pf'(P)$$

$$= f(P)\left[1 + f'(P)\frac{P}{f(P)}\right]$$

$$= f(P)\left[1 + \frac{EQ}{EP}\right]$$

又 $f(P) \geqslant 0$,所以

当 $\frac{EQ}{EP} > -1$ 时 $\frac{\mathrm{d}R}{\mathrm{d}P} > 0$,当需求是低弹性时,总收益随价格增加而增加,故此时可上调价格而使收益增加,但这类商品往往关系国计民生,须慎重定价.

当 $\frac{EQ}{EP} < -1$ 时 $\frac{\mathrm{d}R}{\mathrm{d}P} < 0$,即当需求是弹性的时候,总收益随价格增加而减少,故此时可下调价格而使收益增加.

当 $\frac{EQ}{EP} = -1$ 时 $\frac{\mathrm{d}R}{\mathrm{d}P} = 0$,即当需求有单位弹性时,价格水平是收益函数的驻点,故 R 取得最大值.

例2 (续例1)在例1中,当 $P = \frac{14}{9}$、$\frac{16}{9}$、2 元时,应如何调整价格? 调整价格后收益变化幅度有多大?

解 当 $P = \frac{14}{9}$ 时,因为 $\frac{EQ}{EP} = -0.4$,即需求是低弹性的,应该上调价格,此时

$$\frac{ER}{EP} = \frac{EPf(P)}{EP} = \left[Pf(P)\right]' \frac{P}{Pf(P)}$$

$$= 1 + f'(P)\frac{P}{f(P)}$$

$$= 1 + \frac{EQ}{EP} = 1 - 0.4 = 0.6$$

即价格上调1%后收益增加0.6%;

当 $P = \frac{14}{9}$ 时,$\frac{EQ}{EP} = -1$,此时收益最大,应该维持原价;

当 $P = 2$ 时,$\frac{EQ}{EP} = -2$,即需求是弹性的,此时应该下调价格,因为

$$\frac{ER}{EP} = 1 + \frac{EQ}{EP} = 1 - 2 = -1$$

故价格下调1%时,收益增加1%.

典型例题分析

例1 设 $f(x)$ 在 $[a,b]$ 上连续,在 (a,b) 内可微,且 $f(a) = f(b)$,则在

(a,b)内方程

$$f'(x) = 0$$

(A) 仅有一实根;   (B) 至少有一实根;

(C) 必有相异二实根;   (D) 不一定有实根.

解 根据罗尔定理的结论知,$f'(x)$在(a,b)内至少有一实根,故应选择(B).

例 2 验证函数 $f(x) = x^3$ 在$[0,2]$上满足拉格朗日中值定理的条件,并求出定理中的 ξ.

解 $f(x) = x^3$ 是定义在$(-\infty, +\infty)$上的初等函数,它在$(-\infty, +\infty)$上连续、可导,从而在$[0,2]$上连续,在$(0,2)$内可导,且 $f'(x) = 3x^2$,故 $f(x)$ 在$[0,2]$上满足拉格朗日中值定理的条件,由定理至少存在一点 $\xi \in (0,2)$使

$$f'(\xi) = \frac{f(2) - f(0)}{2 - 0}$$

即

$$3\xi^2 = \frac{8 - 0}{2 - 0} = 4$$

因此 $\xi = \pm \frac{2}{3}\sqrt{3}$,又 $-\frac{2}{3}\sqrt{3}$不在区间$(0,2)$内,故满足定理条件的 $\xi = \frac{2}{3}\sqrt{3}$.

例 3 证明不等式

$$| \sin x_1 - \sin x_2 | \leqslant | x_1 - x_2 |$$

证 注意到不等式的右边是两点 x_1、x_2 的差的绝对值,而左边则是函数 $y = \sin x$ 在这两点的函数值的差.对于这种类型的不等式,我们可利用拉格朗日中值定理来证明.

设 $f(x) = \sin x$,$f(x)$在$(-\infty, +\infty)$上连续、可导,故 $f(x)$在$[x_1, x_2]$上连续、可导,由拉格朗日定理,存在 $\xi \in (x_1, x_2)$,使

$$f(x_1) - f(x_2) = f'(\xi)(x_1 - x_2)$$

即

$$\sin x_1 - \sin x_2 = \cos\xi (x_1 - x_2)$$

所以 $| \sin x_1 - \sin x_2 | = | \cos\xi | | x_1 - x_2 | \leqslant | x_1 - x_2 |$

例 4 求下列极限:

(1) $\lim\limits_{x\to1}\dfrac{x^3+x^2-5x+3}{x^3-4x^2+5x-2}$;　　　(2) $\lim\limits_{x\to0}\dfrac{1-\cos^2x}{x(1-\mathrm{e}^x)}$

(3) $\lim\limits_{x\to0^+}\dfrac{\ln\sin mx}{\ln\sin nx}$;　　　(4) $\lim\limits_{x\to+\infty}\dfrac{\ln x}{x^n}(n>0)$

解　本题的(1)、(2)属于求"$\dfrac{0}{0}$"型的极限,(3)、(4)属于求"$\dfrac{\infty}{\infty}$"型的极限,对于此类不定式的极限,可利用洛必达法则来计算,若使用了洛必达法则后,极限仍为"$\dfrac{0}{0}$"型或"$\dfrac{\infty}{\infty}$"型,则继续使用洛必达法则,直到求出极限为止.

(1) $\lim\limits_{x\to1}\dfrac{x^3+x^2-5x+3}{x^3-4x^2+5x-2}$　　　　　$\left(\dfrac{0}{0}\ 型\right)$

$=\lim\limits_{x\to1}\dfrac{3x^2+2x-5}{3x^2-8x+5}$　　　　　　$\left(\dfrac{0}{0}\ 型\right)$

$=\lim\limits_{x\to1}\dfrac{6x+2}{6x-8}=\dfrac{6\cdot1+2}{6\cdot1-8}=\dfrac{8}{-2}=-4$

(2) $\lim\limits_{x\to0}\dfrac{1-\cos^2x}{x(1-\mathrm{e}^x)}$　　　　　　$\left(\dfrac{0}{0}\ 型\right)$

$=\lim\limits_{x\to0}\dfrac{0-2\cos x\cdot(-\sin x)}{1-\mathrm{e}^x+x(0-\mathrm{e}^x)}$

$=\lim\limits_{x\to0}\dfrac{\sin2x}{1-\mathrm{e}^x-x\mathrm{e}^x}$　　　　　$\left(\dfrac{0}{0}\ 型\right)$

$=\lim\limits_{x\to0}\dfrac{\cos2x\cdot2}{0-2\mathrm{e}^x-x\mathrm{e}^x}=\lim\limits_{x\to0}\dfrac{2\cos2x}{-2\mathrm{e}^x-x\mathrm{e}^x}$

$=\dfrac{2\cdot1}{-2-0}=-1$

(3) $\lim\limits_{x\to0^+}\dfrac{\ln\sin mx}{\ln\sin nx}$　　　　　　$\left(\dfrac{\infty}{\infty}\ 型\right)$

$=\lim\limits_{x\to0^+}\dfrac{\dfrac{1}{\sin mx}\cdot\cos mx\cdot m}{\dfrac{1}{\sin nx}\cdot\cos nx\cdot n}$

$=\lim\limits_{x\to0^+}\dfrac{\dfrac{mx}{\sin mx}\cdot\cos mx}{\dfrac{nx}{\sin nx}\cdot\cos nx}=\dfrac{\lim\limits_{x\to0^+}\dfrac{mx}{\sin mx}\cdot\lim\limits_{x\to0^+}\cos mx}{\lim\limits_{x\to0^+}\dfrac{nx}{\sin nx}\cdot\lim\limits_{x\to0^+}\cos nx}$

$$= \frac{1 \cdot 1}{1 \cdot 1} = 1$$

(4) $\lim\limits_{x \to +\infty} \dfrac{\ln x}{x^n} (n > 0)$ $\qquad\qquad \left(\dfrac{\infty}{\infty} \text{型}\right)$

$$= \lim\limits_{x \to +\infty} \frac{\dfrac{1}{x}}{n x^{n-1}} = \lim\limits_{x \to +\infty} \frac{1}{n x^n} = 0$$

例 5 求下列极限:

(1) $\lim\limits_{x \to 0^+} \sin x \cdot \ln x$;

(2) $\lim\limits_{x \to 0} \left(\dfrac{1}{x} - \dfrac{1}{e^x - 1}\right)$

(3) $\lim\limits_{x \to 0^+} x^x$;

(4) $\lim\limits_{x \to 0^+} \left(\dfrac{1}{x}\right)^{\tan x}$

(5) $\lim\limits_{x \to 0^+} (\cos x)^{\frac{1}{x^2}}$

解 本题中的(1)属"$0 \cdot \infty$"型,(2)为"$\infty - \infty$"型,(3)属"0^0"型,(4)为"∞^0"型,(5)为"1^∞"型. 对于此类不定式的极限,不能直接利用洛必达法则,但经过适当的变换,这类极限可转化为求"$\dfrac{0}{0}$"型,"$\dfrac{\infty}{\infty}$"型的极限,从而可以利用洛必达法则求出极限. 具体方法如下:

(1) 本题属于"$0 \cdot \infty$"型,若 $f(x) \cdot g(x)$ 为"$0 \cdot \infty$"型不定式,即 $f(x) \to 0$,$g(x) \to \infty$,对于此种类型,作如下的代数变形:

$$f(x) \cdot g(x) = \frac{f(x)}{\dfrac{1}{g(x)}} \text{ 或 } \frac{g(x)}{\dfrac{1}{f(x)}}$$

则化为"$\dfrac{0}{0}$"型或"$\dfrac{\infty}{\infty}$"型.

$$\lim\limits_{x \to 0^+} \sin x \cdot \ln x \qquad\qquad (0 \cdot \infty \text{ 型})$$

$$= \lim\limits_{x \to 0^+} \frac{\ln x}{\csc x} \qquad\qquad \left(\frac{\infty}{\infty} \text{ 型}\right)$$

$$= \lim\limits_{x \to 0^+} \frac{\dfrac{1}{x}}{-\csc x \cdot \cot x} = \lim\limits_{x \to 0} \frac{\text{tna} x \cdot \sin x}{x}$$

$$= -\lim\limits_{x \to 0^+} \tan x \cdot \lim\limits_{x \to 0} \frac{\sin x}{x} = 0$$

(2) 本题属于"$\infty - \infty$"型,若 $f(x) - g(x)$ 为"$\infty - \infty$"型不定式,通分得

$$f - g = \frac{\dfrac{1}{g} - \dfrac{1}{f}}{\dfrac{1}{f} \cdot \dfrac{1}{g}}$$

即化为"$\dfrac{0}{0}$"型不定式.

$$\lim_{x \to 0}\left(\frac{1}{x} - \frac{1}{\mathrm{e}^x - 1}\right) \qquad (\infty - \infty \text{ 型})$$

$$= \lim_{x \to 0} \frac{\mathrm{e}^x - 1 - x}{x(\mathrm{e}^x - 1)} \qquad \left(\frac{0}{0} \text{ 型}\right)$$

$$= \lim_{x \to 0} \frac{\mathrm{e}^x - 1}{\mathrm{e}^x - 1 + x\mathrm{e}^x} \qquad \left(\frac{0}{0} \text{ 型}\right)$$

$$= \lim_{x \to 0} \frac{\mathrm{e}^x}{\mathrm{e}^x + \mathrm{e}^x + x\mathrm{e}^x} = \frac{1}{2}$$

(3) 若 $f(x)^{g(x)}$ 为"0^0"或"1^∞"或"∞^0"型的未定式,设 $y = f(x)^{g(x)}$,取对数得 $\ln y = g \cdot \ln f$,化为"$0 \cdot \infty$"型未定式.假定

$$\lim \ln y = \lim(g \cdot \ln f) = k$$

则

$$\lim f^g = \lim y = \lim \mathrm{e}^{\ln y} = \mathrm{e}^k$$

本题属于"0^0"型.

$$\lim_{x \to 0^+} \ln y = \lim_{x \to 0^+} x \ln x \qquad (0 \cdot \infty \text{ 型})$$

$$= \lim_{x \to 0^+} \frac{\ln x}{\dfrac{1}{x}} \qquad \left(\frac{\infty}{\infty} \text{ 型}\right)$$

$$= \lim_{x \to 0^+} \frac{\dfrac{1}{x}}{-\dfrac{1}{x^2}} = -\lim_{x \to 0^+} x = 0$$

故 $\lim\limits_{x \to 0^+} x^x = \mathrm{e}^0 = 1$.

(4) $\lim\limits_{x \to 0^+} \dfrac{1}{x} = \infty$, $\lim\limits_{x \to 0^+} \tan x = 0$,故本题属于"$\infty^0$"型,设 $y = \left(\dfrac{1}{x}\right)^{\tan x}$,则

$$\ln\,y = \tan\!x \cdot \ln\frac{1}{x} = -\tan\!x \cdot \ln\!x\,,$$

$$\lim_{x\to 0^+}\ln\,y = -\lim_{x\to 0^+}\tan\!x \cdot \ln\!x \qquad\qquad (0 \cdot \infty\ \underline{型})$$

$$= -\lim_{x\to 0^+}\frac{\ln\,x}{\cot\,x}$$

$$= -\lim_{x\to 0^+}\frac{\dfrac{1}{x}}{-\csc^2 x} = \lim_{x\to 0^+}\frac{\sin\,x}{x} \cdot \sin\,x = 1 \cdot 0 = 0$$

故　$\displaystyle\lim_{x\to 0^+}\left(\frac{1}{x}\right)^{\tan\,x} = e^0 = 1.$

(5) $\displaystyle\lim_{x\to 0^+}\cos\!x = 1,\ \lim_{x\to 0^+}\frac{1}{x^2} = \infty$，故本题属于"$1^\infty$"型.

设 $y = (\cos\!x)^{\frac{1}{x^2}}$，则 $\ln\,y = \dfrac{1}{x^2}\ln\,\cos\!x = \dfrac{\ln\,\cos\,x}{x^2}.$

$$\lim_{x\to 0^+}\ln\,y = \lim_{x\to 0^+}\frac{\ln\,\cos\!x}{x^2} \qquad\qquad \left(\frac{0}{0}\ \underline{型}\right)$$

$$= \lim_{x\to 0^+}\frac{-\tan\,x}{2x} = -\frac{1}{2}\lim_{x\to 0^+}\frac{\tan\,x}{x} = -\frac{1}{2}$$

故　$\displaystyle\lim_{x\to 0^+}(\cos\,x)^{\frac{1}{x^2}} = e^{-\frac{1}{2}}$

例 6　求下列极限：

(1) $\displaystyle\lim_{x\to +\infty}x\ln\left(1 + \frac{1}{3x}\right)$；　(2) $\displaystyle\lim_{x\to +\infty}\frac{\sqrt{1 + x^2}}{x}$

解　对于前述五种未定式的极限,洛必达法则是一个极为简便有效的方法.但不是一遇到上述类型便采用洛必达法则,有的极限利用第二章中的方法要比利用洛必达法则简便,有的极限,利用洛必达法则可能求不出来.

(1) 解法一:利用洛必达法则

$$\lim_{x\to +\infty}x\ln\left(1 + \frac{1}{3x}\right) \qquad\qquad (0 \cdot \infty\ \underline{型})$$

$$= \lim_{x\to +\infty}\frac{\ln\left(1 + \dfrac{1}{3x}\right)}{\dfrac{1}{x}} \qquad\qquad \left(\frac{0}{0}\ \underline{型}\right)$$

$$= \lim_{x \to +\infty} \frac{\dfrac{1}{1 + \dfrac{1}{3x}} \cdot \left(-\dfrac{1}{3x^2} \right)}{-\dfrac{1}{x^2}}$$

$$= \frac{1}{3} \lim_{x \to +\infty} \frac{1}{1 + \dfrac{1}{3x}} = \frac{1}{3}$$

解法二:利用重要极限 $\lim\limits_{x \to +\infty} \left(1 + \dfrac{1}{x} \right)^x = e$

$$\lim_{x \to +\infty} x \ln \left(1 + \frac{1}{3x} \right) = \lim_{x \to +\infty} \ln \left(1 + \frac{1}{3x} \right)^x$$

$$= \lim_{x \to +\infty} \ln \left(1 + \frac{1}{3x} \right)^{3x \cdot \frac{1}{3}} = \ln e^{\frac{1}{3}} = \frac{1}{3}$$

显然,对于此题中的极限,利用重要极限更简便一些.

(2) $\qquad \lim\limits_{x \to +\infty} \dfrac{\sqrt{1 + x^2}}{x}$ $\hspace{4cm} \left(\dfrac{\infty}{\infty} \text{型} \right)$

$$= \lim_{x \to +\infty} \frac{\dfrac{1}{2\sqrt{1 + x^2}} \cdot 2x}{1} \hspace{3cm} \left(\frac{\infty}{\infty} \text{型} \right)$$

$$= \lim_{x \to +\infty} \frac{1}{\dfrac{1}{2\sqrt{1 + x^2}} \cdot 2x} = \lim_{x \to +\infty} \frac{\sqrt{1 + x^2}}{x}$$

运算出现循环,即洛必达法则对此极限失效.下面我们用第二章的方法求,即分子分母同除 x 的最高次幂,得

$$\lim_{x \to +\infty} \frac{\sqrt{1 + x^2}}{x} = \lim_{x \to +\infty} \frac{\sqrt{\dfrac{1}{x^2} + 1}}{1} = \frac{1}{1} = 1$$

此例说明洛必达法则并不是对所有的未定式的极限都是有效的、简便的.

例 7　求下列函数的单调区间:

(1) $y = x - e^x$;$\qquad\qquad$ (2) $y = 2x^2 - \ln x$.

解　利用导数 $f'(x)$ 的符号来判定函数单调性,比用定义判别要简便得多,具体步骤是:

① 确定 $y = f(x)$ 的定义域;

② 求 y',确定所有驻点及不可导点;

③ 根据驻点及不可导点,将定义域从左到右分成若干区间,确定 $f'(x)$ 在各区间的符号,若在区间内 $f'(x) > 0$,则 $f(x)$ 为增函数,若 $f'(x) < 0$,则 $f(x)$ 在该区间为减函数.

(1) $y = x - e^x$ 的定义域为 $(-\infty, +\infty)$

$y' = 1 - e^x$,解 $y' = 0$,得 $x = 0$

在 $(-\infty, 0)$ 上,$y' > 0$,$f(x)$ 为增函数;

在 $(0, +\infty)$ 上,$y' < 0$,$f(x)$ 为减函数.

(2) $y = 2x^2 - \ln x$ 的定义域为 $(0, +\infty)$

$y' = 4x - \dfrac{1}{x}$,解 $y' = 0$,得 $x = \dfrac{1}{2}$

在 $\left(0, \dfrac{1}{2}\right)$ 上,$y' < 0$,$f(x)$ 为减函数;

在 $\left(\dfrac{1}{2}, +\infty\right)$ 上,$y' > 0$,$f(x)$ 为增函数.

例 8 求下列函数的极值:

(1) $y = x^3 - 6x^2 + 9x - 3$

(2) $y = (x+1)^{\frac{2}{3}} (x-5)^2$

解 求函数 $f(x)$ 的极值的步骤如下:

① 确定 $f(x)$ 的定义域;

② 求 y',确定 $f(x)$ 的所有极值点的可能点:驻点与不可导点;

③ 对于驻点,可用两种判别法判定该点是否为极值点. 第一种方法是利用第一判别法,即利用 $f'(x)$ 在该点左、右近旁的符号来判定. 第二种方法是利用第二判别法判定,即利用该点处的二阶导数值的符号来判定. 对于不可导点则只能利用第一判别法. 判定为极值点后,求出该点的函数值即得极值.

(1) $y = x^3 - 6x^2 + 9x - 3$ 的定义域为 $(-\infty, +\infty)$,在 $(-\infty, +\infty)$ 内 $f(x)$ 可导,且 $y' = 3x^2 - 12x + 9$.

解 $y' = 0$,即 $3x^2 - 12x + 9 = 0$,得驻点 $x_1 = 1, x_2 = 3$.

下面用第二判别法判定:

$$y'' = 6x - 12, \qquad y''\big|_{x=1} = -6 < 0$$

所以 $x = 1$ 为极大值点,极大值为

$$y(1) = 1 - 6 + 9 - 3 = 1$$

又 $y''\big|_{x=3} = 6 > 0$,故 $x=3$ 为极小值点,极小值为

$$y(3) = 27 - 54 + 27 - 3 = -3.$$

(2) $y = (x+1)^{\frac{2}{3}}(x-5)^2$ 的定义域为 $(-\infty, +\infty)$,

$$y' = \frac{2}{3}(x+1)^{-\frac{1}{3}}(x-5)^2 + 2(x-5)(x+1)^{\frac{2}{3}}$$

$$= \frac{4(2x-1)(x-5)}{3(x+1)^{\frac{1}{3}}}$$

解 $y'=0$,得驻点为 $x=\frac{1}{2}, x=5$,不可导点 $x=-1$.

下面用第一判别法判定:

$\frac{1}{2}$、5、-1 将 $(-\infty, +\infty)$ 分为四个部分 $(-\infty, -1)$,$\left(-1, \frac{1}{2}\right)$,$\left(\frac{1}{2}, 5\right)$,$(5, +\infty)$.

在 $(-\infty, -1)$ 内,$y' < 0$,在 $\left(-1, \frac{1}{2}\right)$ 内,$y' > 0$,在 $\left(\frac{1}{2}, 5\right)$ 内,$y' < 0$,在 $(5, +\infty)$ 内,$y' > 0$,由第一判别法 $x=-1$ 为极小值点,极小值为 $y(-1)=0$;$x=\frac{1}{2}$ 为极大值点,极大值为 $y\left(\frac{1}{2}\right) = \frac{81}{8}\sqrt[3]{18}$;$x=5$ 为极小值点,极小值为 $y(5)=0$.

例 9 求下列函数在给定区间上的最大值与最小值:

(1) $f(x) = x^3 - 3x^2 - 9x + 5$, $x \in [-4, 4]$

(2) $f(x) = \sqrt{x}\ln x$, $x \in \left[\frac{1}{4}, 1\right]$

解 设 $y = f(x)$ 在 $[a, b]$ 上连续,根据闭区间上连续函数的性质,$f(x)$ 在 $[a, b]$ 上有最大值与最小值.求最值的步骤是:

① 求 y',求出一切可能的极值点:驻点与不可导点;

② 求出驻点、不可导点及区间两端点的函数值;

③ 对上述函数值进行比较,最大者为最大值,最小者为最小值.

(1) $y' = 3x^2 - 6x - 9$

故驻点为 $x=-1, x=3$,无不可导点

$$f(-1) = 10, f(3) = -22$$

又

$$f(-4) = -71, f(4) = -15$$

则 $f(x)$ 在 $[-4,4]$ 上的最大值为 10,最小值为 -71.

(2) $y' = \dfrac{1}{2\sqrt{x}} \ln x + \sqrt{x} \cdot \dfrac{1}{x} = \dfrac{\ln x + 2}{2\sqrt{x}}$

y' 在 $\left[\dfrac{1}{4}, 1\right]$ 上恒大于零,即 $f(x)$ 在 $\left[\dfrac{1}{4}, 1\right]$ 上单调增加,无极值. 故 $f(x)$ 在

$\left[\dfrac{1}{4}, 1\right]$ 上最小值为 $f\left(\dfrac{1}{4}\right) = \sqrt{\dfrac{1}{4}} \ln \dfrac{1}{4} = -\ln 2$,最大值为 $f(1) = \sqrt{1}\ln 1 = 0$.

例 10　判定下列函数的凹向与拐点:

(1) $y = \ln(1 + x^2)$;　　　　　(2) $y = xe^{-x}$

解　若 $f(x)$ 在 (a,b) 内二阶可导,且 $f''(x) > 0$,则曲线在 (a,b) 内上凹;若 $f''(x) < 0$,则曲线在 (a,b) 内下凹. 二阶导数不存在的点与二阶导数为零的点有可能是拐点,判定的方法是 $f''(x)$ 在该点左、右近旁是否变号. 若符号不变化,则不是拐点;若符号改变,就是拐点.

(1) $y = \ln(x^2 + 1)$ 的定义域是 $(-\infty, +\infty)$,

$$y' = \frac{2x}{x^2 + 1}$$

$$y'' = \frac{2(x^2 + 1) - 2x \cdot 2x}{(x^2 + 1)^2} = \frac{2(1 - x^2)}{(x^2 + 1)^2}$$

令 $y'' = 0$,得 $x = -1, x = 1$,它们将 $(-\infty, +\infty)$ 分为三个部分 $(-\infty, -1), (-1,1), (1, +\infty)$.

在 $(-\infty, -1)$ 内 $y'' < 0$,曲线下凹,在 $(-1,1)$ 内,$y'' > 0$,曲线上凹;在 $(1, +\infty)$ 内,$y'' < 0$,曲线下凹. 点 $(-1, \ln 2), (1, \ln 2)$ 为曲线的拐点.

(2) $y = xe^{-x}$ 的定义域为 $(-\infty, +\infty)$,

$$y' = e^{-x} - xe^{-x} = (1 - x)e^{-x}$$

$$y'' = -e^{-x} + (1 - x) \cdot (-e^{x}) = (x - 2)e^{-x}$$

解　$y'' = 0$ 得 $x = 2$,在 $(-\infty, 2)$ 上,$y'' < 0$,曲线下凹;在 $(2, +\infty)$ 上,$y'' > 0$,曲线上凹.

故点 $(2, 2e^{-2})$ 为拐点.

例 11　生产 Q 台电视机的成本是 $C = 5000 + 250Q - 0.01Q^2$,收入是 $R = 400Q - 0.02Q^2$,假定生产的所有电视机都能售出,问应该生产多少台才能获利最大?

解 设利润为 $L=L(Q)$ 则

$$L(Q) = R - C = -0.01Q^2 + 150Q - 5000$$

$$L'(Q) = -0.01 \cdot 2Q + 150, L''(Q) = -0.02$$

由 $L'(Q)=0$, 得 $Q=7500$, 又 $L''(7500)=-0.02<0$, 故当 $Q=7500$ (台)时, 获利最大.

例 12 某工厂生产某产品, 其固定成本为 200 元, 每多生产一单位产品, 成本增加 10 元, 该商品的需求函数为 $Q=500-2P$, 求产量 Q 为多少时利润最大, 并求最大利润.

解 由题意, $C=200+10Q$

$$P = \frac{500-Q}{2} = 250 - \frac{1}{2}Q$$

$$R(Q) = Q \cdot P = 250Q - \frac{1}{2}Q^2$$

$$L(Q) = R - C = -\frac{1}{2}Q^2 + 240Q - 200$$

$$L'(Q) = -Q + 240, L''(Q) = -1.$$

由 $L'(Q)=0$, 得 $Q=240$, 又 $L''(Q)=-1<0$, 即当产量 Q 为 240 单位时, 利润最大, 利润为

$$L(240) = -\frac{1}{2} \times 240^2 + 240 \times 240 - 200 = 28600(元)$$

例 13 某厂每年需要某种材料 3000 件, 这个厂对该种原料的消耗是均匀的(即库存量是批量的一半), 已知这种材料每件库存费用为 2 元, 每次订货费 30 元, 试求最经济的订货批量和全年订购次数.

解 这里的最经济批量, 是指在生产过程中的订货费用与库存费用最小的进货批量, 即求库存问题的最优解.

设每次订货批量为 x 件, 则库存量为 $\frac{x}{2}$, 库存费用为 $\frac{x}{2} \cdot 2 = x(元)$. 全年订购次数为 $\frac{3000}{x}$, 订购费用为 $\frac{3000}{x} \cdot 30 = \frac{90000}{x}$, 库存费与订购费用之和为

$$E(x) = x + \frac{90000}{x}.$$

$$E'(x) = 1 - \frac{90000}{x^2}, E''(x) = \frac{180000}{x^3}$$

由 $E'(x) = 0$,得 $x = 300$ 件($x = -300$ 不合题意舍去),又 $E''(300) = \dfrac{180000}{300^3} > 0$,故 $x = 300$ 为极小值点.即每批进货 300 件,可使库存费用与订购费用之和最小,也就是最经济的订货批量为 300 件,订购次数为 10 次.

例 14 已知某产品的总成本 C(单位:百元)是产量 Q(单位:百件)的函数:$C(Q) = 4Q^2 + 5Q + 36$,求使平均成本最低的产量及相应的总成本.

解 平均成本

$$\overline{C}(Q) = \frac{C(Q)}{Q} = \frac{4Q^2 + 5Q + 36}{Q} = 4Q + 5 + \frac{36}{Q}$$

$$\overline{C}'(Q) = 4 - \frac{36}{Q^2}, \quad \overline{C}''(Q) = \frac{72}{Q^3}$$

解 $\overline{C}'(Q) = 0$,得 $Q = 3$($Q = -3$ 不合题意舍去),又 $\overline{C}''(3) = \dfrac{72}{3^3} = \dfrac{8}{3} > 0$,故 $Q = 3$ 为 $\overline{C}(Q)$ 的最小值点,即当产量为 3(百件)时平均成本最低,此时的总成本为 $C(3) = 4 \cdot 3^3 + 5 \cdot 3 + 36 = 87$(百元).

例 15 生产某种产品的总成本 C(单位:元)是产量 Q(单位:件)的函数:$C = C(Q) = Q^2 + 8Q + 90$,若每件产品的销售价格为 500 元,试求利润函数,边际利润及销售量为 125 件,246 件及 250 件时的边际利润,说明其实际经济意义.

解 $R(Q) = 500Q$

故

$$L = L(Q) = R(Q) - C(Q) = -Q^2 + 492Q - 90$$

边际利润为

$$L'(Q) = -2Q + 492$$

因此

$$L'(125) = -2 \cdot 125 + 492 = 242$$

$$L'(246) = -2 \cdot 246 + 492 = 0$$

$$L'(250) = -2 \cdot 250 + 492 = -8$$

$L'(125) = 242$ 的意义是销售量在 125 件的基础上再多售出一件时,利润增加 242 元,$L'(246) = 0$ 表示销量在 246 件的基础上再多售出一件时,其利润不再增加,$L'(250) = -8$ 则表示在 250 件的基础上再多售出一件时,利润反而减少 8 元.

例 16　设某种商品的需求函数为 $Q = 500\mathrm{e}^{-\frac{P}{2}}$,试求需求弹性 $\dfrac{EQ}{EP}$,并求当 $P = 10$ 时的需求弹性,说明其经济意义.

解
$$\frac{EQ}{EP} = Q'(P) \cdot \frac{P}{Q(P)}$$

$$= 500 \cdot \mathrm{e}^{-\frac{P}{2}} \cdot \left(-\frac{1}{2}\right) \cdot \frac{P}{500\mathrm{e}^{-\frac{P}{2}}} = -\frac{1}{2}P$$

故 $\dfrac{EQ}{EP}\Big|_{P=10} = -5$,其经济意义是:在价格为 10 的基础上再提价 1%,则需求量将减少 5%.

小　结

1. 本章的主要内容是中值定理,包括罗尔定理、拉格朗日定理及柯西定理;洛必达法则;利用中值定理研究函数的性质,包括单调性、极值、凹向、渐近线等;一元微分学在经济问题中的应用.

2. 本章的重点是罗尔定理、拉格朗日定理、洛必达法则、函数性质的研究及经济问题的应用,难点是洛必达法则及经济应用问题.

3. 本章的基本方法有

(1) 利用洛必达法则计算未定式的极限

若未定式为 $\dfrac{0}{0}$ 型或 $\dfrac{\infty}{\infty}$ 型,则直接利用洛必达法则;若未定式为 $0 \cdot \infty$ 型,则将乘积转化为商,便可利用法则;若未定式为 $\infty - \infty$ 型,则通分后即可利用法则;若未定式为一幂指函数,属于 0^0 型,∞^0 型,1^0 型,两边取对数后再利用法则.详见例 4、例 5.

(2) 利用导数研究函数的性质

利用函数的一阶、二阶导数,可以研究函数的单调性、极值、最值、凹向及拐点,详见例 7、例 8、例 9、例 10.

(3) 导数在经济问题中的应用

导数在经济问题中的应用主要有二类:一是极值应用问题,即求一些经济问题的最优解,重点是最低平均成本,最大利润及库存最优批量问题.详见例 11、例 12、例 13、例 14;二是弹性及灵敏度分析,研究变量之间变化反应的灵敏度,见例 15、例 16.

习 题 四

练习题(一)

1. 验证罗尔定理对函数 $y = \ln \sin x$ 在区间 $\left[\dfrac{\pi}{6}, \dfrac{5\pi}{6} \right]$ 上的正确性,并求出定理中的 ξ 值.

2. 试用拉格朗日定理证明在 $[-1,1]$ 上

$$\arcsin x + \arccos x = \frac{\pi}{2}$$

3. 求下列极限:

(1) $\displaystyle\lim_{x \to 0} \frac{e^x - e^{-x}}{\sin x}$;

(2) $\displaystyle\lim_{x \to 0} \frac{\sin x - x \cos x}{x - \sin x}$

(3) $\displaystyle\lim_{x \to a} \frac{a^x - x^a}{x - a}$;

(4) $\displaystyle\lim_{x \to 0^+} \frac{\ln x}{\ln \sin x}$

(5) $\displaystyle\lim_{x \to 0^-} \frac{\sqrt{1 - \cos x}}{e^{\sin x} - 1}$;

(6) $\displaystyle\lim_{x \to \infty} x^3 e^{-0.1x}$

(7) $\displaystyle\lim_{x \to 1} \left(\frac{1}{\ln x} - \frac{x}{\ln x} \right)$;

(8) $\displaystyle\lim_{x \to 0} \left(\frac{1}{x \tan x} - \frac{1}{x^2} \right)$

(9) $\displaystyle\lim_{x \to 0} (e^x + x)^{\frac{1}{x}}$;

(10) $\displaystyle\lim_{x \to 0} \left(\frac{a^x + b^x}{2} \right)^{\frac{1}{x}}$ $(a > 0, b > 0)$

(11) $\displaystyle\lim_{x \to 0} (\cos x + x \sin x)^{1/x^2}$;

(12) $\displaystyle\lim_{x \to 0^-} \left(\frac{1}{x} \right)^{\tan x}$

(13) $\displaystyle\lim_{x \to 0} \frac{e^x + e^{-x}}{\sin x}$;

(14) $\displaystyle\lim_{x \to 0} \frac{\sin x - x \cos x}{x - \sin x + 1}$

4. 求下列函数的单调区间:

(1) $y = x + \cos x$;

(2) $y = \arctan x - x$

(3) $y = 2x^3 - 6x^2 - 18x - 7$;

(4) $y = x - e^x$

(5) $y = 2x + \dfrac{8}{x}$;

(6) $y = 2x^2 - \ln x$

5. 求下列函数的极值:

(1) $y = 2x^3 - 3x^2$;

(2) $y = 2x^3 - 6x^2 - 18x + 7$

(3) $y = x + \tan x$;

(4) $y = (x + 1)^{2/3} (x - 5)^2$

(5) $y = x^2 e^{-x}$;

(6) $y = 3 - (x - 2)^{2/3}$

(7) $y = (x - 1) x^{2/3}$;

(8) $y = \dfrac{x^3}{(x - 1)^2}$

(9) $y = 2x - \ln(4x)^2$;

(10) $y = 2e^x + e^{-x}$

6. 求下列函数在给定区间上的最大最小值.

(1) $y = 2x^3 - 3x^2$, $[-1, 4]$;

(2) $y = x^4 - 2x^2 + 5$, $[-2, 2]$

(3) $y = \dfrac{x - 1}{x + 1}$, $[0, 4]$;

(4) $y = \sin 2x - x$, $\left[-\dfrac{\pi}{2}, \dfrac{\pi}{2} \right]$

7. 判定下列曲线的凹向及拐点：

(1) $y = x^3 - 5x^2 + 3x + 5$;　　　　(2) $y = e^{-x^2}$;

(3) $y = 1 - x^2$;　　　　　　　　　(4) $y = \ln(1 + x^2)$

(5) $y = e^{\arctan x}$;　　　　　　　　(6) $y = xe^{-x}$

8. 求下列曲线的渐近线：

(1) $y = \dfrac{e^x}{1 + x}$;　　　　　　　(2) $y = x + e^{-x}$

(3) $y = xe^{1/x^2}$;　　　　　　　　(4) $y = \dfrac{x^3}{(x-1)^2}$

9. 作下列函数的图形：

(1) $y = \dfrac{x}{1 + x^2}$;　　　　　　　(2) $y = 1 + \dfrac{3x}{(1-x)^2}$

(3) $y = x - \ln(x+1)$;　　　　　　(4) $y = \dfrac{x^3}{(x-1)^2}$

10. 要制造一个容积为 300m^3 的无盖圆柱体蓄水池,已知池底单位面积造价为池壁单位面积造价的两倍,问蓄水池应怎样设计,才能使总造价最低?

11. 某厂每批生产某种产品 x 个单位的固定成本为 200 元,每生产一个单位产品时,成本增加 5 元,其收益为 $R(x) = 10x - 0.01x^2$(元),问每批生产多少单位时,才能使利润最大?

12. 某厂生产某种商品,其年销售量为 100 万件,每批生产需增加准备费 1000 元,而每件的库存费为 0.05 元,若年销售是均匀的(即商品的库存数为批量的一半),问应分几批生产,才能使生产准备费与库存费之和最小?

13. 某厂每年需要某种材料 3000 件,这个厂对该种材料的消耗是均匀的(库存是批量的一半).已知这种材料每件库存费用为 2 元,每次订货费 30 元,试求最经济的订货批量和全年订购次数.

14. 某工厂生产某产品,其固定成本为 200 元,每多生产一单位产品,成本增加 10 元,该商品的需求函数为 $Q = 500 - 2P$,求产量 Q 为多少时利润最大,并求最大利润.

15. 设某种商品的需求函数为

$$Q = f(P) = 1600 \left(\frac{1}{4} \right)^P$$

求需求量 Q 对于价格的弹性及收益对价格的弹性.

16. 设某商品的需求函数为

$$Q = f(P) = 80 - P^2$$

(1) 设 $P = 4$ 时的边际需求,并解释其经济意义.

(2) 求 $P = 4$ 时的需求弹性,并解释其经济意义.

(3) 求 $P = 4$ 时的收益价格弹性,并解释其经济意义.

(4) 求 $P = 6$ 时的收益价格弹性,并讨论调价措施.

(5) P 为多少时,收益最大.

练习题(二)

1. 单项选择题

(1) 如果 $x_0 \in (a,b)$, $f'(x_0) = 0$, $f''(x_0) < 0$, 则 x_0 一定是(   ).

(A) 极大值点; (B) 极小值点;

(C) 最大值点; (D) 最小值点.

(2) 若函数 $f(x)$ 在 $[a,b]$ 内恒有 $f'(x) > 0$, $f''(x) < 0$, 则曲线在 $[a,b]$ 内(   ).

(A) 单增且上凹; (B) 单减且上凹;

(C) 单增且下凹; (D) 单减且下凹.

(3) 函数 $f(x)$ 在点 x_0 处取得极大值, 则必有(   ).

(A) $f'(x_0) = 0$; (B) $f''(x_0) < 0$

(C) $f'(x_0) = 0$ 且 $f''(x_0) < 0$; (D) $f'(x_0) = 0$ 或不存在.

(4) 下列函数中, 在区间 $[-1,1]$ 上满足罗尔定理的条件的是(   ).

(A) $y = \dfrac{1}{x}$; (B) $y = |x|$

(C) $y = 1 - x^2$; (D) $y = x - 1$

(5) 设生产 Q 个单位产品的成本函数为 $C(Q) = 9 + \dfrac{Q^2}{12}$, 则生产 6 个单位产品时的边际成本是(   ).

(A) 1; (B) 2; (C) 12; (D) 6.

2. 填空题

(1) 设函数 $f(x) = x\sqrt{3-x}$ 在 $[0,3]$ 上满足罗尔定理的条件, 则由罗尔定理确定的 ξ = _____.

(2) 曲线 $y = \ln(1+x)$ 的铅垂渐近线是_____.

(3) 当 $x = 3$ 时, 函数 $y = x^2 + 2Px$ 有极值, 则 P = _____.

(4) 若函数 $f(x)$ 在区间 $[a,b]$ 内恒有 $f'(x) < 0$, 则 $f(x)$ 在 $[a,b]$ 最大值为 _____.

(5) 曲线 $y = x^3 - 3x$ 的拐点是_____.

(6) 设 $y = x\mathrm{e}^x$, 则 $\dfrac{Ey}{Ex}$ = _____.

3. 求下列极限:

(1) $\lim\limits_{x \to 0} \dfrac{x(\mathrm{e}^x + 1) - 2(\mathrm{e}^x - 1)}{x^3}$; (2) $\lim\limits_{x \to 0} \dfrac{x - x\cos x}{x - \sin x}$

(3) $\lim\limits_{x \to +\infty} \dfrac{\ln x}{x}$; (4) $\lim\limits_{x \to 0^+} \dfrac{\ln x}{\ln \sin x}$

(5) $\lim\limits_{x \to +\infty} x^3 \cdot \mathrm{e}^{-0.1x}$; (6) $\lim\limits_{x \to +\infty} x(\mathrm{e}^{\frac{1}{x}} - 1)$

(7) $\lim\limits_{x \to 1}\left(\dfrac{1}{x-1} - \dfrac{1}{\ln x}\right)$; (8) $\lim\limits_{x \to 1} x^{\frac{1}{1-x}}$

(9) $\lim\limits_{x\to 0^+} x^{\sin x}$;   (10) $\lim\limits_{x\to 0^+}\left(\dfrac{1}{x}\right)^{\sin x}$

4. 求函数 $y=3x^2+6x+5$ 的单调区间和极值.

5. 求函数 $y=x^4-2x^2+5$ 在 $[-2,2]$ 上的最大值和最小值.

6. 判定函数 $y=x^3-5x^2+3x+5$ 的凹向与拐点.

7. 某工厂生产 Q 件产品的成本函数为 $C(Q)=1000+40Q+0.001Q^2$.问生产多少件产品可使平均成本最小.

8. 某厂生产某种型号的机床 Q 台时,总成本为 $C(Q)=50+6Q+0.001Q^2$(万元),出售单价为 $P(Q)=9-0.002Q$(万元/台).假若产品能够全部售出,问生产多少台机床时,利润最大?并求此时的单价与利润.

9. 某工厂每年需要某种零件 8000 个,该厂对该零件的消耗是均匀的(库存是批量的一半),零件分批购买,已知每个零件的年保管费为 4 元,每次订货费为 40 元,试求最经济的订货批量和年进货次数.

10. 某商品的需求量 Q 与价格 P 的函数关系为 $Q(P)=2000\mathrm{e}^{-0.02P}$,试求:(1)需求弹性 $\dfrac{EQ}{EP}$,(2)当 $P=100$ 时的弹性,并说明其经济意义.

答　　案

练习题(一)

1. $\dfrac{\pi}{2}$

2. 略

3. (1) 2; (2) 2; (3) $a^a(\ln a-1)$; (4) 1; (5) $-\dfrac{\sqrt{2}}{2}$;

(6) 0; (7) -1; (8) $-\dfrac{1}{3}$; (9) e^2; (10) $\sqrt{ab}$;

(11) $\mathrm{e}^{\frac{1}{2}}$; (12) 1; (13) ∞; (14) 0.

4. (1) 单调增加,$(-\infty,+\infty)$;

(2) 单调减少,$(-\infty,+\infty)$;

(3) 在 $(-\infty,-1)\cup(3,+\infty)$ 内单调增加,在 $(-1,3)$ 内单调减少;

(4) 在 $(-\infty,0)$ 内单调增加,在 $(0,+\infty)$ 内单调减少;

(5) 在 $(-\infty,-2)\cup(2,+\infty)$ 内单调增加.在 $(-2,0)\cup(0,2)$ 内单调减少;

(6) 在 $\left(0,\dfrac{1}{2}\right)$ 内单调减少,在 $\left(\dfrac{1}{2},+\infty\right)$ 内单调增加.

5. (1) 极大值 $f(0)=0$,极小值 $f(1)=-1$;

(2) 极大值 $f(-1)=17$,极小值 $f(3)=-47$;

(3) 无极值;

(4) 极小值 $f(-1)=f(5)=0$,极大值 $f\left(\dfrac{1}{2}\right)=\dfrac{81}{8}\sqrt[3]{18}$;

(5) 极小值 $f(0)=0$,极大值 $f(2)=4e^{-2}$;

(6) 极大值 $f(2)=3$;

(7) 极大值 $f(0)=0$,极小值 $f\left(\dfrac{2}{5}\right)=-\dfrac{3}{5}\sqrt[3]{\dfrac{4}{25}}$;

(8) 极小值 $f(3)=\dfrac{27}{4}$;

(9) 极小值 $f(1)=2-4\ln2$;

(10) 极小值 $f\left(-\dfrac{1}{2}\ln2\right)=2\sqrt{2}$.

6. (1) 最大值 $f(4)=80$,最小值 $f(-1)=-5$;

(2) 最大值 $f(\pm2)=13$,最小值 $f(\pm1)=4$;

(3) 最大值 $f(4)=\dfrac{3}{5}$,最小值 $f(0)=-1$;

(4) 最大值 $f\left(-\dfrac{\pi}{2}\right)=\dfrac{\pi}{2}$,最小值 $f\left(\dfrac{\pi}{2}\right)=\dfrac{-\pi}{2}$.

7. (1) 在 $\left(-\infty,\dfrac{5}{3}\right)$ 内下凹,在 $\left(\dfrac{5}{3},+\infty\right)$ 内上凹,拐点是 $\left(\dfrac{5}{3},\dfrac{20}{27}\right)$;

(2) 在 $\left(-\dfrac{\sqrt{2}}{2},\dfrac{\sqrt{2}}{2}\right)$ 内下凹,$\left(-\infty,-\dfrac{\sqrt{2}}{2}\right)\cup\left(\dfrac{\sqrt{2}}{2},+\infty\right)$ 内上凹,拐点是 $\left(\pm\dfrac{\sqrt{2}}{2},e^{-\frac{1}{2}}\right)$;

(3) 处处下凹;

(4) 在 $(-\infty,-1)\cup(1,+\infty)$ 内下凹,在 $(-1,1)$ 内上凹,拐点为 $(-1,\ln2),(1,\ln2)$;

(5) 在 $\left(-\infty,\dfrac{1}{2}\right)$ 内上凹,在 $\left(\dfrac{1}{2},+\infty\right)$ 内下凹,拐点 $\left(\dfrac{1}{2},e^{\arctan\frac{1}{2}}\right)$;

(6) 在 $(-\infty,2)$ 内下凹,在 $(2,+\infty)$ 内上凹,拐点为 $(2,2e^{-2})$.

8. (1) 垂直渐近线 $x=-1$,水平渐近线 $y=0$;

(2) 斜渐近线 $y=x$;

(3) 垂直渐近线 $x=0$,斜渐近线 $y=x$;

(4) 垂直渐近线 $x=1$,斜渐近线 $y=x+2$.

9. 略

10. 底面半径为 $\sqrt[3]{\dfrac{150}{\pi}}$,高为底面直径.

11. 250 单位

12. 5 批

13. 300 件,10 次

14. 240 个,28600 元

15. $-P\ln4$,$1-P\ln4$

16. (1) $Q'(4)=-8$; (2) $\left.\dfrac{EQ}{EP}\right|_{P=4}=-0.5$

(3) $\left.\dfrac{ER}{EP}\right|_{P=4}\approx0.5$; (4) $\left.\dfrac{ER}{EP}\right|_{P=6}\approx-0.636$ 应下调价格至 5.16

(5) 5.16

练习题(二)

1. (1) A；(2) C；(3) D；(4) C；(5) A

2. (1)2；(2) $x = -1$；(3) -3；(4) $f(a)$；(5) $(0,0)$；(6) $1+x$

3. (1) $\dfrac{1}{6}$；(2) 3；(3) 0；(4) 1；(5) 0；

(6) 1；(7) $-\dfrac{1}{2}$；(8) e^{-1}；(9) 1；(10) 1

4. $f(x)$ 在 $(-\infty, -1)$ 内单减,在 $(-1, +\infty)$ 内单增,有极小值 $f(-1) = 2$.

5. 最大值 $f(\pm 2) = 13$,最小值 $f(\pm 1) = 4$.

6. 在 $\left(-\infty, \dfrac{5}{3}\right)$ 内下凹,在 $\left(\dfrac{5}{3}, +\infty\right)$ 内上凹,拐点 $\left(\dfrac{5}{3}, \dfrac{20}{27}\right)$.

7. 1000 件

8. 500 台,8 万元/台,700 万元

9. 400 件,20 次

10. (1) $\dfrac{EQ}{EP} = -0.02P$,(2) $\left.\dfrac{EQ}{EP}\right|_{P=100} = -2$

其意义是当价格在 100 的基础上再提高或降低 1%时,需求量将下降(或上升)2%.

第五章　不定积分

在前面两章中,我们学习了导数、微分及其应用.并知道给定一个函数,如何求它的导数(或微分).但是,在科学、技术和经济的许多问题中,常常需要解决相反的问题,就是要由一个函数的已知导数(或微分),求出这个函数.这就是不定积分问题.本章将介绍不定积分的概念、性质与基本积分法.

§5.1　不定积分的概念与简单性质

先看两个例题:

例 1　如果已知物体的运动方程为 $s = f(t)$,则此物体的速度是距离 s 对时间 t 的导(函)数.反过来,如果已知物体运动的速度 v 是时间 t 的函数 $v = v(t)$,求物体的运动方程 $s = f(t)$,使它的导数 $f'(t)$ 等于已知函数 $v(t)$.这就是一个与微分学中求导数相反的问题.

例 2　如果已知某产品的产量 p 是时间 t 的函数 $p = p(t)$,则该产量的变化率是产量对时间 t 的导数 $p' = p'(t)$.反过来,如果已知某产量的变化率是时间 t 的函数 $p'(t)$,求该产品的产量函数 $p(t)$,也是一个与微分学中求导数相反的问题.

类似的问题还可以提出很多,从数学角度看,这类问题都是已知一个函数的导数或微分,要求原来的函数,这正是微分法的反问题.为了讨论这类问题,我们先给出原函数的概念.

定义 5.1　设 $f(x)$ 是定义在某区间上的已知函数,如果存在一个函数 $F(x)$,对于该区间上的任一点,都有 $F'(x) = f(x)$ 或 $\mathrm{d}F(x) = f(x)\mathrm{d}x$,则称 $F(x)$ 为 $f(x)$ 在该区间上的一个原函数.

例 3　$F(x) = x^3$ 是 $f(x) = 3x^2$ 的一个原函数,这是因为 $(x^3)' = 3x^2$.同理,$x^3 - 1, x^3 - \sqrt{2}$ 都是 $3x^2$ 的原函数.

例 4　$F(x) = \sin x$ 是 $f(x) = \cos x$ 的一个原函数,这是因为 $(\sin x)' = \cos x$.同理,$\sin x + 1, \sin x + \dfrac{1}{2}$ 也都是 $\cos x$ 的原函数.

从上面两个例子可以看到,已知函数的原函数不止一个.那么,原函数有多少? 如何表示一个函数的全部原函数呢?

一般地说,如果 $F(x)$ 是 $f(x)$ 的一个原函数,那么 $F(x)+c$(c 为任意常数)也是 $f(x)$ 的原函数,这是因为

$$(F(x)+c)' = F'(x) = f(x)$$

于是,如果 $f(x)$ 有原函数,那么它就有无穷多个原函数.现在我们自然要问 $F(x)+c$ 是不是 $f(x)$ 的所有的原函数呢? 回答是肯定的,事实上,假如 $G(x)$ 是 $f(x)$ 的另外一个原函数,那么

$$G'(x) = F'(x) = f(x)$$

因此

$$(G(x)-F(x))' = G'(x) - F'(x) = 0$$

由拉格朗日中值定理的推论可知

$$G(x) - F(x) = c$$

即

$$G(x) = F(x)+c \quad (c \text{ 为任意常数})$$

这表明,如果 $F(x)$、$G(x)$ 都是 $f(x)$ 的原函数,则它们相差一个常数.因此,如果 $F(x)$ 是 $f(x)$ 的一个原函数,则 $f(x)$ 的全部原函数可以表示为

$$F(x)+c \quad (c \text{ 为任意常数})$$

定义 5.2 函数 $f(x)$ 的原函数全体称为 $f(x)$ 的不定积分.记作

$$\int f(x)\mathrm{d}x$$

如果 $F(x)$ 是 $f(x)$ 的一个原函数,则由定义有

$$\int f(x)\mathrm{d}x = F(x)+c$$

其中 $\int$ 称为积分号,x 称为积分变量,$f(x)$ 称为被积函数,$f(x)\mathrm{d}x$ 称为被积表达式,c 称为积分常数.

由此可见,求已知函数 $f(x)$ 的不定积分,只需求出它的一个原函数 $F(x)$,然后再加上任意常数 c 就行了.

例 5 求 $\int x^5\mathrm{d}x$

解 因为

$$\left(\frac{1}{6}x^6\right)' = x^5$$

即 $\frac{1}{6}x^6$ 是 x^5 的一个原函数,所以

$$\int x^5 \mathrm{d}x = \frac{1}{6}x^6 + c$$

例 6 求 $\int \frac{1}{x}\mathrm{d}x$

解 当 $x > 0$ 时,$(\ln x)' = \frac{1}{x}$

又当 $x < 0$,即 $-x > 0$ 时,

$$[\ln(-x)]' = \frac{1}{-x} \cdot (-1) = \frac{1}{x}$$

故 $\ln x$ 为 $\frac{1}{x}$ 在 $(0, +\infty)$ 上的一个原函数,$\ln(-x)$ 为 $\frac{1}{x}$ 在 $(-\infty, 0)$ 上的一个原函数,故当 $x \neq 0$ 时,$\ln|x|$ 为 $\frac{1}{x}$ 的一个原函数.因此

$$\int \frac{1}{x}\mathrm{d}x = \ln|x| + c$$

例 7 求 $\int \frac{1}{1+x^2}\mathrm{d}x$

解 因为

$$(\arctan x)' = \frac{1}{1+x^2}$$

即 $\arctan x$ 是 $\frac{1}{1+x^2}$ 的一个原函数,所以

$$\int \frac{1}{1+x^2}\mathrm{d}x = \arctan x + c$$

由不定积分的定义,可以得以下关系式:

$$(1) \left[\int f(x)\mathrm{d}x\right]' = f(x) \tag{5.1}$$

或

$$\mathrm{d}\int f(x)\mathrm{d}x = f(x)\mathrm{d}x \tag{5.1$'$}$$

$$(2) \int F'(x)\mathrm{d}x = F(x) + c \tag{5.2}$$

$$\int \mathrm{d}F(x) = F(x) + c \tag{5.2$'$}$$

　　式(5.1)表明对某区间内的一个函数先进行不定积分运算,而后进行求导运算,则还原为原来的函数;而式(5.2)表明对某区间内的一个函数先进行求导运算,然后进行不定积分运算,则成为原来的函数加上一个常数 c. 因此式(5.1)、(5.2)表明求不定积分与求导(或微分)是互逆运算.

　　还要指出,由于不定积分的结果含有任意常数 c, 所以不定积分表示原函数全体,有无穷多个,每给定一个 c 都有一个确定的函数,从几何的角度看,相应地就有一条确定的曲线,称为 $f(x)$ 的积分曲线. 因为 c 可以取任意值,因此 $f(x)$ 的不定积分表示 $f(x)$ 的一簇积分曲线. 我们以不定积分

$$\int 3x^2 \mathrm{d}x = x^3 + c$$

为例,来说明一下它的几何意义.

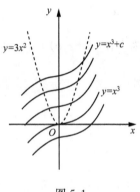

图 5.1

　　以不同的 c 值,作出 $y = x^3 + c$ 的图形,例如,取 $c = 0$ 则 $y = x^3$ 是通过原点的一条曲线;取 $c = 1$, 则 $y = x^3 + 1$ 是通过 $(0,1)$ 点的一条曲线……,这样可以画出无穷多条曲线,这样就构成一曲线簇(图 5.1),其中任一曲线向上(或下)平行移动就得到,并且这簇曲线就是 $f(x) = 3x^2$ 的积分曲线簇,其中每条曲线均是 $f(x) = 3x^2$ 的积分曲线.

　　由不定积分的定义,不难得到不定积分的两个简单性质:

　　(1) $\int af(x)\,\mathrm{d}x = a\int f(x)\mathrm{d}x$ (a 是常数),即常数因子可提到积分号外.

　　(2) $\int [f(x) \pm g(x)]\mathrm{d}x = \int f(x)\mathrm{d}x \pm \int g(x)\mathrm{d}x$

　　即两个函数的代数和的不定积分等于两个函数不定积分的代数和,这个性质可以推广到任意有限多个函数的代数和的情况.

　　由于求不定积分运算是求导数或微分运算的逆运算,因此利用导数的基本公式与不定积分的定义,可得下面的基本积分公式:

　　1. $\int 0\mathrm{d}x = c$

　　2. $\int x^a \mathrm{d}x = \dfrac{1}{a+1}x^{a+1} + c$ 　　　$(a \neq -1)$

　　3. $\int \dfrac{\mathrm{d}x}{x} = \ln|x| + c$

4. $\int e^x dx = e^x + c$

5. $\int a^x dx = \dfrac{a^x}{\ln a} + c$ $\qquad (a > 0, a \neq 1)$

6. $\int \cos x\, dx = \sin x + c$

7. $\int \sin x\, dx = -\cos x + c$

8. $\int \sec^2 x\, dx = \tan x + c$

9. $\int \csc^2 x\, dx = -\cot x + c$

10. $\int \dfrac{dx}{1 + x^2} = \arctan x + c$

11. $\int \dfrac{dx}{\sqrt{1 - x^2}} = \arcsin x + c$

12. $\int \sec x \cdot \tan x\, dx = \sec x + c$

13. $\int \csc x \cdot \cot x\, dx = -\csc x + c$

上面的基本积分公式,以后要反复运用,必须熟记.只用到上面不定积分的简单性质及基本积分公式求积分的方法,称为直接积分法.

例 8 求 $\int (4x^3 - 6x^2 + 1)dx$

解
$$原式 = \int 4x^3 dx - \int 6x^2 dx + \int dx$$
$$= (x^4 + c_1) - (2x^3 + c_2) + (x + c_3)$$
$$= x^4 - 2x^3 + x + c$$

注意 这里三个积分常数都是任意的,故可合并写成一个积分常数.所以对一个不定积分,当算式中积分号全部消失时,只要在所得式子后写上一个积分常数即可,以后遇到这种情况不再说明.

例 9 求 $\int (e^x - 3\sin x + 2\sqrt{x})dx$

解
$$原式 = \int e^x dx - 3\int \sin x\, dx + 2\int \sqrt{x}\, dx$$
$$= e^x + 3\cos x + \frac{4}{3}x^{\frac{3}{2}} + c$$

例 10 求 $\int \dfrac{1 + x + x^2}{x(1 + x^2)}dx$

解
$$原式 = \int \frac{x + (1 + x^2)}{x(1 + x^2)} \mathrm{d}x$$
$$= \int \left(\frac{1}{1 + x^2} + \frac{1}{x} \right) \mathrm{d}x$$
$$= \arctan x + \ln |x| + c$$

例 11 求 $\int \sin^2 \frac{x}{2} \mathrm{d}x$

解
$$原式 = \int \frac{1 - \cos x}{2} \mathrm{d}x$$
$$= \frac{1}{2} \int \mathrm{d}x - \frac{1}{2} \int \cos x \mathrm{d}x$$
$$= \frac{1}{2} x - \frac{1}{2} \sin x + c$$

例 12 求 $\int (3^x + x^3) \mathrm{d}x$

解
$$原式 = \int 3^x \mathrm{d}x + \int x^3 \mathrm{d}x$$
$$= \frac{3^x}{\ln 3} + \frac{x^4}{4} + c$$

例 13 求 $\int \tan^2 x \mathrm{d}x$

解
$$原式 = \int (\sec^2 x - 1) \mathrm{d}x$$
$$= \int \sec^2 x \mathrm{d}x - \int \mathrm{d}x$$
$$= \tan x - x + c$$

例 14 某厂生产某种产品,每日生产的产品的总成本 y 的变化率(即边际成本)是日产量 x 的函数 $y' = 5x + 4x^2$,已知固定成本为 500 元,求总成本与日产量的函数关系.

解 依题意知总成本的变化率为
$$y' = 5x + 4x^2$$

故
$$y = \int (5x + 4x^2) \mathrm{d}x = \frac{5}{2} x^2 + \frac{4}{3} x^3 + c$$

已知固定成本 500 元,即 $x = 0$ 时,$y = 500$,因此 $c = 500$ 从而

$$y = \frac{5}{2} x^2 + \frac{4}{3} x^3 + 500$$

所以,总成本 y 与日产量 x 的函数关系为

$$y = \frac{5}{2}x^2 + \frac{4}{3}x^3 + 500$$

例 15 某产品在时刻 t(单位:小时)的总产量的变化率为 $p'(t) = 100 + 24\sqrt{t}$,求此产品的产量与 t 的函数关系 $p(t)$.已知 $t = 0$ 时,$p(0) = 0$.

解 由题意知

$$p'(t) = 100 + 24\sqrt{t}$$

故

$$p(t) = \int p'(t)\mathrm{d}x = \int (100 + 24\sqrt{t})\mathrm{d}t$$

$$= 100t + 16\sqrt{t^3} + c$$

将 $t = 0$,$p(0) = 0$ 代入上式得 $c = 0$,从而

$$p(t) = 100t + 16\sqrt{t^3}$$

所以产量 p 与时间 t 的函数关系为

$$p(t) = 100t + 16\sqrt{t^3}$$

§5.2 换元积分法

利用积分的运算性质及基本积分公式,即直接积分法,可以求一些简单函数的不定积分.对于某些较复杂的函数,只要稍作变形,还是可以用直接积分法求出其不定积分.这节介绍一种最常用最基本的积分方法——换元积分法.

按其应用的、侧重不同又可分为第一换元法与第二换元法.

一、第一换元法(又称凑微分法)

先看两个例子

例 1 求 $\int \sin 2x \mathrm{d}x$

解 易见这个积分在基本积分公式表中是找不到的.

由于

$$\sin 2x \mathrm{d}x = \frac{1}{2}\sin 2x \mathrm{d}(2x)$$

所以

$$\int \sin 2x \mathrm{d}x = \int \frac{1}{2}\sin 2x \mathrm{d}(2x) = \frac{1}{2}\int \sin 2x \mathrm{d}(2x)$$

令 $u = 2x$,则上面积分就变为

$$\frac{1}{2}\int \sin 2x \mathrm{d}(2x) = \frac{1}{2}\int \sin u \mathrm{d}u$$

这在基本积分表中可以找到,然后再代回原来的变量 x,就得积分

$$\int \sin 2x \mathrm{d}x = \frac{1}{2}\int \sin u \mathrm{d}u$$

$$= -\frac{1}{2}\cos u + c = -\frac{1}{2}\cos 2x + c$$

例 2   求 $\int x\sqrt{x^2 - 3}\,\mathrm{d}x$

解   按基本积分公式表第二个公式,可凑成

$$\int x\sqrt{x^2 - 3}\,\mathrm{d}x = \frac{1}{2}\int \sqrt{x^2 - 3}\,\mathrm{d}(x^2 - 3)$$

再令 $x^2 - 3 = u$,则上式就变为

$$\frac{1}{2}\int \sqrt{x^2 - 3}\,\mathrm{d}(x^2 - 3) = \frac{1}{2}\int \sqrt{u}\,\mathrm{d}u = \frac{1}{3}u^{\frac{3}{2}} + c$$

$$= \frac{1}{3}(x^2 - 3)^{\frac{3}{2}} + c$$

上面两例所用的方法都是一样的,都是把积分改写后引进新的变量 $u = \varphi(x)$,这样把对 x 的积分就转化为对 u 的积分,如果这个对 u 的积分可以求出,最后再把 u 换成 $\varphi(x)$ 就得到原来要求的积分.这种积分法实质上是把被积表达式凑成某一已知函数的微分形式,以便用基本积分公式求得积分,所以又叫凑微分法.

这种积分方法即第一换元法,用式子表为

$$\int f[\varphi(x)]\varphi'(x)\mathrm{d}x = \int f[\varphi(x)]\mathrm{d}\varphi(x)$$

$$\xrightarrow{\varphi(x) = u} \int f(u) \mathrm{d}u$$

$$= F(u) + c \xrightarrow{u = \varphi(x)} F[\varphi(x)] + c$$

上述式子的正确性,只要注意到复合函数的求导法则即明.第一换元法实质上是把复合函数微分法逆过来用的.

例 3 求 $\displaystyle\int \frac{\ln x}{x} \mathrm{d}x$

解 因为 $\displaystyle\frac{\ln x}{x} \mathrm{d}x = \ln x \mathrm{d}\ln x$

令 $u = \ln x$,则

$$\int \frac{\ln x}{x} \mathrm{d}x = \int u \mathrm{d}u = \frac{1}{2} u^2 + c$$

$$= \frac{1}{2} (\ln x)^2 + c$$

例 4 求 $\displaystyle\int x \mathrm{e}^{x^2} \mathrm{d}x$

解 因为 $\displaystyle\int x \mathrm{e}^{x^2} \mathrm{d}x = \int \frac{1}{2} \mathrm{e}^{x^2} \mathrm{d}(x^2)$

令 $u = x^2$,则

$$\int x \mathrm{e}^{x^2} \mathrm{d}x = \frac{1}{2} \int \mathrm{e}^u \mathrm{d}u = \frac{1}{2} \mathrm{e}^u + c$$

$$= \frac{1}{2} \mathrm{e}^{x^2} + c$$

例 5 求 $\displaystyle\int \tan x \mathrm{d}x$

解 因为 $\displaystyle\tan x \mathrm{d}x = \frac{\sin x}{\cos x} \mathrm{d}x = -\frac{\mathrm{d}\cos x}{\cos x},$

令 $u = \cos x$,则

$$\int \tan x \mathrm{d}x = -\int \frac{\mathrm{d}u}{u} = -\ln |u| + c$$

$$= -\ln |\cos x| + c$$

当对求积分的步骤比较熟悉后,可不必写出变量 u 来,而直接计算下去.

例 6 求 $\displaystyle\int \frac{\mathrm{d}x}{x \ln \sqrt{x}}$

解
$$原式 = \int \frac{\mathrm{d}x}{\frac{1}{2}x\ln x} = 2\int \frac{\mathrm{d}(\ln x)}{\ln x}$$

$$= 2\ln\ln x + c$$

例 7 求 $\displaystyle\int \frac{\mathrm{d}x}{a^2 - x^2}$

解 因为 $\dfrac{1}{a^2 - x^2} = \dfrac{1}{2a}\left(\dfrac{1}{a+x} + \dfrac{1}{a-x}\right)$

故

$$原式 = \frac{1}{2a}\int \left(\frac{1}{a+x} + \frac{1}{a-x}\right)\mathrm{d}x$$

$$= \frac{1}{2a}\int \frac{1}{a+x}\mathrm{d}x + \frac{1}{2a}\int \frac{1}{a-x}\mathrm{d}x$$

$$= \frac{1}{2a}\int \frac{\mathrm{d}(a+x)}{a+x} - \frac{1}{2a}\int \frac{\mathrm{d}(a-x)}{a-x}$$

$$= \frac{1}{2a}\ln \mid a+x \mid - \frac{1}{2a}\ln \mid a-x \mid + c$$

$$= \frac{1}{2a}\ln \mid \frac{a+x}{a-x} \mid + c$$

例 8 求 $\displaystyle\int \sec x\,\mathrm{d}x$

解
$$原式 = \int \frac{\sec x(\tan x + \sec x)}{\sec x + \tan x}\mathrm{d}x$$

$$= \int \frac{(\sec x \tan x + \sec^2 x)}{\sec x + \tan x}\mathrm{d}x$$

$$= \int \frac{\mathrm{d}(\sec x + \tan x)}{\sec x + \tan x}$$

$$= \ln |\sec x + \tan x| + c$$

亦可利用上题结果而求得：

$$原式 = \int \frac{\mathrm{d}x}{\cos x} = \int \frac{\cos x}{\cos^2 x}\mathrm{d}x = \int \frac{\mathrm{d}\sin x}{1 - \sin^2 x}$$

$$= \frac{1}{2}\ln \left| \frac{1 + \sin x}{1 - \sin x} \right| + c$$

由于

$$\frac{1 + \sin x}{1 - \sin x} = \frac{(1 + \sin x)^2}{1 - \sin^2 x} = \frac{(1 + \sin x)^2}{\cos^2 x}$$

$$= \left(\frac{1 + \sin x}{\cos x}\right)^2$$

$$= (\sec x + \tan x)^2$$

于是上面结果也可化为

$$\int \sec x \, \mathrm{d}x = \ln \mid \sec x + \tan x \mid + c$$

读者不难求得

$$\int \csc x \, \mathrm{d}x = \ln \mid \csc x - \cot x \mid + c$$

例 9　求 $\int \sin 3x \cos 2x \, \mathrm{d}x$

解
$$原式 = \frac{1}{2} \int 2\sin 3x \cos 2x \, \mathrm{d}x$$

$$= \frac{1}{2} \int (\sin 5x + \sin x) \, \mathrm{d}x$$

$$= \frac{1}{10} \int \sin 5x \, \mathrm{d}(5x) + \frac{1}{2} \int \sin x \, \mathrm{d}x$$

$$= -\frac{1}{10} \cos 5x - \frac{1}{2} \cos x + c$$

从上面的几个例子可以看出:上述的凑微分法都是针对给定的具体函数来求其不定积分的,如果我们仔细分析用凑微分法解决不定积分的例子,不难将常见实用的凑微分法的积分归纳如下:

设　$\int f(u) \mathrm{d}u = F(u) + c$,则

$$\int f(ax + b) \mathrm{d}x = \frac{1}{a} \int f(ax + b) \mathrm{d}(ax + b)$$

$$= \frac{1}{a} F(ax + b) + c$$

$$\int f(\ln x) \frac{\mathrm{d}x}{x} = \int f(\ln x) \mathrm{d}(\ln x) = F(\ln x) + c$$

$$\int f(x^\alpha) x^{\alpha-1} \mathrm{d}x = \frac{1}{\alpha} \int f(x^\alpha) \mathrm{d}(x^\alpha) = \frac{1}{\alpha} F(x^\alpha) + c \quad (\alpha \neq 0)$$

$$\int e^x f(e^x)\mathrm{d}x = \int f(e^x)\mathrm{d}(e^x) = F(e^x) + c$$

$$\int f(\sin x)\cos x\mathrm{d}x = \int f(\sin x)\mathrm{d}(\sin x) = F(\sin x) + c$$

$$\int f(\cos x)\sin x\mathrm{d}x = -\int f(\cos x)\mathrm{d}(\cos x) = -F(\cos x) + c$$

$$\int \frac{f(\tan x)}{\cos^2 x}\mathrm{d}x = \int f(\tan x)\mathrm{d}(\tan x) = F(\tan x) + c$$

$$\int f(\arcsin x)\frac{\mathrm{d}x}{\sqrt{1-x^2}} = \int f(\arcsin x)\mathrm{d}(\arcsin x)$$

$$= F(\arcsin x) + c$$

$$\int f(\arctan x)\frac{\mathrm{d}x}{1+x^2} = \int f(\arctan x)\mathrm{d}(\arctan x)$$

$$= F(\arctan x) + c$$

……

二、第二换元法

例 10 求 $\displaystyle\int \frac{\mathrm{d}x}{1+\sqrt{x}}$

解 对于此积分,很难用凑微分法来求出,但容易想到作变换,$\sqrt{x} = u$ 即 $x = u^2(u \geqslant 0)$. 使得被积函数有理化后有可能求出原函数.

因为 $x = u^2$ 于是有 $\mathrm{d}x = 2u\mathrm{d}u$,则

$$\int \frac{\mathrm{d}x}{1+\sqrt{x}} = 2\int \frac{u\mathrm{d}u}{1+u} = 2\int \frac{(1+u)-1}{1+u}\mathrm{d}u$$

$$= 2\Big[\int \mathrm{d}u - \int \frac{1}{1+u}\mathrm{d}u\Big]$$

$$= 2u - 2\ln(1+u) + c$$

$$= 2[\sqrt{x} - \ln(1+\sqrt{x})] + c$$

例 11 求 $\displaystyle\int \frac{\mathrm{d}x}{(x+1)\sqrt{x+2}}$

解 令 $\sqrt{x+2}=u$ 得 $x=u^2-2$，所以 $\mathrm{d}x=2u\,\mathrm{d}u$，代入得

$$\int \frac{\mathrm{d}x}{(x+1)\sqrt{x+2}} = \int \frac{2u\,\mathrm{d}u}{u(u^2-1)} = 2\int \frac{\mathrm{d}u}{u^2-1}$$

$$= \ln\left|\frac{u-1}{u+1}\right| + c$$

$$= \ln\left|\frac{\sqrt{x+2}-1}{\sqrt{x+2}+1}\right| + c$$

上面两例题所用的方法叫第二换元法，它与凑微分法在形式上是不同的。它不是引进新变量 $u=\varphi(x)$ 改写积分，而是令 $x=\varphi(u)$ 使得被积式简化。这种换元法一般可写为

$$\int f(x)\mathrm{d}x \xrightarrow{x=\varphi(u)} \int f[\varphi(u)]\varphi'(u)\mathrm{d}u = G(u) + c$$

$$\xrightarrow{u=\varphi^{-1}(x)} G[\varphi^{-1}(x)] + c$$

其中 $u=\varphi^{-1}(x)$ 是 $x=\varphi(u)$ 的反函数。

上述式子的正确性，利用复合函数与反函数的求导公式，上式右端对 x 求导数，即可得证。

例 12 求 $\displaystyle\int \sqrt{a^2-x^2}\,\mathrm{d}x$ $\quad (a>0)$

解 为了消去根式，可作三角变换

$$x = a\sin u \left(-\frac{\pi}{2} < u < \frac{\pi}{2}\right)$$

于是

$$u = \arcsin\frac{x}{a},\ \mathrm{d}x = a\cos u\,\mathrm{d}u$$

$$\sqrt{a^2-x^2} = \sqrt{a^2-a^2\sin^2 u} = a\cos u$$

从而有

$$\int \sqrt{a^2-x^2}\,\mathrm{d}x = \int a\cos u \cdot a\cos u\,\mathrm{d}u = a^2\int \cos^2 u\,\mathrm{d}u$$

$$= a^2 \int \frac{1 + \cos 2u}{2} \mathrm{d}u$$

$$= \frac{a^2}{2} \left[u + \frac{1}{2} \sin 2u \right] + c$$

$$= \frac{a^2}{2} \left[u + \sin u \cdot \cos u \right] + c \text{（见图 5.2）}$$

$$= \frac{a^2}{2} \left[\arcsin \frac{x}{a} + \frac{x}{a} \frac{\sqrt{a^2 - x^2}}{a} \right] + c$$

$$= \frac{a^2}{2} \arcsin \frac{x}{a} + \frac{x}{2} \sqrt{a^2 - x^2} + c$$

例 13　求 $\displaystyle\int \frac{\mathrm{d}x}{\sqrt{x^2 + a^2}}$ 　　　 $(a > 0)$

解　令 $x = a\tan u$，于是 $u = \arctan\dfrac{x}{a}$，$\mathrm{d}x = a\sec^2 u\,\mathrm{d}u$，从而

$$\int \frac{\mathrm{d}x}{\sqrt{x^2 + a^2}} = \int \frac{1}{a\sec u} a\sec^2 u\,\mathrm{d}u = \int \sec u\,\mathrm{d}u$$

$$= \ln | \sec u + \tan u | + c_1$$

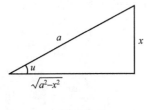
　　　　　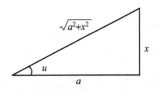

图 5.2　　　　　　　　　　　　　　　图 5.3

　　为了将变量 u 还原为 x，我们可以画一个三角形（如图 5.3）然后利用三角形的边角关系可得

$$\sec u = \frac{\sqrt{x^2 + a^2}}{a}$$

于是原积分式可写成原积分变量 x 的函数：

$$\int \frac{\mathrm{d}x}{\sqrt{x^2 + a^2}} = \ln \left| \frac{\sqrt{x^2 + a^2}}{a} + \frac{x}{a} \right| + c_1$$

$$= \ln \left| x + \sqrt{x^2 + a^2} \right| + c$$

其中 $c = c_1 - \ln a$.

例 14 求 $\int \dfrac{\mathrm{d}x}{\sqrt{x^2 - a^2}}$ $(a > 0)$

解 令 $x = a\sec u$, 则 $\mathrm{d}x = a\sec u \tan u\,\mathrm{d}u$,

$$\sqrt{x^2 - a^2} = \sqrt{a^2\sec^2 u - a^2} = a\tan u$$

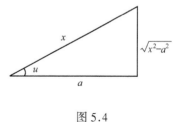

图 5.4

于是

$$\int \frac{\mathrm{d}x}{\sqrt{x^2 - a^2}} = \int \frac{1}{a\tan u} a\sec u \cdot \tan u\,\mathrm{d}u$$

$$= \int \sec u\,\mathrm{d}u = \ln |\sec u + \tan u| + c_1$$

$$= \ln \left| \frac{x}{a} + \frac{\sqrt{x^2 - a^2}}{a} \right| + c_1 \quad (见图 5.4)$$

$$= \ln \left| x + \sqrt{x^2 - a^2} \right| + c$$

其中 $c = c_1 - \ln a$.

对含有根式 $\sqrt{a^2 \pm x^2}$ 和 $\sqrt{x^2 - a^2}$ 的被积函数,常作类似的三角变换去掉根式.

§5.3 分部积分法

换元积分法能处理一批不定积分的问题,碰到求 $\int x\sin x\,\mathrm{d}x$, $\int \mathrm{e}^x\cos x\,\mathrm{d}x$ 等一类不定积分,就显得无能为力. 为了解决这类积分的计算问题,本节介绍另一种积分方法——分部积分法,它是微分法中两个函数乘积的求导公式的逆转.

设 $u = u(x)$, $v = v(x)$ 都是可微函数,且具有连续的导函数 $u'(x)$, $v'(x)$,根据乘积的微分公式,有

$$\mathrm{d}[u(x)v(x)] = u(x)\mathrm{d}v(x) + v(x)\mathrm{d}u(x),$$

移项得

$$u(x)\mathrm{d}v(x) = \mathrm{d}[u(x)v(x)] - v(x)\mathrm{d}u(x).$$

两边积分,即得

$$\int u(x)\mathrm{d}v(x) = u(x)v(x) - \int v(x)\mathrm{d}u(x). \tag{5.3}$$

式(5.3)称为不定积分的分部积分公式,有时简写成

$$\int u\mathrm{d}v = uv - \int v\mathrm{d}u$$

它可以把求不定积分 $\int u\mathrm{d}v$ 的问题化为求不定积分 $\int v\mathrm{d}u$ 的问题,一般地,

当 $\int u\mathrm{d}v$ 不易计算,而 $\int v\mathrm{d}u$ 比较易于计算时,就可以使用这个公式.

例 1 求 $\int x\cos x\mathrm{d}x$

解 令 $u = x, \mathrm{d}v = \cos x\mathrm{d}x$,于是

$$\mathrm{d}u = \mathrm{d}x, v = \sin x$$

按分部积分公式(5.3),有

$$\int x\cos x\mathrm{d}x = x\sin x - \int \sin x\mathrm{d}x$$

$$= x\sin x + \cos x + c$$

例 2 求 $\int \ln x\mathrm{d}x$

解 令 $u = \ln x, \mathrm{d}v = \mathrm{d}x$,从而有

$$\mathrm{d}u = \frac{1}{x}\mathrm{d}x, \quad v = x$$

利用分部积分公式得到

$$\int \ln x\mathrm{d}x = x\ln x - \int x\frac{1}{x}\mathrm{d}x = x\ln x - x + c$$

$$= x(\ln x - 1) + c$$

当计算方法熟练后,分部积分法的替换过程可省略,并且分部积分公式可重复使用.

例 3 求 $\int x^2 \mathrm{e}^x\mathrm{d}x$

解
$$\int x^2 e^x \mathrm{d}x = \int x^2 \mathrm{d}(e^x)$$
$$= x^2 e^x - 2\int x e^x \mathrm{d}x$$
$$= x^2 e^x - 2\int x \mathrm{d}(e^x)$$
$$= x^2 e^x - 2x e^x + 2 e^x + c$$
$$= (x^2 - 2x + 2)e^x + c$$

例 4 求 $\int e^x \sin x \mathrm{d}x$

解
$$\int e^x \sin x \mathrm{d}x = \int \sin x \mathrm{d}(e^x)$$
$$= e^x \sin x - \int e^x \cos x \mathrm{d}x$$
$$= e^x \sin x - \int \cos x \mathrm{d}(e^x)$$
$$= e^x \sin x - e^x \cos x - \int e^x \sin x \mathrm{d}x$$

把右端末项移到左端整理得

$$\int e^x \sin x \mathrm{d}x = \frac{1}{2} e^x (\sin x - \cos x) + c$$

积分常数 c 是在最后才写上去的.

例 5 $\int \arcsin x \mathrm{d}x$

解
$$\int \arcsin x \mathrm{d}x = x \arcsin x - \int \frac{x}{\sqrt{1-x^2}} \mathrm{d}x$$
$$= x \arcsin x + \frac{1}{2} \int \frac{\mathrm{d}(1-x^2)}{\sqrt{1-x^2}}$$
$$= x \arcsin x + \sqrt{1-x^2} + c$$

例 6 求 $\int \arctan x \mathrm{d}x$

解
$$\int \arctan x \mathrm{d}x = x \arctan x - \int \frac{x}{1+x^2} \mathrm{d}x$$
$$= x \arctan x - \frac{1}{2} \int \frac{\mathrm{d}(1+x^2)}{1+x^2}$$
$$= x \arctan x - \frac{1}{2} \ln(1+x^2) + c$$

例 7 求 $\int x^2\cos2x\,\mathrm{d}x$

解 $\int x^2\cos2x\,\mathrm{d}x = \dfrac{1}{2}\int x^2\mathrm{d}(\sin2x)$

$$= \dfrac{1}{2}x^2\sin2x - \int x\sin2x\,\mathrm{d}x$$

$$= \dfrac{1}{2}x^2\sin2x + \dfrac{1}{2}\int x\mathrm{d}(\cos2x)$$

$$= \dfrac{1}{2}x^2\sin2x + \dfrac{1}{2}x\cos2x - \dfrac{1}{4}\sin2x + c$$

有时在求不定积分时分部积分法与换元法会同时使用,上题就是一例.

例 8 求 $\int x\mathrm{e}^{-x}\,\mathrm{d}x$

解 $\int x\mathrm{e}^{-x}\,\mathrm{d}x = -\int x\mathrm{d}(\mathrm{e}^{-x}) = -x\mathrm{e}^{-x} + \int \mathrm{e}^{-x}\,\mathrm{d}x$

$$= -x\mathrm{e}^{-x} - \mathrm{e}^{-x} + c$$

$$= -\mathrm{e}^{-x}(1+x) + c$$

§5.4 有理函数的积分

设 $P(x)$ 和 $Q(x)$ 是两个多项式,则 $\dfrac{P(x)}{Q(x)}$ 就是有理函数,当 $Q(x)$ 的次数比 $P(x)$ 的次数高时,$\dfrac{P(x)}{Q(x)}$ 叫做有理真分式,否则叫做有理假分式,但任一有理假分式总可通过多项式的除法将其化为多项式和真分式之和,即

$$\frac{P(x)}{Q(x)} = T(x) + \frac{H(x)}{Q(x)}$$

其中 $T(x)$ 是多项式,$\dfrac{H(x)}{Q(x)}$ 是有理真分式.例如

$$\frac{x^3+1}{x^2+x+1} = x - 1 + \frac{2}{x^2+x+1}$$

$$\frac{x^5+1}{x^3+x+1} = x^2 - 1 - \frac{x^2-x-2}{x^3+x+1}$$

$$\frac{x^2}{x-1} = x + 1 + \frac{1}{x-1}$$

多项式很容易积分,因此我们只需要讨论有理真分式的不定积分问题

一、几类简单分式的不定积分

对于下列两类积分(其中 A 为常数),利用基本积分公式及换元积分法就可求得

$$\int \frac{A}{x-a}\mathrm{d}x = A\ln\mid x-a\mid + c$$

$$\int \frac{A}{(x-a)^n}\mathrm{d}x = -\frac{A}{(n-1)(x-a)^{n-1}} + c \quad (n \neq 1)$$

对于下列两类积分:

$$\int \frac{Mx+N}{x^2+px+q}\mathrm{d}x, \quad \int \frac{Mx+N}{(x^2+px+q)^n}\mathrm{d}x$$

其中 M,N,p,q 都是常数,且 $p^2-4q<0$(即 $x^2+px+p=0$ 没有实根),$n>1$,我们只是通过下面的例子来说明其求法.

例 1 求 $\int \frac{x+1}{x^2-2x+5}\mathrm{d}x$

解 由于 x^2-2x+5 不能分解因式,且 $x^2-2x+5=(x-1)^2+4$,令 $u=x-1$,则所求的不定积分

$$\int \frac{x+1}{x^2-2x+5}\mathrm{d}x = \int \frac{u+2}{u^2+4}\mathrm{d}u$$

$$= \int \frac{u}{u^2+4}\mathrm{d}u + 2\int \frac{\mathrm{d}u}{u^2+2^2}$$

$$= \frac{1}{2}\int \frac{\mathrm{d}(u^2+4)}{u^2+4} + 2\int \frac{\mathrm{d}u}{u^2+2^2}$$

$$= \frac{1}{2}\ln(u^2+4) + \arctan\frac{u}{2} + c$$

$$= \frac{1}{2}\ln(x^2-2x+5) + \arctan\frac{x-1}{2} + c$$

例 2 求 $\int \frac{\mathrm{d}x}{(1+x^2)^2}$

解 把积分改写成

$$\int \frac{\mathrm{d}x}{(1+x^2)^2} = \int \frac{(1+x^2)-x^2}{(1+x^2)^2}\mathrm{d}x$$

$$= \int \frac{\mathrm{d}x}{1+x^2} - \int \frac{x^2}{(1+x^2)^2}\mathrm{d}x$$

$$= \arctan x + \frac{1}{2}\int x\mathrm{d}\left(\frac{1}{1+x^2}\right)$$

$$= \arctan x + \frac{1}{2}\frac{x}{1+x^2} - \frac{1}{2}\int \frac{1}{1+x^2}\mathrm{d}x$$

$$= \arctan x + \frac{1}{2}\frac{x}{1+x^2} - \frac{1}{2}\arctan x + c$$

$$= \frac{1}{2}\left(\frac{x}{1+x^2} + \arctan x\right) + c$$

例 3 求 $\int \frac{x}{(x^2-2x+2)^2}\mathrm{d}x$

解 令 $u = x-1$，则

$$\int \frac{x}{(x^2-2x+2)^2}\mathrm{d}x = \int \frac{u+1}{(1+u^2)^2}\mathrm{d}u$$

$$= \int \frac{u\mathrm{d}u}{(1+u^2)^2} + \int \frac{\mathrm{d}u}{(1+u^2)^2}$$

$$= \frac{1}{2}\int \frac{\mathrm{d}(1+u^2)}{(1+u^2)^2} + \int \frac{\mathrm{d}u}{(1+u^2)^2}$$

$$= -\frac{1}{2(1+u^2)} + \frac{1}{2}\left(\frac{u}{1+u^2} + \arctan u\right) + c$$

$$= \frac{1}{2}\left(\frac{u-1}{1+u^2} + \arctan u\right) + c$$

$$= \frac{1}{2}\left(\frac{x-2}{x^2-2x+2} + \arctan(x-1)\right) + c$$

二、真分式的部分分式法

真分式的不定积分通常的求法是：先把真分式分解为前述四类简单部分分式的和，然后再仿上述方法求积分．把真分式分解为简单部分分式的和的方法称部分分式法．

在本章 §5.2 例 7 中，我们把真分式 $\frac{1}{a^2-x^2}$ 分解为部分分式的和

$$\frac{1}{a^2 - x^2} = \frac{1}{2a}\left(\frac{1}{a + x} + \frac{1}{a - x}\right)$$

然后再逐项求不定积分

对于一般的真分式应如何分解为部分分式,这里不作一般介绍,而用下面的几个例子来说明.

例 4　求 $\displaystyle\int \frac{2x - 1}{x^2 - 5x + 6}\mathrm{d}x$

解　因为 $x^2 - 5x + 6 = (x - 2)(x - 3)$,从而真分式 $\dfrac{2x - 1}{x^2 - 5x + 6}$ 可以写成

$$\frac{2x - 1}{x^2 - 5x + 6} = \frac{A}{x - 3} + \frac{B}{x - 2}$$

其中 A、B 为待定常数.去分母,两端同乘以 $(x - 3) \cdot (x - 2)$,得

$$2x - 1 = A(x - 2) + B(x - 3)$$

即

$$2x - 1 = (A + B)x - (2A + 3B)$$

比较两端同次幂的系数,得

$$\begin{cases} A + B = 2 \\ 2A + 3B = 1 \end{cases}$$

解方程便得 $A = 5, B = -3$,所以

$$\frac{2x - 1}{x^2 - 5x + 6} = \frac{5}{x - 3} - \frac{3}{x - 2}$$

从而

$$\int \frac{2x - 1}{x^2 - 5x + 6}\mathrm{d}x = \int \left(\frac{5}{x - 3} - \frac{3}{x - 2}\right)\mathrm{d}x$$

$$= 5\ln|x - 3| - 3\ln|x - 2| + c$$

$$= \ln\left|\frac{(x - 3)^5}{(x - 2)^3}\right| + c$$

例 5　求 $\displaystyle\int \frac{\mathrm{d}x}{x^3 - x^2}$

由于真分式 $\dfrac{1}{x^3 - x^2}$ 可以写成

$\dfrac{1}{x^3 - x^2} = \dfrac{A}{x-1} + \dfrac{Bx+c}{x^2} = \dfrac{A}{x-1} + \dfrac{B}{x} + \dfrac{C}{x^2}$,其中,$A,B,C$ 是待定常数,去分母,两端同乘以 $x^3 - x^2$ 得

$$1 = Ax^2 + B(x-1)x + C(x-1)$$

即

$$1 = (A+B)x^2 + (C-B)x - C$$

比较两端同次幂系数得

$$\begin{cases} A + B = 0 \\ C - B = 0 \\ -C = 1 \end{cases}$$

解方程组得 $A=1, B=-1, C=-1$,所以

$$\frac{1}{x^3 - x^2} = \frac{1}{x-1} - \frac{1}{x} - \frac{1}{x^2}$$

于是

$$\int \frac{\mathrm{d}x}{x^3 - x^2} = \int \left(\frac{1}{x-1} - \frac{1}{x} - \frac{1}{x^2} \right) \mathrm{d}x$$

$$= \ln \left| \frac{x-1}{x} \right| + \frac{1}{x} + c$$

典型例题分析

一、单项选择题

例 1 设 $f(x)$ 可导且 $f'(x)$ 是连续函数,则(   )成立.

(A) $\int f'(x)\mathrm{d}x = f(x)$;   (B) $\mathrm{d}\int f(x)\mathrm{d}x = f(x)$

(C) $\int \mathrm{d}f(x) = f(x)$;   (D) $\left(\int f(x)\mathrm{d}x \right)' = f(x)$

分析 本题考查不定积分与导数、微分之间的关系,这些关系是

$$\int f'(x)\mathrm{d}x = f(x) + c; \qquad \int \mathrm{d}f(x) = f(x) + c$$

$$\mathrm{d}\int f(x)\mathrm{d}x = f(x)\mathrm{d}x; \qquad \left(\int f(x)\mathrm{d}x \right)' = f(x)$$

所以正确的答案是(D).

例 2 若 $\int f(x)\mathrm{d}x = F(x) + c$，则 $\int \sin x f(-\cos x)\mathrm{d}x = ($ $)$

(A) $F(\cos x) + c$；　　　　　　(B) $-F(\cos x) + c$

(C) $F(-\cos x) + c$；　　　　　(D) $\dfrac{F(-x)}{x} + c$

分析

$$\int \sin x f(-\cos x)\mathrm{d}x \xlongequal{t=-\cos x} \int f(t)\mathrm{d}t = F(t) + c \xlongequal{t=-\cos x} F(-\cos x) + c$$

所以正确的答案应是(C).

例 3 设 $\int f(x)\mathrm{d}x = 3\mathrm{e}^{\frac{x}{3}} + c$，则 $f(x) = ($ $)$.

(A) $\mathrm{e}^{\frac{x}{3}}$；　　　　　　　(B) $9\mathrm{e}^{\frac{x}{3}}$

(C) $3\mathrm{e}^{\frac{x}{3}}$；　　　　　　　(D) $\mathrm{e}^{\frac{x}{3}} + c$

分析　因为 $(3\mathrm{e}^{\frac{x}{3}} + c)' = \mathrm{e}^{\frac{x}{3}}$，所以正确的答案应是(A).

例 4 设 e^{2x} 是 $f(x)$ 的一个原函数，则 $\int x f(x)\mathrm{d}x = ($ $)$.

(A) $\dfrac{\mathrm{e}^{2x}}{2}(1-2x) + c$；　　　(B) $\dfrac{\mathrm{e}^{2x}}{2}(2x-1) + c$

(C) $\mathrm{e}^{2x}(1-2x) + c$；　　　(D) $\mathrm{e}^{2x}(2x-1) + c$

分析　由分部积分法

$$\int x f(x)\mathrm{d}x = \int x\,\mathrm{d}(\mathrm{e}^{2x})$$

$$= x\mathrm{e}^{2x} - \int \mathrm{e}^{2x}\mathrm{d}x = x\mathrm{e}^{2x} - \frac{1}{2}\mathrm{e}^{2x} + c$$

$$= \frac{1}{2}\mathrm{e}^{2x}(2x-1) + c$$

所以正确的答案应是(B).

二、填空题

例 1 设 $f(x) = k\tan 2x$ 的一个原函数为 $\dfrac{2}{3}\ln\cos 2x$，则 $k = $ _____.

分析　因为

$$\left(\frac{2}{3}\ln\cos 2x\right)' = \frac{2}{3}\cdot\frac{1}{\cos 2x}(-2\sin 2x) = -\frac{4}{3}\tan 2x$$

故

$$k = -\frac{4}{3}$$

例 2 设 $f'(x) = 1$,且 $f(0) = 0$,则 $\int f(x)\mathrm{d}x = $ _____.

分析 因为 $f'(x) = 1$, $f(x) = x + c$ 由于 $f(0) = 0$, $c = 0$,故 $f(x) = x$.

则

$$\int f(x)\mathrm{d}x = \frac{1}{2}x^2 + c$$

例 3 设 $\mathrm{e}^x + \sin x$ 是 $f(x)$ 的一个原函数,则 $f'(x) = $ _____.

分析 由原函数的概念可知,若 $\mathrm{e}^x + \sin x$ 为 $f(x)$ 的一个原函数,则有

$$(\mathrm{e}^x + \sin x)' = \mathrm{e}^x + \cos x = f(x)$$

因此 $$f'(x) = (\mathrm{e}^x + \cos x)' = \mathrm{e}^x - \sin x$$

例 4 不定积分 $\int \frac{1}{x^2}\mathrm{e}^{\frac{1}{x}}\mathrm{d}x = $ _____.

分析 所给积分为不定积分的换元积分问题.常可采用两种方法求之.

方法 1 利用凑微分法

$$\int \frac{1}{x^2}\mathrm{e}^{\frac{1}{x}}\mathrm{d}x = \int \mathrm{e}^{\frac{1}{x}}(-1)\mathrm{d}\frac{1}{x} = -\mathrm{e}^{\frac{1}{x}} + c$$

方法 2 令 $t = \frac{1}{x}$,则 $\mathrm{d}t = -\frac{1}{x^2}\mathrm{d}x$

$$\int \frac{1}{x^2}\mathrm{e}^{\frac{1}{x}}\mathrm{d}x = -\int \mathrm{e}^t\mathrm{d}t = -\mathrm{e}^t + c = -\mathrm{e}^{\frac{1}{x}} + c$$

三、解答题

例 1 求不定积分 $\int \left(2^{-x} + \tan^2 x + \frac{x^4}{1 + x^2}\right)\mathrm{d}x$

分析 $2^{-x} = \left(\frac{1}{2}\right)^x$, $\tan^2 x = \sec^2 x - 1$

$$\frac{x^4}{1+x^2} = \frac{x^4+x^2}{1+x^2} - \frac{x^2}{1+x^2} = x^2 - \frac{x^2+1}{1+x^2} + \frac{1}{1+x^2}$$

$$= x^2 - 1 + \frac{1}{1+x^2}$$

从而原式可以直接积分.

解 $\int \left(2^{-x} + \tan^2 x + \frac{x^4}{1+x^2}\right) dx$

$$= \int \left[\left(\frac{1}{2}\right)^x + \sec^2 x - 1 + x^2 - 1 + \frac{1}{1+x^2} \right] dx$$

$$= \left(\frac{1}{2}\right)^x \left(\ln \frac{1}{2}\right)^{-1} + \tan x - 2x + \frac{1}{3}x^3 + \arctan x + c$$

例 2 求不定积分 $\int \left(\cos^2 \frac{x}{2} + \frac{1}{\sqrt[3]{x^2}}\right) dx$

分析 $\cos^2 \frac{x}{2} = \frac{1}{2}(1 + \cos x)$, $\frac{1}{\sqrt[3]{x^2}} = x^{-\frac{2}{3}}$ 故原式可以直接积分.

解

$$\int \left(\cos^2 \frac{x}{2} + \frac{1}{\sqrt[3]{x^2}}\right) dx$$

$$= \int \left(\frac{1}{2} + \frac{1}{2}\cos x + x^{-\frac{2}{3}}\right) dx = \frac{1}{2}x + \frac{1}{2}\sin x + 3x^{\frac{1}{3}} + c$$

例 1、例 2 所给的不定积分,在基本积分表中都找不到,但只要对被积函数稍作恒等变形,再利用不定积分的运算性质,均可化为积分表中所列类型的积分,直接积分进行求解.

例 3 求不定积分 $\int \frac{1}{4+9x^2} dx$

分析 由于 $\frac{1}{4+9x^2} = \frac{1}{4+(3x)^2}$,这使我们易想到要用积分表中公式 $\int \frac{1}{1+x^2} dx = \arctan x + c$ 来求解.

解 $\int \frac{1}{4+9x^2} dx = \frac{1}{4} \int \frac{dx}{1+\left(\frac{3}{2}x\right)^2}$

$$\xrightarrow{\text{凑微分}} \frac{1}{4} \cdot \frac{2}{3} \int \frac{d\left(\frac{3}{2}x\right)}{1+\left(\frac{3}{2}x\right)^2}$$

$$\xrightarrow[u=\frac{3}{2}x]{\text{换元}} \frac{1}{6}\int \frac{\mathrm{d}u}{1+u^2} = \frac{1}{6}\arctan u + c$$

$$\xrightarrow[u=\frac{3}{2}x]{\text{还原}} \frac{1}{6}\arctan \frac{3}{2}x + c$$

使用第一换元法求不定积分时常用中间变量 $u=\varphi(x)$ 进行代换,使其化为基本积分表中的类型,如果熟练后,凑微分亦掌握得好,可以省去其中写出变量代换的步骤,而直接凑微分写出结果.

例 4 求不定积分 $\int \sin x \cdot \cos x \,\mathrm{d}x$

分析 $\cos x \,\mathrm{d}x = \mathrm{d}\sin x$;$\sin x \,\mathrm{d}x = -\mathrm{d}\cos x$;$\sin x \cos x = \dfrac{1}{2}\sin 2x$,$\mathrm{d}x = \dfrac{1}{2}\mathrm{d}(2x)$.

解法一

$$\int \sin x \cos x \,\mathrm{d}x = \int \sin x \,\mathrm{d}\sin x = \frac{1}{2}\sin^2 x + c$$

解法二

$$\int \sin x \cos x \,\mathrm{d}x = -\int \cos x \,\mathrm{d}\cos x = -\frac{1}{2}\cos^2 x + c$$

解法三

$$\int \sin x \cos x \,\mathrm{d}x = \frac{1}{2}\int \sin 2x \,\mathrm{d}x$$

$$= \frac{1}{4}\int \sin 2x \,\mathrm{d}(2x)$$

$$= -\frac{1}{4}\cos 2x + c$$

有时由于方法的选择不同会引起结果形式上的差异(它们最多相差一个常数).要检验所得的结果是否正确,最好是根据定义对所得结果求导数,若其导数等于被积函数,则此结果正确,否则就是错误的.

例 5 求不定积分 $\int \dfrac{2x+1}{x^2-2x+3}\mathrm{d}x$

分析 注意到 $(x^2-2x+3)'=2x-2$,故把原式变形为

$$\frac{2x+1}{x^2-2x+3} = \frac{2x-2}{x^2-2x+3} + \frac{3}{x^2-2x+3}$$

从而把原积分化为两个积分之和.其中

$$\int \frac{2x-2}{x^2-2x+3}\mathrm{d}x = \int \frac{1}{x^2-2x+3}(x^2-2x+3)'\mathrm{d}x$$

然后可令 $u = x^2 - 2x + 3$.

$\int \frac{3}{x^2-2x+3}\mathrm{d}x$ 中分母不能分解因式,故可以配成平方和. $x^2 - 2x + 3 = (x-1)^2 + 2$,从而

$$\int \frac{3}{x^2-2x+3}\mathrm{d}x = \int \frac{3}{(x-1)^2+2}\mathrm{d}x = \frac{3}{2}\int \frac{1}{1+\left(\frac{x-1}{\sqrt{2}}\right)^2}\mathrm{d}x$$

然后令 $u = \frac{x-1}{\sqrt{2}}$,可将此积分算出.

解
$$\int \frac{2x+1}{x^2-2x+3}\mathrm{d}x$$
$$= \int \frac{2x-2}{x^2-2x+3}\mathrm{d}x + \int \frac{3}{x^2-2x+3}\mathrm{d}x$$

首先计算第一个积分,

$$\int \frac{2x-2}{x^2-2x+3}\mathrm{d}x = \int \frac{1}{x^2-2x+3}(x^2-2x+3)'\mathrm{d}x$$
$$= \int \frac{1}{x^2-2x+3}\mathrm{d}(x^2-2x+3)$$
$$= \ln|x^2-2x+3| + c$$

再计算第二个积分,

$$\int \frac{3}{x^2-2x+3}\mathrm{d}x = \int \frac{3}{(x-1)^2+2}\mathrm{d}x = \frac{3}{2}\int \frac{1}{1+\left(\frac{x-1}{\sqrt{2}}\right)}\mathrm{d}x$$

$$= \frac{3}{\sqrt{2}}\int \frac{1}{1+\left(\frac{x-1}{\sqrt{2}}\right)^2}\frac{1}{\sqrt{2}}\mathrm{d}x = \frac{3}{\sqrt{2}}\int \frac{1}{1+\left(\frac{x-1}{\sqrt{2}}\right)^2}\left(\frac{x-1}{\sqrt{2}}\right)'\mathrm{d}x$$

$$= \frac{3}{\sqrt{2}}\int \frac{1}{1+\left(\frac{x-1}{\sqrt{2}}\right)^2}\mathrm{d}\left(\frac{x-1}{\sqrt{2}}\right) = \frac{3}{\sqrt{2}}\arctan \frac{x-1}{\sqrt{2}} + c$$

最后可得原不定积分,

$$\int \frac{2x+1}{x^2-2x+3}dx = \int \frac{2x-2}{x^2-2x+3}dx + \int \frac{3}{x^2-2x+3}dx$$

$$= \ln|x^2-2x+3| + \frac{3}{\sqrt{2}}\arctan\frac{x-1}{\sqrt{2}} + c$$

例 6 求 $\int \frac{e^x}{e^x+e^{-x}}dx$

分析 首先令 $u=e^x$，则

$$\int \frac{e^x}{e^x+e^{-x}}dx = \int \frac{1}{e^x+e^{-x}}(e^x)'dx$$

$$\xlongequal{u=e^x} \int \frac{1}{u+\frac{1}{u}}du = \int \frac{u}{1+u^2}du$$

注意到后式的分母 $(1+u^2)'=2u$，于是又可令 $v=1+u^2$，作第二次换元.

解
$$\int \frac{e^x}{e^x+e^{-x}}dx = \int \frac{1}{e^x+e^{-x}}de^x$$

$$\xlongequal{\text{令 } u=e^x} \int \frac{1}{u+u^{-1}}du = \int \frac{u}{1+u^2}du$$

$$= \frac{1}{2}\int \frac{1}{1+u^2}\cdot 2udu = \frac{1}{2}\int \frac{1}{u^2+1}\cdot(1+u^2)'du$$

$$= \frac{1}{2}\int \frac{1}{1+u^2}d(u^2+1) = \frac{1}{2}\ln|u^2+1| + c$$

$$\xlongequal{u=e^x} \frac{1}{2}\ln(e^{2x}+1) + c$$

例 7 求下列不定积分：

(1) $\int x\sqrt{1+x}\,dx$;   (2) $\int \sqrt{e^x-1}\,dx$

(3) $\int \frac{1}{\sqrt{4+9x^2}}dx$

(1) **分析** 被积函数含有根式 $\sqrt{1+x}$，可令 $t=\sqrt{1+x}$，即 $x=t^2-1$, $dx=2t\,dt$.

解
$$\int x\sqrt{1+x}\,dx \xlongequal[x=t^2-1]{t=\sqrt{1+x}} \int (t^2-1)t\cdot 2t\,dt$$

$$= 2\int (t^4-t^2)dt = 2\left(\frac{t^5}{5}-\frac{t^3}{3}\right) + c$$

$$= \frac{2}{5}(1+x)^{\frac{5}{2}} - \frac{2}{3}(1+x)^{\frac{3}{2}} + c$$

（2）**分析** 被积函数含有根式 $\sqrt{e^x-1}$ 可令 $t=\sqrt{e^x-1}$.

解
$$\int\sqrt{e^x-1}\,dx\xlongequal[x=\ln(1+t^2)]{t=\sqrt{e^x-1}}2\int t\cdot\frac{t}{1+t^2}\,dt$$

$$=2\int\left(1-\frac{1}{1+t^2}\right)dt=2t-2\arctan t+c$$

$$=2\sqrt{e^x-1}-2\arctan\sqrt{e^x-1}+c$$

（3）**分析** 被积函数中含有根式 $\sqrt{4+9x^2}$，可通过代换 $x=\dfrac{2}{3}\tan t$ 使之有理化.

解
$$\int\frac{dx}{\sqrt{4+9x^2}}\xlongequal{x=\frac{2}{3}\tan t}\int\frac{\frac{2}{3}\sec^2 t}{\sqrt{4+4\tan^2 t}}\,dt$$

$$=\frac{1}{3}\int\frac{\sec^2 t}{\sec t}\,dt=\frac{1}{3}\int\sec t\,dt$$

$$=\frac{1}{3}\ln|\sec t+\tan t|+c$$

$$\xlongequal[\sec t=\frac{1}{2}\sqrt{4+9x^2}]{\tan t=\frac{3}{2}x}\frac{1}{3}\ln\left|\frac{\sqrt{4+9x^2}+3x}{2}\right|+c$$

$$=\frac{1}{3}\ln|3x+\sqrt{4+9x^2}|+c_1$$

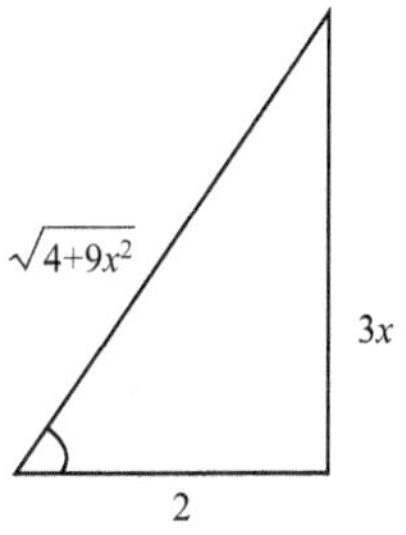

图 5.5

积分 $\displaystyle\int\sec t\,dt$ 可直接记住公式. 在作三角代换积分后需要还原时，可借助于直角三角形，如图 5.5.

例 7 所给出的积分都是典型的用第二换元法计算的不定积分，易见，它们在积分表中找不到，亦不具备凑微分的条件，采用第二换元法计算不定积分关键是适当地选定函数 $x=\varphi(t)$. 对于被积函数是无理函数，一般采用代数变换如（1），（2）或三角变换如（3），使之有理化，然后进行积分.

例 8 求下列不定积分：

（1）$\displaystyle\int x^2 e^{-x}\,dx$；　　（2）$\displaystyle\int e^x\cos x\,dx$

观察这两个积分，不难发现运用直接积分法和换元积分法进行求解不能凑效. 因为它们是典型的用分部积分来计算的不定积分.

（1）**分析** 被积函数 $x^2 e^{-x}$ 是两个函数 x^2 与 e^{-x} 的乘积，而且它们的原函数都可求出，到底选择哪一个作为公式中的 u 和 dv，要根据是否能使积分化简来决定. 若选择 $u = \mathrm{e}^{-x}$, $\mathrm{d}v = x^2 \mathrm{d}x = \mathrm{d}\left(\dfrac{1}{3}x^3\right)$, 则 $\mathrm{d}u = -\mathrm{e}^{-x}\mathrm{d}x$, $v = \dfrac{1}{3}$ x^3, 由分部积分公式得

$$\int x^2 \mathrm{e}^{-x}\mathrm{d}x = \int \mathrm{e}^{-x}\mathrm{d}\left(\frac{1}{3}x^3\right) = \frac{1}{3}x^3\mathrm{e}^{-x} + \int \frac{1}{3}x^3\mathrm{e}^{-x}\mathrm{d}x$$

后一个不定积分 $\displaystyle\int \frac{1}{3}x^3\mathrm{e}^{-x}\mathrm{d}x$ 比原来的积分 $\displaystyle\int x^2\mathrm{e}^{-x}\mathrm{d}x$ 更复杂了.

　　如果选择 $u = x^2$, $\mathrm{d}v = \mathrm{e}^{-x}\mathrm{d}x$, 积分就可以化简以至最后完全做出来.

解　$\displaystyle\int x^2\mathrm{e}^{-x}\mathrm{d}x = \int x^2\mathrm{d}(-\mathrm{e}^{-x}) = -x^2\mathrm{e}^{-x} + \int 2x\mathrm{e}^{-x}\mathrm{d}x$

$\qquad = -x^2\mathrm{e}^{-x} + \displaystyle\int 2x\mathrm{d}(-\mathrm{e}^{-x}) = -x^2\mathrm{e}^{-x} - 2x\mathrm{e}^{-x} + \int 2\mathrm{e}^{-x}\mathrm{d}x$

$\qquad = -x^2\mathrm{e}^{-x} - 2x\mathrm{e}^{-x} - 2\mathrm{e}^{-x} + c$

$\qquad = -\mathrm{e}^{-x}(x^2 + 2x + 2) + c$

　　(2) **解**　令 $u = \cos x$, $\mathrm{d}v = \mathrm{e}^x\mathrm{d}x = \mathrm{d}\mathrm{e}^x$, 则 $\mathrm{d}u = -\sin x\mathrm{d}x$, $v = \mathrm{e}^x$, 由分部积分公式得

$$\int \mathrm{e}^x\cos x\mathrm{d}x = \int \cos x\mathrm{d}\mathrm{e}^x = \mathrm{e}^x\cos x + \int \mathrm{e}^x\sin x\mathrm{d}x \qquad\qquad (*)$$

对 $(*)$ 式右端积分, 再用一次分部积分公式得

$$\int \mathrm{e}^x\sin x\mathrm{d}x = \int \sin x\mathrm{d}\mathrm{e}^x = \mathrm{e}^x\sin x - \int \mathrm{e}^x\cos x\mathrm{d}x$$

注意到上式右端又出现了所求积分 $\displaystyle\int \mathrm{e}^x\cos x\mathrm{d}x$, 故将 $\displaystyle\int \mathrm{e}^x\sin x\mathrm{d}x$ 的计算结果代入 $(*)$ 式得

$$\int \mathrm{e}^x\cos x\mathrm{d}x = \mathrm{e}^x\cos x + \mathrm{e}^x\sin x - \int \mathrm{e}^x\mathrm{con}x\mathrm{d}x$$

移项整理得

$$\int \mathrm{e}^x\cos x\mathrm{d}x = \frac{1}{2}\mathrm{e}^x(\cos x + \sin x) + c$$

　　分部积分主要适用于被积函数为两个函数乘积的不定积分. 用分部积分法计算不定积分的关键是选择适当 u 和 $\mathrm{d}v$, 如果 u 和 $\mathrm{d}v$ 选择不当, 就不易求出或求不出结果. 有时还要多次利用分部积分, 通过一循环过程而求出不定积分.

例 9 求下列不定积分:

(1) $\int \dfrac{\ln x}{x^2} \mathrm{d}x$; (2) $\int \arccos x \, \mathrm{d}x$

(1) **解法一** 先换元,再分部积分,然后再直接积分.

令 $t = \dfrac{1}{x}$,则 $x = \dfrac{1}{t}$, $\mathrm{d}x = -\dfrac{1}{t^2}\mathrm{d}t$, $\ln x = -\ln t$,

于是

$$\int \dfrac{\ln x}{x^2} \mathrm{d}x = \int t^2 \cdot (-\ln t) \cdot \left(-\dfrac{1}{t^2}\mathrm{d}t\right) = \int \ln t \, \mathrm{d}t$$

$$= t\ln t - \int t \cdot \dfrac{1}{t}\mathrm{d}t = t\ln t - t + c$$

$$= -\dfrac{1 + \ln x}{x} + c$$

解法二 用分部积分,再直接积分

$$\int \dfrac{\ln x}{x^2}\mathrm{d}x = \int \ln x \, \mathrm{d}\left(-\dfrac{1}{x}\right) = -\dfrac{1}{x}\ln x + \int \dfrac{1}{x} \cdot \dfrac{1}{x}\mathrm{d}x$$

$$= -\dfrac{1}{x}\ln x + \int \dfrac{1}{x^2}\mathrm{d}x = -\dfrac{1}{x}\ln x - \dfrac{1}{x} + c$$

$$= -\dfrac{1 + \ln x}{x} + c$$

(2) **解** 先分部积分,然后再凑微分

$$\int \arccos x \, \mathrm{d}x = x\arccos x - \int x \cdot \dfrac{-1}{\sqrt{1 - x^2}}\mathrm{d}x$$

$$= x\arccos x - \dfrac{1}{2}\int \dfrac{\mathrm{d}(1 - x^2)}{\sqrt{1 - x^2}}$$

$$= x\arccos x - \sqrt{1 - x^2} + c$$

要能够熟练、快捷、准确地求积分或求原函数,必须牢记基本积分表.因为它是求积分的惟一依据,各种积分都是设法将积分变成基本积分表的形式.有时有许多积分经常是多种积分法同时使用,而又有多种解法,究竟使用哪种方法好,这需要通过较多的练习,不断积累做题经验,从实践中摸索.

例 10   生产某产品 x 个单位的总成本 C 是 x 的函数,已知其单位成本的变化率为 -0.02,且生产 100 个单位时,其单位成本为 208 元,求总成本函数 $C(x)$.

解   单位成本函数即平均成本函数记为 $\overline{C}(x)=\dfrac{C(x)}{x}$,所以总成本函数 $C(x)=x\,\overline{C}(x)$.

由已知 $\overline{C}'(x)=-0.02$,因此

$$\overline{C}(x)=\int \overline{C}'(x)\mathrm{d}x=\int -0.02\mathrm{d}x=-0.02x+c$$

又,$x=100$ 时 $\overline{C}=208$,由此可得 $c=210$,所以单位成本函数为 $\overline{C}(x)=-0.02x+210$.

故总成本函数 $C(x)=x\,\overline{C}(x)=-0.02x^2+210x$.

例 11   已知某产品产量为 x 单位的边际成本 $C'(x)=100+0.1x$,固定成本为 200 元,边际收益 $R'(x)=15$,求利润函数.

解   由 $C'(x)=100+0.1x$ 可得总成本函数为

$$C(x)=\int C'(x)\mathrm{d}x=\int (100+0.1x)\mathrm{d}x$$
$$=100x+0.05x^2+c_1$$

由已知条件,当 $x=0$ 时 $C=200$,代入上式,有

$$200=100\times 0+0.05\times 0^2+c_1$$

得 $c_1=200$,所以总成本函数 $C(x)=0.05x^2+100x+200$.

由边际收益求出总收益函数:

$$R(x)=\int R'(x)\mathrm{d}x=\int 15\mathrm{d}x=15x+c_2$$

由收益函数的含义知:当 $x=0$ 时,收益 $R=0$,代入上式可得 $c_2=0$,所以总收益函数

$$R(x)=15x$$

故利润函数 $L(x)=R(x)-C(x)=-(0.05x^2+85x+200)$.

例 12   求下列有理函数的不定积分:

$(1)\ \displaystyle\int \frac{2x+3}{(x-2)(x+5)}\mathrm{d}x;\qquad (2)\ \displaystyle\int \frac{1}{(x+1)(x^2+1)}\mathrm{d}x$

解 (1) 设 $\dfrac{2x+3}{(x-2)(x+5)}=\dfrac{A}{x-2}+\dfrac{B}{x+5}$，其中 A,B 为待定常数，去分母，两端同乘以 $(x-2)(x+5)$，得

$$2x+3=A(x+5)+B(x-2)$$

即

$$2x+3=(A+B)x+(5A-2B)$$

比较两端同次幂系数，得

$$A+B=2,\qquad 5A-2B=3$$

由此可解得 $A=1,B=1$，所以

$$\frac{2x+3}{(x-2)(x+5)}=\frac{1}{x-2}+\frac{1}{x+5}$$

从而

$$\int\frac{2x+3}{(x-2)\cdot(x+5)}\mathrm{d}x=\int\left(\frac{1}{x-2}+\frac{1}{x+5}\right)\mathrm{d}x$$

$$=\ln\mid x-2\mid+\ln\mid x+5\mid+c$$

$$=\ln\mid(x-2)\cdot(x+5)\mid+c$$

(2) 真分式 $\dfrac{1}{(x+1)(x^2+1)}$ 可以写成

$$\frac{1}{(x+1)(x^2+1)}=\frac{A}{x+1}+\frac{Bx+C}{x^2+1}$$

其中 A,B,C 为待定常数，去分母，两端同乘以 $(x+1)(x^2+1)$，得

$$1=A(x^2+1)+(Bx+C)(x+1)$$

即

$$1=(A+B)x^2+(B+C)x+A+C$$

比较两端同次幂系数，得

$$A+B=0,B+C=0,A+C=1$$

由此可解得 $A=\dfrac{1}{2},B=-\dfrac{1}{2},C=\dfrac{1}{2}$，所以

$$\frac{1}{(x+1)(x^2+1)} = \frac{1}{2(x+1)} + \frac{1-x}{2(x^2+1)}$$

于是

$$\int \frac{1}{(x+1)(x^2+1)}dx = \int \left[\frac{1}{2(x+1)} + \frac{1-x}{2(x^2+1)} \right]dx$$

$$= \int \frac{dx}{2(x+1)} + \int \frac{1-x}{2(x^2+1)}dx$$

$$= \frac{1}{2}\ln|x+1| + \int \frac{dx}{2(x^2+1)} - \int \frac{xdx}{2(x^2+1)}$$

$$= \frac{1}{2}\ln|x+1| + \frac{1}{2}\arctan x - \frac{1}{4}\int \frac{d(x^2+1)}{x^2+1}$$

$$= \frac{1}{2}\ln|x+1| + \frac{1}{2}\arctan x - \frac{1}{4}\ln(x^2+1) + c$$

$$= \frac{1}{4}\ln\frac{(x+1)^2}{x^2+1} + \frac{1}{2}\arctan x + c$$

对于简单的有理函数的积分法,只就教材上几种类型进行理解即可(包括上面的两题),无需进一步拓展它的范围.

小　　结

1. 本章的主要内容与重点

本章的主要内容是原函数与不定积分的概念,以及不定积分的性质和求法.

本章的重点是原函数与不定积分的概念,基本积分公式表,换元积分法与分部积分法.难点是换元法及基本积分方法的综合运用.

2. 求不定积分的基本方法

(1) 直接积分法　利用基本积分公式表与不定积分的性质求得结果.

可以直接积分的函数并不多,要牢记它们,以下函数以及这些函数的常数倍、和与差都可以直接(或只需经过适当的代数和三角恒等变形)积分.

$$c, x^a, a^x, \sin x, \cos x, \sec^2 x, \csc^2 x, \tan^2 x, \cot^2 x,$$

$$\sec x \cdot \tan x, \csc x \cdot \cot x, \sin^2 \frac{x}{2}, \cos^2 \frac{x}{2}, \frac{1}{\sqrt{1-x^2}},$$

$$\frac{1}{1+x^2}, \frac{x^2}{1+x^2}, \frac{x^4}{1+x^2}, \frac{x^2}{x^2-a^2} \text{等}.$$

（2）换元积分法　通过适当的变量代换,将被积表达式化为基本积分公式表中的某一被积表达式,求出结果(最后需将变量还原).按其应用的侧重不同又可分为第一换元法(凑微分法)与第二换元法.

第一换元法又称凑微分法,一般常用的凑微分公式可归纳如下：

① $a \cdot \mathrm{d}x = \mathrm{d}(ax) = \mathrm{d}(ax+b)$　（其中 a,b 为常数）

② $x^m \mathrm{d}x = \dfrac{1}{m+1} \mathrm{d}x^{m+1} = \dfrac{1}{(m+1)a} \mathrm{d}(ax^{m+1}+b)$

　　（其中 a、b 为常数,$a \neq 0, m \neq -1$）

特别地

$$m = 0 \text{ 时}, x^m \mathrm{d}x = \mathrm{d}x = \frac{1}{a} \mathrm{d}(ax+b)$$

$$m = 1 \text{ 时}, x^m \mathrm{d}x = x \mathrm{d}x = \frac{1}{2} \mathrm{d}(x^2) = \frac{1}{2a} \mathrm{d}(ax^2+b)$$

$$m = -\frac{1}{2} \text{ 时}, x^m \mathrm{d}x = \frac{1}{\sqrt{x}} \mathrm{d}x = 2\mathrm{d}\sqrt{x}$$

③ $\dfrac{1}{x} \mathrm{d}x = \mathrm{d}\ln|x|$ 或 $\dfrac{\mathrm{d}x}{a+x} = \mathrm{d}\ln|x+a|$（$a$ 为常数）

④ $\mathrm{e}^{ax} \mathrm{d}x = \dfrac{1}{a} \mathrm{d}\mathrm{e}^{ax}$　　　（$a \neq 0$）

⑤ $\sin x \mathrm{d}x = \mathrm{d}(-\cos x) = -\mathrm{d}\cos x$

⑥ $\cos x \mathrm{d}x = \mathrm{d}\sin x$;

⑦ $\sec^2 x \mathrm{d}x = \dfrac{1}{\cos^2 x} \mathrm{d}x = \mathrm{d}\tan x$

⑧ $\csc^2 x \mathrm{d}x = \dfrac{1}{\sin^2 x} \mathrm{d}x = \mathrm{d}(-\cot x) = -\mathrm{d}\cot x$

⑨ $\dfrac{1}{1+x^2} \mathrm{d}x = \mathrm{d}\arctan x$ 或（$-\mathrm{d}\mathrm{arccot} x$）

⑩ $\dfrac{1}{\sqrt{1-x^2}} \mathrm{d}x = \mathrm{d}\arcsin x$　（或 $-\mathrm{d}\arccos x$）

第一换元法主要用于复合函数的积分,它的关键和困难之处在于把被积函数配成中间变量 u 的函数与 u 的微分之积的形式,即凑微分.上述这些凑微分式,请读者熟记.

第二换元法常用来解决一些简单的无理函数的积分问题.第二换元积分的关键是恰当地选定函数 $x = \varphi(t)$,使被积函数变到能采用基本积分公式.

常见的换元如表 5.1.

表 5.1

代换名称	被积函数含有	换元式
三角代换	$\sqrt{a^2 - x^2}$	$x = a\sin t$ 或 $x = a\cos t$
	$\sqrt{a^2 + x^2}$	$x = a\tan t$ 或 $x = a\cot t$
	$\sqrt{x^2 - a^2}$	$x = a\sec t$ 或 $x = a\csc t$
无理代换	$\sqrt[n]{ax + b}$	$\sqrt[n]{ax + b} = t$ 即 $x = \dfrac{1}{a}(t^n - b)$
	$\dfrac{1}{x^n}$	$\dfrac{1}{x} = t$ 即 $x = \dfrac{1}{t}$

(3) 分部积分法　利用分部积分公式 $\displaystyle\int u\,\mathrm{d}v = uv - \int v\,\mathrm{d}u$，可将求 $\displaystyle\int u\,\mathrm{d}v$ 形式的不定积分化为求 $\displaystyle\int v\,\mathrm{d}u$ 形式的不定积分，当后者较容易求出结果即可用分部积分公式. 用分部积分公式计算不定积分的关键是选择适当的 u 和 $\mathrm{d}v$，如果 u 和 $\mathrm{d}v$ 选择不当，就可能不易求出或求不出结果. 有时还要多次利用分部积分通过一循环过程而求出不定积分. 常见的适应分部积分法来计算的不定积分类型及 u 和 $\mathrm{d}v$ 的选择如表 5.2.

表 5.2

不定积分类型	u,$\mathrm{d}v$ 的选择
$\displaystyle\int x^k \mathrm{e}^{ax}\,\mathrm{d}x$	$u = x^k$，$\mathrm{d}v = \mathrm{e}^{ax}\,\mathrm{d}x$
$\displaystyle\int x^k \sin bx\,\mathrm{d}x$	$u = x^k$，$\mathrm{d}v = \sin bx\,\mathrm{d}x$
$\displaystyle\int x^k \cos bx\,\mathrm{d}x$	$u = x^k$，$\mathrm{d}v = \cos bx\,\mathrm{d}x$
$\displaystyle\int x^k \ln x\,\mathrm{d}x$	$u = \ln x$，$\mathrm{d}v = x^k\,\mathrm{d}x$
$\displaystyle\int x^k \arcsin x\,\mathrm{d}x$	$u = \arcsin x$，$\mathrm{d}v = x^k\,\mathrm{d}x$
$\displaystyle\int x^k \arccos x\,\mathrm{d}x$	$u = \arccos x$，$\mathrm{d}v = x^k\,\mathrm{d}x$
$\displaystyle\int x^k \arctan x\,\mathrm{d}x$	$u = \arctan x$，$\mathrm{d}v = x^k\,\mathrm{d}x$

不定积分类型	$u, \mathrm{d}v$ 的选择
$\displaystyle\int \mathrm{e}^{ax}\sin bx\,\mathrm{d}x$	$u = \mathrm{e}^{ax}, \mathrm{d}v = \sin bx\,\mathrm{d}x$
	或 $u = \sin bx, \mathrm{d}v = \mathrm{e}^{ax}\,\mathrm{d}x$
$\displaystyle\int \mathrm{e}^{ax}\cos bx\,\mathrm{d}x$	$u = \mathrm{e}^{ax}, \mathrm{d}v = \cos bx\,\mathrm{d}x$
	或 $u = \cos bx, \mathrm{d}v = \mathrm{e}^{ax}\,\mathrm{d}x$

(4) 有理函数的积分法　有理函数的不定积分需要《高等代数》的部分分式的知识,我们只通过例子来说明一些简单真分式不定积分的求法.

3. 运用不定积分来研究某些经济学问题

本章的经济应用问题主要是已知边际经济函数,求原经济函数的问题,这实际上就是求不定积分或原函数问题.为惟一地确定原经济函数,一般事先都要给定一个初始条件,例如:已知边际成本函数为 $C'(x)$,则总成本函数为 $C = \int C'(x)\mathrm{d}x = C(x) + c_1$($c_1$ 为积分常数).为确定 c_1,就要给定固定成本 c_0,即 $x = 0$ 的时成本,于是 $c_1 = c_0 = C(0)$.

类似地,如果已知边际收益函数 $R'(x)$,则总收益函数 $R = \int R'(x)\mathrm{d}x = R(x) + c$($c$ 为积分常数),一般用 $x = 0, R = 0$,即 $R(0) = 0$ 这个初始条件来确定积分常数 c,得 $c = 0$.

4. 微分学的基本问题是:已知一个函数,要求出函数的变化率,即求导数.它的反问题是:已知一个函数的变化率或已知导数,要求原来的函数,这正是积分学的基本问题,所以求导数与求不定积分互为逆运算.

我们知道,初等函数在其定义域内均为连续函数,因而他们的不定积分存在,那么它们的不定积分是否都能用初等函数表示呢? 本书所讲的例题及习题都是能用初等函数表示不定积分的,但请读者注意,有些函数的不定积分虽然存在,但不能用初等函数表示,通常说这些积分为积不出来.例如:

$$\int \mathrm{e}^{-x^2}\,\mathrm{d}x, \int \frac{\sin x}{x}\,\mathrm{d}x, \int \frac{\mathrm{d}x}{\ln x}, \int \frac{\mathrm{d}x}{\sqrt{1 + x^4}}, \int \sqrt{\sin x}\,\mathrm{d}x, \int \sin x^2\,\mathrm{d}x$$

等.这类问题可以从另外的途径去解决.比如,可用函数的幂级数的方法去处理.此外,在不定积分中积分常数千万不能漏写,它代表无穷个原函数.如果需要确定积分常数(即在无穷多个原函数中确定一个)则需要另外给出一个条件.

习 题 五

练习题(一)

1. 解下列问题:

(1) 求一曲线 $y = f(x)$,使它在点 x 处的切线斜率为 $2x$,且过点 $(2,5)$.

(2) 已知函数 $y = f(x)$ 的导数等于 $x+2$,且 $x=2$ 时 $y=5$,求这个函数.

(3) 已知质点在时刻 t 的速度为 $v = t - 2$,且 $t=0$ 时 $s=5$,求此质点的运动方程.

(4) 已知边际收益是产量 x 的函数 $R'(x) = 15 - 2x$,求收益函数.

(5) 已知某产品产量的变化率是时间 t 的函数,$f(t) = at + b(a,b$ 是常数),设此产品 t 时的产量函数为 $P(t)$,已知 $P(0)=0$,求 $P(t)$.

2. 求下列不定积分:

(1) $\int (3x^2 - 4x + 1)\mathrm{d}x$;

(2) $\int (2x^3 - 3\sin x + 5\sqrt{x})\mathrm{d}x$

(3) $\int \left(\sqrt[3]{x} - \dfrac{1}{\sqrt{x}}\right)\mathrm{d}x$;

(4) $\int \mathrm{e}^x (2 + \sqrt{x}\mathrm{e}^{-x})\mathrm{d}x$

(5) $\int \dfrac{x^2 + \sqrt{x^3} + 3}{\sqrt{x}}\mathrm{d}x$;

(6) $\int \dfrac{x^2}{x^2+1}\mathrm{d}x$

(7) $\int 3^x \mathrm{e}^x \mathrm{d}x$;

(8) $\int \dfrac{\cos 2x}{\sin^2 x \cos^2 x}\mathrm{d}x$

(9) $\int \cot^2 x \mathrm{d}x$;

(10) $\int \left(3\mathrm{e}^x + \dfrac{1}{1+x^2} - \dfrac{1}{x^2}\right)\mathrm{d}x$

(11) $\int \dfrac{\mathrm{e}^{2x}-1}{\mathrm{e}^x-1}\mathrm{d}x$;

(12) $\int \dfrac{2x^2-1}{1+x^2}\mathrm{d}x$

3. 求下列不定积分:

(1) $\int \cos 5x \mathrm{d}x$;

(2) $\int 2\sqrt{2x+1}\mathrm{d}x$

(3) $\int (1+x)^6 \mathrm{d}x$;

(4) $\int \mathrm{e}^{-x}\mathrm{d}x$

(5) $\int x^2 \sqrt{1-x^3}\mathrm{d}x$;

(6) $\int \dfrac{\mathrm{e}^x}{1+\mathrm{e}^x}\mathrm{d}x$

(7) $\int \dfrac{\mathrm{d}x}{x\ln x}$;

(8) $\int \dfrac{\tan\frac{1}{x}}{x^2}\mathrm{d}x$

(9) $\int \dfrac{2x}{1+x^2}\mathrm{d}x$;

(10) $\int \dfrac{\mathrm{d}x}{1+2x}$

(11) $\int \dfrac{\mathrm{e}^{\frac{1}{x}}}{x^2}\mathrm{d}x$;

(12) $\int \cot 2x \mathrm{d}x$

$(13) \displaystyle\int \frac{x-1}{x^2+1}\mathrm{d}x$；

$(14) \displaystyle\int \frac{1}{\sin^2 x\cos^2 x}\mathrm{d}x$

$(15) \displaystyle\int \cos3x\sin x\mathrm{d}x$；

$(16) \displaystyle\int \frac{\mathrm{d}x}{x^2-6x+5}$

$(17) \displaystyle\int \cos^3 x\mathrm{d}x$；

$(18) \displaystyle\int \frac{1}{\mathrm{e}^x+\mathrm{e}^{-x}}\mathrm{d}x$

4. 求下列不定积分：

$(1) \displaystyle\int x^2\sqrt{1+x}\,\mathrm{d}x$；

$(2) \displaystyle\int \frac{\mathrm{d}x}{\sqrt{x}(1+x)}$

$(3) \displaystyle\int \frac{\sin\sqrt{x}}{\sqrt{x}}\mathrm{d}x$；

$(4) \displaystyle\int \frac{\mathrm{d}x}{(a^2-x^2)^{\frac{3}{2}}}$

$(5) \displaystyle\int \frac{\mathrm{d}x}{x\sqrt{x-1}}$；

$(6) \displaystyle\int \frac{\sqrt{a^2+x^2}}{x^4}\mathrm{d}x$

$(7) \displaystyle\int \frac{\sqrt{x^2-a^2}}{x}\mathrm{d}x$；

$(8) \displaystyle\int \frac{\mathrm{d}x}{\sqrt{25-16x^2}}$

$(9) \displaystyle\int \frac{x^2}{\sqrt{1-x^2}}\mathrm{d}x$；

$(10) \displaystyle\int \frac{\mathrm{d}x}{x\sqrt{x^2+1}}$

$(11) \displaystyle\int x\sqrt{1+x}\,\mathrm{d}x$；

$(12) \displaystyle\int \frac{x\,\mathrm{d}x}{\sqrt{x^2+6x+5}}$

5. 求下列不定积分：

$(1) \displaystyle\int x\sin2x\mathrm{d}x$；

$(2) \displaystyle\int \ln(x^2+1)\mathrm{d}x$

$(3) \displaystyle\int \mathrm{e}^{\sqrt{x}}\mathrm{d}x$；

$(4) \displaystyle\int \ln^2 x\mathrm{d}x$

$(5) \displaystyle\int x\arctan x\mathrm{d}x$；

$(6) \displaystyle\int (x-1)\mathrm{e}^x\mathrm{d}x$

$(7) \displaystyle\int x^n\ln x\mathrm{d}x(n\neq-1)$；

$(8) \displaystyle\int \sec^3 x\mathrm{d}x$

$(9) \displaystyle\int \mathrm{e}^{-x}\cos x\mathrm{d}x$；

$(10) \displaystyle\int x\sin\sqrt{x}\,\mathrm{d}x$

$(11) \displaystyle\int \ln(x+\sqrt{1+x^2})\mathrm{d}x$；

$(12) \displaystyle\int (\arcsin x)^2\mathrm{d}x$

6. 求下列有理函数的不定积分：

$(1) \displaystyle\int \frac{2x+3}{x(x-1)(x+2)}\mathrm{d}x$；

$(2) \displaystyle\int \frac{\mathrm{d}x}{x^3+1}$

$(3) \displaystyle\int \frac{x^4}{x^4-1}\mathrm{d}x$；

$(4) \displaystyle\int \frac{x\,\mathrm{d}x}{(x+2)(x+3)^2}$

$(5) \displaystyle\int \frac{3x+1}{x^2-3x+2}\mathrm{d}x$；

$(6) \displaystyle\int \frac{x\,\mathrm{d}x}{x^3-1}$

7. 设某产品的边际费用 $160x^{-\frac{1}{3}}$，x 为生产量，已知制作 500 件的费用为 17000 元，试求费用函数.

8. 设某商品的需求量 Q 是价格 P 的函数,即 $Q=f(P)$.最大需求量为 5000(即 $P=0$ 时, $Q=5000$).已知需求量的变化率(边际需求)为

$$Q' = f(P) = -5000(\ln2)\left(\frac{1}{2}\right)^P$$

求需求量与价格的函数 $Q=f(P)$.

9. 某产品边际成本函数 $C'(x) = x^{-\frac{1}{2}} + \frac{1}{2000}$,边际收益函数 $R'(x) = 100 - 0.01x$, 求总成本函数及收益函数.已知 10000 件物品的总成本是 1200 元.

练习题(二)

一、单项选择题

1. 在区间 (a,b) 内,如果 $f'(x) = \varphi'(x)$,则一定有(　　).

(A) $f(x) = \varphi(x)$;　　　　　　　　(B) $f(x) = \varphi(x) + c$

(C) $\left[\int f(x)\mathrm{d}x\right]' = \left[\int \varphi(x)\mathrm{d}x\right]'$;　　(D) $f(x) = \varphi(x) + 1$

2. 若 $F'(x) = f(x)$,则 $\int \mathrm{d}F(x) = ($　　$)$.

(A) $f(x)$;　　　　　　　　　　　(B) $F(x)$

(C) $f(x) + c$;　　　　　　　　　　(D) $F(x) + c$

3. 下列结论正确的是(　　).

(A) 初等函数在其定义域内必有原函数;

(B) 初等函数的原函数仍是初等函数;

(C) 初等函数在其定义域内必有导数;

(D) 任一函数都有原函数.

4. 函数 $\frac{1}{x}$ 的所有原函数是(　　).

(A) $-\frac{1}{x^2} + c$;　　　　　　　　(B) $\ln x + c$

(C) $\ln(-x) + c$;　　　　　　　　　(D) $\ln|x| + c$

5. 经过点 $(1,0)$ 且切线斜率为 $3x^2$ 的曲线方程是(　　).

(A) $y = x^3 - 1$;　　　　　　　　　(B) $y = x^3$

(C) $y = x^3 + 1$;　　　　　　　　　(D) $y = x^3 + c$

6. 若 $\int f(x)\mathrm{d}x = 2\sin\frac{x}{2} + c$,则 $f(x) = ($　　$)$.

(A) $\cos\frac{x}{2} + c$;　　　　　　　　(B) $\cos\frac{x}{2}$

(C) $2\cos\frac{x}{2} + c$;　　　　　　　(D) $2\sin\frac{x}{2}$

7. 若 $\int f(x)\mathrm{d}x = F(x) + c$,则 $\int \mathrm{e}^{-2x} f(\mathrm{e}^{-2x})\mathrm{d}x = ($　　$)$.

(A) $F(\mathrm{e}^{-2x})+c$;　　　　　　　　　(B) $-F(\mathrm{e}^{-2x})+c$

(C) $-2F(\mathrm{e}^{-2x})+c$;　　　　　　　(D) $-\dfrac{1}{2}F(\mathrm{e}^{-2x})+c$

8. $\displaystyle\int\dfrac{f'(x)}{1+[f(x)]^{2}}\mathrm{d}x=(\quad)$.

(A) $\ln|1+f(x)|+c$;　　　　　　　　(B) $\dfrac{1}{2}\ln|1+[f(x)]^{2}|+c$

(C) $\arctan f(x)+c$;　　　　　　　　(D) $\dfrac{1}{2}\arctan x+c$

9. 若不定积分 $\displaystyle\int f(x)\mathrm{d}x$ 中的被积函数 $f(x)$ 是关于 $\sqrt{4-9x^{2}}$ 的有理式,则求积分时应作的代换为(　　).

(A) $t=\sqrt{4-9x^{2}}$;　　　　　　　(B) $3x=2\sin t$

(C) $3x=2\tan t$;　　　　　　　　　　(D) $3x=2\sec t$

10. 曲线 $y=f(x)$ 在 x 点的切线斜率为 $\dfrac{1}{2}x$,且过点 $(2,2)$,则该曲线方程为(　　).

(A) $y=\dfrac{1}{4}x^{2}+3$;　　　　　　　(B) $y=\dfrac{1}{2}x^{2}+1$

(C) $y=\dfrac{1}{4}x^{2}+1$;　　　　　　　(D) $y=\dfrac{1}{2}x^{2}+3$

二、填空题

1. 若函数 $f(x)$ 存在原函数,则有_____个原函数,其中任意两个原函数之差是____.

2. 验证不定积分的结果是否正确,只须将其结果求导,看此导函数是否与_____相同.

3. $\dfrac{\mathrm{d}}{\mathrm{d}x}\Big[\displaystyle\int f(x)\mathrm{d}x\Big]=$_____.

4. 若 $\Big(\displaystyle\int f(x)\mathrm{d}x\Big)'=\mathrm{e}^{x}$,则 $f(x)=$_____.

5. 设 $F(x)$ 是 $f(x)$ 的一个原函数,则 $\displaystyle\int xf(x^{2})\mathrm{d}x=$_____.

6. $\displaystyle\int \mathrm{e}^{x}\sin\mathrm{e}^{x}\mathrm{d}x=$_____.

7. $\displaystyle\int x(1+x^{2})^{99}\mathrm{d}x=$_____.

8. 已知 $f(x)=\displaystyle\int(x^{2}+1)\mathrm{e}^{5x}\mathrm{d}x$,则 $f'(0)=$_____.

9. 某产品产量为 x 的边际成本 $C'(x)=2+0.2x$,且固定成本为 2,则总成本函数 $C(x)=$_____,平均成本函数 $\overline{C}(x)=$_____.

10. 已知边际收益是销售量 x 的函数 $R'(x)=5-0.2x$,则收益函数 $R(x)=$_____,平均收益函数 $\overline{R}(x)=$_____,价格函数 $P(x)=$_____.

三、判断题

1. 若函数 $f(x)$ 的某一个原函数是常数,则 $f(x)=0$ （　　）

2. 若 $F(x)=f'(x)$,则 $\int F(x)\mathrm{d}x=f(x)+c$ （　　）

3. 若 $F'(x)=f(x)$,则 $\int f(ax)\mathrm{d}x=F(ax)+c$ （　　）

4. 若 $F'(x)=f(x)$,则 $\int f(\sin x)\cos x\mathrm{d}x=F(\sin x)+c$ （　　）

5. $\int \dfrac{\mathrm{d}x}{1-x^2}=\dfrac{1}{2}\int\left(\dfrac{1}{1+x}+\dfrac{1}{1-x}\right)\mathrm{d}x$

$=\dfrac{1}{2}(\ln|1+x|+\ln|1-x|)+c$ （　　）

6. $\int \dfrac{\ln x}{x}\mathrm{d}x=\int\dfrac{1}{x}\mathrm{d}\left(\dfrac{1}{x}\right)=\dfrac{1}{2}\left(\dfrac{1}{x}\right)^2+c$ （　　）

7. $\int \dfrac{1-\cos^2 x}{\cos^2 x}\mathrm{d}x=\int\dfrac{\mathrm{d}x}{\cos^2 x}-\int\dfrac{\mathrm{d}x}{\cos x}=\tan x-\ln|\cos x|+c$ （　　）

8. $\int \arcsin x\mathrm{d}x+\int \arccos x\mathrm{d}x=\dfrac{\pi}{2}x+c$ （　　）

9. $\int \sin^2 x\mathrm{d}x=\dfrac{1}{3}\sin^3 x+c$ （　　）

10. 两个函数 $f(x)$ 与 $g(x)$ 不定积分相等就是两个函数 $f(x)$ 与 $g(x)$ 的函数集合相等. （　　）

四、解答题

1. 计算下列不定积分:

(1) $\int\left(\dfrac{6}{\sqrt[3]{x}}-\dfrac{5}{x^2}\right)\mathrm{d}x$;　　(2) $\int\dfrac{\ln x}{x^3}\mathrm{d}x$

(3) $\int\dfrac{\mathrm{d}x}{(1+x^2)^{\frac{3}{2}}}$;　　(4) $\int x\sqrt{1-x^2}\mathrm{d}x$

(5) $\int\dfrac{2x+1}{x^2+1}\mathrm{d}x$;　　(6) $\int x\mathrm{e}^{-2x}\mathrm{d}x$

(7) $\int\cot 3x\mathrm{d}x$;　　(8) $\int \mathrm{e}^{\sin x}\cos x\mathrm{d}x$

(9) $\int x^2\sin 2x\mathrm{d}x$;　　(10) $\int\dfrac{4x+6}{x(x-2)(x-3)}\mathrm{d}x$

2. 某产品的边际成本函数 $C'(x)=3\sqrt{x}-\dfrac{1}{20}$,边际收益函数 $R'(x)=14.05-0.02x$,固定成本为500,求总成本函数,收益函数和利润函数.

3. 某产品总成本 C 是产量 x 的函数,已知单位成本的变化率是 -0.03,且已知生产100个单位产品时,单位成本为497元,求单位成本函数与总成本函数.

4. 设某一商品,每周生产 x 单位时,总费用的变化率为 $f(x)=0.6x-10$(元/单位),求总费用 $F(x)$.如果这种商品的销售单价是20元,求总利润.并问每周生产多少单位时,才能获得最大利润?

答　　案

练习题(一)

1. (1) $y = x^2 + 1$

(2) $y = \dfrac{1}{2}x^2 + 2x - 1$

(3) $s = \dfrac{1}{2}t^2 - 2t + 5$

(4) 收益函数 $R(x) = 15x - x^2$

(5) $P(t) = \dfrac{1}{2}at^2 + bt$

2. (1) $x^3 - 2x^2 + x + c$;　　　　　　(2) $\dfrac{1}{2}x^4 + 3\cos x + \dfrac{10}{3}x\sqrt{x} + c$

(3) $\dfrac{3}{4}x^{\frac{4}{3}} - 2x^{\frac{1}{2}} + c$;　　　　　　(4) $2e^x + \dfrac{2}{3}x\sqrt{x} + c$

(5) $\dfrac{2}{5}x^{\frac{5}{2}} + \dfrac{1}{2}x^2 + 6x^{\frac{1}{2}} + c$;　　　(6) $x - \arctan x + c$

(7) $\dfrac{3^x e^x}{1 + \ln 3} + c$;　　　　　　(8) $-(\cot x + \tan x) + c$

(9) $-(\cot x + x) + c$;　　　　　(10) $3e^x + \arctan x + \dfrac{1}{x} + c$

(11) $e^x + x + c$;　　　　　　　(12) $2x - 3\arctan x + c$

3. (1) $\dfrac{1}{5}\sin 5x + c$;　　　　　　(2) $\dfrac{2}{3}(2x + 1)^{\frac{3}{2}} + c$

(3) $\dfrac{1}{7}(1 + x)^7 + c$;　　　　　(4) $-e^{-x} + c$

(5) $-\dfrac{2}{9}(1 - x^3)^{\frac{3}{2}} + c$;　　　(6) $\ln(1 + e^x) + c$

(7) $\ln|\ln x| + c$;　　　　　　(8) $\ln\left|\cos\dfrac{1}{x}\right| + c$

(9) $\ln(1 + x^2) + c$;　　　　　(10) $\dfrac{1}{2}\ln|1 + 2x| + c$

(11) $-e^{\frac{1}{x}} + c$;　　　　　　(12) $\dfrac{1}{2}\ln|\sin 2x| + c$

(13) $\dfrac{1}{2}\ln(x^2 + 1) - \arctan x + c$;　(14) $\tan x - \cot x + c$

(15) $\dfrac{1}{4}\cos 2x - \dfrac{1}{8}\cos 4x + c$;　(16) $\dfrac{1}{4}\ln\left|\dfrac{x - 5}{x - 1}\right| + c$

(17) $\sin x - \dfrac{1}{3}\sin^3 x + c$; (18) $\arctan(e^x) + c$

4. (1) $\dfrac{2}{7}(1+x)^{\frac{7}{2}} - \dfrac{4}{5}(1+x)^{\frac{5}{2}} + \dfrac{2}{3}(1+x)^{\frac{3}{2}} + c$

(2) $2\arctan\sqrt{x} + c$; (3) $-2\cos\sqrt{x} + c$

(4) $\dfrac{x}{a^2\sqrt{a^2-x^2}} + c$; (5) $2\arctan\sqrt{x-1} + c$

(6) $-\dfrac{1}{3a^2}\left(1+\dfrac{a^2}{x^2}\right)^{\frac{3}{2}} + c$; (7) $\sqrt{x^2-a^2} - a\arccos\dfrac{a}{x} + c$

(8) $\dfrac{1}{4}\arcsin\dfrac{4}{5}x + c$; (9) $\dfrac{1}{2}(\arcsin x - x\sqrt{1-x^2}) + c$

(10) $\ln\dfrac{|x|}{1+\sqrt{x^2+1}} + c$; (11) $\dfrac{2}{5}(1+x)^{\frac{5}{2}} - \dfrac{2}{3}(1+x)^{\frac{3}{2}} + c$

(12) $\sqrt{x^2+6x+5} - 3\ln|x+3-\sqrt{x^2+6x+5}| + c$

5. (1) $\dfrac{1}{4}\sin 2x - \dfrac{1}{2}x\cos 2x + c$

(2) $x\ln(x^2+1) - 2x + 2\arctan x + c$

(3) $2e^{\sqrt{x}}(\sqrt{x}-1) + c$

(4) $x(\ln^2 x - 2\ln x + 2) + c$

(5) $\dfrac{1}{2}(-x + \arctan x + x^2\arctan x) + c$

(6) $(x-2)e^x + c$

(7) $\dfrac{1}{n+1}x^{n+1}\left(\ln|x| - \dfrac{1}{n+1}\right) + c$

(8) $\dfrac{1}{2}(\sec x\tan x + \ln|\sec x + \tan x|) + c$

(9) $\dfrac{1}{2}e^{-x}(\sin x - \cos x) + c$

(10) $2(6-x)\sqrt{x}\cos\sqrt{x} - 6(2-x)\sin\sqrt{x} + c$

(11) $x\ln(x+\sqrt{1+x^2}) - \sqrt{1+x^2} + c$

(12) $x(\arcsin x)^2 + 2\sqrt{1-x^2}\arcsin x - 2x + c$

6. (1) $-\dfrac{3}{2}\ln|x| + \dfrac{5}{3}\ln|x-1| - \dfrac{1}{6}\ln|x+2| + c$

(2) $\dfrac{1}{6}\ln\dfrac{(x+1)^2}{x^2-x+1} + \dfrac{1}{\sqrt{3}}\arctan\dfrac{2x-1}{\sqrt{3}} + c$

(3) $x + \dfrac{1}{4}\ln\left|\dfrac{x-1}{x+1}\right| - \dfrac{1}{2}\arctan x + c$

(4) $\ln\left(\dfrac{x+3}{x+2}\right)^2 - \dfrac{3}{x+3} + c$

(5) $-4\ln|x-1| + 7\ln|x-2| + c$

(6) $\dfrac{1}{6}\ln\dfrac{(x-1)^2}{x^2+x+1} + \dfrac{1}{\sqrt{3}}\arctan\dfrac{2x+1}{\sqrt{3}} + c$

7. 费用函数 $F(x) = 240x^{\frac{2}{3}} + 1880$

8. $Q = f(P) = 5000\left(\dfrac{1}{2}\right)^P$

9. $C(x) = 2x^{\frac{1}{2}} + \dfrac{x}{2000} + 995$

$R(x) = 100x - 0.005x^2$

练习题(二)

一、1. B　2.D　3.A　4.D　5.A　6. B　7. D　8.C　9. B　10.C

二、1. 无限多　常数　2. 被积函数

3. $f(x)$　4. e^x　5. $\dfrac{1}{2}F(x^2) + c$

6. $-\cos e^x + c$　7. $\dfrac{1}{200}(1+x^2)^{100} + c$

8. 1　9. $2x + 0.1x^2 + 2$，　$0.1x + \dfrac{2}{x} + 2$

10. $5x - 0.1x^2$，　$5 - 0.1x$，　$5 - 0.1x$

三、1. ✓　2. ✓　3. ✕　4. ✓

5. ✕　6. ✕　7. ✕　8. ✓

9. ✕　10. ✓

四、1. (1) $9x^{\frac{2}{3}} + \dfrac{5}{x} + c$；　(2) $-\dfrac{\ln x}{2x^2} - \dfrac{1}{4x^2} + c$

(3) $\dfrac{x}{\sqrt{1+x^2}} + c$；　(4) $-\dfrac{1}{3}(1-x^2)^{\frac{3}{2}} + c$

(5) $\ln(1+x^2) + \arctan x + c$

(6) $-\dfrac{1}{2}xe^{-2x} - \dfrac{1}{4}e^{-2x} + c$

(7) $\dfrac{1}{3}\ln|\sin 3x| + c$；　(8) $e^{\sin x} + c$

(9) $-\dfrac{2x^2-1}{4}\cos 2x + \dfrac{1}{2}x\sin 2x + c$

(10) $\ln|x| - 7\ln|x-2| + 6\ln|x-3| + c$

2. $C(x) = 2x^{\frac{3}{2}} - 0.05x + 500, R(x) = 14.05x - 0.01x^2$

$$L(x) = -0.01x^2 - 2x^{\frac{3}{2}} + 14.1x - 500$$

3. $\overline{C}(x) = -0.03x + 500$,　$C(x) = -0.03x^2 + 500x$

4. 总费用 $F(x) = 0.3x^2 - 10x$,总利润 $L(x) = 30x - 0.3x^2$, $x = 50$(单位)时, $L(x)$最大,最大利润 $L(50) = 750$(元).

第六章　定　积　分

在积分学中要解决两个基本问题:第一是原函数的求法问题,前一章中,我们已经对它作了详细的讨论;第二是关于定积分问题,定积分的概念与导数的概念一样,也是由于实际问题的需要而引进的.本章将介绍定积分的概念、性质、计算方法及其应用.

§6.1　定积分的概念

一、引出定积分概念的两个实例

1. 曲边梯形的面积

在直角坐标系中,由非负连续曲线 $y = f(x)$,直线 $x = a$,$x = b$ 及 x 轴所围成的图形 $AabB$,叫做曲边梯形,如图 6.1.

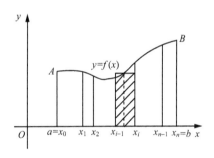

图 6.1

关于曲边梯形的面积,显然不能用初等数学的方法去解决,而要用极限方法去处理.

下面将求曲边梯形面积的具体方法叙述如下:

1) 分割

用分点 $x_1, x_2, \cdots, x_{n-1}$ 插入区间 $[a, b]$,并且令 $x_0 = a$,$x_n = b$,于是有

$$a = x_0 < x_1 < x_2 < \cdots < x_{n-1} < x_n = b$$

这样,就将 $[a, b]$ 分成 n 个小区间

$$[x_0,x_1],[x_1,x_2],\cdots,[x_{n-1},x_n]$$

这些小区间的长分别为

$$\Delta x_1 = x_1 - x_0,\quad \Delta x_2 = x_2 - x_1,\cdots,\quad \Delta x_n = x_n - x_{n-1}$$

过每个分点 $x_i(i=1,2,\cdots,n-1)$ 作 x 轴的垂线,把曲边梯形 $AabB$ 分成 n 个小曲边梯形(见图 6.1).用 S 表示曲边梯形 $AabB$ 的面积,ΔS_i 表示第 i 个小曲边梯形的面积,则有

$$S = \Delta S_1 + \Delta S_2 + \cdots + \Delta S_n = \sum_{i=1}^{n}\Delta S_i$$

2)求和

在每个小区间 $[x_{i-1},x_i](i=1,2,\cdots,n)$ 内任取一点 $\xi_i(x_{i-1}\leqslant\xi_i\leqslant x_i)$,过 ξ_i 作 x 轴的垂线与曲边交于点 $(\xi_i,f(\xi_i))$,以 Δx_i 为底、$f(\xi_i)$ 为高作矩形,则

$$\Delta S_i \approx f(\xi_i)\Delta x_i \quad (i = 1,2,\cdots,n)$$

作和

$$S_n = f(\xi_1)\Delta x_1 + f(\xi_2)\Delta x_2 + \cdots + f(\xi_n)\Delta x_n$$

$$= \sum_{i=1}^{n}f(\xi_i)\Delta x_i$$

显然,S_n 是 S 的一个近似值,即

$$S \approx S_n = \sum_{i=1}^{n}f(\xi_i)\Delta x_i$$

3)取极限

当 $[a,b]$ 分得越来越细,即 $\lambda = \max_{1\leqslant i\leqslant n}\{\Delta x_i\}$(表示所有小区间最大区间的长度)趋于零时,上述和数的极限就是曲边梯形 $AabB$ 的面积,即

$$S = \lim_{\lambda\to 0}\sum_{i=1}^{n}f(\xi_i)\Delta x_i$$

2. 变速直线运动的路程

在变速直线运动中,已知速度 v 是时间 t 的函数:$v=v(t)$,设 $v(t)$ 是 t 的连续函数,求在时间间隔 $[a,b]$ 内所走过的路程.

对于匀速直线运动,因为 v 是常数,求路程的问题可以用初等方法解决,而变速运动就不能用初等方法解决了.

具体步骤如下:

1)分割

用分点 $t_1,t_2,\cdots,t_{n-1}$ 插入时间间隔 $[a,b]$ 内,并且令 $t_0=a,t_n=b$,于是有

$$a = t_0 < t_1 < t_2 < \cdots < t_{n-1} < t_n = b$$

这样就将时间间隔 $[a,b]$ 分成 n 个小段:

$$[t_0,t_1],[t_1,t_2],\cdots,[t_{n-1},t_n]$$

第 i 段的长度 $\Delta t_i = t_i - t_{i-1}$ $(1\leqslant i\leqslant n)$

2)求和

在 $[t_{i-1},t_i]$ 上任取一点 ξ_i,将时间间隔 $[t_{i-1},t_i]$ 内的变速运动近似看成速度为 $v(\xi_i)$ 的匀速运动,则在时间间隔 $[t_{i-1},t_i]$ 内走过的路程为

$$\Delta S_i \approx v(\xi_i)\Delta t_i \quad (i = 1,2,\cdots,n)$$

作和,在时间间隔 $[a,b]$ 内走过的路程

$$S = \sum_{i=1}^{n}\Delta S_i \approx \sum_{i=1}^{n} v(\xi_i)\Delta t_i = S_n$$

则 S_n 是 S 的一个近似值.

3)取极限

令 $\lambda = \max_{1\leqslant i\leqslant n}\{\Delta t_i\}$,则当 $\lambda \to 0$(即分割越来越细)时,和数 S_n 的极限就是 $[a,b]$ 内走过的路程,即

$$S = \lim_{\lambda \to 0}\sum_{i=1}^{n} v(\xi_i)\Delta t_i$$

二、定积分的定义

从上面的两个实例可以看到,一个来自几何,一个来自物理.具体含义各不相同,但从数学的角度看,解决的方法是相同的,都归结为求同一结构的和数的极限.还有大量的实际问题的解决也是归结于这类极限(比如求非均匀变化的总产量等等).因此,需要对这种类型的极限问题进行一般性的研究.

如果撇开上面二个问题的几何意义与物理意义.单纯从数学结构上来考虑问题,而加以概括抽象出解决这类问题的一般思想,这就是我们要引进的一个新的概念——定积分的概念.

定义 6.1 设函数 $f(x)$ 在区间 $[a,b]$ 上有定义,用分点

$$a = x_0 < x_1 < x_2 < \cdots < x_n = b$$

将 $[a,b]$ 区间分成 n 个小区间 $[x_{i-1}, x_i]$ $(i=1,2,\cdots,n)$，其长度是

$$\Delta x_i = x_i - x_{i-1} \quad (i = 1,2,\cdots,n)$$

记 $\lambda = \max\limits_{1 \leqslant i \leqslant n}\{\Delta x_i\}$，在每个小区间 $[x_{i-1}, x_i]$ $(i=1,2,\cdots,n)$ 上，任意取一点 ξ_i $(x_{i-1} \leqslant \xi_i \leqslant x_i)$ 作和

$$\sigma_n = \sum_{i=1}^{n} f(\xi_i)\Delta x_i$$

称此和为 $f(x)$ 在 $[a,b]$ 上的一个积分和，现令 $\lambda \to 0$，若积分和 σ_n 有极限 I，这个 I 与分割 $[a,b]$ 的分法以及 ξ_i 的取法无关，则称此极限值 I 为函数 $f(x)$ 在区间 $[a,b]$ 上的定积分，记作

$$I = \lim_{\lambda \to 0} \sum_{i=1}^{n} f(\xi_i)\Delta x_i = \int_a^b f(x)\mathrm{d}x$$

其中 $f(x)$ 称为被积函数，x 称为积分变量，$f(x)\mathrm{d}x$ 称为被积表达式，$[a,b]$ 为积分区间，a,b 分别称为积分下，上限，"$\int$" 为积分号.

符号 $\int_a^b f(x)\mathrm{d}x$ 读做 "$f(x)$ 从 a 到 b 的积分(值)".

有了定积分的定义后，上面两个例子可用定积分表述如下：

曲边梯形的面积是曲边方程 $y = f(x)$ 在区间 $[a,b]$ 上的定积分，即

$$S = \int_a^b f(x)\mathrm{d}x \quad (f(x) \geqslant 0)$$

换言之，当 $f(x) \geqslant 0$ 时，积分 $\int_a^b f(x)\mathrm{d}x$ 几何意义是表示曲边方程为 $y = f(x)$ 的曲边梯形的面积.

物体作变速直线运动所走过的路程是速度函数 $v = v(t)$ 在时间区间 $[a,b]$ 上的定积分，即

$$S = \int_a^b v(t)\mathrm{d}t$$

关于定积分的定义，我们给出如下几点注记：

1)当积分和的极限存在，即 $\int_a^b f(x)\mathrm{d}x$ 是一个确定的值. 它只与被积函数 $f(x)$ 以及积分区间 $[a,b]$ 有关，而与积分变量用什么字母表示无关. 因此

$$\int_a^b f(x)\mathrm{d}x, \int_a^b f(t)\mathrm{d}t, \int_a^b f(u)\mathrm{d}u$$

表示同一积分值,即

$$\int_a^b f(x)\mathrm{d}x = \int_a^b f(t)\mathrm{d}t = \int_a^b f(u)\mathrm{d}u$$

2)函数 $f(x)$ 有界是可积的必要条件,事实上,如果被积函数在积分区间上无界时,我们总可以选取 ξ_i,使积分和成为无限大,此时积分的极限显然不存在,这说明无界函数是不可积的,由此可见函数 $f(x)$ 有界是可积的必要条件,关于函数的可积性,我们有这样两个结论:

(i)有限区间上的连续函数是可积的.

(ii)有限区间上只有有限个间断点的有界函数也是可积的.

它们的证明超出本书所要求的范围,所以在这里就不叙述了.

3)在定积分的定义中,我们假定 $a < b$,如果 $b < a$,我们规定

$$\int_a^b f(x)\mathrm{d}x = -\int_b^a f(x)\mathrm{d}x$$

即定积分的上限与下限互换时,定积分变号.

还规定 $a = b$ 时

$$\int_a^a f(x)\mathrm{d}x = 0$$

三、用定义计算定积分的例子

例 1 求由抛物线 $y = x^2$,直线 $x = 1$ 和 x 轴所围成的平面图形的面积.

解 因为曲线 $y = x^2$ 与 x 轴交点是坐标原点,所以该平面图形的面积就是曲线 $y = x^2$ 在区间 $[0,1]$ 上的定积分,即

$$S = \int_0^1 x^2\mathrm{d}x$$

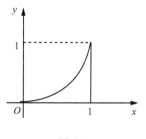

图 6.2

由于函数 $y = x^2$ 在区间 $[0,1]$ 上连续,所以它在该区间上可积.由定积分的定义可知,对于可积函数来说,不论区间如何分割,ξ_i 如何选取,当 $\lambda \to 0$ 时,积分和 σ_n 总趋于同一个极限值.因此,为计算方便,通常采用等分法.且在 $[x_{i-1}, x_i]$ 中取区间的端点或中点作为 ξ_i.

将区间 $[0,1]$ 分成 n 等份,分点是

$$0 < \frac{1}{n} < \frac{2}{n} < \cdots < \frac{n-1}{n} < \frac{n}{n} = 1$$

每一小区间的长度 $\Delta x_i = \frac{1}{n}$. 在每一小区间 $\left[\frac{i-1}{n}, \frac{i}{n}\right]$(第 i 个小区间)

上,取 $\xi_i = \frac{i-1}{n}$. 于是积分和是

$$\sigma_n = \sum_{i=1}^{n} f(\xi_i)\Delta x_i = \sum_{i=1}^{n}\left(\frac{i-1}{n}\right)^2 \frac{1}{n}$$

$$= \frac{1}{n^3}\sum_{i=1}^{n}(i-1)^2 = \frac{1}{n^3}\left[1^2 + 2^2 + \cdots + (n-1)^2\right]$$

$$= \frac{1}{n^3}\frac{n(n-1)(2n-1)}{6} = \frac{1}{6}\left(1 - \frac{1}{n}\right)\left(2 - \frac{1}{n}\right)$$

令 $\lambda = \max_{1 \leqslant i \leqslant n}\{\Delta x_i\} = \frac{1}{n} \to 0$,则 $n \to \infty$,于是有

$$\int_0^1 x^2 \mathrm{d}x = \lim_{\lambda \to 0}\sum_{i=1}^{n}\xi_i^2 \Delta x_i$$

$$= \lim_{n \to \infty}\frac{1}{6}\left(1 - \frac{1}{n}\right)\left(2 - \frac{1}{n}\right)$$

$$= \frac{1}{3}$$

例 2 求积分 $\int_a^b \mathrm{d}x$

解 这里 $f(x) = 1$,对 $[a,b]$ 作分割,分点是

$$a = x_0 < x_1 < \cdots < x_n = b$$

任取 $\xi_i \in [x_{i-1}, x_i] (i = 1, 2, \cdots, n)$,注意到 $f(\xi_i) = 1$,有

$$\sigma_n = \sum_{i=1}^{n} f(\xi_i)\Delta x_i = \sum_{i=1}^{n}\Delta x_i = b - a$$

令 $\lambda = \max_{1 \leqslant i \leqslant n}\{\Delta x_i\}$,则

$$\int_a^b \mathrm{d}x = \lim_{\lambda \to 0}\sum_{i=1}^{n} f(\xi_i)\Delta x_i = \lim_{\lambda \to 0}(b - a) = b - a$$

由上面两例可见,用定义直接求定积分,一般说来计算十分复杂.因此,在§6.3 中,我们将讨论定积分与不定积分(或原函数)之间的内在联系,从而给出利用原函数计算定积分的简便方法.

§6.2　定积分的基本性质

由定积分的定义或定积分的几何意义,容易得到如下基本性质:

性质 1　常数因子可以提到积分号外,即

$$\int_a^b kf(x)\mathrm{d}x = k\int_a^b f(x)\mathrm{d}x \quad (k \text{ 为常数})$$

事实上

$$\int_a^b kf(x)\mathrm{d}x = \lim_{\lambda \to 0}\sum_{i=1}^n kf(\xi_i)\Delta x_i$$

$$= k\lim_{\lambda \to 0}\sum_{i=1}^n f(\xi_i)\Delta x_i = k\int_a^b f(x)\mathrm{d}x$$

以下几条性质都可利用定义来证明,读者可自行补证.

性质 2　代数和的积分等于积分的代数和,即

$$\int_a^b [f(x) \pm g(x)]\mathrm{d}x = \int_a^b f(x)\mathrm{d}x \pm \int_a^b g(x)\mathrm{d}x$$

这个性质可以推广到任意有限个函数和的情况.

性质 3　若在区间 $[a,b]$ 上,恒有 $f(x) \leqslant g(x)$,则

$$\int_a^b f(x)\mathrm{d}x \leqslant \int_a^b g(x)\mathrm{d}x$$

性质 4(定积分的可加性)　若积分区间 $[a,b]$ 被点 c 分成两个小区间 $[a,c]$ 与 $[c,b]$,则

$$\int_a^b f(x)\mathrm{d}x = \int_a^c f(x)\mathrm{d}x + \int_c^b f(x)\mathrm{d}x$$

推论　当 c 不介于 a、b 之间时,上式亦成立.

事实上若 $a < b < c$,则由上式有

$$\int_a^c f(x)\mathrm{d}x = \int_a^b f(x)\mathrm{d}x + \int_b^c f(x)\mathrm{d}x$$

$$= \int_a^b f(x)\mathrm{d}x - \int_c^b f(x)\mathrm{d}x$$

移项后,即得

$$\int_a^b f(x)\mathrm{d}x = \int_a^c f(x)\mathrm{d}x + \int_c^b f(x)\mathrm{d}x$$

对情形 $c<a<b$,同理可证.因此,对任意三个数 a,b,c 有

$$\int_a^b f(x)\mathrm{d}x = \int_a^c f(x)\mathrm{d}x + \int_c^b f(x)\mathrm{d}x$$

性质 5 若 m 和 M 分别是 $f(x)$ 在区间 $[a,b]$ 上最小值和最大值,则

$$m(b-a) \leqslant \int_a^b f(x)\mathrm{d}x \leqslant M(b-a)$$

事实上,由于 $m \leqslant f(x) \leqslant M$,利用性质 3 即有

$$\int_a^b m\mathrm{d}x \leqslant \int_a^b f(x)\mathrm{d}x \leqslant \int_a^b M\mathrm{d}x$$

由 6.1 例 2 和性质 1 易得

$$m(b-a) \leqslant \int_a^b f(x)\mathrm{d}x \leqslant M(b-a)$$

性质 6(定积分中值定理) 若 $f(x)$ 在区间 $[a,b]$ 上连续,则在 $[a,b]$ 上至少存在一点 ξ 使得下式成立:

$$\int_a^b f(x)\mathrm{d}x = f(\xi)(b-a), \quad \xi \in [a,b]$$

事实上,因为 $f(x)$ 在 $[a,b]$ 上连续,所以它在 $[a,b]$ 上必可达到最大值 M 及最小值 m,于是由性质 5 有

$$m(b-a) \leqslant \int_a^b f(x)\mathrm{d}x \leqslant M(b-a)$$

即

$$m \leqslant \frac{1}{b-a}\int_a^b f(x)\mathrm{d}x \leqslant M$$

亦即数 $\dfrac{1}{b-a}\int_a^b f(x)\mathrm{d}x$ 介于 $f(x)$ 的最大值 M 与最小值 m 之间,由连续函数的介值定理,在 $[a,b]$ 上至少存在一点 $\xi \in [a,b]$,使 $f(x)$ 在 ξ 处的值等于这个数值.即

$$f(\xi) = \frac{1}{b-a}\int_a^b f(x)\mathrm{d}x$$

即

$$\int_a^b f(x)\mathrm{d}x = f(\xi)(b-a)$$

积分中值定理的几何意义是：以区间 $[a,b]$ 为底，以曲线 $y=f(x)$ 为曲边的曲边梯形的面积，等于底边相同而高为 $f(\xi)$ 的一个矩形的面积(见图6.3).

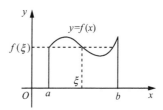

通常我们称 $\dfrac{1}{b-a}\int_a^b f(x)\mathrm{d}x$ 为函数 $f(x)$ 在 $[a,b]$ 上的积分平均值.

图 6.3

§6.3 微积分基本定理

用定积分的定义来求函数的定积分，一般说来，是很麻烦，很困难的，甚至是不可能的. 在 §6.1 中的例子亦说明了这一点. 为了能使定积分更好地解决理论与实践所提出的问题，必须建立新的计算方法. 下面就来介绍微积分基本定理——利用原函数来计算定积分.

一、积分上限函数

我们曾说过，定积分 $\int_a^b f(x)\mathrm{d}x$ 是一个数，这个数只与被积函数 $f(x)$ 和积分区间 $[a,b]$ 有关，而与积分变数 x 无关.

如果函数 $f(x)$ 在区间 $[a,b]$ 可积，根据定积的可加性，$\forall x\in[a,b]$，函数 $f(x)$ 在区间 $[a,x]$ 也可积. 将积分变数 x 换成 t，$\forall x\in[a,b]$ 对应惟一的定积分 $\int_a^x f(t)\mathrm{d}t$.

根据函数的定义，它是定义在区间 $[a,b]$ 的函数. 设

$$F(x) = \int_a^x f(t)\mathrm{d}t,\ a\leqslant x\leqslant b$$

$F(x)$ 称为积分上限函数(也称变上限积分).

定理 6.1(微积分基本定理) 若函数 $f(x)$ 在区间 $[a,b]$ 上连续，则积分上限函数

$$F(x) = \int_a^x f(t)\mathrm{d}t$$

在 $[a,b]$ 可导,且 $F'(x)=f(x)$,即积分上限函数 $F(x)$ 是被积函数 $f(x)$ 的原函数.

证　根据导数的定义,只须证明,$\forall x \in [a,b]$,有 $F'(x)=\lim\limits_{\Delta x \to 0}\dfrac{F(x+\Delta x)-F(x)}{\Delta x}=f(x)$.

对任意一个 $x \in [a,b]$,取 $x+\Delta x \in [a,b]$ 有

$$F(x+\Delta x)-F(x) = \int_a^{x+\Delta x} f(t)\mathrm{d}t - \int_a^x f(t)\mathrm{d}t$$

$$= \int_a^x f(t)\mathrm{d}t + \int_x^{x+\Delta x} f(t)\mathrm{d}t - \int_a^x f(t)\mathrm{d}t$$

$$= \int_x^{x+\Delta x} f(t)\mathrm{d}t$$

根据 §6.2 性质 6,有

$$F(x+\Delta x)-F(x)=f(\xi_x)\Delta x, \quad \xi_x \text{ 在 } x \text{ 与 } x+\Delta x \text{ 之间}.$$

或

$$\frac{F(x+\Delta x)-F(x)}{\Delta x} = f(\xi_x)$$

当 $\Delta x \to 0$ 时,$\xi_x \to x$.已知函数 $f(x)$ 在 x 连续,有

$$F'(x) = \lim_{\Delta x \to 0}\frac{F(x+\Delta x)-F(x)}{\Delta x} = \lim_{\xi_x \to x} f(\xi_x) = f(x)$$

注　尽管定积分与原函数的定义在形式上没有任何联系,而定理 6.1 却指出,二者之间存在着密切的联系.定理 6.1 是沟通微分与积分之间的桥梁.因此定理 6.1 称为微积分基本定理.

第五章不定积分曾提出,什么样的函数存在原函数? 定理 6.1 告诉我们:连续函数一定存在原函数,积分上限函数就是它的一个原函数.值得注意的是,积分上限函数不一定是初等函数.

二、牛顿-莱布尼兹(Newton-Leibniz)公式

用定积分能表示连续函数的原函数.反之,又可应用原函数计算定积分.首先我们来看一个熟悉的例子,考虑一个质点的自由落体运动.

由于质点自由下落的时间 t 与路程 S 间的关系为

$$S(t) = \frac{1}{2}gt^2$$

因而,在 $t = a$ 到 $t = b$ 这段时间内,质点下落的距离为

$$S(b) - S(a) = \frac{1}{2}gb^2 - \frac{1}{2}ga^2$$

另一方面,由 §6.1 可知,质点下落的距离等于运动速度 $v(t) = gt$ 在区间 $[a,b]$ 上的定积分 $\int_a^b gt\,\mathrm{d}t$.

综合上述,得到

$$\int_a^b v(t)\mathrm{d}t = S(b) - S(a)$$

因 $S(t)$ 是 $v(t)$ 的一个原函数,故上式表明,函数 $v(t)$ 在 $[a,b]$ 上的定积分等于它的一个原函数在上限 $t = b$ 的值与在下限 $t = a$ 之值的差,这时自然要问,这一规律是否带有普遍性? 下面定理肯定回答了这一问题.

定理 6.2 若 $f(x)$ 在区间 $[a,b]$ 连续,且 $F(x)$ 是 $f(x)$ 的一个原函数,则

$$\int_a^b f(x)\mathrm{d}x = F(b) - F(a) \tag{1}$$

证 已知 $F(x)$ 是 $f(x)$ 的一个原函数,即 $\forall x \in [a,b]$,有

$$F'(x) = f(x)$$

根据定理 6.1,积分上限函数 $\int_a^x f(t)\mathrm{d}t$ 也是 $f(x)$ 的原函数,即

$$\left(\int_a^x f(t)\mathrm{d}t \right)' = f(x)$$

再根据定理 4.2 推论,有

$$\int_a^x f(t)\mathrm{d}t = F(x) + c$$

其中 c 是常数. 为了确定常数 c,令 $x = a$,有

$$0 = \int_a^a f(t)\mathrm{d}t = F(a) + c \text{ 或 } c = -F(a)$$

于是

$$\int_a^x f(t)\mathrm{d}t = F(x) - F(a)$$

当 $x = b$ 时,有

$$\int_a^b f(t)\mathrm{d}t = F(b) - F(a)$$

(1)式称为牛顿-莱布尼兹公式,简称牛-莱公式.有时将 $F(b) - F(a)$ 表示为 $F(x)\Big|_a^b$,即(1)式可写为

$$\int_a^b f(x)\mathrm{d}x = F(b) - F(a) = F(x)\Big|_a^b$$

注 定理 6.2 指出:计算连续函数 $f(x)$ 的定积分,如果它存在初等函数的原函数,只需求出 $f(x)$ 的一个原函数,然后按照公式(1)计算即可.一般来说,按照定积分定义,即分割,作和,取极限的步骤计算定积分要进行极为繁琐的计算,没有用实价值,有了牛-莱公式之后,计算连续函数的定积分就转化为求被积函数的原函数(或不定积分).对相当多的初等函数来说,求原函数比计算积分和及其极限简单得多.这样就把繁琐的计算大大简化,从而计算定积分成为简便易行的一种运算,提高了定积分的实用性.

例1 求 $\int_0^1 x^2 \mathrm{d}x$

解
$$\int_0^1 x^2 \mathrm{d}x = \frac{1}{3} x^3 \Big|_0^1 = \frac{1}{3}$$

例2 求 $\int_a^b \mathrm{d}x$

解
$$\int_a^b \mathrm{d}x = x \Big|_a^b = b - a$$

例3 求 $\int_2^4 \frac{\mathrm{d}x}{x}$

解
$$\int_2^4 \frac{\mathrm{d}x}{x} = \ln x \Big|_2^4 = \ln 4 - \ln 2 = \ln 2$$

例4 求 $\int_0^{\frac{\pi}{2}} \sin^2 x \cos x \mathrm{d}x$

解
$$\int_0^{\frac{\pi}{2}} \sin^2 x \cos x \, dx = \int_0^{\frac{\pi}{2}} \sin^2 x \, d(\sin x)$$
$$= \frac{1}{3} \sin^3 x \bigg|_0^{\frac{\pi}{2}}$$
$$= \frac{1}{3} \left(\sin^3 \frac{\pi}{2} - \sin^3 0 \right)$$
$$= \frac{1}{3}$$

例 5 求 $\int_0^{\frac{\pi}{2}} (3x + \sin x) \, dx$

解
$$\int_0^{\frac{\pi}{2}} (3x + \sin x) \, dx = 3 \int_0^{\frac{\pi}{2}} x \, dx + \int_0^{\frac{\pi}{2}} \sin x \, dx$$
$$= \frac{3}{2} x^2 \bigg|_0^{\frac{\pi}{2}} + (-\cos x) \bigg|_0^{\frac{\pi}{2}}$$
$$= \frac{3\pi^2}{8} + 1$$

例 6 求 $\int_{-1}^{3} |2 - x| \, dx$

解
$$|2 - x| = \begin{cases} 2 - x & x \leqslant 2 \\ x - 2 & x > 2 \end{cases}$$

由定积分的可加性,有

$$\int_{-1}^{3} |2 - x| \, dx = \int_{-1}^{2} (2 - x) \, dx + \int_{2}^{3} (x - 2) \, dx$$
$$= \left(2x - \frac{x^2}{2} \right) \bigg|_{-1}^{2} + \left(\frac{x^2}{2} - 2x \right) \bigg|_{2}^{3}$$
$$= 4\frac{1}{2} + \frac{1}{2} = 5$$

注意 如果函数在所讨论区间上不满足可积条件,那么牛顿-莱布尼兹公式不能使用. 例如 $\int_{-1}^{1} \frac{1}{x^2} \, dx$,如按牛顿-莱布尼兹公式计算则有

$$\int_{-1}^{1} \frac{1}{x^2} \, dx = -\frac{1}{x} \bigg|_{-1}^{1} = -1 - 1 = -2$$

这个结果显然是错误的,因为在$[-1,1]$上$\frac{1}{x^2}>0$,因此积分不会为负值.产生错误的原因是函数$\frac{1}{x^2}$在$[-1,1]$上不连续,且无界,因此根本不可积.

§6.4 定积分的换元积分法与分部积分法

直接利用牛顿-莱布尼兹公式计算定积分时,必须先求出被积函数的原函数,然后将定积分的上、下限代入并相减,求得定积分的值.但是在许多情况下这样的运算比较复杂,甚至有时原函数根本不能用积分法的一般法则求出,也就无法直接引用牛顿-莱布尼兹公式.为了进一步解决定积分的计算问题.这节将介绍定积分的换元积分法与分部积分法.

一、换元积分法

定理 6.3 设函数$f(x)$在$[a,b]$上连续,作变换$x=\varphi(t)$,它满足下列条件:

(1)$\varphi(t)$和$\varphi'(t)$在$[\alpha,\beta]$上连续,且当$t\in[\alpha,\beta]$,$x=\varphi(t)\in[a,b]$;

(2)$\varphi(\alpha)=a$,$\varphi(\beta)=b$.

则有定积分换元公式

$$\int_a^b f(x)\mathrm{d}x = \int_\alpha^\beta f[\varphi(t)]\varphi'(t)\mathrm{d}t$$

证 设$F(x)$是$f(x)$的一个原函数,则$F[\varphi(t)]$是函数$f[\varphi(t)]\varphi'(t)$的一个原函数,因为

$$\frac{\mathrm{d}}{\mathrm{d}t}F[\varphi(t)] = \frac{\mathrm{d}}{\mathrm{d}x}F(x)\cdot\frac{\mathrm{d}x}{\mathrm{d}t} = F'(x)\varphi'(t) = f(x)\varphi'(t) = f[\varphi(t)]\varphi'(t)$$

于是由牛顿-莱布尼兹公式可知

$$\int_a^b f(x)\mathrm{d}x = F(b) - F(a)$$

$$\int_\alpha^\beta f[\varphi(t)]\varphi'(t)\mathrm{d}t = F[\varphi(\beta)] - F[\varphi(\alpha)]$$

$$= F(b) - F(a)$$

综上可得

$$\int_a^b f(x)\mathrm{d}x = \int_\alpha^\beta f[\varphi(t)]\varphi'(t)\mathrm{d}t$$

这个公式与不定积分的换元积分公式很类似.所不同的是运用不定积分换元法,最后需将变量还原,而运用定积分换元法在变量变换的同时,需要将积分限作相应的改变,所以在求得新被积函数的原函数后,就不必将变量换回到原来的变量.这样就简化了计算过程.

例 1 求 $\displaystyle\int_0^a \sqrt{a^2 - x^2}\,\mathrm{d}x$

解 令 $x = a\sin t$, $\mathrm{d}x = a\cos t\,\mathrm{d}t$; $t = 0$ 时, $x = 0$; $t = \dfrac{\pi}{2}$ 时, $x = a$; 且当 $t \in \left[0, \dfrac{\pi}{2}\right]$ 时, $x \in [0, a]$, 所以

$$\int_0^a \sqrt{a^2 - x^2}\,\mathrm{d}x = \int_0^{\frac{\pi}{2}} a\cos t \cdot a\cos t\,\mathrm{d}t$$

$$= a^2 \int_0^{\frac{\pi}{2}} \cos^2 t\,\mathrm{d}t = a^2 \int_0^{\frac{\pi}{2}} \frac{1 + \cos 2t}{2}\,\mathrm{d}t$$

$$= \frac{a^2}{2}\left(t + \frac{\sin 2t}{2}\right)\Big|_0^{\frac{\pi}{2}} = \frac{1}{4}\pi a^2$$

例 2 求 $\displaystyle\int_0^4 \frac{x + 2}{\sqrt{2x + 1}}\,\mathrm{d}x$

解 令 $\sqrt{2x + 1} = t$, 则当 $x = 0$ 时 $t = 1$; 当 $x = 4$ 时 $t = 3$, 又因 $x = \dfrac{t^2 - 1}{2}$, 所以 $\mathrm{d}x = t\,\mathrm{d}t$, 于是

$$\int_0^4 \frac{x + 2}{\sqrt{2x + 1}}\,\mathrm{d}x = \int_1^3 \frac{t^2 + 3}{2}\,\mathrm{d}t = \frac{1}{2}\left(\frac{t^3}{3} + 3t\right)\Big|_1^3 = \frac{22}{3}$$

例 3 求 $\displaystyle\int_0^{\frac{\pi}{2}} \sin t\cos t\,\mathrm{d}t$

解 令 $u = \sin t$, 则 $\mathrm{d}u = \cos t\,\mathrm{d}t$; 当 t 由 0 变到 $\dfrac{\pi}{2}$ 时, u 从 0 为变到 1, 于是

$$\int_0^{\frac{\pi}{2}} \sin t\cos t\,\mathrm{d}t = \int_0^1 u\,\mathrm{d}u = \frac{u^2}{2}\Big|_0^1 = \frac{1}{2}$$

例 4 证明:若函数 $f(x)$ 是偶函数,即 $f(-x) = f(x)$, 则

$$\int_{-a}^{a} f(x)\mathrm{d}x = 2\int_{0}^{a} f(x)\mathrm{d}x$$

若函数 $f(x)$ 是奇函数,即 $f(-x) = -f(x)$,则

$$\int_{-a}^{a} f(x)\mathrm{d}x = 0$$

证　由定积分性质,有

$$\int_{-a}^{a} f(x)\mathrm{d}x = \int_{-a}^{0} f(x)\mathrm{d}x + \int_{0}^{a} f(x)\mathrm{d}x$$

当 $f(x)$ 为偶函数,即 $f(-x) = f(x)$ 时,对右端第一个积分作变量变换 $x = -t$,于是

$$\int_{-a}^{0} f(x)\mathrm{d}x = \int_{a}^{0} f(-t)\mathrm{d}(-t) = -\int_{a}^{0} f(-t)\mathrm{d}t$$

$$= -\int_{a}^{0} f(t)\mathrm{d}t = \int_{0}^{a} f(t)\mathrm{d}t = \int_{0}^{a} f(x)\mathrm{d}x$$

因此

$$\int_{-a}^{a} f(x)\mathrm{d}x = \int_{0}^{a} f(x)\mathrm{d}x + \int_{0}^{a} f(x)\mathrm{d}x = 2\int_{0}^{a} f(x)\mathrm{d}x$$

当 $f(x)$ 为奇函数,即 $-f(-x) = f(x)$ 时,对于变换 $x = -t$,有

$$\int_{-a}^{0} f(x)\mathrm{d}x = \int_{a}^{0} f(-t)\mathrm{d}(-t) = -\int_{a}^{0} f(-t)\mathrm{d}t$$

$$= \int_{a}^{0} f(t)\mathrm{d}t = -\int_{0}^{a} f(t)\mathrm{d}t = -\int_{0}^{a} f(x)\mathrm{d}x$$

从而有

$$\int_{-a}^{a} f(x)\mathrm{d}x = \int_{-a}^{0} f(x)\mathrm{d}x + \int_{0}^{a} f(x)\mathrm{d}x$$

$$= -\int_{0}^{a} f(x)\mathrm{d}x + \int_{0}^{a} f(x)\mathrm{d}x = 0$$

二、分部积分法

设函数 $u(x)$ 和 $v(x)$ 在 $[a,b]$ 上有连续导数 $u'(x)$, $v'(x)$,则有定积分分部积分公式

$$\int_a^b u(x)\mathrm{d}v(x) = u(x)v(x)\Big|_a^b - \int_a^b v(x)\mathrm{d}u(x)$$

事实上,由微分公式,我们有

$$[u(x)v(x)]' = u'(x)v(x) + u(x)v'(x)$$

两端从 a 到 b 积分,得

$$\int_a^b [u(x)v(x)]'\mathrm{d}x = \int_a^b u'(x)v(x)\mathrm{d}x + \int_a^b u(x)v'(x)\mathrm{d}x$$

$$= \int_a^b v(x)\mathrm{d}u(x) + \int_a^b u(x)\mathrm{d}v(x)$$

即

$$[u(x)v(x)]\Big|_a^b = \int_a^b v(x)\mathrm{d}u(x) + \int_a^b u(x)\mathrm{d}v(x)$$

移项得

$$\int_a^b u(x)\mathrm{d}v(x) = [u(x)v(x)]\Big|_a^b - \int_a^b v(x)\mathrm{d}u(x)$$

例 5　求 $\displaystyle\int_0^1 x\mathrm{e}^x\mathrm{d}x$

解　$\displaystyle\int_0^1 x\mathrm{e}^x\mathrm{d}x = \int_0^1 x\mathrm{d}\mathrm{e}^x = x\mathrm{e}^x\Big|_0^1 - \int_0^1 \mathrm{e}^x\mathrm{d}x$

$$= \mathrm{e} - \mathrm{e}^x\Big|_0^1 = 1$$

例 6　求 $\displaystyle\int_1^5 \ln x\mathrm{d}x$

解　$\displaystyle\int_1^5 \ln x\mathrm{d}x = x\ln x\Big|_1^5 - \int_1^5 x\mathrm{d}\ln x$

$$= x\ln x\Big|_1^5 - \int_1^5 \mathrm{d}x$$

$$= x\ln x\Big|_1^5 - x\Big|_1^5 = 5\ln 5 - 4$$

§6.5　定积分的近似计算

定积分基本公式的作用应充分肯定.它为定积分的计算开辟了一条新的,

且十分有效的途径,基本上解决了定积分的计算问题.然而它有局限性.在实际工作中,有时会遇到下列情况:1)只知道被积函数的一组观察到的或由实验得到的数据;2)有的函数的原函数不能用初等函数表达;3)用原函数计算定积分很复杂.另外,在实际工作中并不总要求精确值,往往只需要达到一定精确度的近似值.这样就有必要研究计算定积分的近似值的方法.

下面介绍两种常用的近似方法:

一、梯形法

我们已经知道,在求曲边梯形面积时,是将每个小曲边梯形用相应的矩形的面积近似代替的,如果用相应的梯形的面积来代替,一般说近似程度会提高些.

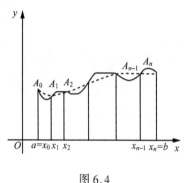

图 6.4

设函数 $y = f(x)$ 在区间 $[a, b]$ 上连续,用分点 $a = x_0 < x_1 < x_2 < \cdots < x_n = b$ 将 $[a, b]$ 分成 n 个等长的小区间,每个小区间的长度 $\Delta x = \dfrac{b-a}{n}$,过各分点作 x 轴的垂线分别交曲线 $y = f(x)$ 于点 $A_0, A_1, \cdots, A_n$.这些点的纵坐标分别是 $y_0, y_1, \cdots, y_n$,将相邻两点连结起来得到弦线 $A_0A_1, A_1A_2, \cdots, A_{n-1}A_n$.于是我们得到 n 个小梯形,如图 6.4.每个小梯形的面积分别是 $\dfrac{y_0 + y_1}{2}\Delta x$, $\dfrac{y_1 + y_2}{2}\Delta x, \cdots, \dfrac{y_{n-1} + y_n}{2}\Delta x$.这些面积的和就是积分 $\int_a^b f(x)\mathrm{d}x$ 的近似值,所以

$$\int_a^b f(x)\mathrm{d}x \approx \Delta x\left(\frac{y_0 + y_1}{2} + \frac{y_1 + y_2}{2} + \cdots + \frac{y_{n-1} + y_n}{2}\right)$$

即

$$\int_a^b f(x)\mathrm{d}x \approx \frac{b-a}{n}\left(\frac{y_0 + y_n}{2} + y_1 + y_2 + \cdots + y_{n-1}\right)$$

上式称为计算积分近似值的梯形法公式.

二、抛物线法

在梯形法中,我们是将小区间上一段曲线 $y = f(x)$ 换成直线弦. 现在我们用抛物线 $y = Ax^2 + Bx + C$ 代替相应的小区间上的曲线,这样得出的结果一般会更精确些.

我们先证下面的事实:曲边为抛物线 $y = Ax^2 + Bx + C$,底为 $2h$ 的曲边梯形面积为

$$S = \frac{h}{3}(y_0 + 4y_1 + y_2)$$

其中 y_0 和 y_2 为区间端点处曲线的纵坐标,而 y_1 为区间中点处曲线的纵坐标.

证　选坐标系如图 6.5,可见

$$y_0 = Ah^2 - Bh + C \quad (x = -h)$$

$$y_1 = C \qquad\qquad\qquad (x = 0)$$

$$y_2 = Ah^2 + Bh + C \quad (x = h)$$

由此得

$$y_0 + 4y_1 + y_2 = 2Ah^2 + 6C$$

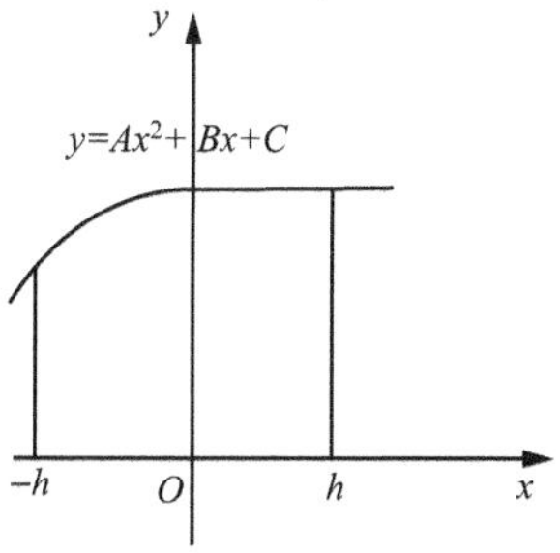

又

$$S = \int_{-h}^{h} (Ax^2 + Bx + C)\mathrm{d}x$$

$$= \left(\frac{A}{3}x^3 + \frac{B}{2}x^2 + Cx\right)\Big|_{-h}^{h}$$

$$= \frac{h}{3}(2Ah^2 + 6C)$$

$$= \frac{h}{3}(y_0 + 4y_1 + y_2) \qquad\qquad (*)$$

图 6.5

现在来计算连续曲线 $y = f(x)(>0)$,直线 $x = a$, $x = b$ 与 x 轴所围成的曲边梯形的面积,如图 6.6.

用点 $a = x_0 < x_1 < x_2 < \cdots < x_{2n-1} < x_{2n} = b$ 将区间 $[a, b]$ 分成 $2n$ 等分,

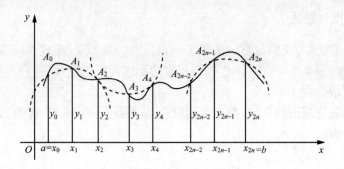

图 6.6

每份的长度为 $\dfrac{b-a}{2n}$，每一个分点对应的纵坐标分别是 $y_0, y_1, y_2, \cdots, y_{2n-1},$ y_{2n}. 对每一小区间 $[x_0, x_2], [x_2, x_4], \cdots, [x_{2n-2}, x_{2n}]$ 应用公式（＊），于是就有

$$\int_a^b f(x)\mathrm{d}x = \int_{x_0}^{x_2} f(x)\mathrm{d}x + \int_{x_2}^{x_4} f(x)\mathrm{d}x + \cdots + \int_{x_{2n-2}}^{x_{2n}} f(x)\mathrm{d}x$$

$$\approx \frac{h}{3}(y_0 + 4y_1 + y_2) + \frac{h}{3}(y_2 + 4y_3 + y_4)$$

$$+ \cdots + \frac{h}{3}(y_{2n-2} + 4y_{2n-1} + y_{2n})$$

$$= \frac{h}{3}(y_0 + 4y_1 + 2y_2 + 4y_3 + \cdots + 2y_{2n-2} + 4y_{2n-1} + y_{2n})$$

将 $h = \dfrac{b-a}{2n}$ 代入上式得

$$\int_a^b f(x)\mathrm{d}x = \frac{b-a}{6n}\big[y_0 + y_{2n} + 2(y_2 + y_4 + \cdots + y_{2n-2})$$

$$+ 4(y_1 + y_3 + \cdots + y_{n-1})\big]$$

称上式为计算积分近似值的抛物线法公式或辛普生（Simpson）公式.

    例　用梯形法、抛物线法求定积分 $\displaystyle\int_1^2 \frac{\mathrm{d}x}{x}$ 的近似值.

    解　将 $[1,2]$ 分成 10 等份，$\Delta x = \dfrac{2-1}{10} = 0.1$，列表如下：

i	0	1	2	3	4	5	6	7	8	9
x_i	1	1.1	1.2	1.3	1.4	1.5	1.6	1.7	1.8	1.9
$y_i = \dfrac{1}{x_i}$	1.00000	0.90909	0.83333	0.76923	0.71429	0.66667	0.62500	0.58824	0.55556	0.52632

(1)用梯形法公式,有

$$\int_1^2 \frac{\mathrm{d}x}{x} \approx \frac{2-1}{10}\left(\frac{y_0 + y_{10}}{2} + y_1 + y_2 + \cdots + y_9\right)$$

$$= 0.1\left(\frac{1+0.5}{2} + 6.18773\right) = 0.69877$$

(2)用抛物线法公式,有

$$\int_1^2 \frac{\mathrm{d}x}{x} \approx \frac{2-1}{6 \times 5}\left[y_0 + y_{10} + 2(y_2 + y_4 + y_6 + y_8) + \right.$$

$$\left. 4(y_1 + y_3 + y_5 + y_7 + y_9)\right]$$

$$= \frac{0.1}{3}\left[1 + 0.5 + 2 \times 2.72818 + 4 \times 3.45955\right]$$

$$= 0.69315$$

实际上,$\int_1^2 \frac{\mathrm{d}x}{x} = \ln x \Big|_1^2 = \ln 2 \approx 0.6931472$,易见,上述两种方法求近似值的精确程度都较高,相比较而言,用抛物线法公式求出的近似值精确度更高些.

§6.6 定积分的应用

前面我们讨论了定积分的概念,性质与计算方法,这一节我们将集中地应用定积分知识分析和解决某些实际问题.

一、平面图形的面积

设函数 $y = f(x)$ 在区间 $[a, b]$ 上连续,且 $f(x) \geqslant 0$,如图 6.7,则由定积分的几何意义可知,曲线 $y = f(x)$ 与直线 $x = a$,$x = b$ 及 x 轴围成的曲边梯形的面积是

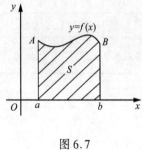

图 6.7

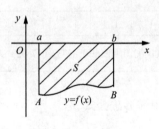

图 6.8

$$S = \int_a^b f(x)\mathrm{d}x = \int_a^b y\mathrm{d}x$$

若在 $[a,b]$ 上 $f(x)\leqslant 0$，见图 6.8，则由于积分和 $S_n = \sum_{i=1}^n f(\xi_i)\Delta x_i$ 中每个 $f(\xi_i)<0$，因而 $S_n<0$，进而 $\int_a^b f(x)\mathrm{d}x\leqslant 0$，由于图形的面积应是非负值，因此 $\int_a^b f(x)\mathrm{d}x$ 的值不是图 6.8 中曲边梯形的面积. 但其绝对值显然是该曲边梯形的面积，即有面积

$$S = \left|\int_a^b f(x)\mathrm{d}x\right| = -\int_a^b f(x)\mathrm{d}x$$

对于在 $[a,b]$ 上函数 $y=f(x)$ 时正时负，见图 6.9，曲边梯形面积 S 可以表为

$$S = \int_a^{c_1} f(x)\mathrm{d}x - \int_{c_1}^{c_2} f(x)\mathrm{d}x + \int_{c_2}^b f(x)\mathrm{d}x$$

$$= \int_a^b |f(x)|\,\mathrm{d}x = S_1 + S_2 + S_3$$

而积分 $\int_a^b f(x)\mathrm{d}x$ 的值表示位于 x 轴上方图形的面积与位于 x 轴下方图形的面积之差（如图 6.9），即

$$\int_a^b f(x)\mathrm{d}x = S_1 + S_3 - S_2$$

类似地，由连续曲线 $x = \varphi(y)\geqslant 0$、$y$ 轴及直线 $y = c$、$y = d$ 所围成曲边梯形面积（如图 6.10）为

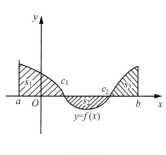

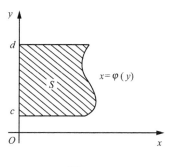

图 6.9　　　　　　　　　　　　　　　　图 6.10

$$S = \int_c^d \varphi(y)\mathrm{d}y$$

若在$[a,b]$上总有 $f(x)\geqslant g(x)\geqslant 0$,由两条曲线 $y=f(x),y=g(x)$,及两条直线 $x=a,x=b$ 所围成的图形(见图 6.11)面积为

$$S = \int_a^b f(x)\mathrm{d}x - \int_a^b g(x)\mathrm{d}x = \int_a^b [f(x) - g(x)]\mathrm{d}x$$

上面公式对于图 6.12 所示情况(即 $f(x)\geqslant g(x)$)也成立.事实上,如果在$[a,b]$上函数值不全正,可将 x 轴往下平移一段,使得整个曲线都位于 x 轴上方,这时两个函数同时增加一个常数 c,它们之差

$$[f(x) + c] - [g(x) + c] = f(x) - g(x)$$

不变,从而得证.

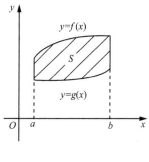

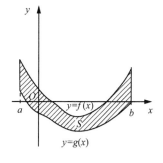

图 6.11

图 6.12

例 1　已知曲线 $y=x^2-2x+3$ 与直线 $y=x+3$ 相交于 $A(0,3),B(3,6)$两点.求此曲线与直线围成图形的面积.

解 依题意,画草图如图 6.13,易见,所求面积 S 是直线 $y = x + 3$ 和抛物线 $y = x^2 - 2x + 3$ 分别与直线 $x = 0, x = 3$ 所围成图形的面积之差. 即

$$S = \int_0^3 [x + 3 - (x^2 - 2x + 3)] \mathrm{d}x$$

$$= \int_0^3 (-x^2 + 3x) \mathrm{d}x$$

$$= \left(-\frac{x^3}{3} + \frac{3x^2}{2} \right) \Big|_0^3 = \frac{9}{2}$$

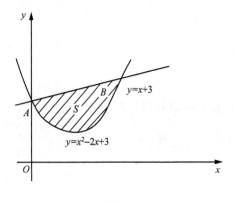

图 6.13

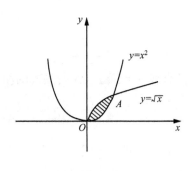

图 6.14

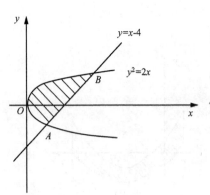

图 6.15

例 2 求由曲线 $y = \sqrt{x}$ 与 $y = x^2$ 所围成图形的面积 S(图 6.14).

解 易求得两曲线的交点为 $O(0, 0)$, $A(1, 1)$, 且在 $[0, 1]$ 上,恒有 $x^2 \leqslant \sqrt{x}$, 于是所求面积 S 为

$$S = \int_0^1 (\sqrt{x} - x^2) \mathrm{d}x$$

$$= \left(\frac{2}{3} x^{\frac{3}{2}} - \frac{x^3}{3} \right) \Big|_0^1 = \frac{1}{3}$$

例 3 求抛物线 $y^2 = 2x$ 与直线 $y = x - 4$ 所围成图形的面积 S(图6.15).

解 易求得抛物线 $y^2 = 2x$ 与直线 $y = x - 4$ 的交点为 $A(2, -2)$, $B(8, 4)$, 将 y 轴看作曲边梯形的底,于是所求面积 S 是直线 $y = x - 4$ 和抛物线 x

$= \dfrac{y^2}{2}$ 分别与直线 $y = -2, y = 4$ 所围成图形的面积之差,即

$$S = \int_{-2}^{4} \left(y + 4 - \dfrac{y^2}{2} \right) \mathrm{d}y$$

$$= \left(\dfrac{y^2}{2} + 4y - \dfrac{y^3}{6} \right) \Big|_{-2}^{4} = 18$$

例 4　求椭圆 $\dfrac{x^2}{a^2} + \dfrac{y^2}{b^2} = 1$ 的面积 S(图 6.16).

解　由于椭圆关于坐标轴是对称的,所以整个椭圆的面积 S 是第一象限那部分面积的 4 倍,即

$$S = 4 \int_0^a y \mathrm{d}x$$

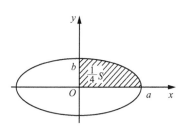

图 6.16

为避免由椭圆方程中解出 y 再代入到这积分中的复杂计算,我们利用椭圆的参数方程

$$x = a\cos t, \quad y = b\sin t$$

应用定积分换元法,令 $x = a\cos t$ 则

$$y = b\sin t, \mathrm{d}x = -a\sin t \mathrm{d}t$$

当 x 由 0 变到 a 时,t 由 $\dfrac{\pi}{2}$ 变到 0,所以

$$S = 4 \int_0^a y \mathrm{d}x = 4 \int_{\frac{\pi}{2}}^{0} b\sin t (-a\sin t \ \mathrm{d}t)$$

$$= -4ab \int_{\frac{\pi}{2}}^{0} \sin^2 t \mathrm{d}t$$

$$= 4ab \int_0^{\frac{\pi}{2}} \dfrac{1 - \cos 2t}{2} \mathrm{d}t$$

$$= 4ab \left(\dfrac{t}{2} - \dfrac{\sin 2t}{4} \right) \Big|_0^{\frac{\pi}{2}} = \pi ab$$

当 $a = b$ 时,椭圆蜕变为圆(以 a 为半径),其面积 $S = \pi a^2$.

二、旋转体和已知平行截面面积的立体的体积

设旋转体是曲线 $y=f(x)$，直线 $x=a$，$x=b$ 及 x 轴所围成的曲边梯形绕 x 轴旋转而成的(图 6.17)．

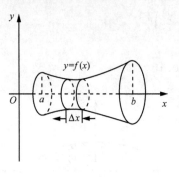

显然，任何一个与 x 轴垂直的平面同旋转体必然相交成一个圆．我们用垂直于 x 轴且间距为 $\Delta x = \dfrac{b-a}{n}$ 的平面将旋转体分成 n 块，那么其中一块的体积

$$\Delta V \approx \pi [f(x)]^2 \Delta x$$

令 $\Delta x \to 0$，就得到旋转体的体积

$$V = \int_a^b \pi [f(x)]^2 \mathrm{d}x$$

图 6.17

平行截面为已知的立体的体积可用类似的方法求出．

设一空间物体，它被垂直于某直线(设为 x 轴)的截面所截的面积 $S(x)$ 是 x 的连续函数，且此物体位置在 $x=a$ 与 $x=b(a<b)$ 之间，则可求出此物体的体积为

$$V = \int_a^b S(x) \mathrm{d}x$$

例 5 求椭圆 $\dfrac{x^2}{a^2} + \dfrac{y^2}{b^2} = 1$ 绕 x 轴旋转而产生的旋转体体积．

解 如图 6.18，所求的旋转体可看作上半椭圆 $y = \dfrac{b}{a}\sqrt{a^2-x^2}$ 绕 x 轴旋转而成，因此

$$V = \int_{-a}^a \pi y^2 \mathrm{d}x$$

$$= \int_{-a}^a \pi \left(\frac{b}{a}\sqrt{a^2-x^2}\right)^2 \mathrm{d}x$$

$$= 2\int_0^a \pi \left(\frac{b}{a}\sqrt{a^2-x^2}\right)^2 \mathrm{d}x$$

$$= \frac{2b^2\pi}{a^2}\left(a^2 x - \frac{1}{3}x^3\right)\Big|_0^a$$

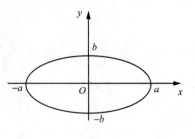

图 6.18

$$= \frac{4}{3}\pi ab^2$$

特别地,当 $a = b = R$ 时,就得到(半径为 R)球体的体积

$$V = \frac{4}{3}\pi R^3$$

三、定积分在经济中的应用

例 6 设某产品在时刻 t 总产量的变化率为 $f(t) = 100 + 12t - 0.6t^2$(单位/小时),求从 $t = 2$ 到 $t = 4$ 这两小时的总产量.

解 因为总产量 $P(t)$ 是它的变化率的原函数,所以从 $t = 2$ 到 $t = 4$ 这两小时的总产量为

$$\int_2^4 f(t)\mathrm{d}t = \int_2^4 (100 + 12t - 0.6t^2)\mathrm{d}t$$

$$= (100t + 6t^2 - 0.2t^3)\Big|_2^4$$

$$= 100(4 - 2) + 6(4^2 - 2^2) - 0.2(4^3 - 2^3)$$

$$= 100 \times 2 + 6 \times 12 - 0.2 \times 56$$

$$= 260.8(\text{单位})$$

例 7 某厂日产 q 吨产品的总成本 $C = C(q)$(元),已知边际成本为 $C'(q) = 5 + \frac{25}{\sqrt{q}}$,求日产量从 64 吨增加到 100 吨时的总成本.

解 总成本是边际成本的原函数.因此所求总成本 C 为

$$C(q) = \int_{64}^{100} \left(5 + \frac{25}{\sqrt{q}}\right)\mathrm{d}q$$

$$= (5q + 50\sqrt{q})\Big|_{64}^{100} = 280(\text{元})$$

例 8 某工厂生产某产品 q(百台)的总成本 C(万元)的变化率(边际成本)$C' = 2$(设固定成本为零)(单位:万元/百台),收益 R(万元)的变化率(边际收益)为产量 q(百台)的函数 $R'(q) = 7 - 2q$(单位:万元/百台),求 1)生产量为多少时,总利润 L 为最大? 2)在利润最大的基础上又生产了 50 台,总利润减少了多少?

解 1)由于固定的成本为零.所以生产 q(百台)的总成本为

$$C(q) = \int_0^q 2\mathrm{d}t = 2q$$

因为当 $q=0$ 时,$R=0$,所以总收益为

$$R(q) = \int_0^q (7 - 2t)\mathrm{d}t = 7q - q^2$$

总利润为

$$L(q) = R(q) - C(q) = 5q - q^2$$

$$L'(q) = 5 - 2q$$

令 $L'(q) = 5 - 2q = 0$,得 $q = 2.5$(百台).

又因 $L''(q) = -2 < 0$,所以 $L(2.5) = 6.25$(万元)为最大利润.

2)从最大利润的生产量 250 台又多生产 50 台,所产生的总利润为

$$\int_{2.5}^3 L'(q)\mathrm{d}q = \int_{2.5}^3 (5 - 2q)\mathrm{d}q$$

$$= (5q - q^2)\Big|_{2.5}^3 = 6 - 6.25$$

$$= -0.25(万元)$$

即总利润减少了 0.25 万元.

例 9 已知某产品生产 x 个单位时,总收益 R 的变化率(边际收益)为

$$R' = R'(x) = 200 - \frac{x}{100}, x \geqslant 0$$

1)求生产了 50 个单位时的总收益;

2)如果已经生产 100 个单位,求再生产 100 个单位的总收益.

解 因为总收益 $R(x)$ 是总收益 $R(x)$ 的变化率的原函数,所以生产了 50 个单位时的总收益为

$$\int_0^{50} R'(x)\mathrm{d}x = \int_0^{50} \left(200 - \frac{x}{100}\right)\mathrm{d}x$$

$$= \left(200x - \frac{x^2}{200}\right)\Big|_0^{50}$$

$$= 9987.5$$

如果已经生产了 100 个单位,再生产 100 单位的总收益为

$$\int_{100}^{200} R'(x)\mathrm{d}x = \int_{100}^{200}\left(200 - \frac{x}{100}\right)\mathrm{d}x$$

$$= \left(200x - \frac{x^2}{200}\right)\Big|_{100}^{200} = 19850$$

§6.7　广　义　积　分

前面我们讨论定积分时,都是以积分区间有限与被积函数有界为前提的. 本节要去掉这两个限制条件,将定积分概念作一些推广,讨论积分区间为无限 或被积函数为无界的积分.并把这两种积分称为广义积分.

一、无限区间上的积分

定义 6.2　设函数 $f(x)$ 在 $[a, +\infty)$ 上连续,若极限 $\lim\limits_{b\to+\infty}\int_a^b f(x)\mathrm{d}x\,(a <$ $b)$ 存在,则称此极限值为 $f(x)$ 在 $[a, +\infty)$ 上广义积分(或无穷限积分).记作

$$\int_a^{+\infty} f(x)\mathrm{d}x = \lim_{b\to+\infty}\int_a^b f(x)\mathrm{d}x$$

这时又称广义积分 $\int_a^{+\infty} f(x)\mathrm{d}x$ 收敛.若上述极限不存在,则称广义积分 $\int_a^{+\infty} f(x)\mathrm{d}x$ 发散.

类似地,可以定义 $f(x)$ 在 $(-\infty, b]$ 及 $(-\infty, +\infty)$ 上的广义积分

$$\int_{-\infty}^b f(x)\mathrm{d}x = \lim_{a\to-\infty}\int_a^b f(x)\mathrm{d}x$$

$$\int_{-\infty}^{+\infty} f(x)\mathrm{d}x = \int_{-\infty}^c f(x)\mathrm{d}x + \int_c^{+\infty} f(x)\mathrm{d}x$$

其中 $c\in(-\infty, +\infty)$.

广义积分 $\int_{-\infty}^{+\infty} f(x)\mathrm{d}x$ 收敛的充要条件是 $\int_{-\infty}^c f(x)\mathrm{d}x$ 与 $\int_c^{+\infty} f(x)\mathrm{d}x$ 都收 敛.

例 1　求广义积分 $\int_0^{+\infty} x\mathrm{e}^{-x^2}\mathrm{d}x$

解　　　　　$\int_0^{+\infty} x\mathrm{e}^{-x^2}\mathrm{d}x = \lim\limits_{b\to+\infty}\int_0^b x\mathrm{e}^{-x^2}\mathrm{d}x$

$$= \lim_{b \to +\infty} \left[-\frac{1}{2} \int_0^b e^{-x^2} d(-x^2) \right]$$

$$= -\frac{1}{2} \lim_{b \to +\infty} (e^{-x^2}) \Big|_0^b$$

$$= -\frac{1}{2} \lim_{b \to +\infty} (e^{-b^2} - e^0) = \frac{1}{2}$$

为了书写方便,我们常用 $F(x) \Big|_a^{+\infty}$ 表示

$$\lim_{b \to +\infty} \left(F(x) \Big|_a^b \right) = \lim_{b \to +\infty} (F(b) - F(a))$$

例 2 计算 $\displaystyle\int_1^{+\infty} \frac{dx}{x^\alpha}$

解 当 $\alpha \neq 1$ 时

$$\int_1^{+\infty} \frac{dx}{x^\alpha} = \frac{x^{1-\alpha}}{1-\alpha} \Big|_1^{+\infty}$$

但 $\displaystyle\lim_{x \to +\infty} x^{1-\alpha}$ 当 $\alpha > 1$ 时为零, $\alpha < 1$ 时为 $+\infty$,因此

$$\int_1^{+\infty} \frac{dx}{x^\alpha} = \begin{cases} \dfrac{1}{\alpha - 1} & \alpha > 1 \\ +\infty & \alpha < 1 \end{cases}$$

当 $\alpha = 1$ 时,有

$$\int_1^{+\infty} \frac{dx}{x^\alpha} = \ln x \Big|_1^{+\infty} = +\infty$$

综上所述,广义积分 $\displaystyle\int_1^{+\infty} \frac{dx}{x^\alpha}$ 当 $\alpha > 1$ 时收敛, $\alpha \leq 1$ 时发散.

例 3 计算 $\displaystyle\int_{-\infty}^{+\infty} \frac{dx}{1+x^2}$

解 $\displaystyle\int_{-\infty}^{+\infty} \frac{dx}{1+x^2} = \int_{-\infty}^0 \frac{dx}{1+x^2} + \int_0^{+\infty} \frac{dx}{1+x^2}$ 而

$$\int_{-\infty}^0 \frac{dx}{1+x^2} = \operatorname{arctg} x \Big|_{-\infty}^0 = 0 - \left(-\frac{\pi}{2} \right) = \frac{\pi}{2}$$

$$\int_0^{+\infty} \frac{dx}{1+x^2} = \operatorname{arctg} x \Big|_0^{+\infty} = \frac{\pi}{2} - 0 = \frac{\pi}{2}$$

故 $\displaystyle\int_{-\infty}^{+\infty} \frac{dx}{1+x^2} = \frac{\pi}{2} + \frac{\pi}{2} = \pi$

例 4 设 $\Gamma(\alpha) = \int_0^{+\infty} x^{\alpha-1} e^{-x} dx \, (\alpha > 0)$，由此积分确定的函数为 Γ 函数. 试计算 $\Gamma(n+1)$ 的值.

解
$$\Gamma(n+1) = \int_0^{+\infty} x^n e^{-x} dx = -\int_0^{+\infty} x^n d e^{-x}$$
$$= -x^n e^{-x} \Big|_0^{+\infty} + \int_0^{+\infty} n x^{n-1} e^{-x} dx$$
$$= n \int_0^{+\infty} x^{n-1} e^{-x} dx = n\Gamma(n)$$

由此递推公式可得
$$\Gamma(n+1) = n\Gamma(n) = n(n-1)\Gamma(n-1) = \cdots = n!\Gamma(1)$$

而
$$\Gamma(1) = \int_0^{+\infty} e^{-x} dx = -e^{-x} \Big|_0^{+\infty} = 1$$

所以
$$\Gamma(n+1) = n!\Gamma(1) = n!$$

二、无界函数的积分

定义 6.3 设 $f(x)$ 在 $[a,b)$ 内连续，且当 $x \to b^-$ 时 $f(x) \to \infty$，如果极限 $\lim\limits_{c \to b^-} \int_a^c f(x) dx$ 存在，则此极限称为无界函数 $f(x)$ 在 $[a,b)$ 上的广义积分，记为

$$\int_a^b f(x) dx = \lim_{c \to b^-} \int_a^c f(x) dx$$

这时又称广义积分 $\int_a^b f(x) dx$ 收敛. 如果上述极限不存在，则称广义积分发散.

类似地，可以定义 $f(x)$ 在 $(a,b]$ 内连续，而当 $x \to a^+$ 时，$f(x) \to \infty$，以及 $f(x)$ 在 $[a,b]$ 上除 c_0 点外连续，而当 $x \to c_0$ 时，$f(x) \to \infty$ 的广义积分：

$$\int_a^b f(x) dx = \lim_{c \to a^+} \int_c^b f(x) dx$$

$$\int_a^b f(x) dx = \int_a^{c_0} f(x) dx + \int_{c_0}^b f(x) dx$$

对于 $x \to c_0$ 时 $f(x) \to \infty$ 的广义积分 $\int_a^b f(x)\mathrm{d}x$ 收敛的充要条件是 $\int_a^{c_0} f(x)\mathrm{d}x$ 与 $\int_{c_0}^b f(x)\mathrm{d}x$ 都收敛.

例 5　计算 $\int_0^1 \dfrac{\mathrm{d}x}{\sqrt{1-x^2}}$

解　由于 $\lim\limits_{x \to 1^-} \dfrac{1}{\sqrt{1-x^2}} = \infty$, 因此按定义

$$\int_0^1 \frac{\mathrm{d}x}{\sqrt{1-x^2}} = \lim_{c \to 1^-} \int_0^c \frac{\mathrm{d}x}{\sqrt{1-x^2}} = \lim_{c \to 1^-} \arcsin x \Big|_0^c$$

$$= \lim_{c \to 1^-} \arcsin c = \arcsin 1 = \frac{\pi}{2}$$

例 6　计算 $\int_{-1}^1 \dfrac{1}{x^2}\mathrm{d}x$

解　因为 $\lim\limits_{x \to 0} \dfrac{1}{x^2} = \infty$, 所以按定义, 有

$$\int_{-1}^1 \frac{1}{x^2}\mathrm{d}x = \int_{-1}^0 \frac{1}{x^2}\mathrm{d}x + \int_0^1 \frac{1}{x^2}\mathrm{d}x$$

而

$$\int_{-1}^0 \frac{1}{x^2}\mathrm{d}x = \lim_{c \to 0^-} \int_{-1}^c \frac{1}{x^2}\mathrm{d}x = -\lim_{c \to 0^-} \frac{1}{x}\Big|_{-1}^c$$

$$= -\lim_{c \to 0^-} \left(\frac{1}{c} + 1 \right) = +\infty$$

故 $\int_{-1}^1 \dfrac{1}{x^2}\mathrm{d}x$ 发散.

典型例题分析

一、单项选择题

例 1　设 $I_1 = \int_0^1 \mathrm{e}^{-x^2}\mathrm{d}x$, $I_2 = \int_0^1 \mathrm{e}^{-x}\mathrm{d}x$, 则(　).

(A) $I_1 \geqslant I_2$;　　　　　　(B) $I_1 \leqslant I_2$

(C) $I_2 \geqslant 1$;　　　　　　　(D) $I_1 \leqslant 0$

分析　因为 $e^{-x^2} > 0$，从而(D)不对，又当 $x \in (0,1]$ 时，$e^{-x} < 1$，故 $\int_0^1 e^{-x} dx < \int_0^1 dx = 1$，从而(C)不对.

因为 $0 \leqslant x \leqslant 1$，故 $x^2 \leqslant x$，$-x^2 \geqslant -x$，$e^{-x^2} \geqslant e^{-x}$，从而 $\int_0^1 e^{-x^2} dx \geqslant \int_0^1 e^{-x} dx$，所以正确结果为(A).

例 2　$\displaystyle\lim_{x \to 0} \frac{\int_0^{2x} \dfrac{t}{1 + e^{t^2}} dt}{x^2} = (\quad)$

(A)1;　　　　　　　　　　　(B)2

(C)3;　　　　　　　　　　　(D)4

分析　此极限是 $\dfrac{0}{0}$ 型的极限，可应用洛必达法则，这就需要对分子求导.

分子 $\int_0^{2x} \dfrac{t}{1 + e^{t^2}} dt$ 是变上限的定积分，令 $F(u) = \int_0^u \dfrac{t}{1 + e^{t^2}} dt$，$u = 2x$，由复合函数求导的法则：

$$\left(\int_0^{2x} \frac{t}{1 + e^{t^2}} dt \right)' = F'(u) \cdot (2x)' = 2 \cdot \frac{2x}{1 + e^{4x^2}}$$

于是

$$\lim_{x \to 0} \frac{\int_0^{2x} \dfrac{t}{1 + e^{t^2}} dt}{x^2} = \lim_{x \to 0} \frac{\dfrac{4x}{1 + e^{4x^2}}}{2x} = \lim_{x \to 0} \frac{2}{1 + e^{4x^2}} = 1$$

所以正确结果为(A).

例 3　设连续函数 $f(x)$ 的原函数是 $F(x)$，则 $f(x)$ 在 $[a,b]$ 上的平均值是(　).

(A)$\dfrac{f(x)}{x}$;　　　　　　　　(B)$\dfrac{F(x)}{x}$

(C)$\dfrac{f(b) - f(a)}{b - a}$;　　　　　(D)$\dfrac{F(b) - F(a)}{b - a}$

分析　函数 $f(x)$ 在 $[a,b]$ 上的平均值是

$$\frac{\int_a^b f(x) dx}{b - a} = \frac{F(b) - F(a)}{b - a}$$

所以正确结果为(D).

注意 $\dfrac{f(x)}{x}$ 称为 x 的平均函数.

例 4 设 $f(x)$ 为 $[-a,a]$ 上的连续函数,则定积分 $\displaystyle\int_{-a}^{a} f(-x)\mathrm{d}x =$ ( ).

(A)0;   (B)$2\displaystyle\int_{0}^{a} f(x)\mathrm{d}x$

(C)$\displaystyle\int_{-a}^{a} f(x)\mathrm{d}x$;   (D)$-\displaystyle\int_{-a}^{a} f(x)\mathrm{d}x$

分析 由选项可以看出,所给问题为定积分的变量代换问题.为了能使被积函数 $f(-x)$ 为 $f(t)$,可令 $t=-x$,则 $\mathrm{d}t=-\mathrm{d}x$,当 $x=-a$ 时,$t=a$;当 $x=a$ 时,$t=-a$,因此

$$\int_{-a}^{a} f(-x)\mathrm{d}x = \int_{a}^{-a} f(t)(-dt) = \int_{-a}^{a} f(t)\mathrm{d}t = \int_{-a}^{a} f(x)\mathrm{d}x$$

所以正确结果为(C).

例 5 曲线 $y=\sqrt{x}$ 与 $y=x$ 所围成的图形的面积是( ).

(A)$\dfrac{1}{2}$;   (B)$\dfrac{1}{4}$

(C)$\dfrac{1}{3}$;   (D)$\dfrac{1}{6}$

分析
$$S = \int_{0}^{1} (\sqrt{x}-x)\mathrm{d}x = \left(\frac{2}{3}x^{\frac{3}{2}} - \frac{1}{2}x^{2}\right)\Big|_{0}^{1}$$
$$= \frac{2}{3} - \frac{1}{2} = \frac{1}{6}$$

所以正确结果为(D).

例 6 函数 $f(x)=\displaystyle\int_{0}^{x} (2\cos t + \cos 3t)\mathrm{d}t$ 在 $x=\dfrac{\pi}{3}$ 处必( ).

(A)取极小值;   (B)取极大值

(C)在其某邻域内单增;   (D)在其某邻域内单减

分析 有关函数单调性与极值的问题,可利用导数加以解决.

$$f'\left(\frac{\pi}{3}\right) = (2\cos x + \cos 3x)\Big|_{x=\frac{\pi}{3}} = 1-1 = 0$$

$$f''\left(\frac{\pi}{3}\right) = (-2\sin x - 3\sin 3x)\Big|_{x=\frac{\pi}{3}} = -\sqrt{3} < 0$$

所以正确的结果为(B).

二、填空题

例 1 $\displaystyle\int_{-1}^{1} e^{|x|} \, dx = \underline{\hspace{3cm}}$

分析
$$\int_{-1}^{1} e^{|x|} \, dx = \int_{-1}^{0} e^{-x} \, dx + \int_{0}^{1} e^{x} \, dx$$
$$= -e^{-x}\Big|_{-1}^{0} + e^{x}\Big|_{0}^{1} = 2(e-1)$$

或者由于 $e^{|x|}$ 为偶函数,则

$$\int_{-1}^{1} e^{|x|} \, dx = 2\int_{0}^{1} e^{x} \, dx = 2e^{x}\Big|_{0}^{1} = 2(e-1)$$

所以正确结果为 $2(e-1)$.

例 2 $\displaystyle\int_{a}^{x} f'(2t) \, dt = \underline{\hspace{3cm}}$

分析
$$\int_{a}^{x} f'(2t) \, dt = \frac{1}{2}\int_{a}^{x} f'(2t) \, d(2t)$$
$$= \frac{1}{2}\big[f(2x) - f(2a)\big]$$

所以正确结果为 $\dfrac{1}{2}\big[f(2x) - f(2a)\big]$.

例 3 $\displaystyle\int_{-a}^{a} x[f(x) + f(-x)] \, dx$

分析 由于 $x[f(x) + f(-x)]$ 为奇函数所以正确的结果为 0.

例 4 设 $f(x) = \begin{cases} x^2, & \text{当 } 0 \leqslant x < 1 \text{ 时} \\ x, & \text{当 } 1 \leqslant x \leqslant 2 \text{ 时} \end{cases}$,则 $\phi(x) = \displaystyle\int_{0}^{x} f(t) \, dt$ 在 $[0,2]$ 上的表达式为 $\underline{\hspace{3cm}}$.

分析 当 $0 \leqslant x < 1$ 时,$\phi(x) = \displaystyle\int_{0}^{x} t^2 \, dt = \frac{1}{3}x^3$

而当 $1 \leqslant x \leqslant 2$ 时,

$$\phi(x) = \int_{0}^{x} f(t) \, dt = \int_{0}^{1} t^2 \, dt + \int_{1}^{x} t \, dt = \frac{1}{3} + \frac{1}{2}x^2 - \frac{1}{2} = \frac{1}{2}x^2 - \frac{1}{6}$$

所以正确结果为 $\phi(x) = \begin{cases} \dfrac{1}{3}x^3, & \text{当 } 0 \leqslant x < 1 \text{ 时} \\[2mm] \dfrac{1}{2}x^2 - \dfrac{1}{6}, & \text{当 } 1 \leqslant x \leqslant 2 \text{ 时}. \end{cases}$

例 5　设 y 是 x 的函数,有 $\displaystyle\int_0^y e^t dt + \int_0^x \cos t\, dt = 0$, 则 $\dfrac{dy}{dx} = $ _____.

分析　在方程两边同时对 x 求导,得 $e^y \cdot y' + \cos x = 0$, 于是 $y' = \dfrac{-\cos x}{e^y}$.

所以正确的结果为 $y' = \dfrac{-\cos x}{e^y}$.

例 6　若广义积分 $\displaystyle\int_0^{+\infty} \dfrac{k}{1+x^2} dx = 1$, 其中 k 为常数, 则 $k = $ _____.

分析　所给的问题为计算广义积分的反问题. 由于

$$\int_0^{+\infty} \frac{k}{1+x^2} dx = \lim_{b\to+\infty} \int_0^b \frac{k}{1+x^2} dx = \lim_{b\to+\infty} k \arctan x \Big|_0^b$$

$$= \lim_{b\to\infty} k \arctan b = \frac{k\pi}{2}$$

因此应有 $\dfrac{k\pi}{2} = 1$, 故 $k = \dfrac{2}{\pi}$.

所以正确的结果为 $k = \dfrac{2}{\pi}$.

三、解答题

例 1　$\displaystyle\int_{x^2}^a \dfrac{\cos\sqrt{t}}{t} dt = F(x)$, 求 $F'(x)$

解

$$F'(x) = \left[-\int_a^{x^2} \frac{\cos\sqrt{t}}{t} dt \right]'$$

$$= -\frac{\cos\sqrt{x^2}}{x^2}(x^2)' = -\frac{2\cos x}{x}$$

分析　求变上限积分的导数应注意函数的复合关系.

例 2　求下列定积分:

(1) $\displaystyle\int_0^{\frac{\pi}{2}} \sin^2 \frac{x}{2} dx$;　　　　　(2) $\displaystyle\int_1^2 \dfrac{x^2 + 2x - 3}{x} dx$

解　(1)　$\displaystyle\int_0^{\frac{\pi}{2}} \sin^2 \frac{x}{2} dx = \int_0^{\frac{\pi}{2}} \frac{1}{2}(1 - \cos x) dx$

$$= \frac{1}{2}(x - \sin x) \Big|_0^{\frac{\pi}{2}} = \frac{\pi}{4} - \frac{1}{2}$$

$$(2) \quad \int_1^2 \frac{x^2 + 2x - 3}{x} dx = \int_1^2 \left(x + 2 - \frac{3}{x} \right) dx$$

$$= \left(\frac{x^2}{2} + 2x - 3\ln x \right) \Big|_1^2$$

$$= (2 + 4 - 3\ln 2) - \left(\frac{1}{2} + 2 - 3\ln 1 \right)$$

$$= 3\frac{1}{2} - 3\ln 2$$

分析　这两道题均应用牛顿-莱布尼兹公式而直接积分.定积分的直接积分法类似于不定积分的直接积分法,区别在于求出原函数后要代入积分的上、下限并求值.

例 3　已知 $f(x) = \begin{cases} x - 1, & \text{当 } x \leqslant 1 \text{ 时} \\ 3x^2 + 1, & \text{当 } x > 1 \text{ 时,} \end{cases}$　求 $\int_0^3 f(x) dx$.

分析　此题被积函数是一个分段函数,在不同的积分区间上有不同的解析表达式,因此它的定积分需利用积分区间的可加性的性质分段去求(分段点为 $x = 1$).

解
$$\int_0^3 f(x) dx = \int_0^1 f(x) dx + \int_1^3 f(x) dx$$

$$= \int_0^1 (x - 1) dx + \int_1^3 (3x^2 + 1) dx$$

$$= \left(\frac{1}{2} x^2 - x \right) \Big|_0^1 + (x^3 + x) \Big|_1^3$$

$$= -\frac{1}{2} + 28$$

$$= 27\frac{1}{2}$$

例 4　计算下列定积分:

$(1) \int_0^1 \frac{x dx}{1 + x^2}$;　　　　　　　　$(2) \int_1^{e^3} \frac{dx}{x\sqrt{1 + \ln x}}$

$(3) \int_0^{\ln 2} \sqrt{e^x - 1} dx$;　　　　　　$(4) \int_0^4 \frac{dx}{1 + \sqrt{x}}$

解　(1)解法一(凑微分法)

$$\int_0^1 \frac{x dx}{1 + x^2} = \frac{1}{2} \int_0^1 \frac{1}{1 + x^2} d(1 + x^2) = \frac{1}{2} \ln(1 + x^2) \Big|_0^1$$

$$= \frac{1}{2} \ln 2$$

解法二(换元积分法)　令 $t = 1 + x^2$，则 $dt = 2x dx$，且当 $x = 0$ 时，$t = 1$，当 $x = 1, t = 2$，所以

$$\int_0^1 \frac{x \, dx}{1 + x^2} = \int_1^2 \frac{dt}{2t} = \frac{1}{2} \ln t \Big|_1^2 = \frac{1}{2} \ln 2.$$

(2)解法一(凑微分法)

$$\int_1^{e^3} \frac{dx}{x \sqrt{1 + \ln x}} = \int_1^{e^3} \frac{d(1 + \ln x)}{\sqrt{1 + \ln x}} = 2 \sqrt{1 + \ln x} \Big|_1^{e^3}$$

$$= 4 - 2 = 2$$

解法二(换元积分法)　令 $t = 1 + \ln x$，则 $dt = \frac{1}{x} dx$，且当 $x = 1$ 时，$t = 1$；当 $x = e^3$ 时，$t = 4$，所以

$$\int_1^{e^3} \frac{dx}{x \sqrt{1 + \ln x}} = \int_1^4 \frac{dt}{\sqrt{t}} = 2 \sqrt{t} \Big|_1^4 = 4 - 2 = 2$$

(3)(换元积分法)　令 $t = \sqrt{e^x - 1}$，则 $x = \ln(1 + t^2)$，$dx = \frac{2t}{1 + t^2} dt$，且当 $x = 0$ 时，$t = 0$；当 $x = \ln 2$ 时，$t = 1$. 所以

$$\int_0^{\ln 2} \sqrt{e^x - 1} \, dx = \int_0^1 \frac{2t^2}{1 + t^2} dt = 2 \int_0^1 \frac{1 + t^2 - 1}{1 + t^2} dt$$

$$= 2 \int_0^1 \left(1 - \frac{1}{1 + t^2} \right) dt = 2(t - \arctan t) \Big|_0^1 = 2 \left(1 - \frac{\pi}{4} \right)$$

$$= 2 - \frac{\pi}{2}$$

(4)(换元积分法)　令 $\sqrt{x} = t$，则 $x = t^2$，$dx = 2t dt$ 且当 $x = 0$ 时，$t = 0$；当 $x = 4, t = 2$ 所以

$$\int_0^4 \frac{dx}{1 + \sqrt{x}} = \int_0^2 \frac{2t \, dt}{1 + t} = 2 \int_0^2 \frac{1 + t - 1}{1 + t} dt$$

$$= 2 \int_0^2 \left(1 - \frac{1}{1 + t} \right) dt = 2[t - \ln(1 + t)] \Big|_0^2 = 2(2 - \ln 3)$$

$$= 4 - 2 \ln 3$$

分析　定积分的换元法类似于不定积分的换元法. 用第一换元法(凑微分

法)计算定积分时,积分限不用改变,因为变量没有换元.第二换元法仍是针对带有根号的被积函数求解积分,所不同的是定积分带有上、下限,因此在做变量代换的同时,要相应地改变积分的上、下限,这样还可以省略变量的还原过程,从而简化了积分计算.

例 5 计算下列定积分:

(1) $\displaystyle\int_0^{\ln 2} x\mathrm{e}^{-x}\mathrm{d}x$;   (2) $\displaystyle\int_{\frac{1}{\mathrm{e}}}^{\mathrm{e}} |\ln x| \mathrm{d}x$

(3) $\displaystyle\int_0^{\frac{\pi}{2}} x\cos^2 x\mathrm{d}x$;   (4) $\displaystyle\int_0^{\sqrt{\ln 2}} x^3\mathrm{e}^{-x^2}\mathrm{d}x$

(5) $\displaystyle\int_0^1 x\arctan x\mathrm{d}x$;   (6) $\displaystyle\int_1^{\mathrm{e}} \frac{\ln x}{x^2}\mathrm{d}x$

解 (1)取 $u=x,\mathrm{d}v=\mathrm{e}^{-x}\mathrm{d}x=\mathrm{d}(-\mathrm{e}^{-x})$,则由定积分的分部积分公式,可得

$$\int_0^{\ln 2} x\mathrm{e}^{-x}\mathrm{d}x = \int_0^{\ln 2} x\mathrm{d}(-\mathrm{e}^{-x})$$

$$= -x\mathrm{e}^{-x}\Big|_0^{\ln 2} - \int_0^{\ln 2} (-\mathrm{e}^{-x})\mathrm{d}x$$

$$= -\frac{\ln 2}{2} - \mathrm{e}^{-x}\Big|_0^{\ln 2}$$

$$= -\frac{\ln 2}{2} - \left(\frac{1}{2} - 1\right) = \frac{1}{2}(1 - \ln 2)$$

(2)被积函数 $|\ln x|$ 是分段函数,其分段点为 $x=1$,

$$|\ln x| = \begin{cases} \ln x, & x \geqslant 1 \\ -\ln x, & 0 < x < 1 \end{cases}, \quad 故$$

$$\int_{\frac{1}{\mathrm{e}}}^{\mathrm{e}} |\ln x| \mathrm{d}x = \int_{\frac{1}{\mathrm{e}}}^1 (-\ln x)\mathrm{d}x + \int_1^{\mathrm{e}} \ln x\mathrm{d}x$$

$$= -(x\ln x - x)\Big|_{\frac{1}{\mathrm{e}}}^1 + (x\ln x - x)\Big|_1^{\mathrm{e}} = 2 - \frac{2}{\mathrm{e}}$$

(因为 $\displaystyle\int \ln x\mathrm{d}x = x\ln x - x + c$)

(3) $\displaystyle\int_0^{2\pi} x\cos^2 x\mathrm{d}x = \int_0^{2\pi} \frac{x(1+\cos 2x)}{2}\mathrm{d}x$

$$= \frac{1}{2}\int_0^{2\pi} x\mathrm{d}x + \frac{1}{2}\int_0^{2\pi} x\cos 2x\mathrm{d}x$$

$$= \frac{x^2}{4}\bigg|_0^{2\pi} + \frac{1}{2}\int_0^{2\pi} x\,\mathrm{d}\left(\frac{\sin2x}{2}\right)$$

$$= \pi^2 + \frac{1}{2}\left(\frac{x\sin2x}{2}\bigg|_0^{2\pi} - \int_0^{2\pi}\frac{\sin2x}{2}\,\mathrm{d}x\right)$$

$$= \pi^2 - \frac{1}{4}\int_0^{2\pi}\sin2x\,\mathrm{d}x = \pi^2 + \frac{\cos2x}{8}\bigg|_0^{2\pi} = \pi^2$$

(4) $\displaystyle\int_0^{\sqrt{\ln2}} x^3 \mathrm{e}^{-x^2}\mathrm{d}x = \int_0^{\sqrt{\ln2}}\left(-\frac{1}{2}x^2\right)\mathrm{d}(\mathrm{e}^{-x^2})$

$$= -\frac{1}{2}\int_0^{\sqrt{\ln2}} x^2\,\mathrm{d}(\mathrm{e}^{-x^2})$$

$$= -\frac{1}{2}\left[x^2\mathrm{e}^{-x^2}\bigg|_0^{\sqrt{\ln2}} - \int_0^{\sqrt{\ln2}}\mathrm{e}^{-x^2}\mathrm{d}(x^2)\right]$$

$$= -\frac{1}{2}\left(\frac{\ln2}{2} + \mathrm{e}^{-x^2}\bigg|_0^{\sqrt{\ln2}}\right)$$

$$= -\frac{1}{2}\left(\frac{\ln2}{2} + \frac{1}{2} - 1\right) = \frac{1-\ln2}{4}$$

(5) $\displaystyle\int_0^1 x\arctan x\,\mathrm{d}x = \int_0^1\arctan x\,\mathrm{d}\left(\frac{x^2}{2}\right)$

$$= \frac{1}{2}x^2\arctan x\bigg|_0^1 - \int_0^1\frac{x^2}{2}\cdot\frac{1}{1+x^2}\mathrm{d}x$$

$$= \frac{\pi}{8} - \frac{1}{2}\int_0^1\left(1 - \frac{1}{1+x^2}\right)\mathrm{d}x$$

$$= \frac{\pi}{8} - \frac{1}{2}(x - \arctan x)\bigg|_0^1$$

$$= \frac{\pi}{8} - \frac{1}{2}(1 - \arctan1) = \frac{\pi}{4} - \frac{1}{2}$$

(6) $\displaystyle\int_1^{\mathrm{e}}\frac{\ln x}{x^2}\mathrm{d}x = \int_1^{\mathrm{e}}\ln x\,\mathrm{d}\left(-\frac{1}{x}\right)$

$$= -\frac{\ln x}{x}\bigg|_1^{\mathrm{e}} - \int_1^{\mathrm{e}}\left(-\frac{1}{x}\right)\cdot\frac{1}{x}\mathrm{d}x$$

$$= \left(-\frac{1}{\mathrm{e}}\ln\mathrm{e} + 0\right) - \int_1^{\mathrm{e}}\left(-\frac{1}{x^2}\right)\mathrm{d}x = -\frac{1}{\mathrm{e}} - \frac{1}{x}\bigg|_1^{\mathrm{e}}$$

$$= 1 - \frac{2}{\mathrm{e}}$$

分析　从上面的例子可以看出：

①运用定积分的分部积分法的公式时,每一项都要带着积分限.

②定积分分部积分的 u 和 $\mathrm{d}v$ 的选择原则同不定积分完全相同.

③计算方法熟练后,分部积分法的替换过程可以省略.并且,有时凑微分、

换元与分部积分法会同时使用,因此分部积分的题目可视为一种综合的积分题.

例6 利用奇、偶函数的特征计算下列定积分:

(1) $\int_{-\pi}^{\pi} \sin^3 x \cos^6 x \mathrm{d}x$;   (2) $\int_{-1}^{1} (x^2 + 5x - \sin x)\mathrm{d}x$

解 (1)由被积函数 $\sin^3 x \cos^6 x$ 是奇函数,且积分区间为对称区间 $[-\pi, \pi]$,所以

$$\int_{-\pi}^{\pi} \sin^3 x \cos^6 x \mathrm{d}x = 0$$

(2)易见被积函数 $y = x^2 + 5x - \sin x$ 为非奇非偶函数,但 $y = x^2 + 5x - \sin x = x^2 + (5x - \sin x)$,其中 x^2 为偶函数,$5x - \sin x$ 为奇函数,故可分项进行积分,于是由奇、偶函数在对称区间上的积分性质,有

$$\int_{-1}^{1} (x^2 + 5x - \sin x)\mathrm{d}x = \int_{-1}^{1} x^2 \mathrm{d}x + \int_{-1}^{1} (5x - \sin x)\mathrm{d}x$$

$$= 2\int_{0}^{1} x^2 \mathrm{d}x + 0 = \frac{2}{3} x^3 \Big|_{0}^{1} = \frac{2}{3}$$

注意 利用奇、偶函数特征计算定积分时首先被积函数要具有奇、偶性,其次所求积分的积分区间还需为对称区间,缺一不可.否则得考虑其他方法.

例7 计算数列极限 $\lim\limits_{n \to \infty} \sum\limits_{k=1}^{n} \dfrac{\sqrt{k}}{n^{\frac{3}{2}}}$.

解 $\displaystyle\sum_{k=1}^{n} \frac{\sqrt{k}}{n^{\frac{3}{2}}} = \sum_{k=1}^{n} \frac{1}{n} \sqrt{\frac{k}{n}}$

$$= \frac{1}{n}\sqrt{\frac{1}{n}} + \frac{1}{n}\sqrt{\frac{2}{n}} + \cdots + \frac{1}{n}\sqrt{\frac{n}{n}}$$

这是连续函数 $f(x) = \sqrt{x}$ 在 $[0,1]$ 上特殊的积分和,它是 n 等分区间 $[0, 1]$,ξ_k 取区间 $\left[\dfrac{k-1}{n}, \dfrac{k}{n}\right]$ 的右端点 $\left($即 $\xi_k = \dfrac{k}{n}, f(\xi_k) = \sqrt{\dfrac{k}{n}}\right)$ 构成的积分和.已知函数 $f(x) = \sqrt{x}$ 在 $[0,1]$ 可积.于是,根据定积分定义,有

$$\lim_{n \to \infty} \sum_{k=1}^{n} \frac{\sqrt{k}}{n^{\frac{3}{2}}} = \int_{0}^{1} \sqrt{x} \mathrm{d}x = \frac{2}{3}$$

例8 计算数列极限 $\lim\limits_{n \to \infty} \sum\limits_{k=1}^{n} \dfrac{k}{n^3} \sqrt{n^2 - k^2}$.

解　$\displaystyle\sum_{k=1}^{n}\frac{k}{n^3}\sqrt{n^2-k^2}=\sum_{k=1}^{n}\frac{1}{n}\left(\frac{k}{n}\sqrt{1-\left(\frac{k}{n}\right)^2}\right)$

这是连续函数 $f(x)=x\sqrt{1-x^2}$ 在 $[0,1]$ 上特殊的积分和. 它是 n 等分区间 $[0,1]$, ξ_k 取区间 $\left[\dfrac{k-1}{n},\dfrac{k}{n}\right]$ 的右端点 $\left(\text{即 } \xi_k=\dfrac{k}{n},\ f(\xi_k)=\right.$

$\dfrac{k}{n}\sqrt{1-\left(\dfrac{k}{n}\right)^2}\bigg)$ 构成的积分和. 已知函数 $f(x)=x\sqrt{1-x^2}$ 在 $[0,1]$ 可积. 于是, 根据定积分定义, 有

$$\lim_{n\to\infty}\sum_{k=1}^{n}\frac{k}{n^3}\sqrt{n^2-k^2}=\int_0^1 x\sqrt{1-x^2}\,\mathrm{d}x$$

$$=\left[-\frac{1}{3}(1-x^2)^{\frac{3}{2}}\right]\bigg|_0^1=\frac{1}{3}.$$

例9　设 $f(x)$ 是 $(-\infty,+\infty)$ 上的连续函数, 且满足 $f(x)=3x^2-x\displaystyle\int_0^1 f(x)\mathrm{d}x$, 求 $f(x)$.

解　设 $\displaystyle\int_0^1 f(x)\mathrm{d}x=A$

则

$$f(x)=3x^2-Ax$$

$$\int_0^1 f(x)\mathrm{d}x=\int_0^1(3x^2-Ax)\mathrm{d}x=1-\frac{A}{2}$$

因此 $A=1-\dfrac{A}{2}$, 得 $A=\dfrac{2}{3}$, 故

$$f(x)=3x^2-\frac{2}{3}x$$

例10　证明: 若函数 $f(x)$ 在 R 是周期为 T 的连续函数, 则任意 $a\in R$, 有 $\displaystyle\int_a^{a+T}f(x)\mathrm{d}x=\int_0^T f(x)\mathrm{d}x$.

证　已知

$$\int_a^{a+T}f(x)\mathrm{d}x=\int_a^0 f(x)\mathrm{d}x+\int_0^T f(x)\mathrm{d}x+\int_T^{a+T}f(x)\mathrm{d}x.$$

计算定积分 $\int_T^{a+T} f(x)\,\mathrm{d}x$. 设 $x = T + t$, $\mathrm{d}x = \mathrm{d}t$. 当 $x = T$ 时, $t = 0$; 当 $x = a + T$ 时, $t = a$. 有

$$\int_T^{a+T} f(x)\,\mathrm{d}x = \int_0^a f(T + t)\,\mathrm{d}t = \int_0^a f(t)\,\mathrm{d}t$$

$$= \int_0^a f(x)\,\mathrm{d}x = -\int_a^0 f(x)\,\mathrm{d}x.$$

于是

$$\int_a^{a+T} f(x)\,\mathrm{d}x = \int_a^0 f(x)\,\mathrm{d}x + \int_0^T f(x)\,\mathrm{d}x - \int_a^0 f(x)\,\mathrm{d}x = \int_0^T f(x)\,\mathrm{d}x$$

例 11 求下列平面图形的面积:

(1) 直线 $y = x$, $y = 2x$ 与 $x = 1$ 所围成的图形;

(2) 曲线 $y = x^2$, $y = \dfrac{x^2}{4}$ 与直线 $y = 1$ 所围成的图形.

解 (1) 依题意, 画草图 (如图 6.19), 易求得二直线 $y = x$, $y = 2x$ 与直线 $x = 1$ 的交点为 $(1,1)$, $(1,2)$, 于是所求平面图形面积 S 为

$$S = \int_0^1 (2x - x)\,\mathrm{d}x = \int_0^1 x\,\mathrm{d}x$$

$$= \frac{x^2}{2}\Big|_0^1 = \frac{1}{2}(\text{以 } x \text{ 为积分变量})$$

或

$$S = \int_0^1 \left(y - \frac{y}{2} \right)\mathrm{d}y + \int_1^2 \left(1 - \frac{y}{2} \right)\mathrm{d}y$$

$$= \int_0^1 \frac{y}{2}\,\mathrm{d}y + \int_1^2 \left(1 - \frac{y}{2} \right)\mathrm{d}y = \frac{y^2}{4}\Big|_0^1 + \left(y - \frac{y^2}{4} \right)\Big|_1^2$$

$$= \frac{1}{4} + \left[2 - 1 - \left(1 - \frac{1}{4} \right) \right]$$

$$= \frac{1}{4} + \frac{1}{4} = \frac{1}{2}(\text{以 } y \text{ 为积分变量})$$

(2) 依题意, 可画草图 (如图 6.20), 易求曲线 $y = x^2$, $y = \dfrac{x^2}{4}$ 与直线 $y = 1$ 的交点为 $(\pm 1, 1)$, $(\pm 2, 1)$, $y = x^2$ 与 $y = \dfrac{x^2}{4}$ 的交点为 $(0,0)$ 并注意到图形关

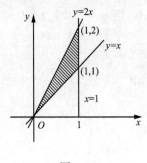

图 6.19

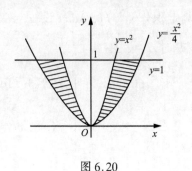

图 6.20

于 y 轴对称,因此只需求出第一象限部分的面积,然后 2 倍即可,于是所求平面图形的面积 S 为

$$S = 2\int_0^1 (\sqrt{4y} - \sqrt{y})\mathrm{d}y = 2\int_0^1 \sqrt{y}\mathrm{d}y$$

$$= \frac{4}{3}y^{\frac{3}{2}}\Big|_0^1 = \frac{4}{3}(\text{以 } y \text{ 为积分变量})$$

或

$$S = 2\Big[\int_0^1 \Big(x^2 - \frac{x^2}{4}\Big)\mathrm{d}x + \int_1^2 \Big(1 - \frac{x^2}{4}\Big)\mathrm{d}x\Big]$$

$$= 2\Big[\frac{x^3}{4}\Big|_0^1 + \Big(x - \frac{x^3}{12}\Big)\Big|_1^2\Big]$$

$$= 2\Big[\frac{1}{4} + \Big(2 - \frac{8}{12}\Big) - \Big(1 - \frac{1}{12}\Big)\Big]$$

$$= \frac{4}{3}(\text{以 } x \text{ 为积分变量})$$

分析 从这个例子可见,用定积分求平面图形面积时,先画出草图显得特别重要,然后是求交点,紧接着就是观察图形的特点,选取适当的求面积积分公式(确定是选 x 还是选 y 为积分变量),大家是否注意到,由于选取的积分公式不同,计算的简易程度各不相同.那么如何恰当地选择积分公式,使计算简化呢? 其主要依据是以积分的计算简单,所给图形不分块或尽量少分块而定.

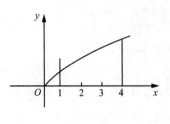

图 6.21

例 12 求曲线 $y=\sqrt{x}$ 与直线 $x=1$, $x=4$, $y=0$ 围成的图形,分别绕 x 轴及 y 轴旋转一周所得旋转体的体积.

解

$$V_x = \pi \int_1^4 (\sqrt{x})^2 \mathrm{d}x$$

$$= \pi \frac{x^2}{2} \Big|_1^4 = \frac{15}{2}\pi$$

$$V_y = \pi \int_0^1 (4^2 - 1^2)\mathrm{d}y + \pi \int_1^2 [4^2 - (y^2)^2]\mathrm{d}y$$

$$= 24.8\pi$$

分析 设立体是以连续曲线 $y=f(x)$,直线 $x=a$ 及 $x=b$ 与 x 轴所围成的平面图形绕 x 轴旋转转而得的旋转体,其体积

$$V_x = \int_a^b \pi f^2(x)\mathrm{d}x$$

若立体是以曲线 $x=\varphi(y)$,直线 $y=a$, $y=b$ 与 y 轴围成的平面图形绕 y 轴旋转而得的旋转体,其体积为

$$V_y = \int_a^b \pi \varphi^2(y)\mathrm{d}y$$

绕 x 轴旋转而成的旋转体与 x 轴垂直的截面为圆,其面积就是 $S(x)=\pi f^2(x)$,平行截面面积为 $S(x)$ 的立体体积公式

$$V = \int_a^b S(x)\mathrm{d}x$$

所以,可以理解旋转体是平行截面面积为已知的立体的特例.

例 13 已知生产某产品 x 单位时,边际收益函数为 $R'(x) = 200 - \dfrac{x}{50}$ (元/单位),试求:

(1)生产 x 单位时的总收益 $R(x)$,平均单位收益 $\overline{R}(x)$;

(2)生产从 500 单位到 1500 单位时的收益是多少?

(3)生产 2000 单位时,前 1000 单位和后 1000 单位的平均收益是多少?

解 (1)总收益函数

$$R(x) = \int R'(x)\mathrm{d}x = \int \left(200 - \frac{x}{50}\right)\mathrm{d}x = 200x - \frac{x^2}{100} + c$$

因为当 $x = 0$ 时 $R = 0$,由此得 $c = 0$,(即 $R(x) = \int_0^x R'(t)\mathrm{d}t$),故

$$R(x) = 200x - \frac{x^2}{100}$$

则平均单位收益

$$\bar{R}(x) = \frac{R(x)}{x} = 200 - \frac{x}{100}$$

(2)生产从 500 单位到 1500 单位时收益是边际收益在 $[500,1500]$ 上定积分:

$$\Delta R = \int_{500}^{1500} R'(x)\mathrm{d}x = \int_{500}^{1500}\left(200 - \frac{x}{50}\right)\mathrm{d}x$$

$$= \left(200x - \frac{x^2}{100}\right)\Big|_{500}^{1500} = 180000(元)$$

(3)生产前 1000 单位时的平均收益为

$$\bar{R}_1 = \frac{1}{1000}\int_0^{1000} R'(x)\mathrm{d}x = \frac{1}{1000}\int_0^{1000}\left(200 - \frac{x}{50}\right)\mathrm{d}x$$

$$= \frac{1}{1000}\left(200x - \frac{x^2}{100}\right)\Big|_0^{1000} = 190(元)$$

生产后 1000 单位时的平均收益为

$$\bar{R}_2 = \frac{1}{1000}\int_{1000}^{2000} R'(x)\mathrm{d}x = \frac{1}{1000}\int_{1000}^{2000}\left(200 - \frac{x}{50}\right)\mathrm{d}x$$

$$= \frac{1}{1000}\left(200x - \frac{x^2}{100}\right)\Big|_{1000}^{2000} = 170(元)$$

思考　此题的平均收益为什么会越来越少呢?

例 14　设某种商品每天生产 x 单位时固定成本为 20 元,边际成本为 $C'(x) = 0.4x + 2$(元/单位),如果这种商品规定的销售单价为 18 元,且商品可以全部售出,试求

(1)总成本函数 $C(x)$,总利润函数 $L(x)$;

(2)每天生产多少单位时,总利润最大?

解　(1)依题意,总成本函数

$$C(x) = \int C'(x)\mathrm{d}x = \int(0.4x + 2)\mathrm{d}x = 0.2x^2 + 2x + c$$

当 $x=0$ 时,固定成本 20 元,由此即得 $c=20$(亦可直接运用定积分求之,$C(x) = \int_0^x C'(t)\mathrm{d}t + 20$),

故

$$C(x) = 0.2x^2 + 2x + 20$$

由于商品销售单价为 18 元,且可全部售出,因此生产 x 单位的总收益函数 $R(x)=18x$,从而总利润函数

$$L(x) = R(x) - C(x) = -0.2x^2 + 16x - 20$$

(2)由 $L'(x) = -0.4x + 16 = 0$ 得 $x = 40$,又 $L''(40) = -0.4 < 0$,故 $x = 40$ 为极大值点,也是最大值点,即每天生产 40 单位时,利润最大,$L(40) = 300$(元).

例 15 已知生产某产品 x 件的边际成本 $C' = 2$(元/件)(固定成本为零),收益 R 的变化率(边际收益)为生产量 x 件的函数 $R' = R'(x) = 20 - 0.02x$(元/件),求

(1)生产量为多少件时? 总利润为最大?

(2)从利润最大的生产量又生产了 50 件,总利润减少多少?

(3)生产 800 件时的总利润.

解 在求解这类经济应用题时,首先要正确理解题意,分清哪些是已知条件,哪些是所要求的经济量,然后根据经济量之间的关系,建立经济函数来求解.对于此题,必须根据题设条件(分析各经济量的关系),建立总利润函数,而总利润函数等于收益函数与成本函数之差,因此首先还得去求成本函数和收益函数(利用已知条件).

(1)依题意,总成本函数 $C(x)$ 为 C' 在 $[0,x]$ 上的定积分:

$$C(x) = \int_0^x C'\mathrm{d}t = \int_0^x 2\mathrm{d}t = 2x$$

收益函数 $R(x)$ 为 R' 在 $[0,x]$ 上的定积分

$$R(x) = \int_0^x R'\mathrm{d}t = \int_0^x (20 - 0.02t)\mathrm{d}t$$

$$= 20x - 0.01x^2$$

从而总利润函数

$$L(x) = R(x) - C(x) = 18x - 0.01x^2$$

令 $L'(x) = 18 - 0.02x = 0$ 得 $x = 900$(件),又 $L''(900) = -0.02 < 0$,所以 $x = 900$ 为极大值点,亦是最大值点,即生产量为 900 件,总利润最大.

(2)从利润最大的生产量 900 件又生产了 50 件,所产生的利润为

$$\int_{900}^{950} L'(x) \mathrm{d}x = \int_{900}^{950} (18 - 0.02x) \mathrm{d}x$$

$$= (18x - 0.01x^2) \Big|_{900}^{950} = 8075 - 8100 = -25(元)$$

即总利润减少了 25 元(亦可用 $L(900) - L(950)$ 直接算得).

(3)生产 800 件的总利润为

$$L(800) = 18 \times 800 - 0.01 \times 800^2 = 8000(元)$$

例 16　下面定积分的计算是否正确? 说明理由,如果不正确,给出正确的解法.

$$\int_0^2 \frac{1}{(x-1)^2} \mathrm{d}x = \int_0^2 \frac{1}{(x-1)^2} \mathrm{d}(x-1) = \left(-\frac{1}{x-1}\right) \Big|_0^2 = -2$$

解　不正确.因为 $\frac{1}{(x-1)^2} > 0$,由定积分的几何意义知,$\int_0^2 \frac{1}{(x-1)^2} \mathrm{d}x$ 不会为负值,因此这个结果显然是错误的.产生错误的原因在于被积函数 $\frac{1}{(x-1)^2}$ 在 $[0,2]$ 内的点 $x = 1$ 处不连续,故牛顿-莱布尼兹公式不能使用.而它是一个广义积分.

正确的解法:

易见,当 $x \to 1$ 时,$\frac{1}{(x-1)^2} \to +\infty$,于是

$$\int_0^2 \frac{1}{(x-1)^2} \mathrm{d}x = \int_0^1 \frac{1}{(x-1)^2} \mathrm{d}x + \int_1^2 \frac{1}{(x-1)^2} \mathrm{d}x$$

而

$$\int_0^1 \frac{1}{(x-1)^2} \mathrm{d}x = \lim_{c \to 1^-} \left(-\frac{1}{x-1}\right) \Big|_0^c = 1 - \lim_{c \to 1^-} \frac{1}{c-1} = +\infty$$

故广义积分 $\int_0^2 \frac{1}{(x-1)^2} \mathrm{d}x$ 发散.

例 17　求下列广义积分:

(1) $\int_1^{+\infty} \frac{1}{\sqrt{x}} \mathrm{d}x$;　(2) $\int_{-\infty}^0 \mathrm{e}^x \mathrm{d}x$

解　(1) $\displaystyle\int_{1}^{+\infty}\frac{1}{\sqrt{x}}\mathrm{d}x=\lim_{b\to+\infty}\int_{1}^{b}\frac{1}{\sqrt{x}}\mathrm{d}x=\lim_{b\to+\infty}2\sqrt{x}\,\Big|_{1}^{b}$

$$=\lim_{b\to+\infty}(2\sqrt{b}-2)=+\infty$$

故广义积分 $\displaystyle\int_{1}^{+\infty}\frac{1}{\sqrt{x}}\mathrm{d}x$ 发散.

(2) $\displaystyle\int_{-\infty}^{0}\mathrm{e}^{x}\mathrm{d}x=\lim_{a\to-\infty}\int_{a}^{0}\mathrm{e}^{x}\mathrm{d}x=\lim_{a\to-\infty}\mathrm{e}^{x}\Big|_{a}^{0}=\lim_{a\to-\infty}(1-\mathrm{e}^{a})=1$

即广义积分 $\displaystyle\int_{-\infty}^{0}\mathrm{e}^{x}\mathrm{d}x$ 收敛于 1.

分析　广义积分可分为无限区间上的积分与无界函数的积分两大类积分,实际上都不满足 $f(x)$ 在 $[a,b]$ 上连续(充分性)及 $f(x)$ 在 $[a,b]$ 上有界(必要性).这类积分要通过极限结果来判定其收敛与发散.

小　　结

1. 本章的主要内容和重点、难点

本章的主要内容是定积分的概念、可积条件、基本性质、微积分的基本定理、定积分的计算及简单应用.

本章的重点是定积分的计算方法和定积分的应用,特别是在经济问题上的简单的应用.难点是定积分的凑微分法、换元法、分部积分法的熟练掌握.

2. 定积分与不定积分的关系

不定积分 $\displaystyle\int f(x)\mathrm{d}x$ 表示 $f(x)$ 的原函数的全体,它包含无限多个原函数;

而定积分 $\displaystyle\int_{a}^{b}f(x)\mathrm{d}x$ 表示一个确定的数,并且这个数只与被积函数 $f(x)$ 及积分区间 $[a,b]$ 有关,而与积分变量用什么字母表示无关,因此

$$\int_{a}^{b}f(x)\mathrm{d}x=\int_{a}^{b}f(t)\mathrm{d}t=\int_{a}^{b}f(u)\mathrm{d}u$$

一般来说定积分和不定积分二者彼此没有关系,即一个函数可积(存在定积分),它却可能不存在原函数(即不存在不定积分);反之一个函数存在原函数,它却可能不可积(我们这里不再举例说明).但微积分基本定理揭示二者之间的内在联系,即用定积分能表示连续函数的原函数,反之,又可用连续函数的原函数计算定积分.换句话说,只有对连续函数,微分运算(即求导运算)和积分运算才是逆运算.

3. 微积分基本公式

若函数在区间 $[a,b]$ 连续,且 $F(x)$ 是 $f(x)$ 的一个原函数,则

$$\int_a^b f(x)\mathrm{d}x = F(x)\Big|_a^b = F(b) - F(a)$$

该公式把积分学中两个基本概念——定积分和不定积分联系在一起,说明定积分不仅是积分和的极限,它亦是被积函数 $f(x)$ 的原函数 $F(x)$ 在点 b 和点 a 函数值之差,从而把定积分的计算问题归结为求被积函数的任一原函数的问题,这就大大简化了定积分的计算.

4. 定积分计算的基本方法

(1)用定义计算定积分(因为很困难,所以很少采用).

(2)用牛顿-莱布尼兹公式(即微积分基本公式)计算.

(3)换元积分法

定积分的换元公式为

$$\int_a^b f(x)\mathrm{d}x \xlongequal{x=\varphi(t)} \int_\alpha^\beta f[\varphi(t)]\varphi'(t)\mathrm{d}t$$

其中 $\varphi(\alpha)=a$, $\varphi(\beta)=b$,运用此公式请注意以下两点:

a. 换元必须换积分限,同时对被积函数和积分变量也要作相应的改变.

b. 求出 $f[\varphi(t)]\varphi'(t)$ 的一个原函数 $F(t)$ 后,无需像求不定积分那样再把 $F(t)$ 变换成原来变量 x 的函数,而只要把新变量 t 的上、下限分别代入 $F(t)$ 中,相减即可.

注意 如采用凑微分法,而不作换元,这样积分限也就不必再换,即不换元就不换限.

(4)分部积分法

定积分的分部积分法亦是处理某些被积函数是两个函数的乘积的积分方法,被积函数类型和 u, $\mathrm{d}v$ 的选取原则完全与不定积分的分部积分法相同. 所不同的是每一项都要随时带上积分的上、下限.

5. 定积分的简单应用

(1)计算平面图形的面积

用定积分求平面图形的面积,一般按以下步骤进行:

a. 画平面图形的草图;b. 求交点,以确定积分的上、下限;c. 观察图形特点,确定积分变量,以恰当地选取积分公式,使计算简化;d. 计算出结果.

(2)定积分在经济中的应用

具体方法、步骤详见例 13,例 14,例 15.

6. 广义积分的计算

广义积分主要是处理被积函数无界或积分区间无限的两类积分. 而前面讨论的定积分都是以积分区间有限和被积函数有界为前提的.

习　题　六

练习题(一)

1. 利用定积分定义计算下列积分:

(1) $\int_0^2 x\mathrm{d}x$;　　　　　　　　　(2) $\int_0^1 \mathrm{e}^x\mathrm{d}x$

2. 说明(不计算它们的值)下列积分哪一个较大?

(1) $\int_0^1 x\mathrm{d}x$;　　　　　　　$\int_0^1 x^2\mathrm{d}x$

(2) $\int_0^1 x^2\mathrm{d}x$;　　　　　　$\int_0^1 x^3\mathrm{d}x$

(3) $\int_1^2 x^2\mathrm{d}x$;　　　　　　$\int_1^2 x^3\mathrm{d}x$

(4) $\int_1^2 \ln x\mathrm{d}x$;　　　　　　$\int_1^2 (\ln x)^2\mathrm{d}x$

(5) $\int_3^4 \ln x\mathrm{d}x$;　　　　　　$\int_3^4 (\ln x)^2\mathrm{d}x$

(6) $\int_0^{\frac{\pi}{2}} x\mathrm{d}x$;　　　　　　$\int_0^{\frac{\pi}{2}} \sin x\mathrm{d}x$

(7) $\int_0^1 \mathrm{e}^x\mathrm{d}x$;　　　　　　$\int_0^1 \mathrm{e}^{x^2}\mathrm{d}x$

3. 估计下列积分的值:

(1) $\int_1^4 (x^2+1)\mathrm{d}x$;　　　　　　(2) $\int_{\frac{\pi}{4}}^{\frac{5\pi}{4}} (1+\sin^2 x)\mathrm{d}x$

4. 计算函数 $y=2x^2+3x+3$ 在区间 $[1,4]$ 上的积分平均值.

5. 利用定积分的几何意义计算下列积分:

(1) $\int_{-1}^1 x\mathrm{d}x$;　　　　　　(2) $\int_0^a \sqrt{a^2-x^2}\mathrm{d}x$

6. 计算下列积分:

(1) $\int_1^3 x^3\mathrm{d}x$;　　　　　　(2) $\int_1^4 \sqrt{x}\mathrm{d}x$

(3) $\int_1^2 \left(x + \dfrac{1}{x} \right)^2 \mathrm{d}x$;

(4) $\int_0^a (3x^2 - x + 1)\mathrm{d}x$

(5) $\int_1^{27} \dfrac{\mathrm{d}x}{\sqrt[3]{x}}$;

(6) $\int_{\frac{1}{\sqrt{3}}}^{\sqrt{3}} \dfrac{\mathrm{d}x}{1 + x^2}$

(7) $\int_0^8 \dfrac{\mathrm{d}x}{\sqrt{25 + 3x}}$;

(8) $\int_0^3 \mathrm{e}^{\frac{x}{3}} \mathrm{d}x$

(9) $\int_{-1}^1 \dfrac{x\mathrm{d}x}{(x^2 + 1)^2}$;

(10) $\int_0^5 \dfrac{2x^2 + 3x - 5}{x + 3} \mathrm{d}x$

(11) $\int_1^2 \dfrac{\mathrm{e}^{\frac{1}{x}}}{x^2} \mathrm{d}x$;

(12) $\int_0^\pi \cos^2 x\mathrm{d}x$

(13) $\int_{-1}^1 x\sqrt{1 - x^2}\,\mathrm{d}x$;

(14) $\int_0^{\frac{\pi}{4}} \tan^2 x\mathrm{d}x$

(15) $\int_{\frac{1}{e}}^e |\ln x|\,\mathrm{d}x$;

(16) $\int_0^2 |1 - x|\,\mathrm{d}x$

(17) $\int_0^1 (\mathrm{e}^x - 1)^4 \mathrm{e}^x \mathrm{d}x$;

(18) $\int_0^1 \dfrac{x - 1}{x + 1} \mathrm{d}x$

7. 计算下列积分:

(1) $\int_1^4 \dfrac{x}{\sqrt{2 + 4x}} \mathrm{d}x$;

(2) $\int_0^1 \dfrac{\sqrt{x}}{1 + x} \mathrm{d}x$

(3) $\int_0^{-\ln 2} \sqrt{1 - \mathrm{e}^{2x}}\,\mathrm{d}x$;

(4) $\int_0^1 (1 - x^2)^{\frac{3}{2}} \mathrm{d}x$

(5) $\int_0^1 x^2 \sqrt{1 - x^2}\,\mathrm{d}x$;

(6) $\int_0^1 \dfrac{\mathrm{d}x}{\mathrm{e}^x + \mathrm{e}^{-x}}$

(7) $\int_0^1 \dfrac{\mathrm{d}x}{1 + \mathrm{e}^x}$;

(8) $\int_1^e \dfrac{1 + \ln x}{x} \mathrm{d}x$

(9) $\int_0^1 \sqrt{4 - x^2}\,\mathrm{d}x$;

(10) $\int_{\frac{1}{\sqrt{2}}}^1 \dfrac{\sqrt{1 - x^2}}{x^2} \mathrm{d}x$

8. 计算下列积分:

(1) $\int_1^2 x\mathrm{e}^{x^2}\,\mathrm{d}x$;

(2) $\int_1^e \ln x\mathrm{d}x$

(3) $\int_1^e x\ln x\mathrm{d}x$;

(4) $\int_0^\pi x\sin x\mathrm{d}x$

(5) $\int_0^1 \arccos x\mathrm{d}x$;

(6) $\int_0^{\frac{\pi}{2}} \mathrm{e}^x \cos x\mathrm{d}x$

(7) $\int_0^\pi x^2 \cos 2x\mathrm{d}x$;

(8) $\int_1^4 \dfrac{\ln x}{\sqrt{x}} \mathrm{d}x$

(9) $\int_0^{2\pi} x\cos^2 x\,\mathrm{d}x$；　　　　　(10) $\int_1^{\mathrm{e}} \sin(\ln x)\,\mathrm{d}x$

9. 求 c 的值,使 $\int_0^1 (x^2 + cx + c)^2\,\mathrm{d}x$ 最小.

10. 计算下列极限:

(1) $\lim\limits_{x\to 0} \dfrac{1}{x} \int_0^x \cos t^2\,\mathrm{d}t$；　　　　　(2) $\lim\limits_{x\to 0} \int_0^x \dfrac{1-\cos t}{t}\,\mathrm{d}t$

11. 应用定积分定义计算下列数列的极限:

(1) $\lim\limits_{n\to\infty} \sum\limits_{k=1}^{n} \dfrac{1}{n+k}$；　　　　　(2) $\lim\limits_{n\to\infty} \sum\limits_{k=1}^{n} \dfrac{n}{n^2+k^2}$

12. 证明题

(1) 设 $f(x) = x^2 - \int_0^a f(x)\,\mathrm{d}x$, 且 a 是不等于 -1 的常数,证明 $\int_0^a f(x)\,\mathrm{d}x = \dfrac{a^3}{3(a+1)}$.

(2) 设 $f(x)$ 在 $[a,b]$ 上有连续的导数,$f(c) = 0$ $(a < c < b)$,且 $F(x) = \int_a^x f(t)\,\mathrm{d}t$ $(a \leqslant x \leqslant b)$,求证 $\int_a^c F(x)f'(x)\,\mathrm{d}x = -\int_a^c [f(x)]^2\,\mathrm{d}x$.

(3) 设 $f(x)$ 在 $[0,1]$ 上连续且 $f(x) < 1$,又 $F(x) = (2x - 1) - \int_0^x f(t)\,\mathrm{d}t$,证明 $F(x)$ 在 $(0,1)$ 内只有一个零点.

13. 求下列各题中平面图形的面积:

(1) 曲线 $y = \sqrt{x}$ 与直线 $y = x$ 所围成的图形;

(2) 曲线 $y = x^3$ 与直线 $x = 0, y = 1$ 所围成的图形;

(3) 曲线 $y = x^2$ 与 $y = 2 - x^2$ 所围成的图形;

(4) 曲线 $y = x^3$ 与直线 $y = x$ 所围成的图形;

(5) 曲线 $y = x^2 + 3$ 在区间 $[0,1]$ 上曲边梯形;

(6) 直线 $y = 2x, y = 3x$ 与 $x = 1$ 所围成的图形;

(7) 曲线 $y = 2x^2, y = x^2$ 与直线 $y = 1$ 所围成的图形;

(8) 曲线 $y = \ln x$ 与直线 $y = 0, x = \mathrm{e}$ 所围成的图形;

(9) 曲线 $y = \sin x, x \in \left[0, \dfrac{\pi}{2}\right]$ 和直线 $x = 0, y = 1$ 所围成的图形;

(10) 曲线 $y = x^2$ 与直线 $y = x$ 所围成的图形;

(11) 曲线 $y = \sqrt[3]{x}$ 与 $y = x^3$ 所围成的图形;

(12) 曲线 $y = \dfrac{1}{x}$ 与直线 $y = x, x = 2$ 所围成的图形.

14. 求下列旋转体的体积:

(1) 计算由曲线 $y = \sqrt{R^2 - x^2}$ 与直线 $y = 0$ 所围图形绕 x 轴旋转所产生立体的体

积.

(2) 计算由曲线 $y = x^2$ 与直线 $x = 2, y = 0$ 所围成图形分别绕 x 轴, y 轴旋转所产生立体的体积.

(3) 计算由直线 $y = 1 - x, x = 0, y = 0$ 所围成图形分别绕 x 轴, y 轴旋转所产生立体的体积.

(4) 计算在区间 $\left[0, \dfrac{\pi}{2}\right]$ 上,由曲线 $y = \sin x$ 与直线 $x = \dfrac{\pi}{2}, y = 0$ 所围成图形分别绕 x 轴, y 轴旋转所产生立体的体积.

15. 设某产品边际费用为 $160x^{-\frac{1}{3}}$, x 为生产量,现制造 500 件的费用为 17000 元,试求费用函数.

16. 某产品的边际成本函数 $y'(x) = x^{-\frac{1}{2}} + \dfrac{1}{200}$,边际收益函数 $R'(x) = 100 - 0.01x$,求总成本函数及总收益函数.已知固定成本 $y(0) = 10$.

17. 已知生产某产品 x 件时总收益 $R(x)$ 的变化率是: $\dfrac{\mathrm{d}R(x)}{\mathrm{d}x} = 100 - \dfrac{x}{20}$(元 / 件),试求生产此种商品 1000 件时的总收益和从 1000 件到 2000 件所增加的收益,以及产量为 1000 件时的平均收益和产量从 1000 件到 2000 件的平均收益.

18. 某产品的总成本 C(万元)的变化率(边际成本)$C' = 1$,总收入 R(万元)的变化率(边际收入)为生产量 x(百台)的函数, $R' = R'(x) = 5 - x$.求(1)生产量等于多少时,总利润 $L = R - C$ 为最大?(2)从利润最大的生产量又生产了 100 台,总利润减少了多少?

19. 已知某产品总产量的变化率是时间 t(单位:年)的函数 $f(t) = 4t + 10(t \geqslant 0)$.求第一个五年和第二个五年的总产量各为多少?

20. 用梯形法与抛物线法计算下列积分(将积分区间分为 4 等分):

(1) $\displaystyle\int_0^1 \dfrac{\mathrm{d}x}{1 + x}$;   (2) $\displaystyle\int_0^1 \dfrac{\mathrm{d}x}{1 + x^2}$.

21. 求下列广义积分:

(1) $\displaystyle\int_{-\infty}^{+\infty} \dfrac{2x}{x^2 + 1}\mathrm{d}x$;   (2) $\displaystyle\int_0^{+\infty} \mathrm{e}^{-x}\mathrm{d}x$;

(3) $\displaystyle\int_0^{+\infty} x\mathrm{e}^{-x}\mathrm{d}x$;   (4) $\displaystyle\int_0^2 \dfrac{\mathrm{d}x}{(x - 1)^a}$ $(a > 0)$;

(5) $\displaystyle\int_0^1 \ln x\mathrm{d}x$;   (6) $\displaystyle\int_{-1}^1 \dfrac{\mathrm{d}x}{\sqrt{1 - x^2}}$.

22. 计算 $\dfrac{\Gamma(7)}{2\Gamma(4)\Gamma(3)}$.

练习题(二)

一、单项选择题

1. 定积分 $\displaystyle\int_a^b f(x)\mathrm{d}x$ 是(   ).

(A) $f(x)$ 的一个原函数；　　　　(B) $f(x)$ 全体原函数；

(C) 任意常数；　　　　　　　　　(D) 确定的常数.

2. 设函数 $f(x)$ 在 $[a,b]$ 连续，下列等式正确的是(　　　).

(A) $\dfrac{\mathrm{d}}{\mathrm{d}x}\displaystyle\int_b^a f(x)\mathrm{d}x = f(x)$

(B) $\dfrac{\mathrm{d}}{\mathrm{d}x}\displaystyle\int_a^x f(x)\mathrm{d}t = f(x)$

(C) $\displaystyle\int_a^x f'(x)\mathrm{d}x = f(x)$

(D) $\displaystyle\int_a^b f(x)\mathrm{d}x = f(b) - f(a)$

3. 设 $f(x)$ 在区间 $[a,b]$ 上连续，则 $\displaystyle\int_a^b f(x)\mathrm{d}x - \int_a^b f(t)\mathrm{d}t$ 的值(　　　).

(A) 小于 0；　　　　　　　　(B) 大于 0；

(C) 等于 0；　　　　　　　　(D) 不能确定.

4. $\displaystyle\int_{-2}^2 |x|\mathrm{d}x = ($　　　$)$

(A) 4；　　　　　　　　　　(B) 0

(C) 2；　　　　　　　　　　(D) -2

5. 设 $\displaystyle\int_0^1 (2x + k)\mathrm{d}x = 2$，则 $k = ($　　　$)$

(A) 0；　　　　　　　　　　(B) -1

(C) 1；　　　　　　　　　　(D) $\dfrac{1}{2}$

6. 以 0 为积分值的是(　　　).

(A) $\displaystyle\int_{-1}^1 (2x + 5)\mathrm{d}x$；　　　　(B) $\displaystyle\int_{-2}^2 \mathrm{e}^{-x}\mathrm{d}x$

(C) $\displaystyle\int_{-1}^1 |x|\mathrm{d}x$；　　　　　(D) $\displaystyle\int_{-5}^5 \dfrac{x^3}{1 + x^2}\mathrm{d}x$

7. 函数 $f(x) = \displaystyle\int_0^x (t^2 - 4t + 3)\mathrm{d}t$ 在 R 的极小值是(　　　).

(A) 0；　　　　　　　　　　(B) $-\dfrac{4}{3}$

(C) $\dfrac{3}{4}$；　　　　　　　　(D) $-\dfrac{3}{4}$

8. 下列积分中可以用牛顿-莱布尼兹公式计算的是(　　　).

(A) $\displaystyle\int_{-1}^1 \dfrac{1}{\sqrt{1 - x^2}}\mathrm{d}x$；　　　(B) $\displaystyle\int_0^1 \mathrm{e}^x\mathrm{d}x$

(C) $\displaystyle\int_0^4 \dfrac{1}{x - 3}\mathrm{d}x$；　　　　(D) $\displaystyle\int_{0.1}^{\mathrm{e}} \dfrac{1}{x\ln x}\mathrm{d}x$

9. 设 $f(0) = 1, f(2) = 3, f'(2) = 5, \displaystyle\int_0^1 xf''(2x)\mathrm{d}x = ($　　　$)$.

(A)0;　　　　　　　　　　　(B)1

(C)2;　　　　　　　　　　　(D) − 1

10. 下列广义积分中,收敛的是(　　　).

(A)$\int_0^{+\infty} e^{-x} dx$;　　　　　　(B)$\int_{-1}^1 \frac{1}{x} dx$

(C)$\int_0^2 \frac{1}{(x-1)^2} dx$;　　　　(D)$\int_{-\infty}^{+\infty} \sin x dx$

二、填空题

1. 定积分 $\int_a^b f(x)dx$ 这个数与_____和_____有关.

2. 设 $f(x) = \begin{cases} x, & 0 \leqslant x \leqslant 1 \\ 1, & 1 < x \leqslant 2, \end{cases}$ 则 $\int_0^2 f(x)dx = $_____.

3. 函数 $f(x) = \frac{1}{\sqrt{x}}$ 在[0,1]上的平均值是_____.

4. $\frac{d}{dx}\int_x^a \sqrt{1+t^2}\, dt = $_____

5. 极限 $\lim\limits_{x \to 0} \dfrac{\int_0^x \sin t\, dt}{\int_0^x t\, dt} = $_____

6. $\int_{-\infty}^0 \frac{2x}{(x^2+1)^2} dx = $_____

7. 以原点为圆心,$a(>0)$为半径的圆在第一象限的面积可由积分表达式_____算出.

8. 设总成本的变化率(边际成本)为销售量 x 的函数 $C'(x) = 100 + 4x$,且固定成本为零,则销售量 10 时,总成本 $C = $_____,平均成本 $\overline{C} = $_____.

9. 设边际利润为销售量 x 的函数 $L'(x) = 10 - 0.02x$,则销售量由 10 增至 30 个单位时,总利润的增量为_____.

10. 设某产品产量的变化率是时间 t 的函数 $f(t) = 2t + 5, t \geqslant 0$,且当 $t = 0$ 时产量为零.则由 $t = 0$ 到 $t = 5$ 产品总产量为_____.

三、判断题

1. 若函数 $f(x)$ 在区间$[a,b]$可积,则 $f(x)$ 在$[a,b]$连续.　　　　　　(　　)

2. 若函数 $f(x)$ 在$[a,b]$连续,任意 $x \in [a,b]$,有 $f(x) > 0$,则$\int_a^b f(x)dx > 0$.

(　　)

3. 若函数 $f(x)$ 在$[a,b]$连续,任意 $x \in [a,b]$,函数 $F(x) = \int_a^x f(t)dt$ 在$[a,b]$可导.　　　　　　　　　　　　　　　　　　　　　　　　　　　(　　)

4. 闭区间$[a,b]$上的有界函数一定可积.　　　　　　　　　　　　(　　)

5. $\int_1^2 \sqrt{x}\ln x dx < \int_1^2 x\ln x dx$　　　　　　　　　　　(　　)

6. 若 $f(x)$ 在 $[-2,2]$ 可积,且为偶函数,则必有 $\int_{-2}^{2} f(x)\mathrm{d}x = 2\int_{0}^{2} f(x)\mathrm{d}x$. （　　）

7. 设函数 $y = f(x)$ 在点 a 的某邻域连续,则有 $\lim\limits_{x \to a}\int_{a}^{x} f(x)\mathrm{d}x = 0$. （　　）

8. $\int_{-1}^{1}\dfrac{1}{x}\mathrm{d}x = \ln|x|\;\Big|_{-1}^{1} = 0$ （　　）

9. $\lim\limits_{x \to 0}\dfrac{\int_{0}^{2x}\sin t\,\mathrm{d}t}{x^2} = \lim\limits_{x \to 0}\dfrac{\sin 2x}{2x} = 1$ （　　）

10. 设 $C'(x)$ 是边际成本(成本变化率)函数,则总成本函数 $C(x) = \int_{0}^{x} C'(t)\mathrm{d}t$.
（　　）

四、解答题

1. 计算下列积分:

(1) $\int_{0}^{1} x\sqrt{1 + x^2}\,\mathrm{d}x$；　　　　(2) $\int_{1}^{2}(2x + \dfrac{1}{x})\mathrm{d}x$

(3) $\int_{0}^{\ln 2} \mathrm{e}^x\sqrt{\mathrm{e}^x - 1}\,\mathrm{d}x$；　　　　(4) $\int_{0}^{\frac{\pi}{2}} \mathrm{e}^{\cos x}\sin x\,\mathrm{d}x$

(5) $\int_{0}^{\frac{\pi}{2}} x\sin 2x\,\mathrm{d}x$；　　　　(6) $\int_{0}^{+\infty} \mathrm{e}^{-2x}\,\mathrm{d}x$

(7) $\int_{-2}^{2} x(\mathrm{e}^{x^2} + x)\,\mathrm{d}x$；　　　　(8) $\int_{1}^{2}\dfrac{x}{\sqrt{x^2 - 1}}\,\mathrm{d}x$

2. 设某商品生产 x 个单位时的边际成本为 $C'(x) = \dfrac{1}{2}x + 6$(百元/单位),其固定成本为 60(百元). 若该商品的销售单价为 16(百元),问产量为多少时,可获得最大利润?

3. 设某产品总成本的变率(边际成本)是产量 x(百台)的函数 $C'(x) = 5 + 0.02x$,总收益 R(万元)的变化率(边际收益)是销售量 x 的函数 $R'(x) = 10 - x$,试求:

(1) 产量由 100 台增加到 500 台时总成本与总收益的增量.

(2) 若固定成本为 1(万元),求总成本函数 $C(x)$ 和总利润函数 $L(x)$.

(3) 产量为多少时,可获得最大利润.且最大利润为多少?

(4) 在最大利润产量基础上又生产了 80 台,总利润减少了多少?

(5) 生产 600 台时利润为多少?

答　　案

练习题(一)

1. (1) 2；(2) $\mathrm{e} - 1$

2. (1) $\int_0^1 x\mathrm{d}x > \int_0^1 x^2\mathrm{d}x$;   (2) $\int_0^1 x^2\mathrm{d}x > \int_0^1 x^3\mathrm{d}x$

(3) $\int_1^2 x^2\mathrm{d}x < \int_1^2 x^3\mathrm{d}x$;   (4) $\int_1^2 \ln x\mathrm{d}x > \int_1^2 (\ln x)^2\mathrm{d}x$

(5) $\int_3^4 \ln x\mathrm{d}x < \int_3^4 (\ln x)^2\mathrm{d}x$;   (6) $\int_0^{\frac{\pi}{2}} x\mathrm{d}x > \int_0^{\frac{\pi}{2}} \sin x\mathrm{d}x$

(7) $\int_0^1 e^x\mathrm{d}x > \int_0^1 e^{x^2}\mathrm{d}x$

3. (1) $6 \leqslant \int_1^4 (x^2 + 1)\mathrm{d}x \leqslant 51$

(2) $\pi \leqslant \int_{\frac{\pi}{4}}^{\frac{5\pi}{4}} (1 + \sin^2 x)\mathrm{d}x \leqslant 2\pi$

4. 24.5

5. (1)0;   (2) $\frac{1}{4}\pi a^2$

6. (1)20;   (2)$4\frac{2}{3}$;   (3)$4\frac{5}{6}$

(4)$a(a^2 - \frac{a}{2} + 1)$;   (5)12;   (6)$\frac{\pi}{6}$

(7)$\frac{4}{3}$;   (8)$3(e - 1)$;   (9)0

(10)$10 + 12\ln2 - 4\ln3$;   (11)$e - \sqrt{e}$;   (12)$\frac{\pi}{2}$

(13)0;   (14)$1 - \frac{\pi}{4}$;   (15)$2\left(1 - \frac{1}{e}\right)$

(16)1;   (17)$\frac{1}{5}(e - 1)^5$;   (18)$1 - 2\ln2$

7. (1) $\frac{3}{2}\sqrt{2}$;   (2)$2 - \frac{\pi}{2}$;   (3)$\frac{\sqrt{3}}{2} + \ln(2 - \sqrt{3})$

(4)$\frac{3\pi}{16}$;   (5)$\frac{\pi}{16}$;   (6)$\arctan e - \frac{\pi}{4}$

(7)$\ln\frac{2e}{1 + e}$;   (8)$\frac{3}{2}$;   (9)$\frac{\pi}{3} + \frac{\sqrt{3}}{2}$;   (10)$1 - \frac{\pi}{4}$

8. (1)$\frac{1}{2}e^4 - \frac{1}{2}e$;   (2)1;   (3)$\frac{1}{4}(1 + e^2)$

(4)π;   (5)1;   (6)$\frac{1}{2}(e^{\frac{\pi}{2}} - 1)$;   (7)$\frac{\pi}{2}$

(8)$8\ln2 - 1$;   (9)π^2;   (10)$\frac{1}{2} + \frac{e}{2}(\sin1 - \cos1)$

9. $-\frac{1}{4}$

10. (1)1;　　(2)0

11. (1)ln2;　　(2) $\dfrac{\pi}{4}$

12. (1)(2)(3) 略

13. (1) $\dfrac{1}{6}$;　　(2) $\dfrac{3}{4}$;　　(3) $\dfrac{8}{3}$

(4) $\dfrac{1}{2}$;　　(5) $\dfrac{10}{3}$;　　(6) $\dfrac{1}{2}$

(7) $\dfrac{2}{3}(2-\sqrt{2})$;　　(8)1;　　(9) $\dfrac{\pi}{2}-1$

(10) $\dfrac{1}{6}$;　　(11)1;　　(12) $\dfrac{3}{2}-\ln2$

14. (1) $\dfrac{4}{3}\pi R^3$;　　(2) $V_x=\dfrac{32}{5}\pi, V_y=8\pi$

(3) $V_x=V_y=\dfrac{\pi}{3}$;　　(4) $V_x=\dfrac{\pi^2}{4}, V_y=2\pi$

15. 费用函数 $C(x)=240x^{\frac{2}{3}}+1880$

16. 总成本函数 $y(x)=2x^{\frac{1}{2}}+\dfrac{1}{200}x+10$,总收益函数 $R(x)=100x-0.005x^2$

17. $R(1000)=75000$ 元;25000 元,75 元;25 元

18. (1) $x=4$(百台);　　(2) 0.5 万元

19. 第一个五年总产量为 100;第二个五年总产量为 200.

20. (1) 0.6970238; 0.69325　　(2) 0.7827941; 0.7853921

21. (1) 发散;　(2) 1;　(3) 1

(4) 当 $\alpha\geqslant1$ 时发散;当 $0<\alpha<1$ 时, $\displaystyle\int_1^2\dfrac{\mathrm{d}x}{(x-1)^\alpha}=\dfrac{1}{1-\alpha}$

(5) -1;　(6) π

22. 30

练习题(二)

一、1.D,　2.B,　3.C,　4.A,　5.C,　6.D,　7.A,　8.B,　9.C,　10.A

二、1.函数 $f(x)$;区间 $[a,b]$

2. $\dfrac{3}{2}$,　3. 2,　4. $-\sqrt{1+x^2}$

5. 1,　　6. -1,　7. $\displaystyle\int_0^a\sqrt{a^2-x^2}\,\mathrm{d}x$

8. 1200;120,　9. 192,　10. 50

三、1. $\times$,2. $\checkmark$,3. $\checkmark$,4. $\times$,5. $\checkmark$,6. $\checkmark$,7. $\checkmark$,8. $\times$,9. $\times$,10. $\times$

四、1. (1) $\dfrac{2\sqrt{2}-1}{3}$;　　(2)3+ln2;　　(3) $\dfrac{2}{3}$;　　(4)e-1

(5) $\dfrac{\pi}{4}$;   (6) $\dfrac{1}{2}$;   (7) $\dfrac{16}{3}$;   (8) $\sqrt{3}$

2. 20

3. (1)20.24, 28

(2)$0.01x^2 + 5x + 1$, $-0.51x^2 + 5x - 1$

(3)4.9 11.25;   (4)0.32(万元)

(5)10.64(万元)

第七章　无　穷　级　数

无穷级数是表示函数、研究函数的性质以及进行数值计算的一种重要工具.很多函数在某点的近似值,都是通过级数来计算的,因此它在自然科学、工程技术和经济科学中都被广泛地应用着.本章先介绍常数级数的基本概念,收敛性判别法,然后介绍函数级数,将函数展为幂级数和函数值的近似计算问题.

§7.1　常数级数的基本概念及性质

一、基本概念

我们从一个具体的例子引出无穷级数的概念.

计算一个半径为 R 的圆的面积 A,具体做法如下:作圆的内接正六边形,算出正六边形的面积 a_1,它是圆面积 A 的一个粗糙的近似值.再从正六边形的每一边为底作顶点在圆周上的等腰三角形(如图 7.1),算出这六个等腰三角形面积之和 a_2,则正十二边形面积和 $a_1 + a_2$ 比 a_1 更接近 A.再在正十二边形的每一个边上作顶点在圆周上的等腰三角形,算出这十二个等腰三角形面积之和 a_3,则相应的正二十四

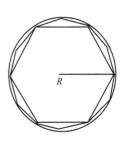

图 7.1

边形面积 $a_1 + a_2 + a_3$ 又是 A 的一个更好的近似值.如此继续下去,内接正 3×2^n 边形的面积就逐步逼近圆的面积 A.当 n 无限增大时,$a_1 + a_2 + \cdots + a_n$ 的极限就是所要求的圆面积 A,这时和式中的项数无限增多,于是出现了无穷多个数量依次相加问题.

一般地,设有一个数列

$$u_1, u_2, \cdots, u_n \cdots$$

那么

$$u_1 + u_2 + \cdots + u_n + \cdots \qquad (7.1)$$

就称为(常数项)级数,记为 $\sum\limits_{n=1}^{\infty} u_n$,即

$$\sum_{n=1}^{\infty} u_n = u_1 + u_2 + \cdots + u_n + \cdots$$

其中第 n 项 u_n 称为一般项或通项.

如何理解(7.1)中的无穷多个数量相加呢? 为此,我们作(7.1)的前 n 项和

$$S_n = u_1 + u_2 + \cdots + u_n \tag{7.2}$$

S_n 称为级数(7.1)的部分和,它们构成一个新的数列:

$$S_1 = u_1,\ S_2 = u_1 + u_2,\ S_3 = u_1 + u_2 + u_3,\ \cdots,\ S_n = u_1 + u_2 + \cdots + u_n$$

根据这个数列有没有极限,我们引进无穷级数(7.1)的收敛与发散的概念.

定义 7.1 如果级数 $\sum\limits_{n=1}^{\infty} u_n$ 的部分和数列 $\{S_n\}$ 有极限 S,即 $\lim\limits_{n\to\infty} S_n = S$,则称无穷级数 $\sum\limits_{n=1}^{\infty} u_n$ 收敛,S 称为级数的和;如果 $\{S_n\}$ 没有极限,则称无穷级数 $\sum\limits_{n=1}^{\infty} u_n$ 发散.

记

$$r_n = S - S_n = u_{n+1} + u_{n+2} + \cdots + u_{n+k} + \cdots$$

$$= \sum_{k=n+1}^{\infty} u_k$$

称 r_n 为级数 $\sum\limits_{n=1}^{\infty} u_n$ 的余项.显然 $\sum\limits_{n=1}^{\infty} u_n$ 收敛的充分必要条件是 $\lim\limits_{n\to\infty} r_n = 0$.当 $\sum\limits_{n=1}^{\infty} u_n$ 收敛时,用 S_n 近似代替 S 的误差是 $\pm |r_n|$.

作为例子,下面讨论几何级数与调和级数的敛散情况.

例 1 讨论几何级数

$$\sum_{n=0}^{\infty} ar^n = a + ar + ar^2 + \cdots + ar^{n-1} + \cdots$$

的敛散性,其中 a,r 是非零常数.

解

$$S_n = a + ar + ar^2 + \cdots + ar^{n-1} = \frac{a(1 - r^n)}{1 - r}$$

当 $|r| < 1$ 时,有

$$\lim_{n \to \infty} S_n = \lim_{n \to \infty} \frac{a(1 - r^n)}{1 - r} = \frac{a}{1 - r}$$

此时几何级数收敛,且和 $S = \dfrac{a}{1 - r}$.

当 $|r| > 1$ 时, r^n 在 $n \to \infty$ 时的极限不存在,故 $\lim\limits_{n \to \infty} S_n$ 不存在,此时几何级数发散.

当 $|r| = 1$,即 $r = \pm 1$ 时,几何级数显然是发散的.

综合上述讨论,有

$$\sum_{n=1}^{\infty} ar^n \begin{cases} 收敛, & 当 |r| < 1 时 \\ 发散, & 当 |r| \geqslant 1 时 \end{cases}$$

例如, $\sum\limits_{n=1}^{\infty} \dfrac{1}{2^n}$ 是收敛的, $\sum\limits_{n=1}^{\infty} \dfrac{3^n}{2^n}$ 是发散的.

例 2 设某单位借款 B 元,购买一成套设备,借款年利率为 r,每年按复利计算利息一次.若设备购回后,当即投入使用,每年可获纯利润 a 元,全部用于偿还借款,问需多少年才能还清借款?

解 根据题意,该单位 n 年欠款总额为 $B(1 + r)^n$ 元,而设备购回当即投入使用,所获利润全部偿还借款,至 n 年可还清欠款金额应为 $[a(1 + r)^{n-1} + a(1 + r)^{n-2} + \cdots + a(1 + r) + a]$ 元.设 n 年还清欠款,则有

$$B(1 + r)^n = a(1 + r)^{n-1} + a(1 + r)^{n-2} + \cdots + a(1 + r) + a$$

即

$$B(1 + r)^n = \frac{a[1 - (1 + r)^n]}{1 - (1 + r)} = \frac{a[(1 + r)^n - 1]}{r}$$

从而有

$$n = \frac{\ln a - \ln(a - Br)}{\ln(1 + r)}$$

这就是还清借款所需要的年限.

例 3 研究调和级数

$$\sum_{n=1}^{\infty} \frac{1}{n} = 1 + \frac{1}{2} + \frac{1}{3} + \cdots + \frac{1}{n} + \cdots \qquad (7.3)$$

的敛散性.

解 取调和级数的部分和组成一个新的数列 $\{S_{2^m}\}$, $m = 0, 1, 2, \cdots$, 即

$$S_1 = 1$$

$$S_2 = 1 + \frac{1}{2}$$

$$S_4 = 1 + \frac{1}{2} + \frac{1}{3} + \frac{1}{4}$$

$$\cdots\cdots$$

$$S_{2^m} = 1 + \frac{1}{2} + \left(\frac{1}{3} + \frac{1}{4}\right) + \left(\frac{1}{5} + \cdots + \frac{1}{8}\right) + \cdots + \left(\frac{1}{2^{m-1}+1} + \cdots + \frac{1}{2^m}\right)$$

由于

$$1 > \frac{1}{2}, \frac{1}{3} + \frac{1}{4} > \frac{1}{4} + \frac{1}{4} = \frac{1}{2}$$

$$\frac{1}{5} + \cdots + \frac{1}{8} > \frac{1}{8} + \frac{1}{8} + \frac{1}{8} + \frac{1}{8} = \frac{1}{2}$$

$$\frac{1}{2^{m-1}+1} + \cdots + \frac{1}{2^m} > \underbrace{\frac{1}{2^m} + \cdots + \frac{1}{2^m}}_{2^{m-1}\text{个}} = \frac{1}{2}$$

因此

$$S_{2^m} > \underbrace{\frac{1}{2} + \cdots + \frac{1}{2}}_{m+1\text{个}} = \frac{m+1}{2}$$

当 $m \to \infty$ 时, $S_{2^m} \to \infty$, 从而调和级数 (7.3) 的部分和数列 $\{S_n\}$ 必发散, 即级数 (7.3) 发散.

二、收敛级数的基本性质

根据级数收敛、发散以及和的概念, 可以得出收敛级数的几个基本性质.

性质 1 (级数收敛的必要条件) 如果级数 $\sum_{n=1}^{\infty} u_n$ 收敛, 则它的一般项 u_n 必趋于零, 即 $\lim_{n\to\infty} u_n = 0$.

证 设 $\sum\limits_{n=1}^{\infty} u_n$ 的部分和为 S_n 且 $\lim\limits_{n\to\infty} u_n = S$,则

$$\lim_{n\to\infty} u_n = \lim_{n\to\infty}(S_n - S_{n-1}) = \lim_{n\to\infty} S_n - \lim_{n\to\infty} S_{n-1} = S - S = 0$$

证毕.

由性质 1 可知,如果级数的一般项不趋于零,则级数必发散. 例如 $\sum\limits_{n=1}^{\infty} \dfrac{n}{n+1}$,由于 $\lim\limits_{n\to\infty}\dfrac{n}{n+1} = 1 \neq 0$,因此这级数是发散的.

性质 2 若级数 $\sum\limits_{n=1}^{\infty} u_n$ 收敛,其和为 S,k 为常数,则级数 $\sum\limits_{n=1}^{\infty} ku_n$ 也收敛,且

$$\sum_{n=1}^{\infty} ku_n = k\sum_{n=1}^{\infty} u_n = kS \tag{7.4}$$

证 设 $\sum\limits_{n=1}^{\infty} u_n$ 的部分和为 S_n,则 $\sum\limits_{n=1}^{\infty} ku_n$ 的部分和为 kS_n,于是 $\lim\limits_{n\to\infty} kS_n = k\lim\limits_{n\to\infty} S_n$,即 $\sum\limits_{n=1}^{\infty} ku_n$ 收敛,且有式(7.4).

证毕.

性质 3 设级数 $\sum\limits_{n=1}^{\infty} u_n$ 与 $\sum\limits_{n=1}^{\infty} v_n$ 收敛,且它们的和分别为 S 与 Σ,则级数 $\sum\limits_{n=1}^{\infty} (u_n \pm v_n)$ 也收敛,且

$$\sum_{n=1}^{\infty} (u_n \pm v_n) = \sum_{n=1}^{\infty} u_n \pm \sum_{n=1}^{\infty} v_n = S \pm \Sigma$$

证 设 $\sum\limits_{n=1}^{\infty} u_n$ 与 $\sum\limits_{n=1}^{\infty} v_n$ 的部分和分别为 S_n 与 Σ_n,

$$S_n = u_1 + u_2 + \cdots + u_n, \quad \lim_{n\to\infty} S_n = S$$

$$\Sigma_n = v_1 + v_2 + \cdots + v_n, \quad \lim_{n\to\infty} \Sigma_n = \Sigma$$

而

$$S_n \pm \Sigma_n = (u_1 + v_1) + (u_2 + v_2) + \cdots + (u_n + v_n)$$

为级数 $\sum\limits_{n=1}^{\infty} (u_n \pm v_n)$ 的部分和,显然

$$\lim_{n \to \infty}(S_n \pm \Sigma_n) = \lim_{n \to \infty}(u_1 + u_2 + \cdots + u_n) \pm (v_1 + v_2 + \cdots + v_n) = S \pm \Sigma$$

证毕.

性质 4　在级数的前面加上或去掉有限项,级数的敛散性不改变,对收敛级数,其和一般会改变.

证　设将级数

$$u_1 + u_2 + \cdots + u_k + u_{k+1} + \cdots + u_{k+n} + \cdots$$

的前 k 项去掉,则得级数

$$u_{k+1} + \cdots + u_{k+n} + \cdots$$

新级数的部分和

$$\Sigma_n = u_{k+1} + u_{k+2} + \cdots + u_{k+n} + \cdots = S_{k+n} - S_k$$

其中 S_{k+n} 是原来级数的前 $k+n$ 项和,而 S_k 是常数,所以当 $n \to \infty$ 时, Σ_n 与 S_{k+n} 或者同时存在极限,或者同时没有极限. 证毕.

性质 5　如果级数 $\sum_{n=1}^{\infty} u_n$ 收敛,则对这级数任意加括号后所成的级数仍收敛于原来的和.

我们略去本性质证明的严格叙述形式,将含义说明一下.设将级数 $\sum_{n=1}^{\infty} u_n$ 照某一规律加括号所成的级数为

$$(u_1 + u_2) + (u_3 + u_4 + u_5) + (u_6 + u_7) + \cdots \tag{7.5}$$

用 Σ_m 表示(7.5)的前 m 项和,用 S_n 表示原来级数相当于 Σ_m 的部分和,即

$$\Sigma_1 = S_2, \Sigma_2 = S_5, \Sigma_3 = S_7, \cdots \Sigma_m = S_n, \cdots$$

可见当 $m \to \infty$ 时, $n \to \infty$,于是

$$\lim_{n \to \infty} \Sigma_n = \lim_{n \to \infty} S_n$$

由性质 5 可知,若级数加括号后所得的级数发散,则原级数必发散.

注意　若一个级数按某种方式加括号后收敛,不能断定它本身是收敛的.例如,级数

$$\sum_{n=1}^{\infty}(-1)^n = -1 + 1 - 1 + 1 - \cdots + (-1)^n + \cdots$$

是发散的,而按下列方式加括号后的级数收敛:

$$(-1+1) + (-1+1) + \cdots + (-1+1) + \cdots$$

例 4 判别级数 $\displaystyle\sum_{n=1}^{\infty} \left(\frac{1}{2^n} - \frac{1000}{3^n} \right)$ 的敛散性.

解 根据例 1 的结果, $\displaystyle\sum_{n=1}^{\infty} \frac{1}{2^n}$ 与 $\displaystyle\sum_{n=1}^{\infty} \frac{1}{3^n}$ 都收敛, 由性质 2, $\displaystyle\sum_{n=1}^{\infty} \frac{1000}{3^n}$ 收敛, 根据性质 3 知

$$\sum_{n=1}^{\infty} \left(\frac{1}{2^n} - \frac{1000}{3^n} \right)$$

收敛.

§7.2 同号级数及其敛散性的判别法

同号级数是指级数 $u_1 + u_2 + \cdots + u_n + \cdots$ 的每一项 u_n 的符号是非负或非正. 如果 $u_n \geqslant 0$ ($n = 1, 2, \cdots$), 称级数 $\displaystyle\sum_{n=1}^{\infty} u_n$ 是正项级数; 如果 $u_n \leqslant 0$ ($n = 1, 2, \cdots$), 则称 $\displaystyle\sum_{n=1}^{\infty} u_n$ 是负项级数.

将负项级数的每项乘以 -1, 就变成了正项级数, 由上节性质 2 知, 负项级数与其相应的正项级数有相同的敛散性, 因此, 同号级数的敛散性可归结为正项级数的敛散性, 下面只介绍正项级数敛散性判别法.

正项级数有一个明显的特点, 其部分和数列是单调增加的, 即

$$S_n = u_1 + u_2 + \cdots + u_{n-1} + u_n \geqslant u_1 + u_2 + \cdots + u_{n-1} = S_{n-1}$$

根据数列极限存在的一个准则: 单调增加有上界数列必存在极限, 我们有

定理 7.1 设 $\displaystyle\sum_{n=1}^{\infty} u_n$ 是正项级数, 如果它的部分和数列有界, 则 $\displaystyle\sum_{n=1}^{\infty} u_n$ 收敛; 如果它的部分和数列无界, 则是发散的.

定理 7.2(比较判别法) 设 $\displaystyle\sum_{n=1}^{\infty} u_n$, $\displaystyle\sum_{n=1}^{\infty} v_n$ 为正项级数, $u_n \leqslant v_n$, $n = 1, 2, \cdots$, 则有

(i) 若 $\displaystyle\sum_{n=1}^{\infty} v_n$ 收敛, 则 $\displaystyle\sum_{n=1}^{\infty} u_n$ 必收敛;

(ii) 若 $\displaystyle\sum_{n=1}^{\infty} u_n$ 发散, 则 $\displaystyle\sum_{n=1}^{\infty} v_n$ 必发散.

证　设 $\sum\limits_{n=1}^{\infty} u_n$ 与 $\sum\limits_{n=1}^{\infty} v_n$ 的部分和分别为 S_n 与 Σ_n，由 $u_n \leqslant v_n$，$n=1,2,\cdots$，知 $S_n \leqslant \Sigma_n$，于是

(i) 当 $\sum\limits_{n=1}^{\infty} v_n$ 收敛时，即 $\{\Sigma_n\}$ 收敛，Σ_n 有上界，从而 S_n 有上界，由定理 7.1 知 $\sum\limits_{n=1}^{\infty} u_n$ 收敛；

(ii) 当 $\sum\limits_{n=1}^{\infty} u_n$ 发散时，即 $S_n \to \infty$，从而 $\Sigma_n \to \infty$，即 $\sum\limits_{n=1}^{\infty} v_n$ 发散.

例 1　判别级数 $\sum\limits_{n=1}^{\infty} 2^n \sin\dfrac{x}{3^n}\,(0 < x < 3\pi)$ 的敛散性.

解　由于

$$2^n \sin\frac{x}{3^n} \leqslant 2^n \cdot \frac{x}{3^n} = \left(\frac{2}{3}\right)^n x$$

而 $\sum\limits_{n=1}^{\infty} \left(\dfrac{2}{3}\right)^n x$ 收敛$\left(\text{公比为}\dfrac{2}{3}\text{的几何级数}\right)$，所以原级数收敛.

例 2　判别级数 $\sum\limits_{n=1}^{\infty} \dfrac{1}{\sqrt{n}}$ 的敛散性.

解　由于

$$\frac{1}{\sqrt{n}} \geqslant \frac{1}{n},\ n=1,2,\cdots$$

而前面已知调和级数 $\sum\limits_{n=1}^{\infty} \dfrac{1}{n}$ 发散，故 $\sum\limits_{n=1}^{\infty} \dfrac{1}{\sqrt{n}}$ 发散.

定理 7.3（比值判别法，或 D'Alembert 判别法）　设 $\sum\limits_{n=1}^{\infty} u_n$ 是正项级数，其后项与前项之比的极限为 l，即 $\lim\limits_{n\to\infty} \dfrac{u_{n+1}}{u_n} = l$.

(i) 当 $l<1$ 时，$\sum\limits_{n=1}^{\infty} u_n$ 收敛；

(ii) 当 $l>1$（或为 ∞）时，$\sum\limits_{n=1}^{\infty} u_n$ 发散；

(iii) 当 $l=1$ 时，不定，本判别法失效.

证　(i) 当 $l<1$ 时，取适当小的 $\varepsilon>0$，使 $l+\varepsilon<1$，对此 ε 由数列极限的定义，存在自然数 N，$n \geqslant N$ 时，

$$\left| \frac{u_{n+1}}{u_n} - l \right| < \varepsilon$$

则有

$$\frac{u_{n+1}}{u_n} < l + \varepsilon$$

从而

$$u_{N+1} < (l + \varepsilon) u_N$$

$$u_{N+2} < (l + \varepsilon) u_{N+1} < (l + \varepsilon)^2 u_N$$

$$\cdots\cdots\cdots\cdots$$

$$u_{N+k} < (l + \varepsilon) u_{N+k-1} < \cdots < (l + \varepsilon)^k u_N$$

$$\cdots\cdots\cdots\cdots$$

而 $\sum\limits_{k=1}^{\infty} (l + \varepsilon)^k u_N$ 是以 $l + \varepsilon$ 为公比的几何级数, 由比较判别法知 $\sum\limits_{k=1}^{\infty} u_{N+k}$ 收敛, 再由 §7.1 性质 4 知原级数 $\sum\limits_{n=1}^{\infty} u_n$ 收敛.

(ii) 若 $l>1$, 选取 $\varepsilon>0$, 使 $l-\varepsilon>1$, 对此 ε 应存在自然数 N, $n \geqslant N$ 时

$$\frac{u_{n+1}}{u_n} > l - \varepsilon$$

于是

$$u_{N+1} > (l - \varepsilon) u_N$$

$$u_{N+2} > (l - \varepsilon) u_{N+1} > (l + \varepsilon)^2 u_N$$

$$\cdots\cdots\cdots\cdots$$

$$u_{N+k} > (l - \varepsilon) u_{N+k-1} > \cdots > (l - \varepsilon)^k u_N$$

$$\cdots\cdots\cdots\cdots$$

$\sum\limits_{k=1}^{\infty} (l - \varepsilon)^k u_N$ 发散, 故 $\sum\limits_{k=1}^{\infty} u_{N+k}$ 发散, 从而 $\sum\limits_{n=1}^{\infty} u_n$ 发散.

当 $\lim\limits_{n \to \infty} \frac{u_{n+1}}{u_n} = \infty$ 时可类似地用无穷大的定义证明 $\sum\limits_{n=1}^{\infty} u_n$ 发散. 证毕.

(iii) 对于 $l=1$ 时的不确定性, 我们只需看两个例子:

级数

$$\sum_{n=1}^{\infty} \frac{1}{n(n+1)} = \frac{1}{1 \cdot 2} + \frac{1}{2 \cdot 3} + \frac{1}{3 \cdot 4} + \cdots + \frac{1}{n(n+1)} + \cdots \quad (7.6)$$

与调和级数 $\sum_{n=1}^{\infty} \frac{1}{n}$. 容易看出,这两个级数都满足 $\lim_{n \to \infty} \frac{u_{n+1}}{u_n} = 1$. 而调和级数是发散的. 对于级数(7.6),其部分和数列为

$$S_n = \frac{1}{1 \cdot 2} + \frac{1}{2 \cdot 3} + \frac{1}{3 \cdot 4} + \cdots + \frac{1}{n(n+1)}$$

$$= 1 - \frac{1}{2} + \frac{1}{2} - \frac{1}{3} + \frac{1}{3} - \frac{1}{4} + \cdots + \frac{1}{n} - \frac{1}{n+1}$$

$$= 1 - \frac{1}{n+1}$$

故 $n \to \infty$ 时,$S_n \to 1$,级数(7.6)收敛.

例 3 判别级数

$$\sum_{n=1}^{\infty} \frac{5^n}{n!} = 5 + \frac{5^2}{2!} + \frac{5^3}{3!} + \frac{5^4}{4!} + \cdots + \frac{5^n}{n!} + \cdots$$

的敛散性.

解 因为

$$\lim_{n \to \infty} \frac{u_{n+1}}{u_n} = \lim_{n \to \infty} \frac{\dfrac{5^{n+1}}{(n+1)!}}{\dfrac{5^n}{n!}} = \lim_{n \to \infty} \frac{5}{n+1} = 0 < 1$$

根据比值判别法,级数 $\sum_{n=1}^{\infty} \frac{5^n}{n!}$ 收敛.

例 4 判别级数

$$\sum_{n=1}^{\infty} \frac{n^n}{n!} = 1 + \frac{2^2}{2!} + \frac{3^3}{3!} + \cdots + \frac{n^n}{n!} + \cdots$$

的敛散性.

解 因为

$$\lim_{n \to \infty} \frac{u_{n+1}}{u_n} = \lim_{n \to \infty} \frac{\dfrac{(n+1)^{n+1}}{(n+1)!}}{\dfrac{n^n}{n!}} = \lim_{n \to \infty} \frac{(1+n)^n}{n^n}$$

$$= \lim_{n \to \infty} \left(1 + \frac{1}{n} \right)^n = e > 1$$

由比值判别法知, 级数 $\sum\limits_{n=1}^{\infty} \frac{n^n}{n!}$ 发散.

定理 7.4(根值判别法, 或 Cauchy 判别法) 设 $\sum\limits_{n=1}^{\infty} u_n$ 是正项级数, 且 $\lim\limits_{n \to \infty} \sqrt[n]{u_n} = l$.

(i) 当 $l < 1$ 时, $\sum\limits_{n=1}^{\infty} u_n$ 收敛;

(ii) 当 $l > 1$(或 $l = \infty$)时, $\sum\limits_{n=1}^{\infty} u_n$ 发散;

(iii) 当 $l = 1$, 不定, 本判别法失效.

定理 7.4 的证明类似于定理 7.3, 这里略去.

例 5 利用根值判别法判别下列级数的敛散性:

(1) $\sum\limits_{n=1}^{\infty} \left(\frac{n}{2n+1} \right)^n$; (2) $\sum\limits_{n=1}^{\infty} \frac{2^n}{3^{\ln n}}$

解 (1) $\lim\limits_{n \to \infty} \sqrt[n]{u_n} = \lim\limits_{n \to \infty} \sqrt[n]{\left(\frac{n}{2n+1} \right)^n} = \lim\limits_{n \to \infty} \frac{n}{2n+1} = \frac{1}{2} < 1$

由根值判别法知级数收敛.

(2) $\lim\limits_{n \to \infty} \sqrt[n]{u_n} = \lim\limits_{n \to \infty} \left(\frac{2^n}{3^{\ln n}} \right)^{\frac{1}{n}} = \lim\limits_{n \to \infty} \frac{2}{3^{\frac{\ln n}{n}}} = \frac{2}{3^0} = 2 > 1$,

由根值判别法知 $\sum\limits_{n=1}^{\infty} \frac{2^n}{3^{\ln n}}$ 发散.

说明 例 5 题(2)中, $\lim\limits_{n \to \infty} \frac{\ln n}{n}$ 视为函数极限 $\lim\limits_{x \to +\infty} \frac{\ln x}{x}$ 的特殊情况, 由洛必达法则易得 $\lim\limits_{x \to +\infty} \frac{\ln x}{x} = 0$.

定理 7.5(柯西积分判别法) 设 $\sum\limits_{n=1}^{\infty} u_n$ 是正项级数, 其一般项构成一单调递减数列, 作一连续单调递减的函数 $f(x)(x > 0)$, 当 $x = n$ 时 $f(n) = u_n$, 则级数 $\sum\limits_{n=1}^{\infty} u_n$ 与广义积分 $\int_1^{+\infty} f(x) \mathrm{d}x$ 有相同的敛散性.

证 由于 $f(x)$ 连续且单调递减, 因此有

$$u_2 = f(2) = f(2)(2-1) < \int_1^2 f(x) \mathrm{d}x < f(1)(2-1) = u_1$$

$$u_3 = f(3) = f(3)(3-2) < \int_2^3 f(x)\mathrm{d}x < f(2)(3-2) = u_2$$

·················

$$u_n = f(n) = f(n)[n-(n-1)] < \int_{n-1}^n f(x)\mathrm{d}x$$

$$< f(n-1)[n-(n-1)] = u_{n-1}$$

故有

$$\sum_{k=2}^n u_k < \sum_{k=2}^n \int_{k-1}^k f(x)\mathrm{d}x < \sum_{k=2}^n u_{k-1}$$

令 $n\rightarrow\infty$,有

$$\sum_{k=2}^\infty u_k < \int_1^{+\infty} f(x)\mathrm{d}x < \sum_{k=2}^\infty u_{k-1} \qquad (7.7)$$

从而当 $\int_1^{+\infty} f(x)\mathrm{d}x$ 收敛时,由式(7.7)前一不等式知 $\sum_{n=1}^\infty u_n$ 收敛;当 $\int_1^{+\infty} f(x)\mathrm{d}x$ 发散时,由式(7.7)后一不等式知 $\sum_{n=1}^\infty u_n$ 发散,因此 $\int_1^{+\infty} f(x)\mathrm{d}x$ 与 $\sum_{n=1}^\infty u_n$ 有相同的敛散性. 证毕.

例6 研究 p-级数

$$\sum_{n=1}^\infty \frac{1}{n^p} = 1 + \frac{1}{2^p} + \frac{1}{3^p} + \cdots + \frac{1}{n^p} + \cdots$$

的敛散性.

解 当 $p=1$ 时,p-级数即调和级数,前面已知其发散.

当 $p<1$ 时,$n^p < n$,故

$$\frac{1}{n^p} > \frac{1}{n}$$

由比较判别法,此时 $\sum_{n=1}^\infty \frac{1}{n^p}$ 发散.

当 $p>1$ 时,令 $f(x) = \frac{1}{x^p}$,$f(n) = \frac{1}{n^p}$,$1-p<0$

$$\int_1^{+\infty} f(x)\mathrm{d}x = \int_1^{+\infty} \frac{1}{x^p}\mathrm{d}x = \lim_{b\rightarrow+\infty} \int_1^b \frac{1}{x^p}\mathrm{d}x$$

$$= \lim_{b \to +\infty} \frac{1}{1-p}(b^{1-p} - 1) = \frac{1}{p-1}$$

从而 $\sum\limits_{n=1}^{\infty} \dfrac{1}{n^p}$ 收敛,综上所述,有

$$\sum_{n=1}^{\infty} \frac{1}{n^p} \begin{cases} 收敛, & 当 p > 1 时, \\ 发散, & 当 p \leqslant 1 时 \end{cases}$$

例如 $\sum\limits_{n=1}^{\infty} \dfrac{1}{\sqrt{n}} = \sum\limits_{n=1}^{\infty} \dfrac{1}{n^{\frac{1}{2}}}$ 是发散的,而 $\sum\limits_{n=1}^{\infty} \dfrac{1}{\sqrt{n^3}} = \sum\limits_{n=1}^{\infty} \dfrac{1}{n^{\frac{3}{2}}}$ 是收敛的.

p-级数是十分有用的级数,常可以用它来作比较对象,以判别其他某些级数的敛散性.

§7.3 任意项级数

任意项级数是指非同号级数.

一、交错级数

设 $u_n \geqslant 0, n = 1, 2, \cdots$,称形如

$$\sum_{n=1}^{\infty} (-1)^{n-1} u_n = u_1 - u_2 + u_3 - u_4 + \cdots + (-1)^{n-1} u_n + \cdots \quad (7.8)$$

的级数为交错级数(与级数(7.8)各项符号相反的级数也称交错级数).

关于交错级数,有如下定理.

定理 7.6(莱布尼兹判别法)　设交错级数 $\sum\limits_{n=1}^{\infty} (-1)^{n-1} u_n \ (u_n \geqslant 0, n = 1, 2, \cdots)$ 满足如下条件:

(1) $u_{n+1} \leqslant u_n, n = 1, 2, \cdots$,

(2) $\lim\limits_{n \to \infty} u_n = 0$.

则级数 $\sum\limits_{n=1}^{\infty} (-1)^{n-1} u_n$ 收敛,其和 $S \leqslant u_1$,余项 r_n 的绝对值不大于 u_{n+1},即 $|r_n| \leqslant u_{u+1}$.

证　记 S_n 为级数(7.8)的部分和,先考查前 $2m$ 项和 S_{2m},

$$S_{2m} = (u_1 - u_2) + (u_3 - u_4) + \cdots + (u_{2m-1} - u_{2m})$$

由条件(1)知 $u_{2m-1} - u_{2m} \geqslant 0, m = 1, 2, \cdots, \{S_{2m}\}$ 为单调增加数列,又

$$S_{2m} = u_1 - (u_2 - u_3) - (u_4 - u_5) - \cdots - (u_{2m-2} - u_{2m-1}) - u_{2m} \leqslant u_1$$

$$(7.9)$$

即 $\{S_{2m}\}$ 有上界,根据极限存在的准则, $\{S_{2m}\}$ 收敛,并令 $\lim\limits_{m \to \infty} S_{2m} = S$,由式 (7.9)知 $S \leqslant u_1$.

再考查前 $2m + 1$ 项和 S_{2m+1}. 因 $S_{2m+1} = S_{2m} + u_{2m+1}$,而由条件(2), $\lim\limits_{m \to \infty} u_{2m+1} = 0$,故

$$\lim_{m \to \infty} S_{2m+1} = \lim_{m \to \infty} (S_{2m} + u_{2m+1}) = S$$

于是不论 n 是奇数还是偶数,当 $n \to \infty$ 时有

$$\lim_{n \to \infty} S_n = S$$

这就证明了满足定理条件的交错级数是收敛的.

因为 $r_n = \pm(u_{n+1} - u_{n+2} + \cdots)$, $|r_n| = u_{n+1} - u_{n+2} + \cdots$,仿照(7.9)式的方法,容易知道 $|r_n| \leqslant u_{n+1}$. 证毕.

例1 判别级数

$$\sum_{n=1}^{\infty} \frac{(-1)^{n-1}}{n} = 1 - \frac{1}{2} + \frac{1}{3} - \frac{1}{4} + \cdots + \frac{(-1)^{n-1}}{n} + \cdots \text{ 的敛散性}.$$

解 因为(1) $u_{n+1} = \dfrac{1}{n+1} < \dfrac{1}{n} = u_n$; (2) $\lim\limits_{n \to \infty} \dfrac{1}{n} = 0$.

由定理 7.6 知该级数收敛.

例2 判别交错级数

$$\sum_{n=1}^{\infty} (-1)^{n+1} \sin \frac{\pi}{n} = \sin\pi - \sin\frac{\pi}{2} + \sin\frac{\pi}{3} - \sin\frac{\pi}{4} + \cdots$$

$$+ (-1)^{n+1} \sin\frac{\pi}{n} + \cdots$$

的敛散性.

解 该级数从第二项起开始满足莱布尼兹判别法的两条件,即 $n \geqslant 2$ 时,

(1) $u_{n+1} = \sin\dfrac{\pi}{n+1} < \sin\dfrac{\pi}{n} = u_n$,

(2) $\lim\limits_{n \to \infty} u_n = \lim\limits_{n \to \infty} \sin\dfrac{\pi}{n} = 0$.

因此该级数收敛.

二、绝对收敛与条件收敛

设 $\sum\limits_{n=1}^{\infty} u_n$ 是一个任意项级数,如果将其每一项取绝对值,变成的正项级数 $\sum\limits_{n=1}^{\infty} |u_n|$ 收敛,则称级数 $\sum\limits_{n=1}^{\infty} u_n$ 绝对收敛;若级数 $\sum\limits_{n=1}^{\infty} u_n$ 本身收敛,但 $\sum\limits_{n=1}^{\infty} |u_n|$ 发散,则称级数 $\sum\limits_{n=1}^{\infty} u_n$ 是条件收敛的.

例 3 分别判别级数 $\sum\limits_{n=1}^{\infty} \dfrac{(-1)^{n-1}}{n^2}$ 和 $\sum\limits_{n=1}^{\infty} \dfrac{(-1)^{n-1}}{n}$ 是条件收敛还是绝对收敛.

解 对于 $\sum\limits_{n=1}^{\infty} \dfrac{(-1)^{n-1}}{n^2}$,有 $\sum\limits_{n=1}^{\infty} \left| \dfrac{(-1)^{n-1}}{n^2} \right| = \sum\limits_{n=1}^{\infty} \dfrac{1}{n^2}$,这是一个 $p=2$ 的 p-级数,由 §7.2 例 6 知它收敛,因此 $\sum\limits_{n=1}^{\infty} \dfrac{(-1)^{n-1}}{n^2}$ 绝对收敛.

对于 $\sum\limits_{n=1}^{\infty} \dfrac{(-1)^{n-1}}{n}$,因 $\sum\limits_{n=1}^{\infty} \left| \dfrac{(-1)^{n-1}}{n} \right| = \sum\limits_{n=1}^{\infty} \dfrac{1}{n}$ 发散,而由本节例 1 知其本身收敛,因而它是条件收敛的.

绝对收敛级数有很好的收敛性,它的收敛性优于条件收敛的级数.

定理 7.7 绝对收敛的级数必收敛,即若 $\sum\limits_{n=1}^{\infty} |u_n|$ 收敛,则 $\sum\limits_{n=1}^{\infty} u_n$ 必收敛.

证 令

$$v_n = \frac{1}{2}(|u_n| + u_n) \tag{7.10}$$

由于 $-|u_n| \leqslant v_n \leqslant |u_n|$,就有 $0 \leqslant |u_n| + u_n \leqslant 2|u_n|$,于是

$$0 \leqslant v_n \leqslant |u_n|$$

根据正项级数比较判别法知 $\sum\limits_{n=1}^{\infty} v_n$ 收敛.再由式(7.10)

$$u_n = 2v_n - |u_n|$$

根据 §7.1 中性质 2、3,即得 $\sum\limits_{n=1}^{\infty} u_n$ 收敛.证毕.

例 4 判别级数 $\sum\limits_{n=1}^{\infty} \dfrac{\sin n}{n^3}$ 的敛散性.

解　由于 $|\sin n| \leqslant 1$，所以

$$\left| \frac{\sin n}{n^3} \right| \leqslant \frac{1}{n^3}$$

而 $\sum\limits_{n=1}^{\infty} \dfrac{1}{n^3}$ 是 $p=3$ 的 p-级数，收敛，故 $\sum\limits_{n=1}^{\infty} \left| \dfrac{\sin n}{n^3} \right|$ 收敛. 由定理 2 知，原级数收敛.

定理 7.8（比值判别法）　设 $\sum\limits_{n=1}^{\infty} u_n$ 是任意项级数，满足

$$\lim_{n \to \infty} \left| \frac{u_{n+1}}{u_n} \right| = l$$

则（1）当 $l<1$ 时，$\sum\limits_{n=1}^{\infty} u_n$ 绝对收敛；（2）当 $l>1$（或为 ∞ 时），$\sum\limits_{n=1}^{\infty} u_n$ 发散；（3）当 $l=1$ 时，不定.

证　（1）由正项级数比值判别法即可得知.

（2）$l>1$ 时，取 $\varepsilon>0$，使 $l-\varepsilon>1$，由 $\lim\limits_{n \to \infty} \left| \dfrac{u_{n+1}}{u_n} \right| = l$，根据极限的定义，应存在自然数 N，$n \geqslant N$ 时，

$$\left| \frac{u_{n+1}}{u_n} \right| > l - \varepsilon > 1$$

即 $|u_{n+1}| > |u_n|$，数列 $\{|u_n|\}$ 单调增加且大于零，因此 u_n 不可能趋于零，于是 $\sum\limits_{n=1}^{\infty} u_n$ 必发散.

当 $l=1$ 时，可由 $\sum\limits_{n=1}^{\infty} \dfrac{(-1)^{n-1}}{n^2}$ 和 $\sum\limits_{n=1}^{\infty} \dfrac{1}{n}$ 这两个例子看到结论不定. 证毕.

以上我们看到，绝对收敛级数和条件收敛级数虽然都是收敛级数，但收敛性的强弱程度有很大差别. 下面不加证明，介绍绝对收敛级数和条件收敛级数的另一特性.

定理 7.9　如果 $\sum\limits_{n=1}^{\infty} u_n$ 是绝对收敛级数，其和为 S，则任意交换级数各项的位置，得到的新级数也绝对收敛，且和仍为 S.

定理 7.10　如果 $\sum\limits_{n=1}^{\infty} u_n$ 是条件收敛的级数，A 是一个预先任意给定的数（有限的或为 $\pm \infty$），我们都可以重新配置这级数的项，使级数收敛于 A.

§7.4　幂　级　数

一、函数级数的一般概念

前面学习的级数都是常数级数,即级数的项都是常数.但更加有用的是函数级数.这里先介绍函数级数的一般概念.

设 $u_n(x)(n=1,2,\cdots)$ 是定义在同一区间 I 上的函数序列,式子

$$\sum_{n=1}^{\infty} u_n(x) = u_1(x) + u_2(x) + \cdots + u_n(x) + \cdots \qquad (7.11)$$

称为定义在区间 I 上的函数级数.对于 I 上的每一个值 x_0,函数 $\sum_{n=1}^{\infty} u_n(x)$ 成为常数级数:

$$\sum_{n=1}^{\infty} u_n(x_0) = u_1(x_0) + u_2(x_0) + \cdots + u_n(x_0) + \cdots \qquad (7.12)$$

这个级数若收敛,就称 x_0 是级数(7.11)的收敛点,若级数(7.12)发散,就称 x_0 是级数(7.11)的发散点,所有收敛点的全体称为函数级数的收敛域,所有发散点的全体称为函数级的发散域.

一个函数级数在它的收敛域内每一点 x,都有一个确定的和,当 x 在它收敛域内变化时,和也随之变化,这样,函数级数就确定了一个定义在其收敛域上的函数,这个函数就称为函数级数的和函数,记为

$$S(x) = u_1(x) + u_2(x) + \cdots + u_n(x) + \cdots$$

例 1　考查函数级数

$$\sum_{n=0}^{\infty} x^n = 1 + x + x^2 + \cdots + x^n + \cdots$$

的收敛域和发散域.

解　这是一个以 x 为公比的几何级数,前面已经知道,当 $|x|<1$,即 $x\in(-1,1)$ 时,它是收敛的;而当 $|x|\geqslant 1$,即 $x\in(-\infty,-1]\cup[1,+\infty)$ 时,它是发散的.因此其收敛域是 $(-1,1)$,发散域是 $(-\infty,-1]\cup[1,+\infty)$,其和函数为

$$S(x) = \sum_{n=0}^{\infty} x^n = 1 + x + x^2 + \cdots + x^n + \cdots = \frac{1}{1-x}$$

$$x \in (-1,1)$$

二、幂级数的概念

我们主要学习一类函数级数,即幂级数.形如

$$\sum_{n=0}^{\infty} a_n (x - x_0)^n = a_0 + a_1 (x - x_0) \tag{7.13}$$
$$+ a_2 (x - x_0)^2 + \cdots + a_n (x - x_0)^n + \cdots$$

的级数称为幂级数,其中 $x_0, a_0, a_1, a_2, \cdots, a_n, \cdots$ 都是常数,a_n($n = 0, 1, 2, \cdots$)称为幂级数的系数.

令 $y = x - x_0$,则级数(7.13)可化为下列形式:

$$\sum_{n=0}^{\infty} a_n y^n = a_0 + a_1 y + a_2 y^2 + \cdots + a_n y^n + \cdots \tag{7.14}$$

当级数(7.14)研究清楚了,级数(7.13)的问题也就解决了.因此,为了便于讨论,我们主要研究下列形式的幂级数:

$$\sum_{n=0}^{\infty} a_n x^n = a_0 + a_1 x + a_2 x^2 + \cdots + a_n x^n + \cdots \tag{7.15}$$

三、幂级数的收敛半径和收敛区间

首先指出幂级数收敛性的特点,有如下定理:

定理 7.11(阿贝尔定理) 若幂级数 $\sum_{n=0}^{\infty} a_n x^n$ 在 $x = x_0$ 处收敛,则对于满足不等式 $|x| < |x_0|$ 的任一个 x 值,幂级数都绝对收敛;若 $\sum_{n=0}^{\infty} a_n x^n$ 在点 $x = x_1$ 处发散,则对于满足不等式 $|x| > |x_1|$ 的任一个 x 值,幂级数都发散.

证 先证定理的第一部分,设 $\sum_{n=0}^{\infty} a_n x_0^n$ 收敛,则有 $\lim_{n \to \infty} a_n x_0^n = 0$,由收敛数列的有界性知,存在正数 M,使 $|a_n x_0^n| \leqslant M$,$n = 0, 1, 2, \cdots$.从而

$$|a_n x^n| = \left| a_n x_0^n \cdot \frac{x^n}{x_0^n} \right| = |a_n x_0^n| \left| \frac{x}{x_0} \right|^n \leqslant M \left| \frac{x}{x_0} \right|^n$$

由于 $|x| < |x_0|$,即 $\left| \dfrac{x}{x_0} \right| < 1$,从而几何级数 $\sum_{n=0}^{\infty} M \left| \dfrac{x}{x_0} \right|^n$ 收敛,由比较判别法知 $\sum_{n=0}^{\infty} |a_n x^n|$ 收敛,即 $\sum_{n=0}^{\infty} a_n x^n$ 绝对收敛.

再用反证法证明定理的第二部分. 若幂级数在满足 $|x| > |x_1|$ 的 x 处收敛, 则由第一部分的结论, $\sum\limits_{n=0}^{\infty} a_n x_1^n$ 就应收敛, 矛盾. 证毕.

定理 7.11 的几何意义是: 若幂级数(7.15)在点 x_0 处收敛, 则它在开区间 $(-|x_0|, |x_0|)$ 内必收敛, 即在离原点距离小于 $|x_0|$ 的任何点处都收敛; 若它在 x_1 处发散, 则在区间 $(-\infty, -|x_1|)$ 和 $(|x_1|, +\infty)$ 内发散, 即在离原点距离大于 $|x_1|$ 的任何点都发散, 如图 7.2 所示.

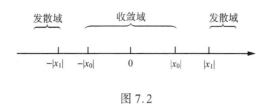

图 7.2

由于 $\sum\limits_{n=0}^{\infty} a_n x^n$ 在任意一点 x 处不是收敛就是发散, 根据定理 7.11 所指出的幂级数收敛域的特点, 应存在一个分界点 $x = R \geqslant 0$, 使得当 $x \in (-R, R)$ 时级数收敛, 而当 $x \in (-\infty, -R)$ 或 $x \in (R, +\infty)$ 时幂级数发散, 这个分界数 R 就称为幂级数(7.15)的收敛半径. 必须指出, 当 $x = \pm R$ 时, 敛散性则要视具体的级数而定.

现在给出幂级数收敛半径的计算法.

定理 7.12 设幂级数 $\sum\limits_{n=0}^{\infty} a_n x^n$ 的系数满足

$$\lim_{n \to \infty} \left| \frac{a_{n+1}}{a_n} \right| = l$$

(i) 当 $0 < l < +\infty$ 时, $R = \dfrac{1}{l}$;

(ii) 当 $l = 0$ 时, $R = +\infty$, 即幂级数在 $(-\infty, +\infty)$ 内收敛;

(iii) 当 $l = +\infty$ 时, $R = 0$, 即幂级数仅在 $x = 0$ 时收敛.

证 (i) 因

$$\lim_{n \to \infty} \left| \frac{a_{n+1} x^{n+1}}{a_n x^n} \right| = \lim_{n \to \infty} \left| \frac{a_{n+1}}{a_n} \right| \cdot |x| = l |x| \qquad (7.16)$$

当 $0 < l < +\infty$ 时, 若 $|x| < \dfrac{1}{l}$, 则 $l|x| < 1$, 根据任意项级数的比值判别法, 幂级数 $\sum\limits_{n=0}^{\infty} a_n x^n$ 在 $|x| < \dfrac{1}{l}$ 时收敛, 在 $|x| > \dfrac{1}{l}$ 时发散, 因此收敛半径 $R = \dfrac{1}{l}$.

(ii) 若 $l=0$,则由式(7.16)及比值判别法知,无论 x 取何值,幂级数都收敛,即在整个实轴上任意点收敛,因此 $R=+\infty$.

(iii) 当 $l=+\infty$,由式(7.16)知,对任意的 $x\neq0$,$\left|\dfrac{a_{n+1}x^{n+1}}{a_nx^n}\right|$ 在 $n\to\infty$ 时都是无穷大量. 根据无穷大量的定义可知,a_nx^n 不可能趋于零,因而级数 $\sum\limits_{n=1}^{\infty}a_nx^n$ 必发散. 仅在 $x=0$ 时,级数收敛于 a_0,即收敛半径 $R=0$,证毕.

例 2　求幂级数 $\sum\limits_{n=1}^{\infty}\dfrac{x^n}{n}=x+\dfrac{x^2}{2}+\dfrac{x^3}{3}+\cdots+\dfrac{x^n}{n}+\cdots$ 的收敛半径与收敛区间.

解　因

$$\lim_{n\to\infty}\left|\frac{a_{n+1}}{a_n}\right|=\lim_{n\to\infty}\left|\frac{\dfrac{1}{n+1}}{\dfrac{1}{n}}\right|=\lim_{n\to\infty}\frac{n}{n+1}=1$$

故收敛半径 $R=\dfrac{1}{1}=1$.

再考查当 $x=\pm1$ 时的收敛性.

当 $x=1$ 时,原级数是调和级数,发散. 当 $x=-1$ 时,原级数成为

$$\sum_{n=1}^{\infty}\frac{(-1)^n}{n}=-1+\frac{1}{2}-\frac{1}{3}+\cdots\frac{(-1)^n}{n}+\cdots$$

由交错级数的莱布尼兹判别法易知其收敛.

综上所述,幂级数 $\sum\limits_{n=1}^{\infty}\dfrac{x^n}{n}$ 的收敛区间是 $[-1,1)$.

例 3　求幂级数 $\sum\limits_{n=0}^{\infty}\dfrac{(-1)^{n-1}}{(2n)!}x^n$ 的收敛半径和收敛区间.

解　因为

$$\lim_{n\to\infty}\left|\frac{a_{n+1}}{a_n}\right|=\lim_{n\to\infty}\left|\frac{\dfrac{(-1)^n}{(2n+2)!}}{\dfrac{(-1)^{n-1}}{(2n)!}}\right|$$

$$=\lim_{n\to\infty}\frac{1}{(2n+2)(2n+1)}=0$$

所以收敛半径 $R=+\infty$,从而收敛区间为 $(-\infty,+\infty)$

例 4　求幂级数 $\sum\limits_{n=0}^{\infty} n! x^n$ 的收敛半径和收敛区间.

解　因

$$\lim_{n\to\infty}\left|\frac{a_{n+1}}{a_n}\right| = \lim_{n\to\infty}\left|\frac{(n+1)!}{n!}\right| = \lim_{n\to\infty}(n+1) = \infty$$

故收敛半径 $R=0$,级数仅在 $x=0$ 处收敛.

例 5　求幂级数 $\sum\limits_{n=0}^{\infty} \frac{(2n)!}{(n!)^2} x^{2n}$ 的收敛半径.

解　本级数只有偶次项,作代换 $y=x^2$,考虑级数 $\sum\limits_{n=0}^{\infty} \frac{(2n)!}{(n!)^2} y^n$ 中 y 的收敛半径,再相应地换算成 x 的收敛半径.对于级数 $\sum\limits_{n=0}^{\infty} \frac{(2n)!}{(n!)^2} y^n$,因

$$\lim_{n\to\infty}\left|\frac{a_{n+1}}{a_n}\right| = \lim_{n\to\infty}\left(\frac{(2n+2)!}{[(n+1)!]^2}\Big/ \frac{(2n)!}{(n!)^2}\right)$$

$$= \lim_{n\to\infty}\frac{(2n+2)(2n+1)}{(n+1)^2} = 4$$

故其收敛半径为 $\frac{1}{4}$,即 $x^2<\frac{1}{4}$,$|x|<\frac{1}{2}$ 时原级数收敛,x 的收敛半径为 $\frac{1}{2}$.

例 6　求幂级数 $\sum\limits_{n=1}^{\infty} \frac{(x-1)^n}{2^n \cdot n}$ 的收敛半径与收敛区间.

解　令 $y=x-1$,对于级数 $\sum\limits_{n=1}^{\infty} \frac{y^n}{2^n n}$,因

$$\lim_{n\to\infty}\left|\frac{a_{n+1}}{a_n}\right| = \lim_{n\to\infty}\frac{\frac{1}{2^{n+1}(n+1)}}{\frac{1}{2^n n}} = \lim_{n\to\infty}\frac{n}{2(n+1)} = \frac{1}{2}$$

故收敛半径为 2,即 $|x-1|=|y|<2$ 时级数必收敛.

当 $x-1=2$,即 $x=3$ 时,原级数为

$$\sum_{n=1}^{\infty}\frac{2^n}{2^n n} = \sum_{n=1}^{\infty}\frac{1}{n}$$

为调和级数,发散;

当 $x-1=-2$ 即 $x=-1$ 时,原级数为

$$\sum_{n=1}^{\infty} \frac{(-2)^n}{2^n n} = \sum_{n=1}^{\infty} \frac{(-1)^n}{n}$$

为收敛的交错级数,综上,原级数的收敛区间是$[-1,3)$.

四、幂级数和函数的分析性质

上一段中我们知道,幂级数 $\sum\limits_{n=0}^{\infty} a_n x^n$ 在由它的收敛半径 R 所确定的区间$(-R,R)$内绝对收敛,这样,它的和函数就是一个定义在$(-R,R)$内的函数

$$S(x) = \sum_{n=0}^{\infty} a_n x^n, x \in (-R,R)$$

幂级数的和函数有很好的分析运算性质,下面就介绍几个基本性质(略去证明).

定理 7.13 设幂级数 $\sum\limits_{n=0}^{\infty} a_n x^n$ 的收敛半径是 R,则其和函数 $S(x)$ 在区间$(-R,R)$内连续,即对$(-R,R)$内任意一点 x_0,有

$$\lim_{x \to x_0} S(x) = \sum_{n=0}^{\infty} a_n x_0^n = \sum_{n=0}^{\infty} \left(\lim_{x \to x_0} a_n x^n \right)$$

也就是说,极限计算与求和计算可互换次序.

定理 7.14 幂级数 $\sum\limits_{n=0}^{\infty} a_n x^n$ 的和函数$S(x)$在收敛区间$(-R,R)$内是可积的,且可逐项积分.

$$\int_0^x S(x)\mathrm{d}x = \int_0^x \left(\sum_{n=0}^{\infty} a_n x^n \right)\mathrm{d}x = \sum_{n=0}^{\infty} \left(\int_0^x a_n x^n \mathrm{d}x \right)$$

$$= \sum_{n=0}^{\infty} \frac{a_n}{n+1} x^{n+1}$$

即积分计算与求和计算可互换次序.

定理 7.15 幂级数 $\sum\limits_{n=0}^{\infty} a_n x^n$ 的和函数$S(x)$在其收敛区间$(-R,R)$内是可导的,且可逐项求导:

$$S'(x) = \left(\sum_{n=0}^{\infty} a_n x^n \right)' = \sum_{n=0}^{\infty} (a_n x^n)' = \sum_{n=1}^{\infty} n a_n x^{n-1}$$

即求导计算与求和计算可互换次序.

需要说明的是,并非任意一个函数级数 $\sum\limits_{n=0}^{\infty} u_n(x)$ 在它的收敛域内都具有上述的性质,而幂级数具有这些良好的性质.

例 7 求幂级数

$$\sum_{n=1}^{\infty} (-1)^{n-1} \frac{x^n}{n} = x - \frac{x^2}{2} + \frac{x^3}{3} - \cdots + (-1)^{n-1} \frac{x^n}{n} + \cdots$$

的和函数.

解 容易求得该级数的收敛半径 $R=1$,现在求它在区间 $(-1,1)$ 内的和函数.设 $S(x) = \sum\limits_{n=1}^{\infty} (-1)^{n-1} \frac{x^n}{n}$,根据定理 7.15,有

$$S'(x) = \sum_{n=1}^{\infty} \left[(-1)^{n-1} \frac{x^n}{n} \right]' = \sum_{n=1}^{\infty} (-1)^{n-1} x^{n-1}$$

$$= 1 - x + x^2 - x^3 + x^4 - \cdots + (-1)^{n-1} x^{n-1} + \cdots$$

由于 $x \in (-1,1)$,这是一个以 $-x$ 为公比的几何级数,易知,

$$S'(x) = \frac{1}{1+x}$$

$$S(x) = \int_0^x S'(x) \mathrm{d}x = \int_0^x \frac{\mathrm{d}x}{1+x} = \ln(1+x), x \in (-1,1)$$

此即原级数的和函数.

例 8 求幂级数 $\sum\limits_{n=0}^{\infty} (2n+1) x^{2n}$ 在其收敛区间内的和函数,并求级数 $\sum\limits_{n=0}^{\infty} (2n+1) \left(\frac{1}{2} \right)^{2n}$ 的和.

解 用类似于例 5 的做法,不难算出该级数的收敛区间是 $(-1,1)$,设 $S(x) = \sum\limits_{n=0}^{\infty} (2n+1) x^{2n}, x \in (-1,1)$,根据定理 7.14, 有

$$\int_0^x S(x) \mathrm{d}x = \sum_{n=0}^{\infty} \left(\int_0^x (2n+1) x^{2n} \mathrm{d}x \right)$$

$$= \sum_{n=0}^{\infty} x^{2n+1} = x + x^3 + x^5 + \cdots + x^{2n+1} + \cdots$$

$$= \frac{x}{1-x^2}$$

故

$$S(x) = \left(\int_0^x S(x)\mathrm{d}x \right)' = \left(\frac{x}{1-x^2} \right)' = \frac{1+x^2}{(1-x^2)^2}, \ x \in (-1,1)$$

将 $x = \frac{1}{2}$ 代入上式,有

$$S(x) = \sum_{n=0}^{\infty} (2n+1)\left(\frac{1}{2} \right)^{2n} = S\left(\frac{1}{2} \right) = \frac{1+\left(\frac{1}{2} \right)^2}{\left[1-\left(\frac{1}{2} \right)^2 \right]^2} = \frac{20}{9}$$

§7.5　函数展开成幂级数

级数的应用是很广泛的,例如用于近似计算,用于表示非初等函数,用于解微分方程等.前面我们看到,幂级数的一般项形式简单,便于进行微分、积分等运算,将函数写为幂级数形式将便于进行数值分析、计算等.本节介绍将几个初等函数展为幂级数的问题.

一、泰勒(Taylor)公式

在近似计算中,为了便于研究,往往希望用一个简单的函数来近似地表示一个比较复杂的函数.最为简单的函数要算多项式函数,只有对自变量进行有限次的加、减、乘法运算.于是提出如下问题:能否将一个函数用多项式来近似地表示,其形式应该是怎样的呢? 下面的定理就给出回答.

定理 7.16(泰勒中值定理)　如果函数 $f(x)$ 在含有 x_0 的某个开区间 (a,b) 内具有直到 $n+1$ 阶的导数,则当 $x \in (a,b)$ 时,$f(x)$ 可以表示为 $(x-x_0)$ 的一个 n 次多项式与一个余项 $R_n(x)$ 之和:

$$f(x) = f(x_0) + f'(x_0)(x-x_0) + \frac{f''(x_0)}{2!}(x-x_0)^2 + \cdots$$
$$+ \frac{f^{(n)}(x_0)}{n!}(x-x_0)^n + R_n(x)$$

其中

$$R_n(x) = \frac{f^{(n+1)}(\xi)}{(n+1)!}(x-x_0)^{n+1}, \xi \text{ 介于 } x_0 \text{ 与 } x \text{ 之间.}$$

证 设

$$P_n(x) = f(x_0) + f'(x_0)(x - x_0) + \frac{f''(x_0)}{2!}(x - x_0)^2 + \cdots$$

$$+ \frac{f^{(n)}(x_0)}{n!}(x - x_0)^n$$

并令

$$R_n(x) = f(x) - P_n(x)$$

由定理的条件可知,$R_n(x)$在(a,b)内具有直到 $n+1$ 阶的导数,并且$R_n(x_0)$ $= R'_n(x_0) = R''_n(x_0) = \cdots = R_n^{(n)}(x_0) = 0$,显然,$R_n(x)$与函数$(x - x_0)^{n+1}$在以 x_0 及 x 为端点的区间上满足柯西中值定理的条件,应用柯西中值定理,有

$$\frac{R_n(x)}{(x - x_0)^{n+1}} = \frac{R_n(x) - R(x_0)}{(x - x_0)^{n+1} - 0}$$

$$= \frac{R'_n(\xi_1)}{(n + 1)(\xi_1 - x_0)^n}$$

其中 ξ_1 介于 x 与 x_0 之间. 再对两个函数 $R'(x)$ 与 $(n + 1)(x - x_0)^n$ 在以 x_0 及 ξ_1 为端点的区间上应用柯西中值定理,得

$$\frac{R'_n(\xi_1)}{(n + 1)(\xi_1 - x_0)^{n+1}} = \frac{R'_n(\xi_1) - R'_n(x_0)}{(n + 1)(\xi_1 - x_0)^n - 0}$$

$$= \frac{R''_n(\xi_2)}{(n + 1)(\xi_2 - x_0)^{n-1}}$$

其中 ξ_2 介于 ξ_1 与 x_0 之间. 照此方法继续做下去,经过 $n+1$ 次后,得

$$\frac{R_n(x)}{(x - x_0)^{n+1}} = \frac{R_n^{(n+1)}(\xi)}{(n + 1)!}$$

其中 ξ 介于 ξ_n 与 x_0 之间,因而也在 x_0 与 x 之间. 因为 $P_n^{(n+1)}(x) = 0$,所以 $R_n^{(n+1)}(x) = f^{(n+1)}(x)$,故

$$R_n(x) = \frac{R_n^{(n+1)}(\xi)}{(n + 1)!}(x - x_0)^{n+1} = \frac{f^{(n+1)}(\xi)}{(n + 1)!}(x - x_0)^{n+1}$$

证毕.

由泰勒中值定理可知,用多项式 $P_n(x)$ 近似代替 $f(x)$ 时,其误差是

$|R_n(x)|$. 如果当 x 在 (a,b) 内变动时, $f^{(n+1)}(x)$ 有界, 即 $|f^{(n+1)}(x)| \leqslant M$, $M > 0$, 则有估计式

$$|R_n(x)| = \left| \frac{f^{(n+1)}(\xi)}{(n+1)!}(x-x_0)^{n+1} \right| \leqslant \frac{M}{(n+1)!} |x-x_0|^{n+1}$$

于是

$$\lim_{x \to x_0} \frac{R_n(x)}{(x-x_0)^n} = 0$$

即 $x \to x_0$ 时误差 $|R_n(x)|$ 是比 $(x-x_0)^n$ 高阶的无穷小. 当 n 较大时, 用 $P_n(x)$ 代替 $f(x)$ 的近似程度是较高的.

特别地, 若取 $x_0 = 0$, ξ 介于 0 与 x 之间, 这时的泰勒公式称为麦克劳林(Maclaurin)公式:

$$f(x) = f(0) + f'(0)x + \frac{f''(0)}{2!}x^2 + \cdots + \frac{f^{(n)}(0)}{n!}x^n$$

$$+ \frac{f^{(n+1)}(\xi)}{(n+1)!}x^{(n+1)}$$

其中 ξ 介于 0 与 x 之间. 设 $0 < \theta < 1$, 则 $R_n(x)$ 也常写为下列形式:

$$R_n(x) = \frac{f^{(n+1)}(\theta x)}{(n+1)!}, \quad 0 < \theta < 1$$

麦克劳林公式形式较简单, 便于计算, 因此在很多情况下, 往往采用麦克劳林公式来表示函数.

二、泰勒级数和麦克劳林级数

由上一段的内容我们知道, 若函数 $f(x)$ 在点 x_0 的邻域内具有任意阶导数, 则对任意的 n, 可以写出泰勒公式:

$$f(x) = f(x_0) + f'(x_0)(x-x_0) + \frac{f''(x_0)}{2!}(x-x_0)^2 + \cdots$$

$$+ \frac{f^{(n)}(x_0)}{n!}(x-x_0)^n + R_n(x) \tag{7.17}$$

如果当 $n \to \infty$ 时, $R_n(x) \to 0$ (对上述邻域内的任意 x), 则由式(7.17)有

$$f(x) = \lim_{n \to \infty} \left[f(x_0) + f'(x_0)(x-x_0) + \frac{f''(x_0)}{2!} + \cdots \right.$$

$$+ \frac{f^{(n)}(x_0)}{n!}(x - x_0)^n \Big]$$

即 $f(x)$ 可写成级数:

$$f(x) = \sum_{n=0}^{\infty} \frac{f^{(n)}(x_0)}{n!}(x - x_0)^n$$

$$= f(x_0) + f'(x_0)(x - x_0) + \frac{f''(x_0)}{2!}(x - x_0)^2 + \cdots$$

$$+ \frac{f^{(n)}(x_0)}{n!}(x - x_0)^n + \cdots \tag{7.18}$$

特别,当 $x_0 = 0$ 时的泰勒级数

$$f(x) = \sum_{n=0}^{\infty} \frac{f^{(n)}(0)}{n!}x^n = f(0) + f'(0)x + \frac{f''(0)}{2!}x^2$$

$$+ \cdots + \frac{f^{(n)}(0)}{n!}x^n + \cdots \tag{7.19}$$

称为 $f(x)$ 的麦克劳林级数,我们以下面定理来回答这样的问题:$f(x)$ 在什么条件下可以展开为幂级数的形式,所展成的幂级数是否收敛于 $f(x)$?

定理 7.17 设 $f(x)$ 在点 x_0 的某个邻域内具有任意阶导数,则 $f(x)$ 在点 x_0 的泰勒级数在此邻域内收敛于 $f(x)$ 的充分必要条件是:$f(x)$ 在点 x_0 处泰勒公式的余项 $R_n(x)$ 的极限为零,即 $\lim\limits_{n \to \infty} R_n(x) = 0$($x$ 为该邻域内的任意点).

证 设

$$S_{n+1}(x) = f(x_0) + f'(x_0)(x - x_0) + \frac{f''(x_0)}{2!}(x - x_0)^2 + \cdots$$

$$+ \frac{f^{(n)}(x_0)}{n!}(x - x_0)^n,$$

则

$$f(x) = S_{n+1}(x) + R_n(x)$$

显然,如果级数 $\sum\limits_{n=0}^{\infty} \frac{f^{(n)}(x_0)}{n!}(x - x_0)^n$ 收敛于 $f(x)$,则必有

$$\lim_{n \to \infty} R_n(x) = \lim_{n \to \infty} [f(x) - S_{n+1}(x)]$$

$$= f(x) - \lim_{n \to \infty} S_{n+1}(x) = 0$$

反之,若 $\lim_{n \to \infty} R_n(x) = 0$,则必有

$$f(x) = \lim_{n \to \infty} [S_{n+1}(x) + R_n(x)] = \lim_{n \to \infty} S_{n+1}(x)$$

$$= \sum_{n=0}^{\infty} \frac{f^{(n)}(x_0)}{n!}(x - x_0)$$

证毕.

最后还应指出,一个函数 $f(x)$ 若能展成幂级数,则这个幂级数必然是惟一的,也就是它的泰勒级数.在很多情况下,为了简化计算,我们常采用麦克劳林级数的形式.现在将函数展开为麦克劳林级数的步骤叙述如下:

第一步,求出 $f(x)$ 的各阶导数 $f'(x), f''(x), \cdots, f^{(n)}(x), \cdots$;

第二步,计算 $f(0), f'(0), f''(0), \cdots, f^{(n)}(0), \cdots$ 的值;

第三步,求出幂级数

$$f(0) + f'(0)x + \frac{f''(0)}{2!}x^2 + \cdots + \frac{f^{(n)}(0)}{n!}x^n + \cdots$$

的收敛半径 R;

第四步,考虑当 $|x| < R$ 时,余项 $R_n(x)$ 在 $n \to \infty$ 时的极限 $\lim_{n \to \infty} R_n(x)$ 是否为 0,如果 $\lim_{n \to \infty} R_n(x) = 0$,则有

$$f(x) = f'(0)x + \frac{f''(0)}{2!}x^2 + \cdots + \frac{f^{(n)}(0)}{n!}x^n + \cdots$$

$$x \in (-R, R)$$

如果 $\lim_{n \to \infty} R_n(x) \neq 0$,则 $f(x)$ 的麦克劳林级数不收敛于它自己.

三、几个初等函数的幂级数展开式

现在我们来求几个最基本的初等函数的幂级数展开式.

例 1　将指数函数 $f(x) = \mathrm{e}^x$ 展开为麦克劳林级数.

解　$f(x) = \mathrm{e}^x$ 的各阶导数是

$$f'(x) = f''(x) = \cdots = f^{(n)}(x) = \cdots = \mathrm{e}^x$$

故

$$f'(0) = f''(0) = \cdots = f^{(n)}(0) = \cdots = 1$$

它的麦克劳林公式是

$$f(x) = \mathrm{e}^x = 1 + x + \frac{x^2}{2!} + \cdots + \frac{x^n}{n!} + R_n(x)$$

其中

$$R_n(x) = \frac{\mathrm{e}^{\theta x}}{(n+1)!} x^{n+1}, \quad 0 < \theta < 1$$

容易求得级数

$$\sum_{n=0}^{\infty} \frac{x^n}{n!} = 1 + x + \frac{x^2}{2!} + \cdots + \frac{x^n}{n!} + \cdots$$

的收敛半径是 $+\infty$,即对任意 $x \in (-\infty, +\infty)$,上述级数都收敛.根据级数收敛的必要条件,对任意的 x,应有

$$\lim_{n \to \infty} \frac{x^n}{n!} = 0$$

从而

$$\lim_{n \to \infty} R_n(x) = \lim_{n \to \infty} \frac{\mathrm{e}^{\theta x}}{(n+1)!} x^{n+1} = 0$$

所以有

$$\mathrm{e}^x = 1 + x + \frac{x^2}{2!} + \cdots + \frac{x^n}{n!} + \cdots, \quad x \in (-\infty, +\infty) \quad (7.20)$$

例 2 将正弦函数 $f(x) = \sin x$ 展为 x 的幂级数.

解 $f(x) = \sin x$ 的各阶导数为

$$f'(x) = \cos x = \sin\left(x + \frac{\pi}{2}\right)$$

$$f''(x) = -\sin x = \sin\left(x + 2 \cdot \frac{\pi}{2}\right)$$

$$f'''(x) = -\cos x = \sin\left(x + 3 \cdot \frac{\pi}{2}\right)$$

$$f^{(4)}(x) = \sin x = \sin\left(x + 4 \cdot \frac{\pi}{2}\right)$$

....

$$f^{(n)}(x) = \sin\left(x + n \cdot \frac{\pi}{2}\right)$$

$\cdots\cdots\cdots\cdots\cdots$

当 $x=0$ 时,有

$$f(0) = 0, f'(0) = 1, f''(0) = 0, f'''(0) = -1, f^{(4)}(0) = 0, \cdots$$

于是 $\sin x$ 的麦克劳林级数为

$$\sum_{n=0}^{\infty}(-1)^n \frac{x^{2n+1}}{(2n+1)!} = x - \frac{x^3}{3!} + \frac{x^5}{5!} - \cdots$$

$$+ (-1)^n \frac{x^{2n+1}}{(2n+1)!} + \cdots$$

容易算出它的收敛半径是 $+\infty$. 现考虑 $\sin x$ 的麦克劳林公式的余项 $R_n(x)$,
因

$$|R_n(x)| = \left|\sin\left(\xi + \frac{(n+1)\pi}{2}\right) \cdot \frac{x^{n+1}}{(n+1)!}\right| \leqslant \frac{|x|^{n+1}}{(n+1)!}$$

而对任意 $x \in (-\infty, +\infty)$,有

$$\lim_{n\to\infty} \frac{|x|^{n+1}}{(n+1)!} = 0$$

故 $\lim\limits_{n\to\infty} R_n(x)=0$,从而

$$\sin x = \sum_{n=0}^{\infty}(-1)^n \frac{x^{2n+1}}{(2n+1)!}$$

$$= x - \frac{x^3}{3!} + \frac{x^5}{5!} - \cdots + (-1)^n \frac{x^{2n+1}}{(2n+1)!} + \cdots \tag{7.21}$$

$$x \in (-\infty, +\infty)$$

类似于例 2,我们可以求出余弦函数 $f(x)=\cos x$ 的麦克劳林级数:

$$\cos x = \sum_{n=0}^{\infty}(-1)^n \frac{x^{2n}}{(2n)!} = 1 - \frac{x^2}{2!} + \frac{x^4}{4!} - \frac{x^6}{6!}\cdots + (-1)^n \frac{x^{2n}}{(2n)!} + \cdots$$

$$x \in (-\infty, +\infty) \tag{7.22}$$

例 3 将对数函数 $f(x)=\ln(1+x)$ 展为 x 的幂级数.

解 先求 $f(x)=\ln(1+x)$ 的各阶导数:

$$f'(x) = \frac{1}{1+x}, \quad f''(x) = -\frac{1}{(1+x)^2}, \quad f'''(x) = \frac{2}{(1+x)^3}$$

$$f^{(4)}(x) = -\frac{3 \cdot 2}{(1+x)^4}, \quad \cdots, \quad f^{(n)}(x) = \frac{(-1)^{n-1}(n-1)!}{(1+x)^n}, \cdots$$

故

$$f(0) = 0, \quad f'(0) = 1, \quad f''(0) = -1, \quad f'''(0) = 2!$$

$$f^{(4)}(0) = -3!, \quad \cdots, \quad f^{(n)}(0) = (-1)^{n-1}(n-1)!, \cdots$$

$f(x) = \ln(1+x)$ 的麦克劳林级数为

$$\sum_{n=1}^{\infty} \frac{(-1)^{n-1}x^n}{n} = x - \frac{x^2}{2} + \frac{x^3}{3} - \frac{x^4}{4} +$$

$$\cdots + \frac{(-1)^{n-1}x^n}{n} + \cdots$$

容易求得其收敛区间是 $(-1,1]$. 余项 $R_n(x) = \frac{(-1)^n\xi^n}{n+1}$, ξ 介于 0 与 x 之间,由 $|x| \leqslant 1$ 知 $|\xi| \leqslant 1$,故有

$$R_n(x) = \left| \frac{(-1)^n\xi^n}{n+1} \right| \leqslant \frac{1}{n+1}$$

$$\lim_{n \to \infty} R_n(x) = 0$$

所以函数 $f(x) = \ln(1+x)$ 的幂级数展开式为

$$\ln(1+x) = \sum_{n=1}^{\infty} \frac{(-1)^{n-1}x^n}{n} = x - \frac{x^2}{2} + \frac{x^3}{3} - \frac{x^4}{4} + \cdots$$

$$+ \frac{(-1)^{n-1}x^n}{n} + \cdots, \quad x \in (-1,1], \qquad (7.23)$$

例 4 将函数 $f(x) = (1+x)^m$ 展开为 x 的幂级数.

解 $f(x) = (1+x)^m$ 的各阶导数为

$$f'(x) = m(1+x)^{m-1}$$

$$f''(x) = m(m-1)(1+x)^{m-2}$$

$$\cdots\cdots\cdots\cdots\cdots\cdots\cdots\cdots$$

$$f^{(n)}(x) = m(m-1)\cdots(m-n+1)(1+x)^{m-n}$$

· ·

所以

$$f(0) = 1, \quad f'(0) = m, \quad f''(0) = m(m-1), \cdots$$

$$f^{(n)}(0) = m(m-1)\cdots(m-n+1)$$

· · · · · · · · · · · · · · · · · ·

于是得级数

$$1 + mx + \frac{m(m-1)}{2!}x^2 + \cdots + \frac{m(m-1)\cdots(m-n+1)}{n!}x^n + \cdots$$

这级数相邻两项系数之比的极限为

$$\lim_{n\to\infty}\left|\frac{a_{n+1}}{a_n}\right| = \lim_{n\to\infty}\left|\frac{m-n}{n+1}\right| = 1$$

收敛半径为 1. 因此, 对于任意常数 m, 这级数在开区间 $(-1,1)$ 内收敛. 由于 m 是任意常数, 本问题不容易直接研究前面所指出的余项形式, 可以用其他方法证明 $\lim_{n\to\infty} R_n(x) = 0$, 这里证明从略.

我们有

$$(1+x)^m = 1 + mx + \frac{m(m-1)}{2!}x^2 + \cdots +$$

$$\frac{m(m-1)\cdots(m-n+1)}{n!}x^n + \cdots, \quad x \in (-1,1) \qquad (7.24)$$

公式 (7.24) 称为二项展开式, 以下是对应于 $m = -1, \frac{1}{2}, -\frac{1}{2}$ 的几个常见的二项式级数:

$$\frac{1}{1+x} = 1 - x + x^2 - x^3 + \cdots + (-1)^{n-1}x^n + \cdots, \quad x \in (-1,1)$$

$$(7.25)$$

$$\sqrt{1+x} = 1 + \frac{1}{2}x - \frac{1}{2\cdot 4}x^2 + \frac{1\cdot 3}{2\cdot 4\cdot 6}x^3$$

$$- \frac{1\cdot 3\cdot 5}{2\cdot 4\cdot 6\cdot 8}x^4 + \cdots, \quad x \in [-1,1] \qquad (7.26)$$

$$\frac{1}{\sqrt{1+x}} = 1 - \frac{1}{2}x + \frac{1\cdot 3}{2\cdot 4}x^2 - \frac{1\cdot 3\cdot 5}{2\cdot 3\cdot 6}x^3 + \frac{1\cdot 3\cdot 5\cdot 7}{2\cdot 4\cdot 6\cdot 8}x^4 - \cdots$$

$$x \in (-1, 1] \qquad (7.27)$$

例 5 将函数 $f(x) = \arctan x$ 展开为 x 的幂级数.

解 这里若直接按前面所说的步骤来展开 $\arctan x$ 较为复杂. 我们采用别的办法, 利用幂级数的性质和前面的结果来展开, 因

$$(\arctan x)' = \frac{1}{1+x^2} = (1+x^2)^{-1}$$

利用式(7.24)有

$$(1+x^2)^{-1} = 1 - x^2 + x^4 - x^6 + \cdots + (-1)^{n-1}x^{2n} + \cdots$$

再逐项积分有

$$\arctan x = \int_0^x (\arctan x)' \mathrm{d}x = x - \frac{1}{3}x^3 + \frac{1}{5}x^5 - \frac{1}{7}x^7$$

$$+ \cdots + (-1)^{n-1}\frac{1}{2n+1}x^{2n+1} + \cdots, \quad x \in (-1, 1)$$

以上例题所得到的展开式可以作为公式使用, 有了这些基本公式后, 对于很多类似的函数, 不一定再按原来方法展成幂级数, 而可以利用这些基本公式将函数写成幂级数的形式, 下面看两个例子.

例 6 求函数 $f(x) = e^{-2x}$ 在 $x = 0$ 处的幂级数展开式.

解 将 $-2x$ 代入公式(7.20)中 x 的地方, 即得

$$e^{-2x} = 1 + (-2x) + \frac{1}{2!}(-2x)^2 + \cdots + \frac{1}{n!}(-2x)^n + \cdots$$

$$= 1 - 2x + 2x^2 + \cdots + (-1)^n\frac{2^n}{n!}x^n + \cdots$$

展开式成立的范围仍为 $x \in (-\infty, +\infty)$.

例 7 将函数 $f(x) = \sin x$ 展开成 $\left(x - \frac{\pi}{4}\right)$ 的幂级数.

解 因为

$$\sin x = \sin\left[\frac{\pi}{4} + \left(x - \frac{\pi}{4}\right)\right]$$

$$= \sin\frac{\pi}{4}\cos\left(x - \frac{\pi}{4}\right) + \cos\frac{\pi}{4}\sin\left(x - \frac{\pi}{4}\right)$$

再令 $x = \dfrac{1}{2N+1}$，N 为自然数，就得实际计算对数的公式

$$\ln \frac{N+1}{N} = \ln(N+1) - \ln N$$

$$= 2\left[\frac{1}{2N+1} + \frac{1}{3} \cdot \frac{1}{(2N+1)^3} + \frac{1}{5} \cdot \frac{1}{(2N+1)^5} + \cdots\right]$$

当 $N=1$ 时我们有

$$\ln 2 = 2\left(\frac{1}{3} + \frac{1}{3} \cdot \frac{1}{3^3} + \frac{1}{5} \cdot \frac{1}{3^5} + \frac{1}{7} \cdot \frac{1}{3^7} + \cdots\right)$$

在这公式中如果取前四项作为 $\ln 2$ 的近似值，则误差

$$r_4 = 2\left(\frac{1}{9} \cdot \frac{1}{3^9} + \frac{1}{11} \cdot \frac{1}{3^{11}} + \frac{1}{13} \cdot \frac{1}{3^{13}} + \cdots\right)$$

$$< \frac{2}{3^{11}}\left(1 + \frac{1}{9} + \frac{1}{9^2} + \cdots\right)$$

$$= \frac{2}{3^{11}} \cdot \frac{1}{1 - \dfrac{1}{9}} = \frac{2}{3^{11}} \cdot \frac{9}{8} = \frac{1}{4 \cdot 3^9} < \frac{1}{10^4}$$

所以

$$\ln 2 \approx 2\left(\frac{1}{3} + \frac{1}{3} \cdot \frac{1}{3^3} + \frac{1}{5} \cdot \frac{1}{3^5} + \frac{1}{7} \cdot \frac{1}{3^7}\right)$$

$$\approx 0.6931$$

例 3　计算 $\sqrt[5]{240}$ 的近似值，要求误差不超过 0.0001.

解　因为 $\sqrt[5]{240} = \sqrt[5]{243-3} = 3\left(1 - \dfrac{1}{3^4}\right)^{\frac{1}{5}}$，所以在二项展开式 (7.24) 中取

$m = \dfrac{1}{5}$，$x = -\dfrac{1}{3^4}$，即得

$$\sqrt[5]{240} = 3\left(1 - \frac{1}{5} \cdot \frac{1}{3^4} - \frac{1 \cdot 4}{5^2 \cdot 2!} \cdot \frac{1}{3^8} - \frac{1 \cdot 4 \cdot 9}{5^3 \cdot 3!} \cdot \frac{1}{3^{12}} - \cdots\right)$$

这个级数收敛很快，取前两项和作为近似值，其误差为

$$|r_2| = 3\left(\frac{1 \cdot 4}{5^2 \cdot 2!} \cdot \frac{1}{3^8} - \frac{1 \cdot 4 \cdot 9}{5^3 \cdot 3!} \cdot \frac{1}{3^{12}} + \frac{1 \cdot 4 \cdot 9 \cdot 14}{5^4 \cdot 4!} \cdot \frac{1}{3^{16}} + \cdots\right)$$

$$< 3 \cdot \frac{1 \cdot 4}{5^2 \cdot 2!} \cdot \frac{1}{3^8}\left(1 + \frac{1}{81} + \frac{1}{81^2} + \cdots\right)$$

$$= \frac{6}{25} \cdot \frac{1}{3^8} \cdot \frac{1}{1 - \frac{1}{81}} = \frac{1}{25 \cdot 27 \cdot 40} < \frac{1}{20000}$$

于是取近似值为

$$\sqrt[5]{240} \approx 3\left(1 - \frac{1}{5} \cdot \frac{1}{3^4}\right)$$

为了保证精确到小数四位的精确度,计算时应取五位小数,然后再四舍五入.因此最后得

$$\sqrt[5]{240} \approx 2.9926$$

例 4 利用 $\sin x \approx x - \dfrac{x^3}{3!}$ 求 $\sin 9°$ 的近似值,并估计误差.

解 首先把角度化成弧度

$$9° = \frac{\pi}{180} \cdot 9(弧度) = \frac{\pi}{20}(弧度)$$

从而

$$\sin \frac{\pi}{20} \approx \frac{\pi}{20} - \frac{1}{3!} \cdot \left(\frac{\pi}{20}\right)^3$$

其次估计这个近似值的精确度.在 $\sin x$ 的幂级数展开式(7.21)中令 $x = \dfrac{\pi}{20}$,得

$$\sin \frac{\pi}{20} = \frac{\pi}{20} - \frac{1}{3!}\left(\frac{\pi}{20}\right)^3 + \frac{1}{5!}\left(\frac{\pi}{20}\right)^5 - \frac{1}{7!}\left(\frac{\pi}{20}\right)^7 + \cdots$$

等式右端是一个交错级数,且各项绝对值单调减少,当取前两项作为 $\sin \dfrac{\pi}{20}$ 的近似值时,其误差 $|r_2|$ 小于第三项的绝对值,即

$$|r_2| < \frac{1}{5!}\left(\frac{\pi}{20}\right)^5 < \frac{1}{120} \cdot (0.2)^5 < \frac{1}{300000}$$

因此取

$$\frac{\pi}{20} \approx 0.157080, \quad \left(\frac{\pi}{20}\right)^3 \approx 0.003876$$

于是得 $\sin 9° \approx 0.15643$，这时误差不超过 10^{-5}.

利用幂级数不仅可以计算一些函数值的近似值，而且可计算一些定积分的近似值. 比如对 e^{-x^2}，$\dfrac{\sin x}{x}$ 等函数的积分，由于它们不存在初等函数的原函数，因此在计算 $\displaystyle\int_a^b e^{-x^2}\,\mathrm{d}x$，$\displaystyle\int_a^b \dfrac{\sin x}{x}\,\mathrm{d}x$ 之类的定积分时，就无法用初等积分法及牛顿-莱布尼兹公式计算，可以用幂级数这一工具来计算.

例 5 计算定积分 $\dfrac{2}{\sqrt{\pi}}\displaystyle\int_0^{\frac{1}{2}} e^{-x^2}\,\mathrm{d}x$ 的近似值，要求误差不超过 0.0001 $\left(\text{取}\dfrac{1}{\sqrt{\pi}}\approx 0.56419\right)$.

解 在 e^x 的展开式 (7.20) 中的 x 用 $-x^2$ 代替，得

$$e^{-x^2} = 1 + \frac{-x^2}{1!} + \frac{(-x^2)^2}{2!} + \frac{(-x^2)^3}{3!} + \cdots + \frac{(-x^2)^n}{n!} + \cdots$$

$$-\infty < x < +\infty$$

于是根据幂级数在收敛区间内的逐项可积性（§7.4 定理 7.14），有

$$\begin{aligned}
\frac{2}{\sqrt{\pi}}\int_0^{\frac{1}{2}} e^{-x^2}\,\mathrm{d}x &= \frac{2}{\sqrt{\pi}}\int_0^{\frac{1}{2}}\left[\sum_{n=0}^{\infty} \frac{(-1)^n}{n!}x^{2n}\right]\mathrm{d}x \\
&= \frac{2}{\sqrt{\pi}}\sum_{n=0}^{\infty} \frac{(-1)^n}{n!}\int_0^{\frac{1}{2}} x^{2n}\,\mathrm{d}x \\
&= \frac{1}{\sqrt{\pi}}\left(1 - \frac{1}{2^2 \cdot 3} + \frac{1}{2^4 \cdot 5 \cdot 2!} - \frac{1}{2^6 \cdot 7 \cdot 3!} + \cdots\right)
\end{aligned}$$

取前四项的和作为近似值，其误差为

$$|r^4| \leqslant \frac{1}{\sqrt{\pi}}\frac{1}{2^8 \cdot 9 \cdot 4!} < \frac{1}{90000}$$

所以

$$\frac{2}{\sqrt{\pi}}\int_0^{\frac{1}{2}} e^{-x^2}\,\mathrm{d}x \approx \frac{1}{\sqrt{x}}\left(1 - \frac{1}{2^2 \cdot 3} + \frac{1}{2^4 \cdot 5 \cdot 2!} - \frac{1}{2^6 \cdot 7 \cdot 3!}\right)$$

$$\frac{2}{\sqrt{\pi}} e^{-x^2}\,\mathrm{d}x \approx 0.5205$$

例 6 计算积分 $\int_0^1 \dfrac{\sin x}{x} \mathrm{d}x$ 的近似值, 要求误差不超过 0.0001.

解 由于 $\lim\limits_{x \to 0} \dfrac{\sin x}{x} = 1$, 所以所给积分不是广义积分, 只需定义被积函数在 $x = 0$ 的值为 1, 则它在积分区间 $[0, 1]$ 上是连续的, 利用 $\sin x$ 的展开式(7.21)得

$$\frac{\sin x}{x} = 1 - \frac{x^2}{3!} + \frac{x^4}{5!} - \frac{(-1)x^{2n}}{7!} + \cdots \qquad (-\infty < x < +\infty)$$

在区间 $[0, 1]$ 上逐项积分得

$$\int_0^1 \frac{\sin x}{x} \mathrm{d}x = 1 - \frac{1}{3 \cdot 3!} + \frac{1}{5 \cdot 5!} - \frac{1}{7 \cdot 7!} + \cdots$$

这是一个交错级数, 每项绝对值数列单调减少趋于 0, 取前三项和作为近似值, 则误差 $|r_3|$ 不超过第四项的绝对值, 即

$$|r_3| < \frac{1}{7 \cdot 7!} < \frac{1}{30000}$$

于是

$$\int_0^1 \frac{\sin x}{x} \mathrm{d}x \approx 1 - \frac{1}{3 \cdot 3!} + \frac{1}{5 \cdot 5!}$$

即

$$\int_0^1 \frac{\sin x}{x} \mathrm{d}x \approx 0.9461$$

二、欧拉(Euler)公式

设有复数项级数为

$$(u_1 + \mathrm{i}v_1) + (u_2 + \mathrm{i}v_2) + \cdots + (u_n + \mathrm{i}v_n) + \cdots \tag{7.31}$$

其中, $u_n, v_n (n = 1, 2, \cdots)$ 为实常数或实函数. 如果实部所成的级数

$$u_1 + u_2 + \cdots + u_n + \cdots$$

收敛于和 u, 并且虚部所成的级数

$$v_1 + v_2 + \cdots + v_n + \cdots$$

收敛于和 v, 就说复数项级数(7.31)收敛, 且其和为 $u + \mathrm{i}v$. 可以证明复数项

级数

$$1 + z + \frac{1}{2!}z^2 + \cdots + \frac{1}{n!}z^n + \cdots \qquad (z = x + iy)$$

是收敛的. 我们用它来定义一个复变量指数函数 e^z, 即定义

$$e^z = 1 + z + \frac{1}{2!}z^2 + \cdots + \frac{1}{n!}z^n + \cdots \qquad (7.32)$$

当 $z = ix$ (x 为实数) 时, 式 (7.32) 变为

$$e^{ix} = 1 + ix - \frac{1}{2!}x^2 - i\frac{1}{3!}x^3 + \frac{1}{4!}x^4 + i\frac{1}{5!}x^5 - \cdots$$

$$= \left(1 - \frac{1}{2!}x^2 + \frac{1}{4!}x^4 - \cdots\right) + i\left(x - \frac{1}{3!}x^3 + \frac{1}{5!}x^5 - \cdots\right)$$

即

$$e^{ix} = \cos x + i\sin x \qquad (7.33)$$

式 (7.33) 就是欧拉公式. 欧拉公式是一个非常重要的公式, 它建立了复指数函数与三角函数的联系.

由式 (7.33), 当 x 由 $-x$ 代替时有

$$e^{-ix} = \cos x - i\sin x \qquad (7.34)$$

由式 (7.33) 和 (7.34) 可得欧拉公式的另一形式:

$$\begin{cases} \cos x = \dfrac{e^{ix} + e^{-ix}}{2} \\ \sin x = \dfrac{e^{ix} - e^{-ix}}{2i} \end{cases} \qquad (7.35)$$

§7.7　级数在经济中的应用举例

本节介绍几个数列、级数在经济学、管理会计中应用的例子.

从经济学的角度出发, 现在收到 100 元钱和 10 年以后收到 100 元钱在钱的实际价值上是不同的. 如果现在收到 100 元钱, 则可以把这笔钱存入银行, 银行将支付利息, 10 年后的本利将超过 100 元钱. 或者可以把这笔钱投资于再生产, 则将收到更多的利润. 所以, 在经济学中, 资金的实际价值是随时间而变化的. 如果资金的现在价值是 Q, 在 n 年后它的值 P 将变成

$$P = Q(1 + i)^n \tag{7.36}$$

其中 i 为年利率.反之,n 年后的资金值 P 相当于现在的资金值 Q:

$$Q = P(1 + i)^{-n} \tag{7.37}$$

称 Q 是将来的资金值 P 的现值.在计算现值时,需要考虑今后若干年的利率 i,由于利率是经常改变的.为了计算就必须假定今后若干年内的平均利率.这一假定的利率称为贴现率.

例1 如贴现率为 10%,10 年后能收回的利润 1 亿元现值是多少?

解 $P = 1$ 亿元,$i = 10\%$,$n = 10$,代入公式(7.37)得

$$Q = 1 \times (1 + 10\%)^{-10} = 1.1^{-10} = 0.3855(\text{亿元})$$

即以贴现率 10% 计算,10 年后的 1 亿元现值是 3855 万元.

例2 某项建设国家投资 15 亿元,5 年后回收资金 20 亿元,如考虑 10% 的贴现率,此企业的利润是多少?

解 5 年后的 20 亿元的现值是

$$Q = 20(1 + 10\%)^{-5} = 12.42(\text{亿元})$$

现在投资 15 亿元,利润是

$$12.42 - 15 = -2.58(\text{亿元})$$

即尚亏本 2.58 亿元.

例3 一幢房子如立即售出可得 10 万元,或者可以用 5 年的时间进行装修然后以 30 万元的价格售出.装修需花费 10 万元,这笔费用可在第三年底支付.银行可以 12% 的年复利借给这笔费用,而在卖出房子后收回本利.假设贴现率是 10%,问房主选择哪一个方案有利?

解 第一方案收到的现值是 10 万元.第二方案五年后收到的 30 万元中,首先要扣除银行贷款本息:

$$10(1 + 12\%)^2 = 10 \times 1.12^2 = 12.544(\text{万元})$$

所以五年后的实际收入是

$$30 - 12.544 = 17.456(\text{万元})$$

把这个值折合成现值:

$$17.456 \times (1 + 10\%)^{-5} = 10.8388(\text{万元})$$

即第二方案相当于现在立即收到 10.8388(万元),比第一方案多收 8388 元,

故第二方案有利.

如果一笔费用不是一次支出,而是分成几部分,每隔一段时间支出一部分.通常称这样的费用为资金流.在考虑资金流的总额时,在会计学上是把每一部分支出都折算成某一固定时刻的支出,然后把每一部分进行相加.最常用的办法是折算成现值或者终值.

例4 一幢房子,在 20 年中需每年支付维修费 300 元,假定贴现率是 12%,求维修费的现值.

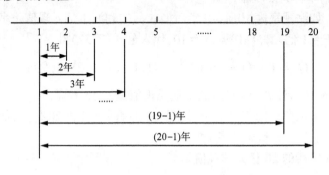

图 7.3

解 用图 7.3 说明分 20 次支付的维修费,每次如折合成现值需贴现的年数.例如第二年的维修费贴现一年,现值就是 $300 \times (1+12\%)^{-1}$.第 19 年的维修费贴现 18 年等等.维修费总值的现值高为 Q,则

$$Q = 300 + 300 \times 1.12^{-1} + 300 \times 1.12^{-2} + \cdots + 300 \times 1.12^{-19}$$

$$= \frac{300(1 - 1.12^{-20})}{1 - 1.12^{-1}} = \frac{300(1 - 0.1037)}{1 - 0.8929}$$

$$= \frac{300 \times 0.8963}{0.1071} = 2510.64$$

可见 20 年维修费总值的现值仅 2510.64 元.

例5 某厂需增添一机器设备,如果购买需要 40000 元,机器使用寿命 10 年,贴现率为 14%.如果不买,则可以租用,每月租金 500 元,且规定每年初交付该年租金.问购买和租用哪个方案好?

解 方法 1:把两种方案中工厂的支出都折算成现值进行比较.

买机方案:一次支出 40 000 元.

租机方案:

$$S_{10} = 6000 + 6000 \times (1 + 14\%)^{-1} + 6000(1 + 14\%)^{-2} + \cdots$$
$$+ 6000(1 + 14\%)^{-9}$$

$$= \frac{6000(1 - 1.14^{-10})}{1 - 1.14^{-1}} = 35\ 678(元)$$

由 40 000>35 678 可见租机方案较为经济.

方法 2:也可以都折算成终值来比较.

买机方案:

$$P_1 = 40\ 000 \times (1 + 14\%)^{10} = 148\ 289$$

租机方案:

$$P_2 = 6000 \times 1.14^{10} + 6000 \times 1.14^9 + \cdots + 6000 \times 1.14$$

$$= \frac{6000 \times 1.14(1.14^{10} - 1)}{1.14 - 1} = 132\ 267$$

由 132 267<148 289 可得到相同的结论.

有些投资方案与寿命有关,寿命不同时就很难比较一次投资的现值或终值,遇到这种情况,可以把投资对象设想成永久性的设施,也就是假设成寿命无穷大,用无穷递减等比数列来求总投资的现值.例如:在某处需建一桥梁.如建水泥桥,则期望寿命是 20 年,花费 30 万元.桥梁是永久性设施,因此可以认为过 20 年就需要投资 30 万元,直到永远.这样,假定贴现率是 10%,这座水泥桥的投资总值就是

$$P = 30 + 30(1 + 10\%)^{-20} + 30(1 + 10\%)^{-40} + \cdots$$

$$= 30 + 30 \times 1.1^{-20} + 30 \times 1.1^{-40} + \cdots$$

显然这是首项 30,公比 $r = 1.1^{-20}$ 的等比级数的和,有

$$P = \frac{30}{1 - 1.1^{-20}} = 35.24$$

因此投资总额的现值是 35.24 万元.

例 6 建造一座钢桥费用为 380 000 元,每隔 10 年需油漆一次,每次费用 40 000 元,桥的期望寿命为 40 年.建造一座木桥的费用为 200 000 元,期望寿命是 15 年,每隔 2 年需油漆一次,每次费用 20 000 元,以贴现率 10% 计算,比较哪一种桥更经济?(建桥费中不包括油漆费.)

解 把桥梁作为永久性设施,则钢桥的建桥费用的总现值是

$$E_1 = 38 + 38 \times 1.1^{-40} + 38 \times 1.1^{-80} + \cdots$$

$$= \frac{38}{1 - 1.1^{-40}} = 38.859(万元)$$

油漆费用的总现值是

$$E_2 = 4 + 4 \times 1.1^{-10} + 4 \times 1.1^{-20} + \cdots$$

$$= \frac{4}{1 - 1.1^{-10}} = 6.510(万元)$$

所以钢桥的总投资是

$$E = E_1 + E_2 = 38.859 + 6.510 = 45.369(万元)$$

木桥的建桥费用的总现值是

$$W_1 = 20 + 20 \times 1.1^{-15} + 20 \times 1.1^{-30} + \cdots$$

$$= \frac{20}{1 - 1.1^{-15}} = 26.295(万元)$$

油漆费用的现值是

$$W_2 = 2 + 2 \times 1.1^{-2} + 2 \times 1.1^{-4} + \cdots$$

$$= \frac{2}{1 - 1.1^{-2}} = 11.524(万元)$$

木桥的总投资是

$$W = W_1 + W_2 = 26.295 + 11.524 = 37.819(万元)$$

由 $E > W$,可知从经济性考虑,建木桥更为有利.

典型例题分析

例 1 求级数 $\sum\limits_{n=1}^{\infty} \dfrac{1}{(a+n-1)(a+n)}$ 的和.

解 我们根据级数收敛性的定义来解这个问题,由于

$$u_n = \frac{1}{(a+n-1)(a+n)} = \frac{1}{a+n-1} - \frac{1}{a+n}$$

所以级数的部分和

$$S_n = \frac{1}{a(a+1)} + \frac{1}{(a+1)(a+2)} + \frac{1}{(a+2)(a+3)} + \cdots$$

$$+ \frac{1}{(a+n-1)(a+n)}$$

$$= \frac{1}{a} - \frac{1}{a+1} + \frac{1}{a+1} - \frac{1}{a+2} + \frac{1}{a+2} - \frac{1}{a+3} + \cdots$$

$$+ \frac{1}{a+n-1} - \frac{1}{a+n}$$

$$= \frac{1}{a} - \frac{1}{a+n}$$

于是级数的和

$$S = \lim_{n \to \infty} S_n = \lim_{n \to \infty} \left(\frac{1}{a} - \frac{1}{a+n} \right) = \frac{1}{a}$$

例 2 若级数 $\sum_{n=1}^{\infty} u_n$ 收敛,问 $\sum_{n=1}^{\infty} \left(u_n + \frac{1}{10} \right)$ 是否收敛?

解 级数 $\sum_{n=1}^{\infty} \left(u_n + \frac{1}{10} \right)$ 是发散的,用反证法来证明. 如果级数 $\sum_{n=1}^{\infty} \left(u_n + \frac{1}{10} \right)$ 收敛, 由收敛级数的性质, 因 $\sum_{n=1}^{\infty} u_n$ 也收敛, 则级数 $\sum_{n=1}^{\infty} \left[\left(u_n + \frac{1}{10} \right) - u_n \right] = \sum_{n=1}^{\infty} \frac{1}{10}$ 也应收敛,但是级数 $\sum_{n=1}^{\infty} \frac{1}{10}$ 显然是发散的(因它的部分和 $S_n = \frac{n}{10} \to \infty, n \to \infty$),矛盾.

例 3 利用级数收敛的必要条件,证明下列级数是发散的:

(1) $\sum_{n=1}^{\infty} \sqrt{\frac{n+1}{n}}$;   (2) $\sum_{n=1}^{\infty} \sin \frac{n\pi}{2}$

证 (1) 因为

$$\lim_{n \to \infty} u_n = \lim_{n \to \infty} \sqrt{\frac{n+1}{n}} = 1 \neq 0$$

级数收敛的必要条件不满足,故原级数发散.

(2) 因为

$$\sum_{n=1}^{\infty} \sin \frac{n\pi}{2} = 1 + 0 - 1 + 0 + 1 + 0 - 1 + 0 + \cdots$$

其一般项数列极限不存在,故原级数发散.

　　级数收敛的必要条件十分重要,它常用来判定级数的发散性.但是绝对不能仅由其必要条件来判定级数收敛.

　　例 4　判别下列级数的敛散性:

　　(1) $\sum_{n=0}^{\infty} \dfrac{2 + (-1)^n}{2^n}$;　　　　　(2) $\sum_{n=1}^{\infty} \dfrac{2n}{\sqrt{n^3 + 1}}$

　　解　(1) 用比较判别法,这是一个正项级数,因

$$\frac{2 + (-1)^n}{2^n} \leqslant \frac{2+1}{2^n} = \frac{3}{2^n}, n = 1, 2, \cdots$$

而级数 $\sum_{n=0}^{\infty} \dfrac{3}{2^n}$ 是一公比为 $\dfrac{1}{2}$ 的几何级数,收敛,故原级数收敛.

　　(2) 因

$$\frac{2n}{\sqrt{n^3 + 1}} \geqslant \frac{2n}{\sqrt{n^3 + n^3}} = \frac{\sqrt{2}}{\sqrt{n}}, \quad n = 1, 2, \cdots$$

而 $\sum_{n=1}^{\infty} \dfrac{1}{\sqrt{n}}$ 是 $p = \dfrac{1}{2} < 1$ 的 p- 级数发散,故 $\sum_{n=1}^{\infty} \dfrac{\sqrt{2}}{\sqrt{n}}$ 发散,由比较判别法知原级数发散.

　　注　关于比较判别法,它还有另一形式,即比较判别法的极限形式:设 $\sum_{n=1}^{\infty} u_n, \sum_{n=1}^{\infty} v_n$ 都是正项级数,且 $\lim\limits_{n\to\infty} \dfrac{u_n}{v_n} = l, l > 0$,则级数 $\sum_{n=1}^{\infty} u_n$ 与 $\sum_{n=1}^{\infty} v_n$ 同时收敛或同时发散.比如例 4 中的(2),也可以如下判别:因

$$\lim_{n\to\infty} \frac{2n}{\sqrt{n^3 + 1}} \bigg/ \frac{1}{\sqrt{n}} = \lim_{n\to\infty} \frac{2}{\sqrt{1 + \dfrac{1}{n^3}}} = 2 > 0$$

而级数 $\sum_{n=1}^{\infty} \dfrac{1}{\sqrt{n}}$ 发散,故原级数发散.

　　例 5　利用级数收敛的必要条件,求数列极限 $\lim\limits_{n\to\infty} \dfrac{10^n}{n!}$.

　　解　首先考虑级数 $\sum_{n=1}^{\infty} \dfrac{10^n}{n!}$,因

$$\lim_{n \to \infty} \frac{u_{n+1}}{u_n} = \lim_{n \to \infty} \frac{10^{n+1}}{(n+1)!} \Big/ \frac{10^n}{n!}$$

$$= \lim_{n \to \infty} \frac{10}{n} = 0 < 1$$

由比值判别法知 $\sum\limits_{n=1}^{\infty} \frac{10^n}{n!}$ 收敛,由级数收敛的必要条件知其一般项应趋于 0,即

$$\lim_{n \to \infty} \frac{10^n}{n!} = 0$$

例 6 判别下列级数的敛散性:

(1) $\sum\limits_{n=1}^{\infty} \frac{2n-1}{(\sqrt{2})^n}$;   (2) $\sum\limits_{n=1}^{\infty} \frac{3^n}{n \cdot 2^n}$

(3) $\sum\limits_{n=1}^{\infty} \frac{3^n \cdot n!}{n^n}$;   (4) $\sum\limits_{n=1}^{\infty} \frac{a^n}{n^s}$ $(a > 0, s > 0)$

解 用比值判别法

(1) 因

$$\lim_{n \to \infty} \frac{u_{n+1}}{u_n} = \lim_{n \to \infty} \frac{2n+1}{(\sqrt{2})^{n+1}} \Big/ \frac{2n-1}{(\sqrt{2})^n}$$

$$= \lim_{n \to \infty} \frac{1}{\sqrt{2}} \cdot \frac{2n+1}{2n-1} = \frac{1}{\sqrt{2}} < 1$$

根据比值判别法知原级数收敛.

(2) 因

$$\lim_{n \to \infty} \frac{u_{n+1}}{u_n} = \lim_{n \to \infty} \frac{3^{n+1}}{(n+1) \cdot 2^{n+1}} \Big/ \frac{3^n}{n \cdot 2^n}$$

$$= \lim_{n \to \infty} \frac{3}{2} \cdot \frac{n}{n+1} = \frac{3}{2} > 1$$

根据比值判别法,该级数发散.

(3) 因

$$\lim_{n \to \infty} \frac{u_{n+1}}{u_n} = \lim_{n \to \infty} \frac{3^{n+1}(n+1)!}{(n+1)^{n+1}} \Big/ \frac{3^n \cdot n!}{n^n}$$

$$= \lim_{n \to \infty} 3\left(\frac{n}{n+1}\right)^n = \lim_{n \to \infty} \frac{3}{\left(1 + \frac{1}{n}\right)^n} = \frac{3}{e} > 1$$

所以原级数发散.

(4) 由于

$$\lim_{n \to \infty} \frac{u_{n+1}}{u_n} = \lim_{n \to \infty} \frac{a^{n+1}}{(n+1)^s} \Big/ \frac{a^n}{n^s} = \lim_{n \to \infty} a \cdot \left(\frac{n}{n+1}\right)^s$$

$$= a$$

因此由比值判别法,当 $a < 1$ 时级数收敛,当 $a > 1$ 时级数发散.当 $a = 1$ 时原级数成为 $\sum_{n=1}^{\infty} \frac{1}{n^s}$,由 p- 级数的结果知,当 $s \leqslant 1$ 时级数发散,$s > 1$ 时收敛.

例 7　研究下列交错级数的敛散性:

(1) $\sum_{n=2}^{\infty} \frac{(-1)^n}{n \ln n}$;　　　　(2) $\sum_{n=2}^{\infty} \frac{(-1)^n \cdot n!}{4^n}$

解　(1) 用莱布尼兹判别法,首先

$$\lim_{n \to \infty} \frac{1}{n \ln n} = 0,$$

其次,因 $u_n = \frac{1}{n \ln n}$,有

$$u_{n+1} = \frac{1}{(n+1) \ln(n+1)} < \frac{1}{n \ln n} = u_n, n = 2, 3, \cdots$$

即 $\{u_n\}$ 单调减少,根据莱布尼兹判别法知级数 $\sum_{n=2}^{\infty} \frac{(-1)^n}{n \ln n}$ 收敛.

(2) 先来考查此级数的一般项的绝对值 $u_n = \frac{n!}{4^n}$,因

$$u_{n+1} - u_n = \frac{(n+1)!}{4^{n+1}} - \frac{n!}{4^n} = \frac{n!}{4^n}\left(\frac{n+1}{4} - 1\right)$$

当 $n > 3$ 时,$u_{n+1} - u_n > 0$,或 $u_{n+1} > u_n$,说明 $\{u_n\}$ 单调增加,而 $u_4 = \frac{4!}{4^4} > 0$,因此 u_n 不可能趋于 0,从而 $\frac{(-1)^n n!}{4^n}$ 不可能趋于 0,级数收敛的必要条件不满足,因此原级数发散.

注 判断常数项级数的收敛性时,一般考虑的方法是:

(1) 若是正项级数,先检验其通项是否满足收敛的必要条件,如果 $\lim\limits_{n\to\infty} u_n \ne 0$,即为发散级数;如果 $\lim\limits_{n\to\infty} u_n = 0$,再做进一步的考察.

(2) 用比值判别法,若遇上 $\lim\limits_{n\to\infty}\dfrac{u_{n+1}}{u_n} = 1$ 的情况,再换其他的判别法.

(3) 观察一下级数是否为等比级数或 p-级数,如与它们形式上接近,可以用比较判别法判别,或用积分法判别.

(4) 对于任意项级数,一般先看看其是否绝对收敛(这时归结为正项级数的敛散性判别). 如果不绝对收敛,再考虑用任意项级数的比值判别法或用莱布尼兹判别法.

例 8 求下列函数级数的收敛区间:

(1) $\sum\limits_{n=1}^{\infty}\dfrac{x^{2n-1}}{(2n-1)^2}$;   (2) $\sum\limits_{n=1}^{\infty}\dfrac{1}{n}\cdot\left(\dfrac{x-2}{x}\right)^n$

解 我们直接采用 §7.4 定理 2 证明中的方法来考虑.

(1) 由

$$\lim_{n\to\infty}\left|\frac{u_{n+1}(x)}{u_n(x)}\right| = \lim_{n\to\infty}\left|\frac{\dfrac{x^{2n+1}}{(2n+1)^2}}{\dfrac{x^{2n-1}}{(2n-1)^2}}\right| = \lim_{n\to\infty}\left(\frac{2n-1}{2n+1}\right)^2\cdot|x|^2 = |x|^2$$

知,当 $|x|^2 < 1$ 时级数收敛,$|x|^2 > 1$ 时发散. 即 $x\in(-1,1)$ 时级数一定收敛. 现考查 $x = \pm 1$ 时的情况,此时原级数变成 $\sum\limits_{n=1}^{\infty}\dfrac{(\pm 1)^{2n-1}}{(2n-1)^2}$,因

$$\left|\frac{(\pm 1)^{2n-1}}{(2n-1)^2}\right| \leqslant \frac{1}{(2n-1)^2}$$

容易用比较判别法知 $\sum\limits_{n=1}^{\infty}\dfrac{1}{(2n-1)^2}$ 收敛,故 $\sum\limits_{n=1}^{\infty}\dfrac{(\pm 1)^{2n-1}}{(2n-1)^2}$ 绝对收敛,因此原级数的收敛区间是 $[-1,1]$.

(2) 先计算极限,由

$$\lim_{n\to\infty}\left|\frac{\dfrac{1}{n+1}\left(\dfrac{x-2}{x}\right)^{n+1}}{\dfrac{1}{n}\left(\dfrac{x-2}{x}\right)^n}\right| = \lim_{n\to\infty}\frac{n}{n+1}\left|\frac{x-2}{x}\right| = \left|\frac{x-2}{x}\right|$$

可知,当 $\left|\dfrac{x-2}{x}\right| < 1$ 时级数收敛,解不等式 $\left|\dfrac{x-2}{x}\right| < 1$(过程略去),可得

$x > 1$.

当 $x = 1$ 时,原级数变为 $\sum\limits_{n=1}^{\infty} \dfrac{(-1)^n}{n}$,为条件收敛,所以原级数的收敛区间是 $[-1, +\infty)$.

例 9　求 $f(x) = e^{-x^2}$ 的原函数 $F(x)$.

解　我们知道,e^{-x^2} 的原函数不是初等函数,无法用以前学过的初等积分法求得其初等函数的原函数,而现在可以用幂级数来解决这一问题.

$$F(x) = \int_0^x e^{-x^2} \, \mathrm{d}x = \int_0^x \left(1 - x^2 + \frac{x^4}{2!} - \frac{x^6}{3!} + \cdots (-1)^n \frac{x^{2n}}{n!} + \cdots \right) \mathrm{d}x$$

$$= x - \frac{x^3}{3} + \frac{x^5}{5 \cdot 2!} - \frac{x^7}{7 \cdot 3!} + \cdots (-1)^n \frac{x^{2n+1}}{(2n+1) \cdot n!} + \cdots$$

$$(-\infty < x < \infty)$$

例 10　利用幂级数在收敛区间内的性质求下列级数在收敛区间内的和函数:

(1) $\sum\limits_{n=1}^{\infty} \dfrac{2n-1}{2^n} x^{2n-2}$ 　($|x| < \sqrt{2}$),并求 $\sum\limits_{n=1}^{\infty} \dfrac{2n-1}{2^n}$

(2) $\sum\limits_{n=1}^{\infty} \dfrac{(-1)^n}{2n-1} x^{2n-1}$ 　($|x| < 1$),并求 $\sum\limits_{n=1}^{\infty} \dfrac{(-1)^n}{2n-1} \left(\dfrac{3}{4} \right)^n$

解　(1) 设所求的和函数为 $S(x)$

$$S(x) = \sum_{n=1}^{\infty} \frac{2n-1}{2^n} x^{2n-2}, \qquad x \in (-\sqrt{2}, \sqrt{2})$$

利用可逐项积分性,有

$$\int_0^x S(x) \, \mathrm{d}x = \sum_{n=1}^{\infty} \int_0^x \frac{2n-1}{2^n} x^{2n-2} \, \mathrm{d}x$$

$$= \sum_{n=1}^{\infty} \frac{x^{2n-1}}{2^n} = \frac{1}{x} \sum_{n=1}^{\infty} \left(\frac{x}{\sqrt{2}} \right)^{2n}$$

因为 $|x| < \sqrt{2}$,所以 $\left| \dfrac{x}{\sqrt{2}} \right| < 1$.至此我们得了一个收敛的几何级数,由几何级数求和公式,有

$$\int_0^x S(x)\mathrm{d}x = \frac{1}{x}\sum_{n=1}^{\infty}\left(\frac{x}{\sqrt{2}}\right)^{2n}$$

$$= \frac{1}{x}\frac{\dfrac{x^2}{2}}{1-\dfrac{x^2}{2}} = \frac{x}{2-x^2}$$

于是

$$S(x) = \frac{\mathrm{d}}{\mathrm{d}x}\left[\int_0^x S(x)\mathrm{d}x\right] = \left(\frac{x}{2-x^2}\right)' = \frac{2+x^2}{(2-x^2)^2}$$

当 $x=1$ 时

$$\sum_{n=1}^{\infty}\frac{2n-1}{2^n} = S(1) = \frac{2+1}{(2-1)^2} = 3$$

(2) 令 $S(x) = \sum_{n=1}^{\infty}(-1)^n\frac{x^{2n-1}}{2n-1}$,逐项微分,得

$$S'(x) = \sum_{n=1}^{\infty}(-1)^n \cdot x^{2n-2} = -\frac{1}{1+x^2}, \mid x \mid < 1$$

所以

$$S(x) = \int_0^x S'(x)\mathrm{d}x = \int_0^x \frac{-1}{1+x^2}\mathrm{d}x = (-\arctan x)\Big|_0^x$$

$$= -\arctan x, \quad \mid x \mid < 1$$

将 $x = \frac{\sqrt{3}}{2}$ 代入原级数,得

$$\sum_{n=1}^{\infty}\frac{(-1)^n}{2n-1}\left(\frac{\sqrt{3}}{2}\right)^{2n-1} = \sum_{n=1}^{\infty}\frac{(-1)^n\left(\frac{3}{4}\right)^n}{(2n-1)\cdot\frac{\sqrt{3}}{2}}$$

$$= S\left(\frac{\sqrt{3}}{2}\right) = -\arctan\frac{\sqrt{3}}{2}$$

所以

$$\sum_{n=1}^{\infty} \frac{(-1)^n}{2n-1}\left(\frac{3}{4}\right)^n = -\frac{\sqrt{3}}{2}\arctan\frac{\sqrt{3}}{2}$$

例 11　选择题:若级数 $\sum\limits_{n=1}^{\infty} u_n$ 和 $\sum\limits_{n=1}^{\infty} v_n$ 都发散,则

(A) $\sum\limits_{n=1}^{\infty}(u_n + v_n)$ 必发散;　　　(B) $\sum\limits_{n=1}^{\infty} u_n v_n$ 必发散

(C) $\sum\limits_{n=1}^{\infty}(\mid u_n \mid + \mid v_n \mid)$ 必发散;　(D) $\sum\limits_{n=1}^{\infty} \max\{u_n, v_n\}$ 必发散.

解　取 $u_n = \dfrac{1}{n}, v_n = -\dfrac{1}{n}, n = 1,2,\cdots$,就可以看出(A)和(B)是错误的.
对于(D),令

$$u_n = \begin{cases} -1, & n \text{ 为奇数}, \\ 0, & n \text{ 为偶数}, \end{cases} \qquad n = 1,2,\cdots$$

而令

$$v_n = \begin{cases} 0, & n \text{ 为奇数} \\ -1, & n \text{ 为偶数}, \end{cases} \qquad n = 1,2,\cdots$$

则 u_n, v_n 都不趋于 0,故 $\sum\limits_{n=1}^{\infty} u_n, \sum\limits_{n=1}^{\infty} v_n$ 都发散.

而 $\max\{u_n, v_n\} = 0$,故 $\sum\limits_{n=1}^{\infty} \max\{u_n, v_n\}$ 收敛,说明(D) 也是错误的.

对于(C),可以证明它是正确的,因 $\sum\limits_{n=1}^{\infty} u_n$ 发散,可知 $\sum\limits_{n=1}^{\infty} \mid u_n \mid$ 必发散(否则,若 $\sum\limits_{n=1}^{\infty} \mid u_n \mid$ 收敛,$\sum\limits_{n=1}^{\infty} u_n$ 就是绝对收敛的,矛盾.),又因

$$\mid u_n \mid + \mid v_n \mid \geqslant \mid u_n \mid, n = 1,2,\cdots$$

由此较判别法知 $\sum\limits_{n=1}^{\infty}(\mid u_n \mid + \mid v_n \mid)$ 发散,故选(C).

例 12　设幂级数 $\sum\limits_{n=1}^{\infty} a_n x^n$ 在 $x = 3$ 处条件收敛,则该级数必在 $x = -3$ 处

(A) 条件收敛;　　　(B) 绝对收敛;

(C) 发散;　　　　　(D) 不能确定.

解　我们知道,若一个幂级数 $\sum\limits_{n=1}^{\infty} a_n x^n$ 的收敛半径是 R,则当 $|x| < R$ 时级数必绝对收敛,$|x| > R$ 时级数必发散,只有在 $x = +R$ 或 $x = -R$ 处才可能条件收敛.而在 $+R$ 和 $-R$ 处的收敛性又因级数的不同而不同.从本题的已知条件可以看出,该级数的收敛半径为 3,虽然它在 $x = 3$ 处收敛,但仍不能确定在 $x = -3$ 处的收敛性,故选(D).

小　　结

1. 本章的主要内容是常数级数的基本概念及其敛散性判别法,幂级数的有关概念及其应用.

（1）无穷级数的基本概念和基本性质

① 若级数 $\sum\limits_{n=1}^{\infty} u_n$ 的部分和数列 $\{S_n\}$ ($S_n = u_1 + u_2 + \cdots + u_n$, $n = 1, 2\cdots$) 收敛,则称级数 $\sum\limits_{n=1}^{\infty} u_n$ 收敛,否则称之为发散.

② 级数收敛的必要条件:如果级数 $\sum\limits_{n=1}^{\infty} u_n$ 收敛,则必有 $\lim\limits_{n\to\infty} u_n = 0$.

③ 若级数 $\sum\limits_{n=1}^{\infty} u_n$ 收敛,k 为任意常数,则级数 $\sum\limits_{n=1}^{\infty} k u_n$ 也收敛,且 $\sum\limits_{n=1}^{\infty} k u_n = k \sum\limits_{n=1}^{\infty} u_n$.

④ 若级数 $\sum\limits_{n=1}^{\infty} u_n$, $\sum\limits_{n=1}^{\infty} v_n$ 均收敛,则 $\sum\limits_{n=1}^{\infty} (u_n \pm v_n)$ 也收敛,且 $\sum\limits_{n=1}^{\infty} (u_n \pm v_n) = \sum\limits_{n=1}^{\infty} u_n \pm \sum\limits_{n=1}^{\infty} v_n$.

⑤ 在级数的前面加上或去掉有限多项,级数的敛散性不改变.

⑥ 若级数 $\sum\limits_{n=1}^{\infty} u_n$ 收敛,则对这级数任意加括号后所成的级数仍收敛于原来的和.

（2）级数敛散性的基本判别法

① 用级数敛散定义判别.若 $\lim\limits_{n\to\infty} S_n$ 不存在,则级数发散.

② 用收敛的必要条件可判别有的级数的发散性.如果 $\lim\limits_{n\to\infty} u_n \neq 0$,则级数 $\sum\limits_{n=1}^{\infty} u_n$ 必发散.

③ 正项级数敛散性判别法

1° 比较判别法　若 $u_n \leqslant v_n$，则有

$$\sum_{n=1}^{\infty} v_n \text{ 收敛} \Rightarrow \sum_{n=1}^{\infty} u_n \text{ 收敛};$$

$$\sum_{n=1}^{\infty} u_n \text{ 发散} \Rightarrow \sum_{n=1}^{\infty} v_n \text{ 发散}.$$

2° 比值判别法　若 $\lim\limits_{n \to \infty} \dfrac{u_{n+1}}{u_n} = l$，当 $l < 1$ 时级数收敛;当 $l > 1$ 时发散;当 $l = 1$ 时,本法失效.

3° 根值判别法　若 $\lim\limits_{n \to \infty} \sqrt[n]{u_n} = l$，当 $l < 1$ 时,级数收敛;当 $l > 1$ 时发散;当 $l = 1$ 时,本法失效.

4° 柯西积分判别法　作单调递减函数 $f(x)$，使 $f(n) = u_n$，则级数 $\sum\limits_{n=1}^{\infty} u_n$ 与广义积分 $\int_1^{+\infty} f(x) \mathrm{d}x$ 有相同的敛散性.

④ 任意项级数敛散性判别法

1° 若 $\sum\limits_{n=1}^{\infty} |u_n|$ 收敛,则 $\sum\limits_{n=1}^{\infty} u_n$ 必收敛.

2° 莱布尼兹判别法　若交错级数 $\sum\limits_{n=1}^{\infty} (-1)^{n-1} u_n$ 满足条件:(1) $u_{n+1} \leqslant u_n$, $n = 1, 2, \cdots$;(2) $\lim\limits_{n \to \infty} u_n = 0$,则交错级数收敛.

3° 比值判别法　设 $\sum\limits_{n=1}^{\infty} u_n$ 是任意项级数,满足 $\lim\limits_{n \to \infty} \left| \dfrac{u_{n+1}}{u_n} \right| = l$,则当 $l < 1$ 时, $\sum\limits_{n=1}^{\infty} u_n$ 绝对收敛;当 $l > 1$ 时, $\sum\limits_{n=1}^{\infty} u_n$ 发散;当 $l = 1$ 时,不定.

(3) 幂级数的基本概念、收敛半径和基本性质

① 形如 $\sum\limits_{n=0}^{\infty} a_n x^n$ 的级数称为幂级数,若幂级数在点 x_0 处收敛,则在所有满足 $|x| < |x_0|$ 的点 x 处都收敛;若幂级数在点 x_1 处发散,则在所有满足 $|x| > |x_1|$ 的点 x 处都发散.

② 若幂级数 $\sum\limits_{n=0}^{\infty} a_n x^n$ 当 $|x| < R$ 时收敛,而当 $|x| > R$ 时发散,则 R 称为幂级数的收敛半径.

③ 收敛半径的求法　若 $\sum\limits_{n=0}^{\infty} a_n x^n$ 满足

$$\lim_{n \to \infty} \left| \frac{a_{n+1}}{a_n} \right| = l$$

则当 $0 < l < +\infty$ 时, $R = \frac{1}{l}$; 当 $l = 0$ 时 $R = +\infty$; 当 $l = +\infty$ 时, $R = 0$. 如

$\sum\limits_{n=0}^{\infty} a_n x^n$ 的项数不全时, 可直接用比值判别法, 或作变量代换来求 R.

④ 利用幂级数和函数的分析性质求一些幂级数的和函数.

⑤ 利用泰勒公式将几个特殊初等函数 $f(x) = e^x$, $f(x) = \sin x$, $f(x) = \cos x$, $f(x) = \ln(1+x)$, $f(x) = (1+x)^m$ 展成幂级数. 利用函数的幂级数展开式对函数进行近似计算并进行误差估计.

⑥ 级数在经济中的应用.

2. 本章的重点

(1) 无穷级数的基本概念、基本性质.

(2) 常数级数收敛性判别法, 要熟练应用这些判别法来判别级数的敛散性.

(3) 幂级数收敛半径、收敛区间的求法.

(4) 将函数展成幂级数.

本章主要难点在于级数敛散性的判别上.

习 题 七

练习题(一)

1. 写出下列各级数的前四项:

(1) $\sum\limits_{n=1}^{\infty} \frac{n+1}{1+n^2}$;

(2) $\sum\limits_{n=1}^{\infty} \frac{1 \cdot 3 \cdot 5 \cdots (2n-1)}{2 \cdot 4 \cdot 6 \cdots 2n}$

(3) $\sum\limits_{n=1}^{\infty} \frac{(-1)^{n-1}}{5^n}$;

(4) $\sum\limits_{n=1}^{\infty} \frac{(2n)!}{n^n}$

2. 写出下列级数的一般项:

(1) $2 - \frac{3}{2} + \frac{4}{3} - \frac{5}{4} + \cdots$

(2) $\frac{\sqrt{a}}{2} + \frac{a}{2 \cdot 4} + \frac{a\sqrt{a}}{2 \cdot 4 \cdot 6} + \frac{a^2}{2 \cdot 4 \cdot 6 \cdot 8} + \cdots$, $a > 0$

(3) $3 + \frac{3^2 \cdot 2!}{2^2} + \frac{3^3 \cdot 3!}{3^2} + \frac{3^4 \cdot 4!}{4^2} + \cdots$

(4) $0.9 + 0.99 + 0.999 + 0.9999 + \cdots$

3. 根据级数收敛与发散的定义以及级数的性质判定下列级数的敛散性:

(1) $\dfrac{1}{1\cdot 3}+\dfrac{1}{3\cdot 5}+\dfrac{1}{5\cdot 7}+\cdots+\dfrac{1}{(2n-1)(2n+1)}+\cdots$

(2) $\left(\dfrac{1}{2}+\dfrac{1}{3}\right)+\left(\dfrac{1}{2^2}+\dfrac{1}{3^2}\right)+\left(\dfrac{1}{2^3}+\dfrac{1}{3^3}\right)+\cdots+\left(\dfrac{1}{2^n}+\dfrac{1}{3^n}\right)+\cdots$

(3) $-\dfrac{8}{9}+\dfrac{8^2}{9^2}-\dfrac{8^3}{9^3}+\cdots(-1)^n\dfrac{8^n}{9^n}+\cdots$

(4) $-\dfrac{5}{4}+\dfrac{5^2}{4^2}-\dfrac{5^3}{4^3}+\cdots(-1)^n\dfrac{5^n}{4^n}+\cdots$

(5) $\dfrac{1}{2}+\dfrac{1}{10}+\dfrac{1}{4}+\dfrac{1}{20}+\cdots+\dfrac{1}{2^n}+\dfrac{1}{10n}+\cdots$

(6) $0.0001+\sqrt{0.0001}+\sqrt[3]{0.0001}+\cdots+\sqrt[n]{0.0001}+\cdots$

(7) $\displaystyle\sum_{n=1}^{\infty}\left(\sqrt{n+2}-2\sqrt{n+1}+\sqrt{n}\right)$

(8) $\displaystyle\sum_{n=1}^{\infty}\sin\dfrac{n\pi}{6}$

4. 判定下列级数的敛散性：

(1) $1+\dfrac{1}{3}+\cdots+\dfrac{1}{2n-1}+\cdots$

(2) $1+\dfrac{1}{3^2}+\cdots+\dfrac{1}{(2n-1)^2}+\cdots$

(3) $\dfrac{1}{2\cdot 5}+\dfrac{1}{3\cdot 6}+\cdots+\dfrac{1}{(n+1)(n+4)}+\cdots$

(4) $\dfrac{1}{\sqrt{1\cdot 3}}+\dfrac{1}{\sqrt{3\cdot 5}}+\cdots+\dfrac{1}{\sqrt{(2n-1)(2n+1)}}+\cdots$

(5) $\sin\dfrac{\pi}{2}+\sin\dfrac{\pi}{2^2}+\cdots+\sin\dfrac{\pi}{2^n}+\cdots$

(6) $\dfrac{3}{1\cdot 2}+\dfrac{3^2}{2\cdot 2^2}+\cdots+\dfrac{3^n}{n\cdot 2^n}+\cdots$

(7) $1000+\dfrac{1000^2}{2!}+\cdots+\dfrac{1000^n}{n!}+\cdots$

(8) $5+\dfrac{5^2\cdot 2!}{2^2}+\cdots+\dfrac{5^n\cdot n!}{n^n}+\cdots$

(9) $\dfrac{3}{4}+2\left(\dfrac{3}{4}\right)^2+n\left(\dfrac{3}{4}\right)^n+\cdots$

(10) $1+\dfrac{2^4}{2!}+\cdots+\dfrac{n^4}{n!}+\cdots$

(11) $2\sin\dfrac{\pi}{3}+2^2\sin\dfrac{\pi}{3^2}+\cdots+2^n\sin\dfrac{\pi}{3^n}+\cdots$

(12) $\dfrac{1}{2}+\dfrac{(2!)^2}{2\cdot 2^2}+\cdots+\dfrac{(n!)^2}{2\cdot n^2}+\cdots$

(13) $\dfrac{1}{3} + \left(\dfrac{2}{4+1}\right)^2 + \cdots + \left(\dfrac{n}{2n+1}\right)^n + \cdots$

(14) $\dfrac{1}{a+b} + \dfrac{1}{2a+b} + \cdots + \dfrac{1}{na+b} + \cdots, \quad a>0, b>0$

(15) $\dfrac{1}{2(\ln 2)^p} + \dfrac{1}{3(\ln 3)^p} + \cdots + \dfrac{1}{n(\ln n)^p} + \cdots$

5. 判定下列级数的敛散性,并指出收敛的级数属于条件收敛还是绝对收敛.

(1) $1 - \dfrac{1}{\sqrt[3]{2}} + \dfrac{1}{\sqrt[3]{3}} - \cdots + (-1)^{n-1}\dfrac{1}{\sqrt[3]{n}} + \cdots$

(2) $1 - \dfrac{2}{3} + \dfrac{3}{3^2} - \cdots + (-1)^{n-1}\dfrac{n}{3^{n-1}} + \cdots$

(3) $\dfrac{1}{2}\cos\dfrac{\pi}{3} + \dfrac{2}{2^2}\cos\dfrac{2\pi}{3} + \cdots + \dfrac{n}{2^n}\cos\dfrac{n\pi}{3} + \cdots$

(4) $2 - \dfrac{2^4}{2!} + \cdots + (-1)^{n-1}\dfrac{2^{n^2}}{n!} + \cdots$

6. 求下列幂级数的收敛半径和收敛区间:

(1) $\displaystyle\sum_{n=1}^{\infty} nx^n$;　　　　(2) $\displaystyle\sum_{n=1}^{\infty} \dfrac{x^n}{n \cdot 3^n}$

(3) $\displaystyle\sum_{n=1}^{\infty} \dfrac{2^n}{n^2+1}x^n$;　　(4) $\displaystyle\sum_{n=1}^{\infty} \dfrac{2n-1}{2^n}x^{2n-2}$

(5) $\displaystyle\sum_{n=1}^{\infty} \dfrac{(x-5)^n}{\sqrt{n}}$;　　(6) $\displaystyle\sum_{n=1}^{\infty} \dfrac{n!}{a^{n^2}}x^n \,(a>1)$

7. 利用逐项微分或逐项积分,求下列级数在其收敛区间内的和函数:

(1) $\displaystyle\sum_{n=1}^{\infty} nx^{n-1}, \quad -1 < x < 1$

(2) $\displaystyle\sum_{n=1}^{\infty} \dfrac{x^{4n+1}}{4n+1}, \quad -1 < x < 1$

(3) $\displaystyle\sum_{n=1}^{\infty} \dfrac{x^{2n-1}}{2n-1}, \quad -1 < x < 1$,并求级数 $\displaystyle\sum_{n=1}^{\infty} \dfrac{1}{(2n-1)2^n}$ 的和

(4) $\displaystyle\sum_{n=1}^{\infty} (-1)^{n-1}\dfrac{x^{2n-1}}{2n-1}, \quad -1 < x < 1$

8. 将下列各函数展开为 x 的幂级数,并指出其收敛区间:

(1) $f(x) = xe^x$;　　　　(2) $f(x) = 5^x$

(3) $f(x) = \sin^2 x$;　　　(4) $f(x) = \ln\sqrt{\dfrac{1+x}{1-x}}$

9. 利用幂级数求下列各式的近似值:

(1) $\ln 1.2$,精确到 0.0001

(2) $\sqrt{e}$,精确到 0.001

(3) $\sqrt[9]{522}$,精确到 0.0001

(4) $\sin 18°$,精确到 0.001

(5) $\int_0^{0.5} \dfrac{\mathrm{d}x}{1+x^4}$,精确到 0.001

(6) $\int_2^4 e^{\frac{1}{x}} \mathrm{d}x$,精确到 0.001

(7) $\int_0^1 \dfrac{1-\cos x}{x^2} \mathrm{d}x$,精确到 0.001

10. 设银行存款的年利率为 r,且每年支付复利一次,某人计划每年年初存入同样的款项,欲在第 m 年获得本利总和 s 元,试求每年初应存入的金额.

11. 如果人的期望工龄是 40 年,每年的平均产值是 10000 元,到退休时他的总产值是多少? 分别以贴现率(1)15%;(2)7%;(3)10%计算.

练习题(二)

1. 单项选择题

(1) 若级数 $\displaystyle\sum_{n=1}^{\infty} u_n$ 收敛,而 $\displaystyle\sum_{n=1}^{\infty} v_n$ 发散,则

(A) $\displaystyle\sum_{n=1}^{\infty} (u_n + v_n)$ 收敛;   (B) $\displaystyle\sum_{n=1}^{\infty} (u_n + v_n)$ 发散;

(C) $\displaystyle\sum_{n=1}^{\infty} (2u_n + v_n)$ 收敛;   (D) $\displaystyle\sum_{n=1}^{\infty} (u_n + v_n)$ 可能收敛也可能发散.

(2) 设 $u_n = \displaystyle\sum_{n=1}^{\infty} \dfrac{1}{\sqrt[5]{n^4}}$, $v_n = \displaystyle\sum_{n=1}^{\infty} \dfrac{5^n}{4^n}$,则

(A) $\displaystyle\sum_{n=1}^{\infty} u_n$ 收敛,$\displaystyle\sum_{n=1}^{\infty} v_n$ 发散;   (B) $\displaystyle\sum_{n=1}^{\infty} u_n$ 发散,$\displaystyle\sum_{n=1}^{\infty} v_n$ 收敛;

(C) $\displaystyle\sum_{n=1}^{\infty} u_n$,$\displaystyle\sum_{n=1}^{\infty} v_n$ 均收敛;   (D) $\displaystyle\sum_{n=1}^{\infty} u_n$,$\displaystyle\sum_{n=1}^{\infty} v_n$ 均发散.

(3) 设 $u_n = (-1)^n \sqrt{\dfrac{n}{n+1}}$, $n=1,2,\cdots$,则

(A) $\displaystyle\sum_{n=1}^{\infty} u_n$ 绝对收敛;   (B) $\displaystyle\sum_{n=1}^{\infty} u_n$ 条件收敛;

(C) $\displaystyle\sum_{n=1}^{\infty} u_n$ 发散;   (D) 不能确定.

(4) 设幂级数 $\displaystyle\sum_{n=1}^{\infty} a_n x^n$ 在 $x=-2$ 处条件收敛,则该级数必在 $x=+2$ 处

(A) 条件收敛;   (B) 绝对收敛;

(C) 发散；　　　　　　　　(D) 不能确定.

2. 填空题

(1) 已知 $\sum\limits_{n=1}^{\infty} u_n$ 是正项级数,且 $\lim\limits_{n\to\infty} n^2 u_n = 1$,则级数 $\sum\limits_{n=1}^{\infty} u_n$ 必_____.

(2) 级数 $\sum\limits_{n=1}^{\infty} \left(\dfrac{a}{b}\right)^n$ 当_____时收敛,当_____时发散,其中 a,b 为常数.

(3) 级数 $\sum\limits_{n=1}^{\infty} n^q$ 当_____时收敛,当_____时发散.

(4) 级数 $\sum\limits_{n=1}^{\infty} \dfrac{a^n \cdot n!}{n^n}$ 当_____时收敛,当_____时发散,其中 a 为常数,$a \neq e$.

(5) 函数 $f(x) = \cos 2x$ 的麦克劳林级数是_____.

3. 判别下列级数的敛散性

(1) $\sum\limits_{n=1}^{\infty} \dfrac{n^2+6}{n^2-4}$;　　　　　　(2) $\sum\limits_{n=1}^{\infty} \dfrac{1}{\sqrt{n}+\sqrt{n+1}}$

(3) $\sum\limits_{n=1}^{\infty} \dfrac{1}{(2n-1)2^{2n-1}}$;　　(4) $\sum\limits_{n=1}^{\infty} \dfrac{2\cdot5\cdots(3n-1)}{1\cdot5\cdots(4n-3)}$

(5) $\sum\limits_{n=1}^{\infty} (-1)^{n-1} \dfrac{1}{\pi^n}\sin\dfrac{\pi}{n}$;　(6) $\sum\limits_{n=1}^{\infty} \dfrac{n\cos^2\dfrac{n\pi}{3}}{2^n}$

(7) $\sum\limits_{n=1}^{\infty} n^\alpha \beta^n$,其中 α 为任意实数,β 为非负实数.

4. 求下列幂级数的收敛半径和收敛区间

(1) $\sum\limits_{n=1}^{\infty} \dfrac{x^{n-1}}{n\cdot2^n}$;　　　　　　(2) $\sum\limits_{n=1}^{\infty} (-1)^{n-1} \dfrac{(x-1)^n}{5n}$

5. 将函数 $f(x) = \dfrac{e^x - e^{-x}}{2}$ 展开为 x 的幂级数,并求其收敛区间.

6. 将函数 $f(x) = \sqrt{x^3}$ 展开为 $(x-1)$ 的幂级数,并求其收敛区间.

7. 求函数 $f(x) = \dfrac{\sin x}{x}$ 的原函数 $F(x)$ 的幂级数表达式.

答　案

练习题(一)

1. (1) $1 + \dfrac{3}{5} + \dfrac{4}{10} + \dfrac{5}{17}$;　　　　(2) $\dfrac{1}{2} + \dfrac{1\cdot3}{2\cdot4} + \dfrac{1\cdot3\cdot5}{2\cdot4\cdot6} + \dfrac{1\cdot3\cdot5\cdot7}{2\cdot4\cdot6\cdot8}$

　(3) $\dfrac{1}{5} - \dfrac{1}{25} + \dfrac{1}{125} - \dfrac{1}{625}$;　(4) $2 + \dfrac{4!}{2^2} + \dfrac{6!}{3^3} + \dfrac{8!}{4^4}$

2. (1) $(-1)^{n-1}\dfrac{n+1}{n}$;　　　　(2) $\dfrac{\sqrt{a^n}}{2^n n!}$

(3) $\dfrac{3^n \cdot n!}{n^2}$；   (4) $\dfrac{10^n - 1}{10^n}$ 或 $1 - \dfrac{1}{10^n}$

3. (1) 收敛；(2) 收敛；(3) 收敛；(4) 发散；(5) 发散；(6) 发散；(7) 收敛；(8) 发散.
提示：每项乘以 $2\sin\dfrac{\pi}{12}$，再用积化和差公式.

4. (1) 发散；(2) 收敛；(3) 收敛；(4) 发散；(5) 收敛；(6) 发散；(7) 收敛；(8) 发散；
(9) 收敛；(10) 收敛；(11) 收敛；(12) 发散；(13) 收敛；(14) 发散；(15) $p>1$ 时收敛；$p \leqslant$
1 时发散.

5. (1) 条件收敛；(2) 绝对收敛；(3) 绝对收敛；(4) 发散.

6. (1) $(-1,1)$； (2) $[-3,3)$； (3) $\left[-\dfrac{1}{2}, \dfrac{1}{2}\right]$； (4) $(-\sqrt{2}, \sqrt{2})$； (5) $[4,6)$；
(6) $(-\infty, +\infty)$

7. (1) $\dfrac{1}{(1-x)^2}$；   (2) $\dfrac{1}{4}\ln\dfrac{1+x}{1-x} + \dfrac{1}{2}\arctan x - x$

(3) $\dfrac{1}{2}\ln\dfrac{1+x}{1-x}, \dfrac{\sqrt{2}}{2}\ln(1+\sqrt{2})$； (4) $\arctan x$

8. (1) $\displaystyle\sum_{n=0}^{\infty} \dfrac{x^{n+1}}{n!}$， $(-\infty, +\infty)$

(2) $\displaystyle\sum_{n=0}^{\infty} \dfrac{(x\ln 5)^n}{n!}$， $(-\infty, +\infty)$

(3) $\displaystyle\sum_{n=0}^{\infty} (-1)^{n-1} \dfrac{(2x)^{2n}}{2(2n)!}$， $(-\infty, +\infty)$

(4) $\displaystyle\sum_{n=0}^{\infty} \dfrac{x^{2n+1}}{2n+1}$，$(-1, +1)$

9. (1) 0.1823； (2) 1.648； (3) 2.0042

(4) 0.3090； (5) 0.494； (6) 0.486

10. $\dfrac{sr}{(1+r)[(1+r)^m - 1]}$

11. (1) 121 万元； (2) 200 万元； (3) 443 万元

练习题(二)

1. (1) B； (2) D； (3) C； (4) D

2. (1) 收敛； (2) $\left|\dfrac{a}{b}\right| < 1, \left|\dfrac{a}{b}\right| \geqslant 1$； (3) $q < -1, q \geqslant -1$； (4) $a < \mathrm{e}, a > \mathrm{e}$；
(5) $\dfrac{1}{2} + \dfrac{1}{2}\displaystyle\sum_{n=0}^{\infty} \dfrac{(-1)^{n-1} \cdot 2^{2n} \cdot x^{2n}}{(2n)!}$

3. (1) 发散； (2) 发散； (3) 收敛； (4) 收敛； (5) 绝对收敛； (6) 绝对收敛；
(7) 当 $0 \leqslant \beta < 1, \alpha$ 为任意实数时，级数收敛；

当 $\beta>1$ 时,α 为任意实数时,级数发散;

当 $\beta=1$ 时,$\alpha<-1$ 时收敛,$\alpha\geqslant-1$ 时发散.

(提示:用比值判别法和比较判别法,分情况讨论)

4. (1) $[-2,2]$;　　　　(2)$(0,2]$

5. $\displaystyle\sum_{n=1}^{\infty}\frac{x^{2n-1}}{(2n-1)!},\qquad x\in(-\infty,+\infty)$

6. $\displaystyle 1+\frac{3}{2}(x-1)+\sum_{n=0}^{\infty}(-1)^{n}\frac{(2n)!}{(n!)^{2}}\cdot\frac{3}{(n+1)(n+2)2^{n}}\cdot\left(\frac{x-1}{2}\right)^{n+2},[0,2]$

7. $\displaystyle\sum_{n=1}^{\infty}\frac{(-1)^{n-1}x^{2n-1}}{(2n-1)(2n-1)!},\qquad x\in(-\infty,+\infty)$

第八章 多元函数微积分

本章将首先介绍一些空间解析几何的基本概念,为学习多元函数的微积分做准备. 在很多的实际问题中往往牵涉到多方面的因素,反映到数学上,就是一个变量依赖于多个变量的问题,这就提出了多元函数及其微积分的问题. 多元函数就是自变量多于一个的函数,多元函数微积分学是一元函数微积分学的推广和发展. 从一元函数发展到二元函数,有些地方是有重大差别的,而从二元到三元以至更多元函数,就没有什么本质的差别,可以类推. 本章中我们以二元函数为主,介绍多元函数的微分学及其应用,然后介绍二重积分的基本概念和计算法.

§8.1 空间解析几何简介

一、空间直角坐标系

为了确定平面上任意一点的位置,我们建立了平面直角坐标系. 现在,为了确定空间任意一点的位置,相应地就需要建立空间直角坐标系.

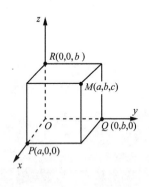

在空间取定一点 O, 过点 O 作三条互相垂直的直线 Ox, Oy, Oz. 并按右手系规定 Ox, Oy, Oz 的正方向,即将右手伸直,拇指朝上为 Oz 的正方向,其余四指的指向为 Ox 的正方向,四指弯曲 $90°$ 后的指向为 Oy 的正方向. 再规定一个单位长度. 如图 8.1.

点 O 称为坐标原点,三条直线分别称为 x 轴、y 轴、z 轴. 每两条坐标轴确定一个平面,称为坐标平面. 由 x 轴和 y 轴确定的平面称为 xy 平面,由 y 轴和 z 轴确定的平面称为 yz 平面,由

图 8.1

z 轴和 x 轴确定的平面称为 zx 平面,见图 8.1. 通常,将 xy 平面配置在水平面上,z 轴放在铅直位置,而且由下向上为 z 轴正方向. 三坐标平面将空间分成 8 个部分,称为 8 个卦限.

对于空间任意一点 M, 过点 M 作三个平面,分别垂直于 x 轴、y 轴、z 轴,且与这三个轴分别交于 P、Q、R 三点,如图 8.1. 设 $OP = a$, $OQ = b$,

$OR = c$,则点 M 惟一确定一个三元有序数组 (a, b, c);反之,对任意一个三元有序数组 (a, b, c),在 x, y, z 三轴上分别取点 P, Q, R,使 $OP = a$,$OQ = b$,$OR = c$,然后过 P, Q, R 三点分别作垂直于 x, y, z 轴的平面,这三个平面必相交于一点 M,则这个三元有序数组 (a, b, c) 惟一地确定了空间的一个点 M.

这样,我们就将空间任意一点 M 与一个三元有序数组 (a, b, c) 之间建立了一一对应关系,这个三元有序数组就称为点 M 的坐标,记为 $M(a, b, c)$.

显然,坐标原点 O 的坐标为 $O(0,0,0)$;

x 轴上点的坐标为 $(x, 0, 0)$;

y 轴上点的坐标为 $(0, y, 0)$;

z 轴上点的坐标为 $(0, 0, z)$.

二、空间两点的距离

给定空间中两点 $M_1(x_1, y_1, z_1)$,$M_2(x_2, y_2, z_2)$,过 M_1,M_2 各作三个平面分别垂直于三个坐标轴. 这六个平面构成一个以线段 $M_1 M_2$ 为一条对角线的长方体,如图 8.2. 由图可知:

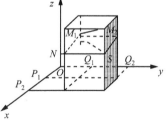

图 8.2

$$|M_1 M_2|^2 = |M_2 S|^2 + |M_1 S|^2$$

$$= |M_2 S|^2 + |M_1 N|^2 + |NS|^2$$

过 M_1,M_2 分别作垂直于 x 轴的平面,交 x 轴于点 P_1,P_2,则

$$OP_1 = x_1, \qquad OP_2 = x_2$$

因此

$$|M_1 N| = |P_1 P_2| = |x_2 - x_1|$$

用同法可求出

$$|NS| = |y_2 - y_1|, \quad |M_2 S| = |z_2 - z_1|$$

于是

$$|M_1 M_2|^2 = |x_2 - x_1|^2 + |y_2 - y_1|^2 + |z_2 - z_1|^2$$

$$= (x_2 - x_1)^2 + (y_2 - y_1)^2 + (z_2 - z_1)^2$$

由此即得 $M_1(x_1, y_1, z_1)$ 与 $M_2(x_2, y_2, z_2)$ 两点间的距离公式为

$$|M_1M_2| = \sqrt{(x_2 - x_1)^2 + (y_2 - y_1)^2 + (z_2 - z_1)^2}$$

如果点 M_2 为坐标原点,即 $x_2 = y_2 = z_2 = 0$,则得点 $M_1(x_1, y_1, z_1)$ 与坐标原点 O 的距离公式为

$$|OM_1| = \sqrt{x_1^2 + y_1^2 + z_1^2}$$

三、曲面与方程

前面,我们已经建立了空间中的一点与一个三元有序数组之间的对应关系. 有了这个对应关系,就可以建立空间曲面与包含三个变量的方程 $F(x, y, z) = 0$ 之间的对应关系,这与平面解析几何中建立曲线与方程的对应关系一样.

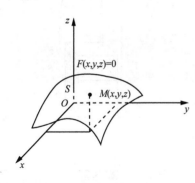

图 8.3

定义 8.1   如果曲面 S 上任意一点的坐标都满足方程 $F(x, y, z) = 0$,而不在曲面 S 上的点的坐标都不满足方程 $F(x, y, z) = 0$,那么方程 $F(x, y, z) = 0$ 称为曲面 S 的方程,而曲面 S 就称为方程 $F(x, y, z) = 0$ 的图形,如图 8.3.

例1   一动点与两定点 $A(1, 0, -1)$,$B(0, 2, -2)$ 等距离,求动点的轨迹方程

解   设动点 $M(x, y, z)$,依题意有

$$|MA| = |MB|$$

由两点间距离公式得

$$\sqrt{(x-1)^2 + (y-0)^2 + (z+1)^2}$$
$$= \sqrt{(x-0)^2 + (y-2)^2 + (z+2)^2}$$

将上式化简后可得动点的轨迹方程为

$$x - 2y + z + 3 = 0$$

由中学几何知识可知,此动点的轨迹应是线段 AB 的垂直平分面. 因此,上面所求得的方程就是线段 AB 的垂直平分面的方程.

例2 求三个坐标平面的方程.

解 易见 xy 平面上任一点的坐标必有 $z=0$,反之满足 $z=0$ 的点也必在 xy 平面上,故 xy 平面的方程为 $z=0$. 同理可知,yz 平面的方程为 $x=0$;zx 平面的方程为 $y=0$.

例3 说明 $z=3$ 的图形是什么曲面.

解 设所求曲面为 S,则由已给方程 $z=3$ 可知:点 $M(x,y,z)$ 在曲面 S 上的充要条件是点 M 的竖坐标为 3. 由此即知,曲面 S 应是平行于 xy 平面的平面. 它与 z 轴的交点为 $(0,0,3)$.

一般说来,空间中任意一个平面的方程为三元一次方程

$$Ax + By + Cz + D = 0$$

其中 A,B,C,D 均为常数,且 A,B,C 不全为零

例4 求通过 x 轴和点 $(1,2,3)$ 的平面方程.

解 因所求平面通过 x 轴,所以,可设所求平面的方程为

$$By + Cz = 0$$

又因平面通过点 $(1,2,3)$,故有

$$2B + 3C = 0$$

即

$$B : C = 3 : -2$$

于是所求平面方程为

$$3y - 2z = 0$$

例5 求以点 $M_0(x_0,y_0,z_0)$ 为球心,R 为半径的球面方程.

解 设球面上任意一点为 $M(x,y,z)$,按题意有

$$|MM_0| = R$$

由两点间距离公式得

$$\sqrt{(x-x_0)^2 + (y-y_0)^2 + (z-z_0)^2} = R$$

即

$$(x-x_0)^2 + (y-y_0)^2 + (z-z_0)^2 = R^2$$

此即为所求的球面方程.

特别地, 当球心为原点, 即 $x_0 = y_0 = z_0 = 0$ 时, 球面方程为

$$x^2 + y^2 + z^2 = R^2$$

$z = \sqrt{R^2 - x^2 - y^2}$ 是球面的上半部, 如图 8.4. $z = -\sqrt{R^2 - x^2 - y^2}$ 是球面的下半部.

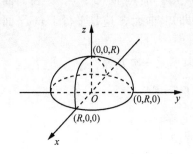

图 8.4

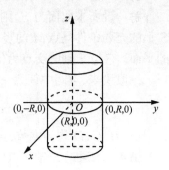

图 8.5

例 6　作方程 $x^2 + y^2 = R^2$ 的图形.

解　方程 $x^2 + y^2 = R^2$ 在 xy 平面上表示以原点为圆心, 半径为 R 的圆. 由于方程不含 z, 这意味着 z 可取任意值, 只要 x 与 y 满足 $x^2 + y^2 = R^2$ 即可. 因此这个方程所表示的曲面, 是由平行于 z 轴的直线沿 xy 平面上的圆 $x^2 + y^2 = R^2$ 移动而成的圆柱面. $x^2 + y^2 = R^2$ 称为它的准线, 平行于 z 轴的直线称为它的母线, 如图 8.5.

例 7　作方程 $z = x^2 + y^2$ 的图形.

解　用平面 $z = c$ 去截平面 $z = x^2 + y^2$, 其截痕为圆 $x^2 + y^2 = c$.

当 $c = 0$ 时, 只有原点 $(0,0,0)$ 满足方程.

当 $c > 0$ 时, 其截痕为以点 $(0,0,c)$ 为圆心, 以 $\sqrt{c}$ 为半径的圆. 若 c 越来越大, 则截取的圆也越来越大.

当 $c < 0$ 时, 平面与曲面无交点.

如用平面 $x = a$ 或 $y = b$ 去截曲面 $z = x^2 + y^2$, 则截痕均为抛物线. 由此可知: 曲面 $z = x^2 + y^2$ 是一个旋转抛物面. 其形状如图 8.6.

例 8　作方程 $z = y^2 - x^2$ 的图形.

解　用平面 $z = c$ 截曲面 $z = x^2 - y^2$, 其

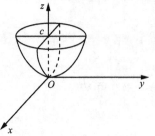

图 8.6

截痕为

$$y^2 - x^2 = c, \; z = c$$

当 $c = 0$ 时,其截痕为两条相交于原点 $(0,0,0)$ 的直线 $y - x = 0, z = 0$; $y + x = 0, z = 0$. 当 $c \neq 0$ 时其截痕为双曲线.

用平面 $y = c$ 截曲面 $z = y^2 - x^2$,其截痕为抛物线

$$z = c^2 - x^2, \quad y = c$$

用平面 $x = c$ 截曲面 $z = y^2 - x^2$,其截痕为抛物线

$$z = y^2 - c^2, \quad x = c$$

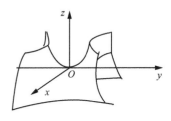

图 8.7

这个曲面称为双曲抛物面,又称马鞍面,如图 8.7.

§8.2 多元函数的一般概念

一、多元函数的概念

前面我们研究过一元函数及其微积分学,我们知道,一元函数只研究两个变量之间的依赖关系,即因变量只依赖于一个自变量. 但在实际问题中,研究的问题往往牵涉到两个以上的变量之间的依赖关系,即因变量依赖于几个自变量. 例如,某种商品的市场需求量不仅与其市场价格有关,而且与消费者的收入以及这种商品的其他代用品的价格等因素有关,即决定该商品需求量的因素不止一个而是多个,这就是多元函数问题. 先观察几个实际例子.

例 1 矩形的面积 S 和它的长度 x 与宽度 y 之间有关系式

$$S = xy \qquad (x > 0, y > 0)$$

这里 $x > 0, y > 0$ 是变量 x, y 的变化范围,变量 S 是随着 x, y 的变化而变化的,当 x, y 在各自的变化范围内独立地取定一个数值 x_0, y_0 时,S 就是一个确定的值 $S_0 = x_0 y_0$ 与之对应.

例 2 底是正方形的长方体体积 V 和它的底——正方形的边长 x 与高 y 之间有关系式

$$V = x^2 y \qquad (x > 0, y > 0)$$

这里与例 1 相仿,当 x, y 在各自的变化范围内独立地取定一个数 x_0, y_0,V

就有一个确定的值 $V_0 = x_0^2 y_0$ 与之对应.

例3　居民人均消费收入 Z 和国民收入 Y 与总人口数 P 之间有关系式

$$Z = s_1 s_2 \frac{Y}{P}$$

其中 s_1 是消费率(国民收入总额中用于消费所占的比例),s_2 是居民消费率(消费总额中用于居民消费所占的比例). 当 Y, P 在各自变化范围内独立地取定一个数时,Z 就有一个确定的值与之对应.

如果撇开上述例子的具体意义,抓住它们的共同本质,就可以概括出多元函数定义.

定义8.2(二元函数的定义)　设在某一变化过程中有三个变量 x, y, z,其中变量 z 随变量 x, y 的变化而变化;若对于变量 x, y 在各自的变化范围内独立地取定每一组值,按照一定的规律,变量 z 有一个确定的值与之对应.这时我们就称变量 z 是变量 x, y 的二元函数,记作

$$z = f(x, y)$$

其中 x, y 叫自变量,z 叫因变量. 自变量 x, y 的变化范围叫做函数的定义域,记作 D.

当自变量 x, y 分别取值 x_0, y_0 时,因变量 z 的对应值 z_0 叫做函数 $z = f(x, y)$ 当 $x = x_0, y = y_0$ 时的函数值,记作 $z_0 = f(x_0, y_0)$.

类似地,我们还可以定义三元函数,四元函数,……,n 元函数. 多于一个自变量的函数统称为多元函数.

对于单纯由数学式子表示的函数,其定义域就是使数学式子有意义的那些自变量值的全体. 而那些从实际问题中提出的函数,则往往根据问题的具体情况来确定其定义域.

例4　确定函数 $z = \sqrt{R^2 - x^2 - y^2}$ 的定义域.

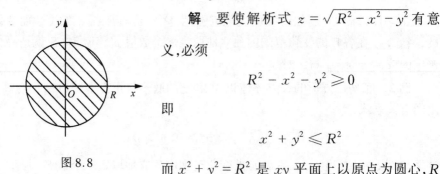

图8.8

解　要使解析式 $z = \sqrt{R^2 - x^2 - y^2}$ 有意义,必须

$$R^2 - x^2 - y^2 \geqslant 0$$

即

$$x^2 + y^2 \leqslant R^2$$

而 $x^2 + y^2 = R^2$ 是 xy 平面上以原点为圆心,R

为半径的圆. $x^2 + y^2 \leqslant R^2$ 就是这个圆的内部及圆周上的点(图8.8),这就是所求的定义域.

类似地,函数 $z = -\dfrac{1}{\sqrt{R^2 - x^2 - y^2}}$ 与 $z = \ln(R^2 - x^2 - y^2)$ 的定义域 $D = \{(x, y) \mid x^2 + y^2 < R^2\}$,它表示图8.8所示圆的内部(不包括圆周上的点).

例5 确定函数 $z = \ln(x + y)$ 的定义域.

解 要使等式右边的数学式子有意义,x,y 必须满足不等式

$$x + y > 0$$

于是所求的定义域 $D = \{(x, y) \mid x + y > 0\}$,它表示 xy 平面上直线 $x + y = 0$ 的右上方的半个平面不包括直线上的点,如图8.9.

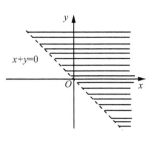

图8.9

从上面所讨论的几个例子可见,二元函数 $z = f(x, y)$ 的定义域在几何上表示一个平面区域. 有的包括边界,有的不包括边界,包括边界在内的区域叫闭区域,不包括边界的区域叫开区域,如果区域可延伸到无穷远处,则称为无界区域,否则称为有界区域;有界区域总可以包含在一个以原点为圆心的相当大的圆域内.

我们知道,一元函数 $y = f(x)$ 通常表示 xy 平面上一条曲线. 二元函数 $z = f(x, y)$,$(x, y) \in D$,其定义域 D 是 xy 平面上的一个区域. 对于 D 中任意一点 $M(x, y)$ 必有惟一的数 z 与之对应. 因此三元有序数组$(x, y, f(x, y))$就确定了空间的一点 $P(x, y, f(x, y))$,所有这样点的集合就是函数$z = f(x, y)$的图形,一般说来,点 P 的轨迹形成一个曲面,如图8.10.

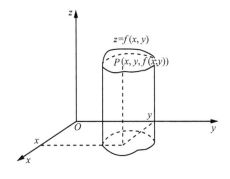

图8.10

例如,函数 $z = -\sqrt{R^2 - x^2 - y^2}$ 的图形就是以原点为球心,R 为半径的下半球面.

二、二元函数的极限和连续的概念

1. 二元函数的极限

与一元函数的情况类似,对于给定的二元函数 $z = f(x, y)$,我们需要考察当自变量 x, y 无限接近于一组定数 x_0, y_0 时,对应的函数值 $f(x, y)$ 变化的趋势如何? 这就是二元函数的极限问题.

定义 8.3 设函数 $f(x, y)$ 的定义域是 D,如果当 $P(x, y)$ 沿 D 内任意路径无限接近某一点 $P_0(x_0, y_0)$ 时,$f(x, y)$ 总是无限接近于某一固定的数 A,那么,我们就说函数 $f(x, y)$ 当 (x, y) 趋于 (x_0, y_0) 时极限存在,A 就叫做 $f(x, y)$ 当 (x, y) 趋于 (x_0, y_0) 时的极限,记作

$$\lim_{\substack{x \to x_0 \\ y \to y_0}} f(x, y) = A$$

或

$$f(x, y) \to A \qquad (x \to x_0, \ y \to y_0)$$

注意 (1) 点 $P(x, y)$ 无限接近于 $P_0(x_0, y_0)$,是指它们的距离 $\rho = |P_0 P|$ 趋于 0,即

$$\rho = |P_0 P| = \sqrt{(x - x_0)^2 + (y - y_0)^2} \to 0$$

(2) 点 $P(x, y)$ 趋于 $P_0(x_0, y_0)$ 是指沿任意路径无限接近,而不仅是沿某些路径无限接近. 这要比一元函数的极限复杂得多.

例 6 函数 $f(x, y) = \dfrac{x^2 y}{x^2 + y^2}$ 当 $(x, y) \to (0,0)$ 时极限存在吗?

解 因为

$$x^2 \leqslant x^2 + y^2, \ |y| \leqslant \sqrt{x^2 + y^2}$$

所以

$$|f(x, y)| = \frac{x^2 |y|}{x^2 + y^2} \leqslant \frac{(x^2 + y^2)^{\frac{3}{2}}}{x^2 + y^2} = \sqrt{x^2 + y^2}$$

由此可见,不论 $P(x, y)$ 沿怎样的路径趋于 $O(0,0)$,$\sqrt{x^2 + y^2}$ 都趋于 0,进

而$|f(x,y)|$也趋于 0,故当$(x,y)\to(0,0)$时,$f(x,y)=\dfrac{x^2y}{x^2+y^2}$的极限存在,且

$$\lim_{\substack{x\to 0\\y\to 0}}f(x,y)=0$$

例 7 函数$f(x,y)=\dfrac{xy}{x^2+y^2}$当$(x,y)\to(0,0)$时极限是否存在?

解 当(x,y)沿直线$y=x$趋于$(0,0)$时

$$f(x,y)=\frac{x\cdot x}{x^2+x^2}=\frac{1}{2}\to\frac{1}{2}$$

而当(x,y)沿直线$y=2x$趋于$(0,0)$时

$$f(x,y)=\frac{x\cdot 2x}{x^2+4x^2}=\frac{2}{5}\to\frac{2}{5}$$

可见(x,y)沿不同路径趋于$(0,0)$时,$f(x,y)$不接近同一个常数,因此$(x,y)\to(0,0)$时,$f(x,y)$的极限不存在.

2. 二元函数的连续性

与一元函数中连续与间断相类似,关于二元函数连续的概念,我们有如下定义.

定义 8.4 对于二元函数$f(x,y)$,如果$\lim\limits_{\substack{x\to x_0\\y\to y_0}}f(x,y)$与$f(x_0,y_0)$都存在并且相等,即

$$\lim_{\substack{x\to x_0\\y\to y_0}}f(x,y)=f(x_0,y_0)$$

则称函数$f(x,y)$在点(x_0,y_0)处连续,否则称点(x_0,y_0)是函数$f(x,y)$的间断点.

如果函数$f(x,y)$在某一区域D上的每一点都连续,则称函数$f(x,y)$在区域D上连续.

一般常见的二元函数,是自变量x,y的基本初等函数经过有限次四则运算与复合而成的函数,如$e^x\cos(x+y)$,$\arctan(x+y)$等等,这种函数在它们的定义域上都是连续的.

和一元函数一样,对于二元函数,在有界闭区域上也有一元连续函数的类似性质. 例如,有界闭区域上的连续函数一定有最大值和最小值等等.

§8.3 偏　导　数

我们知道,一元函数的微分学就是研究一元函数的变化率和它的应用. 对于多元函数,由于自变量多于一个,问题就比较复杂. 在这节里,我们就来讨论二元函数的变化率问题.

定义 8.5　设二元函数 $z = f(x, y)$ 在点 (x_0, y_0) 的附近有定义,如果当 $\Delta x \rightarrow 0$ 时,极限

$$\lim_{\Delta x \to 0} \frac{f(x_0 + \Delta x, y_0) - f(x_0, y_0)}{\Delta x}$$

存在,则称此极限值为函数 $f(x, y)$ 在点 (x_0, y_0) 处对 x 的偏导数. 记作

$$f'_x(x_0, y_0), \frac{\partial f}{\partial x}\bigg|_{(x_0, y_0)} \quad \text{或} \quad \frac{\partial z}{\partial x}\bigg|_{(x_0, y_0)}, z'_x\big|_{(x_0, y_0)}$$

同样,如果极限

$$\lim_{\Delta y \to 0} \frac{f(x_0, y_0 + \Delta y) - f(x_0, y_0)}{\Delta y}$$

存在,则称此极限值为函数 $f(x, y)$ 在点 (x_0, y_0) 处对 y 的偏导数. 记作

$$f'_y(x_0, y_0), \frac{\partial f}{\partial y}\bigg|_{(x_0, y_0)} \quad \text{或} \quad \frac{\partial z}{\partial y}\bigg|_{(x_0, y_0)}, z'_y\big|_{(x_0, y_0)}$$

如果函数 $z = f(x, y)$ 在区域 D 内每一点 (x, y) 处都有对 x, y 的偏导数,那么这两个偏导数在 D 内仍是 x 和 y 的二元函数. 称为 $f(x, y)$ 在 D 内对 x, y 的偏导函数,简称偏导数. 记作

$$f'_x(x, y), \frac{\partial f}{\partial x}, \frac{\partial z}{\partial x}, z'_x$$

$$f'_y(x, y), \frac{\partial f}{\partial y}, \frac{\partial z}{\partial y}, z'_y$$

由偏导数的定义可以看出,计算多元函数的偏导数并不需要新的方法,因为求偏导数时只考虑一个自变量在变动着,其余自变量都看作是常数,所以实质上仍是一元函数的求导法的问题.

例 1　求 $z = x^2 + xy + 2y^2$ 在点 $(1, 2)$ 处的偏导数.

解　把 y 看成常数,对 x 求导得

$$\frac{\partial z}{\partial x} = 2x + y$$

把 x 看成常数,对 y 求导得

$$\frac{\partial z}{\partial y} = x + 4y$$

由此,有

$$\left.\frac{\partial z}{\partial x}\right|_{(1,2)} = 2 \times 1 + 2 = 4$$

$$\left.\frac{\partial z}{\partial y}\right|_{(1,2)} = 1 + 4 \times 2 = 9$$

例 2 求 $f(x, y) = e^{x^2+2y}$ 的偏导数.

$$\frac{\partial f}{\partial x} = e^{x^2+2y} \cdot 2x = 2x e^{x^2+2y}$$

$$\frac{\partial f}{\partial y} = e^{x^2+2y} \cdot 2 = 2e^{x^2+2y}$$

一般说来,函数 $z = f(x, y)$ 的偏导数 $\frac{\partial z}{\partial x}, \frac{\partial z}{\partial y}$ 还是 x, y 的二元函数,还可以进一步讨论它们关于自变量 x, y 的偏导数,$\frac{\partial z}{\partial x}, \frac{\partial z}{\partial y}$ 的偏导数叫做 $f(x, y)$ 的二阶偏导数. 二元函数 $z = f(x, y)$ 的二阶偏导数共有四种,分别用下面的记号来表示:

$$\frac{\partial}{\partial x}\left(\frac{\partial z}{\partial x}\right) = \frac{\partial^2 z}{\partial x^2} = f''_{xx}(x, y) = z''_{xx}$$

$$\frac{\partial}{\partial y}\left(\frac{\partial z}{\partial x}\right) = \frac{\partial^2 z}{\partial x \partial y} = f''_{xy}(x, y) = z''_{xy}$$

$$\frac{\partial}{\partial x}\left(\frac{\partial z}{\partial y}\right) = \frac{\partial^2 z}{\partial y \partial x} = f''_{yx}(x, y) = z''_{yx}$$

$$\frac{\partial}{\partial y}\left(\frac{\partial z}{\partial y}\right) = \frac{\partial^2 z}{\partial y^2} = f''_{yy}(x, y) = z''_{yy}$$

仿此,还可以定义二元函数的更高阶的偏导数. 例如

$$\frac{\partial}{\partial x}\left(\frac{\partial^2 z}{\partial x^2}\right) = \frac{\partial^3 z}{\partial x^3}, \qquad \frac{\partial}{\partial y}\left(\frac{\partial^2 z}{\partial x^2}\right) = \frac{\partial^3 z}{\partial x^2 \partial y}$$

等等.

例 3 求下列函数的二阶偏导数.

(1) $z = x^3 + y^3 - 3x^2 y$

(2) $z = x\mathrm{e}^x \sin y$

解 (1) $\dfrac{\partial z}{\partial x} = 3x^2 - 6xy$, $\dfrac{\partial z}{\partial y} = 3y^2 - 3x^2$

$$\frac{\partial^2 z}{\partial x^2} = 6x - 6y, \qquad \frac{\partial^2 z}{\partial x \partial y} = -6x,$$

$$\frac{\partial^2 z}{\partial y \partial x} = -6x, \qquad \frac{\partial^2 z}{\partial y^2} = 6y$$

(2) $\dfrac{\partial z}{\partial x} = \mathrm{e}^x \sin y + x\mathrm{e}^x \sin y = (1 + x)\mathrm{e}^x \sin y$

$$\frac{\partial z}{\partial y} = x\mathrm{e}^x \cos y$$

$$\frac{\partial^2 z}{\partial x^2} = \mathrm{e}^x \sin y + (1 + x)\mathrm{e}^x \sin y = (2 + x)\mathrm{e}^x \sin y$$

$$\frac{\partial^2 z}{\partial x \partial y} = (1 + x)\mathrm{e}^x \cos y$$

$$\frac{\partial^2 z}{\partial y \partial x} = \mathrm{e}^x \cos y + x\mathrm{e}^x \cos y = (1 + x)\mathrm{e}^x \cos y$$

$$\frac{\partial^2 z}{\partial y^2} = -x\mathrm{e}^x \sin y$$

在上例的(1)和(2)中,都有 $f''_{xy}(x, y) = f''_{yx}(x, y)$,即 $\dfrac{\partial^2 z}{\partial x \partial y} = \dfrac{\partial^2 z}{\partial y \partial x}$,但是这个结论并不是对所有函数都成立,而是有条件的. 可以证明:当二阶偏导 $f''_{xy}(x, y)$,$f''_{yx}(x, y)$ 均为 x,y 的连续函数时,必有 $f''_{xy}(x, y) = f''_{yx}(x, y)$.

§8.4 全 微 分

我们还记得,在一元函数中,y 对 x 的微分是自变量改变量 Δx 的线性函数,且当 $\Delta x \to 0$ 时,$\mathrm{d}y$ 与函数改变量 Δy 的差是一个比 Δx 较高阶的无穷小量,即当 $|\Delta x|$ 很小时,$\mathrm{d}y$ 是函数增量 Δy 的近似值.

在实际问题中,有时也需要讨论多元函数的增量问题. 例如,长方形的面积 S 是它的长度 x 与宽度 y 的二元函数

$$S = xy$$

如果长度 x 有增量 Δx,宽度有增量 Δy,那么面积 S 相应地有一个增量 ΔS 是多少呢?

定义 8.6 对于二元函数 $z = f(x, y)$,当自变量 x, y 分别取得增量(或改变量)Δx 和 Δy 时,引起因变量 z 产生的增量(或改变量)

$$f(x + \Delta x, y + \Delta y) - f(x, y)$$

称为二元函数 $z = f(x, y)$ 的全增量,记作

$$\Delta z = f(x + \Delta x, y + \Delta y) - f(x, y)$$

一般说来,计算全增量 Δz 是比较复杂的,因此与一元函数相仿,当 $|\Delta x|, |\Delta y|$ 很小时,希望能找一个既简便又比较准确的近似值来代替 Δz,为此,我们介绍定理:

定理 8.1 设二元函数 $z = f(x, y)$ 的偏导数 $\frac{\partial z}{\partial x}, \frac{\partial z}{\partial y}$ 在点 (x, y) 处连续,则有关系式

$$\Delta z = \frac{\partial z}{\partial x} \Delta x + \frac{\partial z}{\partial y} \Delta y + o(\rho)$$

其中 $\rho = \sqrt{(\Delta x)^2 + (\Delta y)^2}$,$o(\rho)$ 表示一个比 ρ 较高阶无穷小量.

证明 因为

$$\Delta z = f(x + \Delta x, y + \Delta y) - f(x, y)$$
$$= [f(x + \Delta x, y + \Delta y) - f(x, y + \Delta y)]$$
$$+ [f(x, y + \Delta y) - f(x, y)]$$

于是,由一元函数的拉格朗日中值定理得

$$\Delta z = f'_x(\zeta_1, y + \Delta y)\Delta x + f'_y(x, \zeta_2)\Delta y$$

其中 ζ_1 在 x 与 $x + \Delta x$ 之间,ζ_2 在 y 与 $y + \Delta y$ 之间,又由于已知 $f'_x(x, y)$ 与 $f'_y(x, y)$ 在点 (x, y) 连续,故

$$\lim_{\substack{\Delta x \to 0 \\ \Delta y \to 0}} f'_x(\zeta_1, y + \Delta y) = f'_x(x, y)$$

$$\lim_{\substack{\Delta x \to 0 \\ \Delta y \to 0}} f'_y \ (x, \ \zeta_2) = f'_y \ (x, \ y)$$

即

$$f'_x \ (\zeta_1, \ y + \Delta y) = f'_x \ (x, \ y) + \alpha$$

$$f'_y \ (x, \ \zeta_2) = f'_y \ (x, \ y) + \beta$$

其中, α, β 当 $\rho \to 0$ 时趋于零, 因而

$$\Delta z = f'_x \ (x, \ y)\Delta x + f'_y \ (x, \ y) + (\alpha \Delta x + \beta \Delta y)$$

再由

$$\frac{|\ \alpha \Delta x + \beta \Delta y \ |}{\rho} = \left| \ \alpha \cdot \frac{\Delta x}{\rho} + \beta \cdot \frac{\Delta y}{\rho} \right|$$

$$\leqslant |\ \alpha \ | \frac{|\ \Delta x \ |}{\rho} + |\ \beta \ | \frac{|\ \Delta y \ |}{\rho} \leqslant |\ \alpha \ | + |\ \beta \ |$$

可知, $\lim\limits_{\rho \to 0} \dfrac{\alpha \Delta x + \beta \Delta y}{\rho} = 0$, 即 $\alpha \Delta x + \beta \Delta y$ 是比 ρ 较高阶无穷小量, 记 $\alpha \Delta x + \beta \Delta y = o(\rho)$, 因此

$$\Delta z = f'_x \ (x, \ y)\Delta x + f'_y \ (x, \ y)\Delta y + o(\rho)$$

$$= \frac{\partial z}{\partial x}\Delta x + \frac{\partial z}{\partial y}\Delta y + o(\rho)$$

由此定理可知, 用近似公式

$$\Delta z \approx \frac{\partial z}{\partial x}\Delta x + \frac{\partial z}{\partial y}\Delta y$$

计算函数的全增量, 将具有两方面的优越性:

(1) $\dfrac{\partial z}{\partial x}\Delta x + \dfrac{\partial z}{\partial y}\Delta y$ 是 Δx 与 Δy 的一次函数, 便于计算;

(2) 当 $|\Delta x|$, $|\Delta y|$ 很小时, 取 $\dfrac{\partial z}{\partial x}\Delta x + \dfrac{\partial z}{\partial y}\Delta y$ 作为 Δz 的近似值, 误差 $o(\rho)$ 是 ρ 的较高阶无穷小量, 即有很好的精确度.

对于二元函数, 我们有全微分定义:

定义 8.7　设二元函数 $z = f(x, \ y)$ 的偏导数 $\dfrac{\partial z}{\partial x}, \dfrac{\partial z}{\partial y}$ 在点 $(x, \ y)$ 处连续, 则 $\dfrac{\partial z}{\partial x}\Delta x + \dfrac{\partial z}{\partial y}\Delta y$ 就称为函数 $z = f(x, \ y)$ 在点 $(x, \ y)$ 的全微分, 记为 $\mathrm{d}z$ 或

$\mathrm{d}f(x,y)$,即

$$\mathrm{d}z = \frac{\partial z}{\partial x}\Delta x + \frac{\partial z}{\partial y}\Delta y$$

或

$$\mathrm{d}f(x,y) = f'_x(x,y)\Delta x + f'_y(x,y)\Delta y$$

这里,$\dfrac{\partial z}{\partial x}\Delta x$ 与 $\dfrac{\partial z}{\partial y}\Delta y$ 分别称为函数 $z = f(x,y)$ 在点 (x,y) 对 x,y 的偏微分. 全微分 $\mathrm{d}z$ 就是两个偏微分之和. 由于 $\mathrm{d}x = \Delta x$,$\mathrm{d}y = \Delta y$,所以函数 $z = f(x,y)$ 的全微分也可写成

$$\mathrm{d}z = \frac{\partial z}{\partial x}\mathrm{d}x + \frac{\partial z}{\partial y}\mathrm{d}y$$

例 1 求函数 $z = \mathrm{e}^{xy}$ 在点 $(1,2)$ 处的全微分.

解 由于
$$\frac{\partial z}{\partial x} = y\mathrm{e}^{xy}, \quad \frac{\partial z}{\partial y} = x\mathrm{e}^{xy}$$

所以
$$\left.\frac{\partial z}{\partial x}\right|_{(1,2)} = 2\mathrm{e}^2, \quad \left.\frac{\partial z}{\partial y}\right|_{(1,2)} = \mathrm{e}^2$$

从而
$$\mathrm{d}z|_{(1,2)} = 2\mathrm{e}^2\mathrm{d}x + \mathrm{e}^2\mathrm{d}y = \mathrm{e}^2(2\mathrm{d}x + \mathrm{d}y)$$

例 2 求函数 $z = x^2 + xy^2$ 的全微分.

解 由于
$$\frac{\partial z}{\partial x} = 2x + y^2, \qquad \frac{\partial z}{\partial y} = 2xy$$

所以
$$\mathrm{d}z = (2x + y^2)\mathrm{d}x + 2xy\mathrm{d}y$$

例 3 要用水泥建造一个无盖的圆柱形水槽,其内半径为 2m,高为 4m,侧壁及底的厚度均为 0.01m. 问需要多少水泥造成.

解 当圆柱底半径为 r,高为 h 时,其体积为 $V = \pi r^2 h$. 用全微分进行近似计算,则有

$$\Delta V \approx \mathrm{d}V = 2\pi rh\Delta r + \pi r^2\Delta h$$

由于 $r = 2$,$h = 4$,$\Delta r = \Delta h = 0.01$,所以

$$\Delta V \approx 2\pi \times 2 \times 4 \times 0.01 + \pi \times 2^2 \times 0.01 = 0.2\pi(\text{m}^3)$$

与直接计算 ΔV 的值 0.200801π m^3 是相当接近的. 故所需的水泥大约为 0.2π m^3.

§8.5 复合函数的微分法

设 z 是中间变量 u 与 v 的函数

$$z = f(u, v)$$

其中 u 与 v 都是 x, y 的函数,$u = \varphi(x, y)$, $v = \psi(x, y)$,因而

$$z = f[\varphi(x, y), \psi(x, y)]$$

通过中间变量 u, v 成为自变量 x, y 的复合函数.

现在的问题是:如何通过已知的 $\dfrac{\partial z}{\partial u}, \dfrac{\partial z}{\partial v}, \dfrac{\partial u}{\partial x}, \dfrac{\partial u}{\partial y}, \dfrac{\partial v}{\partial x}, \dfrac{\partial v}{\partial y}$ 去求出 $\dfrac{\partial z}{\partial x}, \dfrac{\partial z}{\partial y}$.

定理 8.2 如果函数 $u = \varphi(x, y)$, $v = \psi(x, y)$ 在点 (x, y) 处的偏导数 $\dfrac{\partial u}{\partial x}, \dfrac{\partial u}{\partial y}, \dfrac{\partial v}{\partial x}, \dfrac{\partial v}{\partial y}$ 都存在,且在对应于 (x, y) 的点 (u, v) 处函数 $z = f(u, v)$ 可微,那么复合函数 $z = f[\varphi(x, y), \psi(x, y)]$ 对 x, y 的偏导数存在,且

$$\frac{\partial z}{\partial x} = \frac{\partial z}{\partial u} \cdot \frac{\partial u}{\partial x} + \frac{\partial z}{\partial v} \cdot \frac{\partial v}{\partial x}$$

$$\frac{\partial z}{\partial y} = \frac{\partial z}{\partial u} \cdot \frac{\partial u}{\partial y} + \frac{\partial z}{\partial v} \cdot \frac{\partial v}{\partial y}$$

证 让 y 保持不变,给 x 以改变量 $\Delta x (\Delta x \neq 0)$,则 u, v 将有对应的改变量

$$\Delta u = \varphi(x + \Delta x, y) - \varphi(x, y)$$

$$\Delta v = \psi(x + \Delta x, y) - \psi(x, y)$$

从而函数 $z = f(u, v)$ 也得到相应的改变量 Δz,由上一节定理 8.1 的证明知 Δz 可表示为

$$\Delta z = \frac{\partial z}{\partial u} \cdot \Delta u + \frac{\partial z}{\partial v} \cdot \Delta v + \alpha \Delta u + \beta \Delta v$$

其中 α, β 当 $(\Delta u, \Delta v) \to (0, 0)$ 时趋于零. 两边各除以 Δx

$$\frac{\Delta z}{\Delta x} = \frac{\partial z}{\partial u} \cdot \frac{\Delta u}{\Delta x} + \frac{\partial z}{\partial v} \cdot \frac{\Delta v}{\Delta x} + \alpha \cdot \frac{\Delta u}{\Delta x} + \beta \cdot \frac{\Delta v}{\Delta x}$$

因为 $u = \varphi(x, y), v = \psi(x, y)$ 的偏导数存在,所以当 $\Delta x \to 0$ 时 $(\Delta u, \Delta v)$ $\to(0,0)$ 并且

$$\frac{\Delta u}{\Delta x} \to \frac{\partial u}{\partial x}, \qquad \frac{\Delta v}{\Delta x} \to \frac{\partial v}{\partial x}$$

故有

$$\frac{\partial z}{\partial x} = \frac{\partial z}{\partial u} \cdot \frac{\partial u}{\partial x} + \frac{\partial z}{\partial v} \cdot \frac{\partial v}{\partial x}$$

同理可证明

$$\frac{\partial z}{\partial y} = \frac{\partial z}{\partial u} \cdot \frac{\partial u}{\partial y} + \frac{\partial z}{\partial v} \cdot \frac{\partial v}{\partial y}$$

例 1 设 $z = e^u \sin v$,其中 $u = xy$, $v = x + y$,求 z 对 x, y 的偏导数.

解 $\dfrac{\partial z}{\partial x} = \dfrac{\partial z}{\partial u} \cdot \dfrac{\partial u}{\partial x} + \dfrac{\partial z}{\partial v} \cdot \dfrac{\partial v}{\partial x}$

$$= e^u (\sin v) \cdot y + e^u (\cos v) \cdot 1$$

$$= e^{xy}[y\sin(x + y) + \cos(x + y)]$$

$$\frac{\partial z}{\partial y} = \frac{\partial z}{\partial u} \cdot \frac{\partial u}{\partial y} + \frac{\partial z}{\partial v} \cdot \frac{\partial v}{\partial y} = e^u (\sin v) \cdot x + e^u (\cos v) \cdot 1$$

$$= e^{xy}[x\sin(x + y) + \cos(x + y)]$$

例 2 求 $z = (x + y)^{xy}$ 的偏导数

解 设 $u = x + y$ $v = xy$,则 $z = u^v$,于是

$$\frac{\partial z}{\partial u} = v \cdot u^{v-1}, \qquad \frac{\partial z}{\partial v} = u^v \cdot \ln u$$

$$\frac{\partial u}{\partial x} = 1, \quad \frac{\partial u}{\partial y} = 1, \quad \frac{\partial v}{\partial x} = y, \quad \frac{\partial v}{\partial y} = x$$

所以

$$\frac{\partial z}{\partial x} = v \cdot u^{v-1} \cdot 1 + u^v \cdot \ln u \cdot y$$

$$= xy(x + y)^{xy-1} + y(x + y)^{xy}\ln(x + y)$$

$$\frac{\partial z}{\partial y} = v \cdot u^{v-1} \cdot 1 + u^v \cdot \ln u \cdot x$$

$$= xy(x+y)^{xy-1} + x(x+y)^{xy}\ln(x+y)$$

特别地,当自变量只有一个时,设 $z = f(u, v)$, $u = \varphi(x)$, $v = \psi(x)$,则 z 就是 x 的一元函数

$$z = f[\varphi(x), \psi(x)]$$

这时,z 对 x 的导数称为全导数,易得

$$\frac{\mathrm{d}z}{\mathrm{d}x} = \frac{\partial z}{\partial u} \cdot \frac{\mathrm{d}u}{\mathrm{d}x} + \frac{\partial z}{\partial v} \cdot \frac{\mathrm{d}v}{\mathrm{d}x}$$

如果 $z = f(x, y)$,而 $y = \varphi(x)$,则 $z = f[x, \varphi(x)]$ 的全导数为

$$\frac{\mathrm{d}z}{\mathrm{d}x} = \frac{\partial z}{\partial x} + \frac{\partial z}{\partial y} \cdot \frac{\mathrm{d}y}{\mathrm{d}x}$$

例 3　设 $z = uv$, $u = \mathrm{e}^{-t}$, $v = \sin t$,求全导数 $\dfrac{\mathrm{d}z}{\mathrm{d}t}$.

解　由于 $\dfrac{\partial z}{\partial u} = v, \dfrac{\partial z}{\partial v} = u, \dfrac{\mathrm{d}u}{\mathrm{d}t} = -\mathrm{e}^{-t}, \dfrac{\mathrm{d}v}{\mathrm{d}t} = \cos t$,所以

$$\frac{\mathrm{d}z}{\mathrm{d}t} = \frac{\partial z}{\partial u} \cdot \frac{\mathrm{d}u}{\mathrm{d}t} + \frac{\partial z}{\partial v} \cdot \frac{\mathrm{d}v}{\mathrm{d}t} = v(-\mathrm{e}^{-t}) + u\cos t$$

$$= -\sin t(\mathrm{e}^{-t}) + \mathrm{e}^{-t}\cos t$$

$$= \mathrm{e}^{-t}(\cos t - \sin t)$$

例 4　设 $z = xy + u$, $u = x^2 - 2y^2$,求 $\dfrac{\partial z}{\partial x}, \dfrac{\partial z}{\partial y}$.

解　$\dfrac{\partial z}{\partial x} = y + \dfrac{\partial u}{\partial x} = y + 2x = 2x + y$

$$\frac{\partial z}{\partial y} = x + \frac{\partial u}{\partial y} = x - 4y$$

例 5　设 $z = uv + \sin t$, $u = \mathrm{e}^t$, $v = \cos t$,求全导数 $\dfrac{\mathrm{d}z}{\mathrm{d}t}$.

解　$\dfrac{\mathrm{d}z}{\mathrm{d}t} = \dfrac{\partial z}{\partial u} \cdot \dfrac{\mathrm{d}u}{\mathrm{d}t} + \dfrac{\partial z}{\partial v} \cdot \dfrac{\mathrm{d}v}{\mathrm{d}t} + \cos t$

$$= v \cdot \mathrm{e}^t + u \cdot (-\sin t) + \cos t$$

解 由方程组

$$\begin{cases} f_x'(x, y) = 2x - y - 2 = 0 \\ f_y'(x, y) = -x + 2y + 1 = 0 \end{cases}$$

得驻点(1,0),在(1,0)处求得

$$A = f_{xx}''(1,0) = 2, \quad B = f_{xy}''(1,0) = -1, \quad C = f_{yy}''(1,0) = 2$$

于是有

$$D = B^2 - AC = 1 - 4 = -3 < 0$$

而 $A = 2 > 0$,所以函数 $f(x, y)$ 在(1,0)处取得极小值,极小值为 $f(1,0) = -1$.

例2 求函数 $f(x, y) = x^3 - y^3 + 3x^2 + 3y^2 - 9x$ 的极值点与极值.

解 由方程组

$$\begin{cases} f_x'(x, y) = 3x^2 + 6x - 9 = 0 \\ f_y'(x, y) = -3y^2 + 6y = 0 \end{cases}$$

可求得驻点:(1,0),(1,2),(−3,0),(−3,2),且还求得

$$A = f_{xx}''(x, y) = 6x + 6, \qquad B = f_{xy}''(x, y) = 0$$

$$C = f_{yy}''(x, y) = -6y + 6$$

在点(1,0)处:

$$D = B^2 - AC = 0 - 12 \cdot 6 < 0, \ A = 12 > 0$$

所以 $f(x, y)$ 在(1,0)处有极小值 $f(1, 0) = -5$;

在点(1,2)处:

$$D = B^2 - AC = 0 - 12 \cdot (-6) > 0$$

故(1,2)不是极值点;

在点(−3,0)处:

$$D = B^2 - AC = 0 - (-12) \cdot 6 > 0$$

故(−3,0)不是极值点;

在点(−3,2)处:

$$D = B^2 - AC = 0 - (-12) \cdot (-6) < 0, \quad A = -12 < 0$$

所以 $f(x,y)$ 在 $(-3,2)$ 处有极大值 $f(-3,2)=31$.

同一元函数的情况一样,函数的最值与极值是有区别的. 但在处理实际问题时,往往根据实际情况能判定函数 $f(x,y)$ 在其定义域内部是否取得最值,这时,如果求得的驻点 (x_0,y_0) 是惟一的,那么 $f(x_0,y_0)$ 就是所求的最值,而不必进行检验.

例3 要造一个容积一定的长方体箱子,问应选择怎样的尺寸,才能使做此箱子所用的材料最少?

解 设箱的长、宽、高分别为 x,y,z,容量为 V,则 $V=xyz$,此时,其表面积 S 为

$$S = 2(xy + yz + zx)$$

由于 $z=\dfrac{V}{xy}$,所以

$$S = 2\left(xy + \frac{V}{x} + \frac{V}{y}\right) \quad (x>0, y>0)$$

要使所用的材料最少,则应求最小值. 由

$$\begin{cases} S'_x(x,y) = 2\left(y - \dfrac{V}{x^2}\right) = 0 \\ S'_y(x,y) = 2\left(x - \dfrac{V}{y^2}\right) = 0 \end{cases}$$

得驻点 $(\sqrt[3]{V},\sqrt[3]{V})$. 由于驻点是惟一的,所以该驻点 $(\sqrt[3]{V},\sqrt[3]{V})$ 就是使 S 取得最小值的点,即当 $x=y=z=\sqrt[3]{V}$ 时,函数 S 取得最小值 $6V^{\frac{2}{3}}$,即当箱子的长、宽、高相等时,所用材料最少.

例4 某工厂生产甲,乙两种产品,出售单价分别为 10 元,9 元. 生产 x 单位的甲产品与生产 y 单位的乙产品所需的总费用为

$$400 + 2x + 3y + 0.01(3x^2 + xy + 3y^2) \quad (\text{元})$$

问欲取得最大利润,甲、乙两种产品的产量各为多少?

解 设 $L(x,y)$ 表示生产 x 单位的甲产品和生产 y 单位的乙产品所得的总利润,因为总利润等于总收入减去总费用,所以依题意有

$$L(x,y) = 10x + 9y - [400 + 2x + 3y + 0.01(3x^2 + xy + 3y^2)]$$
$$= 8x + 6y - 0.01(3x^2 + xy + 3y^2) - 400$$

由

$$L_x'(x, y) = 8 - 0.01(6x + y) = 0$$

$$L_y'(x, y) = 6 - 0.01(x + 6y) = 0$$

得惟一驻点(120,80),又

$$A = f_{xx}''(120, 80) = -0.06 < 0$$

$$B = f_{xy}''(120, 80) = -0.01 < 0$$

$$C = f_{yy}''(120, 80) = -0.06 < 0$$

$$D = B^2 - AC = (0.01)^2 - (-0.06) \cdot (-0.06) < 0$$

所以 $L(x, y)$ 在点(120,80)处取得极大值,且这个极大值就是最大值. 即:生产 120 单位的甲产品和生产 80 单位的乙产品时,可以取得最大利润.

二、条件极值与拉格朗日乘数法

上面给出的求二元函数 $f(x, y)$ 极值的方法中,两个自变量 x 与 y 是互相独立的. 即不受其他条件约束,此时的极值称为无条件极值,简称极值. 如果自变量 x 与 y 之间还满足一定的约束条件 $g(x, y) = 0$,称为约束方程,这时所求的极值称为条件极值,下面我们介绍一种求条件极值的方法——拉格朗日乘数法

为求函数 $z = f(x, y)$ 在约束条件 $g(x, y) = 0$ 下的极值. 一般可采用以下步骤:

(1) 以常数 λ(称拉格朗日乘数)乘 $g(x, y)$,然后与 $f(x, y)$ 相加,得拉格朗日函数

$$F(x, y) = f(x, y) + \lambda g(x, y)$$

(2) 求 $F(x, y)$ 对 x 与 y 的一阶偏导数,并令它们都为 0. 即

$$F_x'(x, y) = f_x'(x, y) + \lambda g_x'(x, y) = 0$$

$$F_y'(x, y) = f_y'(x, y) + \lambda g_y'(x, y) = 0$$

由这两个方程与 $g(x, y) = 0$ 联立,消去 λ,解出 x, y,则函数 $f(x, y)$ 的极值可能在解出的点 (x, y) 处取得.

(3) 判别 (x, y) 是否是极值点. 一般地可根据实际问题的具体性质进行判别.

类似地,求三元函数 $f(x, y, z)$ 在约束条件 $g(x, y, z) = 0$, $h(x, y,$

$z)=0$(约束条件一般少于自变量的个数)下的极值方法如下：

作拉格朗日函数

$$F(x, y, z) = f(x, y, z) + \lambda_1 g(x, y, z) + \lambda_2 h(x, y, z)$$

其中，λ_1, λ_2 是拉格朗日乘数. 由

$$F_x' (x, y, z) = f_x' (x, y, z) + \lambda_1 g_x' (x, y, z) + \lambda_2 h_x' (x, y, z) = 0$$

$$F_y' (x, y, z) = f_y' (x, y, z) + \lambda_1 g_y' (x, y, z) + \lambda_2 h_y' (x, y, z) = 0$$

$$F_z' (x, y, z) = f_z' (x, y, z) + \lambda_1 g_z' (x, y, z) + \lambda_2 h_z' (x, y, z) = 0$$

及

$$g(x, y, z) = 0, \quad h(x, y, z) = 0$$

联立消去 λ_1, λ_2 解出 x, y, z，则函数的极值可能在所解出的点(x, y, z)处取得. 最后判别点(x, y, z)是否是极值点.

例 5　求周长为 a 而面积最大的长方形的长和宽

解　设长方形的长为 x，宽为 y. 面积为

$$S = xy$$

约束条件为

$$2x + 2y = a$$

用拉格朗日乘数法，令

$$F(x, y) = xy + \lambda(2x + 2y - a)$$

则由

$$F_x' (x, y) = y + 2\lambda = 0$$

$$F_y' (x, y) = x + 2\lambda = 0$$

及

$$2x + 2y - a = 0$$

联立消去 λ，解得 $x = y = \dfrac{a}{4}$，因为实际问题存在最大值，所以 $\left(\dfrac{a}{4}, \dfrac{a}{4}\right)$ 就是最大值点，即周长为 a 而面积最大的长方形为边长等于 $\dfrac{a}{4}$ 的正方形.

例 6　求表面积为 S 而体积最大的长方体的长、宽和高.

解 设所求长方体的长、宽、高分别为 x, y, z,体积为

$$V = xyz \qquad (x > 0, y > 0, z > 0)$$

约束条件为 $\quad 2(xy + yz + zx) = S$,令

$$F(x, y, z) = xyz + \lambda(2xy + 2yz + 2zx - S)$$

令 $F(x, y, z)$ 的一阶偏导数为零,再加上约束条件,得方程组

$$\begin{cases} yz + 2\lambda(y + z) = 0 \\ xz + 2\lambda(x + z) = 0 \\ xy + 2\lambda(y + x) = 0 \\ 2xy + 2yz + 2zx - S = 0 \end{cases}$$

由此可解得一个可能的极值点:$x = y = z = \sqrt{\dfrac{S}{6}}$,因为这问题本身存在最大

值,所以这一个可能的极值点就是所求的最大值点. 即 $x = y = z = \sqrt{\dfrac{S}{6}}$ 时也

就是长方体为立方体时,体积最大.

例 7 求定点 (x_0, y_0, z_0) 到平面 $Ax + By + Cz + D = 0$ 的最短距离 d.

解 由点 (x_0, y_0, z_0) 到任一点 (x, y, z) 的距离公式为

$$d^2 = (x - x_0)^2 + (y - y_0)^2 + (z - z_0)^2$$

因为点 (x, y, z) 在已给平面上,所以约束条件为

$$Ax + By + Cz + D = 0$$

令 $F(x, y, z) = (x - x_0)^2 + (y - y_0)^2 + (z - z_0)^2 + \lambda(Ax + By + Cz + D)$,
让 $F(x, y, z)$ 的一阶偏导数为零,再加上约束条件,得方程组

$$\begin{cases} 2(x - x_0) + \lambda A = 0 \\ 2(y - y_0) + \lambda B = 0 \\ 2(z - z_0) + \lambda C = 0 \\ Ax + By + Cz + D = 0 \end{cases}$$

由此可得

$$d^2 = \frac{\lambda^2}{4}(A^2 + B^2 + C^2)$$

$$\lambda = \frac{2(Ax_0 + By_0 + Cz_0 + D)}{A^2 + B^2 + C^2}$$

则

$$d = \frac{\mid Ax_0 + By_0 + Cz_0 + D \mid}{\sqrt{A^2 + B^2 + C^2}}$$

上式即为空间一点(x_0, y_0, z_0)到平面$Ax + By + Cz + D = 0$的垂直距离公式.

三、最小二乘法

在自然科学和经济分析中,往往需要依靠从实验或调查所得到的数据去建立各个量之间的相依变化关系. 这种关系常常是用数学方程给出的,这种数学方程称为经验公式. 建立经验公式常用方法就是最小二乘法. 下面我们用两变量有线性关系的情形来说明.

为了确定某一对变量x与y的相依关系,我们对它们进行n次测量(实验调查),获得n组数据

$$(x_1, y_1),(x_2, y_2),\cdots,(x_n, y_n)$$

将上面数据看作直角坐标系xOy中的点

$$A_1(x_1, y_1),A_2(x_2, y_2),\cdots,A_n(x_n, y_n)$$

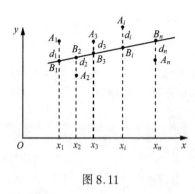

图 8.11

并把这些点画在坐标平面上,如果描出的点A_i大致在一条直线上,我们就认为x与y之间存在着线性关系. 设描述x,y之间的线性关系的经验公式为

$$y = ax + b$$

其中a,b为待定参数. 并设在直线上与点A_i($i = 1, 2, \cdots, n$)横坐标相同的点为$B_i(x_i, ax_i + b)(i=1,2,\cdots,n)$,则$A_i$与$B_i$的距离为

$$d_i = \mid ax_i + b - y_i \mid$$

称d_i为实测值与理论值的误差. 现在的目的是确定参数a,b的值,使误差的平方和

$$s = \sum_{i=1}^{n} d_i^2 = \sum_{i=1}^{n} (ax_i + b - y_i)^2$$

为最小. 这种方法就称作最小二乘法.

因为 s 是 a, b 的二元函数, 所以由极值存在的必要条件应有

$$s_a' = 2\sum_{i=1}^{n} (ax_i + b - y_i)x_i = 0$$

$$s_b' = 2\sum_{i=1}^{n} (ax_i + b - y_i) = 0$$

将上面二式整理、化简后, 有

$$\begin{cases} a\left(\sum_{i=1}^{n} x_i^2\right) + b\left(\sum_{i=1}^{n} x_i\right) = \sum_{i=1}^{n} x_i y_i \\ a\left(\sum_{i=1}^{n} x_i\right) + nb = \sum_{i=1}^{n} y_i \end{cases}$$

这是关于 a, b 的线性方程组(称为最小二乘法标准方程组), 由此解出 a 与 b, 再代入线性方程, 即得到所求的经验公式.

例 8　某厂从 1989 年到 1993 年销售收入和销售成本的数据如下表(单位: 万元):

年　份	1989	1990	1991	1992	1993
销售收入	102	95	110	125	135
销售成本	82	78	89	105	106

试用表中数据建立销售收入与销售成本之间的线性关系.

解　设 x 表示每年的销售收入, y 表示销售成本, 且 $y = ax + b$. 为确定 a, b 列表计算得

$$\sum x_i^2 = 64054, \quad \sum x_i y_i = 52469$$

$$\sum x_i = 562, \quad \sum y_i = 460$$

将其代入最小二乘法标准方程组, 有

$$\begin{cases} 64054a + 562b = 52469 \\ 562a + 5b = 460 \end{cases}$$

解此方程组得

$$a = 0.8642, \qquad b = -5.1373$$

因此,所求销售收入与销售成本之线性关系,即经验公式为

$$y = 0.8642x - 5.1373$$

§8.8 二重积分

本节介绍二元函数的积分,即二重积分的基本概念、性质及计算方法.

一、二重积分的概念与性质

为了引入二重积分的概念,先分析如下的一个例子.

例 1 曲顶柱体的体积

设 $z = f(x, y)$ 是定义在有界闭区域 D 上的正值(即 $f(x, y) \geqslant 0$)连续函数,它在直角坐标系中的图形是一张空间曲面 S. 试求以曲面 S 为顶以区域 D 为底,以平行 Oz 轴的直线为母线的曲顶柱体的体积.

为此,我们采用与求曲边梯形面积相类似的方法来定义曲顶柱体的体积:

1) 将区域 D 任意分成 n 个小区域

$$\Delta\sigma_1, \Delta\sigma_2, \cdots, \Delta\sigma_n$$

且以 $\Delta\sigma_i$ 表示第 i 个小区域的面积,相应地此曲顶柱体被分为 n 个小曲顶柱体. 以 ΔV_i 表示以 $\Delta\sigma_i$ 为底的第 i 个小曲顶柱体的体积,V 表示以区域 D 为底的曲顶柱体的体积,则有

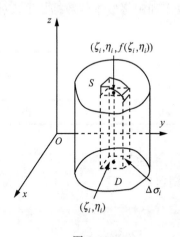

图 8.12

$$V = \sum_{i=1}^{n} \Delta V_i$$

2) 在每个小区域 $\Delta\sigma_i\,(i = 1, 2, \cdots, n)$ 上任取一点 (ζ_i, η_i),把以 $f(\zeta_i, \eta_i)$ 为高,$\Delta\sigma_i$ 为底的平顶柱体的体积 $f(\zeta_i, \eta_i)\Delta\sigma_i$,作为 ΔV_i 的近似值,即

$$\Delta V_i \approx f(\zeta_i, \eta_i)\Delta\sigma_i\,(i = 1, 2, \cdots, n)$$

3) 这 n 个平顶柱体之和

$$V_n = \sum_{i=1}^{n} f(\zeta_i, \eta_i)\Delta\sigma_i$$

显然 V_n 是 V 的一个近似值.

4) 当分割越来越细,小区域 $\Delta\sigma_i$ 越来越小,而逐渐收缩接近于一点时, V_n 就越来越接近 V,用 d_i 表示 $\Delta\sigma_i$ 中任意两点间距离的最大值,称为该区域的直径($i = 1, 2, \cdots, n$),且记 $d = \max\{d_i\}$. 如果当 $d \to 0$(可理解为 $\Delta\sigma_i$ 收缩为一点)时, V_n 的极限存在,我们就将这个极限定义为曲顶柱体的体积 V,即

$$V = \lim_{d \to 0} \sum_{i=1}^{n} f(\zeta_i, \eta_i)\Delta\sigma_i$$

从上面例子中抽去 $z = f(x, y)$ 具体含义,我们可给出二重积分的定义.

定义 8.9 设 $f(x, y)$ 是定义在有界闭区域 D 上的二元函数,将 D 任意分成 n 个小区域

$$\Delta\sigma_1, \Delta\sigma_2, \cdots, \Delta\sigma_n$$

在每个小区域 $\Delta\sigma_i$ 中任取一点 (ζ_i, η_i),作积分和

$$\sum_{i=1}^{n} f(\zeta_i, \eta_i)\Delta\sigma_i$$

当 n 无限增大,各小区域中的最大直径 $d = \max\{d_i\}$ 趋于 0 时,如果积分和式的极限

$$\lim_{d \to 0} \sum_{i=1}^{n} f(\zeta_i, \eta_i)\Delta\sigma_i$$

存在,并且其极限值与小区域的分法及点 (ζ_i, η_i) 的选取无关,则称此极限值为函数 $f(x, y)$ 在区域 D 上的二重积分,记作 $\iint\limits_{D} f(x, y)\mathrm{d}\sigma$,即

$$\iint\limits_{D} f(x, y)\mathrm{d}\sigma = \lim_{d \to 0} \sum_{i=1}^{n} f(\zeta_i, \eta_i)\Delta\sigma_i$$

其中 D 称为积分区域, $f(x, y)$ 称为被积函数, $\mathrm{d}\sigma$ 称为面积元素.

若函数 $f(x, y)$ 在区域 D 上的二重积分存在,则称 $f(x, y)$ 在区域 D 上可积. 可以证明,如果函数 $f(x, y)$ 在有界闭区域上连续,则 $f(x, y)$ 在 D 上一定是可积的.

由定义可知,如果 $f(x, y)$ 在 D 上可积,则积分和的极限存在,且与 D 的分法无关. 因此,在直角坐标系中常用平行于 x 轴和 y 轴的两组直线($y =$

常数和 $x=$ 常数)把区域 D 分割成小矩形,它的边长是 Δx 和 Δy,从而 $\Delta\sigma=\Delta x\cdot\Delta y$,因此在直角坐标系中的面积元素可写成 $\mathrm{d}\sigma=\mathrm{d}x\mathrm{d}y$,二重积分可记为

$$\iint\limits_{D}f(x,\ y)\mathrm{d}\sigma=\iint\limits_{D}f(x,\ y)\mathrm{d}x\mathrm{d}y$$

由二重积分的定义可知,曲顶柱体的体积 V 就是曲面方程 $z=f(x,\ y)$ $\geqslant0$ 在区域 D 上的二重积分:

$$V=\iint\limits_{D}f(x,\ y)\mathrm{d}\sigma$$

二重积分与一元函数的定积分具有相应的性质,下面总假定涉及的函数在 D 上可积.

性质 1　常数因子可提到积分号外面,即

$$\iint\limits_{D}kf(x,\ y)\mathrm{d}\sigma=k\iint\limits_{D}f(x,\ y)\mathrm{d}\sigma$$

其中 k 为常数.

性质 2　函数代数和的积分等于各函数积分的代数和,即

$$\iint\limits_{D}[f(x,\ y)\pm g(x,\ y)]\mathrm{d}\sigma=\iint\limits_{D}f(x,\ y)\mathrm{d}\sigma\pm\iint\limits_{D}g(x,\ y)\mathrm{d}\sigma$$

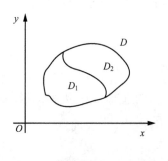

性质 3　二重积分的可加性:如果积分区域 D 被一曲线分成 D_1,D_2 两个区域,如图 8.13,则

$$\iint\limits_{D}f(x,\ y)\mathrm{d}\sigma$$

$$=\iint\limits_{D_1}f(x,\ y)\mathrm{d}\sigma+\iint\limits_{D_2}f(x,\ y)\mathrm{d}\sigma$$

图 8.13

性质 4　如果在 D 上,$f(x,\ y)=1$,A 为区域 D 的面积,则

$$A=\iint\limits_{D}1\cdot\mathrm{d}\sigma=\iint\limits_{D}\mathrm{d}\sigma$$

性质 5　如果在区域 D 上,有 $f(x,\ y)\leqslant g(x,\ y)$ 则

$$\iint\limits_{D}f(x,\ y)\mathrm{d}\sigma\leqslant\iint\limits_{D}g(x,\ y)\mathrm{d}\sigma$$

特别地,由于 $-|f(x,y)|\leqslant f(x,y)\leqslant|f(x,y)|$,所以,有

$$\left|\iint\limits_{D}f(x,y)\mathrm{d}\sigma\right|\leqslant\iint\limits_{D}|f(x,y)|\mathrm{d}\sigma$$

性质 6 设 M 与 m 分别是函数 $f(x,y)$ 在 D 上最大值与最小值,A 是区域 D 的面积,则

$$mA\leqslant\iint\limits_{D}f(x,y)\mathrm{d}\sigma\leqslant MA$$

性质 7 二重积分的中值定理:设 $f(x,y)$ 在有界闭区域 D 上连续,A 是区域 D 的面积,则在 D 内至少存在一点 (ζ,η),使得

$$\iint\limits_{D}f(x,y)\mathrm{d}\sigma=f(\zeta,\eta)A$$

中值定理的几何意义为:在区域 D 上以曲面 $f(x,y)$ 为顶的曲顶柱体的体积,等于区域 D 上以某一点 (ζ,η) 为高的平顶柱体的体积.

二、二重积分的计算

1. 化二重积分为二次积分

重积分定义为和式的极限. 如果直接用二重积分的定义去计算它的值,是复杂、困难的,甚至是不可能的. 下面我们根据二重积分的几何意义——曲顶柱体的体积来导出二重积分的计算法则,这个法则主要是把二重积分的计算化成接连计算两次定积分,即二次积分.

设函数 $z=f(x,y)$ 在区域 D 上连续,且当 $(x,y)\in D$ 时,$f(x,y)\geqslant 0$. 如果区域 D 是由直线 $x=a$,$x=b$ 与曲线 $y=\varphi_1(x)$,$y=\varphi_2(x)$ 所围成,如图 8.14,即 $D:a\leqslant x\leqslant b,\varphi_1(x)\leqslant y\leqslant\varphi_2(x)$,则二重积分 $\iint\limits_{D}f(x,y)\mathrm{d}\sigma$ 是区域 D 上以曲面 $z=f(x,y)$ 为顶的曲顶柱体的体积.

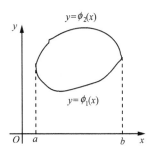

图 8.14

为确定曲顶柱体的体积,可在 x 处用平行于 yz 平面的平面去截曲顶柱体,设其截面面积为 $A(x)$,由第六章定积分的应用部分可知:从 a 到 b 的平行截面面积为 $A(x)$ 的立体体积公式为 $\displaystyle\int_a^b A(x)\mathrm{d}x$,于是有

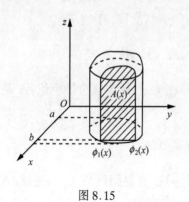

图 8.15

$$\iint\limits_{D} f(x,\ y)\mathrm{d}\sigma = \int_a^b A(x)\mathrm{d}x$$

由图 8.15 可知，$A(x)$是一个曲边梯形的面积. 对固定的 x，此曲边梯形的曲边是由方程 $z = f(x,\ y)$确定的关于 y 的一元函数的曲线，而底边沿着 y 方向从 $\varphi_1(x)$ 变到 $\varphi_2(x)$. 故其面积 $A(x)$为

$$A(x) = \int_{\varphi_1(x)}^{\varphi_2(x)} f(x,\ y)\mathrm{d}y$$

从而

$$\iint\limits_{D} f(x,\ y)\mathrm{d}\sigma = \iint\limits_{D} f(x,\ y)\mathrm{d}x\mathrm{d}y = \int_a^b \left[\int_{\varphi_1(x)}^{\varphi_2(x)} f(x,\ y)\mathrm{d}y \right]\mathrm{d}x$$

通常写成

$$\iint\limits_{D} f(x,\ y)\mathrm{d}x\mathrm{d}y = \int_a^b \mathrm{d}x \int_{\varphi_1(x)}^{\varphi_2(x)} f(x,\ y)\mathrm{d}y$$

这样，我们就把计算二重积分的问题化为计算两次定积分的问题. 第一次计算单积分

$$A(x) = \int_{\varphi_1(x)}^{\varphi_2(x)} f(x,\ y)\mathrm{d}y$$

时，x 看作是常量，y 是积分变量；第二次积分时，x 是积分变量. 这是先对 y，后对 x 的两次积分. 类似地，如果用平行于坐标平面 xz 的平面去截区域 D 上以曲面 $z = f(x,y)$为顶的曲顶柱体，此时 D 为

$$c \leqslant y \leqslant d, \qquad \psi_1(y) \leqslant x \leqslant \psi_2(y)$$

则有

$$\iint\limits_{D} f(x,\ y)\mathrm{d}x\mathrm{d}y = \int_c^d \mathrm{d}y \int_{\psi_1(x)}^{\psi_2(x)} f(x,\ y)\mathrm{d}x$$

这是先对 x，后对 y 的两次积分. 如果去掉以上结论中关于 $z = f(x,\ y) \geqslant 0((x,\ y) \in D)$的限制，则上述结论仍是成立的.

几点说明：

(i) 若区域 D 是一个矩形，即 D 为

$$a \leqslant x \leqslant b, \qquad c \leqslant y \leqslant d$$

则

$$\iint\limits_{D} f(x, y)\mathrm{d}x\mathrm{d}y = \int_a^b \mathrm{d}x \int_c^d f(x, y)\mathrm{d}y = \int_c^d \mathrm{d}y \int_a^b f(x, y)\mathrm{d}x$$

(ii) 若函数 $f(x, y) = f_1(x) \cdot f_2(y)$ 可积, 且 D 为

$$a \leqslant x \leqslant b, \qquad c \leqslant y \leqslant d$$

则

$$\iint\limits_{D} f(x, y)\mathrm{d}x\mathrm{d}y = \left(\int_a^b f_1(x)\mathrm{d}x \right)\left(\int_c^d f_2(y)\mathrm{d}y \right)$$

例如

$$\int_0^1 \int_0^1 xy\mathrm{d}x\mathrm{d}y = \left(\int_0^1 x\mathrm{d}x \right)\left(\int_0^1 y\mathrm{d}y \right) = \frac{1}{2} \cdot \frac{1}{2} = \frac{1}{4}$$

(iii) 上面所讨论的积分区域 D 都满足如下条件, 即平行于 y 轴或 x 轴的直线与区域 D 的边界曲线相交不多于两点, 若 D 不满足这个条件, 如图 8.16, 我们可将 D 分成若干部分, 使每一部分都适合这个条件, 这样分别在各部分上应用上述公式求积分, 然后把各个积分加起来, 就得到在整个区域上的积分.

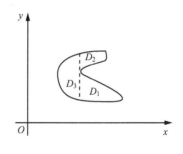

图 8.16

既然计算二重积分归结于计算两次积分, 因此计算积分本身没有新困难. 对于初学者来说, 感到困难的是如何根据区域 D 去确定两次积分的上、下限. 建议读者先将区域 D 的图形画出, 再写出区域 D 上的点的坐标所要满足的不等式以确定积分的上、下限. 此外, 在解决具体问题的时候, 时常还应考虑应该是先对 x 积分还是先对 y 积分计算起来更加简便.

例 1 计算二重积分 $\iint\limits_{D}\left(1 - \dfrac{x}{4} - \dfrac{y}{3} \right)\mathrm{d}x\mathrm{d}y$, 其中 D 为矩形:

$$-2 \leqslant x \leqslant 2, \qquad -1 \leqslant y \leqslant 1$$

解 $\qquad \iint\limits_{D}\left(1 - \dfrac{x}{4} - \dfrac{y}{3} \right)\mathrm{d}x\mathrm{d}y = \int_{-2}^2 \mathrm{d}x \int_{-1}^1 \left(1 - \dfrac{x}{4} - \dfrac{y}{3} \right)\mathrm{d}y$

$$= \int_{-2}^{2} \left(y - \frac{xy}{4} - \frac{y^2}{6} \right) \Big|_{-1}^{1} \mathrm{d}x = \int_{-2}^{2} \left(2 - \frac{x}{2} \right) \mathrm{d}x$$

$$= \left(2x - \frac{x^2}{4} \right) \Big|_{-2}^{2} = 8$$

例2　计算二重积分 $\iint\limits_{D} \mathrm{e}^{x+y} \mathrm{d}x \mathrm{d}y$，其中区域 D 为矩形：

$$0 \leqslant x \leqslant 1, \qquad 1 \leqslant y \leqslant 2$$

解　因为 $\mathrm{e}^{x+y} = \mathrm{e}^x \cdot \mathrm{e}^y$，所以

$$\iint\limits_{D} \mathrm{e}^{x+y} \mathrm{d}x \mathrm{d}y = \left(\int_{0}^{1} \mathrm{e}^x \mathrm{d}x \right) \left(\int_{1}^{2} \mathrm{e}^y \mathrm{d}y \right)$$

$$= (\mathrm{e} - 1)(\mathrm{e}^2 - \mathrm{e}) = \mathrm{e}(\mathrm{e} - 1)^2$$

或

$$\iint\limits_{D} \mathrm{e}^{x+y} \mathrm{d}x \mathrm{d}y = \int_{0}^{1} \mathrm{d}x \int_{1}^{2} \mathrm{e}^{x+y} \mathrm{d}y$$

$$= \int_{0}^{1} (\mathrm{e}^{x+y}) \Big|_{1}^{2} \mathrm{d}x$$

$$= \int_{0}^{1} (\mathrm{e}^{x+2} - \mathrm{e}^{x+1}) \mathrm{d}x$$

$$= (\mathrm{e}^{x+2} - \mathrm{e}^{x+1}) \big|_{0}^{1}$$

$$= \mathrm{e}^3 - \mathrm{e}^2 - (\mathrm{e}^2 - \mathrm{e})$$

$$= \mathrm{e}(\mathrm{e} - 1)^2$$

例3　计算二重积分 $\iint\limits_{D} xy \mathrm{d}x \mathrm{d}y$，其中积分区域 D 分别如图 8.17 所示：

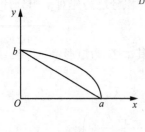

(1)三角形；(2)四分之一椭圆.

　解　(1) 因为图 8.17 所示的三角形区域 D 的斜边方程是

$$\frac{x}{a} + \frac{y}{b} = 1$$

图 8.17

所以 D 可表示为

$$0 \leqslant x \leqslant a, \qquad 0 \leqslant y \leqslant b\left(1 - \frac{x}{a}\right)$$

因此

$$\iint\limits_D xy\mathrm{d}x\mathrm{d}y = \int_0^a \mathrm{d}x \int_0^{b\left(1-\frac{x}{a}\right)} xy\mathrm{d}y = \int_0^a \left.\left(\frac{xy^2}{2}\right)\right|_0^{b\left(1-\frac{x}{a}\right)} \mathrm{d}x$$

$$= \int_0^a \frac{1}{2} b^2 \left(1 - \frac{x}{a}\right)^2 x\mathrm{d}x$$

$$= \frac{1}{2} b^2 \int_0^a \left(x - \frac{2x^2}{a} + \frac{x^3}{a^2}\right)\mathrm{d}x$$

$$= \frac{1}{2} b^2 \left.\left(\frac{x^2}{2} - \frac{2}{3}\frac{x^3}{a} + \frac{x^4}{4a^2}\right)\right|_0^a$$

$$= \frac{1}{24} a^2 b^2$$

另外,图 8.17 所示三角形区域 D 也可表为

$$0 \leqslant y \leqslant b, \qquad 0 \leqslant x \leqslant a\left(1 - \frac{y}{b}\right)$$

这时

$$\iint\limits_D xy\mathrm{d}x\mathrm{d}y = \int_0^b \mathrm{d}y \int_0^{a\left(1-\frac{y}{b}\right)} xy\mathrm{d}x$$

$$= \int_0^b \frac{1}{2} a^2 \left(1 - \frac{y}{b}\right)^2 y\mathrm{d}y = \frac{1}{24} a^2 b^2$$

(2) 图 8.17 所示的四分之一椭圆区域 D 可表为

$$0 \leqslant x \leqslant a, \qquad 0 \leqslant y \leqslant b\sqrt{1 - \frac{x^2}{a^2}}$$

因此

$$\iint\limits_D xy\mathrm{d}x\mathrm{d}y = \int_0^a \mathrm{d}x \int_0^{b\sqrt{1-\frac{x^2}{a^2}}} xy\mathrm{d}y$$

$$= \int_0^a \frac{1}{2} b^2 \left(1 - \frac{x^2}{a^2}\right) x\mathrm{d}x$$

$$= \frac{1}{2}b^2 \int_0^a \left(x - \frac{x^3}{a^2} \right) \mathrm{d}x$$

$$= \frac{1}{2}b^2 \left(\frac{x^2}{2} - \frac{x^4}{4a^2} \right) \Big|_0^a$$

$$= \frac{1}{2}b^2 \left(\frac{a^2}{2} - \frac{a^4}{4a^2} \right) = \frac{1}{8}a^2 b^2$$

例 4 计算二重积分 $\iint\limits_D (x + 6y)\mathrm{d}x\mathrm{d}y$，其中 D 是由三条线 $y = x$，$y = 5x$，$x = 1$ 所围成的区域

解 由图 8.18 易知积分区域 D 可表为

$$0 \leqslant x \leqslant 1, \qquad x \leqslant y \leqslant 5x$$

于是

$$\iint\limits_D (x + 6y)\mathrm{d}x\mathrm{d}y = \int_0^1 \mathrm{d}x \int_x^{5x} (x + 6y)\mathrm{d}y$$

$$= \int_0^1 (xy + 3y^2) \Big|_x^{5x} \mathrm{d}x$$

$$= \int_0^1 76x^2 \mathrm{d}x = 76\frac{x^3}{3} \Big|_0^1 = \frac{76}{3}$$

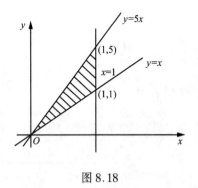

图 8.18

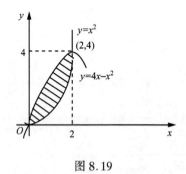

图 8.19

例 5 应用二重积分，求在 xy 平面上由 $y = x^2$ 与 $y = 4x - x^2$ 所围成的区域的面积.

解 由二重积分的性质知,二重积分 $\iint\limits_{D}\mathrm{d}x\mathrm{d}y$ 的值就是积分区域 D 的面积 A,由图 8.19 得积分区域 D 可表为

$$0 \leqslant x \leqslant 2, \qquad x^2 \leqslant y \leqslant 4x - x^2$$

于是

$$A = \iint\limits_{D}\mathrm{d}x\mathrm{d}y = \int_0^2 \mathrm{d}x \int_{x^2}^{4x-x^2} \mathrm{d}y = \int_0^2 (4x - 2x^2)\mathrm{d}x$$

$$= \left(2x^2 - \frac{2}{3}x^3\right)\Big|_0^2 = \frac{8}{3}$$

即区域 D 的面积等于 $\dfrac{8}{3}$ 平方单位.

例 6 计算二重积分 $\iint\limits_{D}\mathrm{e}^{-y^2}\mathrm{d}x\mathrm{d}y$,其中 D 是以 $(0,0),(1,1),(0,1)$ 为顶点的三角形,如图 8.20.

解 先对 x,后对 y 积分,则

$$\iint\limits_{D}\mathrm{e}^{-y^2}\mathrm{d}x\mathrm{d}y$$

$$= \int_0^1 \mathrm{d}y \int_0^y \mathrm{e}^{-y^2}\mathrm{d}x$$

$$= \int_0^1 y\mathrm{e}^{-y^2}\mathrm{d}y = -\frac{1}{2}\mathrm{e}^{-y^2}\Big|_0^1$$

$$= 2\left(1 - \frac{1}{\mathrm{e}}\right)$$

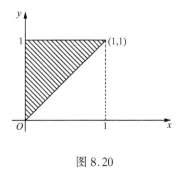

图 8.20

若先对 y,后对 x 积分,则

$$\iint\limits_{D}\mathrm{e}^{-y^2}\mathrm{d}x\mathrm{d}y = \int_0^1 \mathrm{d}x \int_x^1 \mathrm{e}^{-y^2}\mathrm{d}y$$

由于 e^{-y^2} 的原函数不能用初等函数表示,积分难以进行. 所以为了简便地计算二重积分,除了要注意积分区域的特点外,还应注意被积函数的特点,适当地选择求积分的次序.

2. 利用极坐标计算二重积分

积分的变量代换是计算积分的一个有效方法,对二重积分也有类似的方

法. 在这类方法中极坐标变换

$$x = r\cos\theta, \qquad y = r\sin\theta$$

最为常用. 下面介绍怎样利用极坐标变换来计算二重积分.

设通过原点的射线与区域 D 的边界线的交点不多于两点, 我们用一组同心圆(r＝常数)和一组通过极点的射线(θ＝常数)将区域 D 分成很多小区域, 如图 8.21.

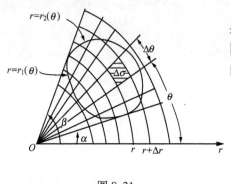

图 8.21

将极角分别为 θ 与 $\theta+\Delta\theta$ 的两条射线和半径分别为 r 与 $r+\Delta r$ 的两条圆弧所围成的小区域记作 $\Delta\sigma$. 由扇形的面积公式可知

$$\Delta\sigma = \frac{1}{2}(r+\Delta r)^2 \cdot \Delta\theta - \frac{1}{2}r^2\Delta\theta$$

$$= r\Delta r\Delta\theta + \frac{1}{2}(\Delta r)^2\Delta\theta$$

略去高阶无穷小量 $\frac{1}{2}(\Delta r)^2\Delta\theta$, 得

$$\Delta\sigma \approx r\Delta r\Delta\theta$$

面积元素为

$$\mathrm{d}\sigma = r\mathrm{d}r\mathrm{d}\theta$$

而被积函数为

$$f(x, y) = f(r\cos\theta, r\sin\theta)$$

于是, 有

$$\iint_D f(x, y)\mathrm{d}x\mathrm{d}y = \iint_D f(r\cos\theta, r\sin\theta)r\mathrm{d}r\mathrm{d}\theta$$

这就是将直角坐标系中的二重积分变换为极坐标系下的二重积分的计算公式.

在极坐标系下的二重积分, 同样可以化为二次积分来计算. 例如当区域 D 在某两条射线 $\theta=\alpha$, $\theta=\beta$ 之间时, 射线与区域边界的交点把区域边界分为两部分, $r=r_1(\theta)$, $r=r_2(\theta)$. 这时 D 为

$$\alpha \leqslant \theta \leqslant \beta, \qquad r_1(\theta) \leqslant r \leqslant r_2(\theta)$$

如图 8.22,于是

$$\iint_D f(r\cos\theta,\ r\sin\theta)r\mathrm{d}r\mathrm{d}\theta = \int_\alpha^\beta \mathrm{d}\theta\int_{r_1(\theta)}^{r_2(\theta)} f(r\cos\theta,\ r\sin\theta)r\mathrm{d}r$$

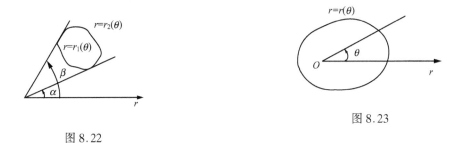

图 8.22

图 8.23

又如,当区域 D 包含极点时,如果区域的边界曲线方程是 $r=r(\theta)$,如图 8.23,这时 D 为

$$0\leqslant\theta\leqslant 2\pi,\qquad 0\leqslant r\leqslant r(\theta)$$

于是

$$\begin{aligned}&\iint_D f(r\cos\theta,\ r\sin\theta)r\mathrm{d}r\mathrm{d}\theta\\ =&\int_0^{2\pi}\mathrm{d}\theta\int_0^{r(\theta)} f(r\cos\theta,\ r\sin\theta)r\mathrm{d}r\end{aligned}$$

如果极点 O 在区域 D 的边界上,如图 8.24,此时 D 为

$$\alpha\leqslant\theta\leqslant\beta,\qquad 0\leqslant r\leqslant r(\theta)$$

于是

图 8.24

$$\begin{aligned}&\iint_D f(r\cos\theta,\ r\sin\theta)r\mathrm{d}r\mathrm{d}\theta\\ =&\int_\alpha^\beta\mathrm{d}\theta\int_0^{r(\theta)} f(r\cos\theta,\ r\sin\theta)r\mathrm{d}r\end{aligned}$$

一般来说,当区域 D 是圆或圆的一部分,或者区域 D 的边界方程用极坐标表示较为简单,或者被积函数为 $f(x^2+y^2)$, $f\left(\frac{y}{x}\right)$,$f\left(\frac{x}{y}\right)$等形式时,采用极坐标计算二重积分较为方便.

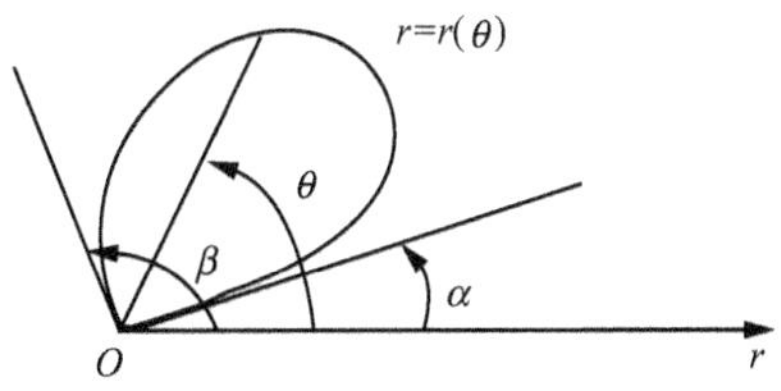

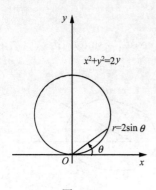

图 8.25

例 7　计算二重积分 $\iint\limits_{D} \sqrt{x^2 + y^2}\,\mathrm{d}x\mathrm{d}y$,其中 D 是圆 $x^2 + y^2 = 2y$ 所围成的区域.

解　由于 $x = r\cos\theta, y = r\sin\theta$,所以此圆的极坐标方程是

$$r = 2\sin\theta$$

由图 8.25 易见,D 可表为

$$0 \leqslant \theta \leqslant \pi, \qquad 0 \leqslant r \leqslant 2\sin\theta$$

于是

$$\iint\limits_{D} \sqrt{x^2 + y^2}\,\mathrm{d}x\mathrm{d}y = \iint\limits_{D} r \cdot r\mathrm{d}r\mathrm{d}\theta = \int_0^{\pi}\mathrm{d}\theta\int_0^{2\sin\theta} r^2\mathrm{d}r$$

$$= \int_0^{\pi}\left(\frac{r^3}{3}\right)\bigg|_0^{2\sin\theta}\mathrm{d}\theta = \frac{8}{3}\int_0^{\pi}\sin^3\theta\mathrm{d}\theta$$

$$= \frac{8}{3}\int_0^{\pi}(\cos^2\theta - 1)\mathrm{d}\cos\theta$$

$$= \frac{8}{3}\left(\frac{\cos^3\theta}{3} - \cos\theta\right)\bigg|_0^{\pi} = \frac{8}{3} \cdot \frac{4}{3}$$

$$= \frac{32}{9}$$

例 8　计算二重积分 $\iint\limits_{D}\sin\sqrt{x^2 + y^2}\,\mathrm{d}x\mathrm{d}y$,其中 D 是由 $x^2 + y^2 \leqslant 4\pi^2$ 与 $x^2 + y^2 \geqslant \pi^2$ 所确定的圆环域.

解　如图 8.26,D 在极坐标下可表示为

$$0 \leqslant \theta \leqslant 2\pi, \qquad \pi \leqslant r \leqslant 2\pi$$

于是

$$\iint\limits_{D}\sin\sqrt{x^2 + y^2}\,\mathrm{d}x\mathrm{d}y$$

$$= \int_0^{2\pi}\mathrm{d}\theta\int_{\pi}^{2\pi}(\sin r) \cdot r\mathrm{d}r$$

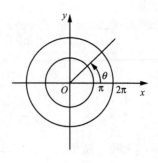

图 8.26

$$= 2\pi \int_0^{2\pi} r d(-\cos r)$$

$$= 2\pi(\sin r - r\cos r)\big|_\pi^{2\pi}$$

$$= 2\pi(-3\pi) = -6\pi^2$$

例 9 计算二重积分 $\iint\limits_D e^{-x^2-y^2} dx dy$，其中 D 为圆域 $x^2+y^2 \leqslant a^2$，$a > 0$.

解 在极坐标系下，圆域 D 可表为

$$0 \leqslant r \leqslant a, \qquad 0 \leqslant \theta \leqslant 2\pi$$

而且被积函数 $e^{-x^2-y^2} = e^{-r^2}$，于是

$$\iint\limits_D e^{-x^2-y^2} dx dy = \iint\limits_D e^{-r^2} r dr d\theta = \int_0^{2\pi} d\theta \int_0^a e^{-r^2} \cdot r dr$$

$$= 2\pi \left(-\frac{1}{2} e^{-r^2}\right)\bigg|_0^a = \pi(1 - e^{-a^2})$$

本题如果采用直角坐标系计算，便会碰到积分 $\int e^{-x^2} dx$，这是不能用初等函数来表示的，因而难以进一步计算下去. 而由于采用了极坐标，问题就方便地解决了.

典型例题分析

例 1 求下列函数的定义域：

(1) $z = \ln(x+y)$

(2) $z = \ln(4-x^2-y^2) + \sqrt{x^2-1}$

解 二元函数 $z = f(x, y)$ 的定义域，就是使 $z = f(x, y)$ 有意义的 (x, y) 的全体. 其求法和一元函数的一样，共有四条准则，参看第一章.

(1) 要使函数有意义，必须 $x+y > 0$

(2) 要使函数有意义，必须

$$\begin{cases} 4-x^2-y^2 > 0 \\ x^2-1 \geqslant 0 \end{cases}, \text{即} \begin{cases} x^2+y^2 < 4 \\ x^2 \geqslant 1 \end{cases}, \text{也即} \begin{cases} 4-x^2-y^2 > 0 \\ |x| \geqslant 1 \end{cases}$$

例2 设函数

$$z = \begin{cases} \dfrac{xy^2}{x^2 + y^4} & (x, y) \neq (0,0) \\ 0 & (x, y) = (0,0) \end{cases}$$

讨论 $f(x, y)$ 在(0,0)处的极限,判断 $f(x, y)$ 在(0,0)处的连续性;又在点(0,0)处函数的偏导数是否存在?

解 首先考虑 $f(x, y)$ 在(0,0)处的极限,当动点沿 x 轴趋于点(0,0)时,有

$$\lim_{\substack{x\to 0 \\ y=0}} \frac{xy^2}{x^2 + y^4} = \lim_{x\to 0} \frac{0}{x^2} = 0$$

当动点沿曲线 $y^2 = x$ 趋于点(0,0)时,有

$$\lim_{\substack{y\to 0 \\ x=y^2}} \frac{xy^2}{x^2 + y^4} = \lim_{\substack{y\to 0 \\ x=y^2}} \frac{y^4}{y^4 + y^4} = \lim_{y\to 0} \frac{1}{2} = \frac{1}{2}$$

即当动点沿不同路径趋于点(0,0)时,$f(x, y)$ 趋向于不同的数值,由定义,$z = f(x, y)$ 在(0,0)处的极限不存在.

由于 $\lim\limits_{\substack{y\to 0 \\ x=y^2}} f(x, y)$ 不存在,故 $f(x, y)$ 在(0,0)不连续. 最后我们考虑 $z = f(x, y)$ 在(0,0)处的偏导数,由定义

$$\frac{\partial z}{\partial x}\bigg|_{(0,0)} = \lim_{\Delta x\to 0} \frac{f(0 + \Delta x, 0) - f(0, 0)}{\Delta x}$$

$$= \lim_{\Delta x\to 0} \frac{f(\Delta x, 0) - f(0, 0)}{\Delta x}$$

$$= \lim_{\Delta x\to 0} \frac{\dfrac{\Delta x \cdot 0}{(\Delta x)^2 + 0^4}}{\Delta x} = \lim_{\Delta x\to 0} \frac{0}{\Delta x} = 0$$

同理 $\dfrac{\partial z}{\partial y}\bigg|_{(0,0)} = 0.$

从本例可以看出,二元函数 $z = f(x, y)$ 两个偏导数存在,函数未必在该点连续,甚至极限都不存在,这是二元函数与一元函数的一个重要差别.

例3 求下列函数的偏导数:

(1) $z = e^{xy}$;   (2) $z = x^2\ln(x^2 + y^2)$

(3) $z = \dfrac{xy}{x^2 + y^2}$;　　　(4) $z = \ln \dfrac{y}{x}$

(5) $f(x, y) = x^2 y^2 - 2y$,求 $f_x(2, 3)$,$f_y(0, 0)$.

解　(1) 将 y 视为常数,对 x 求导,有

$$\frac{\partial z}{\partial x} = \mathrm{e}^{xy} \cdot y = y\mathrm{e}^{xy}$$

将 x 视为常数,对 y 求导,有

$$\frac{\partial z}{\partial y} = \mathrm{e}^{xy} \cdot x = x\mathrm{e}^{xy}$$

(2)　$\dfrac{\partial z}{\partial x} = 2x \cdot \ln(x^2 + y^2) + x^2 \cdot \dfrac{1}{x^2 + y^2} \cdot (2x + 0)$

$$= 2x\ln(x^2 + y^2) + \frac{2x^3}{x^2 + y^2}$$

$$\frac{\partial z}{\partial y} = x^2 \cdot \frac{1}{x^2 + y^2} \cdot (0 + 2y) = \frac{2x^2 y}{x^2 + y^2}$$

(3)　$\dfrac{\partial z}{\partial x} = \dfrac{y(x^2 + y^2) - xy \cdot 2x}{(x^2 + y^2)^2} = \dfrac{y^3 - x^2 y}{(x^2 + y^2)^2}$

$$\frac{\partial z}{\partial y} = \frac{x(x^2 + y^2) - xy \cdot 2y}{(x^2 + y^2)^2} = \frac{x^3 - y^2 x}{(x^2 + y^2)^2}$$

(4)　$\dfrac{\partial z}{\partial x} = \dfrac{1}{\dfrac{y}{x}} \cdot \left(-\dfrac{y}{x^2} \right) = -\dfrac{1}{x}$,

$$\frac{\partial z}{\partial y} = \frac{1}{\dfrac{y}{x}} \cdot \frac{1}{x} = \frac{1}{y}$$

(5) 要求偏导数值,首先求偏导数

$$f_x(x, y) = 2xy^2, \qquad f_y(x, y) = 2x^2 y - 2$$

所以

$$f_x(2, 3) = 2 \times 2 \times 3^2 = 36$$

$$f_y(0, 0) = 2 \cdot 0^2 \cdot 0 - 2 = -2$$

例 4　求下列函数的二阶偏导数：

(1) $z = x\ln(x+y)$；　　(2) $z = x^4 + y^4 - 4x^2 y^2$

解　二阶偏导数是一阶偏导数的偏导数，故首先求一阶偏导数.

(1)
$$\frac{\partial z}{\partial x} = 1 \cdot \ln(x+y) + x \cdot \frac{1}{x+y} \cdot (1+0)$$

$$= \ln(x+y) + \frac{x}{x+y}$$

$$\frac{\partial z}{\partial y} = x \cdot \frac{1}{x+y} \cdot (0+1) = \frac{x}{x+y}$$

因此

$$\frac{\partial^2 z}{\partial x^2} = \frac{\partial}{\partial x}\left(\frac{\partial z}{\partial x}\right) = \frac{\partial}{\partial x}\left[\ln(x+y) + \frac{x}{x+y}\right]$$

$$= \frac{1}{x+y} + \frac{1 \cdot (x+y) - x \cdot 1}{(x+y)^2}$$

$$= \frac{1}{x+y} + \frac{y}{(x+y)^2} = \frac{x+2y}{(x+y)^2}$$

$$\frac{\partial^2 z}{\partial x \partial y} = \frac{\partial}{\partial y}\left(\frac{\partial z}{\partial x}\right) = \frac{\partial}{\partial y}\left[\ln(x+y) + \frac{x}{x+y}\right]$$

$$= \frac{1}{x+y} + \frac{0 - x \cdot 1}{(x+y)^2} = \frac{y}{(x+y)^2}$$

$$\frac{\partial^2 z}{\partial y \partial x} = \frac{\partial}{\partial x}\left(\frac{\partial z}{\partial y}\right) = \frac{\partial}{\partial x}\left(\frac{x}{x+y}\right)$$

$$= \frac{1 \cdot (x+y) - x \cdot 1}{(x+y)^2} = \frac{y}{(x+y)^2}$$

$$\frac{\partial^2 z}{\partial y^2} = \frac{\partial}{\partial y}\left(\frac{\partial z}{\partial y}\right) = \frac{\partial}{\partial y}\left(\frac{x}{x+y}\right)$$

$$= \frac{0 - x \cdot 1}{(x+y)^2} = -\frac{x}{(x+y)^2}$$

(2)
$$\frac{\partial z}{\partial x} = 4x^3 - 8xy^2, \quad \frac{\partial z}{\partial y} = 4y^3 - 8x^2 y$$

因此

$$\frac{\partial^2 z}{\partial x^2} = \frac{\partial}{\partial x}\left(\frac{\partial z}{\partial x}\right) = 12x^2 - 8y^2$$

$$\frac{\partial^2 z}{\partial x \partial y} = \frac{\partial}{\partial y}\left(\frac{\partial z}{\partial x}\right) = -16xy$$

$$\frac{\partial^2 z}{\partial y \partial x} = \frac{\partial}{\partial x}\left(\frac{\partial z}{\partial y}\right) = -16xy$$

$$\frac{\partial^2 z}{\partial y^2} = \frac{\partial}{\partial y}\left(\frac{\partial z}{\partial y}\right) = 12y^2 - 8x^2$$

注意 $\frac{\partial^2 z}{\partial x \partial y}$、$\frac{\partial^2 z}{\partial y \partial x}$都是 z 对 x，y 各求一次偏导,无非是求导顺序不同而已. 一般地,若 $f''_{xy}(x,y)$, $f''_{yx}(x,y)$均连续,则二者是相等的,如本例.

例5 求下列函数的全微分:

(1) $z = \arctan(xy)$;   (2) $z = e^{x^2 + y^2}$

解 由全微分的定义,只须计算出 $\frac{\partial z}{\partial x}$, $\frac{\partial z}{\partial y}$, 即得全微分 $dz = \frac{\partial z}{\partial x}dx + \frac{\partial z}{\partial y}dy$.

(1) $\frac{\partial z}{\partial x} = \frac{1}{1+(xy)^2} \cdot y = \frac{y}{1+x^2 y^2}$

$$\frac{\partial z}{\partial y} = \frac{1}{1+(xy)^2} \cdot x = \frac{x}{1+x^2 y^2}$$

则

$$dz = \frac{\partial z}{\partial x}dx + \frac{\partial z}{\partial y}dy = \frac{y}{1+x^2 y^2}dx + \frac{x}{1+x^2 y^2}dy$$

$$= \frac{1}{1+x^2 y^2}(ydx + xdy)$$

(2) $\frac{\partial z}{\partial x} = e^{x^2 + y^2} \cdot 2x = 2xe^{x^2 + y^2}$

$$\frac{\partial z}{\partial y} = e^{x^2 + y^2} \cdot 2y = 2ye^{x^2 + y^2}$$

则

$$dz = \frac{\partial z}{\partial x}dx + \frac{\partial z}{\partial y}dy = 2xe^{x^2 + y^2}dx + 2ye^{x^2 + y^2}dy$$

$$= 2e^{x^2+y^2}(x\,\mathrm{d}x + y\,\mathrm{d}y)$$

例6　试求函数 $z = xy$ 当 $x = 5$，$y = 4$，$\Delta x = 0.1$，$\Delta y = -0.2$ 时的全微分和全增量.

　　解　　　　　　　　$f'_x(x,\ y) = y$，　　　　$f'_y(x,\ y) = x$

故

$$f'_x(5,\ 4) = 4,　　　　f'_y(5,\ 4) = 5$$

$$\mathrm{d}z = f'_x(5,\ 4)\Delta x + f'_y(5,\ 4)\Delta y$$

$$= 4 \times 0.1 + 5 \times (-0.2) = -0.6$$

$$\Delta z = f(5 + \Delta x,\ 4 + \Delta y) - f(5,\ 4)$$

$$= f(5 + 0.1,\ 4 - 0.2) - f(5,\ 4)$$

$$= 5.1 \times 3.8 - 5 \times 4 = -0.62$$

从本例可以看出，$\Delta z \approx \mathrm{d}z$.

例7　求下列复合函数的偏导数：

(1) $z = u^2 \ln v$，$u = \dfrac{y}{x}$，$v = 3y - 2x$，求 $\dfrac{\partial z}{\partial x}$，$\dfrac{\partial z}{\partial y}$；

(2) $z = x^2 y - y^2 x$，$x = u\cos v$，$y = u\sin v$，求 $\dfrac{\partial z}{\partial u}$，$\dfrac{\partial z}{\partial v}$；

(3) $z = e^{x-2y}$，$x = \sin t$，$y = t^3$，求 $\dfrac{\mathrm{d}z}{\mathrm{d}t}$；

(4) $z = \ln(e^x + e^y)$，$y = x^2$，求 $\dfrac{\mathrm{d}z}{\mathrm{d}x}$；

(5) $u = \dfrac{y}{x}$，$y = \sqrt{1 - x^2}$，求 $\dfrac{\mathrm{d}u}{\mathrm{d}x}$.

　　解　求复合函数的偏导数，最关键的是要弄清楚函数的复合关系. 具体说，要搞清楚谁是因变量，哪些是最终自变量，哪些是中间变量. 从因变量到自变量需经过哪些中间变量. 复合以后的函数是一元函数还是多元函数. 最后要注意对某个变量求偏导数（或导数）时，要经过一切中间变量.

　　(1) 经过复合后，z 是因变量，x、y 是自变量，u、v 为中间变量.

　　其复合关系如图所示：

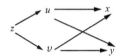

于是

$$\frac{\partial z}{\partial x} = \frac{\partial z}{\partial u} \cdot \frac{\partial u}{\partial x} + \frac{\partial z}{\partial v} \cdot \frac{\partial v}{\partial x}$$

$$= 2u\ln v \cdot \left(-\frac{y}{x^2}\right) + u^2 \cdot \frac{1}{v} \cdot (-2)$$

$$= -\frac{2uy\ln v}{x^2} - \frac{2u^2}{v}$$

$$= -\frac{2y^2}{x^2}\left[\frac{1}{x}\ln(3y - 2x) + \frac{1}{3y - 2x}\right] \qquad (2)$$

$$\frac{\partial z}{\partial y} = \frac{\partial z}{\partial u} \cdot \frac{\partial u}{\partial y} + \frac{\partial z}{\partial v} \cdot \frac{\partial v}{\partial y}$$

$$= 2u\ln v \cdot \frac{1}{x} + u^2 \cdot \frac{1}{v} \cdot 3$$

$$= \frac{2u\ln v}{x} + \frac{3u^2}{v} = \frac{y}{x^2}\left[2\ln(3y - 2x) + \frac{3y}{3y - 2x}\right]$$

(2) 经复合后,z 为因变量,u、v 为自变量,x、y 为中间变量. 其复合关系如下图:

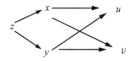

于是

$$\frac{\partial z}{\partial u} = \frac{\partial z}{\partial x} \cdot \frac{\partial x}{\partial u} + \frac{\partial z}{\partial y} \cdot \frac{\partial y}{\partial u}$$

$$= (2xy - y^2) \cdot \cos v + (x^2 - 2xy) \cdot \sin v$$

$$= 3u^2\sin v\cos v(\cos v - \sin v)$$

$$\frac{\partial z}{\partial v} = \frac{\partial z}{\partial x} \cdot \frac{\partial x}{\partial v} + \frac{\partial z}{\partial y} \cdot \frac{\partial y}{\partial v}$$

$$= (2xy - y^2) \cdot (-u\sin v) + (x^2 - 2xy) \cdot (u\cos v)$$

$$= u(y^2 - 2xy)\sin v + u(x^2 - 2xy)\cos v$$

$$= u^3 [(\sin^3 v + 2\cos^3 v)\sin v - (\sin v + \cos v)\sin 2v]$$

(3) 经复合后 z 是 t 的一元函数，x、y 是中间变量. 其复合关系如下图所示：

于是

$$\frac{\mathrm{d}z}{\mathrm{d}t} = \frac{\partial z}{\partial x} \cdot \frac{\mathrm{d}x}{\mathrm{d}t} + \frac{\partial z}{\partial y} \cdot \frac{\mathrm{d}y}{\mathrm{d}t}$$

$$= \mathrm{e}^{x-2y} \cdot 1 \cdot \cos t + \mathrm{e}^{x-2y} \cdot (-2) \cdot 3t^2$$

$$= \mathrm{e}^{\sin t - 2t^3}(\cos t - 6t^2)$$

(4) 设 $u = \mathrm{e}^x + \mathrm{e}^y$，则 $z = \ln u$，而 u 是 x、y 的二元函数，经过复合后，z 是 x 的一元函数.

其复合关系如下图：

于是

$$\frac{\mathrm{d}z}{\mathrm{d}x} = \frac{\mathrm{d}z}{\mathrm{d}u} \cdot \frac{\mathrm{d}u}{\mathrm{d}x}$$

$$= \frac{\mathrm{d}z}{\mathrm{d}u}\left(\frac{\partial u}{\partial x} + \frac{\partial u}{\partial y} \cdot \frac{\mathrm{d}y}{\mathrm{d}x}\right)$$

$$= \frac{1}{u}(\mathrm{e}^x + \mathrm{e}^y \cdot 2x) = \frac{\mathrm{e}^x + 2x\mathrm{e}^{x^2}}{\mathrm{e}^x + \mathrm{e}^{x^2}}$$

(5) 经复合后，u 为 x 的一元函数，u 直接含有 x，u 经过 y 和 x 有关系.

其复合关系如下图：

于是

$$\frac{\mathrm{d}u}{\mathrm{d}x} = \frac{\partial u}{\partial x} + \frac{\partial u}{\partial y} \cdot \frac{\mathrm{d}y}{\mathrm{d}x}$$

$$= -\frac{y}{x^2} + \frac{1}{x} \cdot \frac{1}{2\sqrt{1-x^2}} \cdot (-2x)$$

$$= -\frac{1}{x^2\sqrt{1-x^2}}$$

例 8 求下列隐函数的导数:

(1) $xy - \ln y = 0$,求 $\dfrac{\mathrm{d}y}{\mathrm{d}x}$;

(2) $\mathrm{e}^z - xyz = 0$,求 $\dfrac{\partial z}{\partial x}, \dfrac{\partial z}{\partial y}$.

解 (1) 由方程 $xy - \ln y = 0$ 可确定 y 是 x 的一元函数,令 $F(x, y) = xy - \ln y$,则

$$\frac{\partial F}{\partial x} = y, \qquad \frac{\partial F}{\partial y} = x - \frac{1}{y}$$

于是

$$\frac{\mathrm{d}y}{\mathrm{d}x} = -\frac{\dfrac{\partial F}{\partial x}}{\dfrac{\partial F}{\partial y}} = -\frac{y}{x - \dfrac{1}{y}} = \frac{y^2}{1 - xy}$$

(2) 由方程 $\mathrm{e}^z - xyz = 0$ 可确定 z 是 x、y 的二元函数. 令 $F(x, y, z) = \mathrm{e}^z - xyz$,则

$$\frac{\partial F}{\partial z} = \mathrm{e}^z - xy, \quad \frac{\partial F}{\partial x} = -yz, \quad \frac{\partial F}{\partial y} = -xz$$

于是

$$\frac{\partial z}{\partial x} = -\frac{\dfrac{\partial F}{\partial x}}{\dfrac{\partial F}{\partial z}} = -\frac{-yz}{\mathrm{e}^z - xy} = \frac{yz}{\mathrm{e}^z - xy}$$

$$\frac{\partial z}{\partial y} = -\frac{\dfrac{\partial F}{\partial y}}{\dfrac{\partial F}{\partial z}} = -\frac{-xz}{e^z - xy} = \frac{xz}{e^z - xy}.$$

例 9　求下列函数的极值:

(1) $f(x, y) = x^2 - xy + y^2 - 2x + y$;

(2) $f(x, y) = 4(x - y) - x^2 - y^2$.

解　由二元函数的极值的必要条件与充分条件,求二元函数的极值的步骤为

(i) 求 $f'_x(x, y)$、$f'_y(x, y)$,解方程组

$$\begin{cases} f'_x(x, y) = 0 \\ f'_y(x, y) = 0 \end{cases}$$

得函数 $z = f(x, y)$的所有驻点.

(ii) 求二阶偏导数 $f''_{xx}(x, y)$,$f''_{xy}(x, y)$,$f''_{yy}(x, y)$.

(iii) 对每一个驻点(x_0, y_0),计算二阶偏导数值 $A = f''_{xx}(x_0, y_0)$,$B = f''_{xy}(x_0, y_0)$,$C = f''_{yy}(x_0, y_0)$.

(iv) 若 $B^2 - AC < 0$,则 $f(x, y)$在(x_0, y_0)处有极值,当 $A > 0$ 时,$f(x_0, y_0)$是极小值;当 $A < 0$ 时,$f(x_0, y_0)$为极大值.

若 $B^2 - AC > 0$,则 $f(x, y)$在(x_0, y_0)处不取极值.

若 $B^2 - AC = 0$,本方法失效,考虑用其他方法判别.

(1) $\dfrac{\partial z}{\partial x} = 2x - y - 2$,　　$\dfrac{\partial z}{\partial y} = -x + 2y + 1$

解方程组

$$\begin{cases} 2x - y - 2 = 0 \\ -x + 2y + 1 = 0 \end{cases}$$

得 $x = 1$, $y = 0$, 又$\dfrac{\partial^2 z}{\partial x^2} = 2$, $\dfrac{\partial^2 z}{\partial x \partial y} = -1$, $\dfrac{\partial^2 z}{\partial y^2} = 2$,则

$$A = f''_{xx}(1, 0) = 2, \quad B = f''_{xy}(1, 0) = -1, \quad C = f''_{yy}(1, 0) = 2$$

因 $B^2 - AC = 1 - 4 = -3 < 0$ 而 $A = 2 > 0$,函数在点$(1, 0)$处取得极小值,极小值为 $f(1, 0) = -1$.

(2) $\dfrac{\partial z}{\partial x} = 4 - 2x$,　　$\dfrac{\partial z}{\partial y} = -4 - 2y$

解方程组

$$\begin{cases} 4 - 2x = 0 \\ -4 - 2y = 0 \end{cases}$$

得 $x = 2$，$y = -2$，又 $\dfrac{\partial^2 z}{\partial x^2} = -2$，$\dfrac{\partial^2 z}{\partial x \partial y} = 0$，$\dfrac{\partial^2 z}{\partial y^2} = -2$，即

$$A = -2, \qquad B = 0, \qquad C = -2$$

故 $B^2 - AC = -4 < 0$，而 $A = -2 < 0$，则 $f(x, y)$ 在 $(2, -2)$ 处取到极大值 $f(2, -2) = 8$.

例 10　设生产某种产品的数量与所用两种原料 A、B 的数量 x、y 间有关系式 $\rho(x, y) = 0.005x^2 y$，欲用 150 元购料，已知 A、B 原料的单价分别为 1 元、2 元，问购进两种原料各多少，可使生产的数量最多？是多少？

解　由题意，求函数 $\rho(x, y) = 0.005x^2 y$ 在条件 $x + 2y = 150$ 下的极值，令函数

$$F(x, y, \lambda) = 0.005x^2 y + \lambda(x + 2y - 150)$$

解方程组

$$\begin{cases} \dfrac{\partial F}{\partial x} = 0.01xy + \lambda = 0 \\[2mm] \dfrac{\partial F}{\partial y} = 0.005x^2 + 2\lambda = 0 \\[2mm] \dfrac{\partial F}{\partial \lambda} = x + 2y - 150 = 0 \end{cases}$$

得 $x = 100$，$y = 25$.

根据题意，函数 $\rho(x, y)$ 的最大值一定存在，又函数仅有惟一驻点 $(100, 25)$，因此可以断定点 $(100, 25)$ 为函数的最大值点，即购 A 种原料 100 单位，B 种原料 25 种单位时，生产的产品数量最大，最大数量是 $0.005 \times 100^2 \times 25 = 1250$ 单位.

例 11　计算下列二重积分：

(1) $\displaystyle\iint\limits_{D} x e^{xy} \, \mathrm{d}x \, \mathrm{d}y$，其中 D 为 $0 \leqslant x \leqslant 1$，$-1 \leqslant y \leqslant 0$；

(2) $\displaystyle\iint\limits_{D} e^{2x+y} \, \mathrm{d}x \, \mathrm{d}y$，其中 D 为 $0 \leqslant x \leqslant 1$，$0 \leqslant y \leqslant 1$.

解　(1)

$$\iint\limits_{D} x e^{xy} \mathrm{d}x\mathrm{d}y = \int_0^1 \mathrm{d}x \int_{-1}^0 x e^{xy}\mathrm{d}y$$

$$= \int_0^1 e^{xy}\Big|_{-1}^0 \mathrm{d}x = \int_0^1 (1 - e^{-x})\mathrm{d}x$$

$$= (x + e^{-x})\Big|_0^1 = 1 + e^{-1} - 1 = e^{-1} = \frac{1}{e}$$

(2) 由于 $e^{2x+y} = e^{2x} \cdot e^y$，所以

$$\iint\limits_{D} e^{2x+y}\mathrm{d}x\mathrm{d}y = \left(\int_0^1 e^{2x}\mathrm{d}x\right)\left(\int_0^1 e^y\mathrm{d}y\right)$$

$$= \left(\frac{1}{2}e^{2x}\Big|_0^1\right)\left(e^y\Big|_0^1\right) = \frac{1}{2}(e^2 - 1)(e - 1)$$

$$= \frac{1}{2}(e + 1)(e - 1)^2$$

或

$$\iint\limits_{D} e^{2x+y}\mathrm{d}x\mathrm{d}y = \int_0^1 \mathrm{d}x \int_0^1 e^{2x+y}\mathrm{d}y$$

$$= \int_0^1 e^{2x+y}\Big|_0^1 \mathrm{d}x = \int_0^1 (e^{2x+1} - e^{2x})\mathrm{d}x$$

$$= \int_0^1 (e - 1)e^{2x}\mathrm{d}x = (e - 1)\int_0^1 e^{2x}\mathrm{d}x$$

$$= (e - 1) \cdot \frac{1}{2}e^{2x}\Big|_0^1 = (e - 1) \cdot \frac{1}{2}(e^2 - 1)$$

$$= \frac{1}{2}(e + 1)(e - 1)^2$$

　　注　① 当积分区域 D 为矩形时，原则上是先对 x 积分还是先对 y 积分均可，但有时，不同的积分次序，还会造成二重积分计算的难易程度不同甚至会使计算无法进行下去，不妨可用(1)试做一下便知.

　　② 当被积函数可以分解为 $f_1(x) \cdot f_2(y)$ 形式，且积分区域又是矩形，这时可按(2)的解题方式简化过程.

例 12   计算下列二重积分:

(1) $\iint\limits_{D}(12x+3y)\mathrm{d}x\mathrm{d}y$,其中 D 是由三直线 $y=x$, $y=2x$, $x=2$ 所围成的区域;

(2) $\iint\limits_{D}(2x-y)\mathrm{d}x\mathrm{d}y$,其中 D 是由直线 $y=1$, $2x-y+3=0$, $x+y-3=0$ 所围成的区域;

(3) $\iint\limits_{D}x^2y\mathrm{d}x\mathrm{d}y$,其中 D 是由 $x=0$, $y=0$ 与 $x^2+y^2=1$ 所围成的包围在第一象限的区域.

解   (1) 先画草图(如图 8.27),由图 8.27 易知如果先对 y 积分,后对 x 积分,这时积分区域 D 可以表示为 $0\leqslant x\leqslant 2$,$x\leqslant y\leqslant 2x$,于是

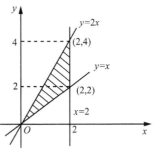

图 8.27

$$\iint\limits_{D}(12x+3y)\mathrm{d}x\mathrm{d}y$$

$$=\int_0^2\mathrm{d}x\int_x^{2x}(12x+3y)\mathrm{d}y$$

$$=\int_0^2\left(12xy+\frac{3}{2}y^2\right)\Big|_x^{2x}\mathrm{d}x=\int_0^2\frac{33}{2}x^2\mathrm{d}x$$

$$=\frac{33}{6}x^3\Big|_0^2=44$$

如果将积分次序改变一下,先对 x 积分,后对 y 积分,这时区域 D 就要分成两部分 D_1, D_2,其中 D_1 为 $0\leqslant y\leqslant 2$, $\frac{y}{2}\leqslant x\leqslant y$; D_2 为 $2\leqslant y\leqslant 4$, $\frac{y}{2}\leqslant x\leqslant 2$ 然后分别求积分,再相加. 即

$$\iint\limits_{D}(12x+3y)\mathrm{d}x\mathrm{d}y$$

$$=\iint\limits_{D_1}(12x+3y)\mathrm{d}x\mathrm{d}y+\iint\limits_{D_2}(12x+3y)\mathrm{d}x\mathrm{d}y$$

$$=\int_0^2\mathrm{d}y\int_{\frac{y}{2}}^{y}(12x+3y)\mathrm{d}x+\int_2^4\mathrm{d}y\int_{\frac{y}{2}}^{2}(12x+3y)\mathrm{d}x$$

显然,这样比较麻烦.

(2) 先画草图(如图 8.28),如果先对 y 积分,后对 x 积分,这时区域 D
要划分成两部分 D_1,D_2,其中 D_1 为 $-1\leqslant x\leqslant 0,1\leqslant y\leqslant 2x+3$;$D_2$ 为 $0\leqslant x$
$\leqslant 2,1\leqslant y\leqslant 3-x$. 然后在每部分上分别求
积分,再相加,即

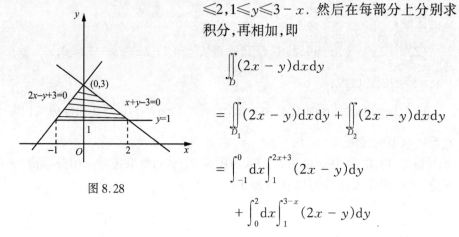

图 8.28

$$\iint\limits_D(2x-y)\mathrm{d}x\mathrm{d}y$$

$$=\iint\limits_{D_1}(2x-y)\mathrm{d}x\mathrm{d}y+\iint\limits_{D_2}(2x-y)\mathrm{d}x\mathrm{d}y$$

$$=\int_{-1}^0\mathrm{d}x\int_1^{2x+3}(2x-y)\mathrm{d}y$$

$$+\int_0^2\mathrm{d}x\int_1^{3-x}(2x-y)\mathrm{d}y$$

这样计算比较麻烦.

若改变一下积分次序,即先对 x 积分,后对 y 积分,这时区域 D 不必分
开,可表为

$$1\leqslant y\leqslant 3,\ \frac{1}{2}(y-3)\leqslant x\leqslant 3-y$$

于是

$$\iint\limits_D(2x-y)\mathrm{d}x\mathrm{d}y=\int_1^3\mathrm{d}y\int_{\frac{1}{2}(y-3)}^{3-y}(2x-y)\mathrm{d}x$$

$$=\int_1^3(x^2-xy)\Big|_{\frac{1}{2}(y-3)}^{3-y}\mathrm{d}y=\frac{9}{4}\int_1^3(y^2-4y+3)\mathrm{d}y$$

$$=\frac{9}{4}\left(\frac{1}{3}y^3-2y^2+3y\right)\Big|_1^3=-3$$

(3) 先画草图(如图 8.29),如果先对 y 积分,后对 x 积分,这时区域 D
可表为 $0\leqslant x\leqslant 1,0\leqslant y\leqslant\sqrt{1-x^2}$,于是

$$\iint\limits_D x^2y\mathrm{d}x\mathrm{d}y=\int_0^1\mathrm{d}x\int_0^{\sqrt{1-x^2}}x^2y\mathrm{d}y$$

$$=\int_0^1x^2\left(\frac{y^2}{2}\right)\Big|_0^{\sqrt{1-x^2}}\mathrm{d}x=\int_0^1\frac{1}{2}x^2(1-x^2)\mathrm{d}x$$

$$= \frac{1}{2}\left(\frac{x^3}{3} - \frac{x^5}{5}\right)\bigg|_0^1 = \frac{1}{2}\left(\frac{1}{3} - \frac{1}{5}\right) = \frac{1}{15}$$

此小题如改变积分次序,即先对 x 积分,后对 y 积分,计算的难易程度相当,并且区域 D 也不必分块. 请读者自己练习.

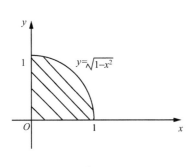

图 8.29

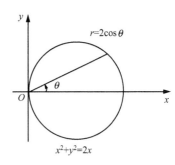

图 8.30

例 13 试用极坐标变换计算下列二重积分:

(1) $\iint\limits_D \sqrt{x^2 + y^2}\,\mathrm{d}x\mathrm{d}y$,其中 D 是由 $x^2 + y^2 = 2x$ 所围成的区域.

(2) $\iint\limits_D \ln(1 + x^2 + y^2)\mathrm{d}x\mathrm{d}y$,其中 D 是圆 $x^2 + y^2 = 1$ 所包围在第一象限的区域.

解 (1) 先画草图(如图 8.30),圆 $x^2 + y^2 = 2x$ 的极坐标方程为 $r = 2\cos\theta$,显然 D 可表为 $\dfrac{-\pi}{2} \leqslant \theta \leqslant \dfrac{\pi}{2}$,$0 \leqslant r \leqslant 2\cos\theta$. 于是

$$\iint\limits_D \sqrt{x^2 + y^2}\,\mathrm{d}x\mathrm{d}y = \iint\limits_D r \cdot r\mathrm{d}r\mathrm{d}\theta$$

$$= \int_{-\frac{\pi}{2}}^{\frac{\pi}{2}} \mathrm{d}\theta \int_0^{2\cos\theta} r^2\mathrm{d}r = \int_{-\frac{\pi}{2}}^{\frac{\pi}{2}} \frac{r^3}{3}\bigg|_0^{2\cos\theta} \mathrm{d}\theta$$

$$= \int_{-\frac{\pi}{2}}^{\frac{\pi}{2}} \frac{8}{3}\cos^3\theta\mathrm{d}\theta = \frac{16}{3}\int_0^{\frac{\pi}{2}} \cos^3\theta\mathrm{d}\theta$$

$$= \frac{16}{3}\int_0^{\frac{\pi}{2}} (1 - \sin^2\theta)\cos\theta\mathrm{d}\theta$$

$$= \frac{16}{3} \int_0^{\frac{\pi}{2}} (1 - \sin^2\theta)\mathrm{d}\sin\theta$$

$$= \frac{16}{3} \left(\sin\theta - \frac{\sin^3\theta}{3} \right) \bigg|_0^{\frac{\pi}{2}} = \frac{32}{9}$$

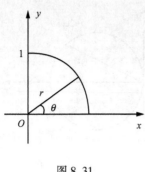

图 8.31

（2）先画草图（如图 8.31），圆 $x^2 + y^2 = 1$ 的极坐标方程为 $r = 1$，于是 D 可表为 $0 \leqslant \theta \leqslant \frac{\pi}{2}, 0 \leqslant r \leqslant 1$. 因此

$$\iint\limits_D \ln(1 + x^2 + y^2)\mathrm{d}x\mathrm{d}y$$

$$= \iint\limits_D \ln(1 + r^2) r \mathrm{d}r\mathrm{d}\theta$$

$$= \int_0^{\frac{\pi}{2}} \mathrm{d}\theta \int_0^1 \ln(1 + r^2) r \mathrm{d}r$$

$$= \frac{\pi}{2} \cdot \frac{1}{2} \int_0^1 \ln(1 + r^2)\mathrm{d}(1 + r^2)$$

$$= \frac{\pi}{4} \left[(1 + r^2) \cdot \ln(1 + r^2) - (1 + r^2) \right] \bigg|_0^1$$

$$= \frac{\pi}{4} [2\ln 2 - 2 - (-1)]$$

$$= \frac{2\ln 2 - 1}{4} \pi$$

注意　对于积分区域为圆形、圆的一部分或圆环形的二重积分，一般可通过极坐标变换来计算，一般来说，此时利用极坐标变换可以简化积分定限问题和积分次序问题. 有时还可计算出在直角坐标系下无法计算的问题. 如下例：

例 14　计算二重积分 $\iint\limits_D \mathrm{e}^{x^2 + y^2}\mathrm{d}x\mathrm{d}y$，其中 D 为圆域 $x^2 + y^2 \leqslant a^2, a > 0$.

解　在极坐标系下，圆域 D 可表为

$$0 \leqslant r \leqslant a, \qquad 0 \leqslant \theta \leqslant 2\pi$$

而被积函数 $\mathrm{e}^{x^2 + y^2} = \mathrm{e}^{r^2}$，于是

$$\iint\limits_{D} e^{x^2+y^2} \mathrm{d}x\mathrm{d}y = \iint\limits_{D} e^{r^2} r\mathrm{d}r\mathrm{d}\theta$$

$$= \int_0^{2\pi}\mathrm{d}\theta\int_0^a e^{r^2} r\mathrm{d}r = 2\pi\frac{e^{r^2}}{2}\Big|_0^a = \pi(e^{a^2}-1)$$

本题如采用直角坐标系计算,就会碰到积分$\int e^{x^2}\mathrm{d}x$,因而难以进一步计算下去. 而由于采用了极坐标,使问题方便地解决了.

例 15　应用二重积分,求由抛物线 $y = x^2$ 与直线 $y = x + 2$ 所围成区域 D 的面积.

解　由重积分的性质知,二重积分 $\iint\limits_{D}\mathrm{d}x\mathrm{d}y$ 的值就是区域 D 的面积 S 的值. 由草图 8.32 易知积分区域 D 可表为

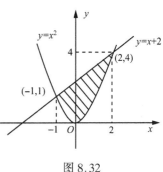

图 8.32

$$-1 \leqslant x \leqslant 2, \qquad x^2 \leqslant y \leqslant x + 2$$

于是

$$S = \iint\limits_{D}\mathrm{d}x\mathrm{d}y = \int_{-1}^2\mathrm{d}x\int_{x^2}^{x+2}\mathrm{d}y$$

$$= \int_{-1}^2 (x + 2 - x^2)\mathrm{d}x$$

$$= \left(\frac{x^2}{2} + 2x - \frac{x^3}{3}\right)\Big|_{-1}^2$$

$$= \left(2 + 4 - \frac{8}{3}\right) - \left(\frac{1}{2} - 2 + \frac{1}{3}\right) = 4\frac{1}{2}$$

即,区域 D 的面积为 $4\frac{1}{2}$ 平方单位.

例 16(选择题)　函数 $f(x, y) = x^2 - ay^2 (a > 0)$ 在 $(0,0)$ 处(　　).

(A) 不取极值;　　　　(B) 取极小值;

(C) 取极大值;　　　　(D) 是否取极值依赖于 a.

解法一　$f_x'(x, y) = 2x, \qquad f_y'(x, y) = -2ay$

令 $f_x'(x, y) = 0, f_y'(x, y) = 0$ 得驻点 $(0,0)$. 又

$$f''_{xx}(x, y) = 2, \quad f''_{xy}(x, y) = 0, \quad f''_{yy}(x, y) = -2a$$

故

$$A = f''_{xx}(0, 0) = 2, \quad f''_{xy}(0, 0) = 0, \quad C = f''_{yy}(0, 0) = -2a$$

从而 $B^2 - AC = 4a > 0$,由极值的充分条件知 $f(x, y)$ 在点 $(0,0)$ 不取极值,故选(A).

解法二　$f(0, 0) = 0$,而在点 $(0,0)$ 的任一邻域内,当 $x^2 < ay^2$ 时,$f(x, y)$ 在 (x, y) 处的值为负,当 $x^2 > ay^2$ 时,$f(x, y)$ 在 (x, y) 处的值为正,因此函数 $f(x, y) = x^2 - ay^2$ 在 $(0,0)$ 不取极值.

例 17(选择题)　设 $z = f(u, v)$,其中 $u = e^{-x}$,$v = x + y$,下面的运算中

$$\text{I.}\ \frac{\partial z}{\partial x} = -e^{-x}\frac{\partial f}{\partial u} + \frac{\partial f}{\partial v}; \quad \text{II.}\ \frac{\partial^2 z}{\partial x \partial y} = \frac{\partial^2 f}{\partial v^2}$$

(　　).

(A) I、II 都不正确;　　　(B) I 正确,II 不正确;

(C) I 不正确,II 正确;　　　(D) I、II 都正确.

解　函数的复合关系图如下:

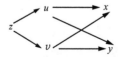

这里 u 虽不显含 y,但仍要视它为 x,y 的二元函数,u 关于 y 的偏导数为 0,因此

$$\frac{\partial z}{\partial x} = \frac{\partial f}{\partial u} \cdot \frac{\partial u}{\partial x} + \frac{\partial f}{\partial v} \cdot \frac{\partial v}{\partial x}$$

$$= -e^{-x}\frac{\partial f}{\partial u} + \frac{\partial f}{\partial v}$$

计算 $\frac{\partial^2 z}{\partial x \partial y}$ 时一定要注意,$\frac{\partial f}{\partial u}$ 和 $\frac{\partial f}{\partial v}$ 仍然是 u,v 的函数,因而也仍然是 x,y 的函数,因此

$$\frac{\partial^2 z}{\partial x \partial y} = -e^{-x}\left(\frac{\partial^2 f}{\partial u^2} \cdot \frac{\partial u}{\partial y} + \frac{\partial^2 f}{\partial u \partial v} \cdot \frac{\partial v}{\partial y}\right) + \left(\frac{\partial^2 f}{\partial v \partial u} \cdot \frac{\partial u}{\partial y} + \frac{\partial^2 f}{\partial v^2} \cdot \frac{\partial v}{\partial y}\right)$$

$$= - \mathrm{e}^{-x} \frac{\partial^2 f}{\partial u \partial v} + \frac{\partial^2 f}{\partial v^2} \qquad \left(\frac{\partial u}{\partial y} = 0 \right)$$

因此选择(B).

例 18(选择题)　设区域 D 是由圆周 $x^2 + y^2 = 1$ 所围成的闭区域,则 $\iint\limits_{D} \mathrm{e}^{\sqrt{x^2+y^2}} \mathrm{d}x \mathrm{d}y = (\qquad)$.

(A) $2\pi \mathrm{e}$;　　(B) $\pi \mathrm{e}$;　　(C) $2\pi(\mathrm{e}-1)$;　　(D) 2π

解　作极坐标变换 $x = r\cos\theta, y = r\sin\theta$,则

$$\iint\limits_{D} \mathrm{e}^{\sqrt{x^2+y^2}} \mathrm{d}x \mathrm{d}y = \int_0^{2\pi} \mathrm{d}\theta \int_0^1 \mathrm{e}^r r \mathrm{d}r$$

$$= 2\pi \int_0^1 r \mathrm{e}^r \mathrm{d}r = 2\pi (r-1)\mathrm{e}^r \bigg|_0^1 = 2\pi$$

故选择(D).

小　　结

本章分两部分,第一部分是多元函数微分学,第二部分是多元函数积分学,均以二元函数为主要研究对象.

1. 二元函数微分学

(1) 二元函数的定义、极限及连续的概念,函数定义域的求法.

(2) 偏导数

① 偏导数的定义　定义二元函数 $z = f(x, y)$ 在点 (x_0, y_0) 的两个偏导数为

$$f_x'(x_0, y_0) = \lim_{\Delta x \to 0} \frac{f(x_0 + \Delta x, y_0) - f(x_0, y_0)}{\Delta x}$$

$$f_y'(x_0, y_0) = \lim_{\Delta y \to 0} \frac{f(x_0, y_0 + \Delta y) - f(x_0, y_0)}{\Delta y}$$

如果函数 $z = f(x, y)$ 在区域 D 内每一点 (x, y) 处都有关于 x, y 的偏导数,则这两个偏导数是 D 上的函数,称为 $f(x, y)$ 对 x, y 的偏导函数,简称偏导数.

② 偏导数的计算　从偏导数的定义可知,在 $z = f(x, y)$ 中,将 y 视为常数,对 x 求导,便得 $\frac{\partial z}{\partial x}$;将 x 视为常数,对 y 求导,便得 $\frac{\partial z}{\partial y}$.

（3）二阶偏导数

将$\dfrac{\partial z}{\partial x},\dfrac{\partial z}{\partial y}$继续关于$x,y$求偏导数，所得的偏导数称为$f(x,y)$的二阶偏导数，二阶偏导数有下列四个：

$$\frac{\partial^2 z}{\partial x^2} = \frac{\partial}{\partial x}\left(\frac{\partial z}{\partial x}\right), \qquad \frac{\partial^2 z}{\partial x \partial y} = \frac{\partial}{\partial y}\left(\frac{\partial z}{\partial x}\right)$$

$$\frac{\partial^2 z}{\partial y \partial x} = \frac{\partial}{\partial x}\left(\frac{\partial z}{\partial y}\right), \qquad \frac{\partial^2 z}{\partial y^2} = \frac{\partial}{\partial y}\left(\frac{\partial z}{\partial y}\right)$$

（4）全微分

① 全微分的定义　设二元函数$z=f(x,y)$的偏导数$\dfrac{\partial z}{\partial x},\dfrac{\partial z}{\partial y}$在点$(x,y)$处连续，则称

$$\mathrm{d}z = \frac{\partial z}{\partial x}\Delta x + \frac{\partial z}{\partial y}\Delta y$$

为$z=f(x,y)$在(x,y)处的全微分，由于x,y是自变量，故$\Delta x=\mathrm{d}x,\Delta y=\mathrm{d}y$，从而

$$\mathrm{d}z = \frac{\partial z}{\partial x}\mathrm{d}x + \frac{\partial z}{\partial y}\mathrm{d}y$$

② 全微分与全增量的关系　函数$z=f(x,y)$的全微分与全增量$\Delta z = f(x+\Delta x, y+\Delta y) - f(x,y)$的关系是

$$\Delta z = \frac{\partial z}{\partial x}\Delta x + \frac{\partial z}{\partial y}\Delta y + o(\rho)$$

其中$o(\rho)$是比$\rho=\sqrt{\Delta x^2+\Delta y^2}$高阶的无穷小量.

（5）复合函数微分法

如果函数$u=\varphi(x,y)$，$v=\psi(x,y)$在点(x,y)处的偏导数都存在，而且在对应于(x,y)的点(u,v)处，函数$z=f(u,v)$可微，则复合函数$z=f[\varphi(x,y),\psi(x,y)]$关于$x,y$的偏导数存在，且

$$\frac{\partial z}{\partial x} = \frac{\partial z}{\partial u}\cdot\frac{\partial u}{\partial x} + \frac{\partial z}{\partial v}\cdot\frac{\partial v}{\partial x}$$

$$\frac{\partial z}{\partial y} = \frac{\partial z}{\partial u}\cdot\frac{\partial u}{\partial y} + \frac{\partial z}{\partial v}\cdot\frac{\partial v}{\partial y}$$

两种特殊情形：

① 设 $z = f(u, v)$,而 $u = u(x)$, $v = v(x)$,则

$$\frac{\mathrm{d}z}{\mathrm{d}x} = \frac{\partial z}{\partial u} \cdot \frac{\mathrm{d}u}{\mathrm{d}x} + \frac{\partial z}{\partial v} \cdot \frac{\mathrm{d}v}{\mathrm{d}x}$$

称为 z 关于 x 的全导数.

② 设 $z = f(x, y)$,而 $y = \varphi(x)$,则 z 关于 x 的全导数 $\dfrac{\mathrm{d}z}{\mathrm{d}x} = \dfrac{\partial z}{\partial x} + \dfrac{\partial z}{\partial y} \cdot \dfrac{\mathrm{d}y}{\mathrm{d}x}$.

求复合函数的偏导数时要注意两点:

(i) 搞清楚函数的复合过程

(ii) 对某个自变量求偏导数(或全导数),必须经过所有有关的中间变量而归结到该自变量.

(6) 隐函数求导法

① 设由方程 $F(x, y) = 0$ 可确定 y 是 x 的函数 $y = y(x)$,则

$$\frac{\mathrm{d}y}{\mathrm{d}x} = -\frac{\dfrac{\partial F}{\partial x}}{\dfrac{\partial F}{\partial y}}$$

② 设由方程 $f(x, y, z) = 0$ 可确定 z 是 x, y 的二元函数 $z = z(x, y)$,则

$$\frac{\partial z}{\partial x} = -\frac{\dfrac{\partial F}{\partial x}}{\dfrac{\partial F}{\partial z}}, \qquad \frac{\partial z}{\partial y} = -\frac{\dfrac{\partial F}{\partial y}}{\dfrac{\partial F}{\partial z}}$$

(7) 二元函数的极值及其求法

如果函数 $f(x, y)$ 在点 (x_0, y_0) 的某邻域内任一异于 (x_0, y_0) 的点 (x, y) 处恒有 $f(x, y) > f(x_0, y_0)$,则称 $f(x, y)$ 在点 (x_0, y_0) 取得极小值 $f(x_0, y_0)$;如果在 (x_0, y_0) 的某邻域内任一异于 (x_0, y_0) 的点 (x, y) 处恒有 $f(x, y) < f(x_0, y_0)$,则称 $f(x, y)$ 在 (x_0, y_0) 处取得极大值 $f(x_0, y_0)$. 极大值和极小值统称为极值,使函数取得极值的点 (x_0, y_0) 称为极值点.

① 极值存在的必要条件　如果函数 $z = f(x, y)$ 在 (x_0, y_0) 处有极值,且 $f'_x(x, y)$, $f'_y(x, y)$ 存在,则必有

$$f'_x(x, y) = 0, \qquad f'_y(x, y) = 0$$

使 $f'_x(x, y) = 0, f'_y(x, y) = 0$ 的点 (x_0, y_0) 称为 $f(x, y)$ 的驻点.

② 极值存在的充分条件 设函数 $f(x, y)$ 在点 (x_0, y_0) 的某邻域内有连续的二阶偏导数,且 (x_0, y_0) 是它的驻点,并记

$$\Delta = [f''_{xy}(x_0, y_0)]^2 - f''_{xx}(x_0, y_0)f''_{yy}(x_0, y_0)$$

那么

(i) 当 $\Delta < 0$ 时,$f(x, y)$ 在 (x_0, y_0) 取得极值;当 $f''_{xx}(x_0, y_0) < 0$(或 $f''_{yy}(x_0, y_0) < 0$)时取极大值,当 $f''_{xx}(x_0, y_0) > 0$(或 $f''_{yy}(x_0, y_0) > 0$)时取极小值.

(ii) 当 $\Delta > 0$ 时,$f(x, y)$ 在 (x_0, y_0) 不取极值.

(iii) 当 $\Delta = 0$ 时,不定,应用其他方法判别其是否取极值.

③ 极值求法的主要步骤

(i) 计算 $f(x, y)$ 的偏导数 $f'_x(x_0, y_0), f'_y(x_0, y_0)$,找出 $f(x, y)$ 的所有驻点,以及使 $f'_x(x, y), f'_y(x, y)$ 不存在的点;

(ii) 计算 $f(x, y)$ 的二阶偏导数 $f''_{xx}(x, y), f''_{xy}(x, y), f''_{yy}(x, y)$;

(iii) 对每个驻点,用极值存在的充分条件逐个判别其是否为极值点,是极大值还是极小值,再计算相应的极值. 对一阶偏导数不存在的点,可考虑直接从定义角度来判别.

(8) 条件极值与拉格朗日乘数法

求函数 $z = f(x, y)$ 在条件 $g(x, y) = 0$ 下的极值,可使用拉格朗日乘数法,即

① 构造拉格朗日函数

$$F(x, y, \lambda) = f(x, y) + \lambda g(x, y)$$

② 解方程组

$$\begin{cases} \dfrac{\partial F}{\partial x} = f'_x(x, y) + \lambda g'_x(x, y) = 0 \\[2mm] \dfrac{\partial F}{\partial y} = f'_y(x, y) + \lambda g'_y(x, y) = 0 \\[2mm] \dfrac{\partial F}{\partial \lambda} = g(x, y) = 0 \end{cases}$$

消去 λ 解出的 (x, y) 是 $f(x, y)$ 在条件 $g(x, y) = 0$ 下可能的极值点.

③ 如果求出的可能极值点是惟一的,而且由实际问题可知存在最大值或最小值,则这个惟一的可能极值点就是最大或最小值点.

(9) 最小二乘法

如果已知变量 x 与 y 的一组实验数$(x_i,\ y_i)$, $i=1,2,\cdots,n$,所表示的点位于某条直线附近,则通过求

$$s(a,\ b) = \sum_{i=1}^{n}(ax_i + b - y_1)^2$$

的最小值(极小值)点$(a,\ b)$,从而求得 x 与 y 间的经验公式 $y=ax+b$,这种方法称为最小二乘法.

2. 二元函数积分学

(1) 二重积分的定义及其几何意义.

(2) 二重积分的基本性质

① $\iint\limits_{D} kf(x,\ y)\mathrm{d}\sigma = k\iint\limits_{D} f(x,\ y)\mathrm{d}\sigma,k$ 为常数

② $\iint\limits_{D}[f(x,\ y) \pm g(x,\ y)]\mathrm{d}\sigma = \iint\limits_{D} f(x,\ y)\mathrm{d}\sigma \pm \iint\limits_{D} g(x,\ y)\mathrm{d}\sigma$

③ $\iint\limits_{D} f(x,\ y)\mathrm{d}\sigma = \iint\limits_{D_1} f(x,\ y)\mathrm{d}\sigma + \iint\limits_{D_2} f(x,\ y)\mathrm{d}\sigma$

其中 D 被一条曲线分为D_1 与 D_2 两部分.

④ $\iint\limits_{D} 1\mathrm{d}\sigma = \iint\limits_{D}\mathrm{d}\sigma = A$,其中 A 是区域 D 的面积.

⑤ 若在 D 上有$f(x,\ y) \leqslant g(x,\ y)$,则

$$\iint\limits_{D} f(x,\ y)\mathrm{d}\sigma \leqslant \iint\limits_{D} g(x,\ y)\mathrm{d}\sigma$$

特别地,由于 $-|f(x,\ y)| \leqslant f(x,\ y) \leqslant |f(x,\ y)|$,有

$$\left|\iint\limits_{D} f(x,\ y)\mathrm{d}\sigma\right| \leqslant \iint\limits_{D} |f(x,\ y)|\mathrm{d}\sigma$$

⑥ 若 M 与 m 分别是$f(x,\ y)$在 D 上的最大值与最小值,则

$$mA \leqslant \iint\limits_{D} f(x,\ y)\mathrm{d}\sigma \leqslant MA$$

其中 A 是D 的面积.

⑦ 二重积分的中值定理　设 $f(x,\ y)$在有界闭区域 D 上连续,A 是 D

的面积,则在 D 上必存在点 (ξ, η),使得

$$\iint\limits_{D} f(x, y)\mathrm{d}\sigma = f(\xi, \eta)A$$

(3) 二重积分的计算

① 在直角坐标系下计算

(i) 当区域 D 由 $x = a$, $x = b$, $y = \varphi_1(x)$, $y = \varphi_2(x)$, $\varphi_1(x) \leqslant \varphi_2(x)$ 所围(如图 8.33 左图)时,

$$\iint\limits_{D} f(x, y)\mathrm{d}\sigma = \int_a^b \mathrm{d}x \int_{\varphi_1(x)}^{\varphi_2(x)} f(x, y)\mathrm{d}y$$

(ii) 当区域 D 由 $y = c$, $y = d$, $x = \psi_1(y)$, $x = \psi_2(y)$, $\psi_1(y) \leqslant \psi_2(y)$ 所围(如图 8.33 右图)时,

$$\iint\limits_{D} f(x, y)\mathrm{d}\sigma = \int_c^d \mathrm{d}y \int_{\psi_1(y)}^{\psi_2(y)} f(x, y)\mathrm{d}x$$

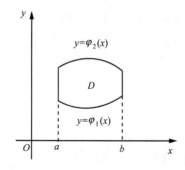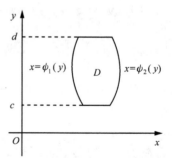

图 8.33

② 利用极坐标变换计算

作极坐标变换 $x = r\cos\theta$, $y = r\sin\theta$,则

$$\iint\limits_{D} f(x, y)\mathrm{d}\sigma = \iint\limits_{D} f(r\cos\theta, r\sin\theta)r\mathrm{d}r\mathrm{d}\theta$$

在极坐标系下,化二重积分为二次积分,需根据三种不同情形确定积分的上、下限:

(i) 极点 O 在区域 D 外(如图 8.34 左图)

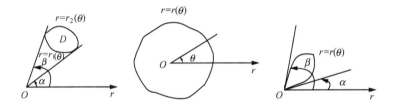

图 8.34

$$\iint\limits_{D} f(r\cos\theta,\ r\sin\theta)r\mathrm{d}r\mathrm{d}\theta = \int_{\alpha}^{\beta}\mathrm{d}\theta\int_{r_1(\theta)}^{r_2(\theta)} f(r\cos\theta,\ r\sin\theta)r\mathrm{d}r$$

(ii) 极点 O 在区域 D 内部(如图 8.34 中图)

$$\iint\limits_{D} f(r\cos\theta,\ r\sin\theta)r\mathrm{d}r\mathrm{d}\theta = \int_{0}^{2\pi}\mathrm{d}\theta\int_{0}^{r(\theta)} f(r\cos\theta,\ r\sin\theta)r\mathrm{d}r$$

(iii) 极点 O 在区域 D 的边界上(如图 8.34 右图)

$$\iint\limits_{D} f(r\cos\theta,\ r\sin\theta)r\mathrm{d}r\mathrm{d}\theta = \int_{\alpha}^{\beta}\mathrm{d}\theta\int_{0}^{r(\theta)} f(r\cos\theta,\ r\sin\theta)r\mathrm{d}r$$

(4) 二重积分计算的一般步骤

① 画出积分区域的图形;

② 根据积分区域及被积函数的特点恰当地确定在什么坐标系下计算更简便;

③ 根据积分区域的图形确定积分的上、下限,化为二次积分;

④ 计算二次积分.

当遇到下列几种情形可考虑采用极坐标变换计算:

① 积分区域是圆、圆的一部分或圆环等;

② 积分区域的边界用极坐标表示较简单;

③ 被积函数为 $f(x^2 + y^2)$,$f\left(\dfrac{x}{y}\right)$,$f\left(\dfrac{y}{x}\right)$ 等形式.

3. 本章的重点

(1) 二元函数的概念;偏导数与全微分的概念、计算;复合函数微分法;二元函数的极值概念、求法及应用. 难点在于复合函数的求导法及极值的求法.

(2) 二重积分的概念、性质及计算法;将二重积分化为二次积分计算时,确定积分上、下限的方法,这也是二重积分的难点.

习　题　八

练习题(一)

1. 写出以点 $c(1,2,3)$ 为球心并通过坐标原点的球面方程.

2. 确定下列函数的定义域:

(1) $z = x^2 + y$

(2) $z = \arcsin \dfrac{x^2 + y^2}{4} + \arccos \dfrac{1}{x^2 + y^2}$

(3) $z = \ln(x + y)$

(4) $z = \sqrt{y - x^2} + \sqrt{2 - x - y}$

(5) $z = \dfrac{1}{\sqrt{x^2 + y^2}}$

(6) $u = \sqrt{R^2 - x^2 - y^2 - z^2} + \sqrt{x^2 + y^2 + z^2 - r^2}$

$$(R > r > 0)$$

3. 求下列函数极限:

(1) $\lim\limits_{\substack{x \to 0 \\ y \to 0}} \dfrac{xy}{\sqrt{1 + xy} - 1}$

(2) $\lim\limits_{\substack{x \to 0 \\ y \to 0}} \dfrac{\sin(xy)}{x}$

4. 求下列函数的偏导数:

(1) $z = x^2 y^3$;　　　　　　　　(2) $z = e^{xy}$

(3) $z = \ln \dfrac{y}{x}$;　　　　　　　(4) $z = x^2 \ln(x^2 + y^2)$

(5) $z = \dfrac{y}{\sqrt{x^2 + y^2}}$;　　　　　(6) $z = \arctan(y - x)$

(7) $u = x^2 + y^2 + z^2 + 2xy + 2yz + 2zx$

(8) $u = \ln(1 + x + y^2 + z^3)$;　　(9) $u = \sin(x^2 + y^2 + z^2)$

5. 设 $f(x, y) = x^2 y^2 - 2y$, 求 $f'_x(x, y)$, $f'_y(x, y)$, $f'_x(2, 3)$, $f'_y(0, 0)$.

6. 设 $f(x, y) = \sin(x + y)$, 求 $f'_x\left(\dfrac{\pi}{4}, \dfrac{\pi}{4}\right)$, $f'_y\left(\dfrac{\pi}{4}, \dfrac{\pi}{4}\right)$.

7. 求下列函数的二阶偏导数:

(1) $z = x \ln(x + y)$;　　　　　　(2) $z = x^4 + y^4 - 4x^2 y^2$

8. 设 $u = e^{xyz}$, 求 $\dfrac{\partial^3 u}{\partial x \partial y \partial z}$.

9. 求下列函数的全微分：

(1) $z = x^2 y^2$； (2) $z = \ln(3x - 2y)$

(3) $z = \arctan(xy)$； (4) $z = e^{x^2 + y^2}$

(5) $u = \ln(x^2 + y^2 + z^2)$

10. 求下列函数在已给条件下的全微分的值：

(1) $z = \dfrac{y}{x}$，   当 $x = 2$，$y = 1$，$\Delta x = 0.1$，$\Delta y = -0.2$

(2) $z = e^{-xy}$，   当 $x = 1$，$y = 1$，$\Delta x = 0.1$，$\Delta y = 0.2$

11. 计算下列各式的近似值：

(1) $(10.1)^{2.03}$； (2) $\sqrt{(10.1)^2 + (1.98)^3}$

12. 已知边 $x = 4$ 米与 $y = 3$ 米的矩形，求当 x 边增加 5 厘米，y 边减少 5 厘米时，此矩形对角线变化的近似值.

13. 求下列复合函数的导数：

(1) $z = u^2 \ln v$，$u = \dfrac{y}{x}$，$v = 3y - 2x$，求 $\dfrac{\partial z}{\partial x}$，$\dfrac{\partial z}{\partial y}$

(2) $z = x^2 y - y^2 x$，$x = u\cos v$，$y = u\sin v$，求 $\dfrac{\partial z}{\partial u}$，$\dfrac{\partial z}{\partial v}$

(3) $z = e^{x - 2y}$，$x = \sin t$，$y = t^3$，求 $\dfrac{\mathrm{d}z}{\mathrm{d}t}$

(4) $z = \dfrac{y}{x}$，$x = e^t$，$y = 1 - e^t$，求 $\dfrac{\mathrm{d}z}{\mathrm{d}t}$

(5) $z = f(x^2 - y^2, e^{xy})$，求 $\dfrac{\partial z}{\partial x}$，$\dfrac{\partial z}{\partial y}$

(6) $z = \ln(e^x + e^y)$，$y = x^2$，求 $\dfrac{\mathrm{d}z}{\mathrm{d}x}$

14. 求下列隐函数的导数：

(1) $xy - x + y = 2$，求 $\dfrac{\mathrm{d}y}{\mathrm{d}x}$

(2) $\arctan \dfrac{y}{x} = \ln \sqrt{x^2 + y^2}$，求 $\dfrac{\mathrm{d}y}{\mathrm{d}x}$

(3) $xy - \ln y = 0$，求 $\dfrac{\mathrm{d}y}{\mathrm{d}x}$

(4) $e^z - xyz = 0$，求 $\dfrac{\partial z}{\partial x}$，$\dfrac{\partial z}{\partial y}$

(5) $z^2 y - xz^3 - 1 = 0$，求 $\dfrac{\partial z}{\partial x}$，$\dfrac{\partial z}{\partial y}$

15. 求下列函数的极值:

(1) $f(x, y) = x^2 + xy + y^2 + x - y + 1$

(2) $f(x, y) = e^{2x}(x + y^2 + 2y)$

(3) $f(x, y) = 4(x - y) - x^2 - y^2$

16. 在半径为 R 的球内,作内接长方体,问各边长为多少时,其体积为最大.

17. 若需用铁皮造一个有盖的长方形小箱. 设其体积为 2 立方米,问应如何选取它的长、宽、高,使所用的材料最省.

18. 求函数 $z = x^2 + y^2$ 在约束条件 $\dfrac{x}{a} + \dfrac{y}{b} = 1$ 下的条件极值.

19. 用拉格朗日乘数法计算下列各题:

(1) 欲围一个面积为 60 平方米的矩形场地,正面所用的材料每米造价为 10 元,其余三面每米造价为 5 元,问场地长、宽各为多少米时,所用材料最少?

(2) 用 a 元购料,建造一个宽与深相同的长方体水池,已知四周的单位面积材料费为底面单位面积材料费的 1.2 倍,求水池长与宽(深)各多少,才能使池的容积最大?

20. 用最小二乘法与下表给定数据求出最相合的函数 $y = ax + b$

x	8	10	12	14	16	18
y	8	10	10.43	12.78	14.4	16

21. 化二重积分 $\iint\limits_{D} f(x, y) \mathrm{d}x\mathrm{d}y$ 为二次积分(两种次序都要),积分区域 D 分别如下:

(1) $D: 1 \leqslant x \leqslant 2, \quad 0 \leqslant y \leqslant \dfrac{\pi}{2}$

(2) $D: -1 \leqslant x \leqslant 1, \quad -1 \leqslant y \leqslant 1$

(3) D 是由 $y = x^2$, $y = 4 - x^2$ 所围成的区域;

(4) D 是由 y 轴, $y = 1$ 及 $y = x$ 所围成的区域;

(5) D 是由椭圆 $\dfrac{x^2}{4} + \dfrac{y^2}{9} = 1$ 所围成的区域.

22. 将下列各积分次序更换:

(1) $\displaystyle\int_0^1 \mathrm{d}y \int_y^{\sqrt{y}} f(x, y) \mathrm{d}x$

(2) $\displaystyle\int_{-1}^1 \mathrm{d}x \int_0^{\sqrt{1-x^2}} f(x, y) \mathrm{d}y$

(3) $\displaystyle\int_0^1 \mathrm{d}x \int_0^x f(x, y) \mathrm{d}y + \int_1^2 \mathrm{d}x \int_0^{2-x} f(x, y) \mathrm{d}y$

23. 计算下列二重积分:

(1) $\iint\limits_{D} x^2 y \mathrm{d}x\mathrm{d}y$,其中 D 是矩形: $0 \leqslant x \leqslant 1, -1 \leqslant y \leqslant 1$

(2) $\iint\limits_{D} x e^{xy} \mathrm{d}x\mathrm{d}y$，其中 D 是矩形：$1 \leqslant x \leqslant 2$，$-1 \leqslant y \leqslant 0$

(3) $\iint\limits_{D} e^{2x+y} \mathrm{d}x\mathrm{d}y$，其中 D 为三角形：$0 \leqslant x \leqslant 1$，$0 \leqslant y \leqslant x$

(4) $\iint\limits_{D} \dfrac{\sin x}{x} \mathrm{d}x\mathrm{d}y$，其中 D 是由直线 $y = x$ 及抛物线 $y = x^2$ 所围成的区域.

(5) $\iint\limits_{D} (x^2 + y^2) \mathrm{d}x\mathrm{d}y$，其中 D 是由直线 $y = x$，$y = x + a$，$y = a$，$y = 3a(a > 0)$
所围的区域.

24. 试用极坐标变换计算下列二重积分：

(1) $\iint\limits_{D} (x^2 + y^2) \mathrm{d}x\mathrm{d}y$，其中 D 是由 $x^2 + y^2 = 2x$ 所围成的区域；

(2) $\iint\limits_{D} \ln(1 + x^2 + y^2) \mathrm{d}x\mathrm{d}y$，其中 D 是圆 $x^2 + y^2 = a^2$ 所包围的在第一象限的区域.

25. 求下列曲线所围图形的面积：

(1) $y = x$，$y = 5x$，$x = 1$

(2) $y = x^2$，$y = x + 2$

(3) $y = \sin x$，$y = \cos x$，$x = 0$，$0 \leqslant x \leqslant \dfrac{\pi}{4}$

26. 求下列曲面所围成立体的体积：

(1) $z = 1 + x + y$，$z = 0$，$x + y = 1$，$x = 0$，$y = 0$

(2) $z = x^2 + y^2$，$y = 1$，$z = 0$，$y = x^2$

练习题(二)

1. 单项选择题

(1) 点 $(1, -1, 1)$ 在曲面（   ）上.

  (A) $x^2 + y^2 - 2z = 0$；   (B) $x^2 - y^2 = z$

  (C) $x^2 - y^2 = 2$；   (D) $z = \ln(x^2 + y^2)$

(2) 函数 $z = \dfrac{1}{\ln(x + y)}$ 的定义域是（   ）.

  (A) $x + y \neq 0$；   (B) $x + y \neq 1$

  (C) $x + y > 0$；   (D) $x + y > 0$ 且 $x + y \neq 1$

(3) 如果二元函数 $f(x, y)$ 在点 (x_0, y_0) 处有极大值且两个一阶偏导数都存在,则必
  有（   ）.

  (A) $f'_x(x_0, y_0) > 0$，$f'_y(x_0, y_0) > 0$

  (B) $f'_x(x_0, y_0) = f'_y(x_0, y_0) = 0$

(C) $f'_x(x_0, y_0) > 0, f'_y(x_0, y_0) = 0$

(D) $f'_x(x_0, y_0) = 0, f'_y(x_0, y_0) > 0$

(4) 设 $z = x^y$，则 $\dfrac{\partial z}{\partial y}\Big|_{(e,1)} = ($　　$)$.

(A) e;　　(B) $\dfrac{1}{e}$;　　(C) 1;　　(D) 0

(5) $\displaystyle\int_{-1}^0 \mathrm{d}x \int_0^{1+x} f(x, y)\mathrm{d}y = ($　　$)$.

(A) $\displaystyle\int_0^{1+x} \mathrm{d}y \int_{-1}^0 f(x, y)\mathrm{d}x$;　　　　　　(B) $\displaystyle\int_0^1 \mathrm{d}y \int_0^{1+x} f(x, y)\mathrm{d}x$

(C) $\displaystyle\int_{-1}^0 \mathrm{d}x \int_0^1 f(x, y)\mathrm{d}y$;　　　　　　(D) $\displaystyle\int_0^1 \mathrm{d}y \int_{y-1}^0 f(x, y)\mathrm{d}x$

(6) 当 D 是由(　　)围成的区域时，$\displaystyle\iint\limits_D \mathrm{d}x\mathrm{d}y = 1$.

(A) $x = 3$, $x = 4$ 及 $y = 2$, $y = 4$;　　(B) x 轴及 $x + y = 1$, $-x + y = 1$

(C) $|x + y| = 1$, $|x - y| = 1$;　　　　(D) $|x| = 1$, $|y| = 1$

(7) 设 $D: x^2 + y^2 \leqslant a^2$，当 $a = ($　　$)$时，

$$\iint\limits_D \sqrt{a^2 - x^2 - y^2}\,\mathrm{d}x\mathrm{d}y = \pi$$

(A) 1;　　(B) $\sqrt[3]{\dfrac{3}{2}}$;　　(C) $\sqrt[3]{\dfrac{3}{4}}$;　　(D) $\sqrt[3]{\dfrac{1}{2}}$

2. 填空题

(1) 二元函数 $z = x^2 y + e^{xy}$，则 $\dfrac{\partial z}{\partial y}\Big|_{(1,2)} = $ _____

(2) 设 $z = e^{xy} + x^2 y^2$，则 $\dfrac{\partial^2 z}{\partial x \partial y} = $ _____

(3) 二元函数 $z = x^3 - y^3 + 3x^2 + 3y^2 - 9x$ 的极小值点为_____

(4) 设 $y - xe^y = 0$，则 $\dfrac{\mathrm{d}y}{\mathrm{d}x} = $ _____

(5) 设 $z = \ln\left(1 + \dfrac{x}{y}\right)$，则 $\mathrm{d}z|_{(1,1)} = $ _____

(6) $\displaystyle\iint\limits_D (x^2 y^5)\mathrm{d}x\mathrm{d}y = $ _____，其中 D 为 $1 \leqslant x \leqslant 2, 0 \leqslant y \leqslant 1$

(7) 设 D 是由 $x = 0$, $x = 1$, $y = 0$, $y = 1$ 所围成的矩形区域，则 $\displaystyle\iint\limits_D e^{x+y}\mathrm{d}x\mathrm{d}y = $

_____

(8) $\displaystyle\int_0^1 \mathrm{d}x \int_0^{1-x} (x + 2y)\mathrm{d}y = $ _____

(9) $\displaystyle\int_0^\pi \mathrm{d}y \int_y^\pi \frac{\sin x}{x}\mathrm{d}x = $ ＿＿＿＿＿

(10) $\displaystyle\int_0^1 \mathrm{d}x \int_x^1 \mathrm{e}^{y^2}\mathrm{d}y = $ ＿＿＿＿＿

3. 求下列函数的偏导数:

(1) 设 $z = x^y - 2\sqrt{xy}$,求 $\dfrac{\partial z}{\partial x}, \dfrac{\partial z}{\partial y}$;

(2) 设 $z = \dfrac{x\mathrm{e}^y}{y^2}$,求 $\dfrac{\partial z}{\partial x}, \dfrac{\partial z}{\partial y}$;

(3) 设 $z = \sin\dfrac{x}{y}\cos\dfrac{y}{x}$,求 $\dfrac{\partial z}{\partial x}, \dfrac{\partial z}{\partial y}$;

(4) 设 $z = x^4 + y\sin x$,求 $\dfrac{\partial z}{\partial x}\Big|_{(\pi,1)}, \dfrac{\partial z}{\partial y}\Big|_{(\pi,1)}$;

4. 求下列函数的全微分:

(1) 设 $z = \mathrm{e}^x\sin y$,求 $\mathrm{d}z$;

(2) 设 $z = \ln(x^2 + y^2)$, 求 $\mathrm{d}z|_{(1,1)}$.

5. 求函数 $z = x^2 y^2$,当 $x = 2$, $y = 1$, $\Delta x = 0.1, \Delta y = 0.2$ 时的全微分及全增量.

6. 求下列复合函数的偏导数:

(1) 设 $z = \dfrac{u}{v}$, $u = 2x + y$, $v = 2x - y$,求 $\dfrac{\partial z}{\partial x}, \dfrac{\partial z}{\partial y}$;

(2) $u = \arctan\dfrac{s}{t}$, $s = x + y$, $t = x - y$,求 $\dfrac{\partial u}{\partial x}, \dfrac{\partial u}{\partial y}$;

(3) 设 $z = x^2 + y^2 + xy$, $x = \sin t$, $y = \mathrm{e}^t$,求 $\dfrac{\mathrm{d}z}{\mathrm{d}t}$;

(4) $z = \dfrac{x^2 - y}{x + y}$ 而 $y = 2x - 3$, 求 $\dfrac{\mathrm{d}z}{\mathrm{d}x}$.

7. 求下列隐函数的导数:

(1) 设 $\sin y + \mathrm{e}^x - xy^2 = 0$,求 $\dfrac{\mathrm{d}y}{\mathrm{d}x}$;

(2) 设 $x + y + z = \mathrm{e}^{-(x+y+z)}$,求 $\dfrac{\partial z}{\partial x}, \dfrac{\partial z}{\partial y}$.

8. 计算下列二重积分:

(1) $\displaystyle\iint_D xy\mathrm{d}x\mathrm{d}y$,其中 D 是由直线 $y = x$ 与抛物线 $y = x^2$ 所围成的区域;

(2) $\displaystyle\iint_D \frac{x - 1}{(y + 1)^2}\mathrm{d}x\mathrm{d}y$,其中 D 是由抛物线 $y^2 = x$ 与直线 $y = x - 2$ 所围成的区域.

9. 利用极坐标计算二重积分:

(1) $\displaystyle\iint_D \frac{\mathrm{d}x\mathrm{d}y}{1 + x^2 + y^2}$,其中 D 是由 $x^2 + y^2 \leqslant 1$ 所确定的圆域;

(2) $\iint\limits_{D} e^{-x^2-y^2} \, dx \, dy$，其中 D 是由 $x^2 + y^2 \leqslant 4$ 所确定的圆域.

10. 某工厂生产 A、B 两种产品，已知生产 A 产品 x 件和 B 产品 y 件的总费用为 $x^2 + xy + y^2$（万元），A 产品与 B 产品的销售单价分别为 P_A 与 P_B（万元/件），它们也依赖于产品的产量，其中 $P_A = 65 - x - y$，$P_B = 75 - x - 2y$，为获得最大利润，两种产品的产量应各为多少？

11. 某厂生产甲、乙两种产品，其销售单价分别为 10 万元和 9 万元，若生产 x 件甲种产品和 y 件乙种产品的总成本为

$$C = 400 + 2x + 3y + 0.01(3x^2 + xy + 3y^2)（万元）$$

又已知两种产品的总产量为 100 件，求企业获得最大利润时两种产品的产量各为多少？最大利润是多少？

12. 应用二重积分，求由三直线 $y = x$，$y = 6x$ 及 $x = 2$ 所围成的平面区域 D 的面积.

答　案

练习题（一）

1. $(x-1)^2 + (y-2)^2 + (z-3)^2 = 14$

2. (1) xoy 平面；　　　　(2) $1 \leqslant x^2 + y^2 \leqslant 4$

　(3) $x + y > 0$；　　　　(4) $y \geqslant x^2$ 且 $x + y \leqslant 2$

　(5) 除原点外的 xoy 平面

　(6) $r^2 \leqslant x^2 + y^2 + z^2 \leqslant R^2$

3. (1) 2；　　　(2) 0

4. (1) $\dfrac{\partial z}{\partial x} = 2xy^3$，　　　$\dfrac{\partial z}{\partial y} = 3x^2 y^2$

　(2) $\dfrac{\partial z}{\partial x} = y e^{xy}$，　　　$\dfrac{\partial z}{\partial y} = x e^{xy}$

　(3) $\dfrac{\partial z}{\partial x} = -\dfrac{1}{x}$，　　　$\dfrac{\partial z}{\partial y} = \dfrac{1}{y}$

　(4) $\dfrac{\partial z}{\partial x} = 2x \ln(x^2 + y^2) + \dfrac{2x^3}{x^2 + y^2}$，　　　$\dfrac{\partial z}{\partial y} = \dfrac{2x^2 y}{x^2 + y^2}$

　(5) $\dfrac{\partial z}{\partial x} = -\dfrac{xy}{(x^2 + y^2)^{\frac{3}{2}}}$，　　$\dfrac{\partial z}{\partial y} = \dfrac{x^2}{(x^2 + y^2)^{\frac{3}{2}}}$

　(6) $\dfrac{\partial z}{\partial x} = \dfrac{-1}{(y-x)^2 + 1}$，　　　$\dfrac{\partial z}{\partial y} = \dfrac{1}{1 + (y-x)^2}$

(7) $\dfrac{\partial u}{\partial x} = \dfrac{\partial u}{\partial y} = \dfrac{\partial u}{\partial z} = 2(x + y + z)$

(8) $\dfrac{\partial u}{\partial x} = \dfrac{1}{1 + x + y^2 + z^3}$, $\qquad \dfrac{\partial u}{\partial y} = \dfrac{2y}{1 + x + y^2 + z^3}$

$\qquad \dfrac{\partial u}{\partial z} = \dfrac{3z^2}{1 + x + y^2 + z^3}$

(9) $\dfrac{\partial u}{\partial x} = 2x\cos(x^2 + y^2 + z^2)$, $\quad \dfrac{\partial u}{\partial y} = 2y\cos(x^2 + y^2 + z^2)$,

$\qquad \dfrac{\partial u}{\partial z} = 2z\cos(x^2 + y^2 + z^2)$

5. $f_x'(x, y) = 2xy^2$, $f_y'(x, y) = 2x^2y - 2$

$\qquad f_x'(2, 3) = 36$, $f_y'(0, 0) = -2$

6. $f_x'\left(\dfrac{\pi}{4}, \dfrac{\pi}{4}\right) = f_y'\left(\dfrac{\pi}{4}, \dfrac{\pi}{4}\right) = 0$

7. (1) $\dfrac{\partial^2 z}{\partial x^2} = \dfrac{x + 2y}{(x + y)^2}$, $\quad \dfrac{\partial^2 z}{\partial x \partial y} = \dfrac{y}{(x + y)^2}$, $\quad \dfrac{\partial^2 z}{\partial y^2} = \dfrac{-x}{(x + y)^2}$

(2) $\dfrac{\partial^2 z}{\partial x^2} = 12x^2 - 8y^2$, $\quad \dfrac{\partial^2 z}{\partial x \partial y} = -16xy$, $\quad \dfrac{\partial^2 z}{\partial y^2} = 12y^2 - 8x^2$

8. $e^{xyz}(x^2 y^2 z^2 + 3xyz + 1)$

9. (1) $dz = 2xy^2 dx + 2x^2 y dy$; $\qquad$ (2) $dz = \dfrac{1}{3x - 2y}(3dx - 2dy)$

(3) $dz = \dfrac{1}{1 - x^2 y^2}(y dx + x dy)$; $\quad$ (4) $dz = 2e^{x^2 + y^2}(x dx + y dy)$

(5) $du = \dfrac{2}{x^2 + y^2 + z^2}(x dx + y dy + z dz)$.

10. (1) -0.125; $\qquad$ (2) $-0.2e^{-1}$

11. (1) $(10.1)^{2.03} \approx 108.9$; $\qquad$ (2) $\sqrt{(1.01)^2 + (1.98)^3} \approx 2.963$

12. 对角线长度增加 1 厘米.

13. (1) $\dfrac{\partial u}{\partial x} = -\dfrac{2y}{x}\left[\dfrac{y}{x^2}\ln(3y - 2x) + \dfrac{y}{x(3y - 2x)}\right]$

$\qquad \dfrac{\partial u}{\partial y} = \dfrac{y}{x}\left[\dfrac{2}{x}\ln(3y - 2x) + \dfrac{3y}{x(3y - 2x)}\right]$

(2) $\dfrac{\partial z}{\partial u} = 3u^2 \sin v \cos v(\cos v - \sin v)$

$\qquad \dfrac{\partial z}{\partial v} = u^3\left[(\sin v - 2\cos v)\sin^2 v + (\cos v - 2\sin v)\cos^2 v\right]$

(3) $\dfrac{\mathrm{d}z}{\mathrm{d}t} = \mathrm{e}^{\sin t - 2t^3}(\cos t - 6t^2)$

(4) $\dfrac{\mathrm{d}z}{\mathrm{d}t} = -\mathrm{e}^{-t}$

(5) 设 $u = x^2 - y^2$, $v = \mathrm{e}^{xy}$, 则

$$\frac{\partial z}{\partial x} = 2x\frac{\partial z}{\partial u} + y\mathrm{e}^{xy}\frac{\partial z}{\partial v}, \qquad \frac{\partial z}{\partial y} = -2y\frac{\partial z}{\partial u} + x\mathrm{e}^{xy}\frac{\partial z}{\partial v}$$

(6) $\dfrac{\partial z}{\partial x} = \dfrac{\mathrm{e}^x + 2x\mathrm{e}^{x^2}}{\mathrm{e}^x + \mathrm{e}^{x^2}}$

14. (1) $\dfrac{\mathrm{d}y}{\mathrm{d}x} = \dfrac{1-y}{1+x}$;   (2) $\dfrac{\mathrm{d}y}{\mathrm{d}x} = \dfrac{x+y}{x-y}$;   (3) $\dfrac{\mathrm{d}y}{\mathrm{d}x} = \dfrac{y^2}{1-xy}$

(4) $\dfrac{\partial z}{\partial x} = \dfrac{yz}{\mathrm{e}^z - xy}$, $\dfrac{\partial z}{\partial y} = \dfrac{xz}{\mathrm{e}^z - xy}$

(5) $\dfrac{\partial z}{\partial x} = \dfrac{z^2}{2y - 3xz}$, $\dfrac{\partial z}{\partial y} = \dfrac{-z}{2y - 3xz}$

15. (1) 极小值 $f(-1, 1) = 0$

(2) 极小值 $f\left(\dfrac{1}{2}, -1\right) = -\dfrac{\mathrm{e}}{2}$

(3) 极大值 $f(2, -2) = 8$

16. 当长、宽、高分别取 $\dfrac{2\sqrt{3}}{3}R, \dfrac{2\sqrt{3}}{3}R, \dfrac{2\sqrt{3}}{3}R$ 时体积最大.

17. 长、宽、高均为 $\sqrt[3]{2}$ 米.

18. 极小值 $z\left(\dfrac{ab^2}{a^2+b^2}, \dfrac{a^2 b}{a^2+b^2}\right) = \dfrac{a^2 b^2}{a^2+b^2}$.

19. (1) 长为 $2\sqrt{10}$ 米, 宽为 $3\sqrt{10}$ 米;

(2) 长为 $\dfrac{4}{17}\sqrt{\dfrac{5a}{m}}$ 米, 宽(深)为 $\dfrac{1}{6}\sqrt{\dfrac{5a}{m}}$ 米, 其中 m 为底面单位造价.

20. $y = 0.7936x + 1.6186$.

21. (1) $\displaystyle\int_1^2 \mathrm{d}x \int_0^{\frac{\pi}{2}} f(x, y)\mathrm{d}y$, $\displaystyle\int_0^{\frac{\pi}{2}} \mathrm{d}y \int_1^2 f(x, y)\mathrm{d}x$

(2) $\displaystyle\int_{-1}^1 \mathrm{d}x \int_{-1}^1 f(x, y)\mathrm{d}y$, $\displaystyle\int_{-1}^1 \mathrm{d}y \int_{-1}^1 f(x, y)\mathrm{d}x$

(3) $\displaystyle\int_{-\sqrt{2}}^{\sqrt{2}} \mathrm{d}x \int_{x^2}^{4-x^2} f(x, y)\mathrm{d}y$

$\displaystyle\int_0^2 \mathrm{d}y \int_{-\sqrt{y}}^{\sqrt{y}} f(x, y)\mathrm{d}x + \int_2^4 \mathrm{d}y \int_{-\sqrt{4-y}}^{\sqrt{4-y}} f(x, y)\mathrm{d}x$

(4) $\displaystyle\int_0^1 \mathrm{d}y\int_0^y f(x, y)\mathrm{d}x, \quad \int_0^1 \mathrm{d}x\int_x^1 (x, y)\mathrm{d}y$

(5) $\displaystyle\int_{-2}^2 \mathrm{d}x\int_{-3\sqrt{1-\frac{x^2}{4}}}^{3\sqrt{1-\frac{x^2}{4}}} f(x, y)\mathrm{d}y, \quad \int_{-3}^2 \mathrm{d}x\int_{-2\sqrt{1-\frac{y^2}{9}}}^{2\sqrt{1-\frac{y^2}{9}}} f(x, y)\mathrm{d}y$

22. (1) $\displaystyle\int_0^1 \mathrm{d}x\int_{x^2}^x f(x, y)\mathrm{d}y;$ (2) $\displaystyle\int_0^1 \mathrm{d}y\int_{-\sqrt{1-y^2}}^{\sqrt{1-y^2}} f(x, y)\mathrm{d}x$

(3) $\displaystyle\int_0^1 \mathrm{d}y\int_y^{2-y} f(x, y)\mathrm{d}x$

23. (1) 0; (2) $1+\mathrm{e}^{-2}-\mathrm{e}^{-1}$; (3) $\dfrac{1}{3}\mathrm{e}^3-\dfrac{1}{2}\mathrm{e}^2+\dfrac{1}{6}$

(4) $1-\sin 1$; (5) $14a^4$

24. (1) $\dfrac{3\pi}{2}$; (2) $\dfrac{\pi}{4}\left[(1+a^2)\ln(1+a^2)-a^2\right]$

25. (1) 2; (2) $\dfrac{9}{2}$; (3) $\sqrt{2}-1$

26. (1) $\dfrac{5}{6}$; (2) $\dfrac{88}{105}$

练习题(二)

1. (1) A; (2) D; (3) B; (4) A; (5) D; (6) B; (7) B

2. (1) $1+\mathrm{e}^2$; (2) $\mathrm{e}^{xy}(1+xy)+4xy$; (3) $(1,0)$; (4) $\dfrac{\mathrm{e}^y}{1-x\mathrm{e}^y}$;

(5) $\dfrac{1}{2}(\mathrm{d}x-\mathrm{d}y)$; (6) $\dfrac{7}{18}$; (7) $(\mathrm{e}-1)^2$; (8) $\dfrac{1}{2}$; (9) 2; (10) $\dfrac{1}{2}(\mathrm{e}-1)$

3. (1) $\dfrac{\partial z}{\partial x}=yx^{y-1}-\sqrt{\dfrac{y}{x}}, \quad \dfrac{\partial z}{\partial y}=x^y\ln x-\sqrt{\dfrac{x}{y}}$

(2) $\dfrac{\partial z}{\partial x}=\dfrac{\mathrm{e}^y}{y^2}, \quad \dfrac{\partial z}{\partial y}=\dfrac{x(y-2)}{y^3}\mathrm{e}^y$

(3) $\dfrac{\partial z}{\partial x}=\dfrac{1}{y}\cos\dfrac{x}{y}\cos\dfrac{y}{x}+\dfrac{y}{x^2}\sin\dfrac{x}{y}\sin\dfrac{y}{x}$

$\dfrac{\partial z}{\partial y}=-\dfrac{x}{y^2}\cos\dfrac{x}{y}\cos\dfrac{y}{x}-\dfrac{1}{x}\sin\dfrac{x}{y}\sin\dfrac{y}{x}$

(4) $4\pi^3-1,0$

4. (1) $\mathrm{d}z=\mathrm{e}^x(\sin y\,\mathrm{d}x+\cos y\,\mathrm{d}y);$ (2) $\mathrm{d}z|_{(1,1)}=\mathrm{d}x+\mathrm{d}y$

5. $\Delta z=2.3504, \quad \mathrm{d}z=2$

6. (1) $\dfrac{\partial z}{\partial x} = \dfrac{-4y}{(2x-y)^2}$, $\quad$ $\dfrac{\partial z}{\partial y} = \dfrac{4x}{(2x-y)^2}$

$\quad$ (2) $\dfrac{\partial u}{\partial x} = -\dfrac{y}{x^2+y^2}$, $\quad$ $\dfrac{\partial u}{\partial y} = \dfrac{x}{x^2+y^2}$

$\quad$ (3) $\dfrac{\mathrm{d}z}{\mathrm{d}t} = \sin 2t + \mathrm{e}^t(\sin t + \cos t + 2\mathrm{e}^t)$

$\quad$ (4) $\dfrac{\mathrm{d}z}{\mathrm{d}x} = \dfrac{x^2 - 2x - 1}{3(x-1)^2}$

7. (1) $\dfrac{\mathrm{d}y}{\mathrm{d}x} = \dfrac{y^2 - \mathrm{e}^x}{\cos y - 2xy}$, $\qquad$ (2) $\dfrac{\partial z}{\partial x} = -1$, $\dfrac{\partial z}{\partial y} = -1$

8. (1) $\dfrac{1}{24}$; $\qquad$ (2) 0

9. (1) $\pi\ln 2$; $\qquad$ (2) $\pi(1 - \mathrm{e}^{-4})$

10. $x = 11$, $y = 7$

11. $x = 70$ 件, $y = 30$ 件, $L = 145$ 万元

12. 10

第九章 常微分方程

微分方程广泛应用于经济研究和其他学科的研究之中,本章主要介绍微分方程及其阶、解、通解、特解的概念;一阶可分离变量的微分方程的解法;一阶线性齐次、非齐次微分方程的通解与特解的求法;二阶线性常系数微分方程解的结构定理及其通解、特解的求法等.

§9.1 微分方程的一般概念

我们在研究科学技术和经济管理中某些现象的变化过程时,往往需要寻求与这些现象有关的变量之间的依从关系.这些关系可以是变量之间的函数关系,也可以是变量及其微分(导数)关系.当不能直接建立起变量之间的函数关系,而只能建立变量与其微分(导数)的关系时,就需要引入微分方程的概念.

定义 9.1 含有未知函数的微分(或导数)的方程,称为微分方程.

未知函数为一元函数的微分方程,称为常微分方程.参阅以下例子:

例 1 求过点$(1,2)$且切线斜率为$2x$的曲线的方程.

解 设所求的方程为$y = y(x)$,则依题设可建立以下关系式:

$$\begin{cases} \dfrac{\mathrm{d}y}{\mathrm{d}x} = 2x & (9.1) \\ y(1) = 2 & (9.2) \end{cases}$$

其中$y(1)$表示$x=1$时y的值.通过对(9.1)式求不定积分就可得到它的函数表达式.由(9.1)式得

$$\mathrm{d}y = 2x\,\mathrm{d}x$$

对其积分

$$\int \mathrm{d}y = \int 2x\,\mathrm{d}x$$

得到

$$y = x^2 + c \quad (c\text{ 为任意常数})$$

　　这是一簇曲线,簇中每一条曲线在点 x 处的切线斜率为 $2x$. 再将(9.2)式的已知条件代入上式,就可以求出 $c=1$,则

$$y = x^2 + 1$$

就是所求过点 $(1,2)$ 且切线斜率为 $2x$ 的曲线方程.

　　例 2　已知镭放射的速率与当时它的质量成正比(比例常数为 $k>0$). 设开始时镭的质量为 a,那么,经历了时间 t 后所剩的镭的质量是多少?

　　解　设在 t 时,镭的质量为 $y=y(t)$,则放射速率为 $-\dfrac{\mathrm{d}y}{\mathrm{d}t}$ (负号是因为质量 y 随着时间 t 的增加而减少). 依题意 $y(t)$ 应满足方程

$$\begin{cases} \dfrac{\mathrm{d}y}{\mathrm{d}t} = -ky & (9.3) \\[3mm] y(0) = a & (9.4) \end{cases}$$

由(9.3)式可得

$$\frac{\mathrm{d}y}{y} = -k\,\mathrm{d}t$$

两端积分就得到

$$\ln y = -kt + c_1$$

令 $c=\mathrm{e}^{c_1}$,则上式可写为

$$y = c\,\mathrm{e}^{-kt}$$

在上式中令 $t=0$,则由(9.4)式可得到 $c=a$,从而所剩镭的质量为

$$y = a\mathrm{e}^{-kt}$$

　　从以上两个例子中我们可以了解到微分方程要解决的主要问题是:

　　(1) 建立微分方程,即根据实际的问题找出含有微分(或导数)的关系式;

　　(2) 解微分方程,即通过求不定积分并代入初始条件求出未知函数 $y=y(x)$.

　　以上两个例子中微分(或导数)都是一阶的,因而又称为一阶微分方程. 如果是二阶微分(或导数)则称为二阶微分方程. 如果是 n 阶的,则称为 n 阶微分方程. 例如 $y'=2x+1$ 是一阶微分方程,而 $s''=-g$ 是二阶微分方程等.

　　定义 9.2　如果一个函数代入微分方程后,方程两端恒等,则称此函数为该微分方程的解.

例如, $y = x^2$, $y = x^2 + 7$, $y = x^2 + c$, 都是 $y' = 2x$ 的解. 而 $s = -\dfrac{1}{2}gt^2 + c_1 t + c_2$, $s = -\dfrac{1}{2}gt^2 + v_0 t + s_0$ 都是 $s'' = -g$ 的解.

如果微分方程的解中所含任意常数的个数等于微分方程的阶数,则此解称为微分方程的通解,在通解中给予任意常数以确定的值而得到的解称为微分方程的特解. 例如 $y = x^2 + c$ 是 $y' = 2x$ 的通解,而 $y = x^2 + 1$ 是 $y' = 2x$ 的特解. 特解一般是微分方程所描述的系统在一瞬间所处的状态给出的,是一种附加的条件,也称为初始条件. 如例 1 中曲线过 $(1,2)$ 就是给定微分方程 $y' = 2x$ 的初始条件.

§9.2   一阶微分方程

一阶微分方程的一般形式是

$$F(x, y, y') = 0 \tag{9.5}$$

一阶微分方程的通解含有一个任意常数,要求出它的特解,也就是要确定这个任意常数,必须给出一个初始条件,通常是给出 $x = x_0$ 时未知函数的对应值 $y = y_0$,记作

$$y(x_0) = y_0 \quad 或 \quad y\big|_{x = x_0} = y_0$$

一阶微分方程的形式很多,这里仅介绍两种简单的,也是经常要用到的一阶微分方程. 一种是可分离变量的微分方程,另一种是线性微分方程.

一、可分离变量的微分方程

可分离变量的微分方程的一般形式如

$$f(x)\mathrm{d}x = g(y)\mathrm{d}y \tag{9.6}$$

其特点是 x、y 两个变量相互分离. 将 (9.6) 式两边同时积分,得

$$\int f(x)\mathrm{d}x = \int g(y)\mathrm{d}y + c \tag{9.7}$$

其中 c 是任意常数. (9.7) 式就是 (9.6) 的通解表达式. 此外,形如

$$\frac{\mathrm{d}y}{\mathrm{d}x} = f(x)g(y) \tag{9.8}$$

或

$$M_1(x)M_2(y)\mathrm{d}x = N_1(x)N_2(y)\mathrm{d}y \tag{9.9}$$

的微分方程,也属于可分离变量的微分方程.因为经过简单的代换,它们都可以化为(9.6)式的形式

$$\frac{\mathrm{d}y}{g(y)} = f(x)\mathrm{d}x \tag{9.8'}$$

或

$$\frac{M_1(x)}{N_1(x)}\mathrm{d}x = \frac{N_2(y)}{M_2(y)}\mathrm{d}y \tag{9.9'}$$

两边积分即可求出它们的通解.

在(9.8)式中,特别当 $g(y)=1$ 或 $f(x)=1$ 时,得

$$\frac{\mathrm{d}y}{\mathrm{d}x} = f(x) \text{ 的通解为} \qquad y = \int f(x)\mathrm{d}x + c \tag{9.10}$$

$$\frac{\mathrm{d}y}{\mathrm{d}x} = g(y) \text{ 的通解为} \qquad \int \frac{\mathrm{d}y}{g(y)} = x + c \tag{9.11}$$

例 1　求微分方程 $x + yy' = 0$ 的通解.

解　将方程分离变量,得

$$y\mathrm{d}y = -x\mathrm{d}x$$

两端积分,得

$$\int y\mathrm{d}y = -\int x\mathrm{d}x$$

所求通解为

$$x^2 + y^2 = c$$

其中 c 为任意常数,这个通解表示一簇圆.

例 2　求微分方程 $\dfrac{\mathrm{d}y}{\mathrm{d}x} = -\dfrac{y}{x}$ 的通解.

解　将方程分离变量,得

$$\frac{\mathrm{d}y}{y} = -\frac{\mathrm{d}x}{x}$$

两边积分,得

$$\ln y = -\ln x + \ln c$$

即 $xy = c(c$ 为任意常数).这个通解是一簇双曲线.

例 3 求微分方程 $\dfrac{\mathrm{d}y}{\mathrm{d}x} = \dfrac{(1+y^2)x}{(1+x^2)y}$ 的通解.

解 将方程分离变量,得

$$\frac{y\mathrm{d}y}{(1+y^2)} = \frac{x\mathrm{d}x}{(1+x^2)}$$

两边积分,得

$$\frac{1}{2}\ln(1+y^2) = \frac{1}{2}\ln(1+x^2) + c_1$$

化简后得 $1+y^2 = c(1+x^2)$

例 4 求微分方程 $\mathrm{d}P = kP(N-P)\mathrm{d}t$ $(N \backslash k > 0,$为常数;且 $0 < P < N)$ 的解.

解 原方程可变换为

$$\frac{\mathrm{d}P}{P(N-P)} = k\mathrm{d}t$$

两边积分,得

$$\frac{1}{N}\ln\frac{P}{N-P} = kt + c$$

或

$$\frac{P}{N-P} = \mathrm{e}^{N(kt+c)}$$

令

$$a = Nk, A = \mathrm{e}^{Nc}$$

解得

$$P = \frac{NA\mathrm{e}^{at}}{A\mathrm{e}^{at}+1} = \frac{N}{1+A^{-1}\mathrm{e}^{-at}}$$

这个方程称为逻辑斯蒂曲线方程,该曲线的形状如图 9.1.

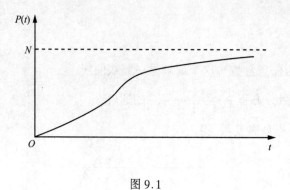

图 9.1

二、一阶线性微分方程

形如

$$y' + p(x)y = q(x) \tag{9.12}$$

的微分方程,是未知函数 y 及其一阶微商 y' 的一次方程,称为一阶线性微分方程.特别的,当 $q(x)=0$ 时,其形式为

$$y' + p(x)y = 0 \tag{9.13}$$

这时,方程称为一阶线性齐次方程.而当 $q(x)\neq0$ 时,方程称为一阶线性非齐次方程.

1. 一阶线性齐次方程的求解

$$y' + p(x)y = 0$$

分离变量,得

$$\frac{\mathrm{d}y}{y} = -p(x)\mathrm{d}x$$

积分得 通解 $\ln y = -\int p(x)\mathrm{d}x + \ln c$,即

$$y = c\mathrm{e}^{-\int p(x)\mathrm{d}x} \tag{9.14}$$

这里 $\int p(x)\mathrm{d}x$ 仅表示 $p(x)$ 的一个原函数.

2. 一阶线性非齐次方程的形式如前述(9.12)式

$$y' + p(x)y = q(x)$$

其中, $q(x) \neq 0$. 设想这个方程有形如

$$y = c(x)\mathrm{e}^{-\int p(x)\mathrm{d}x} \tag{9.15}$$

的解,将它代入上述方程,如果能确定 $c(x)$,那么,这个一阶线性非齐次方程的解也就得到了.

为此,将(9.15)式对 x 求微商,得到

$$y' = c'(x)\mathrm{e}^{-\int p(x)\mathrm{d}x} - p(x)c(x)\mathrm{e}^{-\int p(x)\mathrm{d}x}$$

将上式和(9.15)代入(9.12)式,得

$$c'(x) = q(x)\mathrm{e}^{\int p(x)\mathrm{d}x}$$

积分,得

$$c(x) = \int q(x)\mathrm{e}^{\int p(x)\mathrm{d}x}\mathrm{d}x + c$$

因此,(9.12)式的通解为

$$y = \mathrm{e}^{-\int p(x)\mathrm{d}x}\left(\int q(x)\mathrm{e}^{\int p(x)\mathrm{d}x}\mathrm{d}x + c\right) \tag{9.16}$$

由此我们看到,一阶线性非齐次方程的通解有两项,一项为 $c\mathrm{e}^{-\int p(x)\mathrm{d}x}$ 是相应的齐次方程(9.13) 的通解;另外一项

$$\mathrm{e}^{-\int p(x)\mathrm{d}x}\int q(x)\mathrm{e}^{\int p(x)\mathrm{d}x}\mathrm{d}x$$

为非齐次方程(9.12)的特解.也就是说,齐次方程(9.13)的通解加上非齐次方程本身的一个特解就是该非齐次方程的通解.

由此我们还可以看到,要求一阶线性非齐次方程的通解,可分四个步骤进行:

(1) 求对应于原方程的齐次方程的通解

$$y = c\mathrm{e}^{-\int p(x)\mathrm{d}x}$$

(2) 令上式中常数 c 为函数 $c(x)$,并求出 y'

$$y' = (c(x)\mathrm{e}^{-\int p(x)\mathrm{d}x})'$$

$$= c'(x)\mathrm{e}^{-\int p(x)\mathrm{d}x} - c(x)p(x)\mathrm{e}^{-\int p(x)\mathrm{d}x}$$

(3) 将上两式中的 y 及 y' 代入原方程解出

$$c(x) = \int q(x) \mathrm{e}^{\int p(x)\mathrm{d}x} \mathrm{d}x + c$$

（4）将求得的 $c(x)$ 再代回到 $y = c(x) \mathrm{e}^{-\int p(x)\mathrm{d}x}$ 中就能得出

$$y = \mathrm{e}^{-\int p(x)\mathrm{d}x} \cdot \left(\int q(x) \mathrm{e}^{\int p(x)\mathrm{d}x} \mathrm{d}x + c \right)$$

这就是原方程的通解.

这里的关键是将常数 c 变换为函数 $c(x)$，因而这种方法又称为常数变易法.

例 5　求方程 $y' + y = x^2$ 的通解.

解　先求得齐次方程

$$y' + y = 0$$

的通解是 $c\mathrm{e}^{-x}$.

令 $y = c(x)\mathrm{e}^{-x}$，并求 y' 得

$$y' = c'(x)\mathrm{e}^{-x} - c(x)\mathrm{e}^{-x}$$

将 y 及 y' 代入原方程得

$$c'(x)\mathrm{e}^{-x} - c(x)\mathrm{e}^{-x} + c(x)\mathrm{e}^{-x} = x^2$$

化简后得

$$c'(x) = x^2 \mathrm{e}^x$$

积分得

$$\begin{aligned}
c(x) &= \int x^2 \mathrm{e}^x \mathrm{d}x \\
&= x^2 \mathrm{e}^x - 2\int x \mathrm{e}^x \mathrm{d}x \\
&= x^2 \mathrm{e}^x - 2x\mathrm{e}^x + 2\int \mathrm{e}^x \mathrm{d}x \\
&= (x^2 - 2x + 2)\mathrm{e}^x + c
\end{aligned}$$

所以，原方程的通解为

$$y = (x^2 - 2x + 2) + c\mathrm{e}^{-x}$$

例 6　求方程 $y' - \dfrac{2}{x+1}y = (x+1)^3$ 的通解.

解 由 $y' - \dfrac{2}{x+1}y = 0$ 分离变量后得

$$\frac{\mathrm{d}y}{y} = \frac{2\mathrm{d}x}{x+1}$$

积分, 得

$$y = c(x+1)^2$$

又令 $y = c(x)(x+1)^2$ 并求 y'

$$y' = c'(x)(x+1)^2 + 2c(x)(x+1)$$

将上面所求的 y 及 y' 代入原方程后得

$$c'(x) = x+1$$

积分, 得

$$c(x) = \frac{1}{2}(x+1)^2 + c$$

最后把 $c(x)$ 代入 $y = c(x)(x+1)^2$ 中得出原方程的通解为

$$y = \left[\frac{1}{2}(x+1)^2 + c\right] \cdot (x+1)^2$$

$$= \frac{1}{2}(x+1)^4 + c(x+1)^2$$

例 7 求方程 $y' + \dfrac{y}{x-y^3} = 0$ 的通解.

解 从形式上看, 这不是一个线性微分方程. 但如果换一个角度看, 即将原方程改写为

$$\frac{\mathrm{d}y}{\mathrm{d}x} + \frac{y}{x-y^3} = 0$$

并将 x 看作 y 的函数, 则又可写为

$$\frac{\mathrm{d}x}{\mathrm{d}y} + \frac{x-y^3}{y} = 0$$

并进一步写成

$$x' + \frac{1}{y}x = y^2$$

则它是形如

$$x' + p(y)x = q(y)$$

的一阶线性微分方程. 因为

$$\int p(y)\mathrm{d}y = \int \frac{1}{y}\mathrm{d}y = \ln y \qquad (只取一个原函数)$$

$$\int q(y)\mathrm{e}^{\int p(y)\mathrm{d}y}\mathrm{d}y = \int y^2 y\mathrm{d}y = \frac{1}{4}y^4$$

于是由常数变易公式得

$$x = \mathrm{e}^{-\int p(y)\mathrm{d}y}\left(\int q(y)\mathrm{e}^{\int p(y)\mathrm{d}y}\mathrm{d}y + c_1\right)$$

$$= \frac{1}{y}\left(\frac{1}{4}y^4 + c_1\right)$$

$$= \frac{1}{4}y^3 + \frac{c_1}{y}$$

$$x = \frac{1}{4}y^3 + \frac{c_1}{y}$$

可得　　$4xy = y^4 + c$

例 8　求方程 $\dfrac{\mathrm{d}y}{\mathrm{d}x} - y = xy^2$ 的通解.

解　此例与上例相似, 初看上去不是线性方程, 但作变换后可化为线性方程. 以 $-y^{-2}$ 乘原方程两端得

$$-y^{-2}\frac{\mathrm{d}y}{\mathrm{d}x} + y^{-1} = -x$$

令 $z = y^{-1}$, 则

$$\frac{\mathrm{d}z}{\mathrm{d}x} + z + x = 0$$

用常数变易法可得(读者自己试做)

$$z = c\mathrm{e}^{-x} - x + 1$$

因此, 原方程的通解为

$$y = \frac{1}{c\mathrm{e}^{-x} - x + 1}$$

注意, $y = 0$ 也是原方程的一个解.

§9.3 特殊形式的二阶线性微分方程

二阶微分方程的一般形式为

$$F(x, y, y', y'') = 0$$

在这一节里, 我们介绍几种较为简单的二阶线性微分方程. 一种是可化为一阶线性微分方程的二阶微分方程, 另一种是二阶常系数微分方程.

一、可化为一阶线性微分方程的二阶微分方程

1. 简单二阶微分方程 $y'' = f(x)$

形如
$$y'' = f(x) \tag{9.17}$$
的微分方程是最简单的二阶微分方程. 这种方程可先看作是关于函数 z (令 $z = y'$) 的一阶线性微分方程 $z' = f(x)$, 解出 z 的通解, 也即先找到 y' 然后再进一步求出 y 的通解. 所以, 要求出 $y'' = f(x)$ 的通解, 可经过两次积分而实现.

对 $y'' = f(x)$ 积分一次, 得

$$y' = \int f(x) \mathrm{d}x + c_1$$

再对上式积分一次, 得

$$y = \int \left(\int f(x) \mathrm{d}x \right) \mathrm{d}x + c_1 x + c_2$$

其中 c_1、c_2 为任意常数.

例1 求方程 $y'' = x\mathrm{e}^x$ 的通解.

解 积分一次得

$$y' = \int x\mathrm{e}^x \mathrm{d}x = (x - 1)\mathrm{e}^x + c_1$$

再对上式积分一次得原方程的通解为

$$y = \int (x - 1)\mathrm{e}^x \mathrm{d}x + \int c_1 \mathrm{d}x$$

$$= (x - 2)\mathrm{e}^x + c_1 x + c_2$$

2. 二阶线性微分方程 $y'' = f(x, y')$

形如
$$y'' = f(x, y') \tag{9.18}$$
的二阶微分方程的特点是方程中不显含未知函数 y. 这样, 可令 $y' = z$, 则 $y'' = z'$, 代入 (9.18) 式可得

$$z' = f(x, z)$$

这是关于未知函数 z 的一阶线性微分方程, 先求出未知函数 z 的通解

$$z = \varphi(x, c_1)$$

则 (9.18) 式的通解为

$$y = \int \varphi(x, c_1) \mathrm{d}x + c_2$$

例 2　求方程 $y'' = \dfrac{1}{x} y' + x \mathrm{e}^x$ 的通解.

解　令 $y' = z$, 则 $y'' = z'$, 原式可写成

$$z' = \frac{1}{x} z + x \mathrm{e}^x$$

也可写成

$$z' - \frac{1}{x} z = x \mathrm{e}^x$$

这是关于 z 的一阶线性微分方程. 按常数变易法可得

$$y' = z = x \mathrm{e}^x + c_1 x$$

对上式积分得

$$y = (x - 1) \mathrm{e}^x + \frac{c_1 x^2}{2} + c_2$$

二、二阶常系数线性微分方程

二阶常系数线性微分方程的一般形式是

$$y'' + p y' + q y = f(x) \tag{9.19}$$

其中 p、q 是常数, $f(x)$ 是 x 的已知函数. 若 $f(x) = 0$ 时称为二阶常系数线性齐次方程; $f(x) \neq 0$ 时称为二阶常系数线性非齐次方程.

1. 二阶常系数线性齐次方程

当 $f(x)=0$ 时,方程(9.19)化为其对应的齐次形式

$$y'' + py' + qy = 0 \qquad (9.20)$$

要求出方程(9.20)的解,就是要找到一个函数 y,使 y''、y'、y 分别乘以常数 1、p、q 后相加等于零.对于适当的 λ,指数函数 $e^{\lambda x}$ 恰好具备这种性质,因为 $e^{\lambda x}$ 的一阶微商、二阶微商都是 $e^{\lambda x}$ 的常数倍.只要选取适当的 λ,使之满足方程(9.20).

将 $y = e^{\lambda x}$ 代入(9.20),得

$$\lambda^2 e^{\lambda x} + p\lambda e^{\lambda x} + q e^{\lambda x} = 0$$

即

$$e^{\lambda x}(\lambda^2 + p\lambda + q) = 0$$

因为 $e^{\lambda x} \neq 0$,得

$$\lambda^2 + p\lambda + q = 0 \qquad (9.21)$$

若 λ_1、λ_2 是方程(9.21)的两个根,那么 $y = e^{\lambda_1 x}$、$y = e^{\lambda_2 x}$ 就是方程(9.20)的两个特解.我们把含 λ 的代数方程(9.21)称为二阶常系数齐次方程(9.20)的特征方程,它的根称为二阶常系数齐次方程(9.20)的特征根.

例 3 求方程 $y'' - 2y' - 3y = 0$ 的特解.

解 根据齐次方程的系数可写出它的特征方程

$$\lambda^2 - 2\lambda - 3 = 0$$

它的两个根分别为 $\lambda_1 = 3$ 和 $\lambda_2 = -1$.于是得到原方程的两个特解为 $y = e^{3x}$ 和 $y = e^{-x}$.

显然,对于任意常数 c,函数 $y = ce^{3x}$ 和 $y = ce^{-x}$ 也都是这个方程的解.通过验算,我们可以证明

$$y = c_1 e^{3x} + c_2 e^{-x}$$

也是原方程的解,而且是它的通解.

一般地,我们有线性方程解的叠加原理.

定理 9.1 如果 $y_1(x)$ 和 $y_2(x)$ 是二阶常系数齐次方程(9.20)的解,则

$$y = c_1 y_1(x) + c_2 y_2(x) \qquad (9.22)$$

也是它的解.其中 c_1、c_2 为任意常数.

证 因为 $y_1(x)$ 和 $y_2(x)$ 是方程(9.20)的解,有

例 4　求方程 $y'' - 3y' - 10y = 0$ 的通解.

解　此方程的特征方程为

$$\lambda^2 - 3\lambda - 10 = 0$$

有两个不相等的实根 $\lambda_1 = -2$、$\lambda_1 = 5$, 按(9.23)式,方程的通解为

$$y = c_1 e^{-2x} + c_2 e^{5x}$$

例 5　求方程 $y'' - 6y' + 9y = 0$ 的通解.

解　此方程的特征方程为

$$\lambda^2 - 6\lambda + 9 = 0$$

有重根 $\lambda_1 = \lambda_2 = 3$, 按(9.24)式,方程的通解为

$$y = (c_1 + c_2 x) e^{3x}$$

例 6　求方程 $y'' + 2y' + 2y = 0$ 的通解.

解　此方程的特征方程为

$$\lambda^2 + 2\lambda + 2 = 0$$

有共轭复根 $-1 \pm i$, 按式(9.26),方程的通解为

$$y = e^{-x}(c_1 \cos x + c_2 \sin x)$$

2. 二阶常系数线性非齐次方程

我们已经知道,一阶线性非齐次方程的通解是由它的特解加上它的齐次方程的通解构成的.这个结论对于二阶线性非齐次方程也成立.有以下定理:

定理 9.2　设 $y^*(x)$ 是二阶线性非齐次方程

$$y'' + py' + qy = f(x) \tag{9.27}$$

的一个特解, $y_0(x)$ 是它对应的齐次方程的通解,则 $y_0(x) + y^*(x)$ 是方程 (9.27)的通解.

证　由所给条件,有

$$(y^*)'' + p(y^*)' + qy^* = f(x)$$
$$y_0'' + py_0' + qy_0 = 0$$

于是

$$(y_0 + y^*)'' + p(y_0 + y^*)' + q(y_0 + y^*) = f(x)$$
$$(y_0'' + py_0' + qy_0) + [(y^*)'' + p(y^*)' + qy^*] = f(x)$$

这说明 $y_0 + y^*$ 是方程(9.27)的解. 又因为 $y_0(x)$ 中含有两个独立的任意常数 c_1、c_2, 所以 $y_0 + y^*$ 就是(9.27)的通解.

由于齐次方程的通解 $y_0(x)$ 的求解方法我们已经知道,因此,求非齐次方

程通解的问题就归结为求它的一个特解 $y^*(x)$ 的问题.

在应用中,经常遇到的非齐次方程(9.27)的非零函数 $f(x)$ 有以下三种:

(1) $f(x) = ax + b$

(2) $f(x) = a\sin\omega x$(或 $b\cos\omega x$)

(3) $f(x) = a\mathrm{e}^{bx}$

对这三种情况,一般是采用待定系数法来求非齐次方程(9.27)的特解 $y^*(x)$. 我们通过举例来介绍这种方法.

例 7　求方程

$$y'' + y' + y = x + 2 \tag{9.28}$$

$$y'' + y' = x + 2 \tag{9.29}$$

$$y'' = x + 2 \tag{9.30}$$

的特解.

解　由于多项式函数及其微商都是多项式函数,因此我们设想方程(9.28)具有一次式形式的特解

$$y^* = \alpha + \beta x$$

把它代入方程(9.28)得

$$\beta + \alpha + \beta x = x + 2$$

比较两端的系数,得到 $\alpha + \beta = 2$、$\beta = 1$,也即 $\alpha = 1$、$\beta = 1$,由此得到方程(9.28)的一个特解.

$$y^* = 1 + x$$

再看方程(9.29),显然,一次式 $\alpha + \beta x$ 不是它的解,设想它有特解

$$y^* = (\alpha + \beta x)x$$

把它代入方程(9.29)得

$$(\alpha + 2\beta) + 2\beta x = x + 2$$

比较两边的系数,得到 $\alpha + 2\beta = -2$、$2\beta = 1$,也即 $\alpha = 1$、$\beta = \dfrac{1}{2}$,由此得到方程(9.29)的一个特解

$$y^* = \left(1 + \frac{1}{2}x\right)x$$

又看方程(9.30),显然,这时一次式 $\alpha + \beta x$ 和二次式 $(\alpha + \beta x)x$ 都不是方程(9.30)的解,设想它的特解为

$$y^* = (\alpha + \beta x)x^2$$

把它代入方程(9.30)得

$$2\alpha + 6\beta x = x + 2$$

比较两边的系数,得到 $\alpha = 1$, $\beta = \dfrac{1}{6}$,由此得方程(9.30)的一个特解

$$y^* = \left(1 + \frac{1}{6}x\right)x^2$$

从上例中我们看到,三个方程右端是一样的,但因左端形式不同得到的特解也不同.这个差异,表现在它们所对应的特征方程上.方程(9.28)对应的特征方程无零根;方程(9.29)对应的特征方程以零为单根;方程(9.30)对应的特征方程以零为重根.因此,可以根据特征根来确定方程的特解形式.

一般地,对于方程

$$y'' + py' + qy = ax + b \tag{9.31}$$

亦有同样的结论.即,若方程(9.31)对应的特征方程无零根、有零单根、有零重根,则它相应地就有形如 $\alpha + \beta x$、$(\alpha + \beta x)x$、$(\alpha + \beta x)x^2$ 的特解.

对于方程(9.27)的右端函数为 $f(x) = a\sin\omega x$(或 $b\cos\omega x$)及 $f(x) = a\mathrm{e}^{bx}$ 的情形,亦可作类似上述的分析,可得到相应的特解形式.为便于应用,我们对分析过程不再作详细论述,只将相应的结果列表于下:

$f(x)$	是否特征根	特解的形式
$ax + b$	0 不是根	$\alpha + \beta x$
	0 是单根	$(\alpha + \beta x)x$
	0 是重根	$(\alpha + \beta x)x^2$
$a\sin\omega x$(或 $b\cos\omega x$)	$\pm\omega\mathrm{i}$ 不是根	$\alpha\cos\omega x + \beta\sin\omega x$
	$\pm\omega\mathrm{i}$ 是根	$(\alpha\cos\omega x + \beta\sin\omega x)x$
$a\mathrm{e}^{bx}$	b 不是根	$a\mathrm{e}^{bx}$
	b 是单根	$ax\mathrm{e}^{bx}$
	b 是重根	$ax^2\mathrm{e}^{bx}$

例8　求方程 $y'' + y' + y = 4 + 3x$ 的通解.

解　先求齐次方程的通解 y_0,其特征方程

$$\lambda^2 + \lambda + 1 = 0$$

的根为 $\lambda = -\dfrac{1}{2} \pm \dfrac{\sqrt{3}}{2}\mathrm{i}$,于是齐次方程的通解为

$$y_0 = \mathrm{e}^{-\frac{1}{2}x}\left(c_1\cos\frac{\sqrt{3}}{2}x + c_2\sin\frac{\sqrt{3}}{2}x\right)$$

再求非齐次方程的特解 y^*,由于零不是特征方程的根,故令 $y^* = \alpha + \beta x$,代入原方程,得

$$(\alpha + \beta) + \beta x = 4 + 3x$$

比较两端系数,得到 $\alpha = 1$、$\beta = 3$,即 $y^* = 1 + 3x$.

最后,得到非齐次方程的通解为

$$y = \mathrm{e}^{-\frac{1}{2}x}\left(c_1\cos\frac{\sqrt{3}}{2}x + c_2\sin\frac{\sqrt{3}}{2}x\right) + 3x + 1$$

例 9 求 $y'' + y = \sin x$ 的通解.

解 先求 y_0,其特征方程

$$\lambda^2 + 1 = 0$$

的根为 $\pm \mathrm{i}$,则齐次方程的通解为

$$y_0 = c_1\cos x + c_2\sin x$$

再求 y^*,由于非齐次方程中 $f(x) = \sin x$,即 $\omega = 1$,从而 $\pm \omega\mathrm{i} = \pm \mathrm{i}$ 是特征方程的根,可令 $y^* = (\alpha\cos x + \beta\sin x)x$,代入原方程,得

$$2\beta\cos x - 2\alpha\sin x = \sin x$$

比较两端系数,得到 $\alpha = -\dfrac{1}{2}$,$\beta = 0$,即

$$y^* = -\frac{1}{2}x\cos x$$

最后,得到非齐次方程的通解为

$$y = c_1\cos x + c_2\sin x - \frac{1}{2}x\cos x$$

例 10 求方程 $y'' + 4y' + 3y = 2\mathrm{e}^{-x}$ 的一个特解,使之满足条件 $y(0) = 0$,$y'(0) = 0$.

解 特征方程

$$\lambda^2 + 4\lambda + 3 = 0$$

的根为 $\lambda_1 = -1, \lambda_2 = -3$,所以齐次方程的通解为

$$y_0 = c_1 e^{-x} + c_2 e^{-3x}$$

在非齐次方程中 $b = -1$ 是特征方程的单根,可令 $y^* = axe^{-x}$,代入原方程,得

$$a e^{-x}[(x - 2) + 4(-x + 1) + 3x] = 2e^{-x}$$

比较两端系数,得到 $a = 1$,即 $y^* = xe^{-x}$.

从而非齐次方程的通解为

$$y = xe^{-x} + c_1 e^{-x} + c_2 e^{-3x}$$

且

$$y' = (1 - x)e^{-x} - c_1 e^{-x} - 3c_2 e^{-3x}$$

将条件 $y(0) = 0, y'(0) = 0$ 代入上面二式,得

$$\begin{cases} c_1 + c_2 = 0 \\ 1 - c_1 - 3c_2 = 0 \end{cases}$$

可解得 $c_1 = -\dfrac{1}{2}, c_2 = \dfrac{1}{2}$,从而所求特解为

$$y = xe^{-x} - \frac{1}{2}e^{-x} + \frac{1}{2}e^{-3x}$$

$$= \left(x - \frac{1}{2}\right)e^{-x} + \frac{1}{2}e^{-3x}$$

典型例题分析

例 1　指出下列微分方程的阶数,并说明是否为线性微分方程?

(1) $x(y')^2 - 2yy' + x = 0$

(2) $y'' + y' - 7y = 10x$

(3) $y^{(3)} + \sin y + 5x = 0$

(4) $xy^{(3)} + 2y'' + x^2 y = 0$

(5) $\sin(y') + 3e^y = 5x$

解 (1) 是一阶非线性微分方程,因为方程中含有(非线性项)y'的平方项;

(2) 是二阶线性微分方程;

(3) 是三阶非线性方程,因为方程中含有非线性函数 $\sin y$;

(4) 是三阶线性微分方程;

(5) 是一阶非线性微分方程,因为方程中含有非线性函数 $\sin(y')$ 及 e^y.

例 2 验证下列各题中所给函数是否为对应微分方程的解?

(1) $xy' = 2y, y = 5x^2$;   (2) $y'' = x^2 + y^2, y = \dfrac{1}{x}$

(3) $y'' - \dfrac{2}{x}y' + \dfrac{2y}{x^2} = 0, y = c_1 x + c_2 x^2$

(4) $y'' - 2y' + y = 0, y = x^2 e^x$

解 (1) 因为 $y = 5x^2$,故 $y' = 10x$ 将其代入所给微分方程中,得

$$xy' = x \cdot 10x = 10x^2 = 2y$$

所以 $y = 5x^2$ 是所给微分方程的一个特解.

(2) 因为 $y = \dfrac{1}{x}, y' = -\dfrac{1}{x^2}, y'' = \dfrac{2}{x^3}$,显然

$$y'' = \frac{2}{x^3} \neq x^2 + \left(\frac{1}{x}\right)^2 = x^2 + y^2$$

所以 $y = \dfrac{1}{x}$ 不是所给微分方程的解.

(3) 因为 $y = c_1 x + c_2 x^2, y' = c_1 + 2c_2 x, y'' = 2c_2$,代入所给微分方程中,得

$$y'' - \frac{2}{x}y' + \frac{2y}{x^2}$$

$$= 2c_2 - \frac{2}{x}(c_1 + 2c_2 x) + \frac{2}{x^2}(c_1 x + c_2 x^2) = 0$$

所以 $y = c_1 x + c_2 x^2$ 是所给微分方程的解(且是通解).

(4) 因为 $y = x^2 e^x$,则

$y' = e^x(x^2 + 2x), y'' = (x^2 + 4x + 2)e^x$ 代入所给微分方程中,得

$$y'' - 2y' + y = (x^2 + 4x + 2)e^x - 2e^x(x^2 + 2x) + x^2 e^x$$

$$= 2e^x \neq 0$$

所以 $y = x^2 e^x$ 不是所给方程的解.

思考　问 $y = x e^x$ 是否为该微分方程的解呢?

例 3　求下列微分方程的通解:

(1) $y' = e^{x+y}$;　　　(2) $xy' - y \ln y = 0$

解　(1) 注意到 $e^{x+y} = e^x \cdot e^y$, 于是可将方程分离变量, 得

$$e^{-y} dy = e^x dx$$

两边积分得

$$- e^{-y} = e^x + c$$

即通解为

$$e^x + e^{-y} + c = 0$$

(2) 将方程分离变量, 得

$$\frac{dy}{y \ln y} = \frac{dx}{x}$$

两边积分得

$$\ln \ln y = \ln x + \ln c$$

解得

$$y = e^{cx}$$

即通解为

$$y = e^{cx}$$

例 4　求下列微分方程的通解:

(1) $y' + y = e^{-x}$;　　　(2) $\cos x \dfrac{dy}{dx} + y \sin x = 1$

解　这两题都是一阶线性非齐次方程, 故可用公式

$$y = e^{-\int p(x) dx} \left[\int q(x) e^{\int p(x) dx} dx + c \right]$$

直接求解.

(1) $p(x) = 1$, 　$q(x) = e^{-x}$, 于是

$$y = e^{-\int 1 dx} \left[\int e^{-x} e^{\int 1 dx} dx + c \right]$$

$$= e^{-x} \left[\int e^{-x} e^x dx + c \right] = e^{-x} (x + c)$$

即 $y = e^{-x}(x + c)$ 为方程的通解.

(2) 对方程 $\cos x \dfrac{dy}{dx} + y\sin x = 1$ 两边同除以 $\cos x$, 得

$$\frac{dy}{dx} + y\tan x = \frac{1}{\cos x}$$

这里 $p(x) = \tan x, q(x) = \dfrac{1}{\cos x}$, 于是

$$y = e^{-\int \tan x dx} \left[\int \frac{1}{\cos x} e^{\int \tan x dx} dx + c \right]$$

$$= e^{\ln \cos x} \left[\int \frac{1}{\cos x} e^{-\ln \cos x} dx + c \right]$$

$$= \cos x \left(\int \frac{1}{\cos^2 x} dx + c \right) = \cos x (\tan x + c)$$

$$= \sin x + c \cdot \cos x$$

即 $y = \sin x + c \cdot \cos x$ 为原方程的通解.

注意 这两题亦可按常数变易法来求解, 请读者练习.

例 5 求方程 $y' = \dfrac{y}{x - y}$ 的通解.

解 从形式上看, 这不是一个线性微分方程, 但换个角度看, 即将原方程先写成

$$\frac{dy}{dx} = \frac{y}{x - y}$$

并将 x 看作 y 的函数, 则可改写成

$$\frac{dx}{dy} = \frac{x - y}{y}$$

即

$$\frac{dx}{dy} - \frac{1}{y}x = -1$$

这是一阶线性方程, 这里 $p(y) = -\dfrac{1}{y}, q(y) = -1$, 于是应用通解公式

$$x = \mathrm{e}^{-\int -\frac{1}{y}\mathrm{d}y}\left[\int(-1)\cdot \mathrm{e}^{\int -\frac{1}{y}\mathrm{d}y}\mathrm{d}y + c\right]$$

$$= \mathrm{e}^{\ln y}\left[-\int \mathrm{e}^{-\ln y}\mathrm{d}y + c\right] = y\left[-\int \frac{1}{y}\mathrm{d}y + c\right]$$

$$= y(-\ln y + c) = -y\ln y + cy$$

即 $x = -y\ln y + cy$ 为原方程的通解.

例 6 求下列微分方程的特解:

(1) $\dfrac{\mathrm{d}x}{y} + \dfrac{\mathrm{d}y}{x} = 0$, $\quad y\big|_{x=3} = 4$

(2) $x\dfrac{\mathrm{d}y}{\mathrm{d}x} + y - \mathrm{e}^x = 0$, $\quad y\big|_{x=a} = b$

解 求特解,一般是先求方程的通解,然后由初始条件确定任意常数,进而得到所求的特解.

(1) 对 $\dfrac{\mathrm{d}x}{y} + \dfrac{\mathrm{d}y}{x} = 0$ 两边同乘以 xy 得 $x\mathrm{d}x + y\mathrm{d}y = 0$,由此易求得其通解为 $x^2 + y^2 = c^2$,将初始条件 $y\big|_{x=3} = 4$ 代入,有

$$3^2 + 4^2 = c^2, c^2 = 25$$

所以,所求特解为 $x^2 + y^2 = 25$.

(2) 对方程 $x\dfrac{\mathrm{d}y}{\mathrm{d}x} + y - \mathrm{e}^x = 0$ 两边同除以 x,得

$$\frac{\mathrm{d}y}{\mathrm{d}x} + \frac{1}{x}y - \frac{\mathrm{e}^x}{x} = 0$$

即

$$y' + \frac{1}{x}y = \frac{\mathrm{e}^x}{x}$$

这里 $p(x) = \dfrac{1}{x}$, $q(x) = \dfrac{\mathrm{e}^x}{x}$,于是应用通解公式

$$y = \mathrm{e}^{-\int \frac{1}{x}\mathrm{d}x}\left[\int \frac{\mathrm{e}^x}{x}\mathrm{e}^{\int \frac{1}{x}\mathrm{d}x}\mathrm{d}x + c\right]$$

$$= \mathrm{e}^{-\ln x}\left[\int \frac{\mathrm{e}^x}{x}\mathrm{e}^{\ln x}\mathrm{d}x + c\right] = \frac{1}{x}\left[\int \mathrm{e}^x\mathrm{d}x + c\right]$$

$$= \frac{1}{x}(\mathrm{e}^x + c)$$

即原方程的通解为 $y = \dfrac{1}{x}(e^x + c)$.

将初始条件 $y\big|_{x=a} = b$ 代入,有

$$b = \frac{1}{a}(e^a + c)$$

得

$$c = ab - e^a$$

因此所求特解为 $y = \dfrac{1}{x}(e^x + ab - e^a)$.

例7 求下列二阶微分方程的通解:

(1) $y'' = x^2$;　　　　　　　(2) $y'' + 4y = 0$

(3) $y'' - 2y' - 3y = 2x + 1$;　(4) $y'' - y' - 2y = e^{2x}$

(5) $y'' - 4y' + 4y = 0$;　　　(6) $y'' + y = \cos x$

解 (1) 对 $y'' = x^2$ 积分一次,得

$$y' = \frac{x^3}{3} + c_1$$

再对上式积分一次,得

$$y = \frac{x^4}{12} + c_1 x + c_2$$

其中 c_1、c_2 为任意常数,此即为方程 $y'' = x^2$ 的通解.

(2) 方程 $y'' + 4y = 0$ 的特征方程为

$$\lambda^2 + 4 = 0$$

有共轭复根 $\lambda = \pm 2i$,由此即知方程的通解为

$$y = c_1 \cos 2x + c_2 \sin 2x$$

(3) 先求其齐次方程的通解 y_0,其特征方程 $\lambda^2 - 2\lambda - 3 = 0$ 的根为 $\lambda = -1, 3$,于是齐次方程的通解为

$$y_0 = c_1 e^{-x} + c_2 e^{3x}$$

再求非齐次方程的特解 y^*,由于 0 不是特征方程的根,故可令 $y^* = \alpha + \beta x$,代入原方程得

$$0 - 2\beta - 3(\alpha + \beta x) = 2x + 1$$

即

$$-3\beta x - (2\beta + 3\alpha) = 2x + 1$$

比较两端系数,得到 $\alpha = \dfrac{1}{9}$, $\beta = -\dfrac{2}{3}$,即 $y^* = \dfrac{1}{9} - \dfrac{2}{3}x$,于是由解的结构定理可得到非齐次方程的通解为

$$y = y_0 + y^* = c_1 e^{-x} + c_2 e^{3x} - \frac{2}{3}x + \frac{1}{9}$$

（4）先求齐次方程的通解 y_0,其特征方程 $\lambda^2 - \lambda - 2 = 0$ 的根为 $\lambda = -1$, 2,于是齐次方程的通解为

$$y_0 = c_1 e^{-x} + c_2 e^{2x}$$

然后求非齐次方程的特解 y^*,由于 2 是特征方程的单根,所以可设 $y^* = \alpha x e^{2x}$,代入原方程得(这里 $y' = \alpha e^{2x}(1+2x)$, $y'' = 4\alpha e^{2x}(1+x)$)

$$4\alpha e^{2x}(1+x) - \alpha e^{2x}(1+2x) - 2\alpha x e^{2x} = e^{2x}$$

即

$$3\alpha e^{2x} = e^{2x}$$

由此即知 $3\alpha = 1$, $\alpha = \dfrac{1}{3}$,从而 $y^* = \dfrac{1}{3}x e^{2x}$,于是由解的结构定理,即知非齐次方程的通解为

$$y = y_0 + y^* = c_1 e^{-x} + c_2 e^{2x} + \frac{1}{3}x e^{2x}$$

（5）易见方程 $y'' - 4y' + 4y = 0$ 的特征方程为

$$\lambda^2 - 4\lambda + 4 = 0$$

有二重根 $\lambda = 2$,由此即知方程的通解为

$$y = (c_1 + c_2 x)e^{2x}$$

（6）先求 y_0,其特征方程

$$\lambda^2 + 1 = 0$$

的根为 $\pm i$,则齐次方程的通解为

$$y_0 = c_1 \cos x + c_2 \sin x$$

再求 y^*,由于非齐次方程中 $f(x) = \cos x$,即 $\omega = 1$. 从而 $\pm \omega i = \pm i$ 是特征方程的根,故可令

$$y^* = (\alpha \cos x + \beta \sin x)x$$

代入原方程,可得

$$2\beta\cos x - 2\alpha\sin x = \cos x$$

比较两端系数,得到 $\alpha = 0, \beta = \dfrac{1}{2}$,即

$$y^* = \frac{1}{2}x\sin x$$

于是,由解的结构定理知非齐次方程通解为

$$y = c_1\cos x + c_2\sin x + \frac{1}{2}x\sin x$$

小 结

1. 本章的主要内容是微分方程的一般概念及一阶微分方程和二阶常系数微分方程的解法

(1) 可分离变量的微分方程

一般形式为

$$f(x)\mathrm{d}x = g(y)\mathrm{d}y \qquad (*)$$

解法:两边同时积分即可求得通解.

此外,形如

$$\frac{\mathrm{d}y}{\mathrm{d}x} = f(x) \cdot g(y) \quad 或 \quad M_1(x)M_2(y)\mathrm{d}x = N_1(x)N_2(y)\mathrm{d}y$$

的微分方程,也属于可分离变量的微分方程.因为经过简单运算,它们都可以化为(*)式的形状:

$$\frac{\mathrm{d}y}{g(y)} = f(x)\mathrm{d}x \quad 或 \quad \frac{M_1(x)}{N_1(x)}\mathrm{d}x = \frac{N_2(y)}{M_2(y)}\mathrm{d}y$$

两边积分,同样可求得它们的通解.

(2) 一阶线性微分方程

线性齐次方程:$y' + p(x)y = 0$

线性非齐次方程:$y' + p(x)y = q(x)$

解法:对于齐次方程,用分离变量法;对于非齐次方程,一般采用常数变易法,其通解为

$$y = \mathrm{e}^{-\int p(x)\mathrm{d}x}\left(\int q(x)\mathrm{e}^{\int p(x)\mathrm{d}x}\mathrm{d}x + c\right)$$

(3) 伯努里方程 $y' + p(x)y = q(x)y^a$ $(a\neq 0,1)$,令 $z = y^{1-a}$,可化成线性方程.

(4) 二阶微分方程

(i) 几种可降阶的二阶微分方程

① $y'' = f(x)$ 型,可通过直接积分求出通解.

② $y'' = f(x,y')$,可令 $y' = z$,降阶求其解.

(ii) 二阶常系数线性微分方程通解的结构定理:设 $y^*(x)$ 是二阶线性非齐次方程

$$y'' + py' + qy = f(x)$$

的一个特解,$y_0(x)$ 是它对应的齐次方程

$$y'' + py' + qy = 0$$

的通解,则 $y_0(x) + y^*(x)$ 是二阶线性非齐次方程的通解.

(iii) 二阶常系数线性齐次方程 $y'' + py' + qy = 0$ 的解法

用特征根法求通解,方程 $y'' + py' + qy = 0$ 的特征方程为 $\lambda^2 + p\lambda + q = 0$,根据特征根的不同情况,方程 $y'' + py' + qy = 0$ 的通解有以下三种形式,如下表:

特征根	方程通解形式
有两个相异实根 λ_1,λ_2	$y = c_1\mathrm{e}^{\lambda_1 x} + c_2\mathrm{e}^{\lambda_2 x}$
有两个相等实根 $\lambda_1 = \lambda_2 = \lambda$	$y = (c_1 + c_2 x)\mathrm{e}^{\lambda x}$
有一对共轭复根 $\alpha \pm \beta\mathrm{i}$	$y = \mathrm{e}^{\alpha x}(c_1\cos\beta x + \sin\beta x)$

(iv) 二阶常系数线性非齐次方程的解法

$$y'' + py' + qy = f(x)$$

其中 p,q 是常数.

由于齐次方程通解 $y_0(x)$ 的求解方法我们已经知道,根据解的结构定理,非齐次方程的通解等于对应齐次方程的通解与非齐次方程的一个特解之和,于是求非齐次方程通解问题就归结为求它的一个特解 $y(x)$ 的问题,一般均采用待定系数法来确定非齐次方程的特解,而要用待定系数法求解的前提是先能确定特解的形式,确定特解形式可参见下表(仅就右端函数 $f(x) = ax + b$,$a\cos\omega x$(或 $b\sin\omega x$),$a\mathrm{e}^{bx}$ 的几种情形):

$f(x)$	是否特征根	特解的形式
$ax+b$	0 不是根	$\alpha+\beta x$
	0 是单根	$(\alpha+\beta x)x$
	0 是重根	$(\alpha+\beta x)x^2$
$a\cos\omega x$	$\pm\omega i$ 不是根	$\alpha\cos\omega x+\beta\sin\omega x$
	$\pm\omega i$ 是根	$(\alpha\cos\omega x+\beta\sin\omega x)x$
$a\mathrm{e}^{bx}$	b 不是根	$a\mathrm{e}^{bx}$
	b 是单根	$ax\mathrm{e}^{bx}$
	b 是重根	$ax^2\mathrm{e}^{bx}$

2．本章的重点

（1）可分离变量方程的解法．

（2）一阶线性齐次、非齐次方程的解法．

（3）二阶常系数线性齐次方程的解法．

（4）带有特殊右端的二阶常系数线性非齐次方程的解法．

难点是上述四种方法的熟练掌握．

3．本章求解微分方程的基本方法

（1）分离变量法．

（2）常数变易法或公式法．

（3）特征根法，主要用于求解二阶常系数线性齐次方程．

（4）待定系数法，主要用于求解带有特殊右端的二阶常系数线性非齐次方程．

4．求解微分方程的步骤

一般是先确定微分方程类型，然后按类型选择一种行之有效的解法，最后求出通解，若给定了初始条件，就再确定特解．

5．由于每一种解法一般只适用于某种类型的方程，因此求解微分方程要注意

（1）弄清各类方程的特征；

（2）掌握各类方程的解法，做到按类求解．

习 题 九

练习题(一)

1. 说明下列各微分方程的阶数，并指出哪些是线性微分方程：

(1) $(y'')^3 + 5(y')^4 - y^5 + x^7 = 0$

(2) $(x^2 - y^2)dx + (x^2 + y^2)dy = 0$

2. 验证下列各给定函数是其对应的微分方程的解：

(1) $xy'' + 2y' - xy = 0,\ xy = c_1 e^x + c_2 e^{-x}$

(2) $y'' + 3y' - 10y = 2x,\ y = c_1 e^{2x} + c_2 e^{-5x} - \dfrac{x}{5} - \dfrac{3}{50}$

(3) $y'' + y = 0,\ y = 3\sin x - 4\cos x$

(4) $xyy'' + x(y')^2 - yy' = 0,\ \dfrac{x^2}{c_1} + \dfrac{y^2}{c_2} = 1$

3. 求下列各微分方程的通解：

(1) $(1 + y)dx - (1 - x)dy = 0$;　　　(2) $3x^2 - 5x - 5y' = 0$

(3) $y' = \sqrt{\dfrac{1 - y^2}{1 - x^2}}$;　　　(4) $y - xy' = a(y^2 + y')$

(5) $(xy^2 + x)dx + (y - x^2 y)dy = 0$;　　(6) $y\ln x dx + x\ln y dy = 0$

(7) $y' = 10^{x+y}$

4. 求下列微分方程满足初始条件的特解：

(1) $\dfrac{x}{1+y}dx - \dfrac{y}{1+x}dy = 0,\qquad y\big|_{x=1} = 1$

(2) $\dfrac{dy}{dx}\sin x = y\ln y,\qquad y\big|_{x=\frac{\pi}{2}} = e$

(3) $y' = e^{2x-y},\qquad y\big|_{x=0} = 0$

5. 求下列各微分方程的通解：

(1) $(x + y)dx + xdy = 0$;　　　(2) $(x + y)y' + (x - y) = 0$

(3) $xy^2 dy = (x^3 + y^3)dx$

6. 求下列各微分方程的通解：

(1) $\dfrac{dy}{dx} - \dfrac{2y}{x+1} = (x+1)^3$

(2) $(3y - 7x + 7)dx + (7y - 3x + 3)dy = 0$

(3) $\dfrac{dy}{dx} = 2xy + xe^{-x^2}$

7. 求下列微分方程满足初始条件的特解：

(1) $x\dfrac{dy}{dx} - 2y = x^3 e^x,\qquad y\big|_{x=1} = 0$

(2) $xy' + y = 3,\qquad y\big|_{x=1} = 0$

(3) $(1 - x^2)y' + xy = 1,\qquad y\big|_{x=0} = 1$

8. 求下列各微分方程的通解：

(1) $y'' = e^{2x}$;　　　(2) $y'' - y' = x$

(3) $y'' - 4y' + 3y = 0$;　　(4) $y'' - 6y' - 13y = 14$

9. 求下列微分方程满足初始条件的特解：

(1) $y'' - 6y' + 9y = 0,$ $\quad y\big|_{x=0} = 0,$ $\quad y'\big|_{x=0} = 2$

(2) $y'' + 4y = 8x,$ $\quad y\big|_{x=0} = 0,$ $\quad y'\big|_{x=0} = 4$

(3) $y'' - 5y' + 6y = 2e^x,$ $\quad y\big|_{x=0} = 1,$ $\quad y'\big|_{x=0} = 1$

练习题(二)

1. 单项选择题

(1) 下列微分方程中是线性方程的有( ).

(A) $\cos(y') + e^y = x$; (B) $xy''' + 2y'' + x^2 y = e^x$

(C) $(y')^2 + 5y = 0$; (D) $y'' + \sin y = 8x$

(2) 下列方程中是一阶微分方程的有( ).

(A) $x(y')^2 + 2yy' + x = 0$; (B) $(y'')^2 + 5(y')^4 - y^5 + x^7 = 0$

(C) $xy'' + y' + y = 0$; (D) $y^{(3)} + 5y' - x = 0$

(3) 微分方程 $y'' + y = 0$ 的通解是( ).

(A) $y = c_1 \cos x$; (B) $y = c_2 \sin x$

(C) $y = \sin x + c_2 \cos x$; (D) $y = c_1 \sin x + c_2 \cos x$

(4) 下列函数是微分方程 $y'' - 2y' + y = 0$ 的解的有( ).

(A) $x^2 e^x$; (B) xe^x; (C) $x^2 e^{-x}$; (D) xe^{-x}

2. 填空题：

(1) 微分方程 $y' = -\dfrac{x}{y}$ 的通解为_____.

(2) 微分方程 $y'' - 4y' + 13y = 0$ 的通解为_____, 在初始条件 $y(0) = 0$, $y'(0) = 1$ 下的特解为_____.

(3) 某产品的边际收入为 $100 + 50e^{-0.5x}$, 其中 x 为销售量(单位:千件), 当销售量为 10000 件时, 总收入为 200 元, 则总收入函数为_____.

3. 求下列微分方程的通解：

(1) $(1 + 2y)x\,dx + (1 + x^2)\,dy = 0$; (2) $y' = -\dfrac{x+y}{x}$

(3) $y'' + y' - 2y = 0$; (4) $2y'' + y' - y = 2e^x$

(5) $y'' - 7y' + 6y = \sin x$

4. 求微分方程 $xy' + y = 4$ 在给定初始条件 $y\big|_{x=1} = 0$ 下的特解.

5. 某商品需求量 Q 对价格 P 的弹性为 $-2P$, 已知该商品的最大需求量 10000(即当 $P = 0$ 时, $Q = 10000$), 求需求量对价格 P 的函数关系.

答 案

练习题(一)

1. (1) 2 阶, 非线性; (2) 1 阶, 非线性

2. 略

3. (1) $(1-x)(1+y)=c$;　　　　　　　　(2) $y=\dfrac{x^3}{5}+\dfrac{x^2}{2}+c$

(3) $\arcsin y-\arcsin x=c$;　　　　　　(4) $\dfrac{y}{1-ay}=c(a+x)$

(5) $\dfrac{1+y^2}{1-x^2}=c$;　　　　(6) $\ln^2 x+\ln^2 y=c$;　　(7) $10^x+10^{-y}=c$

4. (1) $2y^3+3y^2-2x^3-3x^2=0$

(2) $\ln y=\csc x-\cot x$;　　　　　　　　(3) $e^y=\dfrac{1}{2}(1+e^{2x})$

5. (1) $2xy+x^2=c$;　　　　(2) $\sqrt{x^2+y^2}=ce^{-\arctan\frac{y}{x}}$;　　　(3) $cx^3=e^{\frac{y^3}{x^3}}$

6. (1) $y=\dfrac{1}{2}(x+1)^4+c(x+1)^2$

(2) $(y-x+1)^2(y+x-1)^5=c$

(3) $y=-\dfrac{1}{4}e^{-x^2}+ce^{x^2}$

7. (1) $y=x^2(e^x-e)$;　　　(2) $y=3-\dfrac{3}{x}$;　　　(3) $y=x+\sqrt{1-x^2}$

8. (1) $y=\dfrac{1}{4}e^{2x}+c_1 x+c_2$;　　　　　(2) $y=-\dfrac{1}{2}x^2-x-c_1 e^x+c_2$

(3) $y=c_1 e^x+c_2 e^{3x}$;　　　　　　(4) $y=(c_1\cos 2x+c_2\sin 2x)e^{3x}+\dfrac{14}{13}$

9. (1) $y=2xe^{3x}$;　　　　　(2) $y=\sin 2x+2x$;　　(3) $y=e^x$

练习题(二)

1. (1) B;　(2) A;　(3) D;　(4) B

2. (1) $x^2+y^2=c^2$

(2) $y=e^{2x}(c_1\cos 3x+c_2\sin 3x)$

　　$y=\dfrac{1}{3}e^{2x}\sin x$

(3) $R(x)=100x-100e^{-0.5x}+1000+100e^{-5}$

3. (1) $(1+x^2)(1+2y)=c$;　　　　　(2) $2xy+x^2=c$

(3) $y=c_1 e^x+c_2 e^{-2x}$;　　　　　　(4) $y=c_1 e^{-x}+c_2 e^{\frac{1}{2}x}+e^x$

(5) $y=c_1 e^{6x}+c_2 e^x+\dfrac{7}{74}\cos x+\dfrac{5}{74}\sin x$

4. $y=4-\dfrac{4}{x}$;

5. $Q=10000e^{-2P}$

第十章　经济数学模型介绍

现代经济学日益朝着用数学表达经济内容和统计定量的方向发展.沿着这个方向,数学分析被用来解释经济增长、周期波动和经济资源重新分配等各种复杂的经济过程.在过去的 50 年中,经济学家们编制各类经济关系的数学模型,借助这些经济数学模型,人们开始对以前只能用一些模糊不清的概念来描绘的经济现象进行定量的说明.事实证明,这样做是成功的.正是这条经济研究路线,产生了数理经济学和经济计量学,还产生了由于把数学成功地应用于经济学而获得诺贝尔经济学奖的经济学家:拉格纳·弗里希、简·丁伯根、保罗·A·萨谬尔逊、西蒙·库斯涅茨,……他们无一例外地是将数学方法应用于经济科学的成功典范.如今,数学家们、经济学家们和务实的企业家们及政治家们也正沿着"经济-数学"这条路线而达到了较好的相 QD 互了解.总之,经济科学和数学方法日益紧密地结合使计划方式显著改进,使资源更好地得到利用,使国民收入和生活水平不断提高,而且还在开拓着新的应用领域,创造出新的研究成果.

当然,在经济活动中引入数学方法困难还是很大的,尤其是设计模型和寻找数据很不容易.我们在这一篇中将结合本书前面几篇所学的数学知识,介绍一些常用的经济数学模型.这既有利于巩固和熟练掌握所学的数学知识,也利于加深对一些常见的经济问题的理解.

一、生产费用函数模型

费用函数也称为成本函数.企业为了生产产品,要使用劳力、各种原材料、电力、工业用水等可变生产要素(也称为变动成本或变动费用)和机器、设备、厂房等固定生产要素(也称为固定成本或固定费用).如果生产要素的价格已经给定,产品的数量也已确定,那么,可变的生产要素的最小费用将惟一确定.设产量为 x,可变费用为 $c_1(x)$,固定的生产费用为 c_0,则总费用 $c(x)$ 可表示为如下形式:

$$c(x) = c_1(x) + c_0 \tag{10.1}$$

式(10.1)称为短期费用函数.

式(10.1)除以产量 x,可得

$$\frac{c(x)}{x} = \frac{c_1(x)}{x} + \frac{c_0}{x} \tag{10.2}$$

它被称为平均费用函数,即单位产量的费用.式(10.1)对 x 求导数,就得到

$$\frac{\mathrm{d}c(x)}{\mathrm{d}x} = \frac{\mathrm{d}c_1(x)}{\mathrm{d}x}$$

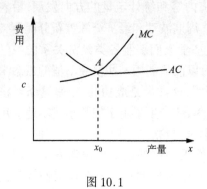

图 10.1

这就是著名的边际费用函数.这一式子说明了当产量由 x 单位水平增加边际单位的企业生产费用的增加程度.

平均费用和边际费用都是产量的函数,如图 10.1 所示.一般地,平均生产费用曲线 AC 开始时随产量由零增加而下降,在某个水平 x_0 处取得最小值,而后又上升.边际费用曲线 MC 通过平均费用曲线的最小点 A.这是因为平均费用 $\frac{c(x)}{x}$ 为最小时,

$$\frac{\mathrm{d}}{\mathrm{d}x}\left(\frac{c(x)}{x}\right) = \frac{c'(x)}{x} - \frac{c(x)}{x^2} = 0$$

在这一点上, $c'(x) = \frac{c(x)}{x}$. 由于 x_0 是极小点,所以当 $x < x_0$ 时, $\frac{\mathrm{d}}{\mathrm{d}x}\left(\frac{c(x)}{x}\right) < 0$,从而 $c'(x) < \frac{c(x)}{x}$;当 $x > x_0$ 时, $\frac{\mathrm{d}}{\mathrm{d}x}\left(\frac{c(x)}{x}\right) > 0$,从而 $c'(x) > \frac{c(x)}{x}$.因此,在 x_0 的左边,边际费用曲线 MC 在平均费用曲线 AC 的下方;在 x_0 的右边,边际费用曲线 MC 在平均费用曲线 AC 的上方.

费用函数模型在企业经营管理中应用十分广泛.在企业营销管理学、市场营销学、企业财务管理学,管理会计学等经济学科中都要应用这一模型对企业经营管理活动进行分析.

二、需求弹性函数模型

在市场经济中,价值规律和供求机制像一只"看不见的手"在调节着商品交换活动和行为.总的来说,当某种商品的购买者的收入大小对该种商品的嗜好程度等条件固定时,则该商品的市场需要由这个商品的价格决定.现用 p 表示商品的价格,用 x 表示市场对这个商品的需求量,则

$$p = D(x) \qquad\qquad (10.3)$$

一般说来,需求法则是价格下跌需求增加,价格上涨需求减少,因此

$$\frac{\mathrm{d}p}{\mathrm{d}x} = D'(x) < 0 \qquad (10.4)$$

即需求函数(10.3)是一条向右下滑的曲线,如图 10.2 所示.

我们定义

$$\eta = -\frac{p}{x}\frac{\mathrm{d}x}{\mathrm{d}p} = -\frac{\mathrm{d}(\ln x)}{\mathrm{d}(\ln p)} \quad (10.5)$$

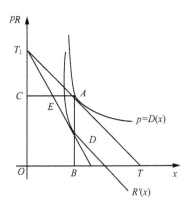

图 10.2

为需求的价格弹性.近似而言,η 表示价格变动为 1% 时需求量变动的百分率.在图 10.2 中,点 A 的需求价格弹性是

$$\eta = \frac{BT}{AB} \cdot \frac{AB}{OB} = \frac{BT}{OB} = \frac{AT}{T_1 A} = \frac{OC}{T_1 C}$$

由此,我们可以得到收入函数为

$$R(x) = p \cdot x = x \cdot D(x) \qquad\qquad (10.6)$$

它对 x 的导数

$$R'(x) = D(x) + xD'(x) \qquad\qquad (10.7)$$

称为边际收入.将式(10.5)代入(10.7)中,有

$$R'(x) = p + x\frac{\mathrm{d}p}{\mathrm{d}x} = p\left(1 - \frac{1}{\eta}\right) \qquad\qquad (10.8)$$

一般地,需求弹性 $\eta > 0$,由式(10.8)得知 $R' < p$.因此,边际收入曲线 $R'(x)$ 处在需求曲线 $D(x)$ 的下方.$\eta = 1$ 时,$R'(x) = 0$,收入函数 $R(x)$ 达到最大(极大)值;$\eta < 1$ 时,$R'(x) < 0$;$\eta > 1$ 时,$R'(x) > 0$.

三、垄断均衡模型

在某种商品的市场中出售者仅有一个时,这种状态称为垄断,或销售垄断.如果连生产与这种商品关系密切的代替品的企业也没有时,市场上这种商品的需求曲线与这个垄断者生产商品的曲线(即供给曲线)一致.由于专利和生产资料的支配,某种商品的生产被特定的企业所占有时,这种完全垄断就会发生.与完全竞争一样,现实生活中几乎不存在这种市场状态.通常,企业总是

处在完全竞争与完全垄断两极的中间的市场状态. 但是, 理论的分析却必须借用这种极端状态, 这就是我们研究垄断企业的需求函数及其相关的垄断均衡的原因.

设垄断企业的需求函数仍由式(10.3)表示, 即

$$p = D(x)$$

式中, x 表示产品数量, p 则表示垄断企业追求极大利润时作为策略变量的产品价格. 这个垄断者的费用函数仍由式(10.1)表示, 即

$$c(x) = c_1(x) + c_0$$

式中, $c_1(x)$ 表示随产量 x 变动的可变费用, c_0 表示在一定产量规模下的固定费用.

设该垄断企业的利润为 π, 则

$$\pi(x) = px - c(x) = xD(x) - c(x) = R(x) - c(x) \quad (10.9)$$

利润极大的均衡条件是

$$\pi'(x) = 0 \quad 即 \quad R'(x) = c'(x) \quad (10.10)$$

亦即边际收入等于边际成本.

利润极大的稳定条件是

$$\pi''(x) < 0 \quad 即 \quad R''(x) < c''(x) \quad (10.11)$$

换言之, 边际收入的斜率必须小于边际成本的斜率, 如图 10.3 所示.

用数学语言来讲, 就是 x 既满足式(10.10)又满足式(10.11), 则利润达到最大. 把这个 x 代到式(10.3)的需求函数中, 垄断价格 p 就被确定了.

当 $\pi'(x) = 0$ 时,

$$R'(x) = c'(x)$$

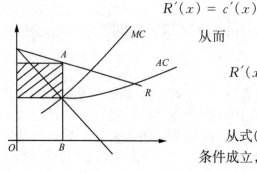

图 10.3

从而

$$R'(x) = p\left(1 - \frac{1}{\eta}\right) = c'(x)$$

$$(10.12)$$

从式(10.12)中看出, 为使垄断均衡条件成立, 必须使需求价格弹性 $\eta > 1$.

四、哈罗德-多马生产函数模型

在现代经济理论中,哈罗德-多马生产函数模型(又称经济增长模型)是最重要的一种.在哈罗德-多马模型中,以 G 表示产量 Y(收入)的增长率,即经济增长率;以 K 表示投资与产量增量之比 $K = \dfrac{I}{\Delta Y}$,即加速系数;以 σ 表示加速系数的倒数,即资本生产率 $\sigma = \dfrac{\Delta Y}{I}$;以 s 表示收入中的储蓄比率;以 I 表示投资、S 表示储蓄.我们可得到

哈罗德模型的基本公式:

$$G \cdot K = s \tag{10.13}$$

多马模型的基本公式:

$$G = s\sigma \tag{10.14}$$

由于哈罗德和多马都是从凯恩斯的储蓄等于投资的理论出发,因而这两个公式表达的经济含义是一致的,只是表述的方式不同.所以,可以用这样一个公式来表述哈罗德-多马生产函数:

$$G = \frac{s}{K} = s\sigma \tag{10.15}$$

这一公式的经济含义及数学解释如下:

从需求方面看,设边际储蓄倾向 s 是固定不变的(即边际消费倾向 $= 1 - s$ $=$ 常数),于是投资乘数可表示为

$$\frac{\mathrm{d}Y}{\mathrm{d}I} = \frac{1}{s}$$

由此可得

$$\frac{\mathrm{d}Y}{\mathrm{d}t} = \frac{\mathrm{d}Y}{\mathrm{d}I} \cdot \frac{\mathrm{d}I}{\mathrm{d}t} \qquad (t \text{ 为时间})$$

即

$$\frac{\mathrm{d}Y}{\mathrm{d}t} = \frac{1}{s} \cdot \frac{\mathrm{d}I}{\mathrm{d}t}$$

这表示投资的第一个作用是当投资增加时,通过投资乘数使收入增加.

从供给方面看,假定产出 Y 与资本 K 的比率 $q = Y/K$ 是不变的,那么

$$Y = q \cdot K$$

两边对 t 求导数得

$$\frac{\mathrm{d}Y}{\mathrm{d}t} = q \cdot \frac{\mathrm{d}K}{\mathrm{d}t}$$

由投资定义知，$\dfrac{\mathrm{d}K}{\mathrm{d}t} = I$，所以有

$$\frac{\mathrm{d}Y}{\mathrm{d}t} = q \cdot I$$

这表示投资的第二个作用是投资增加使生产设备扩大，从而能增加社会产品产量，进而使收入得到增长.

五、新古典派经济增长理论中的生产函数模型

新古典经济增长理论是从哈罗德-多马经济增长理论演化而来的.但两者也有区别,主要反映在两个理论假定上:

第一,假定有资本和劳力两个生产要素,但这两个生产要素是能够互相替换的,即资本和劳力能够按可变比例组合.而在哈罗德-多马模型中,资本和劳力是按固定比例组合的.

第二,假定在任何时候,资本和劳力这两个生产要素都可以得到充分利用,即不存在生产要素因存在不同的组合比例而发生闲置.而在哈罗德-多马模型中则不存在这样一个假定.

正因为新古典经济增长模型假定资本和劳力这两个生产要素可以按不同的比例组合而得到充分利用,因此,在新古典经济增长模型中,实际增长率(或实际产量)就是可能的增长率(或可能的产量).新古典经济增长理论早在1956 年就由美国的索洛和英国的斯旺分别提出来了,以后又由英国经济学家米德和美国经济学家萨缪尔逊等人系统地加以表述.

以 K 表示资本，L 表示劳力，Y 表示收入.又以 a 表示资本的收入在国民收入中所占的百分比，b 表示劳力的收入在国民收入中所占的百分比.也即用 a 和 b 分别反映资本和劳力对收入增长(或产量增长)的相对作用的权数.这样,只要规模收益不变,则

$$\frac{\Delta Y}{Y} = a\left(\frac{\Delta K}{K}\right) + b\left(\frac{\Delta L}{L}\right)$$

由于假定 $(a + b) = 1$,上式又可写为

$$\frac{\Delta Y}{Y} = a\left(\frac{\Delta K}{K}\right) + (1 - a)\left(\frac{\Delta L}{L}\right)$$

上式两端各减去 $\dfrac{\Delta L}{L}$，可得以下公式：

$$\frac{\Delta Y}{Y} - \frac{\Delta L}{L} = a\left(\frac{\Delta K}{K} - \frac{\Delta L}{L}\right) \tag{10.16}$$

这个公式左端表示国民人均收入增长率；这个公式右端表示每个工人使用的资本的增长率. 这个公式意味着，如果资本增长率 $\left(\dfrac{\Delta K}{K}\right)$ 与劳力增长率 $\left(\dfrac{\Delta L}{L}\right)$ 相等，即 $\dfrac{\Delta K}{K} - \dfrac{\Delta L}{L} = 0$，那么国民人均收入的增长率 $\left(\dfrac{\Delta Y}{Y} - \dfrac{\Delta L}{L}\right)$ 也等于零. 因此，为了使国民人均收入得到增长，必须使资本增长率 $\dfrac{\Delta K}{K}$ 大于劳力增长率 $\dfrac{\Delta L}{L}$. 这反映了资本有机构成提高的趋势.

如果把技术进步的因素也考虑进去，我们以 λ 表示技术进步对国民收入增加的影响，那么有了以下公式：

$$\frac{\Delta Y}{Y} = \lambda + a\left(\frac{\Delta K}{K}\right) + (1-a)\left(\frac{\Delta L}{L}\right) \tag{10.17}$$

根据这个公式，经济增长不仅取决于资本增长率、劳力增长率以及资本和劳力对产量增长的相对作用的权数，而且还取决于技术进步. 这里，技术进步既可以体现在物质资本(资本存量)上，也可以体现在劳动者技术水平的提高上.

以下我们用多元函数的微分方法推导出上述结论.

设 x_1 表示资本量，x_2 表示劳动量，由此生产的产品为 Q，则由生产的技术条件确定的生产函数可表示为

$$Q = F(x_1, x_2) \tag{10.18}$$

新古典生产函数假定生产的规模收益不变，且资本量 x_1 与劳动量 x_2 可以任意组合，则

$$F(x_1, x_2) = x_2 F\left(\frac{x_1}{x_2}, 1\right) = x_2 f(k)$$

式中，$k = \dfrac{x_1}{x_2}$ 可称为劳动的资本集约度.

由多元函数的微分法，

$$\frac{\partial F}{\partial x_1} = f'(k), \frac{\partial F}{\partial x_2} = f(k) - kf'(k)$$

式中的 $\dfrac{\partial F}{\partial x_1}$、$\dfrac{\partial F}{\partial x_2}$ 分别称作资本的边际性和劳动的边际性,它们表示各生产要素边际单位的增加所引起的产品增加部分.

在式(10.18)中,假定了生产的规模收益不变,即产品量 $Q =$ 常数,则 $dF(x_1, x_2) = 0$.因此,

$$\frac{\partial F}{\partial x_1}dx_1 + \frac{\partial F}{\partial x_2}dx_2 = 0$$

由此得

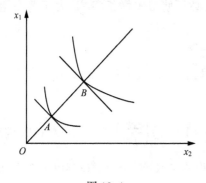

图 10.4

$$-\frac{dx_1}{dx_2} = \frac{\dfrac{\partial F_2}{\partial x_2}}{\dfrac{\partial F_1}{\partial x_1}} \qquad (10.19)$$

集合 $M = \{(x_1, x_2) \mid F(x_1, x_2) =$ 常数$\}$在二维空间中描绘的曲线,称为等量生产曲线.而式(10.19)则表示等量生产曲线的斜率,可称为劳动对于资本的边际替代率.其经济学意义是,为得到同一产量,应以资本的多少单位补充劳动边际单位的减少这样一种比率.等量产品曲线图如图 10.4 所示.它在经济学中也有着广泛应用.

六、最优价格模型

如果一个厂长有权制定产品在市场上的销售价格的话,最让他满意的当然莫过于使工厂利润最大的所谓最优价格了.以下我们讨论市场供求平衡情况下(即工厂产品的产量等于市场上商品的销售量)的最优价格模型.

设每件商品的售价为 p,成本为 q,销售量(也是产量)为 x,则销售收入与生产成本分别为

$$I = px \qquad (10.20)$$

$$c = qx \qquad (10.21)$$

在市场竞争的情况下,销售量 x 自然取决于价格 p,记作

$$x = f(p) \qquad (10.22)$$

f 称为需求函数,它当然是 p 的降函数.这样,在 q 是常数的情况下,收入 I 和成本 c 都是价格 p 的函数.利润 U 作为销售收入与生产成本之差可表示为

$$U(p) = I(p) - c(p) = (p - q)f(p) \qquad (10.23)$$

显然,使利润 $U(p)$ 达到最大值的最优价格 p^* 可由下式得到:

$$\left.\frac{\mathrm{d}U}{\mathrm{d}p}\right|_{p=p^*} = 0 \qquad (10.24)$$

从而

$$\left.\frac{\mathrm{d}I}{\mathrm{d}p}\right|_{p=p^*} = \left.\frac{\mathrm{d}c}{\mathrm{d}p}\right|_{p=p^*} \qquad (10.25)$$

在经济学中,$\dfrac{\mathrm{d}I}{\mathrm{d}p}$ 称为边际收入;$\dfrac{\mathrm{d}c}{\mathrm{d}p}$ 称为边际成本.式(10.25)表明,最优经济效益在边际收入等于边际成本时达到.这是经济学中的一条著名定律.

下面分两种情况,对最优价格作分析.

1. 在整个供销过程中,q 不变,需求函数为

$$f(p) = a - bq \quad (a, b > 0) \qquad (10.26)$$

试制定一个不变的最优价格.

将式(10.26)代入(10.23)得

$$U(p) = (p - q)(a - bp)$$

容易得到最优价格为

$$p^* = \frac{a + bq}{2b} = \frac{q}{2} + \frac{a}{2b} \qquad (10.27)$$

式中,a 是这种产品的"绝对"需求量,即这种产品免费供应时社会的需求量.b 反映市场需求对价格的敏感程度.因此,式(10.26)表明,最优价格由两部分组成,一部分是成本 q 的 $\dfrac{1}{2}$;另一部分与绝对需求量成正比,与市场对价格的敏感系数 b 成反比.

2. 在时间为 T 的销售过程中,q 不变,单位时间的需求函数仍为

$$f(p) = a - bp \quad (a, b > 0)$$

若总需求量为 Q,试制定最优价格函数 $p(t)$.

在这种情况下,利润为

$$U(p(t)) = \int_0^T (p(t) - q)(a - bp(t)) \mathrm{d}t \qquad (10.28)$$

并且要满足

$$\int_0^T (a - bp(t)) \mathrm{d}t = Q \qquad (10.29)$$

利用拉格朗日乘子法化为无条件极值问题,令

$$J(p(t)) = \int_0^T \{(p(t) - q)(a - bp(t)) + \lambda(a - bp(t))\} \mathrm{d}t$$

注意到积分中不出现 $p'(t)$,其欧拉方程为

$$\frac{\mathrm{d}}{\mathrm{d}p}[(p - q)(a - bp) + \lambda(a - bp)] = 0$$

解之得

$$p = \frac{a + bq}{(\lambda + 2)b} \qquad (10.30)$$

上式表明,最优价格仍为常数.为确定 λ,将式(10.30)代入(10.29),有

$$\int_0^T \left(a - \frac{a + bq}{\lambda + 2}\right) \mathrm{d}t = Q$$

得出 λ 再代入式(10.30)可得

$$p = \frac{aT - Q}{bT} = \frac{a}{b} - \frac{Q}{bT} \quad (0 \leqslant t \leqslant T) \qquad (10.31)$$

可以看出,在销售时间 T 与总销量 Q 有限制时,最优价格与成本 q 无关,它随着 Q 的增加而降低,随 T 的增加而增加.上式中的 a,b 与第一种情况类似.

七、货币利率的数学模型

对企业家来说,最重要的莫过于作出投资的决策了.投资决策的特点是投入的资金多,涉及的时间长,所冒的风险大,对企业的经营好坏和财务状况有深远的影响.企业在投资决策时必然要涉及到货币的利率大小.而货币利率的确定就需要借助积分方法.

设存款 1 元,年利率为 r,则一年后的本利合计为 $(1 + r)$ 元.现将一年分成 n 期,若每期计算复利,则一年后的本利合计为

$$\lim_{n \to \infty} \left(1 + \frac{r}{n}\right)^n = e^r (元) \tag{10.32}$$

因此,t 年后的本利合计为 e^{rt} 元.

若 r 是变量,t 期的利率是 $r(t)$,假定利率 $r(t)$ 是连续变化的,现在要求 1 元在 t 年后的本利和.为此,将 t 期分为 n 份,其分点为 $0 = t_0 < t_1 < t_2 < \cdots t_n = t$,又设

$$\Delta t_i = t_i - t_{i-1} \qquad (i = 1, 2, \cdots, n)$$

若在 Δt_i 期间以年利率 $r(t_i)(i = 1, 2, \cdots, n)$ 计算复利,则 1 元在 t_1 年,t_2 年,$\cdots$,t_n 年后的本利和分别为

$$e^{r(t_1)\Delta t_1} \quad (元)$$

$$e^{r(t_1)\Delta t_1} \cdot e^{r(t_2)\Delta t_2} \quad (元)$$

$$\cdots\cdots$$

$$e^{r(t_1)\Delta t_1} e^{r(t_2)\Delta t_2} \cdots e^{r(t_n)\Delta t_n} \quad (元)$$

令 $\sigma = \max[\Delta t_1, \Delta t_2, \cdots, \Delta t_n]$,则利率连续变化的本利和合计就成为以下的定积分形式:

$$\lim_{\sigma \to 0} e^{r(t_1)\Delta t_1} e^{r(t_2)\Delta t_2} \cdots e^{r(t_n)\Delta t_n}$$

$$= e^{\lim_{\sigma \to 0} \sum_{i=1}^{n} r(t_i)\Delta t_i}$$

$$= e^{\int_0^t r(t)\mathrm{d}t} \tag{10.33}$$

若 t 年后 1 元的现在价格是 x 元,则

$$1 = x e^{\int_0^t r(t)\mathrm{d}t} \tag{10.34}$$

所以

$$x = e^{-\int_0^t r(t)\mathrm{d}t} \tag{10.34'}$$

八、人口增长的数学模型

经济、人口、资源、环境并列为当今世界各国发展的四大问题.现在,人们越来越认识到经济增长与人口控制的依存关系.因此,制定正确的人口政策可以说是各国政府最重要的战略任务.而人口发展的估算和预报是制定政策所必须的定量根据.这方面最主要的分析方法就是借助逻辑斯谛方程来对人口

进行预测.而逻辑斯谛方程就是微分方程

$$\mathrm{d}p = kp(N - p)\mathrm{d}t \qquad (10.35)$$

的解,其中 $N, k > 0$ 为常数,$0 < p < N$.

解　由式(10.35),易得

$$\frac{\mathrm{d}p}{p(N - p)} = k\mathrm{d}t$$

两端积分分别得到

$$\int \frac{\mathrm{d}p}{p(N - p)} = \frac{1}{N} \int \left(\frac{1}{p} + \frac{1}{N - p} \right) \mathrm{d}p = \frac{1}{N} \ln \frac{p}{N - p}$$

$$\int k \mathrm{d}t = kt$$

从而

$$\frac{1}{N} \ln \frac{p}{N - p} = k \cdot t + c$$

或

$$\frac{p}{N - p} = \mathrm{e}^{N(kt + c)} = A\mathrm{e}^{at}$$

式中,$A = \mathrm{e}^{Nc}$,$a = Nk$.所以,

$$p = \frac{NA\mathrm{e}^{at}}{A\mathrm{e}^{at} + 1} = \frac{N}{1 + B\mathrm{e}^{-at}} \qquad (10.36)$$

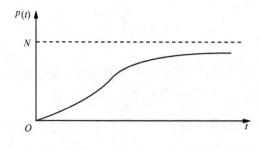

图 10.5

上式中,令 $B = \dfrac{1}{A} = \mathrm{e}^{-Nc}$.式(10.36)即为逻辑斯谛方程或逻辑斯谛曲线,如图 10.5 所示.

逻辑斯谛曲线被广泛用于描述各国的人口增长情况.我国是世界上人口最多的国家.1982 年人口普查统计的人口总数为 10.3 亿,1988 年突破 11 亿人口,1992 年为 11.7 亿.到上世纪末,总人口已突破 13 亿.因此,严格执行计划生育是我国长期不变的一项基本国策.

九、投入-产出的经济数学模型

设 t 期的计划投资、消费、产出量分别用 I_t^a,C_t^a,Y_t^a 表示;t 期的实际投资、消费、产出量分别用 I_t,C_t,Y_t 表示.假定计划消费与投资都能实现,则

$$C_t^a + I_t^a = C_t + I_t = Y_t \qquad (10.37)$$

若以 S_t 表示实际储蓄,那么

$$S_t = Y_t - C_t$$

从而,$S_t = I_t$.即实际储蓄等于实际投资.但是,完全可能的是

$$S_t^a \neq S_t = I_t = I_t^a \qquad (假定计划投资等于实际投资)$$

也就是说,计划储蓄不一定等于计划投资.

现假定 t 期的计划消费是前期所得 Y_{t-1} 的一次函数,即

$$C_t^a = cY_{t-1} + k \qquad (10.38)$$

式中,k 是居民的基本消费,c 是边际消费倾向.把式(10.38)代入(10.37),可得

$$Y_t = cY_{t-1} + k + I_t \qquad (假定 I_t^a = I_t)$$

这是一个一阶线性差分方程.当居民的边际消费倾向和基本消费为已知时,可由不同的计划投资计算出实际产出量 Y_t.

参 考 文 献

[1] 上海师范大学等编.高等数学(一、二册).北京:高等教育出版社,1978
[2] 邵士敏.高等数学讲义(上、下).北京:中央广播电视大学出版社,1983
[3] 赵树嫄.微积分.北京:中国人民大学出版社,1988
[4] 曹进德等.经济应用数学.昆明:云南大学出版社,1993

附录 初等数学中有关的重要数学公式

一、代数中的有关公式

1. 因式分解公式

(1) $a^2 - b^2 = (a + b)(a - b)$

(2) $a^3 \pm b^3 = (a \pm b)(a^2 \mp ab + b^2)$

(3) $a^2 \pm 2ab + b^2 = (a \pm b)^2$

(4) $a^3 \pm 3a^2b + 3ab^2 \pm b^3 = (a \pm b)^3$

(5) $a^2 + b^2 + c^2 + 2ab + 2bc + 2ca = (a + b + c)^2$

2. 绝对值不等式的几个性质

(1) $-|x| \leqslant x \leqslant |x|$

(2) $|x + y| \leqslant |x| + |y|$

(3) $|x - y| \geqslant |x| - |y|$

3. 不等式的性质

(1) $a > b$ 与 $b < a$ 等价(对称性)

(2) $a > b, b > c \Rightarrow a > c$(传递性)

(3) $a > b \Rightarrow a \pm c > b \pm c$

(4) $a > b, c > 0 \Rightarrow ac > bc$

(5) $a > b > 0, r > 0 \Rightarrow a^r > b^r$

(6) $a > b > 0, r < 0 \Rightarrow a^r < b^r$

(7) $a > b > 0 \Rightarrow \sqrt[n]{a} > \sqrt[n]{b}$　(n 为正整数)

4. 一元二次方程 $ax^2 + bx + c = 0$ 的根($a \neq 0$)

(1) 根 $x_{1,2} = \dfrac{-b \pm \sqrt{b^2 - 4ac}}{2a}$

(2) 根与系数的关系(韦达定理)

$$x_1 + x_2 = -\frac{b}{a}, x_1 x_2 = \frac{c}{a}$$

(3) 判别式

$$\Delta = b^2 - 4ac \begin{cases} > 0 & \text{方程有两个不等实根} \\ = 0 & \text{方程有两个相等实根} \\ < 0 & \text{方程有两个共轭复根} \end{cases}$$

5. 指数函数和对数函数

(1) 指数

① $a^n = \underbrace{a \cdot a \cdots a}_{n \uparrow}$ (正整数指数幂)

② $a^0 = 1$ $(a \neq 0)$ (零指数)

③ $a^{-n} = \dfrac{1}{a^n}$ $(a \neq 0)$ (负整指数)

④ $a^{\frac{m}{n}} = \sqrt[n]{a^m}$ $(a \geqslant 0)$

  $a^{-\frac{m}{n}} = \dfrac{1}{\sqrt[n]{a^m}}$ $(a > 0)$ (分数指数幂)

⑤ 指数的运算法则

$a^m \cdot a^n = a^{m+n}$; $\dfrac{a^m}{a^n} = a^{m-n}$

$(a^m)^n = a^{mn}$; $(ab)^n = a^n b^n$

$\left(\dfrac{a}{b}\right)^n = \dfrac{a^n}{b^n}$ (这里均有 $a > 0, b > 0, n, m$ 为任意实数)

(2) 对数

① 定义   若 $a^x = b(a > 0, a \neq 1)$,则 x 叫做 b 的以 a 为底的对数,b 称为真数,记作 $x = \log_a b$.

当 $a = 10$ 时,$\log_a b$ 记作 $\lg b$,称为常用对数,

当 $a = e$ 时,$\log_a b$ 记作 $\ln b$,称为自然对数.

零和负数没有对数.

② 性质

$\log_a a^b = b$ (对数恒等式)

$\log_a 1 = 0$ $\log_a a = 1$

③ 运算法则

$\log_a(mn) = \log_a m + \log_a n$; $\log_a \dfrac{m}{n} = \log_a m - \log_a n$

$\log_a m^n = n \log_a m$; $\log_a \sqrt[n]{m} = \dfrac{1}{n} \log_a m$

上式中均有 $m > 0, n > 0$

④ 换底公式

$\log_a b = \dfrac{\log_c b}{\log_c a}$; $\ln N = \dfrac{\lg N}{\lg e}$; $\log_a b \cdot \log_b a = 1$

6. 某些特殊数列前 n 项的和

(1) $\displaystyle\sum_{k=1}^{n} k = 1 + 2 + 3 + \cdots + n = \dfrac{n(n+1)}{2}$

(2) $\displaystyle\sum_{k=1}^{n} k^2 = 1^2 + 2^2 + 3^2 + \cdots + n^2$

$\qquad\qquad = \dfrac{1}{6} n(n+1)(2n+1)$

(3) $\displaystyle\sum_{k=1}^{n} \dfrac{1}{k(k+1)} = \dfrac{1}{1 \cdot 2} + \dfrac{1}{2 \cdot 3} + \dfrac{1}{3 \cdot 4} + \cdots + \dfrac{1}{n(n+1)}$

$\qquad\qquad = 1 - \dfrac{1}{n+1} = \dfrac{n}{n+1}$

7. 二次函数 $\quad y = ax^2 + bx + c \quad (a \neq 0)$

(1) 图象是一条抛物线,$a > 0$ 时,开口向上,$a < 0$ 时,开口向下.

(2) 顶点坐标为 $\left(-\dfrac{b}{2a}, \dfrac{4ac - b^2}{4a}\right)$,对称轴为直线 $x = -\dfrac{b}{2a}$.

(3) $a > 0$ 时,函数有极小值,且 $y_{极小值} = \dfrac{4ac - b^2}{4a}$,$a < 0$ 时,函数有极大

值,且 $y_{极大值} = \dfrac{4ac - b^2}{4a}$.

8. 阶乘、排列与组合公式

(1) 阶乘:$n! = 1 \cdot 2 \cdot 3 \cdots n$

$\qquad\quad 0! = 1$

$\qquad\quad (2n+1)!! = 1 \cdot 3 \cdot 5 \cdots (2n+1) = \dfrac{(2n+2)!}{2^n n!}; \quad (-1)!! = 0$

$\qquad\quad (2n)!! = 2 \cdot 4 \cdot 6 \cdots (2n) = 2^n n!; \quad 0!! = 0$

(2) 排列

从 n 个不同的元素中,每次取出 k 个($k \leqslant n$)不同的元素,按一定的顺序排成一列,其排列种数为

$$P_n^k = n(n-1)(n-2)\cdots(n-k+1) = \dfrac{n!}{(n-k)!}$$

特别地

$$P_n^n = n(n-1)(n-2)\cdots 3 \cdot 2 \cdot 1 = n!$$

(3) 组合

从 n 个不同的元素中,每次取出 k 个不同的元素,不管其顺序合并成一组,称为组合,其组合种数为

$$C_n^k = \frac{P_n^k}{k!} = \frac{n!}{(n-k)!k!}$$

并且规定 $C_n^0 = 1$.

常见的组合公式:

$$C_n^k = C_n^{n-k}$$

$$C_{n+1}^k = C_n^k + C_{n-1}^k$$

$$C_n^k = \frac{n}{n-k}C_{n-1}^k$$

9. 二项式定理

$$(a+b)^n = C_n^0 a^n + C_n^1 a^{n-1}b + C_n^2 a^{n-2}b^2 + \cdots + C_n^{n-1}ab^{n-1} + C_n^n b^n$$

$$= \sum_{k=0}^{n} C_n^k a^{n-k}b^k$$

二、初等几何中的计算公式

1. 圆与扇形

(1) 圆周长 $C = 2\pi r$, 面积 $S = \pi r^2$ (r 为圆半径, $\pi \approx 3.1416$).

(2) 扇形面积: $A_{扇面积} = \frac{1}{2}lR = \frac{1}{2}R^2\theta$, 其中 θ 为扇形圆心角的弧度数, l 为弧长, R 为圆弧半径.

2. 圆柱

(1) $S_{侧面积} = Ch = 2\pi rh$, 其中 C 为底面周长, h 为高, r 为底面半径.

(2) $V_{体积} = Sh = \pi r^2 h$, 其中 S 为底面积.

(3) $S_{表面积} = 2\pi rh + 2\pi r^2$

3. 圆锥

(1) $S_{侧面积} = \frac{1}{2}Cl = \pi rh + 2\pi r^2$, 其中 C 为底面周长, l 为母线长.

(2) $V_{体积} = \frac{1}{3}Sh = \frac{1}{3}\pi r^2 h$, 其中 S 为底面面积, h 为高.

4. 球

(1) 球面积 $S = 4\pi R^2$ (R 为球半径)

(2) 球体积 $V = \frac{4}{3}\pi R^3$

三、平面三角公式

1. 弧度与度的关系

$\dfrac{\alpha}{\pi}=\dfrac{\theta}{180^\circ}$,式中 θ 与 α 分别表示同一角的度数与弧度数. $360^\circ=2\pi$ 弧度,$180^\circ=\pi$ 弧度,$1^\circ\approx0.01745$ 弧度,1 弧度 $\approx57.2958^\circ$.

特殊角度与弧度之间的对应关系

度	0°	30°	45°	60°	90°	180°	270°	360°
弧度	0	$\dfrac{\pi}{6}$	$\dfrac{\pi}{4}$	$\dfrac{\pi}{3}$	$\dfrac{\pi}{2}$	π	$\dfrac{3\pi}{2}$	2π

2. 特殊角的三角函数值

角 α / 函数	0°	30°	45°	60°	90°	180°	270°	360°
$\sin\alpha$	0	$\dfrac{1}{2}$	$\dfrac{\sqrt{2}}{2}$	$\dfrac{\sqrt{3}}{2}$	1	0	-1	0
$\cos\alpha$	1	$\dfrac{\sqrt{3}}{2}$	$\dfrac{\sqrt{2}}{2}$	$\dfrac{1}{2}$	0	-1	0	1
$\tan\alpha$	0	$\dfrac{\sqrt{3}}{3}$	1	$\sqrt{3}$	∞	0	∞	0
$\cot\alpha$	∞	$\sqrt{3}$	1	$\dfrac{\sqrt{3}}{3}$	0	∞	0	∞

3. 同角三角函数基本关系

$\sin\alpha\cdot\csc\alpha=1$;　　　　$\cos\alpha\cdot\sec\alpha=1$

$\tan\alpha\cdot\cot\alpha=1$;　　　　$\tan\alpha=\dfrac{\sin\alpha}{\cos\alpha}$

$\cot\alpha=\dfrac{\cos\alpha}{\sin\alpha}$;　　　　$\sin^2\alpha+\cos^2\alpha=1$

$1+\tan^2\alpha=\sec^2\alpha$;　　　　$1+\cot^2\alpha=\csc^2\alpha$

4. 三角函数的诱导公式

$k\cdot360^\circ+\alpha(k\in Z)$,$180^\circ\pm\alpha$,$360^\circ-\alpha$ 的三角函数值等于 α 的同名函数值,前面加上一个把 α 看成锐角时原函数值的符号,简言之"函数同名称,符号看象限";而 $90^\circ\pm\alpha$ 函数就不同名了,但符号仍看象限,诱导公式如下表:

函数 角	sin	cos	tan	cot
$-\alpha$	$-\sin\alpha$	$\cos\alpha$	$-\tan\alpha$	$-\cot\alpha$
$90°-\alpha$	$\cos\alpha$	$\sin\alpha$	$\cot\alpha$	$\tan\alpha$
$90°+\alpha$	$\cos\alpha$	$-\sin\alpha$	$-\cot\alpha$	$-\tan\alpha$
$180°+\alpha$	$-\sin\alpha$	$-\cos\alpha$	$\tan\alpha$	$\cot\alpha$
$360°-\alpha$	$-\sin\alpha$	$\cos\alpha$	$-\tan\alpha$	$-\cot\alpha$
$k\cdot360°+\alpha$	$\sin\alpha$	$\cos\alpha$	$\tan\alpha$	$\cot\alpha$

5. 两角和与两角差的三角函数(即加法公式)

(1) $\sin(\alpha\pm\beta)=\sin\alpha\cos\beta\pm\cos\alpha\sin\beta$

(2) $\cos(\alpha\pm\beta)=\cos\alpha\cos\beta\mp\sin\alpha\sin\beta$

(3) $\tan(\alpha\pm\beta)=\dfrac{\tan\alpha\pm\tan\beta}{1\mp\tan\alpha\tan\beta}$

6. 倍角公式

$$\sin2\alpha=2\sin\alpha\cos\alpha=\frac{2\tan\alpha}{1+\tan^2\alpha}$$

$$\cos2\alpha=\cos^2\alpha-\sin^2\alpha=2\cos^2\alpha-1$$

$$=1-2\sin^2\alpha=\frac{1-\tan^2\alpha}{1+\tan^2\alpha}$$

$$\tan2\alpha=\frac{2\tan\alpha}{1-\tan^2\alpha}$$

7. 半角公式

$$\sin\frac{\alpha}{2}=\pm\sqrt{\frac{1-\cos\alpha}{2}};\quad \cos\frac{\alpha}{2}=\pm\frac{\sqrt{1+\cos\alpha}}{2}$$

$$\tan\frac{\alpha}{2}=\pm\sqrt{\frac{1-\cos\alpha}{1+\cos\alpha}}=\frac{1-\cos\alpha}{\sin\alpha}=\frac{\sin\alpha}{1+\cos\alpha}$$

根号前的正负号,取半角所在象限原函数的正负号.

8. 积化和差公式

$$\sin\alpha\cos\beta=\frac{1}{2}\left[\sin(\alpha+\beta)+\sin(\alpha-\beta)\right]$$

$$\cos\alpha\sin\beta=\frac{1}{2}\left[\sin(\alpha+\beta)-\sin(\alpha-\beta)\right]$$

$$\cos\alpha\cos\beta = \frac{1}{2}\left[\cos(\alpha+\beta) - \cos(\alpha-\beta)\right]$$

$$\sin\alpha\sin\beta = -\frac{1}{2}\left[\cos(\alpha+\beta) - \cos(\alpha-\beta)\right]$$

9. 和差化积公式

$$\sin\alpha + \sin\beta = 2\sin\frac{\alpha+\beta}{2}\cos\frac{\alpha-\beta}{2}$$

$$\sin\alpha - \sin\beta = 2\cos\frac{\alpha+\beta}{2}\sin\frac{\alpha-\beta}{2}$$

$$\cos\alpha + \cos\beta = 2\cos\frac{\alpha+\beta}{2}\cos\frac{\alpha-\beta}{2}$$

$$\cos\alpha - \cos\beta = -2\sin\frac{\alpha+\beta}{2}\sin\frac{\alpha-\beta}{2}$$

10. 解斜三角形

(1) 正弦定理

$$\frac{a}{\sin A} = \frac{b}{\sin B} = \frac{c}{\sin C} = 2R$$

其中 R 为三角形外接圆的半径

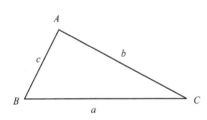

(2) 余弦定理

$$a^2 = b^2 + c^2 - 2bc\cos A$$

$$b^2 = a^2 + c^2 - 2ac\cos B$$

$$c^2 = a^2 + b^2 - 2ab\cos C$$

(3) 面积公式

$$S = \frac{1}{2}bc\sin A = \frac{1}{2}ab\sin C = \frac{1}{2}ac\sin B$$

四、平面解析几何公式

1. 直线方程的重要公式

(1) 两点距离公式

$$|P_1P_2| = \sqrt{(x_2-x_1)^2 + (y_2-y_1)^2}$$

其中 P_1, P_2 两点的坐标分别为 $(x_1, y_1), (x_2, y_2)$.

(2) 定比分点公式

已知 $P_1(x_1, y_1), P_2(x_2, y_2)$, 设分点 $P(x, y), \overline{P_1P_2}$ 的定比为 λ,

即 $\dfrac{P_1P}{PP_2}=\lambda$,则

$$x=\frac{x_1+\lambda x_2}{1+\lambda},\qquad y=\frac{y_1+\lambda y_2}{1+\lambda}$$

$\lambda>0$ 为内分；$\lambda<0(\lambda\neq-1)$ 为外分,特别当 $\lambda=1$ 时,即得中点坐标公式 $x=\dfrac{x_1+x_2}{2},\quad y=\dfrac{y_1+y_2}{2}$

(3) 直线的斜率

倾斜率 $\alpha\left(\neq\dfrac{\pi}{2}\right)$ 的正切叫做直线的斜率,即

$$k=\tan\alpha\qquad(0\leqslant\alpha<\pi)$$

已知 $P_1(x_1,y_1),P_2(x_2,y_2)$ 是直线上任意两点,则这条直线的斜率

$$k=\frac{y_2-y_1}{x_2-x_1}\qquad(x_1\neq x_2)$$

(4) 直线方程的几种形式

① 斜截式：$y=kx+b$

② 点斜式：$y-y_0=k(x-x_0)$

③ 两点式：$\dfrac{y-y_1}{x-x_1}=\dfrac{y_2-y_1}{x_2-x_1}$

④ 截距式：$\dfrac{x}{a}+\dfrac{y}{b}=1$

⑤ 一般式 $Ax+By+C=0$ （$A^2+B^2\neq0$）

其中 k 代表斜率,b 代表纵截距,a 代表横截距.

几种特殊的直线方程：

① 平行于 x 轴的直线方程为 $y=b$ （$b\neq0$）.

② x 轴的方程为 $y=0$.

③ 平行于 y 轴的方程为 $x=a$ （$a\neq0$）.

④ y 轴的方程为 $x=0$.

⑤ 过坐标原点(不包括坐标轴的直线方程)为 $y=kx$ （$k\neq0$）.

(5) 两条直线的位置关系

已知两条直线的方程分别为

$$y=k_1x+b_1,\qquad y=k_2x+b_2$$

① 两直线平行的充要条件是 $k_1 = k_2$ $(b_1 \neq b_2)$.

② 两直线垂直的充要条件是 $k_1 k_2 = -1$.

③ 两直线的夹角为 $\theta \left(0 \leqslant \theta < \dfrac{\pi}{2} \right)$,则 $\tan\theta = \left| \dfrac{k_1 - k_2}{1 + k_1 k_2} \right|$.

(6) 点 $P_0(x_0, y_0)$ 到直线 $Ax + By + C = 0$ 的距离公式为

$$d = \frac{|Ax_0 + By_0 + C|}{\sqrt{A^2 + B^2}}$$

2. 二次曲线

(1) 圆(r 为半径)

圆心为 $C(a, b)$,则方程为 $(x - a)^2 + (y - b)^2 = r^2$

圆心为 $O(0, 0)$,则方程为 $x^2 + y^2 = r^2$

圆的一般方程为 $x^2 + y^2 + Dx + Ey + F = 0$

(2) 椭圆

中心为原点,焦点在 x 轴的椭圆方程(标准方程)为

$$\frac{x^2}{a^2} + \frac{y^2}{b^2} = 1$$

(3) 双曲线

中心在原点,焦点在 x 轴上的双曲线方程为

$$\frac{x^2}{a^2} - \frac{y^2}{b^2} = 1$$

(4) 抛物线

顶点在原点的抛物线方程为 $y^2 = 2px$ $(p > 0)$,焦点为 $\left(\dfrac{p}{2}, 0 \right)$;$x^2 = 2py$ $(p > 0)$,焦点为 $\left(0, \dfrac{p}{2} \right)$.

3. 直线坐标系与极坐标系的关系公式

设点 P 为平面内的一点,它的直角坐标为 (x, y),极坐标为 (ρ, θ),则直角坐标与极坐标的互化公式为

$x = \rho\cos\theta$, $\quad y = \rho\sin\theta$

$\rho^2 = x^2 + y^2$, $\quad \tan\theta = \dfrac{y}{x}$ $\quad (x \neq 0)$

4. 常见的曲线的极坐标方程

(1) 过极点与极轴成 θ_1 角的直线方程为 $\theta = \theta_1$.

（2）圆心在极点，半径为 r 的圆的方程为 $\rho = r$.

（3）到一个定点和到一条定直线距离的比是常数 e 的圆锥曲线的极坐标方程为 $\rho = \dfrac{ep}{1 - e\cos\theta}$，其中 p 是定点到直线的距离.

　　当 $e < 1$ 时，方程表示椭圆；

　　当 $e > 1$ 时，方程表示双曲线；

　　当 $e = 1$ 时，方程表示抛物线.

5．几种常见的曲线的参数方程

（1）经过点 $P(x_0, y_0)$，倾斜角为 α 的直线的参数方程为

$$x = x_0 + t\cos\alpha, \quad y = y_0 + t\sin\alpha \quad (t \text{ 为参数})$$

（2）圆心在 (x_0, y_0)，半径为 r 的圆的参数方程为

$$x = x_0 + r\cos\alpha, \quad y = y_0 + r\sin\alpha \quad (\alpha \text{ 为参数})$$

（3）中心在原点，对称轴为坐标轴的椭圆的参数方程为

$$x = a\cos\varphi, \quad y = b\sin\varphi \quad (\varphi \text{ 为参数})$$

（4）中心在原点，对称轴为坐标的双曲线的参数方程为

$$\dot{x} = a\sec\varphi, \quad y = b\tan\varphi \quad (\varphi \text{ 为参数})$$

（5）顶点在原点，对称轴是 x 轴的抛物线的参数方程为

$$x = 2pt^2, \quad y = 2pt \quad (t \text{ 为参数})$$